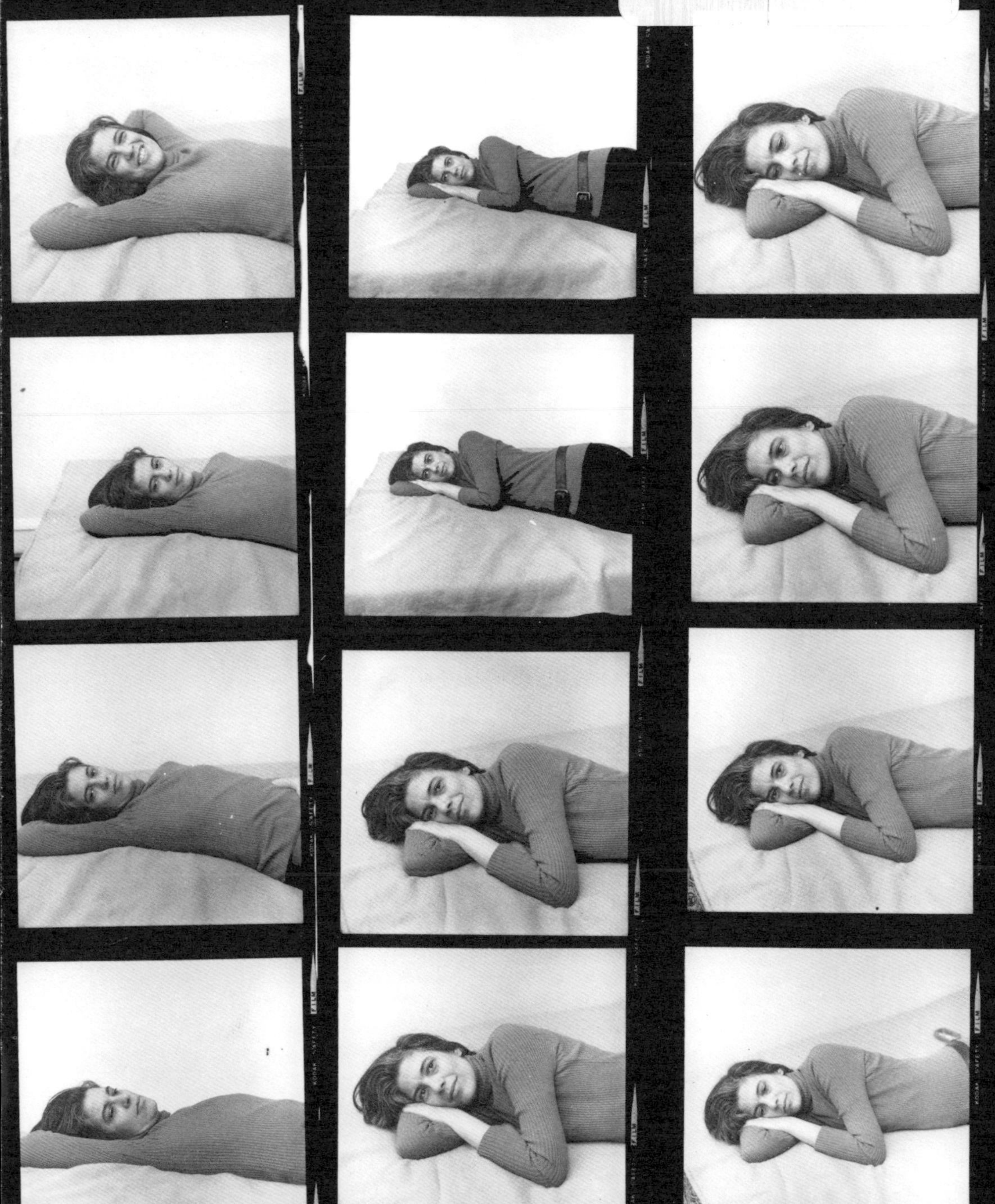

SONTAG

桑塔格传

人生与作品

[美国]
本杰明·莫泽
— 著

姚君伟
— 译

译林出版社

图书在版编目（CIP）数据

桑塔格传：人生与作品 /（美）本杰明 · 莫泽（Benjamin Moser）著；姚君伟译.— 南京：译林出版社，2022.10 (2023.5 重印)
书名原文：Sontag: Her Life and Work
ISBN 978-7-5447-9172-4

Ⅰ.①桑… Ⅱ.①本… ②姚… Ⅲ.①桑塔格（Sontag, Susan 1933-2004）- 传记
Ⅳ.① K837.125.6

中国版本图书馆 CIP 数据核字（2022）第 086797 号

著作权合同登记号 图字：10-2015-100 号

桑塔格传：人生与作品 ［美国］本杰明 · 莫泽／著 姚君伟／译

责任编辑 陆晨希
装帧设计 韦 枫
校 对 王 敏
责任印制 单 莉

原文出版 Ecco, 2019
出版发行 译林出版社
地 址 南京市湖南路 1 号 A 楼
邮 箱 yilin@yilin.com
网 址 www.yilin.com
市场热线 025-86633278
排 版 南京展望文化发展有限公司
印 刷 徐州绪权印刷有限公司
开 本 718毫米 × 1000毫米 1/16
印 张 52.25
插 页 20
版 次 2022 年 10 月第 1 版
印 次 2023 年 5 月第 3 次印刷
书 号 ISBN 978-7-5447-9172-4
定 价 158.00元

译林版图书若有印装错误可向出版社调换。 质量热线：025-83658316

献给

亚瑟·贾平

谨以此书纪念

米歇尔·科尔米耶

问：你总是成功吗？

答：是的，我百分之三十的时间都是成功的。

问：那你就并非总是成功。

答：不，我总是成功。百分之三十的时间都是成功即总是成功。

——摘自苏珊·桑塔格1964年11月1日的日记

目 录

第三部

第四部

中文版序

看到这本书出中文版，是一件格外让人高兴的事情。对我当然是这样，但更重要的，对苏珊·桑塔格本人也是如此。中国是这位最具世界主义情怀的美国作家第一个念念不忘的地方。这完全是出于个人原因。20世纪20年代，在还是个十几岁的少年时，苏珊的父亲就到了这个国家。他为一家毛皮公司做事，并曾进入戈壁沙漠。这也是她母亲在婚后去到的国家；在日本侵略中国从而永远改变了历史之前，她母亲在那里过着丰衣足食的生活。多年以后，在一栋摆满中国古玩的房子里，她还会幻想着那失去的时光。这还是她父亲去世的地方；他于1938年死于天津一家医院，年仅33岁，苏珊当时才5岁。她对父亲的记忆来自一组照片，还有一段反映中国场景的几分钟短片——以及她在那里出生的幻想。

她最终在人到中年时才来到中国，那是在毛泽东与尼克松签署了历史性的协定之后；此前，自20世纪30年代以来，中国一直是一个对美国人封闭的国家。她到了中国以后，却发现这个国度迥异于她童年时代的想象；她在日记中表达了这种强烈的情绪。这是她的重大主题之一的又一例证。她梦幻中的中国与真实的中国，现实与影像之间的差别，一个人与其照片之间的差别，一个词与它所描述的物之间的差别：这些是理智问题。但是，它们有扎根很深的情感支柱，这体现在她充满激情的论辩中，体现在她渴望知道如何去观看、如何去思考上。通过观看亡父的一张照片，你对他有些什么了解？照片究竟是让我们更接近某物，还是给我们一个虚假的影像？

凭借着个人的经历，她完成了大量哲学著作，使自己成为全世界当代思想家的楷模。然而，从我写作本书的经历看（我花了七年时间来研究她，并因此奔走于世界各地），对这位魅力四射、知天下事、识天下人的知名女性，人们更了解的是她的形象，而不是她的作品。从某种意义上讲，她的戏剧性生活取代了她根据这种生活经历而创作的作品。我认为这是十分遗憾的事情。不过，我也能理解：她的生活有趣有料，风云变幻，穿梭其中的名流络绎不绝，谁还会把注意力放在她要求我们看的更艰涩的作品上呢？但是，她的作品的确值得一看。没有哪位当代思想家比她更能帮助我们了解我们这个世界了。我希望中国读者可以渐渐了解她，并进而去阅读她那一部部具有挑战性的杰作。

本杰明·莫泽

2020年6月于法国

引言

灵魂拍卖

1919 年 1 月，洛杉矶北部一个干涸的河床上，数千名演员聚集在一起，重现了当代恐怖的一幕。电影《灵魂拍卖》（又名《被蹂躏的亚美尼亚》）是根据一年前出版的一本书改编而成的，书的作者是亚美尼亚大屠杀中一名十几岁的幸存者。该影片是最早的好莱坞大片之一，是一种新类型电影，片方斥巨资打造并融合了特效，以此征服观众。这部影片将会更直接、更有力，因为它融合了另一种新的类型——新闻纪录片，此类型是在两个月前刚刚结束的第一次世界大战中流行起来的。正如他们所言，这部电影是“根据一个真实的故事改编的”。始于 1915 年的亚美尼亚大屠杀仍在继续。

一家商业报纸说，人们后来发现，加利福尼亚州纽霍尔附近的圣费尔南多河干涸的河床是一个“理想的”外景拍摄地，可以拍摄“凶狠残暴的土耳其人和库尔德人”驱赶“衣衫褴褛的亚美尼亚人群，他们背着包袱，有些人拽着小孩子，走在荒漠的石路和小径上”。① 数千 1
名亚美尼亚人参与了电影的拍摄，其中包括那些已经抵达美国的幸存者。

---

① A. H. Giebler, “News of Los Angeles and Vicinity: 8,000 Armenians in Selig Spectacle”, in *The Moving Picture World* 39, no. 4 (1919).

对于其中一些群众演员而言，电影的拍摄，包括对一些场景的描绘，比如暴徒强奸妇女、大量民众被溺死、人们被迫挖掘自己的坟墓、妇女一个个被钉上十字架等，这些都太令他们受不了了。“有几名女性，她们的亲人就死在土耳其人的屠刀下，”记录者说道，“她们在看到关于酷刑和恶行的模拟场景时情绪失控。”

记录者继续说道，制片人“在中午提供了一顿野餐”。

◆ ◆ ◆

那天拍摄的一张照片上有一个衣着华丽、挎着一个毛毡大手提包的年轻女子。在临时搭建的难民帐篷中，她愁眉苦脸地站在那里，安慰着一个女孩。两个人都不敢去看那些正在逼近的阴森黑影，那是一些看不清楚面庞的男人，抬着胳膊，举着什么东西在瞄准人们。也许这两名女子就要被枪杀了。也许，相对于林林总总可能的酷刑，被枪杀是最不痛苦的一种选择。

凝视着安纳托利亚这个满目疮痍的角落，我们如释重负地回想起，这里其实是南加州的一个电影拍摄地，那一长串的黑影并不是正在劫掠的土耳其人，而是摄影师们。尽管新闻发布会公布了相反的说法，但实际上被拍摄的“亚美尼亚人”并不都是亚美尼亚人：比如，这两位演员就是名叫萨拉·利娅·雅各布森的犹太妇女和她 13 岁的女儿米尔德丽德。

当人们知道这张照片是一张剧照，就不会感到那么心酸；不过，无论是被拍摄者还是摄影师都不可能知道，这张照片背后还有另一个故事。母女俩在“关于酷刑和恶行的模拟场景”中扮演完自己的角色后，回到了她们位于洛杉矶市中心的家中。短短一年多一点后，萨
2 拉·利娅就去世了，年仅 33 岁。这张令人悲痛的照片是她生前和女

儿的最后一张合影。

米尔德丽德永远也不会原谅母亲对自己的遗弃。但遗弃并不是萨拉·利娅留下的唯一遗产。在利娅短暂的一生中，她从波兰东部的比亚韦斯托克——她出生的地方——来到了好莱坞，并长眠于此。米尔德丽德也很喜欢冒险。她嫁给了一个纽约出生的男人；他在十几岁[①]时就到过中国，进入戈壁沙漠，从蒙古族牧民手里收购毛皮。和萨拉·利娅一样，他早熟的生命也戛然而止，他也在33岁时辞世。

他们的女儿——名叫苏珊·李，这是萨拉·利娅的美式叫法——在父亲去世时才5岁。她后来写道，她只知道他是“一组照片”。[②]

◆　◆　◆

米尔德丽德的女儿苏珊写道：“照片显示一个个生命迈向自己的消亡时的无辜和脆弱。”[③] 站在镜头前的大多数人并不在想着他们即将面临的毁灭，这使得画面更具感染力，而非相反：萨拉·利娅和米尔德丽德上演了一出悲剧，却没有看到她们自己的悲剧也正在迅速逼近。《灵魂拍卖》这部意在铭记过去的电影却会如此预见未来，她们也无从知晓。苏珊·桑塔格的妈妈和外婆的最后一张合影与大屠杀的艺术再现联系在一起，这真是诡异的恰当。桑塔格一生都被残酷以及战争的问题所困扰，她会重新定义人们看待折磨的影像的方式并发问，如果有可能的话，他们看到这些影像时会采取什么行动。

对她而言，这个问题不是一个哲学上的抽象概念。正如米尔德丽德因萨拉·利娅的辞世而深受打击，生活变得一团糟一样，苏珊的生

---

① 原书此处为“19岁”，经与作者确认系有误，此处已改正。——译注

② Sontag, *I, etcetera* (New York: Farrar, Straus and Giroux, 1978), 23.

③ Sontag, *On Photography* (New York: Farrar, Straus and Giroux, 1977), 70.

活，据她自己描述，也被一分为二，搞得不知所措。这次打击发生在圣莫尼卡的一家书店，她在那里第一次看到了一些关于大屠杀的照
3 片。她写道："我所见过的任何东西——无论是照片上的抑或真实生活中的——都没有如此犀利地、深深地、瞬间地刺痛了我。"[1]

她当时年仅 12 岁。这件事对她的震动甚大。终其一生，她都在一本接一本的书中发问：痛苦怎么才能被描绘，又怎么才能被忍受？书籍，及其展现出的一个更美好世界的愿景，把她从不幸的童年中拯救出来。每当她面对悲伤或感到沮丧时，她的本能反应就是躲进一本书里，去看一场电影或听一场歌剧。艺术也许无法弥补人生的失望，却是一种不可或缺的权宜之计；在苏珊·桑塔格生命的最后阶段，在另一场"大屠杀"（这个词最初就是专门用来描述亚美尼亚灾难的）中，她清楚地知道波斯尼亚人需要什么。她去了萨拉热窝，并且导演了一出戏。

◆ ◆ ◆

苏珊·桑塔格是美国最后一位文学巨星，是一个时代的闪回，那时作家不仅受人尊敬、备受景仰，还可以*名扬天下*[2]。但在此之前，从未有哪位对格奥尔格·卢卡奇的文学批评和娜塔莉·萨洛特的新小说理论中的缺陷表示不满的作家，像桑塔格那样迅速地引人注目。她的功成名就确实令人惊叹：那完全是在万众瞩目中一路表演下来的。

高挑的身材，橄榄色的肤色，"有着毕加索画中人轮廓分明的眼睑，神情宁静安详，不像蒙娜丽莎那样地嘴角上扬"，桑塔格吸引了她那个时代最杰出的摄影师们的镜头。[3] 她是雅典娜，而非阿佛洛

① Sontag, *On Photography* (New York: Farrar, Straus and Giroux, 1977), 20.

② 原文为斜体，表强调，在本书中以楷体表示，下同。——编注

③ Cynthia Ozick, "On Discord and Desire", in *The Din in the Head* (Boston: Houghton Mifflin, 2006), 3.

狄忒：是一名勇士，一个“黑王子”。她具有欧洲哲学家的头脑和火枪手的外表，综合了男人身上的各种品质。新奇之处在于，这些品质汇集在一名女性身上——对于一代又一代的女性艺术家和女性知识分子而言，这种结合提供的典范作用，比她们所知道的其他任何一个都更具影响力。

她的声名激发起她们浓厚的兴趣，部分是因为这是前所未有的。职业生涯伊始，她就是个矛盾体：一个年纪轻轻的美女，学识渊博得 4
令人生畏；一名来自纽约知识分子圈苦行僧堡垒中的作家，与上一代人声称所憎恶的当代“低俗”文化融为一体。她并不根正苗红。尽管众人纷纷效仿其形象来塑造他们自己，但她的角色形象绝对是不可能得到令人信服的复制的。她是这世上独一无二的。

有人在曼哈顿一家高档餐厅中认出坐在一张六人桌旁的桑塔格时，她才 32 岁：“图书管理员小姐”（因其好读书而获得的名号）端坐着，同桌有伦纳德·伯恩斯坦、理查德·埃夫登、威廉·斯泰伦、西比尔·伯顿和杰奎琳·肯尼迪。[1] 这是白宫+第五大道、好莱坞+《时尚》杂志、纽约爱乐乐团+普利策奖的组合：这在美国（实际上在全球也是）是一个耀眼夺目的文化圈。桑塔格一辈子都将栖身其中。

然而，随时随地准备好面对镜头的苏珊·桑塔格总是与“图书管理员小姐”这一形象不相吻合。也许，在保持美貌这件事上，从来没有哪个大美人会少做努力。她经常对在照片中偶遇这位迷人的女子表示惊讶。在她生命的最后时光，看着自己年轻时的照片，她倒吸了一口气。“我以前真漂亮！”她说，“而我那时对此一无所知。”[2]

---

① 作者对迈克尔·罗洛夫的采访。
② 作者对霍诺尔·穆尔的采访。

◆◆◆

在苏珊·桑塔格的一生中，她恰好经历了一场如何获得名望与认知名望的革命；无论如何变换排列，美国作家中唯有她稳列名人行列。她也将自己的名字载入了史册。她写道，在19世纪，名人就是“被拍摄的人”[①]。安迪·沃霍尔是最早认识到桑塔格明星魅力的人之一，这并非巧合；而在沃霍尔时代，光被拍摄照片已然不够了。在一个人人都被拍摄的年代，名声意味着一种“形象”、一个二重身[②]、一
5 些为人所接受的概念，通常但不仅仅是视觉上的，代表着置身名声后面的任何一个人——最终，那个人是谁也不再重要。

桑塔格在好莱坞的阴影下长大，她寻求认同并且打造自己的形象。但她对自己的双重身份——“美国文坛的黑女郎”“曼哈顿的女预言家”——所要付出的代价感到极度失望。她承认，她曾希望“成了名人会更有趣一些”[③]，并不断痛陈将个体归为个体代表、偏爱影像而非影像所显示的人的危险性；她还提醒人们，小心影像扭曲和遗漏的一切东西。她看到了一个人（一个方面）与这个人的外表（另一方面）的区别：自我作为影像，作为照片，作为隐喻。

在《论摄影》中，她强调指出，如果“在一张照片和一个生命之间做出选择”，“选择照片”是多么容易啊。在令她声名大噪的那篇文章《关于“坎普”的札记》中，“坎普”（Camp）一词代表着同样的现象：“坎普把一切事物都放在引号里看待。不是一盏灯，而是一盏‘灯’；不是一个女人，而是一个‘女人’。”还有什么比苏珊·桑塔

① Sontag, *On Photography*, 28.

② 原文为德语 doppelgänger，意为面貌极其相似的人。——译注

③ 作者对文森特·维尔加的采访。

格和“苏珊·桑塔格”之间的差距更能说明坎普的含义呢？

桑塔格对镜头的亲身体验让她敏锐地意识到，主动摆姿势和未经同意就曝光自己这两者在偷窥者眼中的区别。“照相机的每一次使用，都隐含着一种侵犯。”她写道。[①]（与土耳其联防队员或将照相机对准萨拉·利娅和米尔德丽德的那些男子的相似之处并非偶然。）“照相机是作为一种掠夺性的武器来出售的。”[②]

除了过于频繁地被关注的个人后果，桑塔格坚持提出了这样一个问题：一张照片对它所要展示的物体表达了什么？“目标对象有一张合适的照片可用。”她的美国联邦调查局机密文件指出。[③] 然而，什么是“目标对象”的“一张合适的照片”？这又是为谁呢？关于名人，关于死去的父母，我们真正能从“一组照片”中知道些什么呢？在她 6
早期的职业生涯中，桑塔格经常以一种听上去不屑一顾的怀疑口吻提出这些问题。她坚持认为，影像歪曲了事实，提供了一种虚假的亲密感。毕竟，当我们看到作为坎普的偶像“苏珊·桑塔格”时，我们对苏珊·桑塔格又有些什么了解呢？

在桑塔格时代，一件事物与一件*被感知*的事物之间的鸿沟变得更加明显。而早在柏拉图时代，人们就注意到了这一鸿沟的存在。寻找一种既能描述同时又不会改动的影像，寻找一种既能定义同时又不会被歪曲的语言，耗去了一个个哲学家的毕生精力：比如，中世纪的犹太人认为，主体与客体的分离、语言与意义的分离，造成了世上所有的不幸。桑塔格写道，照相机甫一问世，巴尔扎克就迷信地认为它会扯下拍摄对象外面的保护层，“耗尽身体的每一层”[④]。他激烈的言辞

① Sontag, *On Photography*, 7.
② 同上，第14页。
③ Conor Skelding, “Fearing ‘Embarrassment’, the FBI Advised Agents Against Interviewing Susan Sontag”, in *Muckrock*, June 13, 2014.
④ Sontag, *On Photography*, 179.

表明，该问题引起的关注点并不主要在智力方面。

和巴尔扎克一样，桑塔格对照片和隐喻的反应也高度情绪化。读一读她对这些主题的研究文章，就是想知道为什么关于隐喻的问题——一个事物与其象征符号之间的关系——让她发自内心地觉得如此重要，想知道为什么隐喻如此困扰着她。对她而言，认识论和本体论之间看似抽象的关系最终是如何变成生死攸关的问题的？

◆◆◆

“我梦故我在。”①

这句对笛卡尔名言的改写是桑塔格长篇小说处女作的第一句话。②作为开场白，同时也是全书唯一一句外文，它非常醒目，是一部奇特作品的奇特开头。《恩主》的主人公希波赖特舍弃了所有正常的追
7 求——家庭和友谊、性和爱情、金钱和事业——只为献身自己的梦。只有他的梦是真实的，但他的梦并不因为通常的原因——“为了更好地理解自己，为了理解自己真实的感情”——而显得有趣。他强调说：“我对它们感兴趣，因为我视之为行动。”③

在这样的定义下——全是形式，毫无实质——希波赖特的梦可谓坎普的本质。桑塔格对“纯心理学”的拒斥，是对物质与风格之间的联系的拒绝，而且同样是对肉体与精神、事物与形象、现实与梦想之间的联系的拒绝，她后来对这些问题进行了颇有成效的探索。而职业生涯伊始，她声称梦本身是唯一的现实。正如她在开头第一句中所说，我们就是我们的梦：我们的想象，我们的思维，我们的隐喻。

---

① 原文为法语。——译注
② Sontag, *The Benefactor: A Novel* (New York: Farrar, Straus, 1963), 1.
③ 同上，第246页。

这一定义几乎是反其道而行之，旨在挫败传统小说的目的。如果进入这些人的潜意识中，对他们却一无所知，那为什么还要进行这些探索呢？希波赖特承认这个问题，但他向我们肯定，还有另一个吸引人的地方。他把他的情妇卖身为奴。“她一定意识到我对她缺乏浪漫的兴趣，”他写道，“但我希望她懂得我是多么深深地——尽管不带个人感情色彩——感觉到她是我与梦之间充满激情的关系的一种体现。”[1] 她笔下的主人公对另一个人感兴趣，换句话说，完全排除了现实，她只是一定程度上他臆想中人的具体体现。这是把观察交给桑塔格自己对坎普定义的一种方式：“把世界视为一种审美现象。”[2]

然而，这个世界并不是一种审美现象。梦境之外还有现实。职业生涯伊始，桑塔格描述了自己对希波赖特的世界观模棱两可的感受。“我受到坎普的强烈吸引，”她说，“但几乎同样强烈地排斥它。”她后来生活中的大部分时间都致力于坚持认为，在描述一个物体的文字之外有这个真实的物体存在，在那个做梦的头脑之外有一个真实的身 8
体存在，在那张照片之外有一个真实的人存在。正如几十年后她所写的，文学的一个用途是让我们意识到“其他人，与我们不同的人，真的确实存在”[3]。

◆ ◆ ◆

他人真的确实存在。

这是一个惊人结论，一个必然得出的惊人结论。对桑塔格而言，

① Sontag, *The Benefactor: A Novel* (New York: Farrar, Straus, 1963), 70.

② Sontag, *Against Interpretation and Other Essays* (New York: Farrar, Straus and Giroux, 1966), 277.

③ “The World as India”, in Sontag, *At the Same Time: Essays and Speeches*, eds. Paolo Dilonardo and Anne Jump (New York: Farrar, Straus and Giroux, 2007).

现实——去掉了隐喻的真实事物——从来都不是很能被接受的。从很小的时候起，她便知道现实是令人失望的，是残酷的，是必须避免的事物。在还是个孩子的时候，她就希望自己的母亲能从浑浑噩噩的酗酒状态中清醒过来；她希望住在神话中的帕尔纳索斯山上，而不是住在单调乏味的郊区的街道。她竭尽全力希望摆脱痛苦，包括最痛苦的现实，死亡：首先是在她 5 岁时父亲的死亡——随后，是恐怖不堪的她自己的死亡。

在 20 世纪 70 年代的一本笔记里，她描绘了她的长篇小说、电影和短篇小说中“令人痴迷的假死主题”。她指出：“我认为这全是因为我对老爸去世的反应。这件事似乎极其不真实，因为没有证据表明他已经死了，多年来，我都会梦见他有一天出现在前门口。”[1] 提出了这一点后，她又故作豁达地劝诫自己：“我们不要再谈这个话题了。”但是，无论诊断多么准确，从小养成的习惯，始终难以改变。

当她还是个孩子的时候，面对可怕的现实，她便逃进了自己内心的安全地带。从那以后，她又一直试图要慢慢地爬出来，回到现实中。肉体和精神之间存在矛盾，这在很多人的生活中都司空见惯，于她则成了一场惊天动地的冲突。她在日记中多次宣称：“头脑与肉体分离。”她强调说，如果自己的身体不能跳舞或不能做爱，她至少可以发挥谈话的精神作用；她把她的自我表现分为“我不好”和“我很
9 棒”——没有什么中间地带。一方面，“无助感（我是谁啊……）（帮帮我……）（对我耐心点……）让她觉得自己很假”。另一方面，“狂妄自信（蔑视其他人的智力——毫无耐心）”。

凭借她那典型的勤勉，她努力克服这种分裂。她的性生活中有一些超凡脱俗的东西，比如她摆脱头脑、进入肉体的努力。她那一代的

---

① 参见苏珊·桑塔格文档（第 612 组）。该文档收藏于美国加利福尼亚大学洛杉矶分校图书馆，以下简称为桑塔格文档。

美国女性，有多少人能像她一样拥有一个个情人，有男有女，数量众多，英俊貌美，而且还都赫赫有名？但是，在看了她的日记并和她的情人们交谈后，你会留下这样的印象：她的性生活令人担忧，过于坚定不移，肉体要么是不真实的，要么是痛苦之所在。“我总是喜欢假装我的肉体不存在，”她在日记里写道，“于是我做所有这些事情（上位或一般体位的性交）都不需要它。”①

假装自己的肉体不存在也让桑塔格否认了另一个无法逃避的事实：她为此感到羞愧的自己的性取向。尽管桑塔格偶尔也有几个男性情人，但她的性取向几乎完全是女性，她一辈子都在为自己无法摆脱这个讨厌的现实而感到沮丧，这导致她无法诚实面对——无论是在公开场合（很久以后，同性恋才不再是丑闻事件），还是在私下（对很多和她最亲近的人）。在她写爱情、写性事的内容以及在她自己的一些人际关系中，最突出的主题是虐恋，这并非巧合。

否认肉体的存在，也就是以一种顽固的态度否认死亡，这让桑塔格自己的结局不必要地变得糟糕透顶。她相信——真的相信——一个勤奋努力的头脑最终能够战胜死亡。她儿子写道，她曾经悲哀地说：“我们俩都要赶不上——尽管很可能只差几乎一丁点儿——那种通过化学途径而获得的永生了。”② 随着年龄的增长，她成功地一次又一次化险为夷。她开始希望，就她的情况而言，无须去考虑关于身体的那些规则。

“假装我的肉体不存在”暴露了一种模糊的自我意识，而提醒自己“他人真的确实存在”则揭示了一种更令人六神无主的恐惧：她自 10
己并不存在，她的自我是一种脆弱的所有物，随时都可能被放错地

---

① 桑塔格文档，1960年8月13日。

② David Rieff, *Swimming in a Sea of Death: A Son's Memoir* (New York: Simon & Schuster, 2008), 62.

方，被掳走。她绝望地写道："就好像我照镜子，但镜子全都无法反射出我身体的镜像一样。"[①]

◆ ◆ ◆

桑塔格在与《恩主》写作于同时期的一篇随笔中强调："现在所有关于艺术的评论的目的都应该是让艺术作品——以及，同样，我们自己的体验——对我们来说更真实，而非更不真实。"

那篇著名的随笔《反对阐释》谴责了隐喻的积聚，这一积聚干扰了我们对艺术的体验。桑塔格厌倦了头脑（"阐释"），对身体——"内容"——也产生了同样的怀疑，头脑过度活跃，将其模糊了。文章开篇引用了威廉·德·库宁的话："它微乎其微——微乎其微，内容。"而文章的结尾，内容的概念开始显得荒谬。就像在希波赖特的梦中一样，寻寻觅觅，找到的并不是你原先期待的[②]：在桑塔格的定义中，虚无主义即坎普的本质。

《反对阐释》暴露了桑塔格的担忧，即艺术，"以及，同样，我们自己的体验"并不十分真实；或者说，艺术，就像我们自身一样，需要一些外界的帮助才能变得真实。她强调说："现在，重要的是要恢复我们的感官。我们必须学会看见更多，听见更多，感受到更多。"假如麻木的身体迫切需要刺激，桑塔格觉得艺术也许就是提供刺激的手段；但是，没有"内容"，艺术又是什么呢？它应该让我们看见什么？听见什么？感受到什么？她说，也许，除其形式，别无他物——不过，她有点沮丧地补充说，形式和内容之间的区别"最终是一种

---

① 桑塔格文档，1957 年 12 月 12 日。
② 引自格特鲁德·斯泰因形容好莱坞的名言：当你到了那里的时候，那里已不是"那里"（When you get there, there is no there, there）。

幻觉”。

桑塔格大半辈子都致力于“阐释”，很难知道对此她到底相信多少。难道整个世界就是个舞台，而人生不过就是一场梦吗？形式与内容、肉体与精神、人与其照片、疾病及其隐喻，难道它们之间没有差别吗？ 11

桑塔格对华丽辞藻的嗜好，导致她发表的一些言论，其措辞可能会令那些关于“现实的非现实性和遥远性”[①] 等深刻问题显得琐碎而无足轻重。但这些所谓的对立面之间的紧张关系赋予她生命中最重要的主题。“遮蔽内容的坎普”是一个她只能赞同一半的观点。[②]“我受到坎普的强烈吸引，”她写道，“但几乎同样强烈地排斥它。”《恩主》和《反对阐释》出版后的40年里，她在永远存在分歧的愿景的两个极端之间摇摆不定，从梦想世界走向她可能称之为现实的任何境地——她的观点千变万化。

◆◆◆

苏珊·桑塔格的强项之一就是，别人能用来评论她的任何话，都已被她自己说出来了，而且还说得最早、说得最好。她的日记透露出她对自己性格的一种难以解释的理解，一种自我意识——尽管随着年龄的增长，这种情况逐渐消失——这让她混乱的生活相对稳定一些。她的一个朋友在20世纪60年代时注意到，她的“头脑和身体似乎没有关联”。桑塔格回应说：“那就是我的人生故事。”[③] 她着手提升自我：“我只对积极参与自我改造规划的人感兴趣。”[④]

---

① Sontag, *On Photography*, 164.

② “Notes on ‘Camp’”, in Sontag, *Against Interpretation*, 281.

③ 桑塔格文档，1961年12月9日。

④ 桑塔格文档，1971年4月11日。

虽然她发现这一努力非常辛苦，但还是精神抖擞地打拼，要逃离这个梦幻世界。任何模糊其对现实认知的东西，她都会摈弃。如果隐喻和语言会横加干扰，那么，就像柏拉图把诗人从其乌托邦赶出去一样，她也会把隐喻和语言舍弃。在一本接着一本的著作中，从《论摄影》、《作为隐喻的疾病》、《艾滋病及其隐喻》到《关于他人的痛苦》，她渐渐离开了她早期那种"坎普"文风写作。她不再坚持认为梦即一切真实的东西，而是发问如何看待那些最可怕的现实，即疾
12 病、战争和死亡的现实。

她急切地想了解现实，这导致她走向了危险的极端。20 世纪 90 年代，出于"看见更多，听见更多，感受到更多"的需求，她来到了被围困的萨拉热窝；令她困惑的是，越来越多的作家不再自愿参加她所描述的"有点像 1942 年年末参观华沙犹太人区那样的"[①] 旅行。被困的波斯尼亚人很是感激，但他们想不通为什么有人愿意加入他们一起经历苦难。20 年后，身处另一次恐怖经历中，一名演员不解地问道："她当初有什么理由呢？""我现在怎么去叙利亚？你心里得有什么东西才能促使你去叙利亚和他们分担痛苦呢？"[②]

但是桑塔格不再强迫自己面对现实。自从她看到纳粹集中营的照片，种族主义就一直令她感到恐怖，不过，她并不是仅仅谴责这种种族主义。她来到萨拉热窝，是为了证明她毕生的信念：文化是值得为之献身的。这一信念激励着她度过了悲惨的童年，那时，书籍、电影和音乐给她提供了一种更丰富的生活理念；这一信念也伴随她度过了艰难的一生。因为她把自己的一生都奉献给了这一理念，她以"一女当关、万夫莫开"而闻名，在美学和道德污染的无情浪潮中岿然屹立。

① 桑塔格写给彼得·施奈德的信，桑塔格文档，1993 年 6 月 18 日。
② 作者对阿德米尔·格拉莫查克的采访。

就像所有的隐喻一样，这个隐喻也不完美。很多偶遇过这个女人的人都失望地发现，现实远没有传说中那么美好。事实上，对她的失望是桑塔格回忆录中的一个突出主题，更不用说在她自己私人的文字里了。不过，这一传说也许是桑塔格最持久的创作，鼓舞了全世界各地的人们；他们感到，她热忱而坚决地主张的原则正是那些将生活从最枯燥、最痛苦的现实中提升出来的东西。当她到达萨拉热窝时，“我梦故我在”这句话已不再是一句颓废的警句了。这是一种承认，即影像和象征的真相——梦的真相——就是艺术的真相。艺术与生活并不分离，而是生活的最高形式；隐喻，就像她母亲参与拍摄的那部亚美尼亚种族大屠杀影片一样，可以使那些自己看不到现实的人看到 13
现实。

因此，在桑塔格生命的最后几年里，她把隐喻带到了萨拉热窝。她带去了苏珊·桑塔格这个角色，这是艺术与文明的象征。她还带去了塞缪尔·贝克特笔下的一个个角色，他们像波斯尼亚人一样，等待着永远都不会到来的拯救。如果说萨拉热窝人需要食物、暖气和友好的空军，他们也需要苏珊·桑塔格提供给他们的东西。当时很多外国人认为在战区导演一部戏是毫无意义的。对此，一位波斯尼亚朋友，也是众多喜爱桑塔格的人当中的一个，回应说，人们之所以至今还记得她，正是因为她的贡献并不是那么直截了当。“人的情绪从来就不是直来直去的。我们需要它，”她这样说起桑塔格导演的作品《等待戈多》，“里面充满了隐喻。”① 14

---

① 作者对塞纳达·克雷索的采访。

第一部

第一章

拒绝接受现实的女王

苏珊·桑塔格生前一直保存着两部家庭电影，它们均采用古老的技术制作而成；不过她从来没能观看。她珍爱这些镇宅之宝，因为它们包含了她父母在一起的仅有的动态影像：那时，他们青春年少，正要开始冒险的生活。[①]

一组摇晃的镜头展现了当时的中国首都北平：宝塔和商店、人力车和骆驼、自行车和有轨电车。画面还短暂地展示了一群西方人站在带刺的铁丝网的一侧，铁丝网的另一侧聚集着一些中国人，一脸的好奇。几秒钟后，米尔德丽德·罗森布拉特出现了，容貌酷肖她的女儿，所以后来她俩被误认为是姐妹也就毫不奇怪了。她英俊的丈夫杰克出现了几秒钟，画面很暗，很难看到他更多的样子，只能注意到他与边上围观的中国人形成的反差——他身材高大、皮肤白皙、一身西服。

这部影片拍摄于 1926 年左右，当时米尔德丽德 20 岁。第二部影

① 桑塔格去世后，加州大学洛杉矶分校将这两部影片进行了数字化制作，可于学校图书馆网站观看。这部在船上拍摄的影片被归档在 1926 年（开往北京的“巴黎号”客轮上），但更有可能是录制于 1931 年，当时这对夫妇乘坐那艘船从勒阿弗尔到达纽约。（见本书第 25 页注①中所列的记录。）火车的指示牌上写着：斯托尔朴塞—华沙—波兹南—［兹邦申?］—柏林—汉诺威—科隆—列日—巴黎。

17 片大概是五年后拍摄的。影片从欧洲的一列火车上开始，然后镜头移向轮船的上层甲板。在那儿，一群乘客——杰克、米尔德丽德和另外一对夫妇——玩着把一个圆环投掷到球网的另一边的游戏，他们大笑着。米尔德丽德身穿白色夏裙，头戴贝雷帽，笑容灿烂，在和摄像机镜头后面的人说着话。一场沙狐球游戏开始了。影片大概进行到一半的时候，身材瘦长的杰克出现了，他身穿三件套西服，也戴着一顶贝雷帽。他和另外一个人激烈地角逐着，随后，他们的朋友们开始做鬼脸起哄，而这时米尔德丽德倚在门边，笑得几乎喘不过气来。这两部影片的时长加在一起不到六分钟。

◆ ◆ ◆

米尔德丽德·雅各布森于 1906 年 3 月 25 日出生在纽瓦克。虽然她的父母查尔斯·雅各布森和萨拉·利娅都出生在苏联占领的波兰，但他们都是在孩提时期——萨拉·利娅于 1894 年 7 岁时、查尔斯于早一年 9 岁时——便来到了美国。米尔德丽德的父母都说一口不带口音的英语，这在那个大规模移民时代对犹太人而言是非同寻常的。而且具有讽刺意味的是，他们的外孙女却是她那一代人中最欧化的美国作家——也许是那一代人中唯一与欧洲没有私人关系、没有像众多同时代作家一样烙上移民背景经历的一名重要的犹太裔作家。

尽管出生在新泽西，米尔德丽德却在美洲大陆的另一边——加利福尼亚长大。当雅各布森一家搬到市中心以东的犹太人社区博伊尔高地时，洛杉矶即将由一个城镇发展成一座大城市。差不多在雅各布森一家抵达的时候，也就是 1911 年，好莱坞制作了第一部电影。八年后，当米尔德丽德和萨拉·利娅在《灵魂拍卖》中出现时，这座城市已然是一个大规模产业的所在地了。这个新兴的电影人聚集地吸引了一些名声不佳之人：米尔德丽德喜欢告诉人们，她曾经和臭名昭著的黑帮成员米奇·科恩一起上学，后者是禁酒令时期拉 18
斯维加斯早期主要人物之一。[1] 而且，这个地方有吸引力，散发着魅力：米尔德丽德总是给人留下一种好莱坞式的美貌、虚荣和世故的印象。苏珊曾经把她比作琼·克劳馥；其他人则会把苏珊比作同一个女主角。[2]

在檀香山结识米尔德丽德的保罗·布朗说："她总是化着妆。"在那个到处都是嬉皮士和冲浪者的城市，她度过了生命的最后一段时光。她在此很是吸引人们眼球。"她的头发总是梳得整整齐齐。总是哦。她就像一个身穿香奈儿套装的纽约犹太公主，就是太瘦了。"她一辈子都保持着她那种好莱坞式的举止。她接电话时，总是声音低沉地说："哪——位——啊？"不经她伸出一只修剪过指甲的手明确示意，女儿们是禁止走过客厅地毯的。[3] 保罗·布朗说，米尔德丽德"有一种优越感，好像皇室成员一样"，他看到了她与现实世界打交道时的重重困难。"就像是一个找不到电灯开关的人一样。"[4]

◆ ◆ ◆

当漂亮的米尔德丽德乘船驶向中国时，她似乎是在向着绚丽灿烂的命运进发。她在船上的同伴是杰克·罗森布拉特，是她在格罗辛格度假胜地当保姆时结识的。那是卡茨基尔的一个大型避暑胜地，被称为"犹太人的阿尔卑斯山"。对于像米尔德丽德这样一个来自中产阶级家庭的女孩而言，在格罗辛格的工作只是一份暑期

① 作者对朱迪丝·科恩的采访。
② 桑塔格文档，1962 年 2 月 12 日这一周。
③ 作者对朱迪丝·科恩的采访。
④ 作者对保罗·布朗的采访。

工。而对像杰克这样的人而言，格罗辛格表明他的人生上升了一个台阶。

像成千上万贫穷的移民一样，杰克的父母塞缪尔和古西挤进了曼哈顿下东区，那里当时可能是美国名声最臭的贫民窟。出生在加利西亚的克日夫恰——当时奥地利统治下波兰的一个地区，罗森布拉特家明显比“中产阶级和郊区居民”的雅各布森家更平民化；雅各布森家“一点也不像第一代犹太人”，苏珊曾经对一个采访者这么说。[1] 私下里，她说她父亲家“粗俗得可怕”[2]。

19 也许，塞缪尔和古西对学习的不重视令他们的孙女瞧不起他们。杰克于 1905 年 2 月 1 日出生在纽约，他只上到了小学四年级。10 岁的时候他就辍学打工去了，在曼哈顿西区的毛皮区送信；精力充沛、头脑聪慧的他很快就引起了人们的关注。他具有照相机般毫无瑕疵的记忆力：他女儿也会像他一样记忆力超群。[3] 年仅 16 岁时，他的上司把他从收发室的工作岗位上提拔出来，远派到了中国。在那里，他骑着骆驼勇敢地穿越戈壁沙漠，从蒙古族牧民手里购买毛皮，[4] 最终成立了自己的商行——功成毛皮公司，在纽约和天津都设有办事处。这是杰克和米尔德丽德忙忙碌碌生活的开始：在他们婚后的八年里，他们成立了一家国际商贸公司，生意兴旺；他们数次去了中国，还游历了百慕大、古巴、夏威夷和欧洲，至少搬过三次家，还暂停手头工作生了两个孩子。

1933 年 1 月 16 日，当苏珊·李·罗森布拉特来到这个世界时，这对夫妇正住在曼哈顿西 86 街一栋漂亮的新楼里。那年夏天，一家

① Nora Ephron, “Not Even a Critic Can Choose Her Audience”, in *New York Post*, September 23, 1967.
② 桑塔格文档。
③ 作者对朱迪丝·科恩的采访。
④ 桑塔格文档。

人搬到了长岛的亨廷顿；大约在1936年朱迪丝出生的时候，他们在小镇格雷特内克安顿下来，过起了田园般的郊区生活。这个小镇因《了不起的盖茨比》中的“西卵”而留名历史，而杰克·罗森布拉特的到来则证明了一个贫民窟辍学生的成功。从阶层方面来说，格雷特内克镇就像远离中国一样，远离下东区的血汗工厂和廉租房。这种提升可能需要一个人一辈子的艰苦努力，而杰克·罗森布拉特在25岁时就做到了。

◆ ◆ ◆

只有奋发图强的人才能取得如此迅速的进步，而杰克知道他必须快马加鞭。他18岁那年，也就是他第一次中国之行的两年后，第一次患上了肺结核。一如苏珊后来写到的那样，用文学术语来说，这 20
是“那些高度敏感、才华出众、情感强烈的人易于感染的一种疾病”[①]。用非文学术语来说，这病会让他的双叶肺充满液体，然后将他淹死。

从表面上看，米尔德丽德在格罗辛格度假胜地遇到的那个人精力充沛、体格健壮；富有，而且即将变得更加富有。但是，他肺上的斑块让她犹豫起来；事实上，他母亲把他带到格罗辛格度假胜地，就是希望乡间的空气能缓解他的病症。[②] 米尔德丽德意识到，他们在一起生活的时间也许不会很长。也许她推断，他的感染可能不会发展成完全的结核病，杆菌可能会无害地存活数年。但当时尚无有效的治疗方法。（于1928年发现的青霉素，要到第二次世界大战后才被广泛使用。）而米尔德丽德当时热恋着杰克。1930年，他们结了婚，前往中

---

① Sontag, *Illness as Metaphor* and *AIDS and Its Metaphors* (New York: Doubleday, 1990), 100.
② 作者对朱迪丝·科恩的采访。

国，在天津开了一家店。

天津是离北京最近的重要港口，现在通常写成 Tianjin[1]，是中国在鸦片战争后被迫开放的“通商口岸”之一。在此，外国商人可以不受中国法律的约束开展业务。苏珊写道，对他们来说，这意味着“别墅、酒店、乡村俱乐部、马球场、教堂、医院和守卫的驻军”。对中国人而言，这意味着“一个被带刺的铁丝网包围起来的封闭空间；所有住在里面的人都必须出示通行证方能进出，其中仅有的中国人都是在人家做用人”[2]。

在米尔德丽德对中国的记忆中，这些用人永远是最重要的。虽然中国的国土正在被日本侵略者吞食、被内战摧毁，但新婚燕尔的罗森布拉特夫妇则在享受着一个黄金时代。她的朋友保罗·布朗回忆说：“她喜欢那种生活方式，那些个用人。有人做饭，有人侍候。就那样穿着漂亮的服装、戴着漂亮的饰品过日子，参加大使馆的聚会。”[3] 米尔德丽德在后来的日子里会把一些中国的小物件分送给她喜欢的朋友
21 们。“她有一些真的令人惊叹的东西，”布朗说，“中国人的小手做出的精美的中国物件。”但她浪漫的回忆并不符合每个人的口味。“甚至在小时候，”她的女儿朱迪丝写道，“我就讨厌听她讲所有那些在中国侍候她这样、侍候她那样的人的故事。”[4]

我们现在不清楚罗森布拉特夫妇实际在中国待了多长时间。他们不可能一直住在那里。天津和纽约相距甚远。1924 年杰克回国的时候，从上海离境到抵达西雅图花了 16 天的时间；全程几乎要一个月。海关记录显示，他们婚后几乎每年都要到访纽约，有时可能是从他们

---

① 作者此处指 20 世纪 30 年代天津在英文中被写作 Tientsin。——译注
② 桑塔格文档，20 世纪 70 年代早期。
③ 作者对保罗·布朗的采访。
④ 朱迪丝·科恩写给桑塔格的信，桑塔格文档，20 世纪 70 年代晚期。

度假的海滨城市入境。[①] 哪怕只是一年去一次中国也是很难的。即使对身体健康者而言，这都是精疲力竭的旅程：对杰克就更艰难了，因为他的肺非常虚弱；而对米尔德丽德也是艰难的，据说她在怀孕期间去了两次中国。

然而，米尔德丽德满脑子想的永远是中国。格雷特内克的家，是苏珊度过她幼儿时期的地方，里面塞满了来自中国的纪念品。她写道："在中国，殖民主义者渐渐更喜欢中国文化，而不是他们自己的文化，他们家成了中国艺术的一个小博物馆。"[②] 这种室内装饰成为另一种引起歧义的遗产。朱迪丝写道："家里到处都是中国元素，这是母亲回避当下，暗示她'辉煌的'过去的途径。"[③]

---

① 家谱网站（Ancestry.com）上的一份记录样本记载了这对夫妇的旅行概述。这里面没有米尔德丽德往返亚洲的记录，她唯一一次从欧洲抵达的记录是在 1931 年。

杰克·罗森布拉特于 1923 年 11 月 17 日申请了他的第一本护照，声称他计划于 1923 年 11 月 29 日乘坐"亚洲女皇号"客轮途经温哥华前往中国。他的职业是"毛皮采购员"，他受雇于"朱利叶斯·克鲁格曼的儿子们开的公司"，位于纽约市西 38 街 42 号。

在天津，他以美华毛皮贸易公司销售代理的身份，申请了护照延期。此申请未注明日期。他于 1924 年 5 月 19 日离开上海，并于同年 6 月 4 日乘坐"麦迪逊总统号"客轮抵达西雅图。他的地址是纽约诺埃大街 950 号。1927 年 7 月 9 日，他乘坐"加拿大皇后号"客轮离开横滨，前往马尼拉和温哥华。他当时住在纽约沃兹沃斯大道 330 号。他于 1928 年 7 月 17 日从神户乘坐"麦金莱总统号"客轮到西雅图，并于当月 30 日抵达。他的地址是大陆毛皮公司，位于纽约西 30 街 251 号。杰克和米尔德丽德于 1931 年 6 月 3 日乘坐"巴黎号"客轮离开勒阿弗尔，并于当月 9 日抵达纽约。他们表上填的地址是西 30 街 251 号。杰克于 1933 年 10 月 14 日乘坐"柯立芝总统号"客轮离开上海，并于当月 24 日抵达檀香山，所列地址仍然是西 30 街 251 号。他在檀香山接上米尔德丽德。她于 1933 年 10 月 18 日乘坐"蒙特利号"客轮离开洛杉矶，并于当月 23 日抵达檀香山。1933 年 11 月 4 日，他们俩一起乘坐"乐林号"客轮离开，于当月 9 日抵达旧金山。他们于 1934 年 2 月 14 日乘坐"百慕大君主号"客轮离开百慕大的哈密尔顿，并于当月 15 日抵达纽约。他们填写的是公司地址，西 30 街 251 号。朱迪丝于 1936 年 6 月 20 日在纽约出生。他们于 1937 年 1 月 3 日乘坐"东方号"客轮离开哈瓦那，两天后抵达纽约。此时，他们表上填写的地址是长岛格雷特内克的温斯利路 21 号。1938 年 3 月 11 日，他们乘坐"加利福尼亚号"客轮又一次离开哈瓦那，于当月 14 日到达纽约。1938 年 10 月 19 日，杰克在天津去世。网上没有关于米尔德丽德返回美国的记录。

②《中国》剧本，桑塔格文档。

③ 朱迪丝·科恩写给桑塔格的信，桑塔格文档，20 世纪 70 年代晚期。

◆ ◆ ◆

杰克的旺盛精力还表现在另一个方面。苏珊记得他有个情妇，[①]而朱迪丝则描述他是“一个花花公子”[②]。也许这也反映出，他痛苦地意识到自己时日不多了，就像他的女儿苏珊一样，决定充分利用最后的时间。米尔德丽德知道这事吗？很难想象两个女孩还能有其他消息来源。她介意吗？性，正如她后来的人生所显示的那样，并不在她的
22 兴趣之列。像很多在幼年时期就失去父母的人一样，米尔德丽德也想被人照顾；那些用人是她对中国最温情的记忆，这并非巧合。杰克·罗森布拉特也把她照顾得很好。

她对照顾别人则不太感兴趣，或者说不太有能力照顾别人。除了精美的家具，她还从中国引进了父母育儿的理念，这些理念强化了她的天性，即不让孩子出现在她的视线中。她会赞许地说：“在中国，小孩子不会打碎东西。在中国，小孩子是不发表意见的。”[③] 不管是不是中国的，这些想法都反映了一个女人这样的心态，她绝不是一个母性十足的女人，她可一点也不愿意用和丈夫一起充满刺激的生活来交换抚养孩子的苦差事。朱迪丝说：“我们这个母亲，从来就没有真正明白如何当一个母亲。”[④]

当“做妈妈、带孩子”成为一件累人的家庭杂务时，米尔德丽德直接就乘船走人。“莫名其妙地，人们就误传开了”，朱迪丝说，那就是，当杰克和米尔德丽德人在国外时，“是亲戚们”在照看着这两个女孩。然而“亲戚们麻烦多多、自顾不暇”。因此，从很小的时候起，

---

① Sontag, *I*, *etcetera*, 18.
② 作者对朱迪丝·科恩的采访。
③ 《中国》剧本，桑塔格文档；作者对朱迪丝·科恩的采访。
④ 作者对朱迪丝·科恩的采访。

这两个女孩就被丢在长岛，和保姆罗丝·麦克纳尔蒂和黑人厨师内莉一起生活；罗丝有着爱尔兰和德国血统，像一头“长着雀斑的大象”。这两个女人照看着苏珊和朱迪丝。但是孩子总是想母亲的，尽管桑塔格很少在公开场合提起母亲，但她的日记显示了她对米尔德丽德的迷恋。

小时候，苏珊视母亲为浪漫的女英雄。她写道：“我会从《方特罗伊小伯爵》中抄录内容，这本书是我八九岁时看的，比如称她为‘亲爱的’。”[①] 这些信读起来更像是关心孩子的父母或情意绵绵的配偶写的，而不是出自一个年纪轻轻的女儿之手。她在 23 岁时吐露：“亲爱的，如果我这封信写得很短，请原谅，因为已经很晚了（凌晨 3 点）+我的眼睛流了一些眼泪。要好好的+要小心+一切都要好好的。我爱你+我想你。”[②]

“显然，她当时爱上了她母亲，”桑塔格的第一个女友哈丽雅特·索姆斯如是说；她在这个时期见过米尔德丽德。“她总在批评她的母亲多么残忍、多么自私、多么虚荣，但这就像一个情人在谈论相爱的人一样。”[③] 23

◆ ◆ ◆

米尔德丽德的虚荣心，对发型、化妆和服装的关注，也有心理上的对应：她坚持不懈地美化丑陋的现实，她的女儿朱迪丝为此称她为“拒绝接受现实的女王”[④]。母亲回避不愉快话题的态度坚决，苏珊常常对此感到沮丧。有一年，苏珊给母亲打电话祝她生日快乐，然后她

---

① 桑塔格文档，1967 年 8 月 10 日。
② 桑塔格写给米尔德丽德的信，桑塔格文档，1956 年 7 月 4 日。
③ 作者对哈丽雅特·索姆斯·兹沃林的采访。
④ 作者对朱迪丝·科恩的采访。

记下了下面的对话：

> 妈：（关于她最近的结肠活检——阴性）——
>
> 我："这事你为什么不告诉我？"
>
> 妈："你知道——我不喜欢说具体细节。"①

她只是在仪式结束后才告诉两个女儿她要再婚了。苏珊的祖父去世时，米尔德丽德没有告诉她，她只说："我认为他并不喜欢当曾祖父。"②（苏珊当时怀孕了。）苏珊的父亲去世时，米尔德丽德也没有告诉她——等她后来说的时候，还对他的死因和安葬之地都说了谎。（几十年后，当苏珊试图找到父亲的墓地时，这个错误的信息妨碍了她。）

另一个不喜欢纠缠细节的例子是苏珊年轻时写的一篇自传小说——其中唯一的掩饰是把名字稍作改变。

> 露丝3岁的时候，一天晚上，内桑森夫人的客人玩得特别开心，她丈夫也比平时高兴，这时她感到了第一次阵痛，她就要生下老二了。她又喝了一杯。一小时后，她走进厨房；帮忙招待的
> 24 玛丽正在里面忙活，她让玛丽帮她解开她穿在身上的昂贵的孕妇服上的搭扣。内桑森夫人跪倒在地呻吟时，可以听到客厅里传过来的笑声和玻璃杯打碎的声音。
>
> 别打扰任何人。
>
> 两小时后，琼出生了。

米尔德丽德并不认为这是在撒谎，她把省略细节看作一种礼貌、

① 桑塔格文档，1986年3月25日。
② 桑塔格文档，1987年3月25日。

机敏的表现，是她对别人的一种体谅，并且希望别人也能体谅她。“我很软弱，别跟我说实话。”苏珊设想她会这么说。她固执地认为，她太脆弱，接受不了真相，而且相信“诚实就等于残忍”。有一次，苏珊呵斥朱迪丝跟母亲说话太实诚，米尔德丽德也跟着一起指责。“一点没错。”她说。[1]

朱迪丝相信“苏珊一辈子花了大量的时间，试图了解母亲”[2]。苏珊明白米尔德丽德的浅薄如何塑造了她自己的性格：“妈亲生的，又和她一起长大——她全神贯注于表面——我则一头扎进了内心世界。”[3] 但她不知道米尔德丽德的浅薄本身是如何形成的：她是如何、又是为何变成了“拒绝接受现实的女王”。

简略查看一下米尔德丽德的早年生活，就会发现她经历了一连串的坎坷；这些挫折足以改变一个更加坚强的人的性格。萨拉·利娅死于食物中毒的时候，她才 14 岁。接下来的日子里，米尔德丽德“很少”提到萨拉·利娅，不过，她的两个女儿猜想她受到的伤害很深。朱迪丝记得，她和米尔德丽德一起去博伊尔高地看“美丽的小别墅”；萨拉·利娅去世前，米尔德丽德就住在那里：米尔德丽德一看到房子，还有附近，都已成了废墟，不禁啜泣起来。

苏珊记得米尔德丽德一次从中国出发穿越苏联的旅行，当时苏联正处在斯大林的统治之下。当火车行至她母亲的出生地时，她想下火车。但是，在 20 世纪 30 年代，外国乘客专列的车厢门是封死的。 25

——火车在车站停了几个小时。

——老太太们轻轻地敲着冰冷的车窗玻璃，想兜售她们微温

① 桑塔格文档，1960 年 1 月 11 日。
② 作者对朱迪丝·科恩的采访。
③ 桑塔格文档，未注明日期。

的格瓦斯淡啤酒和橘子。

——妈哭了。

——她想触摸一下脚下她妈妈遥远的出生地的土地。就一次。

——她未获准许。（她被警告，如果再要求下车待一会儿，她就会被逮捕。）

——她哭了。

——她没有告诉我她哭了，可我知道她哭了。我此时看见她了。[1]

◆ ◆ ◆

在那趟火车上，她还有一个哭泣的理由。1938 年 10 月 19 日，在天津一家德美合资医院，杰克·罗森布拉特死于困扰了他近半辈子的疾病。和萨拉·利娅一样，年仅 33 岁。

米尔德丽德没有直接横渡太平洋，而是安排了一个复杂得几乎反常的旅程线路。她把一整屋子的中国家具捆扎打包装上火车，径直进入当时的满洲国，一个傀儡政府，日本人正是从此地入侵中国的；然后穿越了苏联和整个欧洲，这才登上开往纽约的轮船。就是在这次旅程中，她唯一一次造访她母亲在波兰东部的出生地。

朱迪丝说："她把所有这些东西都带了回来。"行李中包括杰克·罗森布拉特的骨灰，她一回到美国就将之安葬在皇后区。米尔德丽德在纽约似乎完全不知所措。"我从中国回美国后，一直试图掩饰

① "Project for a Trip to China", in Sontag, *I*, *etcetera*, 23.

自己的感情，”在苏珊的追问下，她承认，“这是我父亲抚养我长大的方式。安姑姑去世——也没告诉我。”[1] 苏珊和朱迪丝都未获准去参加葬礼；过了好几个月，米尔德丽德才告诉她们，说她们的父亲死了。 26
当她最终告诉苏珊后，她让这个一年级的孩子出去玩会儿。[2]

在《作为隐喻的疾病》中，苏珊在审视围绕疾病的谎言时引用了卡夫卡的话：“一谈到肺结核……每个人说话的方式立刻改变，马上羞羞答答，言辞闪烁，目光呆滞。”[3] 这种疾病就像癌症以及后来的艾滋病一样，是一种令人感到羞耻的疾病，于是米尔德丽德告诉苏珊，她的父亲死于肺炎。[4] 苏珊长大一些后，米尔德丽德并没有急着去填补那些“细节”，而是竭力抹去对丈夫的记忆。结果，苏珊对杰克·罗森布拉特几乎一无所知。30 年后，她这样写道：“我不知道他的笔迹是什么样子，甚至不知道他的签名是什么样子。”[5] 20 世纪 70 年代，苏珊为首次访华做准备，她匆匆记下了一些关于她父亲的笔记。其中，这个凡事较真的女人居然把父亲的生日搞错了一年多。[6]

◆ ◆ ◆

杰克去世时，米尔德丽德只有 32 岁。她成了寡妇，回归美国中产阶级家庭主妇的生活，这似乎是她曾经坚决要回避的一种生活。但她从不抱怨。相反，在接下来的半个世纪里，当事情变得棘手时，她会用伏特加和药丸默默医治自己的伤悲，然后走出房间，向世人展示

① 在桑塔格的数千份文档中，只有这两份是以米尔德丽德的语气写的。
② “Project for a Trip to China”, in Sontag, *I*, *etcetera*, 24.
③ Sontag, *Illness*, 7.
④ Suzie Mackenzie, “Finding Fact from Fiction”, in *Guardian*, May 27, 2000.
⑤ “Project for a Trip to China”, in Sontag, *I*, *etcetera*, 17.
⑥ 桑塔格文档，未注明日期。“1906 年 3 月 6 日，他出生在纽约下东区一个贫穷的移民家庭，在五个孩子中排行第四。”（实际应为 1905 年 2 月 1 日。——译注）

一张可爱的面孔。毫无疑问，中国——这个她曾经历人生大冒险的地方，此后将永远令她魂牵梦萦。

这个地方也令她的女儿魂牵梦萦。与后来认同其文化的法国相比，中国是苏珊最早，也是对她最具影响力的幻想之地。中国就是"由翡翠、柚木、竹子和炸狗肉构成的一道风景"①。这也是另一种起源、另一种生活的可能性："去中国就像重生一样吗？"② 中国对苏珊和朱迪丝产生了巨大的吸引力。虽然都出生在曼哈顿，但为了给同学留下深刻印象，她们就撒了谎。"我在学校里说我是在那儿
27 出生的，我知道自己是在撒谎，"苏珊写道，"不过，我的谎话只不过是一个更大且范围更广的谎言中的一小部分，于是便可以获得原谅了。为一个更大的谎言服务而撒的小谎，我的谎言就变成了某种事实。"③

她并没有说那个更大的谎言是什么。而她那些关于中国的短篇小说是她最早的虚构作品，她后来一次又一次地回到这个虚构主题。20世纪70年代早期，在她不甚成功的电影制作人生涯中，她曾写过一个剧本初稿，讲述一对富裕的夫妇在天津英租界的故事。那位患有结核病的父亲"热衷于赚钱的游戏"，不过，他的"贫民窟背景"让他有一种"社交自卑感"。这对夫妇在中国受到用人们的讨好，而且四周都有带刺的铁丝网保护他们，将他们与令人不快的区域——街道上人们会随地小便——隔离开来。苏珊把那个母亲描写成"妻子：疯癫的"。在后面一页，她问道："疯疯癫癫的米尔德丽德（可怜的米尔德丽德）怎么样呢？"④

---

① "Project for a Trip to China", in Sontag, *I*, *etcetera*, 5.
② 同上，第7页。
③ 同上。
④ 《中国》剧本，桑塔格文档。

◆ ◆ ◆

那个时候留下的，以及杰克·罗森布拉特留下的，是两盘无法观看的电影胶片和“一组照片”，表明苏珊的父亲的存在。但是，她没有什么东西能帮助自己想象他已经死了。没有事实——一个日期、一个死因、一场葬礼、一座坟墓，或任何看得见的哀伤——苏珊“并不真的相信”他已经不在了。[1]“这件事似乎极其不真实，因为我没有证据表明他已经死了，多年来，我都会梦见他有一天出现在前门口。”这种幻想演变成了她在自己的作品中发现的“假死主题”。奇迹的重现，以及“盒子里的杰克[2]，通过另一个人让一个人魂牵梦萦”[3]。

“杰克”这个词有可能是巧合吗？这一“未完成的痛苦”[4] 随后一直萦绕在她心头。她儿子写道，“在她最后的日子里”[5]，她心里一再念叨着她父亲。 28

---

① “Project for a Trip to China”, in Sontag, *I*, *etcetera*, 24.

② 盒子里的杰克（Jack-in-the-box）指玩偶盒，桑塔格的父亲名为杰克（Jack），所以下面会指“巧合”。——译注

③ 桑塔格文档，未注明日期。

④ 同上。

⑤ Rieff, *Swimming*, 174.

第二章

弥天大谎

1949 年，苏珊刚上芝加哥大学不久，有一次在餐厅里和一群大一的同学聊天。一个同学——玛莎·埃德海特——提到，在她成长的过程中，夏令营把自己从“彻底的疯狂”中拯救了出来。苏珊则回应说：“夏令营是我经历过的最糟糕的事情。”玛蒂[1]继续描述她在波科诺斯参加的进步机构组织的箭头营，苏珊则大声嚷道：“我就是被送去参加那个夏令营的哎！我逃走了。”

玛蒂这才惊讶地意识到坐在自己对面的是谁：从箭头营跑掉的那个女孩一直是玛蒂童年时代的一个谜。那个时候，玛蒂 7 岁，苏珊 6 岁。玛蒂回忆道：“半夜的时候，整个营的人都被叫醒了，因为这个孩子失踪了。”州警都被召来了。“太吓人了。”这时，这么多年过去了，那个传说中的女孩出人意料地又出现了。玛蒂记得：“她讨厌那
29 夏令营，她非常讨厌夏令营。她不想参加。没人会听她讲话。”

这次逃跑是对两个难以忍受的创伤的回应：她父亲的去世——难道直到 1939 年夏天，米尔德丽德才告诉她？——还有她对不在身边的母亲的思念。提到母亲，她这么说：“我总是试图引起她的注意，

① 玛莎的昵称。——译注

总是做一些事情来引起她的注意，来得到她的爱。”[1] 然而，“她母亲把她往这个夏令营一扔，这样自己就可以做任何需要做的事情了”，玛蒂说。[2]

对一个新近守寡且刚刚跨越了半个地球的女人而言，需要休整一下是可以理解的。但是，米尔德丽德几乎一生下苏珊就丢下她不管了。对被抛弃的恐惧——以及这种心理的必然结果，想要抛弃那些她唯恐即将抛弃她的人的冲动——成了苏珊性格中的主要特征。

◆ ◆ ◆

米尔德丽德不得不适应截然不同的环境。她有钱。功成毛皮公司每个月仍然发给她不低于 500 美元的补贴，相当于 2018 年的 8000 多美元。但是，公司由杰克的弟弟艾伦打理之后，业务一路下滑；艾伦在家族中以能力差而出名。战争也对公司造成了损失。几年后，这笔收入渐渐中断了。[3]

虽然米尔德丽德并非一贫如洗，但丈夫的离世对她而言意味着逃脱贫穷的可能性不大了。她似乎一直在寻找一种新的生活，而且不停地在搬家。她卖掉了格雷特内克的房子，搬到了新泽西州的维罗纳，在离她父亲家蒙特克莱尔很近的地方短暂地住了一段时间——也许是离她父亲太近了，没过多久，她就搬到了迈阿密海滩，她和两个女儿 1939 年至 1940 年就住在这里。不久之后，她又回到北方，到了长岛的伍德米尔。一年后，即 1941 年，她搬到了皇后区的森林小丘，一直住到 1943 年，然后一路穿越整个美洲大陆，来到沙漠度假胜地图森。她从 30

① 作者对文森特 · 维尔加的采访。
② 作者对玛莎 · 埃德海特的采访。
③ 作者对朱迪丝 · 科恩的采访。

此就一直在西部——她就是在西部长大的——度过了她的余生。

这次旅行——也在她女儿的一生中留下了痕迹——使她与一个毁灭性的化学制品形影不离。米尔德丽德一边哀悼自己的丈夫，一边还要努力为自己找到一种新的生活。她这时染上了酗酒的恶习。她从未向苏珊或任何人提起过这个问题：她一如既往小心翼翼地保持着自己的形象。她会喝下一大杯加冰的伏特加，然后问客人："你们要喝点水吗?"[①] 由于无法应付这个世界，她很多时间都懒散地躺在卧室里，把家务事，包括照顾孩子，都交给了内莉和罗茜[②]。

多年后，苏珊这么写道："我最深刻的体验是漠然，而非蔑视。"[③]平日里懒散而没精打采的米尔德丽德似乎只有在周围出现男人的时候才活跃起来。"我们有很多叔叔，"朱迪丝回忆说，[④]"我们并不全都知道他们叫什么名字……每一个都叫'叔'。"[⑤] 但是，苏珊的一位朋友回忆说，当米尔德丽德身边没有男人的时候，"这位母亲真的会把苏珊叫到床前对她说，'哦，我的上帝，我的宝贝，没有你我一天也活不下去'"。[⑥]

当米尔德丽德身边有一个"叔叔"在，或者她不想被扰乱心绪的时候，她就不言不语了。"我小的时候，妈不理我，"苏珊在日记里写道，"最大的惩罚——也是最沮丧的。她总是'离开'——甚至在她不生气的时候。(喝酒是这种状态的一个征兆。) 但我还是一直在努力。"[⑦]

---

① 作者对特丽·朱克和戴维·里夫的采访。

② 罗丝的昵称。——译注

③ Sontag, *As Consciousness Is Harnessed to Flesh: Journals and Notebooks, 1964-1980*, ed. David Rieff (New York: Farrar, Straus and Giroux, 2013), 72, January 16, 1965. (原文为"蔑视"，即 contempt。经与作者确认，他引自桑塔格文档中日记的原文，而非《心为身役》中的"指责"，即 censure。——译注)

④ 朱迪丝·科恩在南希·凯茨导演的纪录片《关于苏珊·桑塔格》中所言，HBO 电视网，2014 年。

⑤ 作者对朱迪丝·科恩的采访。

⑥ 作者对唐·莱文的采访。

⑦ Sontag, *Consciousness*, 25, August 29, 1964.

◆◆◆

米尔德丽德也许不知道如何当母亲。但是，因自己长相漂亮以及对外表极度的讲究，她知道如何吸引男人的目光，而且将两个女儿也拉进了亲友助力团。当人们把她和苏珊错认为是姐妹时，她很开心——当苏珊和朱迪丝让她看起来更年轻时，她就欣然接受她们；当她们让她“显老”的时候，她就把她们赶走。[1] 31

这个早熟的女孩在很小的时候就发现，如何才能让米尔德丽德看到自己。苏珊写道：“我感觉让我母亲开心的事情之一是性方面的赞美。她假装和我调情，让我兴奋；我则假装被弄得兴奋（也真是让她弄得很兴奋）。”[2] 每当母亲身边没有“叔叔”的时候，苏珊就扮演起这个角色。“别离开我，”米尔德丽德会恳求她，“你必须握着我的手。我怕黑。我需要你在这儿陪我。我亲爱的，我的宝贝。”[3] 她变成了她母亲的母亲，也成了米尔德丽德的丈夫，被迫与围在这个漂亮的小寡妇周围的一群追求者们展开竞争。她写道，通过调情，“不知怎么地，我在幕后战胜了那一个个男友；他们要的是和她共度一段时光，而非得到她深深的感情（她再三告诉我这些）。和我在一起，她很‘女人’；我扮演那个羞答答地爱慕她的男孩。我细皮嫩肉；那些男友五大三粗。我爱她；我也扮演爱着她”[4]。每当和男人们交往不顺时，米尔德丽德总还有苏珊相伴。

苏珊写道，她母亲说她“有魔力，还认定如果我收回这些魔力，

---

① 作者对唐·莱文和朱迪丝·科恩的采访。
② 桑塔格文档。（《心为身役》中也有相关描述。——译注）
③ 作者对唐·莱文的采访。
④ 桑塔格文档。（《心为身役》中也有相关描述。——译注）

她就会死”①。她把这可怕的责任加在这个孩子身上；但是，苏珊后来的人际关系的又一个预兆是，米尔德丽德同样也使用遗弃的威胁，当有更重要的人出现时，她就把苏珊推到了一边。苏珊生活在“永远的恐惧之中，生怕她会突然并且随意地撤出”②。从米尔德丽德身上，苏珊学到了通过周期性地转移自己的注意力来点燃浓情蜜意。

苏珊说，这就是她“最深刻的体验”。它创造了一种施虐与受虐的动力，这一动力在苏珊的一生中反复出现。在她长大成人的家里，爱并不是无条件给予的。相反，它被暂时延期，后来却又被随意取消：这是一个没有赢家的游戏，这个女孩熟稔地掌握了游戏规则，在其中游刃有余。米尔德丽德对苏珊的“需要”迫使她的女儿自我保
32 护。尽管她很希望自己的母亲需要她，但她同时也鄙视米尔德丽德表现出来的“痛苦和软弱”；当母亲的行为变得可怜到令人无法忍受时，苏珊别无选择，只能让步。③“当她需要我，但我没想从她那里博得什么东西，”苏珊写道，“这时，我有压迫感，试着悄悄溜走，假装没有注意到她的诉求。”④

◆ ◆ ◆

在苏珊的晚年，出于种种原因，她谴责被贴上各种“标签”。她拒绝了将自己的作品收入女性作家选集的邀请。她告诉达里尔·品克尼不要老是想着黑人题材，告诉埃德蒙·怀特不要老是想着同性恋题材：她相信，一个作家应该努力做到个性鲜明，这样才能变得具有广

---

① 桑塔格文档。(《心为身役》中也有相关描述。——译注)
② Sontag, *Consciousness*, 213, August 9, 1967.
③ 桑塔格文档，未注明日期。
④ Sontag, *Consciousness*, 226, August 9, 1967.

泛性。但是，尽管很少有人像苏珊·桑塔格那样具有强烈的个性，但她仍然是一个酗酒母亲成年的孩子，几乎到了怪诞的地步，有着他们所有的弱点——以及他们的强项。

苏珊后来坚持认为，不管人们的性格多么优秀，不管他们的性压抑到什么程度，也不管他们煞费苦心地用什么委婉语来表示否认，癌症都会袭击他们。癌症就是一种疾病。人们还普遍认为，酗酒也是一种疾病——因为它有症状。正如任何病状一样，这些都遵循可预测的模式。

同样可以预测的，是它对酗酒者的孩子影响的方式——但直到苏珊长大很多，这些才为人完全理解。“我从来都并不真正是个小孩!”苏珊在她年近 30 岁时这样写道。[1] 单单这一句感叹就概括了问题的核心。“一个孩子什么时候会不是一个孩子?”一位研究这种综合征的早教专家珍妮特·沃伊蒂茨发问。“当这个孩子和酗酒者生活在一起的时候。”[2]

苏珊明白，她掌握着母亲的性命，像她这样的孩子通常会疯狂地追求完美——苏珊“表现特别好”，她母亲说[3]——这种孩子害怕自己
不能承担这些责任。这个酗酒者的孩子意识到自己的失败后，受到自 33
尊心低下的折磨，总是觉得，不管别人怎么大声称赞她，她还是不够好。她无法视爱为理所当然，于是她成了一个依赖他人肯定的成年人——而当别人给予肯定时，她又只会拒绝。[4]

事实上，桑塔格性格中很多明显令人讨厌的方面，正如人们后来所理解的那样，都是根据酗酒者的家庭体系而理顺了来龙去脉。比

① Sontag, *Reborn: Journals and Notebooks, 1947 - 1963*, ed. David Rieff (New York: Farrar, Straus and Giroux, 2008), 302, March 3, 1962.

② Janet Geringer Woititz, *Adult Children of Alcoholics* (Deerfield Beach, FL: Health Communications, 1983), 3.

③ 桑塔格文档。

④ 这个论述参考了沃伊蒂茨文章的观点。

如，她的对手指责她太自以为是，太死板，毫无幽默感，甚至连最琐碎的事情都无法放手，令人费解。但是，“酗酒者家庭里的小孩子是无法控制局面的，”沃伊蒂茨解释说，“他需要开始掌控自己的环境。”[①] 这样的孩子经常会说谎：当意识到他们不能告诉别人自己家里的真实情况，他们便煞费苦心编造各种谎言进行掩饰，然后就在这些同样的幻想中寻求庇护。充当他们父母的父母，不被允许有正常孩子的粗心大意，他们装出一副早熟且严肃认真的样子。但往往在他们成年后，“表现特别好”的面具就脱落了，显露出的是一个不合时宜、与年龄不符的孩子。

◆ ◆ ◆

米尔德丽德这个“拒绝接受现实的女王”会逃避现实，苏珊也会。但她的逃脱更有成效。作为家里的“外来居民”[②]，她什么都不想要，只想逃走。她最早的记忆之一就是想逃跑。“那个想去中国的人的声音是谁的声音?”她问道，“一个孩子的声音。孩子还不满 6 岁。”[③] 她想象“一个充斥着被压迫的苦力和小妾的世界。充斥着残酷的地主。充斥着傲慢的官员，双臂交叉，长长的指甲藏在他们衣袍的宽袖筒里”[④]。

这一部分是出于她对父亲的思念，但这些想象的内容中使用的小
34 说所特有的措辞都要归功于她的母亲。米尔德丽德使得苏珊想逃跑，也给出了她逃跑的办法。米尔德丽德教女儿看书识字，这是母亲关怀备至的一个罕见而又必不可少的例子。保罗 · 布朗回忆说：“她会把

① 这个论述参考了沃伊蒂茨文章的观点。
② Sontag, “Pilgrimage”, in *The New Yorker*, December 21, 1987.
③ “Project for a Trip to China”, in Sontag, *I, etcetera*, 7.
④ 同上，第 22 页。

女儿的名字写在黑板上，她会说‘苏珊’，同时指着苏珊。苏珊就会发出这个词的读音。然后，她会写另一个词。然后，当苏珊学会了这个词，她会再写一个词，接着是另一个词。然后，苏珊就开始说话了。苏珊两三岁的时候就会阅读了。”①

阅读给苏珊提供了一种重塑现实的方式，美化了现实——就像《方特罗伊小伯爵》当时鼓励她去称她那深不可测的母亲为“亲爱的”一样。当她需要出逃时，书让她把门关上。“你不喜欢什么的时候，”米尔德丽德写道，“就会进房间看书。”② 但凡快乐一些的孩子都可能永远不会成为一个如此才华横溢的读书人。米尔德丽德鼓励她在童话世界里安营扎寨。

◆ ◆ ◆

苏珊早熟的智力发展“绝对吓坏了”她母亲，③ 她和之后的许多人一样，都害怕苏珊的评价。比如，当米尔德丽德在看《红皮书》——一本面向中产阶级家庭主妇的杂志——时被苏珊逮个正着，她就会面带愧色、胡乱地把杂志塞到床罩下面。④ 苏珊不愿让她难堪，一声不吭地答应不去查看。“我呢，”苏珊写道，“礼貌周到地，尽我最大的努力不去看，不在意识里记下，也绝不用我所看到的去有意识地反对她。”⑤

“我在成长的过程中想方设法地做到既看见，又不看见。”她写道。⑥

① 作者对保罗·布朗的采访。
② 桑塔格文档。
③ 作者对朱迪丝·科恩的采访。
④ 作者对露辛达·蔡尔兹的采访。
⑤ Sontag, *Consciousness*, 222, August 10, 1967.
⑥ 同上，第213页，1967年8月9日。

假装没有看到她母亲，最终变成真的看不到她了，在"盲从"[①]及其对立面之间摇摆。"我母亲是个可怕的人。"米尔德丽德去世后，她对一个朋友说。[②]"我没有母亲。"她对另外一个朋友说。她曾和这个朋
35 友详细地讨论过酗酒的问题。"我有的就是这种冰冷的感觉——真的是令人沮丧。我总是试图得到她的关注，得到她的爱。我没有母亲。"[③]

就像苏珊幼稚地认为自己是一个浪漫的女英雄一样，这很大程度上也是一种夸张的描述。她的一个情人说："她永远无法明白另一个人身上发生了什么，我的意思是我们在日常生活中一直具有的敏感性。比如'你在想什么、你感觉怎么样、你的观点呢'？苏珊并不敏感。"[④]由于看不到导致她母亲在现实生活中寻求解脱的那种失望，她似乎没有把"关于［她母亲］是什么样的人、又是怎样成为这样的人的弥天大谎"[⑤]与她自己是什么样的人联系起来。她谴责这个谎言，痛斥这给她的感觉是"欺骗"。但是，尽管她试图保持距离（"我恨我身上一切像她的东西——尤其是物质性的东西"），这种联系，即使被否认了，仍然存在。[⑥]苏珊的另一个情人对她说，她"深受我自
36 己的一个家庭形象——我是我母亲的女儿——的摆布"[⑦]。

---

① Sontag, *Consciousness*, 223, August 10, 1967.
② 作者对费里达·杜拉科维奇的采访。
③ 作者对文森特·维尔加的采访。
④ 伊娃·科利施在凯茨导演的纪录片《关于苏珊·桑塔格》中所言。
⑤ Sontag, *Consciousness*, 222, August 10, 1967.
⑥ 同上，第223页。
⑦ 引自玛丽亚·艾琳·福恩斯的话，见 Sontag, *Reborn*, 258, February 29, 1960。

第三章

来自另一个星球

在苏珊对父亲去世后那段时间的记忆片段中，有一个问题——“你知道气管和食管的区别吗？”——让我们对5岁的苏[1]·罗森布拉特（即后来的苏珊·桑塔格）能够窥一斑而知全豹。[2]

其他记忆片段也显示了苏的心态。她记得桑尼叔叔把她带到很远的水域里，给她留下了轻微但持久的恐惧；她回忆起后院帐篷里的一只蜘蛛和疯人院地下室的尿臭味儿。[3] 她的焦虑也可能体现在这个阶段出现的哮喘上。这种病经常是由情绪波动引发的，窒息的经历对一个成年人而言都是够可怕的，对一个孩子来说就更加可怕了：这是一生中各种疾病缠身的她患的第一个疾病。

在“哮喘病人反反复复做的被活埋的噩梦”[4] 中，她又加上了一个，即她母亲毫无面对困境的能力。在一部未出版的小说化的回忆录中，她写道（只是把人名改了改），在她哮喘病发作期间，米尔德 37
丽德“一直是极不称职的，她的女儿推开盖在身上的毯子，跪在床

① 苏珊的昵称。——译注
② Sontag, *Reborn*, 106ff.
③ 同上，第115页，1957年1月。
④ Sontag, *The Volcano Lover: A Romance* (New York: Farrar, Straus and Giroux, 1992), 105.

上，抬头拼命伸向天花板，以便能够呼吸；她连看着都无法忍受”①。

米尔德丽德都不能待在房间里。不过，她对苏珊的病也并不是漠不关心。1939 年，在一年多一点的时间里，她拖家带口——包括内莉和罗茜——第三次举家搬迁，这一次，一家人登上了一列开往佛罗里达的火车。苏珊关于这个阶段的记忆并不多，但其中一个是，她一路上都在问一个问题："妈妈，你怎么拼写'肺炎'这个词呀？"②

她试图把自己的注意力集中于那个夺走她父亲生命的无人能懂的疾病上——米尔德丽德曾这么告诉她：肺结核当时还无法明确诊断。但是，当她喘不过气来的时候，得知自己的病——和她父亲一样——是在肺部时，一定是惊慌失措的。尽管她几乎没有写过她这阶段在迈阿密海滩的经历，但在那里，她有机会更好地了解肺部疾病，以及了解一个机构，那个将在她一生中一次次唤起回忆的疗养院。

对佛罗里达，她记得"椰树和模仿摩尔式建筑风格的灰泥装饰的白房子"③，还记得罗森布拉特奶奶有一次来看他们，奶奶告诉她没有什么圣诞老人。④

◆ ◆ ◆

迈阿密潮湿的气候对哮喘病人不利，这家人因此在那儿只住了不到一年。1940 年，米尔德丽德又拖家带口回到了纽约，他们在长岛的伍德米尔暂时落了脚。那里就是爱德怀德高尔夫球场对面——现在的

---

① 桑塔格文档，所注日期为 1948 年。在这部小说中，桑塔格给罗茜用了玛丽这个名字。
② Sontag, *Reborn*, 106, January 1957.
③ 这是戴维 · 里夫的话，见 Daniel Schreiber, *Susan Sontag: Geist und Glamour: Biographie* (Berlin: Aufbau Verlag, 2010), 18。
④ 桑塔格文档。

肯尼迪国际机场，不过伍德米尔似乎并没有给苏珊留下什么印象。但在森林小丘——1941 年米尔德丽德把家搬到此地——苏珊本人给人们留下了深刻的印象。38

沃尔特·弗莱根海默年龄比苏珊大，他们俩是 144 公立学校的同班同学；苏珊在这儿上了五、六年级。在操场上，一个比他小的女孩上前跟他搭讪，问他和一个朋友是否参加了“智力超群儿童”项目。那个学年她来晚了，未能参加；当听到他们参加了时，她松了一口气。“我能和你们聊聊吗？”她问道，“因为我们班上那些小孩太笨了，我和他们聊不起来。”

苏很有趣，她的风趣吸引了这两个比她年长的男生。弗莱根海默说，他们成了朋友，而且吃惊地发现她比他们小两岁。“她在智力上当然和我们不相上下——而且我们都很聪明。”他们一起在操场上闲逛，还造访了罗森布拉特家，在那里，他们瞥见了“一位非常迷人的女士”，米尔德丽德，“比我熟悉的其他人家的母亲要时尚世故得多”。

“我不记得她对文学或写作特别感兴趣，也不记得她谈论过文学或写作。”弗莱根海默说。他所记得的是她超凡的魅力。苏“总是在努力”——有时候“有点太拼了”，但她的“明星气质”使她注定要成为伟人，这一点显而易见。

> 我二三十岁时，常常会在一些场合找苏·罗森布拉特这个名字，因为我知道她会出名的。然而，我并没有找到苏·罗森布拉特的名字，于是我想：“哦，我猜想，她并没有出名。”[1]

---

① 作者对沃尔特·弗莱根海默的采访。

◆ ◆ ◆

在144公立学校的操场，苏还没有谈论书籍。但正如她对沃尔特的开场白所揭示的，她已经意识到自己是一个与环境格格不入的人了。在学校里觉得无聊，在家里觉得不开心，身体又虚弱，她渴望更
39 好的东西。但是，这个后来能激励全天下书生气十足的女孩的女人，在她自己还是一个书生气十足的女孩的时候，却没有什么人是她可以效仿的榜样。

女性主义批评家卡罗琳·海尔布伦写道，直到最近，公认为有资格写传记的只有这些女性："王室女性，或是在著名男性的生活中大放光彩的女性。"如果女人的价值在于她们自己的成就，这样的女性是不为人关注的。"以前，只有对男性的命运忠诚不贰的女人的生平才会被传颂宣扬；对于一个想从女性传记中得到更多鼓舞的年轻女孩而言，在1970年之前，很少或者说根本没有这样的例子能找到。"[1] 即便是像弗吉尼亚·伍尔夫这样毋庸置疑声名显赫的作家，在20世纪60年代也被美国评论界权威人物之一的莱昂内尔·特里林认为不值一提。[2] 他的妻子苦涩地开玩笑说，无论她的成就有多大，她的讣告上都会不可避免地写着："戴安娜·特里林去世，享年150岁。著名教授和文学批评家莱昂内尔·特里林的遗孀。"[3]

---

① 见 Carolyn G. Heilbrun, *Writing a Woman's Life* (New York: W. W. Norton, 1988), 21。卡罗琳写道："1984年，我相当武断地认为，1970年是女性传记一个新时期的开始，因为南希·米尔福德的《塞尔达传》是在那一年出版的。这部传记的意义首先在于它揭示了F. 司各特·菲茨杰拉德认为自己拥有将妻子塞尔达的一生作为一种艺术财产的权力。"

② Carl E. Rollyson and Lisa Olson Paddock, *Susan Sontag: The Making of an Icon* (New York: W. W. Norton, 2000), 152.

③ Michael Norman, "Diana Trilling, a Cultural Critic and Member of a Select Intellectual Circle, Dies at 91", in *New York Times*, October 25, 1996.

在桑塔格那一代女知识分子的回忆录中，有一个伟人是个例外，她被一再提及。1937 年，伊芙·居里出版了《居里夫人传》，不久后，七八岁的苏珊就看了这本书。“这令我想当一个生物化学家，并获得诺贝尔奖。”她说。（她心愿未了，但失败还没有伊芙那么惨痛，伊芙的母亲、父亲、丈夫、姐姐和姐夫都获得过诺奖——她母亲还获得过两次。）“我当时不知道这对女性而言是多么艰难。”苏珊后来说。[1]

这位“我孩提时代最杰出的女英雄”[2] 对她有着一辈子的吸引力。在她生命的最后十年里，她还考虑要写一部关于居里夫人的小说。[3] 高傲而又令人生畏的居里夫人让苏怀疑自己是否有那样的才智能够获得诺贝尔奖。但是她很早就意识到，她自己那种独特的智慧——“有点太拼了”——就是一种强大的力量。“我确实认为只要我下定决心去做，什么事我都能做成（我当时想当个化学家，就像居里夫人那样），有着坚定不移的决心，比其他人目标更加明确，这会使我所向披靡。”[4] 40

◆◆◆

通过阅读，苏也了解了社会责任是社会主义英雄主义的想法。在森林小丘，她看过一本漫画书[5]，讲的是加拿大医生诺尔曼·白求恩的故事；白求恩是一名共产主义者，参加过西班牙内战，后来前往中国，并为中国献出了生命，是一个社会主义国际主义的烈士典范。[6]

---

① Wendy Perron, “Susan Sontag on Writing, Art, Feminism, Life and Death”, in *Soho Weekly News*, December 1, 1977.

② Sontag, *In America* (New York: Farrar, Straus and Giroux, 2000), 11.

③ 作者对雅罗斯拉夫·安德斯的采访。

④ Sontag, *In America*, 26.

⑤ 指《真正的连环漫画》，密歇根州立大学办的一本杂志。——译注

⑥ Sontag, *Reborn*, 113, January 1957.

她还看了两本书，都是关于绝望的越狱：刘易斯·劳斯的《星星监狱两万年》和维克多·雨果关于不公正与救赎的名作《悲惨世界》。她曾对一名采访者说，9 岁的时候，她在看五卷本的《悲惨世界》期间，“几个月的时间都生活在悲伤与悬念之中。正是芳汀不得不卖掉她的头发的那一章，让我成了一个自觉的社会主义者”①。

她对这些被压迫的人深感同情，这其中还有一个原因。在她们家住在森林小丘的那些年，一场迄今为止难以想象的灾难降临在欧洲的犹太人头上；如果说纳粹的恐怖程度要到战后才会为人们完全理解，那么，犹太社区却无疑当时就知晓其中的主要情况。这座城市因数千名难民的涌入而人数激增，其中就包括苏的朋友，德国出生的沃尔特·弗莱根海默。

她这辈子对自己家庭背景的态度，就像她对自己身份的其他方面的态度一样变化不定。她告诉以色列小说家约拉姆·卡纽克——第一，她是犹太人；第二，她是作家；第三，她才是美国人。② 这种表达让卡纽克感到“震惊”，因为“他没有把她身上的任何东西与犹太人联系在一起”。其他人也认同此看法。“苏珊看上去不像犹太人”，电影研究者唐·埃里克·莱文说，他认为“在她试图表现得像个犹太人时，她就是在试图扮演汉娜·阿伦特”③。波兰作家雅罗斯拉夫·安
41 德斯曾和一群美国作家一起游览了波兰；他记得约翰·阿什贝利曾在奥斯维辛集中营哭泣。“她没哭。她谈到了这一点，谈到了对历史的操纵，以及对犹太人苦难某些方面的隐瞒，但这对她来说是一个智力上的挑战，也是一个问题，但不是个人的问题。”

有时，比如就像对以色列的卡纽克，她强调自己的犹太背景。而在

① Craig Seligman, *Sontag & Kael: Opposites Attract Me* (New York: Counterpoint, 2004), 16.
② Rollyson and Paddock, *Making of an Icon*, 161.
③ 作者对唐·莱文的采访。

其他时候，她则对此轻描淡写。她对一位意大利朋友说，她第一次进入的犹太教堂是在佛罗伦萨的一座较为富丽堂皇的大犹太教堂——不过她的继父在远没有那么富有魅力的圣费尔南多谷修建了一座犹太教堂。[①]她告诉作家乔纳森·萨福兰·弗尔："我没有犹太背景，也从来没有庆祝过逾越节。"[②] 不过她妹妹记得，家里每年都举行逾越节家宴，而且也庆祝其他犹太节日。她奶奶只在符合犹太教规定的餐馆吃饭；米尔德丽德在他们家的门廊上办班教希伯来语；苏珊则为以色列献血。[③]

这些并不代表这个家庭充满了宗教狂热。（事实上，米尔德丽德允许两个女儿拥有一棵圣诞树，还让她们陪罗茜去教堂。）相反，这显示了美国中产阶级犹太家庭中完全正常的童年状态，同时也提出了一个问题，即她为什么要否认这一点？

◆◆◆

对一个在希特勒上台前两个星期出生的孩子而言，正常的犹太孩子童年的另一个方面是恐惧。无论她觉得离自己的血统起源有多遥远，她都清楚它在威胁她。即使她只是有名无实的犹太人，但她依然意识到，"有名无实，对纳粹就已经足够了"。战争期间，她"总是被一个反复出现的噩梦困扰着，梦中，一些纳粹士兵越狱逃脱，然后他们一路南行，来到我与母亲和妹妹在市郊居住的平房，要来杀我"[④]。 42

危险并不仅限于梦中。在森林小丘的时候，有一天，她在放学回家的路上，被人骂是一个肮脏的犹太人，还被一块石头砸中了头部。

① 作者对保罗·迪洛纳尔多的采访。她告诉他说，她参观的第一个犹太教堂在佛罗伦萨。她妹妹讲述了在圣费尔南多谷建犹太教堂的故事。

② 桑塔格致乔纳森·萨福兰·弗尔的信，桑塔格文档，2003 年 5 月 27 日。

③ 作者对朱迪丝·科恩的采访。Sontag, *Reborn*, 107, 116, September 1957.

④ "Literature Is Freedom", in Sontag, *At the Same Time*, 207.

几处伤口需要缝合，而且还留下了伤疤。“我觉得，我明白，”朱迪丝说（她指的是这次袭击），“苏珊憎恨标签。”[①] 对她而言，鄙视并避开这些标签是很自然的，尤其是那种未征得本人同意就贴上的涉及种族、性别或性取向的标签，是很危险的。

然而，害怕被贴上标签并不意味着犹太人的苦难只是“一个问题，但不是个人的问题”。在她的一生中，某个问题越个人化，她就越积极地努力去理智地重新考虑。这些掩饰的或抽象的情感暗流使她对明显枯燥的问题的调查研究具有一种意想不到的紧迫感。在她论癌症（《作为隐喻的疾病》）的著作中，她一次也没有提到她自己的癌症。她的众多学术兴趣与犹太人的苦难经历直接相关，比如，她写道，大屠杀的照片把她的生活一分两半。

就在战争结束后——也许就在看到那些照片之后——她写了一首诗，总结了她后来关于如何牢记的许多问题：用她后来的话说，即如何看待他人的痛苦。

> 那些在集中营被烧成灰烬的人啊，
> 你们的肉体在集中营被饿死、被枪杀、被打死、被致残，
> 请把你们的遭遇告诉我，哦，让我记住
> 　　你们……
>
> 我认为你们的骨灰不会滋养
> 　　任何土地，不会结出任何果实，我认为你们的死没有任何意义，它们也不会产生任何好的意愿：
> 原谅我没有这一能力——如果我有这个权力该多好啊——去

① 作者对朱迪丝·科恩的采访。

改变它们。 43

十二三岁的时候，她意识到，看着这些残缺不全的身体是多么可怖，但她仍然决定无论如何都要去看一看。但她同时决定，不会在受害者的苦难上加上一个美好的结局，从而贬低他们；她为如何牢记这个问题而绞尽脑汁。“如果在这些痛苦的想象中有任何可能的策略，我都会去找寻，”她承诺。[①] 后来，她这一辈子的确履行了自己的诺言。但是她不会通过接受这些直接的身份来达到目的，她担心这些身份已经造成了灾难。所以她写道：“我试着抽象地去处理。”[②]

◆ ◆ ◆

在纽约，苏的哮喘更厉害了。为了让苏得到更好的治疗，米尔德丽德把家搬到了图森；自 20 世纪 20 年代以来，图森的沙漠气候吸引了众多的疗养院和医院。彼时，为了消除人们对极端气温的顾虑，亚利桑那州的支持者们已经想出了他们最喜欢的老套说辞。沙漠疗养院打出的广告坚称，问题不在于温度，而在于湿度。“酷暑伴随着仲夏到来，”他们承认，“但是，由于极度干燥的空气，中暑和暑热虚脱是未知的，而且‘这里的高温肯定没有潮湿环境中低得多的温度那么令人压抑’。”[③]

在美国，氛围上最不像纽约的地方也许就是图森了。空旷的街道、恶劣的气候、土生土长的居民、偏远的地理位置、奇异的动植物，所有这一切都给苏留下了持久而深刻的印象。她有自己的西南沙

① 桑塔格文档。
② 同上。
③ “The Desert Sanatorium and Institute of Research：Tucson，Arizona”，参见亚利桑那大学图书馆文档。

漠特征一说："没有任何景观，即使是巴拿马地峡布满沼泽的丛林，也没有像眼前的景象这样给他们所有人留下如此深刻的印象，奇特得令人敬畏。"[①] 她第一次见到这景色的经历是难以忘记的。坐了三天的火车，到站的时候，苏飞快地冲下火车，拥抱了她见到的第一棵树形仙人掌。"她以前从未见过仙人掌，"朱迪丝回忆说，"她一下子就浑
44 身粘满了仙人掌的刺。"[②]

罗森布拉特一家搬进了东德拉克曼街2409号的一栋平房。如今，这条街道位于一个不断扩张的城市的市中心附近，而在1943年，它是一条远离文明的土路。离家只有两三个街区远的地方，是那家亚利桑那旅馆，苏珊在去那儿的路上，经常会遇到响尾蛇。[③] 房子有四个小房间，就砌在新近浇筑的混凝土路面上，与米尔德丽德以前在天津和长岛的住处形成了鲜明的反差，似乎很难想象她打算在此长居。她、罗茜、朱迪丝、苏珊还有她们的狗拉西，全挤在这栋房子里。对两个女孩而言，房子的大小并不重要：酷热把她们逼到了户外，甚至是地下，逼到她们在院子挖的一个洞里——最终，这件事成了苏珊和朱迪丝童年时期永久的记忆之一。

正如苏珊拥抱仙人掌这件事所预示的那样，她不太容易适应图森的生活。彼时，她才10岁；东德拉克曼是她待过的第四个州、第八个住处。她经常被连根拔起，而这一次，她又被扔在沙漠中央，很难适应。她对图森的许多记忆都暗示着孤独。她的第一所学校，卡塔利娜初中，对她就是一场"灾难"。当时有个女生对她很好，她意识到自己就是"不知道怎样去回报她"[④]。她转学到另一所学校，亚利桑那阳光中学。第二年，她11岁的时候，又转入了一所学校，曼斯菲尔

① Sontag, *In America*, 154.
② 作者对朱迪丝·科恩的采访。
③ 作者对拉里·麦克默特里的采访。
④ Sontag, *Reborn*, 108, September 1957.

德初中。

米尔德丽德去世后，苏珊开始研究她的病情，她在日记里匆匆写下了一句简短的话。“酗酒者家庭的孩子——来自另一个星球的游客的感觉。”[1] 由于缺乏可信赖的人际互动的榜样，她不得不留心其他人并模仿他们。当她在曼斯菲尔德上学时，她做出了她所谓的“重大决定——我在 11 岁时做出的清醒的决定”。她发誓：“我会受大家欢迎的。”即使在那个时候，她写道：“我明白内外之别。”[2] 她对这种区别的敏锐感知只能来自外人。 45

◆ ◆ ◆

苏珊的儿子戴维在关于母亲的回忆录中描述，她最大的焦虑——仅次于对死亡的恐惧——是“强烈的、到末了无法安慰的永远是个局外人、永远身处不恰当的地方的那种感觉”[3]。乍一看，这样的评判令人惊讶。在文化圈里，苏珊·桑塔格不只是个圈内人：她就是文化圈的象征。就是她的圈内人身份让崇拜者们对她肃然起敬，因为他们注意到没有人能像她那样强有力地吸引人们对艺术和艺术家的注意；就是她的圈内人身份让诋毁者对她发起攻击，因为他们谴责她未能引起人们对他们希望推进的事业——他们自己多半也未能做到——给予关注。与同时代的其他作家不同，她体现了来自纽约的文化声望，而且似乎掌握着通往曼哈顿的密钥。

然而在图森，她已然是自己心目中一直认为的那种人：一个外星人，一个与环境格格不入的人。她对亚利桑那州持久的记忆出现在她

① 桑塔格文档，1987 年 3 月 25 日。
② Sontag, *Consciousness*, 114 - 115, September 6, 1965, Tangier.
③ Rieff, *Swimming*, 74.

的第二部长篇小说《死亡匣子》中；小说中，主人公梦见了一个野孩子“在萨比诺峡谷，峡谷位于卡塔利娜山脉的丘陵地带，就在图森城外”。

> 狼孩不想成为一个动物。羡慕人类高级的痛苦……不想成为一个动物，但又别无选择。[1]

这种被困在错误生活中的感觉充斥于苏珊对自己童年“漫长的刑期”的记忆中。[2] 她试图把妹妹培养成一个伙伴，但朱迪丝有其他的兴趣。苏珊后来很不情愿地承认说：“希望教会 6 岁大的孩子把 collarbone 叫作 clavicle[3]，或者教朱迪丝 48 个州的 48 个州府名，都是
46 没有意义的。”[4] 尽管如此，苏珊还是训练了她的妹妹。70 年后，朱迪丝仍能脱口背出：“1066 年，黑斯廷斯战役。”

朱迪丝说，在图森时，她们俩睡上下铺，苏珊当然是睡上铺。“因为，”她解释说，“万一床散架，她会没事的。”[5] 朱迪丝注意到姐姐对她这个妹妹的生死漠不关心，于是就用神秘的力量来“折磨”她。

> 我躺在床上，而她则在上铺看书或干什么事，脑袋几乎要碰到天花板了。床尾边上有一张书桌，书桌上方有一面镜子。我会说：“我有魔力。我知道你在干什么。你举起了一只手臂。”

---

① Sontag, *Death Kit* (New York: Farrar, Straus and Giroux, 1967), 260–263.
② Sontag, “Pilgrimage”.
③ 这两个词都是“锁骨”的意思，但后者为解剖学用语。——译注
④ Sontag, *Consciousness*, 114–115, September 6, 1965, Tangier.
⑤ 作者对朱迪丝·科恩的采访。

苏珊被这些超自然的洞察力吓坏了，她从来没有留意到她面前的那面镜子。“她对一些稀奇古怪的事情反应迟钝。”朱迪丝说。事实上，苏珊直到去世前不久才知道这件事的真相；她当时在住院，姐妹俩坐着，为她们对对方所做的错事而相互道歉。当朱迪丝最终坦白时，苏珊表示她“喜欢这样。她真的喜欢。她之前从未弄明白”。

◆ ◆ ◆

就像她试图把米尔德丽德塑造成好莱坞女主角一样，她想把朱迪丝培养成像自己这种智力水平的努力的受挫，不仅仅因为年龄和抱负的差距，还因为她根本无法看清朱迪丝到底是什么样的人。弥留之际，在姐妹俩的谈话中，苏珊对妹妹说，她一直为朱迪丝从未追求过职业生涯而感到遗憾，她坚持认为妹妹应该成为一名律师。朱迪丝表示异议：“可是苏珊，我是世界上最不爱争辩的人啊，我还没踏进法庭就会输掉官司的。”

然而，苏珊对妹妹的培养的失败，意味着苏珊身边没有人能和她
交谈很多她对之反应不迟钝的事情。她在家里闷闷不乐，在学校言行 47
古怪，地理位置也是混乱多变，她只能遁入自己的内心世界，去阅读——并且越来越多地，去写作。她的日记最终多达一百多本，第一本是用在图森的高速公路和乡村俱乐部街角买的一本笔记本记的，而她最先关心的是希望能找到一位与自己惺惺相惜的读者。“将来有一天，我会把这些日记给我将要学会去爱的人看：这就是我曾经的样子——这就是我的孤独。”①

老师们给予的帮助减轻了她的孤独感。一个朋友说：“她不仅仅是

① 桑塔格文档，未收录在已出版的日记里。

个好学生，她还是一个名列榜首的学生。”[1] 然而，尽管她如饥似渴地阅读着，看的书越来越多，但直到一位斯塔基先生（“我想我从来就不知道他的名，只知道姓”[2]）出现在亚利桑那阳光中学，这才有人来引导她的阅读。斯塔基先生曾在墨西哥与潘兴一同作战；他把自己的书《少年维特之烦恼》和特奥多·斯托姆的《茵梦湖》借给她看，让她对德国文学产生了喜好，这一喜好伴随了她一生。如果这是一个犹太裔女孩在第二次世界大战期间养成的一个古怪的喜好，那么两部小说都是关乎命中注定的爱情，这绝不是巧合：“这就是我的孤独”可以是这两部小说的题词。

她生活的环境，那片真实的沙漠，为她周围环境知识的匮乏提供了一个现成的隐喻。尽管有斯塔基先生这样的例外，她写道，图森是一个“文化沙漠”。她在一家文具店的后面发现了“现代文库”，于是开始通读这个系列丛书中所有的书。在文学中，她找到了一种方法，能够逃离“民族虚荣心、平庸、强制性的地方主义、空洞的学校教育、不完美的命运和坏运气的樊笼”[3]。而且她发现，心理上的逃离会导致身体上的逃离。

和她那一代很多爱冒险的孩子一样，她喜爱性感十足的冒险家、美
48 国畅销书作家理查德·哈里伯顿；当哈里伯顿想到如何用田纳西来交换吴哥窟时，他还只是个孩子；正如他的一本书那带有梦幻色彩的书名所言，如何去“万里览胜”。他对自己美国中产阶级出身的态度，无疑和他游泳、攀爬、飞翔所置身的世界一样吸引着苏。“让那些希望得到尊重的人得到尊重吧，”他宣称，“我想要自由，沉迷于自己信

① 作者对斯蒂芬·科赫的采访。
② “Literature Is Freedom”, in Sontag, *At the Same Time*, 207.
③ 同上。

马由缰幻想中的自由，去到天涯海角寻找美丽、快乐和浪漫的自由。”[①]

这句话可以成为苏珊·桑塔格的墓志铭。她把哈里伯顿的书称为“我的生活中最重要的书籍”，并在成年后收集。[②] 哈里伯顿悲惨的结局对这个梦想着要去中国的女孩而言，产生了诡异的回响。1939 年，苏才得知父亲在天津去世；就在同一年，哈里伯顿和他的全体船员乘坐一艘开往旧金山的舢板船离开了香港。那艘船从此杳无音信。哈里伯顿当年 39 岁，比她父亲稍大一点。但哈里伯顿在这个注定要成为伟大旅行家的女孩身上留下了自己的印记，让她志存高远，人生目标明确。他是“我最早认定的最优越的人生必须有的样子，一名作家的人生：一辈子拥有无穷的好奇心、无限的精力和无尽的热情。当一个旅行者、当一名作家——在我幼小的头脑里这二者是合二为一的”[③]。要写作就要逃离。

◆ ◆ ◆

虽然东德拉克曼街地处偏远的沙漠地带，但它对世界大事并不陌生。“我们以前不是经常玩战争游戏吗？”朱迪丝后来问她。[④] 这条街有它自己的记者，12 岁的苏·罗森布拉特。在《仙人掌报》上，她分析了国际时事，宣布了“日本海军的重组”，还尽责地提醒她的读

① Greg Daugherty, “The Last Adventure of Richard Halliburton, the Forgotten Hero of 1930s America”, in *Smithsonian*, March 25, 2014.

② “Homage to Halliburton”, in Sontag, *Where the Stress Falls: Essays* (New York: Farrar, Straus and Giroux, 2001), 255; Annie Leibovitz, *A Photographer's Life: 1990 – 2005* (New York: Random House, 2006).

③ “Homage to Halliburton”, in Sontag, *Where the Stress Falls*, 255.

④ 朱迪丝·科恩写给桑塔格的信，桑塔格文档。

者“被处决的法西斯头子是我们的敌人，但意大利人民不是”[1]。从这
49 份售价 5 美分的紫色蜡纸油印的报纸上，我们可以看出苏密切关注着战事的进展。在这一点上，她和很多其他孩子没有什么区别，但最引人注目的是，她惟妙惟肖地模仿了美国的战争新闻报道中那种装腔作势的语言风格。这种对语言的关注将成为她后来关于她的重大主题之一的作品的特色：不仅是战争、暴力和痛苦的真相，而且是描述这些真相的文字。

战争给她们的生活带来了重大的改变。1945 年 11 月 10 日，米尔德丽德越过边境，在墨西哥的诺加利斯嫁给了内森·斯图尔特·桑塔格。这件事令朱迪[2]和苏感到震惊，她们直到事后才知道，为此很受伤。在苏珊年轻时写的一篇短篇小说中，她回忆了自己得知婚礼即将举行的那一刻：

> 亲爱的，你知道我要告诉你什么事吧。
>
> 我觉得我知道，妈妈。（什么事呢？）
>
> 露丝，你很想要一个父亲，是吗？亲爱的，你觉得他怎么样？
>
> （天呐，他是谁？）妈妈，我觉得他很棒。总之，您想要做的才是最重要的。[3]

苏的困惑可以理解。身边围着一群“叔叔”，妩媚的米尔德丽德似乎是个放荡而快乐的寡妇。不过，她选择嫁给纳特[4]·桑塔格，这

① *Cactus Press*, vol. I, no. VIII. 桑塔格文档，1945 年 5 月 6 日。
② 朱迪丝的昵称。——译注
③ 桑塔格文档，1948 年。
④ 内森的昵称。——译注

个决定证明那些传言根本就是无稽之谈。

诺曼底登陆日后的第五天，桑塔格上尉（的飞机）在法国上空被击落。受伤的纳特被送到图森城外的戴维斯-蒙森空军基地接受治疗。他在城里遇见了迷人的米尔德丽德。她在众多的追求者中选择了纳特，这让一些人觉得奇怪。保罗·布朗说：“我从来没发现他具备她想要拥有的东西。她向往的是奢华、高档的生活，而纳特是绝对无法
给她的。他就是世俗的中产阶级的一员。他们就像是伙伴，是非常亲 50
密的朋友。”与米尔德丽德不同，纳特“毫无明星气质，就是这样。而她有”。

如果他们的朋友知道多年后朱迪丝吃惊地发现的那件事，一定更会觉得他们的婚姻十分怪异。这涉及他在战争中受的伤的特性，这些事从未和两个女儿明说过，而且苏珊似乎也毫不知情。米尔德丽德后来告诉她的小女儿，纳特受的伤令他丧失了性能力。“我觉得她对性生活不怎么感兴趣。”朱迪丝揶揄地说。

可是纳特“惯着她呢”，布朗说。他模样英俊，足以满足米尔德丽德对“挽着她胳膊的人”[①] 的要求——长相要拿得出手。他还满足了另一种需求，这一需求远远超过了感官享受。爱她但不是她的爱人，纳特给没有母亲的米尔德丽德当上了妈。朱迪丝回忆说：“和我继父在一起，她就是个婴儿。纳特·桑塔格就叫我母亲‘宝宝’。”这种亲昵的表达很常见，但纳特在两个人的关系中是母亲的角色，他还为她做饭和打扫卫生，就像她记忆中的中国用人那样。

很多认识他们的人似乎都觉得这种关系很奇怪。保罗·布朗自己是双性恋，多年后，他突然意识到，纳特曾试图把他和男人勾搭上。有一次，米尔德丽德怂恿他和他沙龙里的一名黑人女雇员结婚，同时

① 作者对朱迪丝·科恩的采访。

给了他一本书，讲的就是一名男同性恋者和一名女同性恋者在公开的异性形婚中继续追求着隐秘的趣味。“跨种族婚姻正变得时尚。”布朗说。颇有宣传眼光的米尔德丽德也意识到了这一点，她告诉他，这一联姻将会得到“轰动性的新闻报道”。布朗知道她是对的。但他对不诚实的婚姻关系不感兴趣，况且，那个女黑人是异性恋。米尔德丽德蛮横地漠视他的反对意见，这让布朗怀疑桑塔格夫妇的婚姻中是否也
51 有类似的互动方式在起作用。

也许，随着米尔德丽德的再婚，苏珊很开心地摆脱了当她妈妈的妈妈的责任。但是，有这么一个鼓励隐忍压抑和与众不同到这般地步的母亲，苏珊也总是不知道什么该说，什么不该说。父亲亡故，母亲自己是个长不大的孩子，苏珊因此也把一个个恋人变成了父母。

◆ ◆ ◆

纳特·桑塔格最永久的功劳是他的姓，它把苏·罗森布拉特笨拙的几个音节变成了苏珊·桑塔格。他从未真正抚养女孩们，但苏珊沿用他的姓在一定程度上是受反犹太主义的启发。“被砸中头部并被人骂‘肮脏的犹太人’这件事给苏珊留下了不可磨灭的影响。”朱迪丝说。在图森的曼斯菲尔德初中，苏珊记得总被人叫作“犹太佬”。[①]

苏珊自己结婚后，在极少署名为“苏珊·里夫”的一份文件中，她写到了自己改名字的事。她说，罗森布拉特这个姓，听上去太犹太化了。她写道：“我对这个姓没有忠诚度。我母亲改嫁时我就放弃这个姓了，而且，并不是她或我继父要求我改的。我想改。我一直希望我母亲改嫁。我想要一个新的姓，我原来的姓又丑又生僻。”[②]

① 作者对朱迪丝·科恩的采访。Sontag, *Reborn*, 127, September 1957.
② Susan Rieff, “Decisions”, Sontag Papers.

“桑塔格”也是犹太人的姓，只不过它的确听上去不那么“生僻”。这让苏不那么容易被贴上标签了。她的改姓，与她下定决心要受大家欢迎的目的是一致的，这两件事差不多是在同时期发生的。这些决定让她摆脱了外来户的状态，它们是一次精明的形象重塑最早有记录的例子，她的一生中类似的情况比比皆是。这还暴露了一个野心——后来则从未表现出来过——她要融入美国中部。这改变不仅仅是表面现象，她在最后一部长篇小说《在美国》中写道：“一个人拍照时不可能有真诚的感觉。一个人改名换姓后，就不可能和原来感觉
一样。”① 52

苏珊·桑塔格不想和苏·罗森布拉特一样整日哮喘，感到无助、不受人欢迎。很快，她就会将关于那个女孩的屈辱场景抛在身后。成年后，她有一次正好在凤凰城附近，她的朋友拉里·麦克默特里邀请
她去他居住的城市图森。她拒绝了。她一旦离开，就再也没回去过。② 53

① Sontag, *In America*, 195.
② 作者对拉里·麦克默特里的采访。

第四章

下斯洛博维亚[1]

1946 年夏天，纳特和米尔德丽德结婚几个月后，一家人离开了亚利桑那州。他们的目的地是洛杉矶；纳特在那儿找到了一个钟表销售的工作，钟上印着广告语。[2] 米尔德丽德就是在洛杉矶长大的，她母亲也安葬在此。在这 25 年间，米尔德丽德从花季步入中年，这座城市也发生了翻天覆地的变化。只有完美的天气依然保持不变。

当初她离开洛杉矶的时候，这座城市还属于偏远地区，被群山和沙漠所隔离。她这次回来的时候，洛杉矶已然成为胜利的美国的一个卓越的象征。它成了美国工业实力、军事实力，尤其是文化实力的象征。在拍摄《灵魂拍卖》的年代，好莱坞意味着一个遥远城市的不太起眼的郊区。到战争结束时，“好莱坞”已是世界上最有识别度的单
55 词之一了。好莱坞的魅力及其南加州显而易见的滚滚财源使得洛杉矶成为一个美国梦，即使对美国人自己也是如此。桑塔格在她的最后一部长篇小说中写道：“美国还有自己的美国，有人人都梦想要去的更

① 亦称为 Outer（Inner，Central，Upper）Slobbovia，是一个虚构的地名，用来表示一个非特定的、遥远的国家，通常指不发达、落后、偏远、贫穷或愚昧的地方。这个词最初是由艾尔·卡普（Al Capp，1909—1979）编造的，美国人也用它来非正式地指代任何没有特别区别的外国。——译注

② Ephron，“Not Even a Critic Can Choose Her Audience”.

好的地方。”[①]

众人纷纷前往洛杉矶特有的天堂——圣费尔南多谷，它与洛杉矶盆地被群山隔开。通过《脱线家族》（*The Brady Bunch*）和《天才小麻烦》（*Leave It to Beaver*）这样的电视连续剧，圣费尔南多谷最终成为富裕成功的美国中产阶级的代名词。拥有整洁的平房和修剪整齐的草坪，配上蔚蓝的天空和摇曳的棕榈树，南加州的大庄园正在被纳特·桑塔格这样的人所瓜分：这些买家均为中产阶级，常常是退伍老兵；他们买下的房子所在的街道，在米尔德丽德年轻时，都是一片片橘树林和柠檬树林。

圣费尔南多谷代表着美国干净和崭新的一切。它也意味着关于“她来自的美国腹地、她既害怕又鄙视的”一切都是白人的、墨守成规的以及民族主义的，苏珊的儿子戴维写道。[②] 她的鄙视通过她于1987年发表的随笔文章《朝圣》流露了出来。她在其中回忆了战后郊区的场景：“把牛里脊肉和抹了黄油的玉米用锡箔包紧，在天井里烧烤”；“每周一次的充满了事先录好了笑声的喜剧节目，甜甜的流行歌曲唱片榜，棒球比赛和职业拳击赛歇斯底里的解说”。她觉得有必要“避开那些蠢话”，即谷地女孩后来所象征的物质享乐主义者的浅薄无知。[③]

桑塔格对洛杉矶的记忆并不全是负面的。晚年的时候，她向一名助手（他也来自洛杉矶）抱怨某个刚从洛杉矶回到纽约的人。“我讨厌他们那些陈词滥调的抱怨，”她一股脑地说出那些抱怨，“那儿没什么城中心。你去任何地方都需要有一辆车。那儿没什么文化。”[④] 1946

---

① Sontag, *In America*, 120.
② Rieff, *Swimming*, 88.
③ Sontag, “Pilgrimage”.
④ 作者对格雷格·钱德勒的采访。

年的洛杉矶与现今已成为国际大都市的洛杉矶完全不同，但它和只有一条土路的亚利桑那州比已超前很多。对一个当初只能将就着在文具
56 店后面看“现代文库”的女孩而言，这里所拥有的东西对苏接下来的自我塑造所需要的是绰绰有余的。

◆◆◆

桑塔格一家搬到了圣莫尼卡群山之间的盆地谢尔曼奥克斯地区的朗里奇大道 4540 号。从大道那头的电影制片厂，谢尔曼奥克斯很快就会让快餐、电视和汽车文化，以及弗兰克·辛纳屈[1]和平·克劳斯贝[2]风靡全世界。这个地方颇有南加州适度麻醉过的样子，而且同样乌烟瘴气。苏珊记得“那些皱巴巴的避孕套”散落在她中学校园的草坪上，[3] 住在朗里奇大道的一个邻居还记得，他刚搬家到那儿时，谢尔曼奥克斯有着“洛杉矶换妻之都”的名声。[4]

乍一看，这个地方似乎不能为一个书卷气十足的少女提供很多东西。不过，坐落在朗里奇大道的这栋房子有一个很重要的优势：在这里，她第一次拥有了一个属于自己的房间。“现在，我可以在被打发上床睡觉、被要求关灯后，打着手电筒看几个小时的书。不是躺在被窝里看，而是在被子外面看。”[5] 那扇门让她得以逃遁。在这次搬家前后，她看了一本她一辈子都不会忘记的书，那本书让她尝到了她开始

---

① 弗兰克·辛纳屈（Frank Sinatra，1915—1998），20 世纪美国流行音乐人物，集歌手、演员、主持人和唱片公司老板等多重身份于一身的娱乐界巨头。他能歌善演，演技出色，曾三次获奥斯卡奖。——译注

② 平·克劳斯贝（Bing Crosby，1903—1977），原名哈利·利利斯·克罗斯比（Harry Lillis Crosby），美国演员、歌手；曾一次获奥斯卡奖，两次获奥斯卡奖提名；连续 14 年被评选为美国十大明星之一。——译注

③ Sontag，“Pilgrimage”.

④ 作者对乌维·米歇尔的采访。

⑤ Sontag，“Pilgrimage”.

为自己设想的那种艰辛的职业的滋味。那本书就是《马丁·伊登》，作者杰克·伦敦——一个加利福尼亚人，后来成为世界上最成功的作家之一。和理查德·哈里伯顿一样，他也是一个冒险家；和理查德·哈里伯顿一样，他也英年早逝。《马丁·伊登》讲述的是创作生涯的艰辛：马丁是一个做着文学梦的加利福尼亚“土包子”，他顽强地与平庸和无知抗争，他的努力很快就有了回报——然而，他的一生，对他这样一个浪漫的英雄而言，也许会不可避免地以自杀而告终。他的孤独和耽于幻想的状态反映了苏自己的情况，当她收到第一封退稿信的时候，这一体验就和杰克·伦敦曾预言的一模一样。她“并没有非常失望”，她写道，“收到那封短笺和退稿通知，我相当激动，因为我明 57
白了——我一直在想着《马丁·伊登》！——这些是‘我是’和‘我成为’一名作家的（第一个）标志。”[①]

她心生疑虑，认为马丁·伊登不是她所追求的高雅艺术，并因此心烦意乱。也许，杰克·伦敦作品的畅销让她焦虑：杰克·伦敦是那种谢尔曼奥克斯地区的人会阅读的书的作者。在首次阅读《马丁·伊登》的三年后，她注意到它“作为艺术作品是微不足道的”，还指出了伦敦那“俗气的全景式插叙手法”。尽管如此，她写道，这部小说也意味着她“对生活真正的觉醒”。

> 我强烈认同《马丁·伊登》中的每一个想法，我的许多想法都是在这部小说的直接刺激下形成的——我的无神论+我认为的身体能量+它的表达、创造力、睡眠与死亡，还有幸福的可能性的价值！

① 桑塔格文档，1987年8月24日。

在伦敦看来，幸福的可能性是根本不存在的。“对我来说，‘觉醒的’书灌输的是绝望+失败，所以，我在长大成人的过程中，真的是从来都不敢奢望得到幸福。”[1]

◆◆◆

在桑塔格那一代人当中，对幸福心存怀疑是很常见的。苏珊的朋友弗洛伦丝·马尔罗比苏珊小两个月，是法国作家安德烈·马尔罗及其犹太裔妻子克拉拉的女儿。纳粹对其祖国的占领给弗洛伦丝的童年蒙上了阴影，在这种情况下，“个人的幸福不是梦寐以求的东西”，她说，“一切都要服从大的目标”。[2]

苏珊自己的经历使得她对那些谴责非正义的作家做出了回应。战争令她震惊；维克多·雨果让她成了一个自觉的社会主义者；杰
58 克·伦敦则促使她更进一步。但是，为她投身学术提供情感基础的则是她的家庭，那是一种让她与芳汀或马丁·伊登产生共鸣的情感。缺失的父亲、悲悲戚戚的母亲、被人误解的感觉，以及“生活在贫民窟”[3] 的感觉，这一切使她甚至难以想象幸福，因为她根本就没有体验过幸福。她儿子写道，“现在不知道如何变得更开心些”是“她生命中经常困扰她的一大遗憾”。[4]

更为糟糕的是，苏珊的个人状况与阳光明媚的南加州形成了鲜明的反差。在圣费尔南多谷，一切都在诉说着进步的语言，不快乐的状态似乎就等同于道德沦丧。无论愿不愿意，苏珊在家中的痛苦和在学校的苦闷都使她与整个文化氛围格格不入。

---

① Sontag, *Reborn*, 70, January 12, 1950.（此处有误，应为11月12日。——译注）
② 作者对弗洛伦丝·马尔罗的采访。
③ Sontag, “Pilgrimage”.
④ Rieff, *Swimming*, 142.

她不是第一个有这种感觉的人。个人的失败和黄金地的希望之间的反差是加州文学的大主题。这个主题出现在杰克·伦敦的作品中，也出现在弗兰克·诺里斯 1901 年的小说《章鱼》中，故事讲述了铁路和被铁路毁了的农民之间的冲突；它还出现在约翰·斯坦贝克的《愤怒的葡萄》中，故事讲述了干旱尘暴区逃荒者的失望。这是雷蒙德·钱德勒和达希尔·哈米特等“冷硬派”侦探作家的主题，他们的小说中充斥着为人熟悉的加州失败者：过气的女演员，吸毒后神志恍惚的花花公子。

“黄金地的黑暗”这一主题也贯穿在科幻小说之中。《对灾难的想象》，苏珊写于 1965 年的这篇随笔文章，源于她对一种常常被人认为低俗的体裁怀有的浓厚兴趣。她看了数百部这类影片，场景都是“再平常不过的中产阶级环境”，比如，多部影片都是在加州郊区拍摄的——那种平淡乏味的地方，脆弱的常态遭到严重破坏：“突然间，某个人的行为举止变得奇怪起来；或者，某种原本无害的植物突然间变得大到令人害怕，而且还会移动。”[①] 59

正如她最早的作品中那些关于图森的内容一样，她非常注意用以表达这种恐惧的语言。

> 诸如“快来，我的浴缸里有个魔鬼”，“我们必须对此做点什么”，“等等，教授。有人打电话来了”，“可是这太不可思议了”，以及美国人的老套路，说上一句“我希望这管用”等话语，在这栩栩如生、震耳欲聋的大屠杀语境中，这些话的确令人发笑。不过这些影片也包含了某种痛苦的、极度严肃的东西。[②]

---

① “The Imagination of Disaster”, in Sontag, *Against Interpretation*, 211.
② 同上，第 225 页。

在原子时代，这种认真的态度涉及对“两种同样可怕但似乎相互又是对立的不可避免要发生的状态的持续威胁”的恐惧；“这两种状态是永无止境的平庸和难以想象的恐怖”。[1] 这篇随笔文章中还出现了另一种恐惧，这一恐惧就她对这种形式的大众文化明显不适合的兴趣稍做了一些解释，那就是把像她这样的人描述成怪人。“科学家是明显被贴上标签归为知识分子一类的，但在科幻电影中，他们总是容易失去理智或贸然行事，”她写道，“那种不涉及自己利益的求知欲只会以滑稽可笑的形式出现，这是一种极度的精神错乱，让人脱离正常的人际关系。”[2]

◆ ◆ ◆

在洛杉矶，她建立了正常的人际关系。在图森的时候，当另一个女孩对她示好时，她不知道如何做出回应。在这儿，她充满激情的一个个兴趣——以前只会让她显得有些古怪——为她带来了友谊。她这一辈子经常觉得自己与环境格格不入并因此不开心，但她也发现，对艺术的喜好给她带来了朋友。“与我感到不满相对的另外一面……是狂喜。”在童年时期，她“不能将这种狂喜与人分享”。这种狂喜均由
60 她初来乍到的那些城市的书店、唱片店和影院提供：“很快，我就牛刀小试，进行各种尝试了。”[3]

她从朋友身上学到的东西比在学校学到的还要多。这座城市的音乐生活培养了中学生的“高雅品位；而且，由于 20 世纪 40 年代的洛杉矶在高雅音乐文化——有室内乐，也有别的一切形式的音乐——方

---

① “The Imagination of Disaster”, in Sontag, *Against Interpretation*, 224.
② 同上，第 217 页。
③ Sontag, “Pilgrimage”.

面有其明显的偏爱，他们的音乐鉴赏标准严苛到了反常的地步”[①]。苏珊总是觉得自己与周围的人格格不入，这就是她即刻采取的态度：尽管她喜爱科幻小说和漫画书，但她对晦涩难解之物的热爱是她很多作品的一个特征。“我们清楚我们是在欣赏令人不快的音乐。”她后来尽职地写道。[②] 令人惊讶的是，考虑到她一定很少看歌剧，而后来变得极其痴迷，这种责任使她轻视歌剧。“她鄙视歌剧，”她的朋友梅里尔·罗丁说，“就像柴可夫斯基一样，浪漫。但被巴赫、贝多芬或斯特拉文斯基打动则更重要。”[③]

当然，这是因为缺乏安全感才有的势利表现。不过，这也就像“现代文库”的书目一样，是她为了在自己渴望了解的文化中辨明方向所做的努力。在她的家庭和她所受的教育中，从未有过什么能给她在那个世界里指明方向，而这样的音乐层次结构是她最初的立足点。就如她对文学的兴趣一样，她对音乐的兴趣绝不仅仅是知性方面的。梅里尔说：“她有一件事让我印象深刻，那便是，她有能力被深深地感动。”

她也有极大的工作能力。在她对《马丁·伊登》做的读书笔记中，她提到自己从这本书中获得了关于“睡眠和死亡”的观点。像自学成才的马丁·伊登一样，她也尽可能地少睡觉：

> 白天太短。有那么多东西他想学习。他减少睡觉的时间，只
> 睡五个小时，发现这样他也没问题。于是他试着只睡四个半小 61
> 时，又沮丧地回到睡五个小时。他可以把醒着的时间全部都愉悦
> 地用在他追求的任何一件事情上。他放下写作去学习，他放下学

---

① Sontag, “Pilgrimage”.

② 同上。

③ 作者对梅里尔·罗丁的采访。

习去图书馆，他抽身离开那间知识的海图室，或者放下阅览室的杂志，杂志上全是作家如何成功地卖掉他们的稿件的秘诀；这些时候，他的心情是沮丧的。[①]

她的睡眠与死亡的等式决不会改变。她把睡觉和懒惰联系在一起，因此试图不眠不休，而且，她常常羞于让别人知道她的确睡觉了。她在为北好莱坞中学校报《拱廊》（她自己是该报“第三版的编辑”）撰写的文章中宣称“我生活中很多时间（大多数是在凌晨两点到四点之间）都用来努力想出一种不同的方式以开始新的一天，而不只是睁开双眼”[②]。

大多数中学生都知道这种感觉。但是，值得注意的是时间（“凌晨两点到四点之间”），她在这个时刻努力让自己进入清醒状态：仿佛没有这些额外的时间，她便永远都不可能赶上别人。

◆ ◆ ◆

她那早熟的严肃神情在中学时就已经很明显了。“她那么全神贯注——甚至一丝不苟，如果你可以这样形容一个 15 岁的孩子的话，”一位同班同学回忆说，“苏珊——当时没有人喊她苏茜——从不做无聊的事。她没有时间闲扯。”[③]

其中部分原因是害羞。“她似乎是那种善于观看和观察的人——就像一台照相机——而不是那种投入和参与的人。”她的朋友梅里尔·罗丁说。她的个子比同年级同学高，年龄却比他们小，这让她

---

① Jack London, *Martin Eden* (New York: Macmillan, 1909).
② “Time to Get Up”, May 17, 1948, Sontag Papers.
③ Rollyson and Paddock, *Making of an Icon*, 17.

“在我看来”显得“瘦瘦高高而又局促不安、十分笨拙，也许是有点不适应社交吧”，罗丁说。[1]

她后来把自己在北好莱坞中学的岁月描述成黯淡无望、知识匮 62
乏。那几年里，她甚至在一篇发表于校报《拱廊》的讽刺性文章中，把她周围的环境比作从连环画《莱尔·阿布纳》中借鉴过来的虚构的共和国。“我们的公民与下斯洛博维亚的公民有着明显的相似之处。”她这样写道。[2] 1977 年，她用一个故事总结了她所受的教育；这个故事展现了“避开那些蠢话”是多么艰难：

> 在十一年级的英语课上，老师发了《读者文摘》让我们看，还要求我们保持安静。老师则坐在教室前面织毛衣。而我看的则是欧洲小说和哲学书；我把它们藏在我的《读者文摘》下面。记得有一次，我正在看康德的《纯粹理性批判》——我不知道我在那个年纪怎么可能看得懂这本书，但是，我当时在努力搞懂——然后我被逮了个正着。于是，老师就让我把那本书收起来，回过来看《读者文摘》。[3]

她那个时期记录下了很多启发学生的老师（包括一些英语老师）；他们在学校或在家中鼓励她就音乐、文学、宗教和政治展开辩论。尽管如此，她的日记揭示，对这么一个早慧的少女，很难想象什么样的学校或者老师才能足够优秀以引导她。她在 14 岁的时候郑重其事地说：“我基本上认定叔本华是错的，在作此表态时，我只在考虑他哲

① 作者对梅里尔·罗丁的采访。

② “Viva la Slobbovia”, *The Arcade*. 桑塔格文档，1948 年 4 月 16 日。

③ Perron, “Susan Sontag on Writing”. 几位鼓励学生的英语老师出现在桑塔格的日记中，不禁让人生疑，这种颇为戏剧化的描述是不是她惯常所虚构的故事。

学中最基本的部分：不可避免的生存的虚无。”[1] 她引用尼采的话——“对真理来说，信念是比谎言更危险的敌人”——只是想表示怀疑：“不过，听上去不错。”[2] 15 岁的时候，她为“悲剧性的写实的珂勒惠支”而哀叹。在她高中的一篇课堂小论文中，她以一种无论是当时抑或现在都很少有高中生能达到的傲气欣然接受了弗洛伊德（“太著名了，无须评论”）。关于《文明及其不满》的“第一章，我不可能有
63 异议”，她写道，“在本书接下来的七章中，尤其是最后几章，有很多地方我无法理解弗洛伊德的逻辑。然而我发现，这前两章关于宗教的内容是对我最强调要坚持的基本观点的最清晰的阐述”。[3]

◆ ◆ ◆

南加州并不是下斯洛博维亚。尽管如此，似乎很明显的是，这种风格（对我最强调要坚持的基本观点的最清晰的阐述）的来源必须在北好莱坞中学之外的某个地方寻找。她在朗里奇大道家中的房间里借着手电筒光看的书，其中很多都是她在洛杉矶发现的书店里找到的，包括她记得的位于好莱坞和拉斯帕尔马斯街角的那个报摊，“黄色图书摆在前面，文学杂志则放在后面”[4]。

《党派评论》就在其中，这是纽约知识界最高级别的刊物。封面与封底间的字里行间，有一种声音，与人们在庭院里烧烤时的想象相去甚远。一开始，苏珊并不能领悟这个声音。她带了一本回家，却发现当中的语言“根本无法理解”，她这样告诉一个朋友。“但是不知何

---

① 桑塔格文档，1947 年 3 月 7 日。
② 桑塔格文档，第 5 本笔记本，1947 年 3 月 7 日—5 月 6 日；第 11 本笔记本，1948 年 5 月 28—29 日。
③ 桑塔格文档，1948 年 10 月 18 日。
④ 桑塔格文档，1987 年 8 月 24 日。

故，她就是觉得这些人在谈论的事情对她来说意义重大，于是，她下决心要破解这个密码。”[①]

这本杂志象征着她所向往的一切。她后来说：“我最大的梦想，就是长大后来到纽约，为《党派评论》撰稿，而且能有 5000 个读者。”[②] 和她一样，这本杂志也具有文化上而非宗教上的犹太属性；也像杰克·伦敦一样，是政治上的社会主义者，尽管其名称就显露出共产主义的源起。后来有人说：“一名纽约的知识分子，就是要为《党派评论》写稿、编稿，或者阅读该杂志。”[③] 在那个圈子里——知识分 64
子不是外来户，也不是怪人——她可能会找到一个合适的位置。

她的继父对她说：“苏，如果你读那么多的书，你就永远找不到丈夫啦！”书籍，还有像《党派评论》这样的杂志证明他错了。“这个白痴不知道在外面的世界里，多的是聪明的男人，他还以为别的男人都像他一样呢，”苏记得自己这么想，“尽管我孤陋寡闻，但我从来都相信，在外面的世界的某个地方，会有像我这样的人。”[④] 65

① 史蒂夫·沃瑟曼语，引自 Schreiber, *Geist*, 33。

② Margalit Fox, “Susan Sontag, Social Critic with Verve, Dies at 71”, in *New York Times*, December 28, 2004.

③ 诺曼·本鲍姆语，见 James Atlas, “The Changing World of New York Intellectuals”, in *The New York Times Magazine*, August 25, 1985。

④ Zoë Heller, “The Life of a Head Girl”, in *Independent*, September 20, 1992.

第五章

羞愧之色

外面的世界的某个地方，在遥远的曼哈顿，离谢尔曼奥克斯很远的地方，那里也许才是属于苏珊的世界。但是，在一个比那里近得多的地方，在文图拉大道那边的群山中，有一群冉冉升起的明星：他们是离散的欧洲犹太人中的最伟大的文化人物，他们曾在“柠檬树、海滨旅馆的侍者、新包豪斯建筑和梦幻汉堡包”之地寻求庇护，逃避希特勒的迫害。伊戈尔·斯特拉文斯基、阿诺德·勋伯格、弗里茨·朗、比利·怀尔德、克里斯托弗·伊舍伍德、奥尔德斯·赫胥黎、贝托尔特·布莱希特和托马斯·曼就生活在此，在南加州那明亮的蓝天下。[①]

1949 年 12 月 28 日，苏珊邂逅了那个世界；在这一天的“晚上 6 : 00”，她和两个朋友“质问了男神”，即托马斯·曼。

> 我们在他的房子（圣雷莫路 1550 号）外面从 5 : 30 坐到
> 67 5 : 55，敬畏得一动不动，还事先演练了一遍对话。是他妻子开的门；她纤细瘦小，脸色苍白，头发灰白。客厅很大，他坐在客厅尽

① Sontag, “Pilgrimage”.

头的一张长沙发上，抓住项圈控制着一条大黑狗；我们走近的时候听到狗在叫。米黄色的西服，栗色的领带，白色的鞋子——两脚并拢、膝盖分开——（巴桑！）——非常拘谨、普普通通的长相，和照片一模一样。他把我们领进他的书房（当然，靠墙的地方全都排满了书橱）——他讲话慢吞吞的，但用词精准，他的口音远远没有我以为的那么重——“但是——哦，告诉我们神谕上怎么说的”——

关于《魔山》：

1914 年前开始写，中断多次后，于 1934 年完稿——

“一个教育实验”

“寓言的”

“和所有德国小说一样，这也是一部教育小说”

“我尝试总结一下欧洲在‘一战’前所面临的所有问题”

“它是要提问，而不是提供答案——否则就太自以为是了”[①]

她很失望。“作者的评论因其平庸而辜负了他的书。”他的日记亦复如此。12 月 26 日，星期一，他写道：“天气晴朗。”星期二，他抱怨耳朵里有分泌物流出，并且在日记里写下：“天气依然晴朗且温暖。”星期四，他写道：“下午接受了三个芝加哥的学生关于《魔山》的采访。”他接下来加了一句：“大量的邮件，书籍，手稿。”[②]

这次见面对苏珊而言极为重要，她随即试着用文字记录下这一经

① 桑塔格文档，1949 年 12 月 28 日。

② Thomas Mann, *Tagebücher 1949–1950*, ed. Inge Jens (Frankfurt am Main: S. Fischer Verlag, 1991), 143.

历。这一努力在近 40 年后才达到了巅峰；1987 年，她发表了《朝圣》，讲述了她在青少年时期与年迈的“流放中的男神”——诺奖得
68 主、德国文化尊严之杰出象征——相遇的故事。《朝圣》代表了苏珊·桑塔格整个早熟的童年；这个来自外省的女孩，因其对杰出的前辈的崇敬，最终自己也跻身他们的行列。她鲜少写回忆录，这是其中一篇。因为它揭示了很少有人怀疑的潜藏在苏珊·桑塔格这么一个人物背后的一种欠缺安全感——到 1987 年，她几乎和托马斯·曼本人同样地令人望而生畏，这篇回忆录成了她最著名的作品之一。

该短篇小说讲述了她和梅里尔·罗丁之间的友谊；“金发碧眼的”梅里尔不仅“又酷长得又结实”，而且和她一样聪明。像她一样，这个男孩也喜欢记那 626 个按年代顺序给莫扎特作品进行编号的“克歇尔编号单”。这个男孩酷爱斯特拉文斯基，甚至愿意和她一起玩这样的游戏：“斯特拉文斯基要能多活多少年就值得我们现在当场死掉？”二十年很容易。而用多活三年的时光来交换他们这两个“加利福尼亚中学生微不足道的生命”则太短了。那么四年呢？“是的，”她写道，“为了让斯特拉文斯基多活四年，我们俩当中的任何一个都愿意就在彼时彼地去死。”①

最重要的是，梅里尔这个人可以和她分享对文学的热情。当她在好莱坞的匹克威克书店发现《魔山》这本书时，“欧洲的一切都涌进了我的脑海”，她想与之分享这本书的人就是梅里尔。他也如饥似渴地看完了这本书，然后提出了一个大胆得惊人的想法：他们应该尝试一下，去拜见托马斯·曼；他就住在离他们开车过去不远的太平洋帕利塞兹。苏珊吓呆了；但是，在手边的一本电话号码簿上，就有托马斯·曼的住址，他住在圣雷莫路 1550 号。梅里尔拨通了电话，而苏

① 《朝圣》的一个早期草稿版本，桑塔格文档。

珊因为感到手足无措，躲到了另一个房间。令他们吃惊的是，接电话的女子言谈有礼有节，邀请他们去拜见这位伟人。

苏珊写道：“我还从未见过不刻意做出放松的样子的人。”当两个局促不安的中学生坐在那里时，这位声名显赫的大人物谈论了一些听上去很深奥的东西：“德国的命运”、“恶魔”、“深渊”以及“浮士德 69
和魔鬼讨价还价”等。苏珊竭力让自己别说出什么傻话：“我有一种印象（这也是这段回忆当中最让我动容之处），托马斯·曼可能会被梅里尔或我的愚蠢言行所伤害……愚蠢的言行总是会伤到人；另外，因为我敬重托马斯·曼，保护他不受这种伤害就是我的责任。”最后，这次尴尬的拜会结束了，并没有出现任何可怕的差错。“我想，我们后来再也没有谈论过这件事情。”

◆ ◆ ◆

这篇短篇小说通过在欧美之间、老少之间、过去与未来之间、刻板的阳刚之气与洋溢的女性气质之间充满令人浮想联翩的反差，表达出了丰富的象征意义。我们遇到“艾拉和内拉这一对侏儒姐妹；她们曾带领圣经俱乐部发起联合抵制，最后导致我们的生物课本被收回”。托马斯·曼还阐明了她的一个大主题：想象中的虚无世界与更为丑陋的现实生活之间的距离。“我会学会更加容忍人与其作品之间的差异。”她写道。以及：“这是我第一次见到一个我已经通过他的照片对他的模样有了深刻印象的人。”

但是，将《朝圣》与其他关于这次拜访的描述进行比较，就会发现该小说中有着不同的含义。没错，苏珊和梅里尔的确在托马斯·曼位于太平洋帕利塞兹的家中拜访了他，但除此之外，这篇小说的内容已经经过了大量的编造——远远超出了把记忆变为回忆录时通常出现的删减——因此它只能在最宽泛的字面意义上被称为回忆录。这一点尤为引人注目，因为该小说不厌其详地努力展现其细节的真实性：

> “是的，另一个女人的声音——她们俩说话都带口音——说的是：‘这是曼小姐，你有什么事?’”
>
> 70 “她是这样说的吗？听上去她好像生气了啊。”
>
> “没有，没有，听上去她没有生气。也许她说的是‘我是曼小姐’。我不记得了，但是，老实说，听上去她没有生气。然后她说道：‘你有什么事?’不对，等等，她说的是‘你有什么事吗?’”
>
> “然后呢?”
>
> “然后我就说……你知道我说的什么哎，我说我们是两个中学生……”

正如曼和桑塔格两个人的日记都记载的那样，他们其实不是两个而是三个学生。他们不是中学生而是大学生；桑塔格在故事的一开头交代的日期——“1947 年 12 月”——也同样是错的。这次拜会发生在 1949 年 12 月，那是她生命中一个非同寻常的时期，此时，她终于得以从谷地的蠢话中解脱出来，置身的环境——芝加哥大学——正是她曾希冀的阳春白雪的象牙塔。也许她认为，准确的日期会削弱她乏味的郊区生活与“渴望生活于其中的世界”之间的反差，“即使在这个世界里只是一个最卑微的公民”。

即使是在洛杉矶，高雅的德国文化也并不像她描述的那么遥不可及。故事中的第三个人，那个未被提及的吉恩·马鲁姆，是梅里尔最好的朋友。他出生在德国一个富裕的家庭，并不是犹太裔。他在孩童时期就到了加州，他们家和其他的德国移民一直有联系。他和作曲家勋伯格的女儿努丽娅约会。真是无巧不成书，他的姨妈奥尔加在慕尼黑上学时，曾和一个名叫凯蒂娅·普林斯海姆的犹太裔女孩住在一起：这正是后来在圣雷莫路曼家接电话的托马斯·曼夫人。打电话的是吉恩，而非梅里尔。他讲的当然是德语（“他们俩说话都带口音”），约好了去拜访曼。

我们很容易就能理解，苏珊是出于写小说的目的才省略掉这么一个关键性的走近“流放中的男神”的细节。这样想象一下会觉得更有 71
趣一些：托马斯·曼出现在电话号码簿的“海洋公园地区的罗斯·曼和北好莱坞地区的威尔伯·曼”[1] 两者之间，这强调了卑微的她和尊贵的诺奖得主之间存在的一条鸿沟。不管她是否认识某个人，这个人认识某个认识凯蒂娅·曼的人——不管她是 14 岁（在故事里）还是 16 岁（在现实中）——毫无疑问的是，这条鸿沟是存在的。

然而，这篇小说也充斥着其他一些修改润饰，因为它们并没有起到戏剧性作用，而且明显无关紧要，表明存在一些隐藏的真相。1949 年 12 月 28 日那天她最先的一则日记虽然简短，却透露了一些矛盾之处。比如，在《朝圣》中，他们是下午4 : 00见面，而在日记里，他们“今晚6 : 00质问了男神”。日记里，曼坐在一张长沙发上；而在小说中，则是坐在椅子上。在日记里，他们是在客厅交谈；而在小说中，他们则是在“托马斯·曼的书房”里会面。

在小说中，他们还谈论了他即将出版的《浮士德博士》。曼解释说，这部长篇小说充斥着 16 世纪时期的德国方言，而且他还担心美国公众不会很容易就能理解这部小说。事实上，他们的确谈论过这本书，但不是以这样的方式，因为这本书在 1948 年就出了英文版。然而，把会面安排在 1947 年，苏珊就可以期盼对这部作品讨论一番。

① 《朝圣》的一个早期草稿版本，桑塔格文档。

“十个月后”，在这部小说“面市后的几天内”，她和梅里尔去了匹克威克书店：“我买了一本，梅里尔买了一本。”

另一则偏离主题的日记，在列出的一长串童年的记忆中，讲述了另一个版本的故事。

“在匹克威克书店偷《浮士德博士》时被捉住。”[1]

◆ ◆ ◆

苏珊在洛杉矶那几年的日记中反反复复地表达了一种恐惧，即担
72 心她自己是一个说谎者，一个造假者，一个骗子。1948 年 6 月，她在笔记本上胡乱地画了一块墓碑，并在墓碑上写下了这些字：

在此长眠的[2]

（正如她一生所为）

苏珊·桑塔格

1933—195?[3]

她这么做的部分原因源自她在图森做出的“重大决定”：要受大家欢迎；她在北好莱坞中学“更有能力地”做到了这一点。她责备自己没有坚持自己的信仰——

> 小孩子们在说着一些极其愚蠢和带有偏见的话，尤其是关于黑人的——我自在地用俚语说了几句“让我们做朋友吧我是个好

① Sontag, *Reborn*, 113, January 1957.

② 原文为 Here lies Susan Sontag。英文中“lie”既有“躺”的意思，也有“说谎”的意思。——译注

③ 桑塔格文档，1948 年 6 月 9 日。

> 人”这样的话，然后回到座位上，沮丧到了极点。我非常绝望，想对他们说，统统见鬼去吧。

——包括她参加学生会竞选以证明自己受欢迎程度的时候。“要是我能诚实地说出我希望自己没有赢得选举就好了！”她写道，“就在此时，那个女孩走过来对我说，她很开心我赢了，因为她不想要任何犹太人——我恨死他们了——我的内心在被吞噬一空——哦，优雅地、纯朴地、纯净地、绝对地真诚！——对我自己，对全世界！”[①]

这种沮丧的感觉一直到她生命的最后阶段仍有所显现。在给瓦萨学院一个毕业班提建议时，她说：“别管别人胡说些什么。让那帮家伙滚蛋。”[②] 对她就和对其他人一样，都是说起来容易做起来难。但是，除了希望斥责种族主义者以外，一种不真实的感觉在这些年的日记里一直挥之不去。她注意到“一种疯狂而沮丧的对绝对诚实的渴望”[③]，而且，当重读她写于 1947 年的那些早期日记时，我们会发现 73
她对“一个人什么时候以及是否会说真话”感到疑惑。

> ——到目前为止，我只写了那些支撑着我所希望成为什么样的人的理想的东西——冷静、毅力、理解——一个坚忍的人（我必须是一直在受苦!!!），而且，最后（但并非最不重要的）一点，是一个天才。从我记事以来就记得那个一直关注我的人现在正在看着——如果“它”能阻止我做错事，那就太好了，但是，我也没能做对什么事。[④]

---

① 桑塔格文档，1948 年 5 月 26 日。
② Michael Miner, “War Comes to Rockford/Cartoonist Kerfuffle/Cartoon Recount”, in *Chicago Reader*, June 5, 2003.
③ 桑塔格文档，1948 年 5 月 26 日。
④ 桑塔格文档，1947 年 2 月 10 日—4 月 20 日。

在这些文字中，弥漫着一种装模作样的感觉，一种竭力想表现出“她不是什么”的感觉。不仅仅在“她是怎样的一个人”与“人们认为她是怎样的一个人”之间有差距，而且更严重的是，在她自己与一些更加位高权重的、照应她的人之间，观点也有差距。摆姿势：苏珊·桑塔格是她那代人中最上镜的公众人物之一，这可不是巧合；在她最优秀的长篇小说《火山情人》中，主人公就是一个“姿势”专家，这也不是巧合。汉密尔顿夫人以其高超的模仿天赋而闻名，她的一个手势或一种腔调就能让人联想起一个个神话人物和历史人物。

桑塔格经常说起她的欣赏能力，这也正是她最吸引人的特点之一。但是，她对托马斯·曼这样的人物的痴迷，在一定程度上是在迫使她努力成就更好的自我；而她总是无法企及那个标准。从杰出和令人钦佩的意义上说，曼是一位“男神”。从一个吹毛求疵的父亲的角度来说，他也是一位男神；只要他能看透她，一定会把她撕碎的。1948年，她这样写道：“我有这种感觉：所有我说的话都在被记录下来，所有我做的事情都在被人注视着。”①

米尔德丽德·桑塔格需要躲避现实，而且早早地就要求苏珊帮她。苏珊指出，她从母亲那里继承了一种观念，认为诚实等同于残
74 酷；她一定还从米尔德丽德那里得到真传，人前一张脸，人后另一张脸；这个技能米尔德丽德运用起来炉火纯青，只有和她最亲近的人方能看穿。苏珊的妹妹朱迪丝说：“大家都被妈妈迷住了，我不知道她是怎么做到的，因为她并没有迷住她的两个女儿。”②

米尔德丽德的再婚，她鼓励别人说谎（包括在他们的性取向上说谎），都反映了她自身的缺失、她母亲的去世，以及她对此一直保持着的一种奇怪的联想。苏珊14岁左右时，一个醉汉在大街上向她求

---

① 桑塔格文档，1948年5月6日。
② 朱迪丝·科恩写给作者的电子邮件。

欢，惹得米尔德丽德大为光火，声称她感到“十分肮脏”。苏珊在日记里回应道：“你的恐惧既丑陋又肮脏——你和关于你母亲躺在桌子上、扣上避孕带的记忆——你的母亲死在一张干净的病床上——在你的心里，死于纵欲。”

这就是苏珊继承的遗产。“任何让她想起性行为的东西都是肮脏的——而我受其影响，早已病入膏肓。”①

◆◆◆

她母亲鼓励她说谎，尤其是关于性事。从她非常年轻时起，她就意识到自己要对一些事撒谎。“就像我曾经极度惊恐和神经质地笃信宗教，以为自己哪天肯定会成为天主教徒，”她在拜访曼大约一年前这样写道，“同样，我现在感觉自己有同性恋倾向（我是多么不愿意写下这句话啊）——”② 几个月后，她提到“对自己的女同性恋关系一直就有的那种最初的内疚之情——让我面对自己时觉得丑陋”③。

即使没有她母亲的鼓励，在同性恋被普遍视为变态和有罪的时代，她也需要撒谎：直到2003年，美国所有针对同性恋行为的法律才被推翻。她永远也不会大大方方地去表达那些“女同性恋倾向”，然 75
而，她的性取向是她能一心一意追求其使命的关键所在。她写道：“我想写作的欲望是与我的同性恋有关的。我需要这个身份来作为武器，以对抗社会反对我的武器。它并不证明我的同性恋是正当合理的。但是它会给我——我觉得——一张许可证……搞同性恋让我感到更脆弱。它让我更加希望躲起来、不让人看见——不管怎么说，我总

① 桑塔格文档，第12本笔记，未注明日期，大约1948年前后。
② Sontag, *Reborn*, 11, December 25, 1948.
③ 同上，第34页，1949年5月31日。

是有这样的意愿。”①

◆ ◆ ◆

十年以后，到了 1959 年，苏珊写道：“我唯一能成为的作家是那种展示自己的作家。”② 句子中的阳性代词与其余部分的不一致具有启发性。事实上，苏珊 · 桑塔格经常被诟病的是，她将知识置于肉体或情感之上，从而将她自己与其主题疏远开来。她在《朝圣》中便是这么处理的；小说中，各种奇特的编纂背叛了回忆录的标签所要求的历史准确性。

《朝圣》中隐藏的剧情与究竟是谁给曼家打的电话、苏珊是和一个还是两个朋友一起去的、他们是4 : 00还是6 : 00到的都没有关系。这关乎她的性取向——她通篇都在暗示她是异性恋。她提到她的朋友彼得 · 哈伊杜：“男朋友不仅仅是一个最好的朋友，而且还必须比我个子高，只有彼得符合这个标准。”她描述了梅里尔是多么有吸引力，并宣称她“想和他融为一体，或是他和我融为一体”。然而，梅里尔并不合格：“他比我矮几英寸。除此之外，想不出还有什么其他的障碍了。”

她没有谈到其他那些障碍。真正的障碍是，梅里尔和她一样，都
76 是同性恋者——当然托马斯 · 曼也是。这才是这篇小说真正的主题。她最初将小说命名为《关于尴尬的咏叹调》③，开头是这样的：“围绕着我和他见面的一切都着上了羞愧的色彩。”类似的表述频繁出现，

① Sontag, *Reborn*, 223, December 24, 1959.

② 同上，第 220 页，1959 年 11 月 19 日。（原句为“the only kind of writer I could be is the kind who exposes himself”，其中的“himself”应该是“myself”或“herself”，桑塔格却用了阳性的代词，故作者下面说与句子的“其余部分的不一致”。——译注）

③ 桑塔格文档，1987 年 8 月 24 日。

其重要性毋庸置疑。她提到她父亲死于一种“令人感到有些羞愧的疾病”。她写道，当梅里尔提议去拜访一下时，“我的欣喜转成了羞愧”。她把那通电话描述成“令人难堪的”，而把自己描述成一个“胆小鬼”。她“沉浸在羞愧和恐惧之中”，还提到局面“进一步尴尬”，“出现更多尴尬的情况”和“多尴尬啊”，因此感到“羞愧、沮丧”和“不正当、不合礼仪”，并且回忆起那次造访是“一个尴尬的记忆”和“令人羞愧的事情”。

然而，什么令她羞愧难当呢？这些词用来描述久远的青少年时期的难堪时刻似乎有点夸张。在桑塔格的作品中，大艺术家往往不只是作为效仿的榜样，而是作为劝诫的超我，在他们面前，她必须谦卑地贬低她自己：那些人可能会看穿她，发现她毫无价值，发现她的丑陋之处，戳穿她的谎言。托马斯·曼在这个众神谱系中名列首位，她在他面前感到羞愧就是性取向的暴露，源自她在故事结尾用的一个隐喻。她和梅里尔匆匆离开圣雷莫路，“就像两个青葱少年第一次逛了妓院后开车离开一样”。

这就是为什么尽管《朝圣》中有精心编造的谎言，听上去却是真实的。事情是假的。但羞愧是真的。 77

第六章

双性恋的发展

“我只对忙于规划自我改变的人感兴趣。”1971 年，苏珊这样写道。[①] 如果改变的欲望可以源于积极的自我满足的缺乏，那么它也是消极意义上的自我满足、自命不凡和自以为是的敌人。在《朝圣》中，她提到“一种为了更美好的未来而以屈尊的态度对待现在的模式”。当她母亲回望过去，永远在怀念她在中国的用人时，苏珊则在展望未来。“我想写作——我想生活在一种知识分子的氛围中——我想生活在一个文化中心，在这个地方，我能听大量的音乐。”[②] 苏珊 14 岁那年，北好莱坞中学的校长告诉纳特和米尔德丽德，苏珊看的书比她的英语老师还要多。[③] 不久，她就知道在哪里可以找到她所追求的知识分子氛围了。

她看了《科利尔》杂志上一篇关于芝加哥大学的文章，“芝大没有橄榄球队，所有人做的事情就是学习，大家日日夜夜地谈论柏拉
79 图、亚里士多德和阿奎那。我当时想，这就是我的菜”[④]。然而，米尔德丽德并不买账。1948 年夏天，苏珊经历了一次横跨整个美国的旅

---

① Sontag, *Consciousness*, 315, April 11, 1971.
② Sontag, *Reborn*, 14, February 19, 1949.
③ Gene Hunter, “Susan Sontag, a Very Special Daughter”, in *Honolulu Advertiser*, July 12, 1971.
④ David Bernstein, “Sontag’s U. of C.”, in *Chicago Magazine*, June 2005.

行，这是她五年前离开纽约去图森后第一次回到这里；途中，一家人在芝加哥停了下来。"看起来，普雷桑斯酒店——就在大学对面——是我能到的最靠近前面提到过的学校的地方！"6月时，她叹息道，"见鬼——就像一堵无法移动的墙，我怎么争辩都无法把它推倒。"①

米尔德丽德晚年时可不是这么说的。"我认为任何聪明的人就应该想做什么就做什么。"她对一位记者说道。② 一个邻居说："她告诉我苏珊根本不听纳特的话，去上了芝加哥大学"——因为在这一版本的说法中，纳特不允许苏珊去——"米尔德丽德说的时候语气欢快。"③ 但是，米尔德丽德和纳特的婚姻触礁了，苏珊提到"离婚的可能性很大，其中包括妈妈有可能搬回纽约"。他们意见不一致涉及的问题之一就是：是否允许苏珊离家去上大学。④ 米尔德丽德和纳特和好了。到9月份的时候，在纳特的帮助下，苏珊已经把那堵无法移动的墙推倒了："含泪与米尔德丽德讨论了一次（该死！）。她说：'我嫁给了纳特，你应该非常开心。你永远都别想去芝加哥，你就死了这条心吧！我无法跟你讲对此我有多难受。'"⑤

◆ ◆ ◆

苏珊一直等到1986年，米尔德丽德去世一年后，才发表了《朝圣》。小说中，苏珊刻画她"瘦骨嶙峋、郁郁寡欢的"母亲毫无爱心，一味强调自己是多么绝望地想要离开那个家。而米尔德丽德讲述这个故事时，这就只是部分实情了；因为苏珊觉得被她母亲所压抑，渴望

---

① 桑塔格文档，1948年6月18日。
② Hunter，"Susan Sontag，a Very Special Daughter".
③ 作者对特丽·朱克的采访。
④ 桑塔格文档，第11本笔记，1948年5月28—29日。
⑤ Sontag，*Reborn*，8，September 2，1948.

找到她在世上的出路，但她也同样意识到母亲授予她的“魔力”；她已经习惯性地理解，如果她失去这些魔力，米尔德丽德就活不下去。
80 切断两人之间的联系，对双方都不是一件容易的事。“我知道我必须离开家，”她在5月时这样写道，“虽然我喜欢洛杉矶，而且也不会介意在其他情况下住在这里——给我一辆车的承诺很有诱惑力，但还不足以让我继续这样出卖自己。”①

她只有15岁；整整一年时间，她都在犹豫。对年纪这么小的一个人而言，这是一个重大的决定，而且苏珊深受亲近关系的诱惑。“我多么希望投降呀！让我自己相信我父母貌似可信的生活，会是多么容易的事情呀！假使我见他们和他们的朋友只有一年时间，会任由自己——投降？……因为我感觉到自己是在摇摆、在动摇——某些时候，甚至接受在家读大学的想法。”

她的左右为难与她和母亲的感情纠葛有关。米尔德丽德让苏珊明白：苏珊——而非纳特——才能帮她。只有苏珊能安慰她。苏珊也一直这么相信。

> 我能想的全部就是母亲，她多么漂亮，她的皮肤多么光滑，她多么爱我。前两天一个晚上，她哭得那样浑身发抖——她不想让在另外一个房间的爸爸听见，她一阵阵压抑的哭泣声像大声的打嗝。②

1948年底，她从北好莱坞中学毕业。到那个时候，她已经放弃去芝加哥，选择了加州大学洛杉矶分校，毕竟这个学校就在离谢尔曼奥克斯不远的山脉地区。但这个时候又出现了一个折中的候选方案：伯

---

① 桑塔格文档，第11本笔记，1948年5月28—29日。
② Sontag, *Reborn*, 5, August 19, 1948.

克利，加州大学最好的分校。学校离家较近——但也不是太近。“加州大学洛杉矶分校对加州[1]，”几个月后，她写道，“加州意味着我要彻底离开家——新的城市、新的环境、结识新人——一个即刻离开家的机会。情感上，我想过留下来。理智上，我想离开。和往常一样，我好像总是享受自我惩罚。”[2]

受虐狂倾向是她在大多数重要人际关系中的特点，这最初在和米尔德丽德之间就已然建立。在一篇略带虚构的回忆录中，她回忆起自 81
己“痴迷于渴望长大”，也渴望“从她那沉默寡言、黝黑、俊美的母亲那里得到更多的关爱”。只有当她母亲即将失去她的时候，这种关爱才会喷发出来，“突然觉醒的母爱和依赖泛滥开来”，汹涌澎湃。这反而促使苏珊逃离。[3]

但她这样做并非没有愧疚感，包括对她妹妹；她当时为了弥补，把妹妹推给了米尔德丽德。十多年后，她为此道歉。“你知道我对‘离开家’这件事一直心存愧疚，”在给妹妹的一封认错信中她这么写道，“在我这个年龄！而且那么多年以后！可是朱迪丝，我推断——大多是无意识地——朱迪丝在那儿呢。朱迪丝在坚守阵地。所以我牺牲了你——任何对你有好处的想法——来弥补我对她的愧疚感……你完全有理由根本不信任我，或者不怎么喜欢我。”[4]

在离家 37 年后，也就是米尔德丽德去世后不久，苏珊仍然在为这段失败的关系责备自己。“我一直为离开家/离开妈而感到愧疚。所以她有权利待我如此冷漠，如此无情。”[5]

---

① 此处指加州大学伯克利分校。——译注
② Sontag, *Reborn*, 13, February 11, 1949.
③ 桑塔格文档，芝加哥。
④ 桑塔格写给朱迪丝·科恩的信，桑塔格文档，1960 年 6 月 6 日。
⑤ 桑塔格文档，1986 年 12 月 30 日，巴黎。

◆◆◆

在伯克利一开始的几个星期，这种愧疚感一直缠绕着她。“嗯，我到啦，”她在笔记本上感叹，“根本就没什么两样；似乎决不是一件寻找更加适宜的环境的事情，而是要找到我自己——找到自尊和人格的正直。我现在并不比在家开心。”[①] 挑战——“找到自尊和人格的正直”——是一样的。一所大学可能会招致她采取她在中学时发现的同样的解决办法，沉浸在文学和音乐之中。然而，伯克利为她准备了另一种体验，于是她的学术生活很快就位居其后了。

82 在最初的几个月里，她一如既往地埋头读书，承认她最初对托马斯·曼的《浮士德博士》感到失望，谴责自己对罗伯特·勃朗宁的不屑，大段大段慷慨激昂地朗诵克里斯托弗·马洛的作品，对赫尔曼·黑塞“构思的孩子气”感到失望。她还制订暑期计划，要“专心看亚里士多德、叶芝、哈代和亨利·詹姆斯”[②]。她还念念不忘一个名叫艾琳·莱昂斯的女孩，不过只是狂热的单相思；为了“至少证明我是双性恋”，还尝试与男性发生性关系，结果却承认，“一想到和男人发生肉体关系”，她就感到“羞辱和堕落”。[③]

4月，她看了朱娜·巴恩斯的《夜林》。该小说于1936年出版，是少数几部公开讨论同性恋生活的当代文学佳作之一。（对男性而言，有安德烈·纪德的日记，苏珊和梅里尔都看过；还有《死于威尼斯》，这或许可以解释她喜爱托马斯·曼的一些原由。）T. S. 艾略特为《夜林》作序，称赞其“智慧和人物塑造的才华，以及与伊丽莎白时

① Sontag, *Reborn*, 14, February 19, 1949.
② 同上，第20页，1949年5月17日。
③ 同上，第15页，1949年4月6日。

代悲剧极为相似的恐怖和厄运的特质”。对很多看过这部小说的人而言，它就是一帖兴奋剂，刺激着你的性感官和艺术感官：“不仅仅是看了一本书，而且是着了一次魔。”[1]

有一些伪贵族；一些名号为曼夫人、布罗德巴克公爵夫人的人；还有洛可可式的同性恋的句子，这些都很少被超越：“就如同‘海关税收员’卢梭的一幅画，她似乎就如同困在客厅里的一片丛林那样躺着。”[2] 就像《党派评论》向苏珊介绍的是她渴望掌握的一门知识分子语言一样，《夜林》则为她带来了一门表达情欲的语言。其刻意的风格往往令人费解——“呵，夜妖在荆棘上呜咽，在谷粉中腐烂，在谷粒中发霉”[3] ——一种炫耀其不可理解性的语言。整本书反映了作为贵族的同性恋的概念；此概念源自王尔德、于斯曼及其 19 世纪的颓废者。巴恩斯采用了这个圈子（左岸[4]）传统的场景加上直言不讳 83
的性描写（“过去，我可能是马赛的一个女孩，和一个水手一起大刀阔斧地走在码头上”）来表达对资产阶级礼节的蔑视。在其核心部分，这是一个概念：同性恋者是不可能有遵循习俗的生活的——而同性恋者也不希望如此。巴恩斯写在书中的一句话一定令苏珊激动不已：“当一个人创造了自己的生活时，这个人自己的生活便是独特的了。”[5]

然而，在《夜林》中，也有一种观点认为同性恋是病态的、精神错乱的、受伤风败俗的欲望驱使而疯癫的：“晚上去找那些还在厕所里的‘女孩’[这里指同性恋男子]，你会发现他们跪在那个巨大的

---

① 作者对唐·莱文的采访。Djuna Barnes, *Nightwood*, preface by T. S. Eliot (New York: New Directions, 1937).

② Barnes, *Nightwood*, 35.

③ 同上，第 90 页。

④ 通常指法国首都巴黎在塞纳河左岸的部分。——译注

⑤ Barnes, *Nightwood*, 118.

秘密忏悔室里，在口交的间歇喊叫着，这可怕的绝罚。”[①] 女同性恋者的生活不再具有启迪意义，巴恩斯用一个残酷的隐喻指出：“就像那些可怜的野兽，它们的兽角缠在一起，于是被发现就在这种状态中死去；它们的脑袋因为了解了它们从未想了解的彼此而变得肥大，它们不得不直面对方、目视对方去思考，直至丧命。”[②]

◆ ◆ ◆

“你看过《夜林》吗?”哈丽雅特·索姆斯问“靓丽动人”“真的漂亮的”16 岁的苏珊·桑塔格；后者当时正在逛伯克利那家书店。快到期末了，哈丽雅特，一名来自纽约的大三学生，站在那里和另一个员工聊天；这个员工是个男同性恋者，他看到哈丽雅特在打量那个女孩：“那个尤物，可爱极了。”她还记得他说。

“去撩她一下。”他吩咐道。[③]

哈丽雅特比苏珊大 5 岁，纽约人；在苏珊所追求的方方面面，哈丽雅特已经驾轻就熟了：她在纽约大学待了两年，在北卡罗来纳州实验性的黑山学院待了一个暑期，并在此遇见了重要的前卫艺术家，其中包括约翰·凯奇和梅尔塞·坎宁安。她在那儿还遇见了佩姬·托尔克-沃特金斯；后者后来在旧金山被誉为“女同性恋者的女王”，她在
84 恩巴卡迪诺大街上开了家远近闻名的“锡天使”女同性恋者酒吧。佩姬是哈丽雅特的第一个同性恋伴侣，并且把她引进了旧金山的地下圈子。而这时，哈丽雅特又把苏珊引进了门。

她们俩的交往断断续续，持续了差不多十年时间。她们交往的前

---

① Barnes, *Nightwood*, 95.
② 同上，第 100 页。
③ 作者对哈丽雅特·索姆斯·兹沃林的采访。

三个星期对苏珊未来的生活是至关重要的——她也立刻就意识到了这一点。1949年5月23日，她写道，那几个星期“也许是我所知道的最重要的时间段（作为一个完整的人，无论我将成为什么人，这都是重要的）”。在这本日记的封面[①]上，她用大写字母写道：“在记这本笔记时我重生了。”[②] 以一个年轻人满腔的激情、全力以赴，在发现爱与性的意义上重生；重生是因为，在这一发现中，她窥见一个解决分裂的办法；她已然将分裂诊断为自己生命中重大的挑战：“我最大的不幸……痛苦的灵与肉的两分法……”[③] 在哈丽雅特身上，她看到了一种解决这种两分法的办法。当她离开家的时候，肉体本身可能是她希望找到的自尊的来源，而不是一个令人沮丧的现实，要通过遁入精神世界来回避。

她对这个学期最后几周的描述里面充满了乐趣、解脱感和释放感。她在旧金山的酒吧里发现的那个世界令她兴奋不已，她在日记里做了详细的记录。她写道：“那个歌手是个身穿无肩带晚礼服的金发女郎，颀长、漂亮；我还在想她那极为有力的嗓音，这时，哈丽雅特——微笑着——不得不告诉我她是个男的。”在另一个场合，“C带着一支枪来，扬言要杀了她们俩……另两个女人是一对；名叫弗洛伦丝和罗马……哈丽雅特和弗洛伦丝有过一腿……在某一刻，C开始大笑，问我们是否发觉这一切完全是对《夜林》的戏仿”。

在她的生活中，这种乐趣经常是与一种新语言的发现有关的。马丁·伊登会把新词记载下来，苏珊也是这样。她的笔记表明有多少东 85
西她不得不去学：

① 在桑塔格的儿子戴维·里夫编辑的《重生》中，这句话是写在日记本的封二上的。——译注

② Sontag, *Reborn*, 18. 桑塔格文档，写在标为1949年5月7—23日的笔记本封面上。

③ 同上，第20页，1949年5月23日。

同性恋（homosexual）= 男同性恋（gay）

异性恋（heterosexual）= 果酱（jam）（西海岸用语）、直人（straight）（东海岸用语）[①]

她的日记中还有很多其他的词，涉及性以及其他方面，都来自旧金山同性恋圈子的亚文化：

86（指“赶出去”）：“86”“他86我了”“我被86了”

shwishy/shwish（指“脂粉气的”）：动作举止“娘娘腔”“今晚我很娘”

I'm fruit for—（指“我痴迷于……”）

the“head”/“john”（指厕所）

T. S.（tough shit 的缩写，指倒霉）

he's gay trade/take it out in trade（他是男同性恋搭档/男同性恋搭档出去，指一夜情）

go commercial（“做生意”，指为了钱与人发生关系）：“去做生意”“我准备去做生意”

get/have a head on（指生殖器勃起）

a chippie（指那种搞一夜情的女人——只为性，不为钱）

fall off the roof（直译为“从屋顶上掉下来”，指经期）[②]

这样的列表是另一个列表的开端，即她在大约15年后发表的《关于“坎普”的札记》中的58条论点。这份列表以近乎人类学的严谨描述了苏珊从伯克利开始观察到的一种同性恋感受力模式；她比

① Sontag, *Reborn*, 36, June 6, 1949.
② 同上，第42页，1949年8月3日。

其他任何作家都更早地让异性恋群体意识到这一点。她承认，这是一种时而吸引她，时而又排斥她的感受力，但在伯克利，她清楚地感觉到这种感受力具有释放的潜力。如果对一个女人的渴望几乎要毁了她，“使我对自己的女同性恋关系一直就有的那种最初的内疚之情变得凝结起来——让我面对自己时觉得丑陋。现在我知道了真相——我知道了去爱是多么美好、多么正确的事情啊”①。 86

这是该术语最宽泛意义上的情色启示。在她遇见哈丽雅特之前，她曾和一名男子约会，交往中谈论的话题似乎大都是桑塔格式的戏仿——“我们什么都聊，从巴赫的康塔塔聊到曼的《浮士德》，从实用主义聊到双曲函数，从加州大学劳动学院聊到爱因斯坦的弯曲空间理论”——在这期间她还意识到“我从未舍弃过这么多：迷惘还有懒惰还有阳光还有性还有食物还有睡觉还有音乐，这一切的一切”。现在，对自己的性取向的接受使她有可能把求知欲极强的头脑和同样如饥似渴的身体结合起来。“我会马不停蹄地出去抓紧体验，而非等体验来找我——我现在能这样做，因为那个大障碍物被推倒了——关于我的身体的神圣感——我一直都充满欲望。”② 伯克利意味着“接受我自己，永远接受，为自身感到高兴——真正重要的事情不是去拒绝什么东西——当我想到当时对真的要来加州，我有多么犹豫不决！我当时还当真考虑过不接受这种新体验”③！

然而，当她写下这些的时候，她正准备离开。她尚未放弃她的芝加哥大学之梦。5 月 28 日，她获悉自己已经被芝大录取，同时获得了 765 美元的奖学金。

她在伯克利的田园生活就此结束。她离开时感觉自己获得了重

① Sontag, *Reborn*, 33, May 31, 1949. 这个女人名叫艾琳 · 莱昂斯。
② 同上，第 34 页，1949 年 5 月 30 日。
③ 同上，第 33 页，1949 年 5 月 31 日。

生，不过，哈丽雅特回到纽约时并不确定苏珊的彻底改变。“在性方面就是个废物，”她说，“她很漂亮，但她并不性感。这上面有很大的区别。”事实上，苏珊仰望着哈丽雅特，视其为老师，尽可能地向她学习一切可以学的东西；这一模式在她和她的情人之间会经常重演。“我一直觉得这是因为她太书生气了，”哈丽雅特在谈到她俩交往中存在的问题时说，“如果我们去看电影，她会等我先说是否喜欢这部电影。如果我不喜欢，她就不喜欢。”

87 苏珊来到伯克利就要和缺乏安全感进行抗争，这种缺乏安全感仍然困扰着她。“她就是一个怯懦者，”哈丽雅特在谈到她们俩交往的头几个星期中的苏珊时这么说，“她极易受旁人影响，很容易受到惊吓，对自己没有信心。后来发生的一切都是对她那样的孩子的某种扼杀，因为她真的非常不确定自己是什么样的人。”然而，哈丽雅特知道苏珊与众不同。“我记得和她一起乘火车从旧金山去索萨利托，车上，我对她说：‘你这辈子注定不凡。’”①

◆ ◆ ◆

在伯克利的性革命后不久，苏珊的精神又重新凌驾于她的肉体之上。她回到洛杉矶过暑假，还谋了份工作，在“美国赔偿公司”当档案员，并在此遇上了梅里尔·罗丁。比她大 3 岁的梅里尔于一年前在她的鼓励下去了芝加哥大学。他说：“那是我一生中最棒的精神上的体验，对我而言就是一种觉醒。”

回到加州后，他们续上了旧日的友谊。“一开始有点支支吾吾的”，她告诉他“她在伯克利的那些体验；这些事她永远也不可能告

① 作者对哈丽雅特·索姆斯·兹沃林的采访。

诉她的父母”，他们“如果知道会感到震惊和恐惧的”[1]。他们整个夏天都在“探索洛杉矶的同性恋生活，地下的、非常隐秘的同性恋生活。我们都为之神魂颠倒”。在他们所来自的世界里，唯一的同性恋群体是用来在旅游景点中展示的，就像马戏团里的侏儒一样。梅里尔的母亲有一次对他说，她和他父亲“去火烈鸟俱乐部看到了仙女[2]”，他说，“那是我第一次听说仙女”。

这家位于拉布雷亚的俱乐部星期天下午不对游客开放，而真正的同性恋者，包括苏珊和梅里尔，就会在此时出现。偌大的洛杉矶，同性恋者聚集之地“不到五处”：除了火烈鸟俱乐部，梅里尔还记得海洋公园的热带村和圣莫尼卡海滩上的一个地方，“一个全然不同的世 88
界——平行但隐藏在真实世界之下”。

对苏珊的智性发展极为重要的是，那个平行的地下世界包括先锋派文化。在拉谢内加大道的科罗内特剧院，他们看了玛雅·黛伦的电影；黛伦从 1943 年开始就在洛杉矶拍摄实验性电影。在科罗内特，他们还看了肯尼思·安格的同性恋短片《烟火》。（影片讲述了一个年轻人做着关于梦的梦，这个主题在桑塔格后来的作品中会反复出现。）安格只比苏珊和梅里尔大几岁，他受黛伦的影响非常大；他的电影时长只有 14 分钟，却令他因被指控犯下淫秽罪而锒铛入狱。这个案子一直上诉到加州的最高法院，最终法院裁定该片可以上映；不过这一丑闻也表明，即使在洛杉矶这样的大都市中心地带，同性恋艺术家也不得不在这种氛围中工作。

就像《夜林》里的人物一样，这个平行的同性恋世界里的居民形成了一种精英文化；像苏珊这样的人意识到这一情况，并颇感自豪。

---

① 作者对梅里尔·罗丁的采访。

② 原文为 fairy，这个词有“仙女”的意思，也指同性恋者，尤其指男同性恋者，且带有较重的轻蔑色彩。此处为第二个意思。——译注

但他们也意识到，这一世界意味着危险不断：那些暴露在“感到震惊和恐惧的”家庭的年轻人、像肯尼思·安格这样会成为公众丑闻的目标的艺术家、任何经常光顾那些苏珊和梅里尔也经常光顾的地方的人，对他们而言，这一切都有危险。梅里尔说：“他们随时都会遭到袭击，他们是不合法的。他们是有危险的。”

即使没有一个鼓励她把性视为危险加肮脏的母亲，在伯克利经历了一场解放运动后，苏珊仍开始感到阵阵不安，这也并不奇怪。哈丽雅特离开以后，她为接受这个永久的社会成员资格而焦虑不安。在图森，她已然“明白内外有别”——而同性恋实际上是外面那个世界的定义。正如她在北好莱坞中学成功地变得受大家欢迎一样，她此刻试
89 图重新加入主流社会。

梅里尔最好的朋友吉恩·马鲁姆，即那年年底打电话给托马斯·曼的人，他整个夏天很多时候都与梅里尔和苏珊在一起。虽然吉恩对他们同性恋的世界也感兴趣，还为苏珊偷了安德烈·纪德的日记，但他是个直男；不过，他也给苏珊提了一些实用的建议。“如果你不想成为同性恋者，”他向她解释说，“这就是你必须做的。你必须强迫自己和男人约会，去亲吻他们的生殖器。当然做这些很难，但这是解决问题、不成为女同性恋者唯一的办法。”①

这一建议是为一个缺乏安全感的女孩量身定制的，她对自我改造的信念一路伴随她度过了整个不快乐的童年时期。就是在这一时期，在几个月前才承认“一想到和男人发生肉体关系”就会感到“羞辱和堕落”的苏珊，开始在私下描述自己是双性恋了。她用令她在学业上出类拔萃的那种勤奋的钻研劲头来采纳吉恩的建议。

① 作者对吉恩·马鲁姆和梅里尔·罗丁的采访。

◆ ◆◆

这一时期留下了一份惊人的文档。这一页标题为“双性恋的发展”的纸上列出了苏珊的性经历，从“1947 年圣诞前夜（14 岁）到 1950 年 8 月 28 日（17 岁）”[①]。这张表单值得关注的原因有几个。首先是到她大二时和她上过床的人的数量：36 个。其次是一夜情的数量，一个个只有单独名字的人，从伊沃妮到“菲尔”，再到令人吃惊的“奶奶”。但这张单子最引人注目的方面是它的标题所揭示的教学思维模式。“双性恋的发展”表明苏珊采纳了吉恩的建议，并试图通过增加与异性交往的比例来训练自己变成异性恋。也许，她可以像掌握词汇一样掌握异性恋：通过练习。

这些努力并没有取得成功。苏珊、吉恩和梅里尔决定证明他们 90
“对性是放纵不羁的，我们可以私密地恣意放荡”。于是他们在日落大道的诺曼底村汽车旅馆租了一个房间，喝了一瓶啤酒，然后脱光了衣服。他们看到了彼此赤裸的身体，不知道接下来该如何行事。梅里尔割过包皮，而吉恩没有。苏珊对他们俩之间的不同颇感好奇，但在梅里尔看来，这使得整个过程“像在进行科学研究，一点也激不起性欲”。对吉恩而言，这简直就“恶心透顶”。

但是，性感并不是重点。“这是一种成人的、成熟的行为，是对传统习俗的蔑视，”梅里尔说，“这就是我们所要做的，去发现传统习俗，去发现成人世界的虚伪，去发现常态的、日常的世界，还要去发现秘密的地下世界。”

这场“恣意放荡”与苏珊在伯克利经历的肉体的重生相去甚远，

① 桑塔格文档。

而且其科学考察的性质，也令夏初时她潦草地摘抄在笔记本上的一行济慈的诗句相形见绌：“哦，多想过一种感受的生活，而不是思索的生活。”[①] 现在，她的头脑又和肉体分开了。她告诉自己要“强迫你自己和男人发生性关系”，梅里尔说道，“而这是她去芝加哥大学上学
91 时，她的主要计划之一”。

① Sontag, *Reborn*, 40, June 29, 1949.

第七章

仁慈的独裁

苏珊说，在那些年里，芝加哥大学处于“一种仁慈的独裁”状态。它的独裁者即罗伯特·梅纳德·哈钦斯，一位弥赛亚式的人物；这在当今的高等教育界似乎是不可想象的。当时，无论是他的年龄——被任命为芝加哥大学校长时年方 30 岁；还是他的那些理念——吸引了那一代人中众多的文化领军人物，既有老师也有学生；都同样令人瞩目。

哈钦斯身材高挑，相貌迷人，是长老会一名牧师的儿子；和哈佛、耶鲁的清教徒创始人一样，哈钦斯把严格的教育视为改变国家的一种手段。他的学校与“甜腻腻的流行歌曲排行榜、棒球比赛的歇斯底里的解说”那种轻浮的美国截然相反。他有一种表达的天赋，能把学校严肃认真的名声准确地传播给那些像苏珊和梅里尔一样感觉与那种文化格格不入的学生。在美国中西部这个重要的城市，他甚至禁止橄榄球队——对这个决定，像其他许多因此被吸引到芝加哥来的人一 93
样，苏珊大加赞赏。1942 年，在废弃的橄榄球场看台下，恩利克·费米建造了世界上第一个核反应堆。

芝大于 1890 年由约翰·D. 洛克菲勒创办，学校从一开始就致力于推行精英教育模式。如果说美国东部的大学，无论明确还是不明确地，都是根据种族、性别、阶层和宗教来录取学生，芝大则是通过一场统一考试来选拔学生。这排除了“世袭式”录取的可能性，因为“世袭式”延续了阶层固化的特权。芝大是第一所按男女平等的原则录取女生的重点大学，① 到1940年的时候，芝大已授予45名非裔美国人博士学位，超过了美国其他任何一所大学。② 在一个名校严格限制犹太裔学生入学的年代，该校的犹太裔学生比例却非常高，可能高达一半。③

哈钦斯的芝加哥大学地处美西，年轻、民主，并不像老牌大学那样专为精英阶层服务。它旨在创建一所大学。一旦入学，学生们就会发现，以哲学和文学经典为基础的课程要求对所有人都一视同仁；所有的课程均为必修课，除非学生已经退选该课程。

他的手段是通识教育，被称为共同核心，基于经典名著，不分年级。1947年芝大毕业的《纽约书评》创刊人罗伯特·西尔维斯说：“芝加哥大学（的课程）是一系列的阅读。第一本就是亚里士多德的《物理学》，学校里每个学生都在一两门不同的课程中读过亚里士多德的《物理学》。你要读亚里士多德论美学的著述。你要读柏拉图的《理想国》。你要读奥古斯丁。”如此种种，通读整个西方哲学史，差不多以马克思和弗洛伊德结束。科学是这种教育的重要组成部分。“每个人都必须了解一些生理学。每个人都必须了解一些物理学，”西
94 尔维斯说道，“每个人都应该知道量子理论是什么。”④

芝大的课程对苏珊而言实质上就是一个书单。她后来说：“我绝对是由哲学探究方式所塑造的必修课程的捍卫者。一开始，是的，从柏拉图到亚里士多德，然后是一些希腊剧作家，然后是希罗多德，再

---

① *Barron's Profiles of American Colleges* (New York: Barron's, 1986), 253.
② Deva Woodly, "How UChicago Became a Hub for Black Intellectuals", January 19, 2009.
③ 作者对玛莎·埃德海特的采访。
④ 作者对罗伯特·西尔维斯的采访。

到修昔底德。"就像她在图森发现的"现代文库"的经典书目一样，芝大向毕业生承诺，他们将拥有坚实的文化基础。她说，芝大与老牌大学的区别在于，哈佛有"一个大菜单，而没有'正确的方法'"[①]。

哈钦斯说："大学的目的无非就是在全世界范围内促成一场道德上、智力上和精神上的革命。"[②] 这一雄心壮志与几个月前苏珊在伯克利激动地记录下来的狭隘的学术关注点正好相反。在彼处她体验了感官的启示后，她"害怕地意识到，我正让自己越来越深地陷入学术生活中"——这种不知不觉的陷入将在她 60 岁时达到顶峰，那时的她"变丑了、受人尊重、在做教授"。

> 我今天在图书馆浏览了一下英语系的出版物——篇幅很长（数百页）的专著，研究的是这样的题目：《伏尔泰作品中"你"和"你们"的运用》《费尼莫尔·库柏的社会批评》《布赖特·哈特在加利福尼亚报刊上的作品总目（1859—1891）》。天呐！我都差点要向什么屈服了啊?!?[③]

◆◆◆

很多同班同学从未忘记他们第一次见到苏珊·桑塔格的情景。"一个芝大女生不应该引起人们对她身体吸引力的注意，"一名教授说道，"但没有什么是桑塔格做不到的。"[④] 一个朋友还记得开始的那一

① Molly McQuade, "A Gluttonous Reader: Susan Sontag", in Sontag, *Conversations with Susan Sontag*, ed. Leland Poague (Jackson: University Press of Mississippi, 1995), 277.
② "Robert Maynard Hutchings", Office of the President, University of Chicago.
③ Sontag, *Reborn*, 30-31, May 26, 1949.
④ 乔尔·斯奈德引自 Bernstein, "Sontag's U. of C"。

95 幕。“大家都站在那儿，然后她走进了教室，所有的男生……哇哦！”[1]另一个人写道，在校园里，“到处是邋里邋遢穿着蓝色牛仔裤的 17 岁女孩”，而这个时候，苏珊穿着丝袜、脚蹬高跟鞋、身着丝绸连衣裙，配上加州古铜色皮肤出现了。“大家都认为，某种程度上会把她与‘电影明星’这个词联系起来。”[2]

高跟鞋和丝绸连衣裙持续的时间似乎没有比她把米尔德丽德赶回洛杉矶的时间长多少：牛仔裤也是她的标配。她那种美貌在芝加哥俘获了一些狂热的崇拜者。她在校园里显得鹤立鸡群。“这种美貌吸引了来自一个个小地方的最聪明的孩子。”画家玛莎·埃德海特说。埃德海特曾和苏珊参加过同一个夏令营，小苏珊那次从夏令营逃走了。那几年的毕业生——菲利普·罗斯、菲利普·格拉斯、罗伯特·西尔维斯、卡尔·萨冈、麦克·尼科尔斯、苏珊·桑塔格——日后会在一个个更大的地方受人瞩目。但压力也是有的，埃德海特说，经常会出现自杀的情况：

> 会有一些十三四岁的孩子，他们曾经是镇上最聪明的孩子，这种孩子现在被大量地送到了像芝加哥大学这样的地方。我们有个宿管阿姨，自己还是个 22 岁的孩子，根本分辨不清是非，也不知道自己该做些什么。没有人可以交谈，也没有真正的监督。[3]

如果说任由学生在社交上和情感上为所欲为也不尽然，因为他们发现，“仁慈的独裁”给他们提供了一张清晰的线路图。苏珊在芝大哈钦斯的身上，发现了对她自己胃口的残酷的标准。乔治·斯坦

① 作者对明达·雷·阿米兰的采访。
② 作者对悉尼·西斯克的采访。
③ 作者对玛莎·埃德海特的采访。

纳——另一个杰出校友——写道："哈钦斯蔑视假期，蔑视休息。他是个工作狂，没有人会因为学他而感到羞愧。他憎恨做事马马虎虎，憎恨碌碌无为，憎恨胆小怯懦；他并不隐瞒自己的标准。"[1] 学者詹姆斯·米勒在谈到桑塔格时说，这些标准简直高不可攀，没人能达到这 96
些要求。

> 问题是她是否能达到真正的老师那样的标准，而真正的老师是苏格拉底……［芝大的学生］想要达到这种道德完美的经典理想状态。他们也想成为百科全书式的人物。他们想通晓所有的名著。典型的例子是，一方面他们知识渊博，另一方面，他们又拥有完美的心灵。而那些没有这种抱负的人——因为他们是愚蠢而无同情心的、唯利是图的粗俗之人和资本家，因为哈钦斯鄙视这样的人——就像是地球上的寄生虫一样……这是一个绝对严苛折磨人的理想。如果你认真对待这件事——我认为苏珊·桑塔格就是认真的——这就意味着，你别无选择，只能鄙视自己。[2]

在所有这些成功的莘莘学子当中，苏珊·桑塔格依然鹤立鸡群。她看上去就像个电影明星，身上却有一股学习的力量，即使是那些习惯了曾是班上最聪明的孩子的学生也会感到敬畏。玛莎·埃德海特回忆苏珊的宿舍时说："我上的是音乐和艺术中学，是一个学音乐的学生。我自认为读书还是蛮多的。然而，当我走进她的宿舍，看到的是她的房间里一整面墙都是书架。这可是个才 16 岁的孩子，但她已经在伯克利上了一年学，还有这么一墙的书，我真是服了。"

---

① Rollyson and Paddock, *Making of an Icon*, 29.
② James Miller in Philoctetes Center, "Susan Sontag: Public Intellectual, Polymath, Provocatrice".

像很多人一样，乔伊斯·法伯从未忘记她第一次见到苏珊的情景。“我还记得我第一次下楼去吃早饭。”她说。几乎过去了70年，那一幕还历历在目。“她就坐在餐桌的一头。她差不多16岁，但每个人都在全神贯注地听她说的每一句话。他们对她一点也不了解。我现在都依然能看到她就在那儿。”[1]

她也令她的教授们赞叹不已。苏珊后来的一个朋友罗伯特·博耶
97 斯回忆，那个时期有“两类截然不同的人”，菲利普·里夫——就是
桑塔格后来嫁的人，以及大卫·理斯曼——《孤独的人群》一书的作者。“两类人都证明，17岁的她是他们见过的最具才华的学生。早慧地、明显地、毫无疑问地才华横溢。而且她比他们见过的任何其他17岁的孩子读的书都多。”[2]

◆ ◆ ◆

“现在，你觉得中心点是什么？你怎么认为？这将如何应用于某个问题？”罗伯特·西尔维斯回忆起在一次典型的芝大研讨会上提出的这类问题。[3] 苏珊说：“我们不需要交论文，就像苏格拉底的学生不需要交论文一样。”[4]

然而，桑塔格这一时期的一些论文保存了下来，包括她给肯尼斯·伯克的课程写的一篇论文。伯克是芝大最杰出的人物之一，但在芝大以外几乎不为人知。有一次开始上课时，他在黑板上写下了自己的姓——“伯克先生”，他不认为会有哪个本科生知道他。可下课后，

---

① 作者对乔伊斯·法伯的采访。

② Robert Boyers in Philoctetes Center, “Susan Sontag: Public Intellectual, Polymath, Provocatrice”.

③ 作者对罗伯特·西尔维斯的采访。

④ Sontag, *Conversations*, 278.

一个女生问他叫什么名字。吃了一惊的教授纳闷她为什么要知道。

> “因为我想知道您会不会是肯尼斯·伯克。”
>
> 他说：“你怎么知道我是谁的？”
>
> 于是我说，嗯，我看过《永恒与变化》《文学形式的哲学》《动机的文法学》，我还看过……
>
> 他说：“你看过这些？”[①]

和芝大其他教授一样，肯尼斯·伯克也是一位享有盛誉的学者。和芝大其他人不同的是，他与格林尼治村的文学波希米亚的两个传奇人物有着直接的联系。他曾在那儿和哈特·克莱恩与朱娜·巴恩斯合住过一套公寓。诗人克莱恩因无法“纠正”自己的同性恋倾向而绝望 98
自杀；巴恩斯则是《夜林》的作者。对苏珊来说，伯克就是通往她所向往的那个世界的直接联系。而对伯克而言，苏珊则是他“教过的最好的学生”[②]。

她为他那门课程写了一篇关于《夜林》的论文。这表明她敢于挑战哪怕是最权威的观点。桑塔格准确地写道，如果T. S. 艾略特在该书中发现了一种“与伊丽莎白时代悲剧极为相似”的特质，世纪末的颓废就是这部作品真正的前身。“《夜林》的智慧和激情与伊丽莎白时代悲剧情节的‘健全’没有类同关系，”她辩驳说，“巴恩斯小姐超敏感的洞察力的高雅品位，更像是佩特的风格，而非马洛或韦伯斯特的。”她进一步将这种高雅与一种更纯粹的颓废联系起来，所指即巴恩斯的“以开始探索蜕变的奥秘的形式显示的对衰败的恐惧，荒诞地等同于一个神秘主义者朝着绝对交融发展的连续的步伐”。

---

① Sontag, *Conversations*, 275.

② Rollyson and Paddock, *Making of an Icon*, 32.

巴恩斯笔下的人物所经历的蜕变也有其哲学意义上的目的。一个神秘主义者必须远离“尘世”的生活，才能超越它去找到一些更伟大的真理：蜕变的积极意义。但这一蜕变只是“荒诞地”等同，因为《夜林》的世界不是一个精神世界。在一个极端，它更紧密地与《闺房哲学》的作者萨德联系在一起；而在另一个极端，它又和吸引了众多与桑塔格同时代的人（比如约翰·凯奇或贾斯珀·约翰斯）的基本佛教观念联系在一起。

朱娜·巴恩斯的书是在阴谋论的反犹主义达到歇斯底里的高潮时写就和出版的，她的书中也大多把犹太人描绘成骗子，他们在性方面软弱无能，而且根本不具备真实性。这种组合会让几乎任何其他作者写的书都显得带有种族主义色彩。但在桑塔格讨论《夜林》的文章
99 中，她对这一主题的喜爱自始至终加强了她——一直未明说的——对女同性恋主题的认同：“最终，被迫害、被驱逐的犹太人，强化了‘值得怀疑’的主题，因为之前提到的性异常通常代表未经认可的行为，即与社会疏远的人的生活。”① 同性恋和犹太教与戏剧风格和贵族阶级相互交织在一个梦幻世界里；在这个世界，没有一样东西是它表面看上去的那样，桑塔格写道：

> 这些乔装可真是这个世界上不可或缺的一部分；当由马修·奥康纳陪伴的费利克斯问自称为布罗德巴克公爵夫人的曼夫人，阿尔塔蒙特伯爵是否真的是一位伯爵时，曼夫人大吃一惊。公爵夫人说：“戈特先生！我是不是我所说的那样的人？那你呢？那医生呢？”于是读者怀疑，戈特先生是不是也是这样！

① 桑塔格文档。

◆ ◆ ◆

在芝加哥，她也热衷于乔装自己，加剧了真正的苏珊与他人看到的苏珊之间的差别。上中学的时候，她就已经认为自己是个撒谎者了；而在芝加哥，她继续奋斗，再次编造自己的出身。她的一个同班同学说："她让人知道，她拥有一个极富魅力的家庭背景，富有，有几辆大敞篷车，好莱坞式晒黑的皮肤，重要人物。"[①] 关于米尔德丽德的一些故事则被添油加醋，进一步渲染了这一背景；她告诉一个朋友，米尔德丽德有一半爱尔兰血统，而纳特的嫉妒心太强，曾试图开汽车撞倒苏珊，想撞死她。[②]

这些虚构的故事揭示了更深层次的真相。她希望拥有一个不同的、更幸福的出身。关于她母亲的"弥天大谎"再次上演。米尔德丽德是爱尔兰人这一想法其实是苏珊不愿看到米尔德丽德本来面目的真实写照；这一愿望从这个时期开始就出现在她们来往的信件中。苏珊还是那个忧心忡忡的家长角色——"我希望我在电话里说的话没有让
你生气，"她在 1950 年 10 月写给米尔德丽德的信中说——继续她的 100
努力奋斗，教育一贯冷漠的米尔德丽德："我开始看而且已看完了《华盛顿广场》，真是神奇啊——你一定要读一读这本书——你看完萨克雷的书了吗？"[③] 一个阅读亨利·詹姆斯和萨克雷的作品的母亲可能是苏珊心目中理想的妈妈；然而，她的妈妈并不是这样。最终，也是最痛苦的：如果纳特嫉妒她到了想要谋杀她的地步，那就意味着，苏珊——而非他纳特——才是米尔德丽德真正爱的人。在伯克利，哈丽

---

① 作者对悉尼·西斯克的采访。
② 作者对乔伊斯·法伯的采访。
③ 苏珊写给米尔德丽德的信，桑塔格文档，1950 年 10 月 29 日。

雅特看出苏珊"显然爱上了她母亲"。在芝加哥，一个女生说她"从未见过有哪个人喜爱一个人像苏珊喜爱自己的母亲那样"[①]。

但是，她对虚构事实的癖好让她失去了梅里尔·罗丁的友谊；罗丁比她早一年到芝加哥。在芝大第一学期结束后，他们回到了洛杉矶，并在那里造访了托马斯·曼。其间某个时候，梅里尔给她介绍了一位名叫约瑟夫·施瓦布的教授的情况；施瓦布几乎讲授芝大所有的课程，体现了该校的普世化理念；苏珊后来称他是"我遇到过的最重要的老师"[②]。梅里尔说，在接下来的几个月里，"她有点儿撇开我直接和他联系了，这种方式让我感到很有竞争力，或者说让我感到嫉妒"。压垮骆驼的最后一根稻草最终出现，当时苏珊——表现得一副很讲良心的样子——向在书店工作的施瓦布夫人承认，她和梅里尔偷了书。

"我当时有一种感觉，她想表现出悔过自新、洗心革面的样子，"梅里尔说，"于是获得宽恕，但不知怎么让我背上了罪名。把某种对她而言情感的和个人的事情变成了一个智力问题，根本不顾我也不顾我的感受，就把我给卖了。"

◆ ◆ ◆

真正的难题，她甚至在讨论《夜林》的论文中都避而不谈的，就是性事。在芝大，很多老师，也像很多学生一样，都还年轻，各种实
101 验性的举措逐渐展开。"我们发明了所有后来被称为性革命的东西。"这一时段的另一个朋友说。[③] 的确，这些年读到关于芝大的情况，就

① 作者对乔伊斯·法伯的采访。
② Sontag, *Conversations*, 274.
③ 作者对露西·普林茨的采访。

会发现很多理念几乎都是在“60 年代”之前的一代形成的。其中一些并非新生事物——每一代美国的先锋派都曾试图抵制消费主义，但均以失败告终——但也有一些是新生事物，尤其是对性解放的重视，这后来成为战后阶段主要的运动之一。在芝大，到处都是急于长大的青少年，性就像苏格拉底一样，也是教育的一部分；于是，新生们争先恐后地要摆脱掉他们不想要的童贞。针对这些女生，甚至还有一个“专业的采花大盗”，一个名叫迪克·林恩的帅哥。（在经历了这一良好的开端后，他涉足保险行业继续他的职业生涯。）[①]

在芝大，苏珊有过几段恋情，其中包括和几个女人——以及迪克·林恩。但她越来越抗拒自己在伯克利经历过的那种“重生”。1950 年 11 月，写完给伯克那门课的关于《夜林》的论文后不久，她重读《马丁·伊登》并且承认该小说让她的幻想破灭了：这时她特别提到，她“在长大成人的过程中，真的是从来都不敢奢望得到幸福”。她和哈丽雅特一起体验的快乐已然消逝，她发现自己在反复思考“性与爱之间的两分法”，感觉到“对死亡神经质的焦虑”，还写道，“性一直是对情感需要的一种隐秘的、默认的、心知肚明的认同，一旦起身提上裤子，就必须忘掉它”[②]。

她还写了一段文字表示告解，听上去就像她对施瓦布夫人所说的那种：“我需要对母亲‘坦白’，这根本不值得称赞——这并不表明我是正直诚实的，而是表明（1）软弱，寻求加强我仅有的爱的关系；+（2）施虐狂——因为我的不正当活动是反叛的一种表达；除非为人知晓，否则，它们并无效果！”[③]

11 月，在苏珊写给母亲的一封信息量很大的信的结尾处，她写

① 作者对玛莎·埃德海特的采访。

② Sontag, *Reborn*, 67 - 68, early September 1950.

③ 同上。

102 道："我听上去似乎很忙，但千万别忘记，我还是和以往一样痛苦。"①
深感孤独且毫无安全感的苏珊很快就会仓促地陷入她一生中最令人担
忧的一段关系之中。梅里尔劝她去旁听一位名叫菲利普·里夫的年轻
讲师的社会学讲座。她没选那门课，但还是去了——结果，当里夫问
是否有人愿意帮忙做一些研究时，乔伊斯·法伯说："她的手举起来
103 了，于是，他们就这样相识了。"

① 桑塔格写给米尔德丽德的信，芝加哥，桑塔格文档，1950 年（11 月?）。

第八章

卡索邦先生

菲利普·里夫讲过一个冷笑话，说他的墓志铭应该这样写："做学问聪明，过日子愚蠢。"① 这是承认自己的失败。里夫与狄更斯和巴尔扎克笔下潦倒的人物不同，他从未彻底失败过；事实上，他在费城的一栋豪宅里去世，当时还顶着一个显赫的头衔——本杰明·富兰克林社会学教授以及宾夕法尼亚大学荣休教授。他和第二任妻子——律师艾莉森·道格拉斯·诺克斯——住在那栋房子里，里面收藏了大量英国艺术品；而且，里夫在以前的学生中拥有一群崇拜者。②

然而，里夫从出生伊始，一路走来历尽艰辛，他从未能完全适应。他离开了出生的那个环境，却发现他所向往的那个世界并不尽如人意。"只对热衷于自我改造计划的人感兴趣"的苏珊，在菲利普·里夫身上找到了这种理想的杰出典范。菲利普，一个从贫民窟走出来的孩子。无论开车还是乘电车，从罗杰斯公园到海德公园——从芝加哥北部到南部，也即芝大所在地——沿着湖滨大道都是一段不长 105
的路程。就阶层而言——这一点对菲利普至关重要——这一改变就像

① 作者对戴维·里夫的采访。
② Jonathan Imber, "Philip Rieff: A Personal Remembrance", in *Society*, November/December 2006, 74.

杰克·罗森布拉特在同样长的时间里，从下东区肮脏不堪的环境一跃跳到格雷特内克枝繁叶茂的环境中一样巨大。

菲利普，常青藤学校的一个名人，后来以其学究式的行为举止而出名。他总是一副英国绅士打扮，身穿私人定制的西装，头戴礼帽，佩着金怀表，拄着手杖。他说话的口音是他自己的创意，是大西洋中东部某地美国上流社会的英语。在一个激进的美国校园里，他因其着装被贴上了保守分子的标签，而他则欣然接受：他有一次说，应该在宾夕法尼亚大学整个校园四周砌上围墙，以便禁止那些——和他不一样的——着装不得体的人进入。[①] 苏珊·桑塔格曾被指责为一个大众化的人，但这样的指责绝不会针对菲利普，一名评论家说："他曾经声称，这个世界上只有17个人能真正读懂他的作品，而他写的时候，往往还好像在努力要减少那个数量。"[②]

令人惊讶的是，这位评论家竟然是一位崇拜者。那些不欣赏里夫的人发现，他对地位、对阶层的兴趣——对他最终称之为"秩序"的那些东西的兴趣——就如同他的服装一样令人生厌。但是，这种对秩序——后来他赋予它以社会学原则的尊严——的严苛坚持，只可能来自一个对自己的地位极不自信的人。巧合的是，这种秩序感正是年轻的苏珊·桑塔格所无法抗拒的。

◆◆◆

"我从小到大讲话的口音都很难听"，他的儿子设想着他父亲这么说，来解释他那做作的说话方式。至于衣服，嗯，在他长大的地方，

---

① 作者对艾伦·格利克斯曼的采访。

② Gerald Howard, "Reasons to Believe", in *Bookforum*, February/March 2007.

"人们穿的衣服不是很讲究"①。在这两点上，他无疑都是对的。和桑塔格那一代很多犹太作家一样，菲利普·里夫是从欧洲被驱赶到美国 106
各城市的无产阶级社区的"普普通通的犹太人"的后代。这些人通过他们的语言——意第绪语，以及通过他们的协会组织——从殡葬协会到犹太人集会，彼此保持着联系，并与他们的家乡保持着联系。即使在美国，这些社团也根据他们在乌克兰、波兰和罗马尼亚出生的小村庄而组织在一起。在一本著名的书中，欧文·豪称之为"我们祖先的世界"。然而对苏珊而言，那个世界要遥远得多——顶多也就是她祖父辈的世界。就融入美国而言，菲利普家比她家晚了两代人的时间。

苏珊的祖父母在很小的时候就移民美国了；而菲利普则差点没能在美国出生。他的父母出生于立陶宛的一个村庄，1921 年 11 月到了美国。在第一次世界大战和俄国内战之后的灾难年间，离开东欧的更多的是难民，而非移民。菲利普于 1922 年 12 月 15 日在芝加哥出生，两年后，他的弟弟马丁出生。母亲名叫艾达·霍维茨，父亲叫加布里埃尔——至少他抵达埃利斯岛的时候是这个名字。里夫临终前说道，在那里，一些小官员们，"着急忙慌地把他的名字写成了约瑟夫。美国人这么大笔一挥，于是他发现自己有了一个美国名字，但这个名字对他来说毫无意义。他自己对在美国生活的意义的追寻，他作为一个男人的外表，都被这大笔一挥的美国命运所伤害"。

这个新国家从字面意义上剥夺了他父亲的身份，在此过程中同时也削弱了他的男子气概。移民，无论移到哪个国家，都变成了另一个人。对一些人而言，这种经历是痛苦的；对另一些人则是一种解放。里夫说，对他父亲来说，改名字让他成为"一个极不自在的人。我自

① 作者对戴维·里夫的采访。

己身上自然也传染了这种自我不适感”[1]。

里夫一家挤在一套公寓里，房子小到总要有一个人不得不睡在浴
107 缸里。[2] 加布里埃尔/约瑟夫成了肉铺老板，这是一种地位很低的职业；这家人对学习也不太感兴趣。里夫的儿子说：“他们是经常去犹太教堂的虔诚教徒，因此我认为他们是识字的。但是他们不看书，家里根本没有书。”菲利普的抱负纯属例外。他的弟弟马丁子承父业，在西夫韦——当地的一家连锁超市——的肉类部门工作了一辈子，而菲利普则在芝加哥大学追求着自己的学术爱好。

◆ ◆ ◆

对一个背井离乡且受“自我不适感”困扰的人来说，那所大学给他——一如给苏珊——指明了一条正确的道路。苏珊后来会说她“幸运地获得了这个国家迄今创设的最雄心勃勃也是最成功的权威教育项目”[3]，从而得以提升自己。然而，这所大学只是强化了里夫性格中已经很明显的威权主义倾向。不过，在他们相识的最初阶段，他对苏珊就像是一个导师，为她讲解一位作家；至少从中学开始，这位作家就深深地吸引着她。这个主人公即弗洛伊德，他讲授的是《摩西与一神教》和《文明及其不满》。

1950 年 11 月 25 日，她写信给 14 岁的妹妹，建议她看《彗星美人》（“一部优秀的影片”）以及学习古典神话（“当然，任何一个受过教育的人都应该对这门课非常熟悉”），接着还提到她的新计划：

---

① Philip Rieff, *My Life Among the Deathworks: Illustrations of the Aesthetics of Authority*, Vol. 1: *Sacred Order/Social Order* (Charlottesville: University of Virginia Press, 2006), 185 - 187.

② 作者对戴维·里夫的采访。

③ Maxine Bernstein and Robert Boyers, "Women, the Arts, & the Politics of Culture: An Interview with Susan Sontag", in Sontag, *Conversations*, 75.

> 我在给一位名叫菲利普·里夫的经济学教授当研究助理，他正在写一本书……这对我来说自然是莫大的荣幸+这件事本身就是一种教育。我除了针对这本书（研究+撰写）要做的工作以外，还将接手里夫为各类流行+学术期刊写书评的大部分工作：我要看这本书+为这本书写个摘要+写书评。然后我把摘要+书评交给他；这样就省去了他看这本书的麻烦+他把我写的内容修改一下+ 108
> 署上他的名字提交。换句话说，我是一个代笔作家！[①]

隔了没几天，她给母亲写信说：

> 我最近和菲利普·里夫交往很多，+我突然意识到这真的是某种——一段完全不同于我以往了解的感情——别笑我！他不帅——他个儿高+瘦，一张轮廓分明的脸+渐渐后退的发际线——他极其中规中矩——正派体面——但是他惊人地才华横溢+非常善良+一切在我看来都那么美——你能相信你那拥有一颗冰冷的心的孩子真的感受到了这些老套的情感了吗??[②]

就在当天晚些时候，菲利普“……以我们俩的孩子们的名义，向苏珊求婚”[③]。

她 17 岁。他 28 岁。他俩相识才一个星期多一点。

◆ ◆ ◆

圣诞假期期间，菲利普跟她去了洛杉矶。1951 年 1 月 3 日，他们

---

① 桑塔格写给朱迪丝的信，桑塔格文档，1950 年 11 月 25 日。
② 桑塔格写给米尔德丽德的信，桑塔格文档，1950 年 12 月 2 日。
③ Rollyson and Paddock, *Making of an Icon*, 35.

在伯班克一位治安法官的主持下举行了婚礼。朱迪丝说："我和苏珊在婚礼期间咯咯咯地笑了一会儿，我们都尽力想表现得好些，但是当我们四目相对时，就咯咯咯地笑了起来。"米尔德丽德没有对这桩婚事发表任何意见。婚礼在格兰岱尔的"大男孩"餐厅举行，这是一家汉堡店，商标上是一个有着标志性大眼睛的红脸庞男孩。苏珊在日记里写道："带着对自我毁灭意愿充分的意识+恐惧，我和菲利普结婚了。"

她的朋友明达·雷·阿米兰说，消息传到芝大时，"那可是校园
109 里的大八卦新闻啊。对一个有着学术性思维的年轻女性而言，嫁给自己的教授是一件梦寐以求的事情"[①]。在接下来的几个星期里，他们从肉体上到学术上都满怀激情地生活着。在一本未出版的以第三人称写作的回忆录中，苏珊讲述了她新婚时期的生活情状："他们结婚后的头几个月里，两人大部分时间都待在床上，每天做爱四五回，其间就是交谈，喋喋不休地谈论艺术、政治、宗教和道德。她细细分析她的家人，他也分析他的；他向她指出她的朋友一个个都一无是处，同时也承认他自己一个朋友也没有。"[②]

然而，一开始，苏珊就产生了疑惑。"婚后两天——他在杯口敲开煮得半熟的水煮蛋的蛋壳时，弄得一团糟，整个捣得粉碎（而非剥壳）——她感到甚是讨厌。"[③] 几年后，在一篇日记里，她回忆起他是"一个完全无能的、不谙世故的人，我不得不指导他——教他如何住酒店，如何叫客房服务，如何开支票账户"[④]。如果我们很容易就能想象出她对一个不懂得如何应对中产阶级基本行事方式的人表示蔑视，那么，我们也很容易就能想象出，当他的贫民窟背景展现在他世俗而年轻貌美的妻子面前时，他是多么羞愧啊。

---

① 作者对明达·雷·阿米兰的采访。
② 桑塔格文档。
③ 同上。
④ 桑塔格文档，（1958 年）7 月 27 日，伊德拉岛。

然而，菲利普对礼仪有着自己清晰的见解，而且年纪轻轻就已然将这些见解付诸实施。他严苛的态度让苏珊的朋友们开始疏远她了。乔伊斯·法伯证实，菲利普在着装上的顽固态度在他 20 多岁时就已经很明显了。在去看《红舞鞋》的路上，他们仨开着车子围着芝大转。但是女士们不把蓝色牛仔裤换成裙子，菲利普就拒绝去看电影。“这可真是疯了，”乔伊斯说，“我们就没去看那部电影。这么多年了，这一幕一直都留在我的脑海里。”

◆◆◆

苏珊在她结婚头几年的日记里一反常态地缄默不语。然而，最初的几个月意义重大。这个学期结束时，她在芝加哥大学只花了两年的时间就毕业了。夏天时，她和菲利普乘船去了欧洲。也许她已经不愿 110
意单独与他相处了，于是她邀请乔伊斯和他们一起去度蜜月：乔伊斯也曾考虑前往，但她母亲阻止了这个计划。

他俩游玩了伦敦和巴黎。苏珊将逐渐认同巴黎这座城市的高雅文化，她也将安葬在此；然而不幸的是，她对这座城市的第一印象几乎什么也没有留下。在她关于这个时期的简短的回忆录中，她根本没有提到那次旅行。她在圣拉扎尔车站第一次讲了几个法语单词——“请去索邦！”她对一个出租车司机说——他们住在拉辛街的异乡人旅馆，在圣米歇尔大道的拐角处，位于学生区中心。这家旅馆是兰波和魏尔伦第一次相遇的地方，菲利普和苏珊在这里度过了他们“无声的夏天”[①]；他们因语言不通被吓倒了，菲利普的挑剔苛求又限制了她。他在社交上的笨拙使他很难交到朋友，正如苏珊经常指出的那样：她这

① Alice Kaplan, *Dreaming in French: The Paris Years of Jacqueline Bouvier Kennedy, Susan Sontag, and Angela Davis* (Chicago: University of Chicago Press, 2012), 93.

一辈子身边总是围绕着人。巴黎是先锋派的中心，代表着一切进步的和世界性的东西，与传统的美国中部或当时席卷美国全国的恐怖氛围相反。一个在国内不为人理解的美国人在这儿可以成为一名作家。当“史特丹号”邮轮回程抵达纽约时，菲利普在行李中携带了一本亨利·米勒“臭名昭著”且被明令禁止传播的《北回归线》；封面上醒目地印有“禁止进入英国或美国”的字样。因为他是教授，所以海关未对他进行搜查。[①]

回国后不久，他们的婚姻就遭到了“第一次毁灭性的打击”。苏珊惊恐地发现自己怀孕了。“她哭着说她的一辈子就要完蛋了，她必须堕胎，”她在回忆录中写道，“一次次令人厌恶地争吵加痛哭、一次次有失脸面地咨询了一些粗俗且毫无帮助的熟人后，终于在北州街找
111 到了一个地方。”直到 1973 年，堕胎才在全美合法化，而且经常有妇女死于失败的手术。“那个时代是野蛮的。”乔伊斯·法伯说。苏珊告诉她的朋友，做人流的医生没有用麻醉，而是“把收音机音量调大”，这样左邻右舍就不会听到她的尖叫声了。

收音机的音量又一次提醒苏珊，让她把性爱与疼痛联想到一起，想到她母亲“传染”给她的病。这段插曲让米尔德丽德想起了她自己童年时期的创伤，而她就是那些“毫无帮助的熟人”之一。当惊慌失措的苏珊打电话为堕胎寻求经济支援时，“我母亲马上歇斯底里发作起来”，朱迪丝说。她没有给女儿提供帮助也没有给予安慰，而是把电话递给了 15 岁的朱迪丝。然后，就像她的生活中经常发生的那样，这位拒绝接受现实的女王走出了房间。

朱迪丝说：“这一次拒绝真的永远改变了她们之间的关系。”[②] 从那时起，苏珊偶尔也会试着重新建立联系，但原先那种无法抑制的亲

① 作者对乔伊斯·法伯的采访。
② 作者对朱迪丝·科恩的采访；桑塔格文档。

近依恋的日子已经不复存在，直至最后母女之间的爱也荡然无存。

甚至在她怀孕之前，她就已经在努力重建精神凌驾于肉体之上的地位，在伯克利，她已经开始将其平衡：“我抗拒软弱的、操纵性的、令人绝望的欲望。我不是野兽。我不会成为一个悲观主义者。”[①] 堕胎后，她写道：“他们不再像以前那样频繁地做爱了，他比她更担心再次怀孕。”[②]

◆ ◆ ◆

他们从欧洲回国后，没有回到芝加哥，而是去了北边的麦迪逊。菲利普在这儿的威斯康星大学跟着著名的德国社会学家汉斯·格特一起工作。和芝大很多教授一样，格特是希特勒时期的流亡者，他与社会学奠基人之一马克斯·韦伯之间的关系吸引了苏珊和菲利普两个人。“我不知道，如果当初没认识他，我后来会变成什么样的人。”多 112
年后，听到格特去世，她这样说。[③]

他送给她油印本的西奥多·阿多诺和瓦尔特·本雅明作品的译文，整整十年后，批评理论才让他们的大名在全世界的人文学科中尽人皆知。[④] 阿多诺并不老——50 岁还没到——虽然战争期间他是在太平洋帕利塞兹度过的，但他并不属于洛杉矶流亡者——曼、斯特拉文斯基、勋伯格这些人——的一员，他们在战前享有极高的声誉，他们之间亲近的关系吸引了年轻的苏珊。在她去威斯康星的那一年，阿多诺出版了《最低限度的道德》，这本书显示了格言风格的散文性潜力；

---

① Sontag, *Reborn*, 64, February 13, 1951.（此处有误，应为 1950 年。——译注）

② 小说化的婚姻回忆录，桑塔格文档。

③ Arthur J. Vidich, *With a Critical Eye: An Intellectual and His Times*, ed. and intro. Robert Jackall (Knoxville: Newfound Press, 2009).

④ James Miller in Philoctetes Center, "Susan Sontag: Public Intellectual, Polymath, Provocatrice".

这已然成为她一本本笔记中的文字特色。

菲利普和苏珊在麦迪逊有一套小公寓，每天晚上他们在铁路边的一家小餐馆吃饭；在那里他们用不到一美元就能吃上一份牛排。[①] 她在麦迪逊做了人流手术；他们在麦迪逊开始研究弗洛伊德：先是写菲利普的学位论文《弗洛伊德对政治哲学的贡献》，然后是撰写一部专著《弗洛伊德：道德家之心灵》。这一阅读和写作的时间段很短，因为苏珊几乎马上就又怀孕了。她想再去找那个帮她堕胎的医生，但菲利普不肯，他担心再次手术会要了她的命。"随即出现了一幕可怕的情景，她狠狠地用头撞击地板，求［菲利普］滚出去。"[②]

◆ ◆ ◆

6月的时候，他们离开了麦迪逊，在罗杰斯公园小区里夫父母家的公寓里度过了整个夏天。关于这个夏天，苏珊从未写过片言只语；但对菲利普来说，回到童年那种艰苦的环境中，尤其还带着怀孕的妻子一起，一定很尴尬。有一则趣闻流传下来，为他们家庭氛围增添了几分滋味：有一天，苏珊进家门的时候，一家人都在对着菲利普的母
113 亲大吼大叫，根本不管不顾她的心脏不好；而他母亲呢，正摇摇晃晃地爬在一个梯子上，使劲地擦洗着天花板。她突然间要做这件事情，理由是马上要有一个清洁工来。"我不能让她认为我们家很脏。"艾达·里夫解释说。[③]

若干年后，菲利普表示，标准的资产阶级家庭就是他娶苏珊时，脑子里想到的那个样子。"我是个传统的男人，"他说，"我认为结婚

① 作者对乔伊斯·法伯的采访。
② 未出版的回忆录，桑塔格文档。
③ 作者对乔伊斯·法伯的采访。

就是为了生孩子，一个传统的家庭。我就是无法适应她想要的那种家庭生活。你知道，有家庭和反家庭模式。我想，我们的是后面这种模式。”①

尽管贫穷，缺少高雅格调，但里夫一家是那种传统的家庭——父母和子女生活在同一个屋檐下——而这种模式是苏珊从来不了解的。想到自己就要被困在这样的家庭结构里，她真的吓坏了。尽管她很少发表她写的关于自己生活的故事，但她确实写了，而且还经常是多种版本。最重要的是，她还写下了自己的婚姻；即使是在当时，她也敏锐地意识到，这段不稳定的时期将决定她人生未来的样子。一旦她结了婚，她的意志似乎就动摇了，以前生活中那种让她快速前行的冲劲开始松懈和减弱。这些年来，她经历的失控——失去自我——是一个更加棘手的难题，因为这是她自找的。

在她早年的岁月里，她常常表现出一种渴望，要建立一种关系，她在其中是那种顺从的妻子的角色，就是在与菲利普的婚姻中她感觉到的那样。“我似乎喜欢惩罚自己。”离家前她写道。差不多也是同时，她写道：“我多么渴望投降啊！”她在表达对一个中学时的朋友的情感时写道：“我对她的感觉是太多的敬畏、恐惧和做得‘不够好’。”② 菲利普迎合了她总是觉得“不够好”这方面的感觉。

哈钦斯设计的威权主义教育具有“绝对严苛的惩罚理念”，其好
处之一就是它承诺——对足够聪明的学生，对那些愿意投入时间钻研 114
的学生——让他们有能力在整个文明思想的范畴中应对自如。列奥·施特劳斯，另一位给苏珊和菲利普都留下深刻印象的流亡者，是这方面的一位典型大师。苏珊的朋友斯蒂芬·科赫说：“如此强悍的名流，如此才华横溢，如此博学多识，这让你觉得一旦你了解了列

① Michael D’Antonio, “Little David, Happy at Last”, in *Esquire*, March 1990.
② 桑塔格文档，1948 年 9 月 10 日。

奥·施特劳斯，你就了解了文化的意义。”[①]

这是她自己将来会代表的知识分子的典范。菲利普也做出了同样的承诺，这就是为什么他能迷住那些渴望被引导的聪明人——像苏珊这样的人。他的一个学生学着他的样子说：“我可以让你出人头地。眼下你只是一粒尘埃，但我可以让你成为一个重要的人。所以，如果你缺乏信心，这个非常强大、看上去才华横溢的人会把你从泥潭中拉出来。”[②] 他一辈子都端着这种自命不凡的姿态。宾大的一个同事说：“在人际交往中，我从未见他平等地接纳过别人，不过那个时候我从未见他和——比如说，以赛亚·伯林——在一起。”[③]

◆ ◆ ◆

一开始，苏珊对这种高人一等的影响还是很感激的。对一个没有父亲又“从来都不是一个真正的孩子”的人而言，这种诱惑是难以抵挡的。“仿佛他们完全误解了婚姻的本质——仿佛他们俩都把婚姻理解为放弃自我。”她在回忆录中写道。[④] 要放弃多少？这个问题困扰着她。她一方面想要交出一个一直难以忍受的自我，另一方面则想要坚持留着那来之不易的身份。在《决定》（极少署名为“苏珊·里夫”的文件之一）中，她再现了一场关于她将成为什么样的人的基本辩论。

在这种情况下，菲利普允许她自己决定改不改姓。“一个星期前，她用他的姓填写了一份令人难堪的、毫无人情味的表格，现在她要提

① 作者对斯蒂芬·科赫的采访。
② 作者对艾伦·格利克斯曼的采访。
③ 作者对塞缪尔·克劳斯纳的采访。
④ 未出版的回忆录，桑塔格文档。

出这个问题了，她想要求恢复她自己的姓，这件事太令人反感，太不 115
明确了。”她写道。但是无论她怎么处理，问题都会出现。她对菲利普说：“我突然想到，如果我保留我继父的姓，这只是我从属于他的一个标志。对我亲生父亲的姓来说也是如此。”最后，她意识到这个决定要她自己做出：“他无法帮她，就像在她不想生下她不想要的孩子这件事上他也帮不了她一样。”[1]

那个孩子的到来将一系列服从制度化了。首先是她对异性恋的态度，她对这一态度的转变是如此的矛盾。其次是她最近嘲笑过的学术生涯，但这似乎是她实现学术抱负的唯一途径。她写道：“她觉得自己被锁定在一个角色——当一个贤妻良母——上，她竭尽全力试图逃避这一角色，而非停止扮演这个角色。似乎只有资产阶级的解决方法才是可接受的。”[2]

资产阶级的解决方法之一就是菲利普本人。苏珊曾数次讲述一桩逸事，她描述自己看小说《米德尔马契》的时候意识到“不仅我就是多罗西娅，而且几个月前，我嫁给了卡索邦先生”[3]。然而，这种过分学究迂腐的象征，掩盖了菲利普对她的真正的吸引力。在缺少关注、无人对她感兴趣的童年之后，她终于找到了一个知识伴侣。“我们聊了七年。”她写道。其中一个人不得不去卫生间时，他们还在聊；他们在轿车里聊了一整夜，忘记了时间，忘记上楼回到他们的公寓。[4]

和菲利普生活在一起并不意味着放弃学术抱负。实际上，在某种程度上，他以及他那微薄但还算体面的收入使这一切成为可能。他在马萨诸塞州沃尔瑟姆的布兰代斯大学找到了一份教职。这是一所四年

---

① Susan Rieff, “Decisions”, 桑塔格文档。
② 桑塔格文档。
③ Sontag, *In America*, 24.
④ Sontag, *Consciousness*, 362, August 14, 1973. 作者对戴维·里夫的采访。

前（也就是1948年）才建立的学校，部分原因是设法解决老牌大学中的反犹主义问题。布兰代斯是战后美国犹太人的一流大学之一，在
116 这儿，既存在对世俗的犹太身份的信奉，也有对爱国主义的美国精神的信奉。正是这种融合和接纳的努力，吸引了阿尔伯特·爱因斯坦和埃莉诺·罗斯福这样的名人，以及从一开始就处于一流水平的教职员工：对苏珊和菲利普而言，前景并不暗淡。波士顿及周边地区的知识分子的生活远比麦迪逊甚至芝加哥的生活要更加刺激。

9月份他们搬到了坎布里奇附近的阿林顿。苏珊已处在妊娠期的最后一个月了，但这位后来坚持要求病人必须向医生要求获得尽可能多的信息的女人，此时并不知道她所面临的情况。她儿子后来写道，她“在医学上不那么好奇”①。这似乎是委婉的说辞了。匪夷所思的是，在整个孕期，她从未去咨询过医生，也没有对将来孩子生下后的事宜流露出一丝丝好奇。

她告诉一个朋友，一天晚上，“她在床上睡着了，然后醒过来说：哦，我尿床了。随后起床站起来，接着就是一阵剧痛……她说，我以为只是肚子痛，然后我就一直在小便”。她叫醒菲利普。当他解释说她的羊水已经破了时，她根本听不懂这话是什么意思。等她到了医院分娩时，“她无法理解为什么会那么痛，而他们却都不来帮帮她”②。

没有其他很多证据，只有她的一面之词。“我总是喜欢假装我的肉体不存在。”苏珊·桑塔格居然不知道分娩会很痛苦，这个说法简直就是天方夜谭啊。但这就是她的故事。

---

① Rieff, *Swimming*, 40－41.
② 作者对卡拉·埃奥夫的采访。

◆ ◆ ◆

戴维·罗森布拉特·里夫于 1952 年 9 月 28 日出生。戴维[1]这个名字是为了纪念米开朗琪罗的雕塑，向美和完美表示敬意。这也是他母亲把对自己的严格标准强加到了他这个婴儿的身上。孩子的中间名
是为了纪念苏珊已故的父亲，但是——这反映了他母亲对她自己的身 117
份的痛苦的思考——他后来以戴维·桑塔格·里夫为人们所知。

在他们最早的合影中，他的母亲看上去完全茫然、不知所措，她自己还是个孩子。她当时 19 岁，而且看上去还更年轻些。戴维 1 周岁之前，苏珊和他还有罗茜·麦克纳尔蒂待在家里；罗茜照看戴维，就像她当初照看苏珊和朱迪丝一样。苏珊若干年后说：“戴维和我长得这么像，其中一个原因就是，我们是同一个妈妈带大的。”[2]

戴维出生 18 个月后，米尔德丽德·桑塔格终于鼓起勇气去见了她的外孙。她说：“哦，他好迷人啊。不过，你知道的，苏珊，我不
喜欢小孩。”[3] 118

---

① 戴维（David）又可译作大卫。——译注

② Joan Acocella, “The Hunger Artist”, in *The New Yorker*, March 6, 2000.

③ Heller, “The Life of a Head Girl”.

第九章

道德家

如今很难想象，一个人能像西格蒙德·弗洛伊德那样，对至少三代知识分子、艺术家和科学家具有持久且强烈的吸引力。他那可怕的想象，以一卷接一卷诱人的散文形式呈现出来，提供了一个人格与历史的整体性理论。马克思和黑格尔以降，尚未有人尝试提出这样的理论；对该理论有人接受，有人抵制，有人展开辩论，有人对它进行完善。在某种程度上，这使得他的理论成为一种思想，任何一位名副其实的思想家都不得不为之而奋斗。他改变了世界的组织原则，重新排列了主体与客体的关系，在这一点上，他这个作家超过了其他任何一个作家。

主体和客体是心灵和肉体。作为一名医生，在 19 世纪做出许多引起轰动的新发现的实证主义科学的产儿，弗洛伊德这个神经紊乱专家花了数年时间，为他每天面对的那些似乎无法解释的心理症状寻找
119 客观存在的解释。1925 年，他写道，在他那个年代，医生和科学家“接受的教育只是尊重解剖、物理和化学这些因素”。早期，他也相信“精神是建立在器官的基础上的”——也就是说，肉体是思想的基地。因此，医生“只关注疾病”——身体上的疾病——“就像一个不知何故潜入病人身体的外星人”。病人只是个容器、一位“封建的女士”、

“一个观看比赛的观众，而医生已受雇作为本次比赛的冠军”[1]。

弗洛伊德的革命颠覆了对精神疾病的生理学方法，最终扩展到疾病的大多数方面——用弗洛伊德最具争议的一句话来说，包括死亡本身。曾有人写道：“在弗洛伊德的概念中，当它在经历了最初几年的不确定性之后逐渐出现时，身体作为一种精神需求的症状而存在。”

◆ ◆ ◆

在苏珊·桑塔格的一生中，《弗洛伊德：道德家之心灵》这本书的作者身份一直是个谜。该书于 1959 年出版，作者署名为菲利普·里夫。但随后，那时已和他分手的妻子便声称她自己才是该书真正的作者。该书方方面面都非常优秀，对苏珊·桑塔格一生的主题制订了非常完整的计划，因此很难想象它会是一个后来著述寥寥的人的作品。

1966 年，里夫出版了另一本关于弗洛伊德的书《治疗的胜利：弗洛伊德之后信仰的作用》，但他后来的著述寥寥无几。1973 年发表了一篇题为《教师同仁》的短文后，过了 30 多年，他才写出了另一本书。他后来的作品并未提高他早期的声誉。它们以沉闷乏味的行文笔触，回到了同样阴郁的文明覆灭的主题，而这从一开始即为其作品的 120
标志。在宾大他所在的系里，同事和学生通过他与他们交往时表面那种自以为是的虚饰，对他的印象是：他的显赫有些名不副实。这个贫民窟出来的孩子一身英国权贵的装扮，让人觉得他有点像骗子。这个“极不自在的人”自己当然清楚这一点。

然而，关于《弗洛伊德：道德家之心灵》的问题不在于菲利普是

[1] Philip Rieff, *Freud: The Mind of the Moralist* (Chicago: University of Chicago Press, 1959), 6.

否有能力写出来，也不在于是不是他撰写的书稿：至少在某种程度上，该书似乎是基于他的研究和笔记。但苏珊第一次描述两个人关系是在写给朱迪丝的信中；她在那封信中描述了自己见到他时的兴奋，以及她在代笔替他写书评的工作，省去了他“看这本书的麻烦”。或许这种做法在20世纪50年代是常见的；但即使从最开明的角度来看，它也回避了这样一个问题：为什么一个27岁、尚不是教授的人要雇一个本科生来为他自己都还没看过的书写书评？[①]

有一些同时代的见证人证明苏珊才是《弗洛伊德：道德家之心灵》一书的作者。这始于菲利普的项目。“他有无数本笔记，”她的朋友明达·雷·阿米兰说，“于是他努力想把这些材料拼成一本书。”苏珊试着帮忙整理书稿，但“完成的时候，她发现书稿仍然是一团糟”。阿米兰说，他们在坎布里奇那几年，“苏珊从头开始，每天下午都用来重写这整本书”[②]。甚至不只是每天下午：1956年，她给母亲写信说她正“开足马力在修改书稿——每天至少工作10个小时”[③]。1958年，她的朋友雅各布·陶布斯试图在《评论》杂志给她找一份工作，他还忠告她不要放弃这本书的作者身份。“我［对编辑］说你是个优秀的代笔作者。但愿我不必向你承诺保守这一秘密！顺便问一下，你
121 放弃了弗洛伊德那本书的所有权利吗？那是在犯罪啊。”

---

① 桑塔格写给朱迪丝的信，桑塔格文档。一份代写的手稿在私人的收藏物件中保存下来了。手稿从1951年开始，对1941年在耶鲁大学递交的学位论文《雅各布·伯克哈特：哲学家和历史学家》做出广泛的探讨。学位论文的作者是詹姆斯·黑斯廷斯·尼科尔斯，桑塔格在芝加哥上大学时，他正在芝大任教。在几页纸的背面，有打字机打出的，也有桑塔格手写的，都是以菲利普·里夫的名义写的信的草稿，以他自己的名义投稿。手稿似乎并没有出版，也许是因为桑塔格的稿子远远超过了一篇书评所需要或期待的内容。令人难以置信的是，这竟然是一个18岁女孩写出来的作品——如此博学，如此熟悉文艺复兴时期的历史和哲学，这表明桑塔格的思想，即便在那个时候，已然完全成熟。毫不费力就能想象出来，这位作者几年后足以写出《弗洛伊德：道德家之心灵》这本书。我们已经看到了那个因其随笔文章而声名鹊起的作者。

② 作者对明达·雷·阿米兰的采访。

③ 桑塔格写给米尔德丽德的信，桑塔格文档，1956年7月4日。

（“我在坎布里奇看到你在床上打字啊。”他眨了眨眼，接着说，“真是浪费时间也浪费床哦。”①）

她后来说，她在卧室干活，这样他们的朋友就不会看到她在写作；她给陶布斯写信说，不管怎样，她确实放弃了自己的权利。② 他回信道：“我不会安慰你的，你不能把自己的学术文稿拱手相让给别人啊……如果菲利普胆敢不署上你的名字就无耻地把书出版出来，那他也就毁了。”③

苏珊一直后悔把署名权转给他。“这几乎就像是一场血祭，”陶布斯的儿子伊桑说，“她愿意放弃这一本书来摆脱他。”40 年后——时过境迁，这个问题对他俩的事业都已无关紧要了——纽约桑塔格公寓的门铃响了。有人送来一个包裹。她打开后发现是一本《弗洛伊德：道德家之心灵》。上面题词：“致苏珊，我一生的爱，我儿子的母亲，本书的共同作者：请原谅我。菲利普。”④

◆ ◆ ◆

1966 年，苏珊·桑塔格出版文集《反对阐释》；很多评论家对一个年仅 33 岁、名不见经传的年轻人能写出内容如此广博且成熟的文章颇感惊讶。这本书内容之博学令人眼花缭乱，无论是过去抑或现在都给人留下深刻的印象，却回避了一个问题，即这些文章是如何以及从何处获得的。

书中推崇法国的这一偏好令很多人认为这些文章是在左岸某个地方的咖啡馆里写就的。但是，巴黎神采赋予了一个更为坚实的基础，

① 雅各布·陶布斯写给桑塔格的信，桑塔格文档，1958 年 10 月 22 日。
② 作者对唐·莱文的采访。
③ 雅各布·陶布斯写给桑塔格的信，桑塔格文档，1959 年 11 月 19 日。
④ 戴维·里夫的收藏，日期标注为“1998 年 9 月 29 日”。

这是近十年来修道院式的隐修生活的产物。从1951年她搬到威斯康星，乔伊斯·法伯看到她在写这本书，到1958年她到巴黎，一个朋友看到她在修改校样，[①] 这期间她一直都在忙弗洛伊德那本书。在她
122 后来的人生中，她再也不会在任何一个研究对象身上花那么长的时间或费那么多的精力了。《弗洛伊德：道德家之心灵》带有这种专注和投入的印记，描绘出了她后来在《反对阐释》及其长篇小说处女作《恩主》中将要探索的领域。

然而，她后来的作品很少提到弗洛伊德的名字。她的一生中，每当她在写别人的事情的时候，她往往会写进最能揭示她自己的东西，而那种奇怪的、直截了当提及她所谓的“心理学”的做法则通常为她所不屑。《反对阐释》这个标题也许可以解读为《反对弗洛伊德》，因为她猛烈抨击的正是弗洛伊德的阐释学原则。对照《弗洛伊德：道德家之心灵》来读《反对阐释》，会让人想起她向朱迪丝推荐的那部电影《彗星美人》；影片中一个刚出道的年轻人依附一位大咖，然后将大咖打败。

抑或，用弗洛伊德的俄狄浦斯情结来说：孩子爱母亲，无法摆脱父亲，因此渴望杀死父亲来取代他的位置。对失去父亲的桑塔格而言，弗洛伊德是她这辈子愿意遇到的最令人敬畏的“父亲–哲学家”的典范。

◆ ◆ ◆

《弗洛伊德：道德家之心灵》一书的每一页都闪烁着对这位伟人的尊敬。但是，正如桑塔格在大学期间撰写的论文中对T. S. 艾略特

① Rollyson and Paddock, *Making of an Icon*, 46.

提出质疑一样，尊敬并不等于毫不质疑地全盘接受。在观点一致和意见有分歧的两个范畴，我们看到年轻的桑塔格在磨练其哲学技巧，探索一位杰出前辈的作品，从而找到自己的知识之路。这本书旨在“展示弗洛伊德的思想，而非他这个人或他所发起的运动，因为它从生活的痛苦中汲取了正确的生活行为的教训”[1]。它抵制了战后美国源自弗洛伊德的很多概念，包括认为弗洛伊德是一个解放的形象的概念。这 123
本书的确承认他的作品具有解放的潜力，但也强调，弗洛伊德敦促人们服从道德，而非抵制道德。

任何一个像弗洛伊德那样思想丰富的作家都会提供一千种可能的方法，而桑塔格选择的这些方法（当然，至少在一开始是与菲利普合作商定的）让人们预先体验了她日后将要探讨的问题。它们从她自身的艰难生活中显现出来，其核心是对人格乃至延伸到对历史所持的悲观观点：一种暗示，即疾病和痛苦，无论是精神上抑或肉体上的，可以被领悟，但永远无法完全解除。

这本书以考察身体上和精神上的疾病之间的关系开始。在她论疾病的著作中，她会更咄咄逼人地就这个主题进行争辩；这些著作的力量来自可怕的肉体和情感上的煎熬，却从未被提及；而这些痛苦的煎熬正是作者高度理性思考方法的基础。这些作品中有很多都是抵抗她在这一本书中所定义的东西，即“弗洛伊德普通命题——疾病被认为是历史的”[2]。不过，她年轻的时候，这一概念对一个已经遭受了巨大精神痛苦的人来说特别有吸引力。

“我们歇斯底里的病人都遭受着回忆的困扰。”弗洛伊德写道。这个字体变化可能是他改的，也可能是她改的。[3] 无论有没有弗洛伊德，

① Philip Rieff, *Freud: The Mind of the Moralist* (New York: Anchor Books, 1961), viii.
② 同上，第38页。
③ 同上，第40页。

她解决问题的首要方法总是通过大脑，尽管弗洛伊德的记忆概念远远超过了个人历史上痛苦事件的记忆。他最终将自己对“回忆”的看法扩展到早在史前时期就深深印在人类集体无意识心理中的创伤。

自我不仅仅是“身体的焦躁不安的房客”，她写道。

> 对弗洛伊德而言，心理意识与其说是住在身体里的东西，不如说，打个比方，是为身体形成一个保护套的东西。是心理意
> 124 识——通过它的基本部件“愿望”——首先定义了身体的需求。无意识，或弗洛伊德有时说的“主要系统，除了愿望，什么也做不了”。[①]

弗洛伊德不情愿地形成了身体是心理意识之沉淀的观点；这一观点使他远离了 19 世纪的实证主义科学。这种革命性的观念不会永远胜利。后来，他又回到他曾经不予重视的解剖学和化学因素上：如今，身体的疾病被认为通常是可用化学药品治疗的化学问题，这和 19 世纪人们的观点还是一样。这成了桑塔格自己的公开立场——尽管这是一个证据，表明她长期以来所持的弗洛伊德主义观点，但当她自己生病时，她会承认她从来都不太相信这一点。

在弗洛伊德的理论体系中，身体和思想通过语言进行自我表达。身体的语言是疾病，思想的语言是语言。由于几乎所有的心理意识都是病态的，所以语言也是有症状的，病态的，通过文本背叛起源、历史和意图；而文本所揭示的东西远远超过说话人有意识的意图。精神分析家的任务是要从“我们种种观察的垃圾堆里”[②] 发现真相。这个垃圾堆是由口误、笑话、遗忘以及错误堆积而成的。但最重要的证据

① Philip Rieff, *Freud: The Mind of the Moralist* (New York: Anchor Books, 1961), 67.
② 同上，第 75 页。

则是梦；梦承载着来自无意识的信息，这些信息非常奇怪，但是——弗洛伊德发现——它们很容易解析。

这个梦不仅是真实的。作为无意识的使者，它远比看得见的人格“现实”更为真实。梦与现实并不冲突。它们是由无意识说出的事实；而解梦人，为了理解这一更深刻的现实，不得不看穿那些真相隐匿其中的标志。没有什么东西是和看上去一样的；任何东西都是另一样东西的标志；梦的解析成为弗洛伊德方法的基石，其文学必然具有高度 125
的隐喻性特征。“弗洛伊德科学的任务依然是一种文学批评。”桑塔格写道。[①]

和很多读者一样，她对弗洛伊德的案例研究颇感兴趣。他的阐释和他同时代的阿瑟·柯南·道尔的阐释一样令人兴奋。夏洛克·福尔摩斯在垃圾堆里寻找线索；现在回想起来，这些线索似乎就藏在显而易见的地方。阅读弗洛伊德对米开朗琪罗的评论——“摩西右手的手指在与它们接触的‘大胡子’上做什么？”[②]——就像侦探小说里一样，在等待一个令人惊讶的结局。桑塔格强调，这也是为了发现批评的新的可能性，将阐释提高到优于原作的地位。当梦的意义脱离了做梦者，一件艺术作品的意义也必然会脱离其创作者。“在对体质心理学做出激烈反对时，弗洛伊德将语言置于身体之前”，她写道，这一方法“将阐释的艺术的相关性提升到了最高的程度”[③]。

这是一个伪装成艺术家的批评家的视角。而且，在一部高度伪装掩饰的作品中，这一切都变得更有意义：换一个名字的桑塔格书写；桑塔格把个人的关注融入另一位知识分子的描述中。这是她后来经常会采用的一种方法。20 世纪 50 年代，她个人的文字——她的日

① Philip Rieff, *Freud: The Mind of the Moralist* (New York: Anchor Books, 1961), 145.
② 同上，第 128 页。
③ 同上，第 134 页。

记——几乎全消失了。但这并不意味着她已不再写她自己。与自传体随笔的创始人蒙田或坚定不移地阐释自己的梦的弗洛伊德相反，桑塔格最个人化的作品恰恰是那些她在其中最坚决地回避“我”的作品。然而，当无意识在梦中和在言语中显露出来时，自我也无意识地渗透进她的字里行间。

◆ ◆ ◆

在接下来的十年里，她对弗洛伊德解析方法的批评形成了一种引
126 起论战的魅力，不过在这本书里并没有。她确实将一些警句对准了他，比如她写道“勃起是全方位的”，总结了他在不太可能的地方看到性意象的偏好。[1] 事实上，她最尖锐的批评是针对弗洛伊德关于性的作品，这是精神分析理论的核心。他认为性爱是渴望自由与个人和社会为发挥作用所需要的压抑之间的冲突；她对他的这一观点做了详细的阐述。这一概念与弗洛伊德发现的其他紧张关系有关，即跟随德国浪漫派的理性与自发性之间的关系、跟随康德的科学想象力与艺术想象力之间的关系。这些问题桑塔格会一次又一次地提出。

弗洛伊德相信，这些更为明显的紧张关系遮掩了每个生命表面下潜在的根本的“性方面的”紧张。这是混乱的威胁，在宴会上露齿而笑的骷髅，是“对文明的最高财富的羞辱”[2]，对这一羞辱，无论是政治方面抑或个人方面的压抑，都是一个恰当的、实际上也是不可或缺的回应。然而，压抑也赋予性以施虐受虐狂的特性。“弗洛伊德追溯爱，一直追溯到父母主宰的事实，”桑塔格写道，“权力乃爱之父，而

---

① Philip Rieff, *Freud: The Mind of the Moralist* (New York: Anchor Books, 1961), 176.
② 同上，第148页

在爱中，一个人要遵循父权的榜样，所处的关系中必须长幼有序、主次分明。"①

令人费解的是，弗洛伊德认为理想的爱情是两个平等的人之间的关系，但这一观点并不包括男女平等的观点。桑塔格指出："弗洛伊德对他的女病人表现出一种居高临下的态度。"她并不是第一个抨击这种有厌女症偏见的人，但她的行事方式很有趣。她提到了诸如"阴茎嫉妒"和"俄狄浦斯情结"这样的概念，从女性的视角来看，这些概念本身就存在问题，不过，她把大部分精力用在阐明女性（尤其是受过教育的女性）关于思想和肉体是分离的这一观点上。"弗洛伊德面临着妇女解放所带来的巨大问题，"她写道，"'智育'可能会让她 127
们'轻视［自己］原定的女性角色'。"

大脑只有以牺牲生物学赋予它们的任务为代价才得以发展：

> 弗洛伊德断言，在女性身上性和智力是不相容的；他的这一观点再次显示，他坚信这两种品质基本上是对立的。这种性与智力之间的对立仍然是弗洛伊德的人性学说中不容置疑的一部分。②

弗洛伊德写道，这一对立使女人特别容易受到性挫折的影响。但他几乎未提供任何安慰。"他把针对男患者进行精神分析的工作——发展他们的各种能力，包括性能力和其他能力——与更为有限的目标相比，以女患者为例，即放弃能力、顺应她们的性欲。"③这种态度塑造了一种文化，在这种文化氛围中，女性的性生活和智力生活远远比男性的更令人担忧；正如桑塔格随即指出的那样："现代哲学、文学、

① Philip Rieff, *Freud: The Mind of the Moralist* (New York: Anchor Books, 1961), 153.
② 同上，第174页。
③ 同上，第175页。

心理学领域的关键人物——尼采、劳伦斯、弗洛伊德——都是厌女症患者，这一事实的重要性尚未得到恰当的评估。”①

然而，弗洛伊德的另一方面确实给桑塔格提供了慰藉，那就是他对同性恋的态度。如果按今天的标准来看，他的作品很难让他看上去是进步的，那么，以他所处时代的标准来衡量，他在很多方面又都是进步的。他的论点为争取同性恋权利的早期运动提供了科学依据。桑塔格写道：“弗洛伊德发现了一种普遍的双性恋倾向，他通过展示在它被接受意义上的‘正常状态’即‘常规习俗’的另一种说法，抨击了流行的偏见。”她写道，这意味着“对那些力争违反常理的人要
128 有一颗更为宽容的心”②。

◆ ◆ ◆

苏珊声称，《弗洛伊德：道德家之心灵》中的“每一个字”都是她写的。菲利普迟迟才承认她是该书的“共同作者”。③ 在某些关于女性和同性恋的段落中，苏珊的声音尤为清晰可辨。也许他们的离婚让菲利普对女性（尤其是对女同性恋者）的看法变得消极。但即便他年轻的时候，比如他禁止苏珊和乔伊斯·法伯穿着牛仔裤去看电影时，他对女性礼仪的观念已为人侧目。

苏珊似乎对他于1954年在芝大被录用的论文《弗洛伊德对政治哲学的贡献》影响不大。彼时，这个“传统的男人”赞许地将一种信念归于弗洛伊德，这一信念是“即便在最幸福的婚姻中也不可避免地存在不平等”；在此类婚姻中，爱情变成了“一种服从权威

---

① Philip Rieff, *Freud: The Mind of the Moralist* (New York: Anchor Books, 1961), 182.
② 同上，第149页。
③ 作者对西格丽德·努涅斯的采访。

的关系”。[1] 对主宰和权威的兴趣当然存在于弗洛伊德的思想中，也存在于《弗洛伊德：道德家之心灵》中。只不过菲利普的论文中没有那种强烈的女性主义的解读。

在他后来的职业生涯中，他因拒绝指导女学生的论文而名声在外。[2] 至于同性恋者——他称他们为“同性恋主义者”[3] ——他们“令人恶心”[4]。对他们来说，爱情是不可能的：

> 双性恋针对现实的变态和反叛与同性恋一样凶猛有力，其抵抗的真实情况也与同性恋一样威风凛凛。因为在性行为模式下的爱情必须跨越性别才能成为真实。[5]

里夫后期的作品极其古怪——这篇文章提醒读者说，嘻哈乐队“2 Live Crew”[6] 是“征服世界的事情”，文章还包括对亚伯拉罕·林肯居高临下的评论——因此无论这些文章的口吻多么自以为是，旁人 129
都很难认真对待它们。或许，只要注意到菲利普·里夫对双性恋的看法与《弗洛伊德：道德家之心灵》一书中呼吁宽容的声音之间的差别就足够了。

◆ ◆ ◆

上文中引用的《我在死亡作品中的人生》一书于 2006 年——菲

---

① Daniel Horowitz, *Consuming Pleasures: Intellectuals and Popular Culture in the Postwar World* (Philadelphia: University of Pennsylvania Press, 2012), 315.
② 作者对塞缪尔·克劳斯纳的采访。
③ Rieff, *My Life Among the Deathworks*.
④ 作者对艾伦·格利克斯曼的采访。
⑤ Rieff, *My Life Among the Deathworks*, 126.
⑥ 该乐队于 1985 年在美国加州成立，主打嘻哈曲风，由于歌词风格太过激进，经常被法院警告，最终乐队在 1992 年解散。——译注

利普·里夫去世当年——出版。书里有一行不起眼的、温柔的题献："纪念苏珊·桑塔格。"

这与包括《弗洛伊德：道德家之心灵》一书在内的致谢相比，语气有了明显的改变。《弗洛伊德：道德家之心灵》于1959年出版时，他向"全身心投入此书的我的妻子苏珊·里夫"表示感谢。即便是这种勉强的肯定也将从后面的版本中删除，不过，当它出现时，却令人侧目。"天呐，他恨她，"乔伊斯·法伯看到这本书的时候心里想，"她这辈子从来没用过那个名字，从来没用过。"[①] 他企图殖民她的身份，把他的妻子推回到传统的角色当中：重申他的权威，重新变得高高在上。

正如桑塔格在后来关于疾病的著述中那样——她争辩的强劲气势扫除了自己心存的疑虑——她对女性需要一个独立身份的断言掩饰了一种对顺从同样迫切的需求。弗洛伊德，以及菲利普，并不是唯一相信在每一个关系中都"必须长幼有序、主次分明"的人。这说法是否适用于所有的恋爱关系还值得怀疑，但可悲的是，苏珊·桑塔格在爱情中与对方的关系就的确如此。她无法舍弃弗洛伊德所谓的"性交的施虐概念"，这注定了她一段又一段恋爱关系的失败；而他提出的解决方案是："一种消除父母的影响、两个平等的人之间的交流的理想爱情。"[②] 但事实证明，她不可能获得这种爱情。她的父母对她的影
130 响——她称之为"最为深刻的经历"——是给予和收回的情感。

结果便是"把所有的关系都设想为主人与奴隶之间的关系"，在离婚几年以后，她这样写道："在每一段关系中，我是什么角色？我作为奴隶感觉到更多的满足；我得到更多的滋养。但是——主人也
131 好，奴隶也罢，都同样地不自由。"[③]

① 作者对乔伊斯·法伯的采访。
② Rieff, *Moralist*, 155, 167.
③ Sontag, *Consciousness*, 47, November 17, 1964.

第十章

哈佛诺斯替教徒

从到达马萨诸塞州的那一刻起，苏珊似乎就一直在考虑从传统家庭的束缚中逃出去。戴维于1952年9月出生。第二年6月，他们从阿林顿搬到了坎布里奇的昌西街29号，离哈佛只有几个街区。夏天快结束的时候，她开始在斯托斯的康涅狄格大学研究生院读英语专业。

与私立的芝加哥大学或公立的加利福尼亚大学不同，康涅狄格大学是一所中等规模的大学。学校的前身是于1881年开办的斯托斯农业学校，直到苏珊来到这个学校之前14年，才改成现在这个令人印象更深刻的校名。斯托斯是一个小镇，“一个十字路口……就在一片玉米地的中央”，她的同班同学哈代·弗兰克说。镇上连一家药店都没有，学校也没多少固定的建筑，弗兰克说：“我们的办公室和教室都在活动房屋里。”

不过，康州当时正在投资，要把这所原先定位为“只需教农民识字看书”的学校建设成一所真正的大学。新招来的“都是非常聪明、 133
有趣的人，他们当时正在他们的人生之路上拾级而上”，弗兰克说。[①]
作为这一努力的一部分，学校找来新近入学的研究生去教大一新生的

---

① 作者对哈代·弗兰克的采访。

作文课。年仅20岁的苏珊·桑塔格就是这样成为“美国最年轻的大学老师”[①] 的。

她极少提及她在斯托斯的时光。她那段时间不记日记，对她去那儿的原因的唯一一次描述是在她写给母亲的一封信中。“因为我知道进入哈佛-拉德克利夫学院是一件竞争性很强的事情，还因为我知道我的芝大学位（并不是说芝大不是最好的学校，而是这个学位不是四年制的学士学位）在竞争中对自己是非常不利的，我觉得我唯一的机会就是申请英语系，在那里我可以把我一年的兼职教学作为本科生所做的短期工作的证明。”[②]

苏珊开始在斯托斯读硕士研究生时，戴维还不到1周岁；她周一到周五都住在女生宿舍，周末才回家。她自己一辈子都渴望从她那个兼职母亲那里得到更多的关注。米尔德丽德去世后，苏珊说道：“我小的时候很少见到她，她总是不在。”[③] 然而，她也会经常不在自己的孩子身边。弗兰克说：“苏珊以此作为一种逃避，来摆脱照顾孩子的困境。”

◆ ◆ ◆

1954年，她被哈佛大学英语系录取。然而，英语这个专业“在我看来从来都不是一门正儿八经的学术研究”，她写信给米尔德丽德说。相反，它是“一个吸引了众多不用功的学生的领域，与数学、人
134 类学、物理或历史相比，这一专业是出了名的容易”[④]。其实她在英语系一点也不快乐。1955年的时候她告诉她母亲：“我讨厌去年的学习，它们肤浅、枯燥，而且简单得可笑。”此外，在哈佛大学，她还

① 桑塔格写给米尔德丽德的信，康涅狄格大学新闻稿，桑塔格文档。
② 桑塔格写给米尔德丽德的信，“星期二”（1955年秋），桑塔格文档。
③ Mackenzie，“Finding Fact from Fiction”.
④ 桑塔格写给米尔德丽德的信，桑塔格文档。

面临着一个在以前上的大学里没有提到过的障碍：根深蒂固的厌女症，这使得英语系“极不欢迎女生”，明达·雷·阿米兰说，“在那儿很难遇到别的女生。他们不招女生”[①]。

阿米兰是少有的跨越了这个障碍的女生之一。她在芝加哥时就记得苏珊，很高兴在哈佛又见到她。她们走得很近，一起忍受着对女性的侮辱。这种性别歧视比认为妻子们要在招待会上分发点心的假设更甚，阿米兰回忆说，里夫教授的妻子尽职尽责地完成了这项任务。著名教授哈利·莱文对苏珊说，他不“相信”有女硕士研究生的存在，这使她做出离开这个她本已不太看重的领域的决定变得更容易了。[②] 1955年，秋季学期开学时，她在英语系上了两天课，感觉“无聊和厌烦”，于是冲去哲学系。“去他妈的现实考虑”，她把自己的命运交到了更富同情心的系主任莫顿·怀特手里；怀特立刻看到了她“在她这个年龄的人当中，拥有极高的才智和惊人的学识”[③]。这个系更适合她。

她刚转了专业，就给母亲写信说：“我非常开心，第一次发现读研不是一件令人讨厌的差事。”

◆ ◆ ◆

在写于这几年间、后来并没有出版的一部回忆录中，她说她发现自己和菲利普“很难交到朋友。他们总要批评人家，令人无法接
受”[④]。这是她在康涅狄格留给哈代·弗兰克的印象：“你会有这样一 135

① 作者对明达·雷·阿米兰的采访。

② Sontag, *Essays of the 1960s & 70s*, ed. David Rieff (New York: Library of America, 2013), 816.

③ 桑塔格写给米尔德丽德·桑塔格的信，桑塔格文档。Morton White, *A Philosopher's Story* (University Park: Pennsylvania State University Press, 1999), 147–148.

④ 桑塔格文档。差不多在这个时期（1958年），桑塔格已经开始动笔写一些关于自己婚姻的短篇回忆录，名义上称是虚构的。在她后来的人生中，在谈话中，时不时在其写作中，她都会常常重提此话题。

种感觉，她永远在对别人评头论足，而且永远都是给人差评。”[1] 她不是唯一这样做的人。她在哈佛社交圈的回忆录中充满了关于性别歧视、势利、欺诈和高人一等的描写。出现频率最高的词可能是“居高临下”。与哈钦斯的芝加哥大学——众多校友一生中最难忘的时刻——形成了鲜明对比。在这个圈子里，像菲利普和苏珊这样虽然才华横溢却没有安全感的人有很多。不断竞争的结果令人联想起圣西门的凡尔赛宫中的那种氛围，住在里面的人经常受到冷嘲热讽的威胁。其中有一位，即雅各布·陶布斯，同事们认为他自视甚高，于是他们虚构了一个“中世纪学究，其思想构成了托马斯学派和苏格兰学派的有趣的混合体”。

陶布斯中了他们的圈套。

> 第一轮交换意见时，陶布斯听着没有发表任何意见，仿佛他对这个话题完全熟悉似的；随后，他绘声绘色地讲述了有着希尔德斯海姆心理的伯特伦，并以其渊博而全面详尽的知识震惊了在场的人——直到有人告诉他，根本不存在这个人；虚构这个人物出来就是为了这一次讨论。这让陶布斯想在哈佛成就一番事业的希望破灭了。[2]

“他是个可怕的小个子男人。”阿米兰提到这个被捉弄者时说道。很多人都讨厌陶布斯这个没有下巴的矮胖子——但不是所有人。当时一些最有趣的女生都被他迷住了。他的崇拜者，除了苏珊·桑塔格，还包括奥地利诗人英格博格·巴赫曼；德国名门之后、学者玛格丽

① 作者对哈代·弗兰克的采访。

② Hans Jonas, *Memoirs: The Tauber Institute Series for the Study of European Jewry* (Hanover, NH: Brandeis University Press/University Press of New England, 2008), 168.

塔·冯·布伦塔诺；还有他的第一任妻子，苏珊·陶布斯。陶布斯夫
妇是桑塔格生命中最重要的一对。 136

◆◆◆

1923年生于维也纳的雅各布·陶布斯能在纳粹时期幸免于难，要归功于一个天缘巧合，他父亲被任命为苏黎世的大拉比；当时雅各布13岁。他自己也被任命为拉比，并于1947年出版了他的学位论文《西方末世论》，这也是他出版的唯一一本专著。那一年，对任何一个欧洲犹太人而言，对世界末日感兴趣都是很自然的事情。对于任何一个跨越俗世和宗教学习领域的人来说，他们自然也会意识到，古老的、恪守戒律的犹太教在大屠杀中变得荒谬可笑。有哲学头脑的人必须找到一种新的生存方式。

不久，他就离开瑞士前往纽约，在那里的犹太神学院任教；1949年，他和21岁的苏珊·费尔德曼结婚。她的教名，朱迪特·苏珊娜，结合了桑塔格姐妹俩苏珊和朱迪丝的名字。“苏珊：与我同名，*ma sosie*［我的替身］，也无法领会。”① 多年以后，她这样写道。“无法领会”这个词是她留给那些无法了解或无法理解的人的，他们包括她自己的父亲和安托南·阿尔托。

苏珊·陶布斯和她丈夫一样，也有显赫的犹太血统。她的祖父是布达佩斯的大拉比；她的父亲尚多尔·费尔德曼从犹太教转向弗洛伊德主义，成为匈牙利精神分析学的主要传播者之一，与尚多尔·费伦齐和传说中的弗洛伊德圈子关系密切。对桑塔格而言，如此接近本源是极其迷人的。对从小就接受精神分析原理教育的苏珊·陶布斯而

① Sontag, *Consciousness*, 336, July 21, 1972.

言，这种感觉则少了一些。在她的自传体小说中，父亲“向她解释了厄勒克特拉情结：她真的爱上了他，还想嫁给他，矢口否认也没有用；
137 否认这一点就是她的厄勒克特拉情结的一部分”[1]。

1939年，在纳粹下手前，她和父亲逃到了美国，时年11岁；母亲后来也和他们团圆了。他们在匹兹堡的贫民窟住了三年，这段时间，她父亲因其外国学位在美国不受承认，因此去学习得以通过美国医学委员会的考试。她在纽约的罗切斯特读完高中。在她的年鉴中，她对“人们通常对她说什么”这个问题的回答是：“微笑，苏珊，微笑！”[2] 这与桑塔格的担心形成了鲜明的对比；桑塔格担心她给人的印象太活泼，一看就是加州人。和桑塔格不同，这个苏珊永远不必告诫自己“少笑，少讲话”[3]。

她被迫离开欧洲，却又和美国疏远；她与祖父母的犹太教格格不入，却又不相信父亲的弗洛伊德学说；她在雅各布·陶布斯的身上发现了一个类似的背井离乡的影子；他称她为苏珊知音、苏珊灵魂。他们对传统的厌恶并非——像苏珊·桑塔格这样来自美国中产阶级阶层的人那样——一种审美选择。这是历史强加的无法逃避的命运。他们在非传统的条件下进入婚姻，在这种条件下，性行为是不受限制的。

> 如果埃兹拉［即雅各布］的行为没有引起她的兴趣，那就是个人品位的问题了；她拒绝将此作为一个原则，即用社会的规范来评判他。她没有要求得到一桩资产阶级的婚姻；而如果她曾有过这种沮丧的想法，认为自己被困在资产阶级的婚姻中，那么

① Susan Taubes, *Divorcing* (New York: Random House, 1969), 225.

② Christina Pareigis, “Susan Taubes—Bilder aus dem Archiv”, in *Aus Berliner Archiven* (Beiträge zum Berliner Wissenschaftsjahr, 2010), 22.

③ Sontag, *Reborn*, 288, September 14 - September 15, 1961.

［雅各布的］行为向她保证，她没有。[①]

事实证明，他们非正统的性行为安排方式对所有牵涉在内的人而言均是灾难性的。但正是这种非传统的婚姻赋予苏珊·陶布斯一个港湾、一种身份、一段关系，其本质表达了她必然会被吸引的那种激进思想。研究苏珊·陶布斯生平的学者克里斯蒂娜·帕雷吉斯说，她“对疏远这个话题特别感兴趣，觉得自己与任何一种归属感都是疏远的，比如属于一个民族，甚至属于一种语言。属于其他人，属于一个 138
群体，属于一个宗教”[②]。

◆ ◆ ◆

多年后，苏珊·桑塔格还记得她们的第一次见面：“你还是那个23岁、在怀特纳图书馆的台阶上和我开始了荒诞而书生气谈话的样子。”[③] 和哈佛大学很多学究气的谈话不一样，苏珊·陶布斯的谈话发人深思。桑塔格后来的作品中出现的很多话题都源于与陶布斯夫妇的谈话交流。

苏珊·陶布斯的学位论文《缺席的上帝：论暴政的宗教运用》是以西蒙娜·韦伊为研究对象的；韦伊给恶魔般的20世纪提供了另一种答案。拒绝犹太教而偏好神秘的基督教；34岁时，韦伊出于同情，饿死了自己，她是一位浪漫主义的女英雄，为两位苏珊树立了女性勇敢之举的典范，是一位赋予其苦难一种超越个人意义的女性。

苏珊·陶布斯论韦伊的学位论文是在保罗·蒂利希的建议下写

① Taubes, *Divorcing*, 56.
② 作者对克里斯蒂娜·帕雷吉斯的采访。
③ “Debriefing”, in Sontag, *I*, *etcetera*, 52.

的；蒂利希是德国流亡神学家，从事基督教象征主义研究，试图发现灾难过后宗教思想的作用。蒂利希从新教视角来探讨这个问题，但他的问题与犹太思想家们在废墟中的世界提出的问题并没有本质上的不同。其实，（一种文化、一种生活的）废墟中的哲学概念将成为桑塔格作品的核心。举出瓦尔特·本雅明、埃利亚斯·卡内蒂、E.M.齐奥朗以及其他人，阐明"意识到自己站在思想的废墟中，濒临历史和人类自身毁灭的边缘"，即为——苏珊在她后来论齐奥朗的随笔中写道——20 世纪最杰出的主题。①

在这个支离破碎的世界里，人们对异端产生了新的兴趣。在苏珊
139 的流亡者圈子里，古老的诺斯替主义异端学说提供了一个令人信服的选择。第二次世界大战结束几个月后，在上埃及的拿哈玛地镇附近，一个农民偶然发现了一套莎草纸手稿书系。出于对神灵的谨慎，他的母亲烧掉了几册。但当科普特学家对它们进行查看时，这套 4 世纪的书系与第二年在巴勒斯坦发现的《死海古卷》一起成为历史上最珍贵的考古发现。只有通过基督教辩论家们负面的论点，才能知道其大纲的文本揭示了诺斯替异端惊人的证据。

这真是天赐良机。诺斯替教徒是类似于战后时期一个时代的产物。希腊化的世界成为历史上第一个世界主义的社会。人们自由地交往——至少在社会的边缘，他们的神亦是如此。诺斯替教综合了"东方神话、占星学说、伊朗神学、犹太传统的元素等，无论是《圣经》中的、拉比教义中的，或是神秘的、基督教中灵魂拯救-末世论、柏拉图的术语和概念"②。这逐渐演变成一种唯信仰论，蔑视所有的传统习俗，包括性行为在内：这是陶布斯夫妇实行的自由主义的理论来源。

① " 'Thinking Against Oneself': Reflections on Cioran", in Sontag, *Styles of Radical Will* (New York: Farrar, Straus and Giroux, 1969), 75.

② Hans Jonas, *The Gnostic Religion: The Message of the Alien God and the Beginnings of Christianity*, 2nd ed. (Boston: Beacon Press, 1963), 31.

◆◆◆

“这个世界的创造者是邪恶的，这个世界也是糟糕的。”一名古代的辩论家曾这样说过。[①] 诺斯替主义，一个失败的宗教，也是失败者的宗教，被放逐者的宗教，这些人把苦难转化为信仰。现代诺斯替主义者也是流放者，他们的经历解释了一种对立的二元论，“上帝与世界、精神与物质、灵与肉、光明与黑暗、善与恶、生与死——因此，一种存在的极端的两极化不仅影响人类，也影响作为一个整体的现实”[②]。

世界被分裂了；思想亦是如此。诺斯替主义最伟大的现代鼓吹者 140
安托南·阿尔托倡导的是“一种萨伏那洛拉或克伦威尔会举双手赞同的戏剧”，这是一个不可能实现的戏剧设想，甚至比瓦格纳的还要雄心勃勃。桑塔格被阿尔托深深吸引，花了八年的时间收集他的作品并汇编成册，选集几乎厚达700页。桑塔格写道，他提出“精神的‘动物’冲动与智性的最高级运作之间完全的、微妙的和谐一致，一种迅捷的、整体上统一的意识”[③]。弗洛伊德曾对产生这种和谐一致（尤其是针对受过教育的女性）感到绝望；但是阿尔托的戏剧所做的完全是“要愈合语言与肉体间的分裂”[④]。

阿尔托思考“无法思考的东西，即身体如何是精神、精神又如何是身体的问题”[⑤]。这一思索来自：

---

① Hans Jonas, *The Gnostic Religion: The Message of the Alien God and the Beginnings of Christianity*, 2nd ed. (Boston: Beacon Press, 1963), 38.

② 同上，第31页。

③ Antonin Artaud, *Selected Writings*, ed. and intro. Sontag (New York: Farrar, Straus and Giroux, 1976), xxiii, xxxiii.

④ 同上，第xxxv页。

⑤ 同上，第xxv页。

玄学焦虑和极度的心理痛苦，即被抛弃感、作为局外人的感觉、为处在神退出的宇宙里不断对人类精神进行折磨的魔力所控制的感觉。宇宙本身是个战场，每种人生都在展示外在压抑、迫害的力量与寻求救赎的焦虑不安、备受折磨之苦的个体精神之间的冲突……诺斯替教强调二元主义（身体-灵魂、物质-精神、恶-善、黑暗-光明），并在此基础上，许诺摒弃所有二元论。[①]

◆ ◆ ◆

20世纪60年代，一种融合思潮兴起，就像诺斯替教产生的那种融合一样激进。弗洛伊德主义、马克思主义、基督教、佛教和存在主义常常被犹太作家拼凑到一起。有时很难区别融合与混合拼凑，有时很容易就会嘲笑这种混合的更通俗的表现形式。但是尝试将各种各样
141 的线索一股一股编织在一起，不仅仅是在赶时髦。现代艺术并未产生“新的冲击”。它试图表达新颖，尽管并不完美。

菲利普、苏珊夫妇俩在自己家中就有过这样的一次尝试。当时，希特勒时期最著名的流亡者之一赫伯特·马尔库塞在他第一任妻子去世后在此避难。马尔库塞当时在哈佛任教，同时在写几本书，这些书就像阿多诺和本雅明的作品一样，后来成为20世纪60年代批判性辩论的核心著作。马尔库塞在他们家住了一年；在这个家里，知识分子间的辩论与一个年轻家庭的日常生活交织在一起。苏珊回忆说：“我现在猜想戴维可能听到我们讨论黑格尔，因为他下楼吃早饭的时候，几乎就是冲到餐桌边上，嘴里说着‘黑格尔，贝格尔，黑格尔，贝格

① Antonin Artaud, *Selected Writings*, ed. and intro. Sontag (New York: Farrar, Straus and Giroux, 1976), xlv-xlvi.

尔’”。他当时3岁。[1]

马尔库塞当时已快要写完《爱欲与文明》，这本1955年出版的书是那个时代典型的融合主义的产物。它把弗洛伊德和马克思与一种适合战后美国的乐观主义相结合。马尔库塞写道，在一个丧失人性和压制性的工业文明中，爱欲是一种潜在的解放力量，它开启了“一种爱欲文明的可能性，即一种不依靠爱欲中的性压制而生存的文明”。这是雅各布·陶布斯的措辞，他从诺斯替教推导出了类似的可能性。在马尔库塞的书出版6年后，桑塔格和陶布斯在哥伦比亚大学同教一门课，陶布斯是在这种场合说这话的。

根据那个班级的一条记录，她曾说：“弗洛伊德从未设想过一个不受压抑的社会的可能性。”

> 桑塔格小姐接着指出，在弗洛伊德的学说中（除了工作和科学）看不到真正的幸福或满足的希望。相反，弗洛伊德似乎在努力帮助我们把生活的痛苦减到最小。在脑力劳动中，获得幸福感是可能的，但也可以说这仅仅是一种升华了的幸福。不存在真正的性快乐，因为我们的性生活的动机是乱伦。因此，性永远得不 142
> 到满足，永远不会直接就心满意足。[2]

桑塔格在某种程度上误解了弗洛伊德，能看得出来这可以被称为弗洛伊德式的口误。她当然清楚——这是弗洛伊德著名的格言——但他说的不是“工作和科学”，而是“工作”和“爱”，就是这个排列。她为什么会忘掉爱——或者将它定位在性当中，然后注定让它陷入乱

① Rollyson and Paddock, *Making of an Icon*, 38.
② “Report—7th Meeting”, minutes of a class taught at Columbia University by Jacob Taubes and Sontag, March 7, 1961, Sontag Papers.

伦的不满呢?

幸福可能在脑力劳动而非性行为的努力中获得,这一观念无疑揭示了桑塔格的经历,正如对一个反压抑社会的希望反映了陶布斯和马尔库塞的经历一样。他们的观点比她的更受欢迎,从而形成了被称为“60年代”的性革命。

马尔库塞和桑塔格的思想将朝着不同的、激进的方向发展,没有什么比从性与革命的角度更合适了。20世纪50年代的时候,当许多“60年代”的思想还只是在精英知识分子圈内初具雏形的时候,马尔库塞本人已然对苏珊对抽象而非具象的偏爱持怀疑态度。他后来对一个朋友说:“她对削土豆皮都能整出一个理论来。”[①]

◆ ◆ ◆

从多方面看,苏珊决定逃离婚姻似乎已成定局。她写到的婚姻明显是前景黯淡。1956年她写道,事情本身就很糟糕,

> 它是种致力于让感情麻木的体制。婚姻全部的要点就是重复。它的目标最多是创造强烈的互相依赖。争吵最后变得毫无意义,除非你总是准备吵完后就采取行动——就是说,结束婚姻。所以,
> 143 婚后一年,你吵架后不再“重归于好”——你只是开始生闷气,然后变成习以为常的沉默,然后再吵。[②]

与菲利普——“一个情感上的极权主义者”[③]——的婚姻是在摧

① 作者对麦克·克鲁格的采访。
② Sontag, *Reborn*, 83, September 4, 1956.
③ 同上,第140页,1957年3月27日。

毁和扼杀她：

> 这六年里，不自由的感觉从未离开过我。几星期前做了个梦：我下一小段楼梯时，一匹马从我后面跟上来——好像是进了游泳池——把两条前腿搭在我身上，一个肩膀上搭一条。我尖叫，并努力让自己挣脱这种重压，接下来就醒了。我更加阴郁的心情的一个客观对应。[①]

然而，只有在回顾时才清楚这段婚姻失败的结局是不可避免的。很多人的婚姻都不尽如人意，尤其是涉及子女、金钱以及事业的时候。在后来的岁月里，苏珊会表现出一种才华，在一段关系中坚持到底，哪怕那些关系以外的旁观者早已撤离。她很不开心，但她针对菲利普采取的那种轻蔑的腔调，也只在菲利普当众羞辱了她之后才表露出来。事实表明，分手并不是她，而是他主动提出的。他是很久以后才意识到自己做出这一决定的后果。

一个朋友当时说："他不知道，他是在自取灭亡。"[②]

◆ ◆ ◆

她会在她的回忆录中一次又一次地写到这一决定。朋友们回忆说，在她后来的人生中，这是她最喜欢谈论的话题。借口则是学术。在保罗·蒂利希的力荐下，她向美国大学妇女联合会提出申请，到牛津大学的一个女子学院——圣安妮学院研究"伦理的形而上学推 144

① Sontag, *Reborn*, 98-99, March 3, 1957.（此处有误，应为1月3日。——译注）
② 同上，第180—181页，1958年1月6日。这位朋友即安妮特·米切尔森。

测”[1]。这是她接受教育顺理成章的下一步——顺理成章，也是她当时并没有意识到的。

在她未出版的一个版本的回忆录中，她写道，“和往常一样，这个计划是合作的。[菲利普]也会来，但到了最后一刻，他得到了这一年一个更好的机会”——来自斯坦福大学。在另一个版本中，这个想法则是她的。她想要去“旅行——真正的旅行——到欧洲”。

> “但是，宝贝儿，我们以前谈过这个的，明年，等这本书写完，我们一起申请到国外教书。这都说定了的。”
>
> “但我等不了了！”她哭喊着，“总是明年、明年，而什么都没有发生。我们毫无希望地坐在这个老鼠洞里，慢慢地功成名就、人到中年、大腹便便——”
>
> 她不往下说了，因为她意识到她想说的根本不是“我们”，她完全是莫名其妙就发动了进攻。
>
> 和马丁结婚时，她一直是非常开朗活跃、温柔又爱哭的女孩，而现在，她成了个泼妇一样的、软弱的、没有了眼泪的妇女，一肚子提前产生的怨恨……[2]

决定离开美国并不是决定离开菲利普，至少不是马上就离开。1958年6月，她待在欧洲一年后，给哈佛的莫顿·怀特写信，讨论她的学位论文；7月，她向美国大学妇女联合会申请她“在夏天继续写论文，然后第二年回哈佛哲学系”[3]。她还是有点想回到她丈夫身边，或者认为她应该回到他身边：毕竟，她还有个5岁大的孩子。况且，

---

① Kaplan, *Dreaming in French*, 92.
② Sontag, *Reborn*, 170, early 1958.
③ White, *A Philosopher's Story*, 148. 桑塔格文档，1958年7月1日。

即便最初的想法不是菲利普的，没有他的默许支持，她也不可能离开 145
一年的时间。

在她对这段时间的一篇非常直白的回忆录中，她提到了自己“在人际关系上的苛求，总是不能摆脱懦弱”，以及“从纠缠到逃避，再回头卷入其中”的反反复复。她把“可忍受的生活”描述为“一种平衡的行为——在此行为中，一个人不会失去被纠缠的好处，也不会失落在逃离的孤独中”[①]。

她肯定不打算重复她母亲的模式。（很少有人会这样。）她这样做并不是因为缺乏爱：戴维是她一辈子中最重要也最持久的血缘关系。明达·雷·阿米兰说：“她一直非常爱戴维，她总是急急忙忙地赶回家去看他。他绝不是一个被忽视的孩子，尽管她每天下午都在修改论文手稿，做她自己的作业，等等。但他仍然是她生活中最重要的。”[②]

她努力给他一个她自己希望拥有的那样的童年，当他还在蹒跚学步时，她就已经在引领着他穿梭于类似芝加哥大学那样的名著课程中了。他最早看的书之一是《老实人》，她和他一起读《格列佛游记》。“但是没有专门为儿童设计的书，”一个朋友说，“她对此无法容忍。”[③] 1957 年初，她的日记里记录了以下的情景：

> 昨天戴维在准备上床睡觉时宣布：“你知道我闭上眼睛时看见了什么？不管什么时候，只要一闭上眼睛，我就看见钉在十字架上的耶稣。”该来点荷马了，我想。转移这些不健康的已经个人化的宗教幻想就是靠不带个人色彩的荷马式的大规模血洗才能办到。让他柔软的灵魂不信教……

① 桑塔格文档。
② 作者对明达·雷·阿米兰的采访。
③ 作者对迈克尔·西尔弗布拉特的采访。

> 今天，戴维是小埃阿斯+我是大埃阿斯。我们一起就“战无不胜”，他学会的一个新词。今晚，我吻他、祝他晚安+离开他房
> 146 间的时候，他说的最后一句话是“再见，大埃阿斯”。接着一阵大笑。
>
> “我儿子，4岁大，第一次读荷马。”①

◆ ◆ ◆

苏珊启程时，戴维跟着罗茜和菲利普动身去伯克利。1957年9月3日，她记下了自己在坎布里奇的最后一天，细节几乎详尽到每分钟在做什么；这在她的日记中是绝无仅有的。这一用心表明她清楚这一刻的分量有多重：

> 1:00了。我用挂锁锁上了厨房门，合上箱子，用了下厕所，然后叫了辆哈佛出租车；车过了三分钟就到了，司机是个可爱的老头儿。1:15了。我叫他朝马萨诸塞大街那一头开过去（1）停在怀特纳门口，我好还一本书（［约翰·］盖伊的《剧作集》——修道院版，谱了曲的）；然后（2）去邮局，我寄了剩下的包裹，包括一包寄往芝加哥的旧衣服；然后（3）去布拉特尔街上的布拉德利办公室，在那里，我把房子的一份租约和钥匙留给了满头是汗、邋里邋遢的埃利奥特先生；然后（4）去贝克湾火车站。出租车到那里正好2:00，+火车还有5分钟到，+放眼望去，一个行李搬运工都没有。我有点儿抓狂，出租车司机主

① Sontag, *Reborn*, 103, 133, 135, January 14, 1957; January 19, 1957; February 18, 1957.

> 动帮我提包（这有违规则）——把包搬进车站——可里面还是没有行李搬运工，+接下来又搬下楼梯，朝正在进站的火车走去。所有这些服务加上打车费（2.15 美元）我付了他 4 美元——他脱帽致谢+祝我旅途愉快，列车长把包拿上火车+我就此离开。

在她的生活中，旁人看来很明显的动机，对她却常常像蒙了一层
纱，看也看不透；而且，她似乎没有承认过，哪怕是对她自己也没有 147
承认过：她打算离婚。戴维说："你是因为想逃离某个地方，所以你要离婚并且离开一个年幼的孩子，你不必成为西格蒙德·弗洛伊德才能这么说。但我敢下 10 倍的赌注打赌，她当时并不知道自己是在有意识地这么做。"①

9 月 5 日，她从纽约乘船，雅各布·陶布斯在船边上一直等了她一个小时。她写道："我真的很感动——谁在这样的爱的表示面前能
不感动呢。我吻他+上船——他一直在那里挥手，直到船看不见。"② 148

① 作者对戴维·里夫的采访。
② Sontag, *Reborn*, 152, September 5, 1957.

第二部

第十一章

你说的意思是什么意思？

“她疯狂地想来欧洲，”苏珊在一篇未发表的自传体短篇小说中写道，“所有的欧洲神话都在她的脑海中回荡。堕落的欧洲，疲惫的欧洲，非道德的欧洲。”① 这就是她第一次读托马斯·曼的书的时候令她陶醉神往的欧洲，知性且多情，而与之相对应的则是她与菲利普修道院式的生活。

“天性浪漫”，她曾梦想过“在欧洲流浪、谈几场恋爱以及成名成家”。婚姻迫使她降低了自己的眼界，变得实际，并做出妥协，选择“一个她自己的职业生涯，不过”，和菲利普“在同一个领域里”。② 这不仅仅是一个安全的选择：20 世纪 50 年代，女学者依然算是先驱者。然而，和她兴趣一致的人可能会发现，这所大学看上去，至少在学术上，环境是适宜的。她的浪漫气质却很是抗拒。由于别无选择，她犹豫着要不要离开这个自从她 15 岁到伯克利时就熟悉的唯一的社会阶层。即便她出国时也会留在这个阶层当中。 151

牛津的一切——中世纪的建筑、令人肃然起敬的名称、学术上

① 未出版的小说化的回忆录，桑塔格文档。
② 桑塔格文档。

的浪漫——都表达了苏珊的志向。但是，牛津的气候寒冷且潮湿。[①]在美国人眼里一直有着优越感的古老英国已然陈旧破败，还在慢慢地从战争中恢复；苏珊很是失望。与她相识的朱迪丝·斯平克说："回想起来，很难解释美国人怎么会来自一个更加富裕、更加幸福、更加幸运的世界。"她当时的一位朋友——伯纳德·多诺霍——说，她曾"想要离开美国"，但此时"真的渴望回到加州"。大部分谈话都是关于"她感觉好冷，为什么英国的中央供暖系统不起作用"[②]。斯平克说她对冷多有抱怨："我记得这个，是因为她把睡衣穿在衣服里面。"

她的失落感和她的优越感一样明显。斯平克说："她的仪态在我们这些在牛津遇见她的人看来，无疑具有一种泰然自若的感染力，这在一定程度上与她的外形有关：黑王子。而王子是因为那一种居高临下的气场。"多年以后，苏珊的日记一出版，斯平克就对日记中所透露出的自我怀疑大为惊讶。她说："我们当时并没有看出那些缺点，她在方方面面都占优势。我们当时猜想，她懂很多东西，只是不愿意说而已。"黑王子总是一袭黑衣，斯平克第一次看到她脚蹬牛仔靴、大步流星穿过古老的四合院时，她不禁纳闷，她可能是从哪里来的呀："是从南美吗？是从兴都库什山脉吗？"[③]

这种造型并非完全没有艺术感。伯纳德·多诺霍说："我从未提过她的牛仔靴，而没过多久，她就把我的注意力吸引到靴子上了。她对我的不以为然有点不耐烦了。"

---

① 作者对朱迪丝·斯平克·格罗斯曼的采访。
② 作者对伯纳德·多诺霍的采访。
③ Judith Grossman, *Her Own Terms* (New York: Soho Press, 1988), 217.

◆◆◆

无论是在绘画上还是建筑上，文学中还是神学中，20 世纪的艺术家和思想家都试图发现一些终极意义上的内核，如果这种内核存在的 152
话：找到最基本的形式来重建一个已经被摧毁的世界。但是，如果桑塔格为包括舞蹈和绘画在内的其他领域中的这些想法所吸引，她也不会因为一种寻求通过数学模型在语言中发现公式的哲学而感到兴奋。

"我现在还记得曾问过我的哲学老师某件事是什么意思，"多诺霍说，"而他则说：'你说的意思是什么意思？'" 演员兼导演的乔纳森·米勒后来成了苏珊的朋友，他和约翰·克利斯在独幕剧《牛桥哲学》中讽刺了这种想法：

克利斯：是的，是的。

米勒：告诉我——你此处说"是的"，是肯定意义上的"是的"吗？

克利斯：（小心翼翼地，沉思片刻后）不……不是的。[1]

"她对哲学的兴趣远不止于此。"多诺霍说道。她写过一本很有影响的弗洛伊德专著；她认识一些雄心勃勃的思想家，从施特劳斯、格特、陶布斯到马尔库塞。斯平克说："对她而言，分析哲学是一种过于狭隘和过于学术的模式。"有一阵子，她在努力恢复促使她走到这一步的活力，这明显带有卡索邦先生和那些她认为懦弱且无性征男人们令人不快的特性。"有一类人——处男型——英国有许许多多这样

① Jonathan Miller and John Cleese, "Oxbridge Philosophy".

的人。”她在日记里写道。[①] 性别歧视无处不在，但并不明显——“在牛津没有什么明显的东西”，多诺霍说——而且她发现，男人们“既反女性又不是真正的男人”。

这就解释了她对多诺霍的吸引力。尽管后来他因效力于三届工党首相而被封为阿什顿的多诺霍男爵，但他是牛津大学少有的工人阶级出身的学生。（“有人告诉我是四届。”他说，同时谨慎地指出，这个数字并没有夸大。）在一次午餐会上，他认出了另一位才华横溢的外
153 来户。他说：“我当时意识到她看上去心不在焉。我们慢慢就到一起开始聊天。她显然有点觉得无聊。”

> 我立刻就被她吸引住了。从某种程度上说，她美得令人炫目。绝妙的面部轮廓，可爱的黑眼睛，可爱的头发。她个子有点高，瘦骨嶙峋，行动还有点笨拙。并非我通常喜欢的那种女性。我喜欢苗条、小巧、惹人怜爱的那种女性，而她不属于这一类。

在苏珊的主动下，他们俩开始了交往，虽然偶尔也有性行为，但主要还是讨论哲学。两人都自认为是激进分子，但他们在左翼观点上的分歧是有启发性的。多诺霍有着现实世界中那些务实的政治家的观点：“我对一些令人厌倦的事情很感兴趣，比如为人找个家，为人搞到养老金，这些乏味的事情。”

他曾造访美国：

> 我去了肯塔基州，参加了一场煤矿工人的罢工；有人在罢工中遭到了枪击。我调查了那个出庭辩护律师，发现他是个彻头彻

① Sontag, *Reborn*, 193, February 25, 1958.

> 尾的腐败分子。她对这类事情丝毫不感兴趣。她拥有那些伟大的左翼知识分子的思想。这意味着探索你的性行为和你的整个生活，质疑所有的当权者以及敌视所有的统治制度，等等。

对苏珊而言，激进主义意味着个人自由和自我创造的种种可能性。然而，当她暗示自己对女性具有吸引力时，她也只是拐弯抹角地表示。多诺霍说："她会谈论你是如何不得不从这个社会中成长起来的，在这个社会里，人们认为你始终只有一个特点，在这里，女人就必须嫁给男人，必须困在与男人的婚姻中。她想探索一些其他的事情。她告诉我她想做些什么。"[1] 154

◆ ◆ ◆

一开始，她每天晚上都会给菲利普写航空信。她写道："白天的时候，我会在脑子里构思好给他写的信的内容，我总在脑子里和他交谈。你知道，我已经非常习惯他。我觉得安全。我一点也不像是一个分居的人。"[2] 但是，她对伯纳德提到菲利普时的口气很是不屑一顾，因为伯纳德的男子气概与菲利普形成了鲜明的对比。那是一个名声在外的疑病症患者[3]（苏珊用的词是"神经衰弱"[4]）。菲利普本来答应来牛津的，但他改变了主意，因为这段旅程让他感到紧张。对于一个致力于勇敢地自我创造的人来说，这看上去很是悲哀。

然而，就如她的政治主张一样，积极的自我创造有时候会渐渐演

---

① 作者对伯纳德·多诺霍的采访。

② Sontag, "The Letter Scene", in *The New Yorker*, August 18, 1986.

③ 里夫以前的学生乔纳森·英伯写道："里夫晚年的时候，他的儿子戴维曾对我说，他的父亲一生都是个疑病症患者，不过现在他真的病了。"（Imber, "Philip Rieff: A Personal Remembrance".）

④ 作者对乔伊斯·法伯的采访。

变成唯我主义。伯纳德说，她丢下儿子不管，还“说起来好像很想他似的，她很清楚地感觉到她为此付出的代价。我觉得她并没有充分意识到她儿子为此可能付出的代价”。在朱迪丝·斯平克看来，苏珊和她儿子的关系似乎也很奇怪，尤其是当苏珊和她调情的时候：“她给我看了这张戴维·里夫很小时候的照片，我根本无法将此画面与她是同性恋者联系在一起。我看到那张照片的时候，就仿佛有人在说：不！你不能那样。”

也许，没有对自我的强烈关注，她可能就不会对摆在她面前的重大问题做出决定。多诺霍注意到她缺乏幽默感，而且过于认真。不过，自从她做出去伯克利上学的痛苦决定以来，她从未像这次这样，被迫决定自己的人生该何去何从。芝加哥给了她一条“正确的道路”。结婚、读研、生子亦是如此。这时，她获得了自由——这是以独立生活的不明确以及不确定性为代价换来的。

她后来会称20世纪50年代为失去的十年。但她牛津的朋友都发现，她强大的威力就得益于这十年的韬光养晦，她这才从伯克利的那
155 个“懦怯者”发展成她牛津同学眼里的“黑王子”。她的学徒期已满，她也做好准备进入成年期。法律哲学家H. L. A. 哈特描述了她与牛津大学另一位杰出校友以赛亚·伯林爵士的互动：

> 苏珊·桑塔格小姐是他最敬畏的评论家之一。她认为他不拘小节，这一点她是对的；但如果她认为他缺乏敏锐的洞察力和启迪性，那她就错了。我认为，她很享受在这里的这个学期，尽管她声称除了［哲学家J. L.］奥斯丁，其他所有人都没什么价值；奥斯丁关于感觉材料的课程让她欣喜若狂。①

① H. L. A. 哈特写给莫顿·怀特的信，1957年12月18日，见White，*A Philosopher's Story*，149。

她对伯纳德谈到了“无聊的牛津，知识分子的弱点。从我和他们中的一些人打交道的经验来看，我觉得她没有错”。不过，和哈特一样，他也认为这只是故事的一部分。“我爱牛津。从方方面面来说，虽然她对学校的不足之处的看法都是对的，但她并没有看到它好的一面。”换一个时间点，早一些的话，她就会看到。但现在对她而言，这里不是一个合适的地方。她需要一些激进的东西。她需要一些温暖的东西。12 月，秋季学期期末时，她动身去了法国，再也没有回来。

◆ ◆ ◆

1957 年——纽约还在摆脱地方偏狭主义的残余，伦敦是分崩离析中的帝国那破烂污秽的首都——巴黎则是当时全世界最为色彩斑斓的城市。那时，巴黎的语言的声望与英语旗鼓相当，甚至可能更有名气；而且，对成千上万分布在世界各地雄心勃勃的图森人而言，巴黎这个名字意味着艺术与建筑、科学与哲学、时尚与名望、性与香水，这是任何一个现代城市都无法与之抗衡的。苏珊去巴黎寻找这些，尤
其是去找回过去的自己：那个在伯克利重生、原本有可能幸福，却闪 156
电般进入一段不切实际的婚姻之中的女人。

苏珊特地去找了哈丽雅特·索姆斯，她是早期女性解放的象征。她们差不多有十年没见面了；哈丽雅特从 20 世纪 50 年代初就一直生活在巴黎。她们偶尔会有联系，苏珊甚至在写信告诉哈丽雅特自己结婚的消息时，还在说爱她（“这是一个超验的事实”）。[①] 1951 年 7 月，在苏珊第一次去欧洲期间，她写信说：“我现在在巴黎，到巴黎圣母院来见我。”她又以一种侦探小说的风格补充说：“我不能让我丈

① Harriet Sohmers Zwerling, *Abroad: An Expatriate's Diaries: 1950 - 1959* (New York: Spuyten Duyvil, 2014), 26, February 21, 1951.

夫知道我去见你。”这让哈丽雅特觉得菲利普知道了她俩以前的关系。[1] 1954年，哈丽雅特回到纽约，因为她母亲罹患癌症。12月，就在她母亲去世前，

> 她痛苦地睁开双眼看着我，而我想要安慰她，于是就说：“妈，你还记得我跟你说过的那个以色列人吗？我可能会嫁给他。”她低声说道：“不，你不会的。”我很吃惊，问道：“妈，为什么不会？”“因为，因为，”她挣扎着说出，“因为你更喜欢女人。”她闭上眼睛，哽咽着深深地发出一声叹息。[2]

这个戏剧性的临终遗言被证明是不真实的：哈丽雅特主要还是异性恋。但是，在她母亲去世前一年，哈丽雅特遇到了名叫玛丽亚·艾琳·福恩斯的美籍古巴人，她一生中——很快也成为苏珊一生中——最重要的人物之一。她们之间风风雨雨的恋爱关系（“我爱你，艾琳。你多么充分地满足了我对痛苦的需求啊！”[3]）时好时坏、断断续续地维持了好多年，其间，哈丽雅特同时还与瑞典画家斯文·布隆贝里暧昧地交往着，也是一波三折，也是时断时续。

就在哈丽雅特与艾琳和斯文两个人都分手的时候，苏珊正在寻找
157 新的生活，她一脚跨进了这干柴烈火的是非之地。她渴望爱情：渴望来自女人的爱情。1月，当一个“身材矮胖、穿着过分正式的金发女郎”挑逗她时，她煞是兴奋，她承认：“她对我没有吸引力，但是，可以说，是无拘无束的——有女人而非男人对我感兴趣，真是太好

---

① Harriet Sohmers Zwerling, *Abroad: An Expatriate's Diaries: 1950－1959* (New York: Spuyten Duyvil, 2014), 32, July 15, 1951.

② 同上，第121—122页，1954年12月2日。

③ 同上，第129—130页，1955年5月1日。

了。”[1] 哈丽雅特是她第一个最重要的情人，而且，她就是向哈丽雅特寻求帮助，开始一种崭新的生活的。

然而，这段爱情并不是相互的。“我不是很肯定我想见她。”哈丽雅特甚至在苏珊来之前就在日记里坦白了。她一到，哈丽雅特就写道：“她可真是个美人啊！但是我很不喜欢她……她唱歌的样子，像个少女似的，还跑调，我也不喜欢她跳舞的样子，毫无节奏感还要装性感……可怜的孩子！我觉得她根本吸引不了我，但她说她爱我，而我此时就需要听这种话！”[2]

彼此都感到失望，各自都在寻找她们的新情人无法提供的东西。苏珊想获得十年前的激情，哈丽雅特则想得到艾琳。“苏珊的脆弱和缺乏安全感令我不快，”哈丽雅特写道，“她似乎幼稚极了。她诚实吗？我真的无法相信她说的是心里话。”仿佛是为了证明苏珊事实上并不诚实，她看了哈丽雅特的日记。“对我所做的那种简慢、不公平、不厚道的评价；日记结束处，她说她真的不喜欢我，但我对她的激情是可以接受的、适宜的。上帝知道这种话有多伤人，我感到愤慨，感觉受了侮辱。”[3]

苏珊不知道自己是不是应该偷看哈丽雅特的日记。“我看了这些对方不希望我看到的东西会感到内疚吗？”她坚定地回答，“不内疚。日记或日志的主要（社交）功能之一完全就是让别人偷看。”

这种推理是苏珊的典型做派，借助聪明的托词来为自己感到羞耻的情感反应做辩解。但是，如果她得罪了哈丽雅特，哈丽雅特也得罪了她，那她就找到了自己的借口，让这段恋情断断续续维持下去，而
她本该早早做一了断的。早在苏珊意识到这一点时，她就知道这段关 158

① Sontag, *Reborn*, 183, January 2, 1958.（此处有误，应为1月12日。——译注）
② Zwerling, *Abroad*, 264 - 265, December 7 - 22, 1957.
③ Sontag, *Reborn*, 167, December 31, 1957.

系注定是会以失败告终的；看这个时期哈丽雅特和苏珊两人的日记给人的感觉真是恐怖。

◆◆◆

此时苏珊的个人生活极度动荡不安，因此她很少写有关法国的东西。她几乎不说法语；她离开菲利普和戴维；她离开哈佛和牛津。不出几日事情就很明了，哈丽雅特并不能取代菲利普，而且，她要离开自己已耗费近十年的事业，却没有任何其他切实可行的选择。放弃婚姻和事业可能马上能获得自由，但也可能同时意味着贫穷和失败。到了没几天，她就提到

> 失败，那些失败的知识分子（作家、艺术家、未来的博士们）。像萨姆·沃尔芬斯泰因，他的跛腿、他的公文包、他那空洞的日子、他对电影的痴迷、他的吝啬和收集垃圾的嗜好、他所逃离的那个了无生趣的窝——让我感觉恐怖。[①]

这座城市充满了这样的失败者。他们聚集在左岸，在索邦大学和圣日耳曼-代普雷广场的咖啡馆之间。短短数月，苏珊在此遇到的人，很多都会对她的人生产生深远的影响，其他人则恰恰会变成她最害怕成为的那种失败者。

在新结识的朋友中就有安妮特·米切尔森，她比苏珊大 10 岁。1958 年，米切尔森已在巴黎生活了好几年，担任着《国际先驱论坛报》的艺术评论家。她是法国顶级艺术圈的常客。她的伴侣伯纳

---

① Sontag, *Reborn*, 165, December 29, 1957.

德·弗雷希特曼是让·热内作品美国版的译者；米切尔森认识让-保罗·萨特和西蒙娜·德·波伏瓦；她在1953年把波伏瓦的《要焚毁萨德吗?》译成了英语。这群人聚集在花神咖啡馆，他们身上既有世 159
俗的魅力，又有知识分子的严谨，与牛津落伍的冷漠形成了鲜明的对比。这个圈子及圈中人，将成为苏珊自己人生的楷模。几年后，她写道："我意识到，萨特一直以来对我是何等重要。他是楷模——那种丰富，那种清晰，那种世故。还有那低级趣味。"①

2月，通过安妮特，她在哲学家让-华尔位于佩勒提耶街的家中见到了萨特。她对华尔家的公寓做了详尽的描述——北非的家具，他家中万册的藏书，以及比他小30岁的漂亮的突尼斯妻子。② 这个圈子与苏珊或安妮特成长的环境相去甚远，要想融入其中为人接受需要一定的适应过程——不过，大多数人都认为，安妮特做得太过头了。（从一个来自布鲁克林的犹太裔女孩的嘴里说出一口无任何瑕疵的纯正英国口音英语似乎有点过了。）但是，巴黎认识她的人都认为，她的聪慧毋庸置疑，苏珊也发现她非常迷人。斯蒂芬·科赫后来和她们俩关系都很亲近，他说："一开始，苏珊是她的狂热的崇拜者，苏珊和安妮特惺惺相惜，对对方同样印象深刻。"③

安妮特的兴趣爱好对苏珊是一种启发，因为她接受的教育是极其传统的，而这种教育在美国部分地意味着一种根深蒂固的民族偏见。如果说德国的国土已四分五裂，那么，日耳曼文化的声望可没有一落千丈。像芝加哥大学和哈佛大学这样的地方仍然处于从弗洛伊德和马克思到包括曼、阿多诺、马尔库塞和施特劳斯在内的当代思想家一脉传承的束缚中。科赫说，他们"对战后的欧洲文化毫无兴趣"，这基

① Sontag, *Consciousness*, 133, December 10, 1965.（此处有误，应为10月4日。——译注）
② Schreiber, *Geist*, 61.
③ 作者对斯蒂芬·科赫的采访。

本上是指法国文化。

然而，法国文化并不是那么容易就可以被忽视的。法国经济的受损程度远没有英国那么严重。法国的作家们对卡索邦的吹毛求疵根本
160 不感兴趣，他们对源自纳粹占领期和法国自身启蒙运动遗产而产生的迫切的人类问题更为关注。亨利·米勒、詹姆斯·乔伊斯、塞缪尔·贝克特、弗拉基米尔·纳博科夫等众多最伟大的现代主义作家的著作就是在法国出版英文版的，但这些书当时在英语国家被列为禁书。苏珊会写关于所有这些法国哲学家和作家的文章，包括热内、波伏瓦、萨特以及加缪等，他们都是世界上最有影响力的人；法国电影人，包括戈达尔、雷乃和布列松则提供了另一个丰富的主题。在英美学术界，他们没有一位得到充分的重视。

安妮特·米切尔森对他们颇为重视。电影制作人诺埃尔·伯奇说："安妮特非常钦佩苏珊。"伯奇与安妮特曾有过一段地下恋情，这甚至发生在她与弗雷希特曼正式交往期间。"苏珊对安妮特则更加钦佩。"① 安妮特也拥有一些苏珊缺乏的东西，而且也知道她缺乏。安妮特很有鉴赏力。斯蒂芬·科赫说："总的来说，她对艺术的敏感性要比苏珊强很多，她拥有真正挑剔的鉴赏力。她对艺术的敏感给我留下了深刻的印象，真的很了不起，苏珊这方面就没有给我留下什么印象。我开始明白，把对艺术的超级敏感性转化为语言意味着什么。"

苏珊对艺术不敏感的这一说法，尽管听上去似乎令人吃惊，却得到了很多人的认同。② 在洛杉矶，梅里尔·罗丁就注意到了她对音乐

① 作者对诺埃尔·伯奇的采访。

② 20 世纪 80 年代有一段时间，作家特德·穆尼和苏珊、戴维两人的关系都很好；他记得苏珊"在视觉上，她不能领会绘画"。他们参观了蒙德里安的回顾展："她很欣赏画展，但她不能领会。我记得我曾尝试着教她如何在一幅画前停留 5 分钟但不做出判断、没有口头表达的想法……这是不可能的。她领会不了其中的意义。她认定这是不可能也不可取的。我发现这令人很沮丧，因为我知道，她一遍都还没真正看清，就在脑海里勾掉了一些关于透视图和抽象的进程的东西。"利昂·韦塞尔蒂尔在 1976 年前后与苏珊关系很亲近，他也讲述了一个类似的故事。"苏珊每天晚上都会去听歌剧，但如果你（转下页）

的感悟能力极强。但是——也许同样是由于她严重缺乏安全感——她养成了一种习惯，把情感反应掩藏在一堆烦人的学究式卖弄后面。哈丽雅特在 1958 年 4 月写信说："苏珊要把我逼疯了。别人，比如艾琳［·福恩斯］只需要眼睛加耳朵就能领会，而她需要长篇大论的解释。在普拉多美术馆，她详细介绍了博斯，就在刚才还解释说，女性是教会的支柱。我觉得她这种教科书式的论文语言真让人受不了！"① 161

苏珊在长大的过程中"想方设法地做到既看见，又不看见"，而对她而言，看见始终要经过努力。她的内心有种东西似乎甚至根本就抗拒去看。戴维后来的一个女朋友乔安娜·罗伯逊说："他们一起外出旅行时，在大巴上或火车上，她不让戴维看窗外。她过去常说，为了了解一个地方，他需要听到所有关于它的真相和历史，但看窗外什么也告诉不了他。在这样的旅途中，她从来不看窗外——我记得，她总是在谈论我们所在的地方，或我们要去的地方，但从未好奇地朝窗外看它们一眼。"戴维曾对乔安娜讲过早先的一次伦敦之行，那时候他还小。他一直盯着窗外看，试图一眼看清这个完全陌生的国家；苏珊命令他不要看。苏珊晚年的时候，有一次他们仨一起乘火车，他们俩看到她目光专注地盯视着前方。"我记得我和戴维一番挤眉弄眼——心照不宣地笑她完全拒绝看外面、拒绝接受她看到的东西。真

（接上页）问我苏珊是不是真的有音乐天赋，我只能说没有。那是程序化按部就班的活动。她不会跳舞。她从来不能踩到节拍上。"弗洛伦丝·马尔罗也说过苏珊没有鉴赏力。斯蒂芬·科赫说："从某种意义上说，她会明白一种风格是如何起作用的，因此说她不是一个好读者。我记得一件事，说出来几乎是无礼的。大家都知道她力推让·热内的作品。而且我曾经和她讨论过隐喻。然而，她说她没看出隐喻，她看到的是两样东西。于是我说，哦，现在，来吧，你必须看出来，于是就给她举了几个似乎都是非常明显的隐喻的例子。后来，我们第二次见面时，她朝我走过来，拿着一本法语版热内的书，她说，你知道，你是对的！我刚刚看完了热内的书！每一页都有五六个隐喻！看，我在它们下面都画了线。像个骄傲的学生一样，她把书交到了我手里。我当时想，这个女人可是英语界最著名的批评家之一啊。顺便说一下，这并没有让我瞧不起她。是有点感人。"

① Zwerling, *Abroad*, 270－271, April 3, 1958, Seville.

实世界，没有修饰，现实世界。她与之没有关联。”[1] 但是，正是因为鉴赏力不是与生俱来的，她不得不对此进行思考，就像一个不费吹灰之力就拥有这一能力的人根本不用思考一样。这种努力在她早期经常被抨击的随笔文章中有明显的体现，她努力接受这些反应并试图用文字将它们表达出来。是桑塔格，而非米切尔森，成了她那一代人中伟大的批评家。斯蒂芬·科赫说：“说出一本安妮特·米切尔森写的书呢？一本也没有哎。”

◆◆◆

诺埃尔·伯奇说：“安妮特是一个可怕的人。终其一生，她都在把别人吓跑。”最终，苏珊就是其中之一，她的智慧变得具有破坏性。对于她未能兑现的早先的承诺，斯蒂芬·科赫表示：“那是施虐受虐狂造成的。”伯奇也承认自己是一个“女汉子迷”，对习武的女性很感
162 兴趣：“他想要的姑娘就是那种身穿黑色的皮衣，出手就把他的天鹅绒西装扒下，然后对着他的蛋蛋就是一脚。”[2]

苏珊的新圈子对施虐受虐狂普遍都有兴趣。她不是唯一一个认为爱情就是奴隶与奴隶主之间的关系的人。新结识的一个朋友埃利奥特·斯泰因，就是同性恋施虐受虐狂，他“以收集鞭子而闻名”[3]。哈丽雅特·索姆斯在 1953 年曾为一名偶尔也兼色情作品经销商的前卫出版商莫里斯·吉罗迪亚斯翻译了萨德侯爵的《美德的不幸》。吉罗迪亚斯还出版了萨德在 20 世纪法国文学中众多弟子的作品，其中包

---

① 作者对乔安娜·罗伯逊的采访。
② 作者对斯蒂芬·科赫的采访。
③ Edmund White, *City Boy: My Life in New York During the 1960s and '70s* (New York: Bloomsbury, 2009), 271.

括作家乔治·巴塔耶和安妮·德斯克洛；德斯克洛以“波莉娜·雷阿日”的笔名写了《O 的故事》。桑塔格会在《色情之想象》一文中详细探讨他们的作品。

性与痛之间的联系对她而言是如此自然——“所有的情爱关系实质上均为受虐狂式的”，她对伯奇说[1]——因此她永远也无法想象弗洛伊德假定的情侣间的平等关系。她“最深刻的体验”是她母亲给予她爱，然后又把她的爱收回，这一体验不断在重复发生。哈丽雅特吝啬地一点一滴地表达着她的爱，而苏珊则感激万分地吞下去：“我想，用我受伤的心+没被使用的身体，让我开心不会太费劲儿。”[2] 几个星期之后，她描述了她俩的关系“彻底完结”以及自己“盲目地走过一片痛苦的森林”。[3] 但是，就像《夜林》中“那些鹿角缠在一起的可怜的野兽”一般，她俩的关系也是剪不断、理还乱。4 月，她俩在西班牙和摩洛哥度过了两个星期。6 月[4]，苏珊指出“和哈丽雅特生活意味着遭受对我个性的一种全方位的侵犯——我的感受力、我的智力，除了我的外表以外的一切东西，而我的外表是遭恨，不是挨批”[5]。

哈丽雅特几乎持同样的观点。她在 1 月时写道：“每个人——男男女女——都想要她，我的嫉妒心屡屡被大规模地激活。虽然我并不真的在乎她，但我妒忌她的成功。”[6] 她的嫉妒甚至导致了暴力行为，她在一次聚会上打了苏珊一巴掌。艾伦·金斯伯格——他的长诗《嚎 163
叫》于 1956 年发表，是“垮掉的一代”的杰作之一——质问哈丽雅特为什么这么恶劣地对待苏珊，因为毕竟苏珊比她年轻也比她好看。

---

① 作者对诺埃尔·伯奇的采访。
② Sontag, *Reborn*, 182, January 12, 1958.
③ 同上，第 184 页，1958 年 2 月 5 日。（此处有误，应为 2 月 8 日。——译注）
④ 此处有误，应为 7 月。——译注
⑤ Sontag, *Reborn*, 193, July 14, 1958.
⑥ Zwerling, *Abroad*, 266, January 13, 1958.

哈丽雅特回答说，这正是原因所在。①

哈丽雅特也承认她当时在经济上依赖苏珊。苏珊并不富裕，但她有奖学金，蒙在鼓里、毫不知情的菲利普也会寄钱过来。她们除了游玩了西班牙和摩洛哥，还去了希腊和德国。苏珊的害羞和缺乏安全感、她心甘情愿地顺从对方，这些在她的日记中都显而易见。"真是这样——哈丽雅特所指责的——我现在对别人、对他们在思考和感受的东西不是非常敏锐了，尽管我肯定我具有共情的、直觉的能力。"她在6月②时写道。

就像是一种"鉴赏力"一样，共情和直觉也是很难学到的，就像她在形势逆转时所表现的那样。苏珊会变得冷酷。那年春天，她写信给伯纳德·多诺霍，说她在巴黎；等他下一次来的时候，他来看她。他记得："我们聊了一会儿，我想她给了我一些咖啡或什么东西。随后我意识到床上有个人，一个非常迷人、有活力的年轻女子。我觉得她可能是想让我大吃一惊。"

令他大吃一惊的并不是她对女人感兴趣，他对此已有察觉，而是速战速决对付他的那种残酷无情。他发现这是"一种毫无必要的挑衅，表明她在拒绝我"——他从此再没见过她，也没收到过她的片言只语。

她对男人——那些男人爱她或仰慕她，但在性方面她对他们从未特别感兴趣——的专横态度，与她对女人卑躬屈膝的态度形成了鲜明的对比。多诺霍男爵说："她本可以做得更优雅一些，更巧妙一些，
164 法国女士就会这么做的。"③

---

① 作者对爱德华·菲尔德的采访。
② 此处有误，应为7月。——译注
③ 作者对伯纳德·多诺霍的采访。

◆ ◆ ◆

在德国，她和哈丽雅特搭便车去了达豪。她写道："我们坐在荷兰反犹分子的车里，沿着德国高速公路朝慕尼黑飞驰时，看见'达豪，7公里'时，我是什么感觉啊！"[①] 这是她第一次亲临纳粹集中营，她小时候在圣莫尼卡就发现了它们的存在，她从中受到的震惊使她在《论摄影》中做出了深刻的思考。她顺带提到过那些感觉，但从未写过这次参观经过。

她在巴黎的那段时间恰逢法国历史上的一次转折点：5月，由于阿尔及利亚正在遭受的灾难，内战一触即发。法国颁布戒严令时，美国使馆曾考虑要疏散其公民：科西嘉被法属阿尔及利亚军队的持不同政见者所占领，不过，戴高乐将军领导的紧急政府阻止了政变。[②] 然而，在苏珊的日记里对此一个字也没提到。十年后，她说："1957年我来到巴黎，然而我什么也没看到，我置身于一个封闭的环境之中，所处之地本身就是一个外国人的环境，但我感受到了这座城市。"[③]

她被一个个沉重的抉择压得喘不过气来，连最引人注目的事件也无暇顾及；后来，当她成了公众人物，被要求对国际事务发表意见时，她在看待政治问题上的困难就变得很明显。这时，她正在努力确定其生活状态。即使她依然不愿放弃，比如她的婚姻或者她的学术生涯，她也已拒绝了很多次机会。为才华横溢的失败者所包围，她清楚，成为一名作家——一个真正的作家、一个成功的作家，不再是一个有希望的年轻人，而是一个有毅力且专注地打造一个长久事业的

---

① Sontag, *Reborn*, 202, May 31, 1958.
② Kaplan, *Dreaming in French*, 110ff.
③ 同上，第97页。

人——是一件迫在眉睫的事。她抵达法国几个星期后问道："写作为什么重要？"

> 我想，主要是因为自以为是。因为我想成为那样的人物——一个作家，而并非因为我有什么必须说的东西。为什么不也那样
> 165 呢？凭着一点点自我建构——比如这本日记提供的既成事实——我一定会最终获得成功，确立自信心，即我有东西要说，有必须说的东西。
>
> 我的"我"渺小、谨慎，也太清醒。好作家是咆哮的自负者，甚至自负到愚昧的地步。[①]

在桑塔格后来的人生中，她显露出刀枪不入的自信神态，以至于几乎无人意识到这一姿态背后的脆弱。如果我们脑子里带着她这一坚不可摧的形象去阅读，上面这段话就会引起误解：她的美貌还有她的性别，助长了这样的一种观点，即她的声誉是形象塑造凌驾于实质之上取得的胜利。不过，哈丽雅特称她为一个"懦怯者"，她也称自己"渺小"。没有家庭的保护、没有金钱的保障、没有职业的保证，还要受到那些她试图去爱的人的虐待，她于是藏身在另一个自我的后面。通过写作，她说："我创造我自己。"[②] 她此时是在向另一个自我求助："给我力量，我的日记——昂首阔步的独行客！"[③]

她后来写道："拥有两个自我是一种悲惨命运的定义。"[④] 但是，这种表演太成功了，当那些日记选粹出版时，即使是多年的朋友也被它们暴露出来的令人痛心的缺乏安全感所震惊。她曾和哈丽雅特一起

---

① Sontag, *Reborn*, 166, December 31, 1957.
② 同上，第164页，1957年12月31日。
③ 桑塔格文档，1958年12月29日。
④ "A Poet's Prose", in Sontag, *Where the Stress Falls*, 8.

在（希腊）南部伯罗奔尼撒半岛的一个半圆形露天剧场，观看了一场《美狄亚》的演出；那一幕令她从此挥之不去，她儿子写道：

> 那次经历让她深为动容，因为就在美狄亚准备杀掉自己的孩子时，观众席上有好多人嚷起来："别，别这么干，美狄亚！""这些人压根儿就不觉得自己在看一部艺术作品，"她多次对我讲，"那都是真的！"[①] 166

① David Rieff, preface to Sontag, *Reborn*, xiii.

第十二章

盐的代价

1986年，苏珊发表了一篇名为《书简情景》的短篇小说。小说中描述了这样几个场景：塔蒂亚娜在给尤金·奥涅金写信；一个日本男人在一架即将机毁人亡的飞机上给他的妻子写信。除此之外，她把自己的一个场景也写了进去：在她抵达旧金山机场时，她递给了菲利普一封信。

似乎1958年整个夏天她都待在欧洲，就是为了避免这样的面对。在雅典，她写信神神秘秘地告诉母亲，她出于“个人的原因，需要延长逗留的时间——不仅仅是想看看另一个美丽的国家”。也许，又一次地，她在试图与哈丽雅特重修旧好，因为她已经告诉米尔德丽德她的打算。“等我到加州的时候——大约是9月1日，我只是假定！——我想立刻和菲利普谈一谈。我说立刻是指——我一见到他的那一天。但然后呢？在我试图和他离婚期间，和他同住在一个屋檐下，戴维和我自己要面对一次次狂怒和歇斯底里，这似乎太荒
167 唐了。”①

尽管菲利普后来声称对这一递交书信的场景毫无准备，但他还是

① 桑塔格写给米尔德丽德的信，雅典，未注明日期（“星期一晚”），桑塔格文档。

怀疑当时出什么事了。到了7月，他当时已住在加州——他在伯克利得到了一个助理教授的职位——他在写那些“充满仇恨、绝望和自以为是的信。他提到我的罪行、我的荒唐、我的愚蠢、我的自我放纵”[1]。戴维说：“如果他想象——我不知道他有没有，当她回到加州时，一切都会好起来，那完全是他自己的一厢情愿。”[2] 然而，这正是菲利普写给苏珊在芝加哥的朋友乔伊斯·法伯的一封信中所描述的故事：“结果显示苏珊是一个多么铁石心肠、残酷无情的人啊！她把自己在欧洲的小秘密隐藏了半年之久，再回到对她充满爱意的丈夫和儿子身边，在那幸福美好的一天突然说了出来。”[3]

然而，她那天给他信件时的语气格外亲切。她笼统地表达了对婚姻的种种不满，并没有把责任归咎于他。相反，她描述道，“在旧的已经坏死的组织下萌芽”，一个“新的自我——充满创造力、充满活力——但那个自我需要一个崭新的生活来诞生”。

> 我不想结婚，至少不想要我（和你）理解的那种婚姻。我讨厌婚姻的排他性和占有欲——每一对夫妻都在自己的隐私中煎熬，保护着自己的利益不受外界的影响……也许，如果我（我的意思是，我们）从一开始就对婚姻有不同的理解……也许如果我（我们）当初不是那么浪漫、那么热爱爱情的概念……出轨、文明的安排、权宜婚姻或友谊关系的婚姻——这样的情况任何时候都会发生和出现。但这样的婚姻不是你和我的，对吗？像我们这样胆怯的、容易受伤的、多愁善感的人……

① Kaplan, *Dreaming in French*, 111.
② 作者对戴维·里夫的采访。
③ 菲利普·里夫写给乔伊斯·法伯的信，1959年3月27日，桑塔格文档。

她一次又一次地回到一个挣扎着要出生的自我的想法。她写道：
168 “我感到一朵使命之花在我心中绽放。我要自由。我已做好准备为获得自由而付出代价——以我自己的不幸为代价。唉，我也必须让你受折磨。”①

◆◆◆

此乃那种要求文明安排的信件。桑塔格提到了菲利普、戴维和罗茜住的“伯克利的那栋房子漂亮、有诱惑力”。她依然眷恋着加州的温情。无论好坏，她的家人就在附近。有戴维要去想。尽管她给母亲写信说了一些情况，但她还是极其乐观地做出了错误判断，决定和菲利普分手之前，仍一起住在伯克利。但两人之间的关系很快就演变成伍迪·艾伦式的犹太知识分子间争斗的场景：在某一时刻，因谁将保留《党派评论》的过刊而引发了互殴。②

一天晚上，罗茜在准备她的招牌菜炸鸡，让人无法忍受的事情最终还是发生了。戴维记得，菲利普指责罗茜试图毒死他，变得“歇斯底里”，还“疯狂地威胁”。苏珊报警叫来了警察，警察护送她、罗茜和戴维穿过湾区到了圣马特奥，纳特和米尔德丽德当时就住在那里。后来，每当苏珊讲到这件事，她总会强调，她记得在最后一刻把那“毒鸡肉”带上了。他们在警车的后排把鸡肉吃了：“我的意思是，我们在此之前一直没机会吃。”听者大笑时，苏珊会这么说：“而且戴维也饿了。所以，我当然想到要带上炸鸡。”③

菲利普后来自己承认，他当时简直是失去理智了。戴维说：“他

① 标注为1958年2月26日写于巴黎的草稿，桑塔格文档。
② 条目未注明日期，在一本标注为1958年9月1日—1959年1月2日的笔记本内，桑塔格文档。
③ 作者对西格丽德·努涅斯的采访。

当时的生活真的、真的非常艰难。正如 19 世纪人们会说的那样，他被这件事搞疯了。”回顾他父亲的一生，戴维说，尽管菲利普的第二段婚姻时间很长，但“他是狼那样专情的人，一辈子只认定一个伴侣。我认为他是真心爱她的”[①]。对苏珊而言，这是重新回到她十年前 169
离开的那个家。她在圣马特奥附近租了个小公寓，又和她几乎十年不见的亲戚们在一起了。她也重新认识了朱迪丝；她刚从伯克利毕业，此时在旧金山湾区工作。朱迪丝说：“她痛苦不堪，于是我想让她放松一点，就教她抽烟。那是我做过的最糟糕的事情。”[②]

朱迪丝并没有意识到苏珊同性恋的取向，她还把著名的女同性恋小说，帕特里夏·海史密斯的《盐的代价》借给她看。在 1958 年，这是一部罕见的同性恋小说，没有要求以某种可怕的灾难作为同性恋的代价。对很多女同性恋者来说，小说中富有同情心的描写是一种意外的惊喜。不过，小说也描写了她们生活的一个方面，这让苏珊注意到，她“是在极其错误、脆弱的时刻”读了这本书。[③] 小说中名为卡罗尔的女子卷入了与丈夫争夺监护权的纠纷，她丈夫雇了一名私家侦探来收集她是同性恋者的证据。可怕的是，在那个年代，这样的证据往往会被法庭采纳，并判决将孩子从同性恋者身边带走；与当代其他同性恋题材的作品相比，《盐的代价》只能被认为是一部拥有“幸福结局”的小说。

虽然卡罗尔和她的女朋友在一起了，但她输掉了监护权争夺战；读到她女儿被带走，苏珊不可能不大惊失色地打了个寒颤。[④] 因为她长期不在戴维——当时只有 6 岁——的身边，这已经影响了他们之间的关

① 作者对戴维·里夫的采访。
② 作者对朱迪丝·科恩的采访。
③ 条目未注明日期，在一本标注为 1958 年 9 月 1 日—1959 年 1 月 2 日的笔记本内，桑塔格文档。
④ 托德·海因斯的电影《卡罗尔》（2015 年）就是根据这部小说改编的。

系。他必须适应他的母亲；她必须给一个她一年都没见的孩子当妈妈。

在巴黎，她曾写道：

> 我几乎从来没有梦到戴维，我不怎么想他。他极少侵入我的幻想-生活之中。和他在一起时，我全心全意、毫不含糊地爱他。
> 170 我离开时，只要我知道他得到很好的照顾，那么，他很快就会退去。在我爱的所有人当中，他最不是精神上的爱的对象，而是非常强烈的真实。①

这些话经常被理解成一个母亲对自己的孩子不闻不问的表示。（正如一个朋友指出的那样，“当苏珊在那儿的时候，她就在那儿”②。）然而，对于一个喜欢想象——“精神对象”——而非“强烈的真实”的东西的人而言，提到戴维的真实存在是他对她的重要性非常明确的表述。

可是，菲利普并不打算让他走。“你知道，菲利普不会和平地解决此事。”11月，雅各布·陶布斯写信力劝她不要放弃对《弗洛伊德：道德家之心灵》所有的权利；这本书即将出版了。“加尔文一定会把那些反对他的人视作光明和真理的敌人。”

> 小心！即使在里夫与里夫的对决中，也有不同程度的纠缠。你必须做好最坏的打算。你有什么好的，也就是说铁面无情的法律建议吗？而你，不要在生死搏斗中扮演“心太软”的角色。当对方生活在同样的经验体系中时，心软和宽容才有意义。
>
> 你以前没有要求这样做。这是一件丢脸、有辱人格的事，但菲利普想要了你的命。我对此十分肯定，不过你一定要小心。每

① Sontag, *Reborn*, 181, January 16, 1958.（此处有误，应为1月6日。——译注）
② 作者对达里尔·品克尼的采访。

一个慷慨之举都会被曲解。①

苏珊正是采用了这种“心软和宽容”的方式，没有为那本书跟他争斗；不过她后来感到后悔；而且，虽然她承担了孩子的抚养费，却骄傲地拒绝了对方的离婚赡养费。这段时间，菲利普恐吓苏珊——不过，戴维强调说“他话说得很狠而且发出的威胁也很狠，但什么狠事也没做”② ——这让极度想保护苏珊的纳特做出了把糖倒进菲利普车子油箱的事情。这一招数直接来自侦探小说，目的是让他车子的发动机失灵，171
阻止他骚扰苏珊和戴维。③ 双方的争吵还会持续数年。不过，苏珊这时安全了。家事法庭的法官说：“是哦，你丈夫疯了。孩子判给你了。”④

◆◆◆

1959 年 1 月 1 日，就在菲德尔·卡斯特罗抵达哈瓦那的那一天，苏珊到达纽约。她搬到了西区大道 350 号，在 76 街和 77 街之间，离她刚出生最初几个月住的 86 街的那栋楼不到十个街区。那是一栋房间占整层楼面、没有电梯的五层楼的小公寓；戴维占了唯一一间真正的卧室，能够俯瞰下面的街道，而客厅则同时兼作苏珊的卧室。

等她到达纽约时，她出生在这座城市的往事已成为模糊的记忆。除了在英国和法国度过的短暂的一段时间外，她已先后在另外七个州生活过。“我甚至都算不上是纽约人。”她后来说，以此强调她与美国各个地区的联系。人们往往惊讶地发现，正是这些联系造就了她。⑤

---

① 雅各布·陶布斯写给桑塔格的信，1958 年 11 月 10 日，桑塔格文档。
② 作者对戴维·里夫的采访。
③ 作者对朱迪丝·科恩的采访。
④ 作者对西格丽德·努涅斯的采访。
⑤ Charles Ruas，“Susan Sontag：Me，Etcetera”，in Sontag，*Conversations*，181.

从一方面而言，她是对的；当然，另一方面，她想逃离自己的身世、重塑自我的愿望是她身上最具纽约特色的东西。这是一个流亡者的城市，这位“雄心勃勃、伟大的运动员”发现自己身处一个有着众多同伴的地方。[①]

桑塔格到达纽约时，这座城市正在衰落中挣扎沉浮。1950 年，纽约的人口开始减少，因为人们开始涌向更绿色环保、白人比例更多的郊区。通过音乐剧《西区故事》（1957 年首演），上西区紧张的种族关系及其贫民窟为众人所知——尽管西区大道上总是挤满了专业人士：比如心理分析师，以及哥伦比亚大学的教授。

多亏了雅各布·陶布斯帮忙，她在《评论》杂志谋得了一份工作。“你是个女人，这是一个困难，不过不是不能克服的困难。” 10
172 月的时候他对她说。[②]《评论》杂志的编辑埃利奥特·科恩说：“我们和《党派评论》的区别在于，我们承认自己是犹太人。”[③] 短短几个月后，科恩就去世了。《评论》杂志是由美国犹太人委员会出版发行的，据科恩的继任诺曼·波德霍雷茨说，它是渴望进入知识界的年轻人“想为之写作的两本杂志之一，另一本则是《党派评论》”[④]。正如波德霍雷茨和桑塔格两个人自身一样，这两家杂志社很快也发现自己处于 20 世纪 60 年代文化和政治的风口浪尖。

◆ ◆ ◆

苏珊对出版和新闻最初的体验很重要，而另一个最初的体验则标志着她在这座城市最初的几个月的意义。正如哈丽雅特在巴黎嫉妒地

① 作者对戴维·里夫的采访。
② 雅各布·陶布斯写给桑塔格的信，1958 年 10 月 22 日，桑塔格文档。
③ 作者对诺曼·波德霍雷茨的采访。
④ 同上。

预言的那样，苏珊与艾琳·福恩斯——哈丽雅特的前女友——好上了。艾琳很快成为格林尼治村波希米亚的传奇人物、“市中心的女王”，尽管在戏剧圈外她并不广为人知，但整整一代纽约艺术家对她横溢的艺术才华、大胆泼辣的脾气以及完全抑制不住的性感念念不忘。[1]“一个拉丁尤物。”罗伯特·西尔维斯说；西尔维斯不久就创办了杂志《纽约书评》。[2] 哈丽雅特以她特有的明确性描述了这一情景：“艾琳能让一块岩石达到高潮。”[3]

艾琳于1930年生于古巴，父亲去世前她一直生活在那儿。她母亲，像米尔德丽德一样，痴迷于好莱坞，也痴迷于她在电影中看到的美国的画面，因此，1945年时，母亲带着两个女儿北迁。她们先在新奥尔良落脚，因为那里有亲戚，随后去了纽约。

> 我很自然地发现，年轻纽约女孩的生活要比古巴的生活令人兴奋得多，因为在古巴，女孩总是被人看管着，她们不应该做这 173
> 个，不应该做那个。而在美国，年轻人则拥有多得多的自由。而且我喜欢工作。我的第一份工作是在一个工厂，我可喜欢了！我就是喜欢当工人，而且我喜欢在周末时拿到薪酬。我把那张支票兑现时，简直神奇极了。当我去银行把支票兑换成美元现金时，我的手会在口袋里抓着钞票，而且几乎是抚摸着！因此，从那个时候起，我觉得我立马就成了一个美国人。[4]

对苏珊来说，纽约是个崭新的城市。不过，无论是从兴趣抑或背景来看，《评论》杂志社的工作人员与她在伯克利、芝加哥、剑桥、

① 作者对斯蒂芬·科赫的采访。
② 作者对罗伯特·西尔维斯的采访。
③ 作者对哈丽雅特·索姆斯·兹沃林的采访。
④ 米歇尔·门伦导演，《剩下的是我编的》（*The Rest I Make Up*），2018年。

牛津或巴黎所认识的人都没什么区别。形成对比的则是，艾琳“完全没有受过教育”，斯蒂芬·科赫说，“然而，在苏珊眼里，她就是个天才。没有接受过教育，但智力异常强大，她以前从未有过这种体验，从未遇到过这样的人。苏珊被她的聪明才智彻底征服”[1]。

艾琳有诵读困难症，上学只上到六年级。她一开始在一家纺织厂上班，然后开始自己设计纺织品，这让她喜欢上了绘画。1953 年底，她遇到哈丽雅特后，跟着她回到了巴黎。艾琳在巴黎开始画画，回到纽约后，她卷入了与诺曼·梅勒和阿黛尔·莫拉莱斯——梅勒六任妻子中的第二任——之间的三角恋。阿黛尔因从“好莱坞的弗雷德里克”[2] 订购内衣而出名，另一件让她出名的事是，她在一场争吵中被她丈夫刺伤，差点丧命。[3]

鲍勃·西尔维斯记得艾琳是“一个几乎具有电动强度的精力充沛的女人。你无法想象她能不动声色地处理什么事情”。她会说：“苏珊，你知道，有时候，对付某个人唯一的办法就是一顿暴打。”这就是她的“建议，拉丁美洲人的建议”[4]，而这也不属于建议的范畴啊。她“以174 一种丰满性感、惹人怜爱的方式表现着她的活泼可爱与美丽动人”，她的一个熟人这样说她。但是，那惹人怜爱的一面是骗人的。“一个家伙想吃她豆腐什么的。”这位先生说。而他知道接下来便是，那个家伙“尖叫着举着一只血淋淋的手，上面留有牙印”——艾琳的牙印。

除了报纸、《小妇人》以及《海达·加布勒》，她就没看过其他书。[5] 苏珊，总是“有点儿太努力”，她被艾琳天生的、轻而易举的、

① 作者对斯蒂芬·科赫的采访。
② Frederick’s of Hollywood，美国著名内衣品牌。——译注
③ Mary V. Dearborn, *Mailer: A Biography* (New York: Houghton Mifflin Harcourt, 2001), 83.
④ 作者对罗伯特·西尔维斯的采访。
⑤ Stephanie Harrington, “Irene Fornes, Playwright: Alice and the Red Queen”, in *Village Voice*, April 21, 1966, 1, 33 - 34, quoted in Scott T. Cummings, *Maria Irene Fornes: Routledge Modern and Contemporary Dramatists* (London: Routledge, 2013).

毫不费劲的天赋给迷住了。科赫说:“艾琳货真价实，她是一个真正的艺术家。不是假装的，不是批评家，不是评议人，也不是记笔记的研究生。”

苏珊喜欢危言耸听，“对事物进行长篇大论的学术性解释，像艾琳那样的人只需要眼睛加耳朵就能搞明白”。但是，有一件事是苏珊一直能看出来的，那就是天赋；她看到了艾琳的天赋。这一天赋尚未发现其形式，直到她遇到苏珊。反过来，艾琳的眼睛和耳朵也将帮助苏珊发现她自己的天赋。

◆ ◆ ◆

苏珊到纽约的头两个月很是郁闷。她对自己的工作不太感兴趣——

> 有一份日常工作，去办公室上班——让人在这个世界感到自在，感到舒适安逸。对大多数人而言，存在（生存）就是出现在某个地方。这份工作给了他们生存的许可，也给了他们私人生活的许可（通过迫使他们将大多数的日子交给了公共生活）。只有将他们的生活碎片化，将他们大多数的时间分段，他们才能拥有一种生活。
>
> 工作，如同婚姻一般，是一种简单粗暴但行之有效的解决方法。没有工作会令大多数人感到迷惘。但是，有一些人的感受力到达了某种水准，对他们而言，工作，如同婚姻一般，根本不起作用——当他们的生活被碎片化，变得支离破碎时，他们就会失去活力。[1]

175

① 桑塔格文档，（1959年）3月4日。

——而且，她依然在为她和哈丽雅特之间几乎已了断的恋情而感到伤心，她俩在过去的一年里经常还是藕断丝连。当哈丽雅特在国外生活了近十年后再回到美国时，她搬到了西区大道和苏珊住到了一起。

“我多么期待她来纽约啊，哪怕仅仅是看到她、看到她的微笑、和她上一次床、醒来时她在身边。”苏珊充满爱意地写道，而这种爱是得不到回报的。[①] 她为哈丽雅特接风，聚会上，哈丽雅特“醉疯掉了”，她在跳舞的时候滑倒，脸朝下倒下，摔断了鼻梁骨，随即去了圣路加医院急诊室。聚会就此结束。[②]

这是一个不吉利的开始，而且就在这个聚会上，苏珊遇到了艾琳。很难不把这看成对哈丽雅特行为的因果报应。

> 她对我的看法让我开始也看不起自己。我感到害怕，部分原因是她觉得我无趣、令人沮丧、幼稚、在性方面愚钝，我还仍然爱着她。从来没有人这样看待过我，我喜欢的人、我有过回应的人从来没有这样——但是，我爱她+莫名其妙地，爱她、尊重她令我对她对我的看法产生了傻乎乎的认同。[③]

2月底的时候，哈丽雅特去了迈阿密，于是苏珊和艾琳好上了——起先，她们似乎是在谈论她们共同的前任。“震惊的是，我对H.[④] +对我的描述竟让她说出这样的话来，我居然会说那些话。她爱H.+H.扼杀了她的爱，因为H.需要嫉妒，需要怀疑艾琳对她的爱；当艾琳不再爱她的时候，她却最爱艾琳了。”

---

① 桑塔格文档，1959年2月22日。
② Rollyson and Paddock, *Making of an Icon*, 53.
③ 桑塔格文档。
④ 指哈丽雅特，下同。——译注

震惊的还有："艾琳不是虚构的。"[1]

接下来那个星期，苏珊和雅各布·陶布斯上了床（"出乎意料地棒+在床上很敏感"），睡了自己最好的闺蜜的丈夫，却没有明显的负疚感；不过，这段经历给了她一种"完全是同性恋的感觉"，这听上 176
去让人有点宽慰。[2]

随后，她和艾琳之间的友谊变了味。如果哈丽雅特让她觉得自己"在性方面愚钝"，那么艾琳则引领她达到了高潮；这是她生命中的一场革命，为她在决定离婚的时候希望发现一个崭新的、更好的自我彰显了可能性：

> 从9月的那个夜晚算起，已经两个月过去了；我当时在为星期五9:00的课上要讲的内容"尤西弗罗困境"备课。阵阵反响、冲击波似的影响此刻才刚刚开始散开，辐射到我整个性格及我对自己的看法中。
>
> 我第一次感到成为一名作家的真实的可能性。达到性高潮不是拯救，而更是我的自我的诞生。对我而言，我必须找到自我方可写作。我能成为的唯一一种作家是那种暴露自我的作家。（这就是那本弗洛伊德的书并不重要的原因。）写作即消耗自己、与自己打赌。可迄今为止，我甚至都不喜欢听到自己的名字。如果要写作，我就必须喜欢听到自己的名字的发音。作家爱自己，他操他自己，于是从这种相遇以及这种激情中写出他的一部部作品。这还必须是一次强奸、一次侵犯、一次消耗而且是屈服和耗尽。到目前为止，我甚至没有勇气去搞懂自己，远不是因为我敢

① 桑塔格文档，（1959年）3月2日。
② 桑塔格文档，（1959年）3月8日。

> 于……我原先知道，如果我撕掉任何东西，耗尽任何东西，它就不能重新获得补足；而且，如果剥光残缺的、不完整的、纵欲前的自我的衣服，如果把我的肢体从躯干上砍下，它们同样就会失去生命。
>
> 我在囤积自我。然而，我尚不是一个自我，我还没有署名标
> 177 志。我只是一个自我的希望。[1]

在菲利普和哈丽雅特这里经历了不断打击和情绪低落后，艾琳对苏珊来说则是一种全新体验。苏珊如同在伯克利一样重生了，变得不那么弱小，不那么怯懦，更愿意迎接她的新生活；当哈丽雅特从佛罗里达回来的时候，激情已经转变为蔑视。

苏珊会在晚上出去，据说整晚都在时代广场度过，“看了一百万部电影，”哈丽雅特说，“但她回来时身上会散发着‘蝴蝶夫人’香水的味道，这是我喜欢的一款娇兰香水，我一直送给艾琳的。我从来没有注意到这一点。”

终于，艾琳打来了电话。

“苏珊希望你离开，”她说，“卷铺盖走人吧。”

哈丽雅特离开了，而且再也没有和女人上过床。[2]

◆ ◆ ◆

苏珊明白她与艾琳·福恩斯结盟是多么重要。她已经超越了学术圈。那个在托马斯·曼面前局促不安的少女，已然变成了一个女人，

---

① 参见 Sontag, *Reborn*, November 11, 1959。出版时，这一段对桑塔格文档中的原文进行了大量的编辑，例如涉及强奸、性事，还有关于弗洛伊德的内容都被删除了。（此处有误，应为 11 月 19 日。——译注）

② 作者对哈丽雅特·索姆斯·兹沃林的采访。

她能够注意到让-保罗·萨特的低级趣味，也能告诉以赛亚·伯林爵士，他对细节有点粗枝大叶。她依然是一个全优生，只不过她其实一直在囤积自我。“我一直都强烈且天真地保持着勃勃雄心。”她在前一页引用的那则日记中写道。这般雄心壮志的学术生涯是无法被满足的。而且，苏珊·桑塔格逐渐代表的新颖也不可能从学术界出现。她的作品展示了一个受过完美的传统训练的学者转向了一种前卫文化；这种文化太时新了，未引起很多严肃的评论。艾琳·福恩斯促成了这一人物形象以苏珊·桑塔格之名而为人所知。

通过艾琳，她成为纽约波希米亚艺术家圈子的一部分，而如果和
菲利普在一起，她永远也不可能接触到这个世界。她早期的随笔文章 178
中随处可见的发现感也给读者带来了同样令人兴奋不已的东西。她后来会把一本书献给艾琳，还会把两本书献给另一位重要人物，画家保罗·特克。保罗和艾琳一样，也根本没受过什么教育；和她一样，他也是一个万人迷。“他一走进一间房间，整个屋子就都被他点亮了，”斯蒂芬·科赫说，“十足的白肤金发碧眼。非常好看。极其性感。一想到居然有人能像保罗这样，既是同性恋者，又能这般热辣性感，她就觉得兴奋刺激。”

然而还不仅如此，科赫说，她觉得兴奋刺激能“遇到这些人；他们不需要列奥·施特劳斯来验证他们的想法，他们永远也不会听说列奥·施特劳斯，他们永远也不会知道我们现在为什么要谈论他：这一切真的让她感到极其震撼”。特克聊天时随口说出的一句话，通过苏珊，就会成为新兴文化的座右铭——也是她希望塑造的新自我的座右铭。

很多人都抱怨，说她谈论艺术的理性方式令人生厌；某一天，当她又如法炮制，正滔滔不绝时，保罗失去了耐心：“苏珊，打住，打住。我反对阐释。我们阐释艺术时并不去观看。这不是看待艺术的方

式。”她献给特克的第一本书便是《反对阐释》。科赫说：“这是保罗·特克和艾琳带给她的东西之一，那就是，你可以是一个令人炫目的艺术家，但实际上什么也不知道。”①

◆◆◆

几年后，她写道：“疯狂的人=杰出+燃烧的人。我受他们的吸引，因为他们给了我做同样的事情的许可。”②

尽管苏珊为她在性方面和学术方面的发现感到兴奋不已，但她无法孤立存在。她还是个母亲。戴维被困在一个不受欢迎的位置上，或者更确切地说，是两个：一方面是在他母亲与她的新生活之间，另一
179 方面则是在他父母之间。他夏天是和父亲一起在加州度过的；里夫根本就不甘心离这个婚。几十年过去后，菲利普说，戴维给他写了“来自他苦恼的内心深处最甜蜜、见解最深刻的信，请求让他不要介入这场纷争当中”③。在戴维7岁生日前后，苏珊在编列的一份清单中，不得不提醒自己，要把他排除在纷争之外。

1. 保持一贯性。

2. 别当他的面跟别人谈论他（比如讲滑稽的事情）。（别让他感觉不自在。）

3. 别为某种我不会总认为是好的事情去表扬他。

4. 别因为某种他获许做的事情而严厉训斥他。

5. 日常工作：吃饭、在家要做的工作、洗澡、刷牙、整理房

① 作者对斯蒂芬·科赫的采访。
② Sontag, *Consciousness*, 169, January 4, 1966.
③ Suzy Hansen, “Rieff Encounter”, *New York Observer*, May 2, 2005.

间、写小说、睡觉。

6. 我和别人在一起时别让他完全控制我。

7. 多夸他爸。(不给他脸色看、不叹气、要耐心，等等。)

8. 不给孩子气的想入非非泼冷水。

9. 让他知道有一个与他无关的成人世界。

10. 别以为我不喜欢做的事情（洗澡、洗头）他也不喜欢。[1]

菲利普后来承认，苏珊“从来没有像我一样在儿子面前指责对方，这是我的错——也是我性格上的缺陷。他发现我对苏珊充满敌意，这令他很痛苦，很难接受”[2]。

单亲妈妈的生活非常艰难。就在她遇到艾琳前，她还提到“和戴维在一起的这种新生活难以言表地孤独”[3]。然而，孤独并不等于没有爱。哈丽雅特离开她去了迈阿密后，苏珊指出“当我看到她（预料中地）不喜欢戴维时，我开始更加释然了。我不像怀疑我自己那样怀疑 180
他作为一个人的价值+魅力”[4]。

对戴维而言，这几年非常艰难。苏珊曾经写道：“我从来都并不真正是个小孩!”戴维同样也可以这么抱怨。一旦艾琳牵扯进来并把苏珊引进了闹市区的活动圈，戴维要么被一起带上，要么就被留在家里。“那是因为她雇不起保姆。”戴维回忆说。

人们会讲述戴维一次次睡在大衣堆上的故事。听着，说实话，我认为这并不是她做过的最伟大的事情。如果我的童年可以重新来过，如果我可以告诉她不要做什么，那么，把我拖到东、

---

① Sontag, *Reborn*, 219 – 220, September 1959.
② Hansen, “Rieff Encounter”.
③ 桑塔格文档，1959 年 2 月 22 日。
④ 桑塔格文档，1959 年 3 月 4 日。

> 拽到西去那种场合这一条，可能会在我的列表中排在最前面。但我回过头想想，她当时没有钱，又不愿意不去，显然，她要等我长大到一定年龄才能留下我自己待着，所以她做出了她自己的选择。①

苏珊无穷无尽的精力——戴维称之为“她唯一最显著的特点”——让她马不停蹄地参加聚会、看画展、阅读、参加宴会、观影、看戏。她把戴维安顿上床睡觉后，就会出去和朋友们一起看电影、看演出，然后，在黎明前后、戴维醒来之前回到家中。

他开始给苏珊的朋友留下孤僻的印象，而对兵器表现出浓烈的兴趣。他对纳特·桑塔格唯一美好的记忆是，纳特允许他拿着他的枪；②他对采访者说，父亲给他唯一正面的记忆是“到靶场的射击比赛”③。苏珊写信给米尔德丽德说，1960 年，诗人萨姆·梅纳什向她求婚，她拒绝了，这让戴维松了一口气，因为梅纳什曾提议戴维把他所有的玩
181 具枪都扔进哈得孙河。“从那以后，戴维对可怜的萨姆一直很冷淡！”④几年后，戴维 10 岁左右，一个新朋友，唐·埃里克·莱文第一次来到他们在西区大道的公寓。戴维在玩金属士兵；苏珊把她正在写的一
182 篇稿子递给莱文，那便是《关于“坎普”的札记》。⑤

---

① 作者对戴维·里夫的采访。
② 同上。
③ Hansen, “Rieff Encounter”.
④ 桑塔格写给米尔德丽德的信，(1960 年）桑塔格文档。
⑤ 作者对唐·莱文的采访。

第十三章

角色之喜剧性

苏珊和艾琳相识仅仅几个月后，一种艺术形式就出现了，并将成为接下来十年中代表性的艺术形式。1959 年 10 月，首场“偶发艺术”——艾伦·卡普罗的《6 个部分组成的 18 个偶发事件》——在纽约演出。在一定程度上，这是对“艺术的博物馆概念”的抗议，“偶发艺术”发生在瞬息间，因此没有商业价值。（苏珊写道：“人们不可能买到一件偶发艺术品。”）它们是一系列快速、令人迷惑的“极端的并置”，旨在“戏弄和虐待观众”。它们不完全是剧场艺术，也不完全是绘画艺术，而是利用两者的元素来创造一种新的身临其境的体验：在廉价的空间里举行，利用发现的物体，其中包括都市生活中丢弃的垃圾；它们是一种闹市区的、低档次的整体艺术作品。

它们令艾琳·福恩斯着迷。随着杰克逊·波洛克于 1956 年离世，定义了他那一代美国艺术家的抽象表现主义似乎已经走到了尽头。“偶发艺术”由与苏珊同龄的艺术家们所创——卡普罗只比她大 6 岁。 183
桑塔格在 1962 年写道，他们是新兴的前卫派的代表，也是“20 世纪 50 年代纽约画派的一个逻辑性发展”。

前十年间的纽约，许多画作的画布尺幅巨大，设计得让观众有一种被吞没、被覆盖的感觉，加上画布上越来越多地使用颜料之外的材料，以及后来又从画布上扩展开来，这表明这类绘画有一种潜在的意图，想使自已呈现为三维立体的形式。

这些事件的灵感源自抽象表现主义，以及超现实主义和阿尔托的戏剧作品。然而，将观众遮盖起来并创造出另一种现实的艺术概念有一个来源：西格蒙德·弗洛伊德，对此桑塔格甚至更加熟悉。在论"偶发艺术"的随笔文章中，她写道："弗洛伊德的阐释技巧表明其自身建立在我们在现代艺术中习以为常的那种矛盾背后有着连贯性的同样的逻辑上。"那么何为现代艺术？"现代艺术的意义是它对日常生活的逻辑背后对梦的非逻辑的发现。"①

◆ ◆ ◆

对现实的拒斥——将梦凌驾于现实世界之上——将成为新的十年的一个标志，同样也将是桑塔格作品的一个标志。在她最为复杂的随笔之一《论风格》中，她这样写道："世界最终是一个审美现象。"这个观点有一个复杂的谱系。20 世纪 60 年代，随着迷幻药 LSD 成为时尚（首先受到一些文学和科学领域人士的欢迎，包括英国作家阿道
184 司·赫胥黎和哈佛大学教授蒂莫西·利里），以及某些同性恋者圈子里对超风格化的非完全艺术的狂热追捧，该谱系会在文人雅言和民间俗语中都得到体现。

她定义的"现代艺术的意义"源自弗洛伊德；弗洛伊德将梦置于多种精神分析理论的中心。然而，现实与梦境、客体与隐喻之间的矛

① "Happenings: An Art of Radical Juxtaposition", in Sontag, *Against Interpretation*, 271.

盾，自柏拉图以来便一直是哲学话语的宠儿；如果它在智力上吸引了桑塔格，那么，她对它的兴趣首先是情感上的。

有一个私下的自我，即四周没有别人、独自一人时的自我。有一个性自我。有一个社交自我：作为表象、隐喻、面具的自我。然而，还有另一个自我：一个她一辈子都魂牵梦萦的另一个自我，她认为她应该成为的那个人。年仅 14 岁的时候她就写道："从我记事起就一直注视着我的那个人此刻正在看着我。"①

她的生活的真相与她向人展示的生活方式之间的矛盾，表现在她对自己性取向的态度上。她说，和艾琳在一起，她重新发现了性的快乐，抛弃了"残缺的、不完整的、纵欲前的自我"，把她从一个希望的自我变成一个真正的自我。

然而，那个后禁欲时代的性自我被严厉地封锁了。比如，她在写给朱迪丝那非常温情的信中，把艾琳变成了卡洛斯：

> 我没做什么事，也就是上上班、谈谈恋爱、看看电影、下下棋。我不知道这段恋情会持续多久——也许几年，就是那么回事。我已然完全排除了结婚的想法，而卡洛斯也接受了。但是戴维回到家里时，他可能会对我们的安排感到厌烦……我非常担心他会提出结婚的问题，我完全而且坚决反对。如果到了那种地步，只能和他一刀两断了，我会和他一刀两断的。 185
>
> 我想这只能表明我爱他不如他爱我那么多，这是真的。不过我还是非常爱他，他符合我现在对一个人的全部要求……②

---

① 桑塔格文档，第 4 本笔记本，1947 年 4 月 20 日。

② 桑塔格写给朱迪丝·桑塔格的信，写在《评论》杂志社的信笺上，未署日期（大约在 1959 年夏天），桑塔格文档。

正如信中所示，戴维当时在加州，即朱迪丝所在的城市，而且苏珊还不得不担心菲利普。也许苏珊担心，自己说话稍不谨慎就可能引发监护权诉讼。（事实上，菲利普很快就会因为戴维而起诉她了。）在戴维的监护权不再是一个问题之后的几十年里，苏珊继续装模作样，把妹妹蒙在鼓里；她们姐妹很少见面：朱迪丝直到苏珊去世前不久才恍然大悟，姐姐爱的是女人。"你怎么能这么蠢哦。"她自责地说——接着又为自己辩解说，苏珊总是"喋喋不休地对我说"她和男人的风流韵事。[1]

她对朱迪丝隐瞒了自己的性取向。令人匪夷所思的是，她居然对好朋友隐瞒了朱迪丝的存在。唐·埃里克·莱文于20世纪60年代初期结识桑塔格，他说："在我认识苏珊的头六年里，其中有三年我就和她住在一栋房子里，我都不知道她有个妹妹。她就是从来没提过啊。"虽然如此，他们还是详细地谈论了他们的童年。"我记忆中有很多关于苏珊的故事，脑海中闪现着关于苏珊的一幕幕情景，其中就有她盛气凌人的母亲躺在床上，所有诸如此类的。于是，我就会问：'那个妹妹在哪呢？'"明达·雷·阿米兰从苏珊在坎布里奇那些年开始就是她最亲近的朋友之一，"直到后来过了很久才知道她还有个妹妹，"——尽管，她强调说，"我们俩无所不谈。"

这不是对一个分裂了的世界所持有的诺斯替式的看法，不是对客体与隐喻之间的距离的柏拉图式的反思，也不是弗洛伊德式的梦的解析：这就是苏珊从米尔德丽德身上学到的区分。一方面，是脆弱的自我；另一方面，则是一种个性的表现——一如她在1959年所写的那
186 样，是一种面具，意在遮挡这一脆弱。（"我想写作的欲望是与我的同性恋有关的。我需要这个身份来当作武器，以对抗社会反对我的武

① 作者对朱迪丝·科恩的采访。

器。”）但她对这种分裂所感觉到的不安，及其所需要的情感上的代价，全都真实地反映在她保存完好的日记中。1968 年，她写道，她希望“将来哪一天某个我爱的、也爱我的人会看我的日记——以及，会因此感觉和我更亲近些”[①]。

她一直相信，正如哈丽雅特对她说过的那样，她这辈子注定会不平凡。甚至在她 14 岁的时候，她就为自己倾向于刻意为未来的传记作家做准备而感到懊悔：“如果我能停止为后人写作，哪怕停一分钟，做点有意义的事，那该多好啊!!!”[②] 在 1962 年的一篇随笔文章中，桑塔格发问：为什么作家的日记生动有趣？而她的部分回答是在日记中“我们读到的作家是以第一人称出现；我们邂逅了那个自我面具背后的自我”。她一定知道，自己的日记为自我与面具之间的距离之遥提供了一个极其极端的例子。但是：“真相，这东西难道是我们一直想要的吗？”1963 年，她发问：“对真相的需求并非持续不断；正如人们对睡眠的需求一样。”[③] 公开场合，她会藏着掖着——而私底下，则把自己袒露给那个未知的读者。

◆◆◆

20 世纪 60 年代初，桑塔格在创作长篇小说《恩主》。她对当代小说不满意，因此对源自法国的名为“新小说”的新类型散文体很感兴趣；“新小说”试图将小说从情节、人物等传统技巧中解放出来，从而捕捉现代体验的碎片性。这些小说将反映“废墟中的生活”。

① Sontag, *Consciousness*, August 7, 1968, Stockholm.
② 桑塔格文档，1947 年。
③ “Simone Weil”, in Sontag, *Against Interpretation*, 50.

1963年，她写道：“在英美国家，除了罕有的和不相关的一些例外，是时候让小说变成并非它现在的样子了：一种艺术形式，在其他
187 艺术领域中具有严肃趣味和老到鉴赏力的人们能够认真加以对待。”在弗洛伊德时期，这种形式过于唯我主义，她承认道：“我们中的一些人希望我们能少一点痛苦的心理自我意识，这是我们这个时代受过教育者的一种负担。”①

这也是小说的一个负担。她设想了一种新的方法，一种从她所谓的“心理学”的病态内省中解脱出来的方法，同时又保留着弗洛伊德的另一个传统：梦的解析。《恩主》试图调整弗洛伊德理论的范围：全是梦，没有心理学。这是关于希波赖特的故事。希波赖特这个年轻人从外省来到首都，而小说中并未提及这个国家（法国）的名字。在开头几页中，桑塔格没有理会推动早前小说发展的大量心理动机。希波赖特对金钱不感兴趣，对爱情不感兴趣，对性不感兴趣，对政治不感兴趣，对艺术不感兴趣。在发表了一篇哲学文章——这是他唯一会写的文章，直到30年后，他才开始撰写这部回忆录——之后，他被介绍到沙龙女主人、一个名为安德斯太太的有钱的外国人家中一群“能侃的主儿”的圈子里。② 这个名字暗指汉娜·阿伦特，她嫁给了德国哲学家京特·安德斯。阿伦特为《恩主》写了推荐语；对苏珊来说，她就是自己想成为的那种作家的杰出楷模：一个女人，但首先是一个作家。

希波赖特有一个同性恋朋友让-雅克，是一个小偷、男妓，还是以让·热内为原型的作家。③“我一直让我的生活吸纳住梦里随意浪费掉的能量。”让-雅克说。

---

① “Nathalie Sarraute and the Novel”, in Sontag, *Against Interpretation*, 111.
② Sontag, *Benefactor*, 4 - 5.
③ 作者对陈耀成的采访。

> 我的写作从我身上逼出梦境里的物质，然后拖住它，与之嬉戏。然后，我再寻找补充，比如在咖啡馆的炫耀，[①] 歌剧的奢华，以及同性恋性事中角色的喜剧性，等等，这些都能让我寻找到补充的能量。[②] 188

在这次谈话之后，希波赖特没有办法像写作那样从他自身提炼出梦境的实质，于是开始做越来越错综复杂的梦。它们读起来就像是布努埃尔的电影剧本，充斥着一幅幅画面，似乎是从达利或马格里特的油画中拉扯出来的。

> 她说："我不喜欢你那张脸，把脸给我当鞋穿吧。"
>
> 她这样说，我并没有感到惊恐，因为她没有从椅子里站起来。我只是说："你无法把一只脚伸进一张脸里面。"
>
> "为什么不能？"她回答说，"鞋有孔眼。"
>
> "也有舌头。"我加了一句。
>
> "还有鞋底。"她说着站了起来。

希波赖特像很多接受精神分析的有钱人一样，花了太多的时间去进行心理治疗。他开始痴迷于自己的梦，也就是说，痴迷于他自己。"梦是精神手淫。"他宣称。[③] 然而，他否认有任何这样自恋的动机。的确，他只想到别人，尤其想到被他卖给了一个阿拉伯人的安德斯太太。他很惊讶，因为"一个年轻的阿拉伯人不管他一身黑肉是多么想征服白人，他总不至于要找一个开价不菲的中年欧洲女子吧"。他的

---

① 作者此处漏引"in the political intrigue of the salon"（沙龙里玩弄的政治阴谋）。——译注
② Sontag, *Benefactor*, 19.
③ 同上，第 97 页。

这一姿态，他称之为“也许是我做出的唯一的无私之举”，使他成为书名所指的恩主。[1]

他偶尔也玩玩女人，其中包括安德斯太太；安德斯太太在黎凡特当了性奴，回来后又短暂地进了一家修道院；希波赖特，和往常一样，为安德斯太太好，决定趁她在屋子里的时候把她的房子烧毁，从而将她谋杀。唉，他失败了。（这就是桑塔格后来所称的她“所痴迷的假死主题”的一个例子。）“我亲爱的，”她啧啧表示不满，“你杀起人来，水平也并不比你逼良为娼高到哪儿去。”[2] 为了惩罚他自己，他走进了一个无性婚姻，娶了一个温顺而且受人尊敬的
189 女人。

◆ ◆ ◆

这部小说有大量滑稽可笑的时刻，尤其是在其奇特的梦境中。桑塔格在她论“偶发艺术”的随笔文章中引用了洛特雷阿蒙说过的一句话，他说，美就是“一台缝纫机和一把雨伞在一张解剖台上的一场偶遇”[3]。那就是充斥着希波赖特一个个梦中的美，以及喜剧场面。

和桑塔格所有的作品一样，《恩主》也随处妙语连珠，见解密布。其中的机智包括童话般的荒谬（比如黎凡特的奴隶贩子），让人想起一种《老实人》式的荒唐。它的“探索式”情节也是如此，这是哲学小说中的常见技巧。尽管到故事结束时，希波赖特声称“我的梦被涤清和净化了”，但他的探求——与甘迪德形成鲜明的对比——毫无

---

① Sontag, *Benefactor*, 80, 83. 和阿尔托一样，希波赖特也涉足电影表演。
② 同上，第155页。
③ “Happenings: An Art of Radical Juxtaposition”, in Sontag, *Against Interpretation*, 269.

结果。只是自行结束而已。[1] 桑塔格坚持认为，无论这部小说有什么故事，都不是故事本身。任何我们自以为了解的事，我们很可能并不了解。希波赖特可能精神失常了。他也可能并没有精神失常。桑塔格想要塑造一个不可信赖的叙述者的坚定决心极为可信，因此反而变得单调乏味：毕竟，我们一开始就并没指望什么东西可靠。

阿尔贝·加缪——桑塔格不久就会专门为他写一篇随笔文章——写了一本书，在某种程度上，《恩主》是一种呼应。《局外人》的叙述者莫尔索与希波赖特相似。他在自己母亲的葬礼上没流一滴眼泪。他对爱他的一个女人漠不关心。他冷酷无情地谋杀了一名男子。然而，尽管该书也是一种寓言，但它深深地植根于现实世界，包括政治世界，因此书中内容缺乏情感投入是其力图控诉的非人化制度的一个有效例证。在现实世界中，希波赖特和莫尔索一样，都会是一个反社会者。但是因为在《恩主》中，梦中的世界是唯一的现实，我们把这些寓言解读为与实际情况无关。在正常的秩序中，人们认为清醒时的经历比梦境中的经历更为重要；桑塔格却刻意颠倒了这一秩序，因而 190
小说中"真实的"世界则根本不重要了。当现实之锚被移开，我们读着寓言，于是常常被它们逗乐。然而，我们无法像在加缪的作品中一样参与其中，正如康拉德所写的那样："我们孤零零地生活着，一如我们孤零零地做梦那样。"

桑塔格的梦与现实的颠倒源自弗洛伊德，这是显而易见的。是他将梦置于其观察世界的中心——是他断言了梦的真实性——是他为梦的解析提供了一把钥匙。在《恩主》中，桑塔格努力要处理的问题是，一个人在多大程度上可能"反对阐释"。如果弗洛伊德的观点容易导致夸大其词而遭人嘲笑，那么，他关于灵与肉、语言与客体、梦

① Sontag, *Benefactor*, 261.

与现实的观点则揭示了真相，这些真相令人不安，不容忽视。《弗洛伊德：道德家之心灵》一书中有几个观点预示了《恩主》的理论基础。她当时写道："弗洛伊德学派的阐释者倾向于带着怀疑的目光去看情节。"她还写道："幻想在心理上变成了真的，因此也就像任何真实的事件一样，需要进行分析也就合情合理了。"她回忆起"做梦人与艺术家的相似，正如弗洛伊德在《梦的解析》一书中指出的那样，梦的运作与诗人的技巧可以作类比推理"。她强调指出"艺术，在［弗洛伊德的］观点中，成了公众的梦"①。

然而——比在《弗洛伊德：道德家之心灵》一书中更为显著——桑塔格在抵抗着弗洛伊德。在小说的开始，希波赖特简洁、明确地将他的梦整理归类。"我在做宗教梦。"他宣称，或者："我做了个色情梦。"② 他痴迷于阐释，痴迷于需要去理解事物背后隐藏的意义，这一需求极有可能会令他发疯。"我不希望否认所有这些梦都明显带有一种色情意味，"他写道，谨慎地表示对弗洛伊德的尊重，"对交媾和插入的抽象的渴望。"③ 与此同时，他知道，这一倾向是令人厌烦的——读者还就是这一感觉，这并非巧合。在他参与的那部电影
191 中，他对摄影的本质进行了很多有趣的观察，并因此感到沮丧，对导演大发雷霆。

> 别为他开脱，我劝拉森。尊重他的选择吧，别企图把恶变成善。什么都别解释。现代人在情感交往中往往急于去宽容，总是喜欢胡乱地把一件事解释成另一件事，这是最让人讨厌的地方！④

---

① Rieff, *Moralist*, 76, 119, 136.
② Sontag, *Benefactor*, 18, 40.
③ 同上，第41页。
④ 同上，第109页。

在探索的最后，希波赖特和安德斯太太两人都设法离开自己的头脑。“希波赖特，我学会了爱我自己，”她对他说，“我爱自己搽了粉、柔软、皱巴巴的皮肤，爱自己松弛的乳房，青筋暴突的双脚，爱闻自己胳肢窝的味道。”[1] 他的梦被净化，他也只关注肉体，去照顾那些垂死的穷人。“这个医院的病人一无所有，他们真的喜欢生病。”他声称。[2] 照顾这些行将就木的人让他感到愉悦。

此为该书的大团圆结局：一个个梦被征服，他可以不用灵肉分裂，回归到真实的现实世界当中。

◆◆◆

然而，对现实世界的拒斥给《恩主》蒙上了一层不祥之兆，即使这本书中的故事主要发生在一个头脑有问题的人的梦里。该书揭示了桑塔格无法将他人视为真实的存在，她一生都在与之抗争。正如这个问题在《恩主》中被理智化和被抽象化地表现出来一样——桑塔格总是把她最关心的事情抽象化和理智化——它也有具体的表现形式。她在创作该小说时，开始在日记中记下某些特征。

> 阿尔弗雷德［·切斯特］说我太不圆通了——但并不是我不
> 厚道，也不是我需要伤害人。事实上，我发现做到不厚道——伤
> 害人——很难。（X）实际情况是，我木讷、不敏感。哈丽雅特 192
> 说到过这一点，朱迪丝也说过，现在阿尔弗雷德又这样说了。艾
> 琳不说，因为她不知道我有多木讷；她认为我知道我在做什么，

---

[1] Sontag, *Benefactor*, 258.
[2] 同上，第 261 页。

只不过是我残忍而已。[1]

毫无疑问，大多数人都会认为这种不圆通的行为是不恰当的。唐·莱文说："她想做什么就真去做了，当然，有些事情我们会回头再想一想——可是，和你最好的闺蜜的丈夫睡觉［就像她和雅各布·陶布斯所做的那样］会是个好主意吗？这些对她而言就不是问题。某种程度上说，这不是一个问题。"[2]

但她确实注意到了自己的不敏感，至少是在这个时期前后，并为此感到焦虑。她在日记中承认"在自己的感情面前，我懦弱、木然"，这导致她"在拒绝表达对那些我爱的人的感情时，才会在言辞上背叛他们"[3]。这些背叛常常与性有关：

> 有多少次我跟人说过珀尔·卡津是迪伦·托马斯的一个重要的女友？还有诺曼·梅勒纵欲取乐？以及［F. O.］马西森是个同性恋者？这些大家肯定都知道了，但我是谁啊，有什么资格把旁人的性取向广而告之？为此，我多少次痛骂自己；这只比我把名人的名字挂在嘴上以自抬身价的习惯令人反感的程度低一点点（去年，我还在《评论》任职时，多少次谈到艾伦·金斯伯格？）。还有我那一旦有人挑起话头，就忍不住批评人的习惯。比如数年前，对马丁·格林伯格、海伦·林德（温和些，但那是因为她定的调）和莫顿·怀特等说雅各布的不是。
>
193 我一直都在搬弄是非。怪不得我用起"朋友"这个词来这么

---

[1] Sontag, *Reborn*, 229, January 21, 1960.
[2] 作者对唐·莱文的采访。
[3] Sontag, *Reborn*, 274, June 12, 1961.

超脱又这么谨慎呢！①

◆ ◆ ◆

这时，苏珊拿出了一份关于“X，苦难”的令人惊讶的文档。正如“X”这个字母所表明的那样，这一苦难并没有名称。“世上有很多事物都还没有被命名。”她在其论“坎普”的随笔中这样写道。

这些事物之一便是酗酒者的成年子女的观念。苏珊并没有把X和父母酗酒的后果联系在一起，部分原因是认为这样的人有类似的病态的这一观念，在接下来的20年里在心理治疗中都还不会普及。到了那个时候，在日记中，桑塔格几乎识别出了所有这些特征。桑塔格在其他文章中写道：“我在成长的过程中想方设法地做到既看见，又不看见。”“X，苦难”提供了一个绝佳的例子，证明她能以不可思议的准确性看待事物、审时度势——也证明她无法在现实生活中和情感问题上运用这些聪明才智。

> “X”是当你觉得自己是个客体而不是主体的时候。当你想讨好别人，希望给他们留下印象的时候，不管是通过说一些他们想听的话，还是让他们感到震惊，或者靠吹嘘+搬出名人来抬高自己，或者装酷……
>
> 不审慎的倾向——对自己，或者对别人（两者经常是结合在一起的，比如在我身上）——是X的典型症状……
>
> X是我身为一个惯骗的原因。我的谎话是我所认为的对方想

① Sontag, *Reborn*, 246, 未注明日期（可能是1960年或1961年2月）。

听的东西……

有自尊的人不唤醒我们身上的X。他们不乞求。我们不用担心伤害到他们。他们一开始就把自己排除在我们的小游戏之外了。

194 自尊，抗击X的秘密武器。自尊，杀X剂。

……除了分析、嘲笑等，我怎样才能真正治愈我的X呢？

I. 说分析是好的。既然让我掉进这个洞里的是我的头脑，那么，我就必须通过头脑来把自己挖出来。

但真正的结果是一种感觉的变化。更精准地说，是感觉与理智之间产生的一种新关系。

X的来源是：我不知道我自己的感觉。

我不知道我真实的感觉是什么，所以，我指望别人（身边那个人）告诉我。于是，这个人就告知我他或她希望我的感觉是什么样子。这对我没什么，因为我并不知道我的感觉是什么，我喜欢自己讨人喜欢，等等……

我根本就不知道完全被责任所奴役与鸵鸟般的不负责任之间有什么程度差异。这难道不就是问题所在吗？要么全要，要么什么都不要，这是我在我的爱情生活中一直引以为豪的东西！

我在自己身上鄙视的所有的东西就是X：成为一个道德懦夫，一个说谎的人，对自己+他人都轻率、虚伪、被动。①

这种抖抖索索地拥有的存在感——据她自己的判断是缺乏安全感，无法评估自己的感觉——解释了她需要狠狠地紧紧抓住这些感觉：急迫地构建某个坚实的自我。

---

① Sontag, *Reborn*, 255, February 19 (1960, possibly 1961); February 29 (1960 or 1961).（引文中也有两段在第244页。——译注）

◆◆◆

《恩主》揭示了虚伪的另一种形式：成为同性恋者。尽管是在梦境中，尽管披着小说的外衣，但这部小说对同性恋的蔑视采取了一种奇特的形式，透露了作者自己的观点。如果一个人把贯穿全书的刻板印象当作另一个时代的产物，或者当作桑塔格长期以来对同性恋亚文 195
化的兴趣所导致的结果，因而不屑提及，这并没有使它们少些麻烦，少惹人注目。

作者坚持认为，同性恋者都是假的，不是真实的人，而是扮演一个个角色的漫画人物："同性恋方式的戏仿。"同性恋者的性行为不是真实的，而是"同性恋性事中角色的喜剧性"。同性恋是虚假、做作、吸人眼球的一种手段，比如，她写道："没错，他轻佻、虚荣、不忠、搞同性恋，他这样主要是想忠实于那种夸张的生活方式。"[①]

桑塔格很多次描述同性恋时，都暗指这是一种"坎普式的夸张的风格"。我们看到让-雅克"娘里娘气地侃起旧家具或者歌剧来"，以及"一边等、一边聊起男人——我朋友的那些装扮成金发女人的圈内朋友——的姐妹情"。[②] 看似柔弱却恶毒的女王并不仅仅是老套的传说。同性恋作家写的书中早就有类似的描写了：其中一些措辞可能直接就取自《夜林》一书。然而，他们的滚雪球般的累积效应再一次强调，同性恋不是一种生活经验或身体的现实，而是一个美学问题。无论桑塔格多么希望这一切并非如此，但她清楚这是不真实的。

与此同时，这些指涉首先都是文学上的，并不比她指涉同性恋罪犯时暗指让·热内更糟糕。然而，另一个指涉则提出了更黑暗的问

① Sontag, *Benefactor*, 223.
② 同上，第 52 页，第 55 页。

题。“你懂吧，同性恋是戴着面具的一种嬉闹。”[1] 她要求让-雅克解释。这句话，以及这句话所在的那一段，都是暗指三岛由纪夫的《假面自白》（于 1958 年被译为英文）。《假面自白》这部小说讲述了主人公，一个同性恋青年，养成了一个虚假的人格——一个面具——来在这个人世间保护自己。

然而，该小说不仅仅描述了桑塔格个人能认同的一种局面。从政治上讲，暗指三岛由纪夫与暗指热内是两码事。热内一生都在参
196 与法国的抵抗运动，并支持左翼事业。三岛由纪夫则是一名狂热的反动分子，他对暴力的崇拜将于 1970 年以一种在众目睽睽之下的剖腹自杀行为而告终。像塞利纳和海德格尔的作品一样——像莱妮·里芬斯塔尔的电影一样——他的书属于那一类作品，作品的艺术价值不可能从它们的创作者纠缠在对法西斯主义的同情中解脱出来。

然而，桑塔格在《恩主》中选择要强调的正是这种联系。她不仅

---

① Sontag, *Benefactor*, 57 – 58. “我开始陪同我的作家朋友的时候，对他的活动未做评论。即使我觉得自己有权利劝他生活别那么错乱、放荡，我也会闭口不谈的。然而，让-雅克不允许我保持沉默。尽管我没有攻击他，他倒是要坚决而巧妙地保护自我，或者确切地说，保护由伪装、秘密行事、诱骗和装扮别的角色所带来的种种快慰。”

“那年夏天有好几次，他都想方设法让我打破沉默，说出我心里的反对意见。‘希波赖特，别这么严肃，好不好？你连个道学家都不如。’我禁不住要把这一充斥着不正当欲望的世界看作一场梦，他们的所作所为颇有技巧，但同时也是沉重而危险的，而他只视之为人生一场戏。‘我们大家为什么不能每晚、每月、每年换一副面具呢？’他说，‘包括我们的工作面具、阶层面具、公民身份面具，还有我们的观念面具、夫妻面具、家长子女面具、主仆面具。甚至身体面具——男与女、美与丑、老与少面具。多数人不做任何反抗就戴上这些面具，一戴就是一辈子。但是，在这家咖啡馆里，你周围的人不是这样。你懂吧，同性恋是戴着面具的一种嬉闹。你试了，就会明白同性恋是怎样带给你一种可爱的自我疏离的。’”

“但我不想疏离自我，我倒是想进入自己的内心世界。”

“‘在我们这个时代，什么是革命性行为？’后来一次见面时，他问我，其实他不要我回答，‘推翻一种习俗就像是回答一种问题。提问的人已经排除了非常多的东西，我们可以说，他在提问的同时也已经提供了答案。至少，他划定了范围，对他的问题做出合理的问答的范围。懂吗？’”

“‘这个我懂，但不懂这与革命性……’”

“‘希波赖特，你想啊，你知道，如今你如果想要反传统，其实都用不着什么大无畏精神。在我们的时代，人们只得以同性恋的做法来嘲弄我们这个时代的性习俗和社会习俗。’”

通过让-雅克暗指了三岛由纪夫，她还——为了避免落掉这个暗指——让她的同性恋代言人让-雅克心甘情愿地成为纳粹的勾结者和一名党卫军上校的情人。这可能指涉热内的小说《鲜花圣母》，书中讲述了一名德国士兵的法国情人被抵抗军杀死，他吃掉了情人的肉以示敬意。然而，也许比不断重复地针对妇女的暴力行为更甚的是，同性恋与法西斯主义之间隐含的等同关系是《恩主》最令人不安的方面——而这种等同关系还会再现。

◆ ◆ ◆

然而，这一点并不是《恩主》经常被提及作为对作者不利的证据的原因。人们指责桑塔格——虽然她是个优秀的随笔作家，却是个蹩脚的小说家——不过这一指责最终成了陈词滥调。但是，人们听到的对桑塔格指责的频率，以及说出这种指责时所怀着的显而易见的喜悦，都反映出桑塔格需要收敛一些，她这个人似乎太令人生畏了，必须低调些。而且，这种说法，两点都错了。桑塔格写过一些优秀的小说，她也写过一些糟糕的随笔。她的成功与失败是不可分割的，两者均为不断变化的思想的产物。

《恩主》这部小说值得在其所处的时代背景和作者不断发展的思想背景下对读。这并不是说《恩主》是一部容易阅读的小说；作者故意不让人觉得有趣，如今也很少听到人们对这部小说的褒扬之词。但 197
是在 1963 年小说出版的时候，约瑟夫·康奈尔、汉娜·阿伦特以及雅克·德里达这些与众不同的人都纷纷表示了赞赏。在 20 世纪 60 年代的艺术大环境中，在苏珊进入而立之年的个人经历的背景下，小说展示了各种新观点的完整的各阶层的组成。小说是对西格蒙德·弗洛伊德的部分回应；对玛丽亚·艾琳·福恩斯的部分回应，这部小说就是献给艾琳的；对卡普罗的“偶发艺术”的部分回应；对超现实主义电影的部分回应；对诺斯替教派的寓言的部分回应。读者遇到的困难反映了真正的缺点。但它们也反映了小说创作所处的截然不同的文化背景。在这样一个时代，弗洛伊德的作品几乎都无人问津，非专业人士对艾伦·卡普罗知之甚少，也很少有人从头到尾看过《去年在马里昂巴德》这部电影。后来的评论家马克·格雷夫写道，《恩主》是一个时代的遗留物，在那个时代中，这部小说是“文化知识的一个宝
198 库，是培养人的一种工具，是一件艺术品，而非娱乐消遣”[①]。

① Mark Greif, *The Age of the Crisis of Man: Thought and Fiction in America: 1933 - 1973* (Princeton, NJ: Princeton University Press, 2015), 104.

第十四章

要么兴高采烈，要么暴跳如雷

桑塔格对现代艺术的兴趣很大程度上在于现代艺术将梦的隐秘世界置于其中心。她对“坎普”的定义是“把世界视为一种审美现象”。这——至少部分地、至少在早期——描述了她自己看待世界的方式，“世界最终*是*一个审美现象”，正如她在《论风格》中所写的那样。

把世界视为一种审美现象，就是要排除政治、意识形态、人类行为——以及人类的邪恶——等等对世界的影响。作为一名年轻的作家，桑塔格彼时对政治漠不关心，这与她后来对政治的参与投入相比，反差特别明显。正如伯纳德·多诺霍指出的那样，对身在牛津大学的桑塔格来说，政治是一个个人解放的问题。在法国，她从未提及这个国家因为阿尔及利亚的问题差点陷入内战。在美国，即使是最激烈的动乱——比如肯尼迪总统遇刺——也没有在她的日记里被提及。1960 年夏天，她和艾琳一起在古巴的时候，她指出： 199

> 古巴人对女装、现代家具等的品位很差。
>
> 即使在茅草屋［棚屋］里砖地也干干净净。古巴没人用垫子或地毯。

> 古巴人不喝酒，就连乞丐或睡在大街上的流浪汉也不喝酒。从未见到一个喝醉酒的人。
>
> 古巴黑人完全没有奴性也丝毫没有种族意识。
>
> 古巴女人走路，挺胸，翘臀（隐藏她们的阴部）。
>
> 古巴人不看书——孩子们刚刚开始看连环画。
>
> 街上的恭维话［发出嘘声］——自从菲德尔在一次电视讲话中批评了他们之后，现在几乎没有——说，不是每个人都是诗人。[①]

人们不禁纳闷，她怎么会知道古巴黑人没有种族意识的。不过，最值得注意的是，她的体验完全是来自美学角度。置身 20 世纪最重要的一场革命当中，她只注意到没有地毯，只提到菲德尔·卡斯特罗对诗歌的看法。

◆ ◆ ◆

桑塔格说，对《恩主》影响最深的，也是最重要的，是雅各布·陶布斯和诺斯替教的历史。[②] 陶布斯在小说中以布尔加劳教授的形象出现；布尔加劳是诺斯替教派学者，据传他也是一名信徒。虽然陶布斯夫妇已经分手，但他们俩在桑塔格的生活中依然很重要。雅各布最终去了哥伦比亚大学；而苏珊·桑塔格在萨拉·劳伦斯学院和市立学院教了一年书后，来到了雅各布这边，当起了宗教学老师。他们一起上课，而且他们的课堂记录被留存了下来：1961 年 3 月 7 日的记录上写道："陶布斯教授表明，马尔库塞加入了卢梭和尼采对现代性

① 桑塔格文档。
② 作者对斯蒂芬·科赫的采访。

提出的批判。"[①] 200

[陶布斯说] 马尔库塞认为，弗洛伊德坚持爱欲中的性，超越了西方文明的柏拉图-基督教主张，因此出现了一种性欲文明的可能性——也就是说，一种不是依赖爱欲中的性压抑的文明。

桑塔格小姐开始发问，马尔库塞和 [诺曼·O.] 布朗宣称阐释弗洛伊德的真知灼见时，他们难道不是为了自己的目的，在采用弗洛伊德的理论吗？桑塔格小姐认定，他们似乎在说一些与弗洛伊德说的完全不一样的东西……弗洛伊德从未设想过一个不受压抑的社会的可能性，而这种可能性正是马尔库塞思想的核心。马尔库塞和布朗还说，弗洛伊德误解了性本身。他们认为，他持有性压抑的观点——认为性是人类的动物遗传特征，是精神软弱和脆弱的根源。

陶布斯提出了结束压抑获得解放的可能性，这是弗洛伊德理论的普及，它将使马尔库塞成为 20 世纪 60 年代的先知。相比较而言，桑塔格则持怀疑态度，她的怀疑态度与其说是与弗洛伊德有关，不如说是与她自己的经历有关。智力上的快乐是一种真实的可能。性方面的快乐则不是。

◆ ◆ ◆

这些年里，苏珊也结交了一些好朋友，其中一位就是唐·埃里克·莱文。莱文出生在曼哈顿，父母都是俄罗斯移民。上哥伦比亚大

① "报道——第 7 次会议"，1961 年 3 月 7 日，桑塔格文档。

学之前，他曾接受过古典钢琴的培训；在哥大，他上了苏珊和雅各布两人合教的神秘主义与宗教这门课，并担任哥大宗教收藏展策展人苏珊·陶布斯的助理。最终，他成了马萨诸塞大学英语和电影研究的教授，时间都花在来来往往于阿默斯特市与苏珊在纽约一个个不同的地
201 点之间的路上。他和她断断续续地同居了八年，帮助她编辑她的第二部长篇小说《死亡匣子》、后来结集成《论摄影》的那些随笔文章，以及她 1976 年出版的具有里程碑意义的《安托南·阿尔托文集》。

另一个朋友是年轻作家弗雷德里克·塔滕，《恩主》出版的那个星期，他遇见了苏珊。他刚看了一篇关于这部小说的书评，被摄影师彼得·赫贾和赫贾的男朋友保罗·特克邀请，一起与她共进午餐。一个星期后，他们一起去看戈达尔的新电影《轻蔑》，随后去了市中心一家舞厅。“当时正在跳一曲扭摆舞，我没跳。我觉得跳这个很尴尬，于是就看着大家跳；这时，苏珊就站起身来，开始跳扭摆舞。”他们后来成了一辈子的朋友，而且苏珊还会经常帮助他。她对那些她信任的人“绝对慷慨”，他回忆说：“我不知道如今在纽约，还有哪个作家、画家、诗人，任何人，能有一点点像她——别说和她一样——像她那样对其他作家、艺术家、诗人和画家慷慨相助。”①

另外一个朋友是斯蒂芬·科赫；科赫上明尼苏达大学，和鲍勃·迪伦成了同班同学。因为梦想着成为一名作家，他来到了纽约。在市立学院获得学士学位后，他很不情愿地进入了哥伦比亚大学研究生院，并且开始写随笔文章，其中一篇是论两部最近出版的纯文学小说：托马斯·品钦的《V.》和苏珊·桑塔格的《恩主》。他更喜欢《V.》，但发现《恩主》与他志趣相投；而且他还在《安蒂奥克评论》上这么说过，这是他发表的第一篇文章。他有“绝妙的主意”，把他

---

① 作者对弗雷德里克·塔滕的采访。

的这篇文章寄给相关的两位作者。他寄给品钦的那份被品钦的经纪人原封不动地退了回来："品钦先生不接受邮件。"而他寄给桑塔格的，却收到了作者热情的回信。信中说，这篇文章比大多数对她这部小说的评论都要有趣，信的结尾是一句："我们应该见见面。"

他曾在哥大附近见过她："美丽动人、魅力四射，在一群清一色男研究生和年轻老师的簇拥下穿过校园。我在一旁偷听；我似乎记得 202
她当时对聚在她身边的崇拜者们说，'我写这本书是为了宣泄情绪'。"他俩最终在"新月酒店"——百老汇大街上的一家中餐馆——见面了；斯蒂芬点了一些秘制菜肴，试图给她留下深刻印象。

> 她谈到罗兰·巴特，我以前从未听说过他。（总之，我第一次去华盛顿广场她家时，她就把巴特的《文艺批评文集》塞到我手里，然后对我说，这本书我必须看。）我们说好，等她看了我的那些文章后，我们再见面。我们就按说定的这么做了。那些文章给她留下了深刻印象。谈论的具体细节我记不清了，但她表示，我应该去见见一些文学编辑，而且她将带我去见他们……于是乎，我开始成为苏珊的门徒。①

◆ ◆ ◆

桑塔格开始在哥大任教的那一年，是学校第一次没有配额条件录取犹太裔学生。由于遭到了强烈反对，这也是最后一次。在这座拥有世界上规模最大、最富有、最有影响力的犹太社区的城市，非犹太特

① 作者对斯蒂芬·科赫的采访。

权的堡垒依然存在。很多律师事务所和银行、豪华俱乐部和高档公寓楼，要么完全禁止犹太人进入，要么只是象征性地装装样子。在这座城市最负盛名的大学里，情况亦是如此，就连在国际上都享有盛誉的犹太裔学者都毫无疑问地被置于次要地位。当莱昂内尔·特里林成为英语系聘任的第一个犹太裔教授时，人们对他的聘任是有争议的，因为他不可能像“土生土长的”盎格鲁-撒克逊人一样领悟英语文学。[①]

巧得很，1964 年这一级学生的大学生活与桑塔格在哥大任教的时
203 间完全吻合；这批学生被录取的依据就是成绩优异。“突然间，这一级新生中差不多有 65%是来自纽约的犹太人。”作家菲利普·洛佩特说。洛佩特和莱文、科赫，以及塔滕一样，都是在这个时期遇到桑塔格的。“这是个丑闻。”因为这种择优录取的轻率行为，招办主任戴维·A. 达德利被解雇了。毕竟，正如《哥伦比亚观察家》坦率地解释的那样，“许多［校友］对 1964 年这一级学生生源的地理位置和宗教信仰均表达了不满，这已不是什么秘密了”。

这一级学生会以“达德利的荒唐之举”[②] 而为人所知。达德利录取的犹太学生更像洛佩特，或菲利普·里夫，而非桑塔格。她来自阳光明媚的市郊，而他们来自移民聚居区。她在满是精英的高等学府里如鱼得水，但对他们而言，哥大就像是天方夜谭。“我还记得我第一次发现，居然有犹太人很有钱。”洛佩特说。[③] 诗人爱德华·菲尔德和洛佩特一样，也来自布鲁克林的工人阶级家庭，他在这个时期前后认识了桑塔格，对她的中产阶级“权利意识”感到震惊。她通常会坐出租车，这在他的世界里是不可想象的。“像我这样的下层阶级人士，

① 作者对诺曼·波德霍雷茨的采访。

② Ira S. Youdovin，“Recent Resignations Reveal Decentralization Problems”，in *Columbia Daily Spectator* CV，no. 81（March 9，1961）.

③ Ilana Abramovitch and Seán Galvin，eds.，*Jews of Brooklyn: Brandeis Series in American Jewish History，Culture，and Life*（Hanover，NH：Brandeis University Press，2001），303.

不由自主地就想到乘地铁。”[①] 诺曼·波德霍雷茨同样来自布鲁克林贫穷的移民家庭，他早几年上的哥大，当时录取的配额低得多，他从来没有“预料到犹太裔的概念在美国很快会变得这么时髦”[②]。

这些孩子初次接触到盎格鲁-撒克逊人的纽约时，一个个感到眼花缭乱。对于那些渴望跻身法律、医学、工程和科学等传统行业的人而言，他们所受的教育就能让他们进入这个国家的精英阶层。但如果他们立志进入文化界，他们还会以更令人生畏的方式设法进入犹太人的权力结构当中：这个团体被称为纽约知识分子。他们就是创造了年轻的兰德尔·贾雷尔所称的“批评的时代”的那些作家。

波德霍雷茨写道：“除了物理科学，文学批评可能是美国最至关重要的智力活动，也是文学本身最至关重要的分支。”[③] 在《目的达 204
到》——他1967年丑闻带来的成功——中，他让“家庭”这个绰号广为人知。他们“发现，由于他们自己的趣味、看法和通常的关注点的原因，不管他们喜欢不喜欢（大多数人不喜欢），他们被困在了一起，与全世界所有人格格不入，彼此痴迷地关注，相互强烈地依恋同时又怀着深深的敌意，只有一个家庭才会出现这种状态”[④]。

他们家庭的宣传刊物是《党派评论》，就是苏珊在好莱坞大道上发现的藏在色情书后面的那本杂志。在这份杂志中，美学和政治的考量交织在一起。绝对不是天衣无缝——而是他们喜不喜欢。

◆ ◆ ◆

正如刊物名所示，该杂志最早就带有政治性。1934年由约翰·里

① 作者对爱德华·菲尔德的采访。
② Norman Podhoretz, *Making It* (New York: Random House, 1967), 309.
③ 同上，第40页。
④ 同上，第110页。这个词最初是由默里·肯普顿提出来的。

德俱乐部创刊；该青年运动俱乐部以《震撼世界的十天》的作者、美国共产主义作家约翰·里德的名字命名。第一年的时候，该刊的编辑们祝贺一个妇女，她就要为生“一个未来的苏联裔美国公民”而休产假了。[①] 1937年，菲利普·拉夫和威廉·菲利普斯解除了对该杂志的这种监护，把斯大林换成了托洛茨基，但仍然保留了刊物的左翼倾向。

拉夫在乌克兰出生时，名为费维尔·格林伯格；菲利普斯出生在东哈莱姆，1935年之前，大家都叫他华莱士·费尔普斯，这个姓氏已经和他父亲弃用的家族原来的姓氏“利特文斯基”相去甚远。新杂志与年轻作家结盟，包括像德怀特·麦克唐纳和玛丽·麦卡锡这样的非犹太人，他们有自己的理由对美国主流表示不满。

这个家庭的主要成员是犹太人，但即使是在20世纪30年代后期，大家激烈争论的社论议题之一仍然是美国是否应该向希特勒宣
205 战。很多人相信，革命的社会主义最大的希望是包括美国在内的资本主义列强最终在地狱中灭亡。菲利普斯和拉夫支持开战。但在这个家庭里，大家普遍感觉到，如果其他国家不好，那美国也不会好。甚至在战后，当纳粹对犹太人的大屠杀已尽人皆知时，很多美国左派人士仍恰当地指出，就算德国要为大屠杀负责，美国也已经用原子弹令两座城市化为乌有。

由于他们的边缘化移民背景，很多犹太裔作家觉得他们和美国是疏离的。他们在其他有同样感觉的群体中找到了盟友。这些盟友包括像福克纳这样的南方人，他们仍然对衰落的前现代社会心怀忠诚；还有像麦克唐纳和埃德蒙·威尔逊这样的北方的盎格鲁-撒克逊白人新教徒，他们意识到这个贪恋钱财的新世界容不下他们和他们的旧价值观。

不管他们的出身如何，这个家庭最重要的就是“高雅”。这个说

---

① Mark Greif, “What's Wrong with Public Intellectuals?”, in *The Chronicle of Higher Education*, February 13, 2015.

法是由一位年长的成员范·怀克·布鲁克斯首先提出来的。布鲁克斯是一位英-荷贵族，他认为心智的教养意味着对某些超然的价值观的忠诚。在一个事业即生意的国家，这些价值观与他们认为庸俗的商业价值观截然相反。美丽与自由，学问与艺术，这些价值是买不到的。区分高雅和低俗的不是阶级、教育、宗教或种族，而是对某种永恒的精神和政治价值的信仰。高雅的人反映了这种信仰，而低俗的人则排斥这种信仰。

在文化上，这个家庭的根基是传统的，以哈钦斯的芝加哥大学为范例：名著的古色古香使得与现代主义共存变得困难，甚至对桑塔格也是如此。在政治上，这个家庭则是激进的。他们拒绝“中庸”或“平庸”——盲目的爱国主义、流行的电视节目、低俗的广告——也意味着拒绝不成熟的政治，他们认为这是富兰克林·罗斯福及其继任者们不温不火的改良主义。对该家庭的很多成员而言，“自由主义” 206
这个词传达的意思是指毫无价值的畅销书、动感的百老汇音乐剧、《时代》和《读者文摘》。桑塔格描绘的洛杉矶淹没在电梯音乐中，这就是她在《朝圣》中发出的音符。这种文化给新近因广岛和奥斯维辛两座城市而为人所知的这个世界提供了逃避现实和进入麻木状态的可能。

1947 年，27 岁的欧文·豪——年纪比拉夫和菲利普斯小，比波德霍雷茨和桑塔格大——用粗略的年表追溯了这个家庭的定位：

> 他们在 30 年代初为激进政治所吸引；他们随后与斯大林主义决裂，转向托洛茨基主义；他们在 30 年代末放弃了马克思主义；最终，他们总体逃离政治……转而［用］宗教、绝对道德主义、心理分析和存在主义哲学来取代政治。①

---

① Greif, *Age of the Crisis of Man*, 17.

战后，虽然《党派评论》上当然还会刊登政治激进主义的内容，但大多被引导到美学的辩论范畴，这使得批评成为当时最严肃的学术上的努力。这种紧迫感使得《党派评论》的标准奇高无比。因此，当评论家马克·格雷夫，这个年纪小到足以当桑塔格的孙子的年轻人，把这份杂志最初几十年的刊物一本本全部看完时，他震惊地发现，杂志的内容“好得不可思议。比我期待的或能想象的还要好，也许是本世纪或有史以来美国最好的期刊”[①]。

◆ ◆ ◆

桑塔格到纽约的时候，很多这样的辩论，特别是那些围绕着共产主义的辩论，已然结束。就像围绕着心理分析和存在主义的辩论一样，它们或明或暗地持续了数十年；但就像拉夫、菲利普斯、特里
207 林、阿伦特、麦卡锡和麦克唐纳这些人，他们也都在老去。在这个家谱中，波德霍雷茨追溯到了1967年，又一代人——豪、菲利普·罗斯、诺曼·梅勒那一代——已经崛起，而且第三代也正以两个神童的形式开始出现。金童，至少根据波德霍雷茨自己的说法，就是他波德霍雷茨自己。而玉女，他写道，即苏珊·桑塔格。

然而，尽管桑塔格是犹太人，但她和美国的关系并没有像这个家庭的其他成员和美国的关系那样紧张。她很少表达对中心地带的热爱——而那些逃离乏味沉闷地区来到首都大都市的才华横溢的人很少这样。她不是唯一一个对那些地区盛行的平庸持悲观看法的纽约人，不管是不是犹太人；也不是唯一一个把高雅的欧洲置于低俗的美国之上的美国人。当她偶尔表达对美国的鄙视时，她用的是美国人一贯的

① Greif, “What’s Wrong with Public Intellectuals?”

措辞；当这些措辞在越战期间发生变化时，她和众多美国人一样，也会随之改变。

她与犹太人的关系也不是特别糟糕。第一次访问以色列之后，她说道："我以前未能生活在那儿，但我很高兴它存在，我因此可以有安葬之处。"① 对于犹太教这个宗教，她很少关注，虽然她早年写过很多关于犹太人身份的文章。"犹太人智穷才尽了吗？"她在1957年时表示疑惑。"我自豪我是犹太人。为什么呢？"② 纳粹的恐怖对她的影响和对其他犹太人的影响是一样的。不过，身为犹太人，无论如何都有一种归属感：她强调指出，"在纽约（格林尼治村）有一种身为犹太人共享的喜剧"③。波德霍雷茨写道，这个家庭的第二代，包括索尔·贝娄在内，因其愿望而与第一代有所不同：

> 对自己作为美国人的身份提出严肃的要求，要求自己在美国文学文化中起到比无足轻重的边缘状态更为重要的作用。这些要求和权利十年后被视为完全理所当然，但是，人们有可能忘记，208
> 即使已经是1953年了，这些要求和权利在相关的方方面面似乎都还很微弱——把犹太人的特性与粗俗和缺乏教养联系在一起的观点还十分普遍，尤其是在犹太人当中。④

世故、老练的桑塔格将成为第三代的杰出象征。她无须声称自己的身份——除了像从托马斯·杰斐逊到亨利·詹姆斯，再到T. S. 艾略特等一众美国人对欧洲始终所做的那样。她和犹太人有一个共同的严肃的理想，用波德霍雷茨的话来说，到了对"可能是世界上人们见

① 作者对唐·莱文的采访。
② Sontag, *Reborn*, 160, November 4, 1957.
③ 同上，第163页，1958年12月29日。
④ Podhoretz, *Making It*, 161.

到的最残酷、最专制的学术传统”——《塔木德经》——还有“他们在书中要么是马克思，要么是弗洛伊德，要么什么也不是”这种令人窒息的感觉“魂牵梦萦的”地步。[1] 她也和上一代人一样，有着深深的疏离感。就像保罗希望基督能消除希腊人与犹太人、主人与奴隶、男人与女人之间的区别一样。她也鄙视分类，寻求一种能消除区别对待三教九流的普世文化——但不是因为她是犹太人，而是因为她是同性恋者。

◆ ◆ ◆

1962 年，桑塔格离婚四年后，她的同性恋性取向再次令她处于险境。她和菲利普分手时，双方约定戴维每个暑假都和他父亲在一起。这时，菲利普已搬到费城，在宾夕法尼亚大学社会学系任职。但是，当戴维 1961 年 9 月 15 日回到纽约时，他母亲宣称，他表现出“大量神经衰弱症症状”，其中包括那些被“强迫随他父亲一起去参加研究生会议和去听社会学课程”[2] 而诱发的症状。

209 她说这些话是为了回应一场监护权的诉讼官司。正如雅各布·陶布斯在 1958 年预言的那样，这一场诉讼表明，菲利普的痛苦并没有减轻。1959 年底，她在日记里写道：“我有个仇敌——菲利普。”[3] 1961 年，他承认在纽约跟踪过她。在《纽约每日新闻》上一篇题为《教授：我得偷偷去探望自己的儿子》的文章中，他说他只能靠“在孩子上学的学校外面，或在里夫太太住的西区大道 350 号公寓附近等

---

① Podhoretz, *Making It*, 268.

② Alfred Albelli, “Prof: Gotta Be Sneak to See My Son”, in *New York Daily News*, December 15, 1961, Sontag Papers.

③ Sontag, *Reborn*, 223, December 24, 1959.

着"，才能"匆匆见上"儿子一面。[①]

"里夫太太"这个称谓暗示了谁是躲在这些文章后面的推手。如果没有一场事先计划好的行动来博取同情，很难想象为什么媒体会对两位名不见经传的学者之间的鸡毛蒜皮之争感兴趣。但是，菲利普急于装出一副可怜的样子。被描述成"几部严肃的大部头巨著的作者"（这个时候，他只有一部——《弗洛伊德：道德家之心灵》——已经出版），并且强调他"在学术常青藤的最高端享有国际声望"，一篇文章就把菲利普描绘成真正的受害者，甚至暗示苏珊的真正的问题是不信上帝。"这个女人在哥伦比亚大学教宗教，"他的律师缓慢而庄重地说，"却不教那个男孩。"

菲利普声称自己跟踪并起诉那个孩子的母亲，是为了孩子的利益而采取的行动。他毫无必要地把她硬扯上了各家报纸，上面至少刊登了一张戴维的照片，照片上苏珊站在儿子身旁，镇定自若且优雅大方。不过，她被拖了数月的诉讼程序搞得心力交瘁。菲利普差一点就赢了，尤其是在苏珊拒绝送戴维去他那儿过圣诞节，[②] 以及菲利普对她提出最严厉的指控之后；这一指控未见诸报端：她和艾琳·福恩斯的同性恋关系让她成为一个不称职的母亲。同性恋身份，就像在《盐的代价》中一样，足以让很多父母失去对孩子的监护权。但当案子于1962年2月14日——情人节——开庭审理时，菲利普的骚扰行径成 210
为对他自己的不利因素，就像当初在加州的离婚案一样。他不仅没有得到监护权，连探视权也被削减。

苏珊和菲利普从此再也没说过话。诗人理查德·霍华德记得，她经常提到这次离婚和监护权之争，尤其是媒体上令人痛心的诽谤行

① Albelli, "Prof: Gotta Be Sneak".
② "Prof Wins 1st Round on Son", undated clipping, Sontag Papers.

动。30 年后，戴维有一次要和他父亲一起吃午餐，苏珊问了他们吃饭的地点，并让戴维安排一张临窗的桌子。她从那边走过，偷偷瞥了一眼菲利普；她对他的衰老程度感到震惊。当她把自己的档案卖给加州大学洛杉矶分校时，她写信给自己的经纪人，要求扣留一些资料。“有几件东西——比如我和前夫的通信——为了保护他的声誉，不知这个词恰不恰当，他尚健在时，我不希望任何人看到这些。（我不知道为什么我觉得有义务要保护这个混蛋，但我就是要保护。）”①

尽管菲利普再婚了，但他一直爱着苏珊。一次，菲利普在一位费城拉比的陪同下去波士顿，他“坚持要他开着车绕着自己和桑塔格结婚时两人的家转了一圈一圈又一圈”②。

◆ ◆ ◆

1962 年，苏珊遇到了一个男人；他虽然是犹太人，也是纽约人，却与这个家庭——无论是移民或他们的后辈、社会主义者或其分支——尽可能远地保持距离。罗杰·斯特劳斯的家族属于“我们的群体”，他们是纽约犹太人大资本家巨头。如果桑塔格搭乘出租车出行都能给洛佩特和波德霍雷茨留下深刻印象，你可以想象当他们发现斯特劳斯是美国最富有的两个家族的后代时，他们该吓成什么样子。斯特劳斯的母亲，格拉迪丝·古根海姆，来自矿业帝国；他父亲的家族

① 桑塔格发给佐伊·帕尼亚门塔的电子邮件，2001 年 7 月 20 日，桑塔格文档。

② 作者对艾伦·格利克斯曼的采访。乔纳森·英伯也讲述了类似的故事：“一次他去波士顿……他坚持要我开车带着他去坎布里奇，特别是当初他和桑塔格以及他们年幼的儿子一起住在那儿时，他经常走的那几条街。我们在那个街区转了五六圈，经过他们曾经一起住过的那栋房子时，一次又一次地减速。真的是兜兜转转。这是一个追悔莫及的时刻，最充分地向我解释了他为什么把他这辈子出版的最后一本书题词为‘纪念苏珊·桑塔格’，把书献给了她。”（Imber，“Philip Rieff：A Personal Remembrance”.）

则拥有梅西百货公司；他的妻子，多罗西娅·利布曼，是一家啤酒酿造业财团的继承人。211

古根海姆博物馆——第五大道上弗兰克·劳埃德·赖特设计的倒置的金字塔——的建成实现了犹太“老钱”与前卫艺术的完美联姻。博物馆由罗杰的叔外公所罗门创建，苏珊遇到罗杰时，博物馆也才开馆三年时间，其激进的建筑风格与大街另一头的大都会艺术博物馆古板的建筑风格形成了鲜明的对比。从欧化的大都会博物馆到美式的古根海姆博物馆，一个重大的历史转变被赋予了可塑的形式；不过，古根海姆博物馆不仅仅是美国脱离欧洲监护的独立宣言。（几个世纪以来，美国人一直宣称这一点，只是对此认定的程度不同。）它并不主张平等或差异，而是强调优越性和权威——这一转变让纽约城获得了世界文化之都的新地位，这并非巧合。

古根海姆家族和斯特劳斯家族早在美国内战前就已经到了美国，比 1881 年俄国的大屠杀时间早了两代人；这次大屠杀标志着大规模的犹太移民的开始。斯特劳斯的祖父曾是高门[①]的美国公使，也是第一位犹太裔内阁大臣。这一社会阶层包括摩根索、沃伯格、萨克斯和雷曼等家族，他们与欧洲宫廷的犹太人关系密切，而且他们的富甲一方在很大程度上使他们免受反犹太主义的侮辱，而那些较之他们贫穷的，以及新来乍到的犹太人则必须应对这种侮辱。

他们对能让他们赚个盆满钵满的国家有强烈的认同感，斯特劳斯的职业生涯就反映了这种认同感：第二次世界大战期间，他在海军公关部工作；他创办了一家公司，即后来的法勒-斯特劳斯-吉鲁出版社——之后，便允许中情局利用他在欧洲的文学密探来嗅探共产主义者：据报道，在他的办公室里，有一部黑色的电话直通华盛顿。（一

① 1923 年前的奥斯曼帝国政府的正式名称。——译注

旦战时的爱国主义让位于冷战时期的沙文主义，这部电话便重新定
212 位，专门用来打给他的一个个情妇了。①）

这样的电话是不会出现在《党派评论》杂志社的办公桌上的。但这个家庭绝不会创建出一个像法勒-斯特劳斯-吉鲁出版社这样的机构。如果说古根海姆博物馆是自负的、美国式的，那并不意味着它的画廊里收藏着的都是沙文主义的国家藏品。与馆内的美国作品一起展出的还有莫蒂里安尼、毕加索、凯尔希纳和克利的作品；这些画作聚集在一起，追求着世界主义的理想；从自由女神像到新联合国，纽约到处都是世界主义理想的不朽作品。这座城市自诩为“流亡者之母”，美国人的这一多元化理想后来变得司空见惯。然而，尤其是在“二战”期间，欧洲大部分地区都处在纳粹的占领之下，无论是在美国国内抑或国外，人们并不都认同这一点。这是法勒、斯特劳斯——以及苏珊·桑塔格——会具体体现的理想。

该出版社已出版过23位诺奖得主的作品，这23位中没有一人从出生到去世时都是美国籍。（T. S. 艾略特放弃了他的美国国籍；约瑟夫·布罗茨基和艾萨克·巴什维斯·辛格则是后来才入美国籍的。）法勒-斯特劳斯-吉鲁出版社最终出版了一系列令人印象深刻的国际作家的作品：欧洲的作家包括赫尔曼·黑塞和亚历山大·索尔仁尼琴、欧杰尼奥·蒙塔莱和埃利亚斯·卡内蒂；拉丁美洲的作家包括巴勃罗·聂鲁达和马里奥·巴尔加斯·略萨；非洲的作家包括沃莱·索因卡和纳丁·戈迪默。加上法勒-斯特劳斯-吉鲁出版社出版的美国作家的作品，这些都体现了战后文学界的雄心壮志。

通过法勒-斯特劳斯-吉鲁出版社，很多国际大作家来到美国。通过该出版社，一些杰出的美国作家也得以崭露头角。没有人像苏

① Boris Kachka, *Hothouse: The Art of Survival and the Survival of Art at America's Most Celebrated Publishing House, Farrar, Straus & Giroux* (New York: Simon & Schuster, 2013), 48, 51.

珊·桑塔格那样热情地拥抱多元化模式，她后来成为斯特劳斯麾下一名最重要的干将。“苏珊才是法勒-斯特劳斯-吉鲁出版社真正的总编吧。”有人听到罗伯特·吉鲁嘟嘟囔囔地抱怨。[①] 她帮助了几十位作家，常常是非常低调地，出版他们作品的英文版。罗杰对她的忠诚亦如她对他一样，是毋庸置疑的。她对斯特劳斯说：“你是这个世界上唯一一个可以叫我‘宝贝’且能相安无事的人。”[②] 213

◆ ◆ ◆

纳特·桑塔格就是用这同一个词来称呼苏珊那没有母亲的母亲的。就像纳特被证明是米尔德丽德理想的父亲一样，对没有父亲的苏珊，罗杰也扮演了同样的角色。虽然他比苏珊大 16 岁，但他们在 2004 年相差几个月相继去世。认识他们的人都觉得这种时间安排真是一件幸事。“他死在她前面真是一种善行。”长期担任罗杰的秘书同时也是其情人的佩姬·米勒说道。[③]

是罗杰让苏珊的事业成功成为可能。他出版了她的每一本书。他让她在事业上、经济上，有时还包括肉体上，充满活力。她充分意识到，如果当初没有他的保护，她就不会有现在的生活。在文学界，他俩的关系一直引人遐想：那些渴望一位同样强大且忠诚的保护者的作家心怀嫉妒；那些猜测他俩的关系意味着什么的人则四处散播流言蜚语，说长道短。简而言之，他俩就是有性关系。“他们过去常一起出去吃‘玛格丽塔午餐’，”一个助理说，“这是她的原话。这一定让她想起了加州或类似的什么地方。他们发生过几次关系，都是在酒店

① 作者对乔纳森·加拉西的采访。
② Kachka, *Hothouse*, 147.
③ 作者对佩姬·米勒的采访。

里。这是她亲口告诉我的，没有任何顾虑。”[1] 但这种短暂的酒店幽会并不能解释他们一辈子的关系。

1962年5月，苏珊和当时的法勒·斯特劳斯出版社就《恩主》一书签订了合同。合同规定稿费为500美元，先预付100美元。钱并不多，但钱不是重点。在她后来的人生中，罗杰的角色将不仅仅是一个出版商。他后来成了她的朋友，给她提供在她的工作中、在她写作时所需要的稳定和信心。

◆ ◆ ◆

汤姆·沃尔夫写道，每天上午，当罗杰的奔驰车开到办公室前停下时，连毒品交易和针对联合广场的袭击都“出于恭敬而暂停了”[2]。
214 那个时候，联合广场肮脏不堪，法勒-斯特劳斯-吉鲁出版社的一间间办公室也是如此。对于一家从不盈利或极少盈利的出版社而言，这个样子是合适的。“他就喜欢在虚无的不结实的边缘行走。”多罗西娅·斯特劳斯这样说自己的丈夫。[3] 然而，如果说这些办公室是破旧寒酸的，斯特劳斯夫妇在上东区的房子则肯定不是。“我们的群体”的魅力赋予法勒-斯特劳斯-吉鲁出版社一种稳健的氛围，罗杰用这种氛围来巩固公司的声誉，而且，在他们家举办的一次次聚会，让很多客人，尤其是新来乍到者，感觉仿佛是来自另一个时代——普鲁斯特时代。多罗西娅打电话发出邀请时通常会说“需要穿衣打扮”或“不需要穿衣打扮”。这让很多年轻人听了感到云里雾里、晕头转向，比如苏珊的

---

① 作者对格雷格·钱德勒的采访。

② Christopher Lehmann-Haupt, “Roger W. Straus Jr., Book Publisher from the Age of the Independents, Dies at 87”, in *New York Times*, May 27, 2004.

③ 作者对乔纳森·加拉西的采访。

朋友弗雷德里克·塔滕就说："我只是一个来自布朗克斯区的年轻人，我根本不知道这是什么意思——什么也不懂。"

（"穿衣打扮"的意思是穿舞会服装或礼服，戴珠宝；"不穿衣打扮"，即穿西服和裙子。）

在他们家，客人们会受到身穿奇装异服的多罗西娅的接待；她的服装是由俄罗斯移民、一个自称为"乔拉伯爵夫人"的女裁缝缝制的。（她儿子说："我觉得我母亲年轻时看过一幅奥布里·比尔兹利的画，从此就没从这一经历中走出来。"[1]）罗杰很少记得别人的名字，他会请对方喝上一杯——"你喜欢喝点什么，朋友？"——然后带着新客人转一圈去会一会其他的客人。"埃德蒙·威尔逊在，苏珊·桑塔格也在，马拉默德也在，丽莲·海尔曼也在，"塔滕回忆说，"这是文学文化中最有趣的层次。"

他们的儿子罗杰三世称他们为弗雷德·阿斯泰尔和金格尔·罗杰斯，两个表演大师——"罗杰是一个外向的人，不是一个内向的人。"他对法勒-斯特劳斯-吉鲁出版社的继任出版人乔纳森·加拉西说——表演结束后，聚会的布置就要被拆除。没有聚会的房子就像是"一个等着飞机进来的机场跑道一样"，他们的儿子说道，"主要功能并未履行；降落区就在那儿，不过它在等飞机"。[2] 215

斯特劳斯流露出一种政治家的热情，让每个人都感到自己是受欢迎的，是重要的——不过，只是在一定的程度上，尤其是对男人而言。"他的效率高得令人难以置信，但他不是那种你可以坐下来和他推心置腹交谈的人。"加拉西说。[3] 对斯特劳斯和他的出版社而言，重点是要把人聚集到一起；而他的聚会则让苏珊得以接触到她从小就崇

---

① Kachka, *Hothouse*, 130.
② 同上。
③ 作者对乔纳森·加拉西的采访。

拜的那些人。然而，她对新的环境毫不畏惧，而且还抛开不适合她的规则，包括餐后的性别隔离。一天晚上，苏珊听到有人建议她上楼和女士们待在一起。她理也没理，径自继续聊着。多罗西娅·斯特劳斯说："就是这样哎！苏珊打破了传统，从此我们餐后再也没按男女分开活动过。"[①]

◆ ◆ ◆

她就是在这种场合遇到《党派评论》的编辑之一威廉·菲利普斯的。她问他怎样才能给他的杂志写稿子。

"你得提出来。"他说。

"我在提出来呢。"她回道。[②]

于是，1962年的夏天，就在她与当时的法勒-斯特劳斯出版社签下合同的几个星期后，她的第一篇文章发表了，是关于艾萨克·巴什维斯·辛格《奴隶》的一篇书评。文章讨论的是人们熟悉的关注点：梦（"后经典小说最纯粹的形式是噩梦"），肉体与精神之间的巨大差异（"该小说中捷足先登表现的是一些空洞的情感和智性上的斗争的痛苦"），以及现代小说重要的主题有一个有趣却未解释的定义（"食欲不振和充满激情的感觉"）。[③] 这篇再也没有重印的文章的新意就在于事情发生的背景。这标志着苏珊·桑塔格进入了这个家庭的核心，并宣布了她在法勒、斯特劳斯圈子里的会员资格：《奴隶》是由罗杰出版的，而该书的合译者塞西尔·赫姆利是《恩主》的热心读
216 者，也将是桑塔格的第一个编辑。

---

① Kachka, *Hothouse*, 147.

② Rollyson and Paddock, *Making of an Icon*, 66.

③ Sontag, "Demons and Dreams", in *Partisan Review*, Summer 1962, 460 - 463.

1963 年 2 月，另一家出版机构——《纽约书评》杂志社成立。纽约出版界工会的罢工迫使《纽约时报》和该市的其他报纸停刊。1959 年，伊丽莎白·哈德威克在《哈泼斯》上发表了一篇题为《书评的衰落》的文章。受该文的启发，包括哈德威克自己在内的一个小团队利用这次停刊的机会开始了自己的书评事业。小组成员包括另一位哈钦斯时期芝加哥大学的学生罗伯特·西尔维斯，他是哈德威克刊于《哈泼斯》的文章的责编。一对年轻的伉俪，杰出的编辑贾森·爱泼斯坦和芭芭拉·爱泼斯坦夫妇也加入了西尔维斯和哈德威克的团队。创刊号的作者包括戈尔·维达尔、诺曼·梅勒、威廉·斯泰伦、阿德里安娜·里奇、阿尔弗雷德·卡津、罗伯特·佩恩·沃沦、W. H. 奥登、罗伯特·洛厄尔以及苏珊·桑塔格——她写了一篇论西蒙娜·韦伊的短文。

《纽约书评》，一个经常被嘲笑为“纽约书互评”的俱乐部，它将成为这个家庭第三代——也是末代——最杰出的出版机构。末代，是因为人们从来不像他们对待有年代的《党派评论》那样，开玩笑说它有特殊的打字机，在每个键上都印着“疏远”“异化”这样的单词。[①] 像古根海姆博物馆和法勒-斯特劳斯出版社一样，《纽约书评》坚定地融入了一种美国文化，它批评了这种文化的残酷与粗俗，却象征了这种文化的野心与威望。《纽约书评》和法勒·斯特劳斯出版社一起，成为苏珊·桑塔格事业发展的基础。

◆ ◆ ◆

《恩主》在 1963 年 10 月出版时，上面有献给玛丽亚·艾琳·福

① Podhoretz, *Making It*, 170.

恩斯的题词。1960年在古巴，甚至更早的时候，她们俩的关系就采用了她与菲利普和哈丽雅特之间关系的那种模式；这种模式差不多贯穿
217 了她的一生。几个月后，激情消失，化为诽谤和嫉妒。

苏珊对艾琳的迷恋是肉体上的。但这也是对跟她自己不一样的人的一种趋向性。1959年，她写道："迄今为止，我一直觉得我能深度了解或真正爱的人，都是我自己的可怜兮兮的自我复制品或不同版本。（我知识上的、性方面的感受一直都是乱伦的。）现在，我能够了解且爱某个和我不同的人——比如，不是犹太人，不是纽约类型的知识分子——到亲密的程度了。我总意识到I.[1]的外在陌生的身份，意识到缺少一个共同的背景——我把它当作一种巨大的释放来体验。"[2]

她向艾琳表达了这一点；艾琳讨厌"尤物"这一陈腔滥调。她总结了苏珊对她的看法："拉丁的、外国的、高雅的趣味、性经验、没受过教育的智慧。"苏珊在日记里纠正她："——这不正确，因为根据字典的解释，教育既指受到系统的教育，也指性格和脑力的发展。"[3] 求助于词典是她们之间差异最典型的例证，这种分歧随着她们日益激烈的争吵而越来越大。她们的邻居，曾向苏珊求婚的诗人萨姆·梅纳什，被她们公寓里传出的尖叫声惊呆了。

艾琳指出了苏珊无安全感的根源。"艾琳说我受我自己的一个家庭形象——我是我母亲的女儿——的摆布。"[4] 苏珊写道。她注意到自己身上有一种消极反抗的行为方式，也知道自己确实把艾琳变成了米尔德丽德：

> 我的"性受虐狂"——夸张地表现在今年夏天和艾琳的通信

---

① 指艾琳。——译注
② Sontag, *Reborn*, 223, December 28, 1959.
③ 同上，第232页，1960年1月。
④ 同上，第258页，1960年2月29日。

> 中——反映的并不是希望受折磨的欲望，而是一种希望，希望通过表明我在受折磨（又表现出自己很“好”，即无恶意）来平息愤怒、减少冷漠……如果妈看到她真的伤了我，那她就不会再打我了。但艾琳不是我妈。[①]

与此同时，艾琳是“一个大转折点”。她反映了苏珊的种种焦虑。她还提供了一个逃避这些焦虑的机会。“她介绍给我一个我原本非常 218
陌生的想法——现在看起来是多么令人难以置信啊！——看我自己的想法。我此前以为，我的注意力只是看我自身以外的东西！因为我并不在他人以及任何其他东西存在的意义上存在。”[②]

她在看艾琳的日记时感到绝望，就像当初她看哈丽雅特的日记时一样。她感到绝望，并不是因为侵犯了艾琳的隐私，而是因为这一行为暴露了她自己的凄惨。是“瞥见自己在看这些笔记让我感到不安，我永远都在别人对我的看法中寻找自己的定位”[③]。

◆　◆　◆

正当苏珊在与“X”做斗争时，艾琳遭到了一个亲戚的性虐待，这一精神创伤不可避免地造成了心理影响。她的一位同辈亲戚说，她“要么兴高采烈，要么暴跳如雷”。两人的关系注定是要破裂的，[④] 但两人的伴侣关系——苏珊用意志获取的智慧和艾琳的天赋之间的关

---

① Sontag, *Consciousness*, 98-99, n. d. [1962].（此处有误，应为1965年8月24日。——译注）

② Sontag, *Consciousness*, 214, n. d. [1967].（此处有误，应为8月9日。——译注）

③ Sontag, *Reborn*, 241, February 18, 1960.

④ 米歇尔·门伦，一名年轻的电影制作人，在艾琳的晚年，也就是在她不知不觉老年痴呆越发严重期间，与她成为朋友，并在几年的时间里对她进行了大量的采访。由此产生的电影《剩下的是我编的》中有很多这些采访的内容。

系——为她们俩取得了突破。艾琳辗转欧洲各地，装作是一名画家，先是生活在巴黎，后来又去了西班牙的一个村庄。“我当时认为我就是高更，”她说，“村里人则认为我是疯子。”[1]

直到她遇到了苏珊，才发现真正适合自己的职业，也帮助苏珊找到了适合她干的事情。这次突破发生在1961年春天，当时她们正坐在一家餐馆里。苏珊那时在哥大教书，为自己不能写作而烦恼。“真傻，”艾琳说，“如果你想写作，为什么不就坐下来写呢？”就在她俩交谈的时候，来了个朋友，邀请她们去参加一个聚会。苏珊接受了邀请，但艾琳命令她回家写作。等她们到家时，艾琳说她也要写点东西，“只是让你看看这件事有多容易”。

她从未写过一个字，但她打开了一本食谱，用每句话的第一个单词写了一个故事。这一技巧她后来会有所改进，而此技巧释放出来的
219 创造力使她成为“外百老汇戏剧界的女王”，她获得的奥比奖[2]比任何剧作家都多。[3] 她生命最后几年中的好朋友米歇尔·门伦说，一开始，她是“实验性的，因为她不知道自己在做什么”。这种自发性会传递给她的学生，她刚刚开始采取这些技巧，她教学生们用同样的技巧来令他们的想象畅通无阻。

> 福恩斯命令道：“闭上眼睛，想象两个在起冲突的人。”沉默了一分钟后，她拿起一本那天早上在街头发现的平装书，浏览了几页，随便找了一个句子。“用这个句子，”她说道，“‘一切都和你离开时一样。’”大家都动笔开始写，包括福恩斯自己——她最后六个剧本几乎每个字都是在工作坊写的。半小时后，她又

---

① Cummings, *Maria Irene Fornes*, 8.

② “外百老汇戏剧奖”（Off-Broadway Theater Awards）的简称，由纽约知名的文化周报《村声》（*The Village Voice*）颁发。——译注

③ 从1965年到2000年，福恩斯总共获得过11次奥比奖。

> 说话了。“现在是一星期后了，”她说道，然后又从那本平装书上随意念了一句，“‘我一点也不知道你要我做什么。’”①

苏珊·陶布斯每个星期六都会和桑塔格、福恩斯在一起。艾琳当时在写《探戈宫》，苏珊·桑塔格在写《恩主》，苏珊·陶布斯在写一部长篇小说，讲述一名女子离开一个魅力非凡、性欲旺盛的男子；这个男子和她丈夫非常相似。如果《恩主》因为把人物塑造得过于超凡脱俗而出了差错，那么《离婚》——这部作品更吸引人——则是基于真实的人物、真实的情感和真实的历史的世界，因而几乎令人痛苦不堪。这真有讽刺意味，因为《离婚》是一个关于流亡者的故事，背井离乡脱离一个世界，却再也找不到另一个世界。

苏珊·陶布斯似乎确实茫茫然不知所措。每一次唐·莱文去她的公寓，他都要先把她家里满满一冰箱的腐烂食物清理掉。真到了无法过马路的程度时，她最终被诊断出患有眼部疾病，这也稍稍解释了她行为的怪异之处。然而，脆弱只是问题的一部分。她“不只是个怪 220
杰”，唐说道。当他责备她对待孩子的态度时，她耸耸肩说：“我的童年糟糕透了。为什么他们的童年就应该比我的好呢?”② 和艾琳一样，和哈丽雅特一样，她挑战习俗，允许桑塔格去做一些她本来不敢做的事情。

◆ ◆ ◆

《恩主》出版的时候，上面的题词是献给艾琳的，但此时，她和

① Ross Wetzsteon, “Irene Fornes: The Elements of Style”, in *Village Voice*, April 29, 1986, 42-45.

② 作者对唐·莱文的采访。

苏珊已不再是一对情侣。不过，艾琳这辈子即便什么也记不住了，她都会记得苏珊。在她生命的最后阶段，老年痴呆症已彻底毁坏了她的记忆力；一次她突然对米歇尔·门伦——当时正在拍摄一部关于艾琳生平的纪录片——说起一个“书呆子；书呆子通常没什么魅力，她却魅力四射，而且，想到这个绝色美人是个书呆子，萨特——萨特——就会去咖啡馆找苏珊坐的那张桌子。萨特！”。

带着一口依然浓重的西班牙口音，艾琳问道：

> 如果我说因为她是我一生的挚爱，你会得到更多的信息吗？她是我爱得最深的人。此刻，我的眼睛开始湿润。这是155年后的今天。因此，你还想问为什么我迟早会开始谈论苏珊吗？为什么有人是你一生的挚爱？这是一个谜。这是神奇的，无法解释。而它像这张桌子一样真实，你不能说，是因为这样，你无法分析。因为这是……当你爱上一个人的时候，是没有逻辑可讲的。我觉得，如果我真正爱上了，如果我有很多自由或信任这个人，我会说，我觉得这与一个人体内的某种东西有关，就像是化学物质一样；这种物质有一种需求，就像你去看病，你感觉虚弱，于
> 221 是医生给你验个血，然后做出分析，他们因此发现你需要补充维生素C或维生素B，还需要尽量多喝牛奶，这与体内某些化学物质的平衡有关。当然，因为人们会说，甚至在我们分手之后，过了这么多年了，你为什么还这么全心全意地爱着她？我会说，你
> 222 知道我为什么爱她吗？因为我爱！[①]

① Memran, *The Rest I Make Up*.

第十五章

妙趣横生

1963年秋，《恩主》出版。评论都是表示敬意的，不过一些人对这部长篇小说是一位美国作者的作品表示惊讶。“要不是我本来就知道这本书是由一位纽约本地人写的，而且也是该市的一家出版社出版的，我会毫不怀疑地认为，该书的作者来自别的什么地方——某个地方——位于加来和华沙之间。”该评论家在《新共和》杂志上撰文说。[①]《时代》杂志的评论家对此表示赞同：这本书“如果听上去不那么像从其他语言翻译过来的难以理解的译文，那么它的写作风格就会被视为英文散文”[②]。汉娜·阿伦特自己就出生在加来和华沙之间；罗杰·斯特劳斯曾送给她一本《恩主》，请她写推介语；她写信给他说：“写得不是一般的好啊。我表示真诚的祝贺：你可能是发现了一个大作家。”[③]

仅仅几个星期之后，肯尼迪总统在达拉斯遇刺身亡。当年，随着
权力从美国历史上最年长的总统德怀特·艾森豪威尔移交到最年轻的 223
总统约翰·肯尼迪手中，那个十年充满希望地开始了。很多美国人想

① John Wain, “Song of Myself, 1963”, in *The New Republic*, September 21, 1963.
② “Identifiable as Prose”, in *Time*, September 14, 1963.
③ 汉娜·阿伦特写给罗杰·斯特劳斯的信，1963年8月20日，桑塔格文档。

象着，肯尼迪当选总统后开始的新十年将使美国在无人能敌的权力和繁荣中享受胜利的果实——而且，在仁慈的美国的领导下，世界将沐浴在“美式和平”之中。不夸张地说，事与愿违，而且，新一代的崛起是以创伤为标志。肯尼迪遇刺就是例证。肯尼迪的创举，越战，则是又一个例子。这个十年将会因一系列的动乱而被铭记：在美国国内，记住一波以往无法想象的暗杀浪潮；记住黑人、妇女以及同性恋者坚定的信心；记住年轻人的决心，他们要重塑一个社会，在这个社会财富和影响力达到巅峰时，能够抵制贪婪、偏执和压制。在国外，决心战胜帝国主义：美国、苏联和其他帝国主义国家中的抗议活动正如火如荼；然而，在《恩主》中，希波赖特发现了一个意义更深远的变化，这个变化奠定了所有其他变化的基础。

> 我相信，我们时代真正的变革已经不是什么政府更迭，也不是公共机构人员变动，而是感觉和视觉上的变革。①

研究20世纪60年代的文化变革，就会认识到“感觉和视觉上的变革”在多大程度上与对异族通婚的恐惧有关。种族主义的用语是“杂种化”。这表达了一种担忧，担心黑人和白人之间的性行为——在私下里普遍存在，公开却是禁忌——会产生一种堕落的黑白混血儿种族。这并不是一个次要的观点。直到1967年，所有50个州才允许黑人和白人通婚。

事实上，60年代所有的动乱都在努力打破界限。其中一些动
224 乱——男人和女人之间、黑人和白人之间、犹太人和非犹太人之间、异性恋和同性恋之间——已经有很长的历史，似乎不需要解释，不过

① Sontag, *Benefactor*, 6.

这是骗人的：在过去的半个世纪里，所有这些用语的内涵都发生了变化，常常变得面目全非。美国社会被其他的禁忌撕裂，不过如今这些已几乎彻底为人遗忘，令人难以理解，像苏珊·桑塔格这样知识渊博、引经据典的博学之人，怎么会被攻击为一个杂种，一个消除等级理念的推广者，而她的声望则被认为是堕落的象征。

T. S. 艾略特曾称批评——对文化界限的管辖——是“趣味的纠正”。这一任务对于这个家庭的第二代，像埃德蒙·威尔逊、莱昂内尔·特里林以及兰德尔·贾雷尔这样的作家来说是极其重要的，他们的作品因此形成了所谓的“批评的时代”。美国很多最伟大的作家——最有影响力的、最有学识的、最受人尊敬的作家——都是批评家，他们觉得自己可以形成一个预防污染的盾牌，保护他们所珍视的一切不受侵害。他们所捍卫的文化是一种鄙视和拒绝一切太过简单、太过通俗，太被金钱、形象和成功所束缚的文化。

对于20世纪50年代的《党派评论》群体而言，中庸主义的精髓是“每月读书会”和《生活》杂志。对于严肃画家来说，他们的敌人是带有广告气息的商业艺术。对严肃戏剧和严肃音乐而言，敌人是百老汇。对于先锋派电影而言，敌人则是“好莱坞”这个词所代表的一切。电影本身就不是很肯定：关于电影是否可以被视为一种艺术的争论反映了关于摄影的类似的争论。有人可以撰文讨论科幻电影，或“偶发艺术”，或是一种被认为是“坎普”的同性恋风格的作品，但仍然希望被当作一名知识分子认真对待，这种想法令人不安。上一辈眼见着他们很慎重地划分的界线被拉扯，扔进了垃圾堆。 225

◆ ◆ ◆

1964年，苏珊·桑塔格在东47街上了一部摇摇晃晃的电梯，出现在一栋四层楼房的顶楼，这套顶层公寓一年的租金为 100 美元。公寓用银箔装饰，被称为“工厂”，原来是一个游击队的前哨；“工厂”的领头人是天才安迪·沃霍尔。

1957 年，沃霍尔获得艺术总监俱乐部奖章，“授奖词特别提到他的鞋子广告”[①]。几年后，他成了美国最出名的艺术家。这证实了评论家的守门人最担心的事情。他在各方面都与他们对立。他们大多是犹太人；他和他周围的人则大多数是天主教徒。他们喜欢高谈阔论；而他则出了名的沉默。他们追根寻底；而他则流于表面。他们膜拜学问；他则极其超然。（作为他那一代被阅读量最大的视觉艺术家之一，他对自己的阅读却“秘而不宣”。）他们声称讨厌商业价值和商业文化，而他对金钱毫不反感，甚至对小报名人十分着迷。“一切都是美的。”他漠然地说，一边在安非他命[②]的作用下渐渐情绪高涨，一边没完没了地嚼着他的口香糖。[③]

简单来说，他反对阐释。尽管这不可避免地使他成为现代被阐释得最多的艺术家之一，但他对表面的执着并不是一种矫揉造作。这是一种求生的策略，苏珊本能地就能理解这一点。她提醒自己不要有两个自我，但她也意识到，通过写作，她可以创造一个新的自我，一个隐喻性的自我，可以保护内心的那个“懦怯者”。沃霍尔也有类似的见解。如果安德鲁·沃霍拉性格内向、脸色苍白、说话口吃、极度恐惧，而且——并非巧合——是同性恋者，那么，安迪·沃霍尔就是个名人：一个假面。

他的到场让聚会变成一个场景。他一眼就把一个汤罐头变成了一
226 幅杰作，还把街头的妓女或吸毒成瘾的女继承人变成了一个偶像。那

① Stephen Koch, *Stargazer: Andy Warhol's World and His Films* (New York: Praeger, 1973), 140.
② 即苯丙胺，一种对中枢神经系统具有显著兴奋作用的药物，具有成瘾性，属于毒品。——译注
③ Stephen Koch, *Stargazer: Andy Warhol's World and His Films* (New York: Praeger, 1973), xi。

些沃霍尔超级明星的名字——彭妮·阿卡德、坎迪·达琳、极致紫罗兰[①]、托滕·丽塔——证实了沃霍尔的观点，自我改造是件乏味无聊的事情；人和物体“完美地”转化为“一个隐秘世界的形象，这个世界里有美人、天才和装腔作势的人，痴迷的人和无聊的人，而他们最终都会变成富有魅力的自己”[②]。

他把自己变成了他自己的一件物体，斯蒂芬·科赫写道：“他的形象华丽而闪耀，确定无疑，立刻就能被人领悟，但在注意力的边缘忽隐忽现引发共鸣，他的形象似乎在构建一些意义，而这些意义随后就像幻想中的静电一样消失了，似乎是在出现的同时就消失了。”他对别人也是这样。他动用数百人制作的“试镜系列”非常著名，不过其中大多数人并不著名。他们从货梯上下来，走进银色的大厅。科赫写道：“那就是沃霍尔的天赋所在，他让他的世界里的每个人都被注视。被注视的事物是有意义的，即使它只是被注视的意义。”[③]

◆ ◆ ◆

等桑塔格出现在“工厂”时，“沃霍尔已经有充分的理由认为她不太喜欢他的画，也不相信他的真诚”。沃霍尔对她的批评意见不感兴趣，即使有兴趣他也永远不会表露出来。他对这副“漂亮的长相——乌黑的齐肩直发以及大大的双眸，还有她穿着的裁剪讲究的服装”很感兴趣。[④] 当

---

① 本名为伊莎贝尔·科兰·迪弗雷纳（Isabelle Collin Dufresne，1935—2014），生于法国，1953 年离开法国到美国；在安迪·沃霍尔的建议下改名。——译注

② Koch，*Stargazer*，5.

③ 同上，第 6—7 页。

④ Dana Heller，“Absolute Seriousness：Susan Sontag in American Popular Culture”，in Barbara Ching and Jennifer A. Wagner-Lawlor，*The Scandal of Susan Sontag*（New York：Columbia University Press，2009），32ff.

沃霍尔用他那矫情的声音煽情地说着他的陈词滥调时，她做了七次四分钟的试镜。

当苏珊叉开着两腿，慵懒地坐在一把椅子上时，他说："哦，哇哦。"

她戴着一副墨镜，摆出一副男人味儿十足的姿势。

"笑一笑，"他说，"说'茄子'。"

她被注视的时间越长，就越发感到坐立不安。她在椅子上动了
227 动，嬉闹的玩笑逐渐停息了。随着镜头疾速移动，我们看到这个女人，带着她全部的勇敢、美貌和矫揉造作，正在变成一个超级明星，也就是说，一件没有生命的商品。这种物化是沃霍尔美学化死亡的一种方式，也是他所痴迷的；从这种痴迷中，他得出了一个令人震惊的结论。通过物化其影像（蒙着寡妇面纱的肯尼迪夫人）及其最令人毛骨悚然的现代工具（电椅），他可以美学化人类最难以缓解的恐惧。

这就是明星的魅力。他想把自己紧张不安的形象塑造成现代名人的形象。"把自己从充满危险、焦虑的人类行为和互动世界中解脱出来，把自己完全包裹在毫无功能的美学世界的安详中。"著名的沃霍尔批评家科赫写道。

> 他渴望只在旁观者眼中存在的富有魅力的和平，因而努力成为一个名人、一个明星，毫不掩饰他对物化的偏爱，而不愿作为人。他曾经这样对一个采访者说："机器就没那么多麻烦，我就愿意成为一台机器，你不愿意吗？"①

---

① Koch, *Stargazer*, 22－23.

◆ ◆ ◆

在去“工厂”的前一年，苏珊还不是名人。她只是一名年轻作家，在努力让自己声名鹊起。她出版了一部长篇小说。她发表了几篇随笔文章。但《恩主》以及对西蒙娜·韦伊的评论文章均非成为名人的素材。1964 年夏天，她第三次去欧洲。在巴黎，她写了《关于“坎普”的札记》，发表在《党派评论》1964 年秋季号上。

甚至在文章发表前，对它的评价就褒贬不一。威廉·菲利普斯，《党派评论》的两个编辑之一，很喜欢该文。另一位，菲利普·拉夫，则“不喜欢她”[1]，也不喜欢这篇随笔文章。那期杂志一摆上报摊，该 228
文就在社会上引发了类似的反应。苏珊发现自己上了《时代》杂志，《纽约时报》则指出，“知识分子和不那么知识分子的世界立刻对‘坎普’议论纷纷”。一名《纽约时报》的读者，费城的罗伯塔·科普兰夫人对此严厉回击道：“如果‘坎普’的概念将要被允许进入我们文化生活的主流，带着声声祝福，同样毫不逊色，进入《纽约时报》的主流，那么我认为，我们的社会正在走向前所未有的道德沦丧。”[2]

这篇《纽约时报》的文章把“坎普”描述为“任何可以被描述为‘疯狂的’、‘疯癫的’或‘妙趣横生的’东西”。妙趣横生有什么不好呀？艺术批评家希尔顿·克莱默从《党派评论》上知道了苏珊，他解释说她在使“道德歧视的概念显得陈腐而且明显不时髦”，在瓦解基本的差别。詹姆斯·阿特拉斯写道：“那些流行但严肃的作品，

---

① 作者对诺曼·波德霍雷茨的采访。

② “Not Good Taste, Not Bad Taste—It's ‘Camp’”, in *New York Times*, March 31, 1965.

那些占据了中间地带的作品……对高雅文化的神圣性构成了威胁。”[①]诺曼·波德霍雷茨说，菲利普·拉夫也表达了反对意见：“他把她视为高雅文化的敌人。”

桑塔格很少劳神去理会这些反对意见，也很少去设法消除她的文章引发的众多误解。“‘坎普’趣味……仍然假设存在更老、更高的歧视标准。”她后来在一次很少有的提及该文时指出。而且，正是这些标准“与安迪·沃霍尔这类提倡消除等级的纨绔主义的专营者和大众化营销者体现的趣味形成了鲜明的对比”[②]。《关于“坎普”的札记》于1966年收入桑塔格的第一本文集《反对阐释》，以书的形式出版，读这本书就是在问：如果这个女人是高雅文化的敌人，那还有谁可能是它的朋友呢？然而，有人怀疑，罗伯塔·科普兰夫人并不担心提倡消除等级的纨绔主义的大众化营销。

229 《关于“坎普”的札记》一文虽然不长——仅16页，6000多字——却是多年思考的结果。该文的初稿在1958年她去希腊期间就已成稿，六年后才在《党派评论》上发表。正如科普兰夫人所怀疑的那样，其标题揭示了隐藏在桑塔格最终选择的主题后面的主题：关于同性恋的札记。

> 同性恋与自恋。关注服饰、衰老、美貌。里卡多让H.和我陪他一起去塞弗勒斯巴比伦[③]的百货公司买眼霜。[他+H.一起说着西班牙语——她假装是她要买，不得不问他“你喜欢这款？”“还是要那一款？”——认为那个女售货员听不懂。]阿斯堤尔海滩上的那个同性恋者，不停地用手梳理他那灰白的头发。布鲁诺

---

① Atlas, “The Changing World of New York Intellectuals”.

② “On Roland Barthes”, in Sontag, *Where the Stress Falls*, 80.

③ Sevres Babylon，作者在后面标注了“原文如此”。——译注

蓝色的丝绸领带，他的几枚戒指，他因秃顶而感到羞愧。

男同性恋者特别虚荣。关注漂不漂亮。痴迷地想着变老的事情。如果你长得丑或者老了，你就没有酬劳了，没人会要你。（里卡多语。）没人会觉得上了年纪的女王有魅力。不像女同性恋者，她们更看重“性格”而非“外表”。

同性恋者与时髦——同性恋者总是在酒吧这种时髦场所为人所见，比如佐纳尔餐厅。或者在一些时髦的度假胜地，比如地中海群岛（卡普里岛、伊斯基亚岛、米科诺斯岛+伊兹拉岛+波罗斯岛）。

男同性恋者的世界比女同性恋者的世界更加发达。“坎普”趣味的现象。（媚俗的艺术作品=伤感的，廉价粗俗的。）喜欢庸俗事物的超级势利感——不仅仅是“喜欢”它，而是为它而疯狂。埃利奥特·斯泰因：酷爱歌剧、恐怖电影、毫无艺术性可言的色情文学、奇怪的报刊故事以及报刊标题的蒙太奇，在卢尔德度假——

室内装饰中的同性恋趣味（酒吧，桑迪+玛丽的公寓）：条纹——黑色、白色、红色；彩色的板材、印度地毯、现代家具、 230
蓝色+粉红色毕加索类型的画作（杂耍艺人和悲戚的年轻人）、玻璃杯的杯垫……

同性恋对我的吸引力——戏仿的元素、假面的元素，机智与矫揉造作的混合体。

在大多数城市，一个秘密社会、有分支机构——酒吧——的成员。识别的游戏。他是不是一个男同性恋者？（我和H.将这种游戏称为“观鸟”。）主要的线索是看上去的姿态和衣着打扮。那种扭着屁股、轻手轻脚的明显是同性恋式的行走方式……

两类先驱者——女性解放的极端类型：妓女和女同性恋者。

如果双方均为同性，那么很有可能即兴发挥并打破情爱关系

> 中既定的习俗——男性和女性、支配者和被支配者。这种可能性是有希望存在的。但是，大多数同性恋伴侣只是拙劣地模仿异性恋的性交……
>
> 同性恋是对社会的一种批判，是一种内在放逐的形式。对资产阶级期望的反对……
>
> 同性恋者说话的方式：(1) 调高声尖，口音很重，英国上层阶级妇女在战争期间的拍手和其他习惯。“情爱的[1]，不管甚么[2]时候你从伊斯坦布尔回来。”……
>
> 维洛蒂斯上校——60 多岁，一头银发，粉红色的皮肤，丰满、柔软的嘴唇，同性恋式的军装衬衫，阳物形袖扣。关于古希腊的谈话。[3]

在这种成见的背后，是对生活的崇拜，这种生活是建立在她所反对的“资产阶级期望”之外的。这是作为抵抗传统关系的同性恋方式，苏珊准备从这种关系中逃脱。几个星期前，她回到加州，对菲利普说，他们的婚姻结束了。这是一个秘密社会的性感所在，就像她在洛杉矶经常光顾的那个地方；里面的前卫电影和违背社会常规的勾搭
231 让个中人兴奋不已。而且，正如“同性恋……在酒吧这种时髦的场所”所表明的，这就是同性恋——用沃霍尔的话来说——魅力。

这一魅力依靠的密码只有其始作俑者才知道。而苏珊·桑塔格凭借其对“内外有别”的敏锐理解，在《关于“坎普”的札记》中所揭示的正是这些密码。她很清楚这就是背叛。她写道：“谈论‘坎普’，即出卖‘坎普’。”

---

① 应该是“亲爱的”（darling），但因为有口音，说成了 dahling，所以译成“情爱的”。——译注

② 原文为 whenever，这里译为“甚么”，以区别于“什么”。——译注

③ 桑塔格文档，1958 年 7 月 19—24 日，伊德拉岛。

◆ ◆ ◆

《关于“坎普”的札记》在当时是有影响的，现在依然有影响，因为它给人一种圈内人的感觉。像桑塔格的很多优秀作品一样，该篇也是一个列表形式，一场有导游的旅行。她耐心地解释为什么科克托是“坎普”而纪德不是，施特劳斯是而瓦格纳不是。在她的分类中，卡拉瓦乔和“很多莫扎特的作品”与杰恩·曼斯菲尔德和贝蒂·戴维斯归为一类。约翰·罗斯金毫不费力就悄悄地和梅·韦斯特到了一起。桑塔格能够把以前看不见的东西明显地联系起来，正是这一能力使得这篇文章——及其玩世不恭、恶作剧和幽默——成为一篇天才的评论之作。

这是一种精心设计的模糊界限，以坎普对女性化的男子或男性化的女子的喜爱为代表：“阳刚男子身上最美的是阴柔的东西，”桑塔格宣称，“阴柔女子身上最美的则是阳刚的东西。”坎普感受力破坏了等级制度。她把“坎普感受力的一个重要元素——所有物体的等同性”这一说法归功于奥斯卡·王尔德；该文正是献给王尔德的。这意味着对评论界权威的攻击：在他们自己内部的机构，对“这个家庭”的攻击。希尔顿·克莱默认为，这无异于开启了“后现代时代精神破产”的先河。他怒斥桑塔格“切断了高雅文化和高度严肃之间的联系，而这一直是现代主义精神的基本原则。这篇文章把高雅文化从其完全严肃、坚持挑 232
剔的标准、保持无懈可击的公正清廉的责任约束中解脱出来……”[1]

他从未原谅她。

然而，隐藏在《关于“坎普”的札记》中的——必须说不是隐

① Seligman, *Sontag & Kael*, 116.

藏得很好——是一个更具攻击性的论点。正如桑塔格所设想的那样，坎普的目的并不是消除等级，而是正好相反。这意味着建立一个新的等级制度。她宣称，真正“有趣味的贵族”都是同性恋者。他们的“唯美主义和反讽”加上“犹太人的道德严肃性”一起构成了现代感受力的先锋派思想。这不只是对平等的隐晦的陈述，更是对同性恋优越性的赤裸裸的声明。

同性恋者比异性恋者低一等，这个观点就和女性比男性低一等，或黑人比白人低一等一样，在以往是毋庸置疑的。正是这一点，使得《关于“坎普”的札记》就像黑人民族主义对白人至上的观念，或者1960年获准的避孕药对男性至上的观念一样充满威胁。看到同性恋者掌控美学意味着他们将掌控自己被看待的方式，这是另一场“感觉和视觉上的变革”。

如果沃霍尔和桑塔格获胜，那么，旧的等级制度就会土崩瓦解。研究文化战争的后续历史，就是要看一看这些等级制度将会被捍卫到何等坚决的程度，以及能捍卫多久。

◆ ◆ ◆

《关于“坎普”的札记》一文发表时，同性恋者都被认为是病态的、精神错乱的，是变态的。1964年5月19日，就在《关于“坎普”的札记》发表前几个月，《纽约时报》刊登了一篇题为《同性恋者以反常性为荣》的文章，“性反常者”和“性倒错者”这样的措辞被当作“同性恋者”的同义词在文章中交替着使用。（有报道称，这
233 些反常者变得越来越强硬，而且“似乎要开始写自传了”。）[1] 1969

① Robert Trumbull, “Homosexuals Proud of Deviancy, Medical Academy Study Finds”, in *New York Times*, May 19, 1964.

年，唐·蒂尔——当时他不得不以化名写作——发表了一篇开拓性的批评文章，题为《“我们”为什么不能从此也过上幸福的生活?》。

> 就像二三十年前的美国黑人在舞台上和银幕上看到自己——以及在小说中读到自己——仿佛是老黑乔或普里西或擦皮鞋男孩一样，美国同性恋者也有自己的抱怨：他不相信自己一辈子一定会以悲剧结束，他希望看到自己的形象有所改变。①

这一改变即将到来。女性主义批评家卡罗琳·海尔布伦还记得自己得知格特鲁德·斯泰因是女同性恋者时有多么震惊。② 斯蒂芬·科赫自己是一名双性恋，他说：“甚至连艾伦·金斯伯格的性取向都未被讨论过，大多数了解艾伦·金斯伯格的人都不知道，尽管他还写过这件事。”③

回顾起来真是显而易见，要了解性取向就需要一场“视觉上的变革”。那场变革即将到来，这在很大程度上要归功于《纽约时报》上刊登的那篇文章所列举的同性恋者。科赫说：“人们传说有一种自由的新元素，许可的程度有了新高度，最高的成就即《关于‘坎普’的札记》。”

◆ ◆ ◆

这一许可当时并未完全获得。1964 年 4 月 13 日，苏珊在《国家》

---

① Donn Teal (as “Ronald Forsythe”), “Why Can’t ‘We’ Live Happily Ever After, Too?”, in *New York Times*, February 23, 1969, quoted in David W. Dunlap, “Looking Back: 1964 | ‘Homosexuals Proud of Deviancy’ ”, in *New York Times*, June 9, 2015.

② Heilbrun, *Writing a Woman’s Life*, 79.

③ 作者对斯蒂芬·科赫的采访。

杂志上发表了一篇对新实验电影《淫奴》的短评。这部由同性恋艺术家杰克·史密斯执导的电影，尽管片长（43 分钟）和预算（300 美元）都算是小制作，但这部片子令审查者颇为激动。种族主义者、南卡罗来纳州参议员斯特罗姆·瑟蒙德以及一个名为“正派文学公民联
234 盟”的天主教反色情组织也加入了进来。但此时的社会风气不再那么惯于顺从了，史密斯只比苏珊大几个月，他是那种如今逐渐引起人们更广泛注意的闹市区有个性的人。

她的评论文章一开头就表示不愿接受那些更为无聊的反对意见，因而对它们不予理睬：

> 杰克·史密斯的电影《淫奴》中软而不挺的阴茎和跳动着的酥胸的特写镜头以及手淫和口交的连续镜头唯一让人感到遗憾的是，它们使得人们仅仅是要谈一谈这部出色的影片，都觉得很难开口；人们不得不为其做一番辩解。①

她的确为之辩解了，而且不仅仅呼吁这部电影“具有易装癖的诗意”或者说它是“有诗意的、具有震撼力的电影”。6 月，她被传唤到法庭，为被指控“放映淫秽电影”的评论家乔纳斯·梅卡斯辩护。放映的电影就是《淫奴》，梅卡斯是在纽约的新鲍厄里剧院放映的。据《村声》报道，桑塔格是唯一一个获准进行详尽讲述来做证的专家证人，因为双方的律师都对她关于色情的定义很感兴趣。“就是会引起性兴趣的东西。”她毫无争议地提出，强调目的和背景。随后，在被要求举例说明时，她回答的方式让人回想起她在青少年时期发现纳粹集中营照片的情景，也对她后来很多的作品充满了期待：“她指的

① “Jack Smith's *Flaming Creatures*”, in Sontag, *Against Interpretation*, 226.

是时代广场电影院外为战争片做广告的海报，上面都是残暴的画面。”这个定义似乎与她之前对色情作品所做的描述——色情作品就是会引起性兴趣的东西——相冲突，但她的定义没产生任何效果。梅卡斯被判有罪，一同被判刑的还有一名放映员和一名接受捐款的妇女。（第四名被告，检票员，免受惩罚。）[①] 235

桑塔格在文章中写道：“生活中有一些元素——尤其是性快感——是没有必要摆出一种姿态的。”这并不完全准确。某些性快感，尤其是那些她会用“坎普”这个词去暗示的性快感，激发起某些人去报警。桑塔格自己对同性恋取向持怀疑态度，既为“坎普”的观点所吸引，同时又对该观点反感。她在文章中称赞影片《淫奴》是“对世界进行美学观照的一个成功范例”。这一美学观照——作为表征的世界、作为隐喻的世界、作为“坎普”的世界——是一个她显然对其有着复杂感情的世界。

◆ ◆ ◆

在后来的几年里，这种矛盾的情绪会扩展到《关于“坎普”的札记》本身。作家特里·卡斯尔回忆起 1995 年在斯坦福大学一次餐会上发生的事情，当时，有一位客人说他很欣赏《关于“坎普”的札记》。

> 桑塔格随即鼻孔张得大大的，用很伤人的歹毒的眼光盯着他。他怎么能说出这种蠢话？她对讨论那篇文章没有兴趣，而且永远也不会有兴趣。他本就不该提起这件事。他落伍了，智商完

---

① “Pornography Is Undefined at Film-Critic Mekas’ Trial”, in *Village Voice*, June 18, 1964. 该判决后来被上诉法院撤销。

全不在线。难道他没有看过她的其他作品吗？他没有继续跟进吗？当她怒火中烧、情绪跌到低谷——在接下来的两个星期中，这情景对我们来说已再熟悉不过了——我们其余的人恐惧而震惊地观望着。现在，这位对话中的冒犯者自己也非无名之辈了——事实上，他是避孕药的发明者。他显然不习惯让女人来告诉他闭嘴，告诉他他应该为此感到羞愧。①

多年来，许多笨手笨脚的人都会得到这样的反应；这情节剧般的
236 反应，让人联想到琼·克劳馥，最终会把桑塔格自己推到“坎普”女主角的第一阵营当中。不过，就像对这篇文章最初发表时过度的反应一样，桑塔格一番装腔作势的表演也暗示了一种意义更为深远的抵触。

她在第二段写道：“我受到坎普的强烈吸引，但几乎同样强烈地为它所挫败。”② 在收入文集《反对阐释》的版本中，似乎是要增加与她的距离，她在表述时的语气更为强调：“我受到坎普的强烈吸引，但几乎同样强烈地排斥它。”如果用“同性恋”来代替“坎普”，就像该文的标题上那样，那么抵触就会很明显。用卡斯尔的话来说，“她自己的性取向太明显了：同性恋的‘委婉表达’和内部玩笑太露骨，让人不舒服”。她对这篇文章感到纠结，因为它是关于同性恋的：因为它是关于她的。

尽管如此，只要它还是一个内部玩笑——被这个家庭成员和少数有文化野心的内部人士读到——那就没有害处。一旦它违背常规离开大本营，它就因为另一个原因变得危险起来。如果说桑塔格有一个人

---

① Terry Castle, “Some Notes on ‘Notes on Camp’”, in Ching and Wagner-Lawlor, *Scandal*, 21-31.

② “Notes on ‘Camp’”, in Sontag, *Against Interpretation*, 276.

生规划的话，那就是要摆脱她青少年时看到自己身上有的虚假感觉。她想成为一个真实的人，更多的是肉体上的，而非脑力上的。她想要“看见更多，听见更多，感受到更多”。而坎普就是要“懂得存在即扮演角色”。就是“以其感受力而言，是生活作为戏剧这一隐喻的最远延伸”。这是安迪·沃霍尔得出的符合逻辑的结论的隐喻。因为害怕人类，他接受了去人化。

“我想成为塑料。”他说。[①]

以及：“我愿意成为一台机器。”

苏珊则不然。

十年以后，在《论摄影》中，桑塔格会描述人如何变成了影像，个体如何被纳入个体的表征，以及影像和表征——隐喻——是如何比它们所表现的事或人更为人们所喜欢。她写道，“在摄影师可以在一 237
张照片和一个生命之间做出选择的情况下，选择照片竟变得貌似极为有理”。尽管语气戏谑，《关于“坎普”的札记》考察的正是这一过程，并为柏拉图描述的一种现象找到了一个现代名称。“坎普把一切事物都放在引号里看待。这不是一盏灯，而是一盏‘灯’；不是一个女人，而是一个‘女人’。”还有什么比苏珊·桑塔格与“苏珊·桑塔格”之间的差距更能说明坎普呢？

◆ ◆ ◆

1965 年 2 月，《关于“坎普”的札记》发表仅几个月后，有人发现苏珊出现在伊莱恩餐馆。这是上东区的一个名人聚集地；餐馆以很一般的饭菜、奇贵的价格以及难以言喻的魅力而闻名；餐厅的女老板

① Koch, *Stargazer*, 15, 22.

伊莱恩·考夫曼根据她自己对一个个来客在文化上的重要性的判断来给他们安排座位。少数几个成功地经过了领班的游客或伸长脖子呆看的看客被赶到后面一个叫作“西伯利亚”的包间；门口的几张圆桌是专门为新来的客人预留的。就在这个晚上，有人看到她和伦纳德·伯恩斯坦、理查德·埃夫登、威廉·斯泰伦、西比尔·伯顿以及杰奎琳·肯尼迪一起共进晚餐。

苏珊通过芝加哥的一个朋友，喜剧演员兼导演麦克·尼科尔斯结识了遇刺身亡的总统的年轻美丽的遗孀。杰奎琳·肯尼迪——本人也是沃霍尔最喜欢的实验对象——喜欢读书，亲法，比苏珊大三岁多；她后来邀请尼科尔斯和苏珊去她家，为她死去了的丈夫哭泣。① 肯尼迪夫人家富丽堂皇的环境令苏珊惊叹不已。（她家有 13 个客厅，苏珊对一个朋友说：“你最好别忘了你的香烟搁在哪儿了。”）她被那张著名的脸背后的一幕幕迷住了，对此感到非常滑稽，她对另一个朋友说：“杰姬②满嘴不停地说着‘操’。”③

238 苏珊花了好一阵才知道这个新圈子的种种行为方式。她发表《关于“坎普”的札记》后不久，一天晚上，她受邀前往那不勒斯公主玛瑞拉·阿涅利位于纽约的公寓；玛瑞拉的丈夫是菲亚特的总裁。门卫告诉他们到 15 楼。可是当他们向电梯走去的时候，苏珊觉得他忘了告诉他们公寓的门牌号了。她转身对门卫说：“对不起，15 多少来着？”一起去的几个人放声大笑，其中一个问道：“你认为菲亚特的女继承人会住在 15 层 G 套吗？”

另一天晚上，一辆豪华轿车把她和她的社交名媛朋友们带到了一家著名的夜总会。当时有一群人都在等着进去，但在她的一个朋友对

① 作者对斯蒂芬·科赫的采访。
② 杰奎琳的昵称。——译注
③ 作者对唐·莱文的采访。

保安耳语一番后，他们这拨人立刻被带了进去。

苏珊深感佩服，她问道：“你都说了些什么？”

他回答说：“我就说我们是和苏珊·桑塔格一起来的。”[①]

◆ ◆ ◆

《关于“坎普”的札记》发表时，苏珊31岁。“突然有一天，博学高雅的评论家、小众杂志的随笔作家、哲学小说家及大学教授苏珊·桑塔格，成了一件中产阶级崇拜的商品。”诺拉·埃夫隆在1967年写道。

在这篇文章发表之前，她已在纽约最负盛名的几本杂志上发表过几篇随笔文章，以及一部长篇小说；该小说让人感觉是某个学识渊博的欧洲人创作的。这些高深难懂的作品居然出自一位说话带加州口音、美丽动人的年轻女子之手，这一直让人议论纷纷；《关于“坎普”的札记》发表时，带着被严禁的性爱的风险气息，大众媒体也开始关注了。

埃夫隆写道：“这都怪《时代》杂志。当时她这篇《关于‘坎普’的札记》安安全全地隐藏在《巴黎评论》上，后来被《时代》杂志发现了，并对文章进行了提炼和过度简化，而且介绍了‘坎普’和‘桑塔格小姐’，仿佛两者是共生共栖一样。”[②] 1965年初，《纽约时报》杂志发表了一篇篇幅很长、配有大量插图的随笔文章，介绍“坎普的艾萨克·牛顿爵士”。《关于“坎普”的札记》甫一发表， 239
“知识分子的圈子和层次略低些的圈子顿时全都对‘坎普’议论纷纷”，于是，“今年冬天，纽约知识界最流行的室内游戏，便是给哪些

---

① 作者对唐·莱文的采访。

② Ephron, “Not Even a Critic Can Choose Her Audience”.

东西是‘坎普’的，哪些东西不‘坎普’，一个个贴上标签”[①]。该文引用了关于坎普与同性恋联系的严肃警告。

> 最近，纽约一位反坎普的精神病专家对一位朋友说：“坎普主要是一种倒退的形式，是以一种极其多愁善感、幼稚的方式对权威的公然违抗。简言之，坎普就是一种逃避生活及其真正的责任的方式。因此，在某种意义上，它不仅是极为孩子气的，而且对社会也有潜在的危险——它是病态且颓废的。”

对苏珊的事业而言，这种宣传在某种程度上是有价值的。她成了安迪·沃霍尔的拍摄对象，可以和杰奎琳·肯尼迪共进晚餐。她本人也成了纽约的象征；就像移民回忆录中第一次看到自由女神像一样，去看一眼桑塔格成为 20 世纪美国文学生活的一个规定环节。时值 1968 年，拉里·麦克默特里想象一个外省的作家能够达到的最高的境界是，“如果他到了纽约，”他写道，“他也许甚至能遇见苏珊·桑塔格。”[②] 1968 年，苏珊·桑塔格只有 35 岁。

1966 年 1 月，《反对阐释》发表时，《纽约时报》的评论员艾略特·弗里蒙特-史密斯已称她“无疑是当今美国在创作的最具争议的批评家”。他说，她并没有“谨慎地、犹豫地爬上知识分子的舞台”。相反，“她不知道从哪儿冒了出来，置身于一场类似于抛纸带迎宾式游行行列之中——纸带里有她自己非常确定的随笔文章和评论文章，还有一部半超现实主义的哲学小说，书名为《恩主》——而那些抛纸
240 带的人就是她的出版商（罗杰·斯特劳斯）以及《党派评论》和

---

① “Not Good Taste, Not Bad Taste—It’s ‘Camp’ ”.

② Larry McMurtry, *In a Narrow Grave: Essays on Texas* (New York: Simon & Schuster, 1968), xxiv.

《纽约书评》文化圈子里那些有点儿鲁莽但坚定而自信、非常优秀的年轻成员。突然间，1963 年左右，苏珊·桑塔格就出现了——她不是被人宣布，她已经被正式宣告了”[1]。

她对诺埃尔·伯奇说：“为了出名，我已经做了我该做的一切。”[2]她从未说过她到底做了些什么；许多人对一个问题“一直深感困惑”，斯蒂芬·科赫就是其中之一；这个问题即苏珊为什么且如何变得这么出名，以及她是如何在数十年的时间里，即使是在她对读者最不友好的时期，依然保持着自己的知名度的。职业生涯伊始，她就是个矛盾体：一个学识渊博得令人生畏的年轻女子；一位来自苦行僧堡垒——《党派评论》的作家，与上一代人憎恶或声称憎恶的当代“低俗”文化融为一体。然而，她的名声激起了朋友们浓烈的兴趣，因为这是前所未有的。她并不是根正苗红。尽管很多人会以她为榜样塑造自己，但她的角色形象绝对是不可能令人信服地得到复制的：她是这世上独一无二的。

不过，朋友们也看到了她与名声之间的暧昧关系。这让她认识到，她一直渴望出名，但对于一个“始终在别人的意见中寻找［她］自己的位置”的人来说，这是危险的。她早期与名望有关的一些经历颇具喜剧性。在公共场合有人能认出她后不久，有一次她和唐·莱文在格林尼治村的一家杂货店里，一个狂热的粉丝冲上前对苏珊说，她有两个最喜欢的小说家，苏珊是其中之一。苏珊深感荣幸；唐则感到很难堪，他知道那个问题就在她嘴边，他希望她不要问出来。“真的吗？那另一个是谁呢？”那个女人急切地答道：“艾茵·兰德。”[3]

斯蒂芬经常问她是如何做到的。她对他说：“这很简单，你找到

---

① Eliot Fremont-Smith, “After the Ticker Tape Parade”, in *New York Times*, January 31, 1966.
② 作者对斯蒂芬·科赫的采访。
③ 作者对唐·莱文的采访。

个支撑，然后就单枪匹马出去冒险吧。”然而，朋友们发现，苏珊并没有立刻有所变化。唐说：“她毫不介意看上去很丑，她有一种天然
241 的吸引力，无须人工雕琢，不用化妆，不用穿昂贵的衣服。”她似乎也不喜欢别人注意她。在一场盛大的聚会上，她对斯蒂芬说：“我讨厌这些事情，我就坐在餐桌附近，想着什么时候我该离开。”她努力保护那个私下的自我，使其免受日益强大的公众自我形象所带来的一个个蜂拥而至的新义务的干扰。她电话旁的一个小标记牌提醒她：“不。”①

当然——比如，当她因为伯纳德·多诺霍没有注意到她穿的牛仔靴而生气的时候——她精心打扮了，尽管不承认。然而，很多人都在努力想给人留下深刻印象，而认识她的人都认为，她有一种神奇的与生俱来的气质，这种气质并不取决于她参加过多少次聚会，或她长得如何，或她穿什么服装。戴维说：“她有明星的气质，而且她也知道这一点。”不过，她并没有尽力往这方面发展。“如果她想出名的话，她本可以更加出名的。在她崭露头角时，有很多提高曝光率的机会，比如上电视这类事，而且她从未尝试去给好莱坞写剧本，一大堆这类的事她那个时候本来都可以去做的。”②

◆ ◆ ◆

她抓住了新地位给她带来的很多机会。她才华横溢，硕果累累，而且总是挑战自己的极限。她在芝加哥的朋友玛莎·埃德海特说：“她会一直在学习、在阅读，而且是24小时不间断地阅读，她走来走

---

① 作者对斯蒂芬·科赫的采访。
② 作者对戴维·里夫的采访。

去的时候都绝对是睡眼惺忪的。”[①] 从她十来岁开始，当她看《马丁·伊登》时，她开始试着在凌晨两点醒来，努力做到减少睡眠以获得更多时间。这时，当她沉醉在马丁·伊登无法获得的成功中时，她发现了安非他命——苯丙胺——这似乎完全消除了对睡眠的需求。这种药是“工厂”最欢迎的，它的鼎盛时期出现在1965年末和1966年初，而此时也正是苏珊本人名气越来越大的时候。沃霍尔的一个超级明星 242
翁迪娜这样描述这个时期：

> 哦，真是棒极了。一切都是金色的，一切。每一样东西的颜色都是金色的。这真的太美妙了，这就是彻底的自由。我每次去“工厂”，时间都很恰当。任何时间我回家，时间也是恰当的。所有人都在一起，这是一个时代的结束。这是安非他命场景的终结；这是最后的时光让我们感到安非他命真是好东西。我们服用过。我们真的很来劲地服用过。[②]

给苏珊提供药的包括W. H. 奥登。她那时经常去他位于圣马克广场的家中，对他那双丑陋的脚表示惊叹。“他经常光着脚，”她大笑着告诉一个助手，“而且他两只难看的脚上还长着鸡眼，于是就……真是一双令人恶心的脚啊。”[③] 不过，桑塔格服用安非他命并不是赶时髦。唐·莱文说：“我们服用苯丙胺一点也不是为了要酷，就是为了工作。”她和唐会不眠不休连续工作几个小时，甚至几天。“苏珊起身去做的唯一的事就是小便，或者把烟灰缸倒空，或者再去拿一杯

① 作者对玛莎·埃德海特的采访。
② Koch, *Stargazer*, 13.
③ 作者对格雷格·钱德勒的采访。

咖啡。”[①]

苯丙胺让苏珊做了她一直做的那些事情，不过更多的是：“苏珊喜欢在一天内做尽可能多的事情。”她的朋友加里·印第安那说；虽然印第安那自己也服用苯丙胺，但还是对她精力之旺盛感到惊讶。“如果她可以去唐人街吃个午饭然后去布利克街电影院看一场日场电影然后去切尔西的公共剧院看一场戏然后再去时代广场看两场连映的功夫片，她会去的。”[②]

“写作是非常艰难的事。”作家西格丽德·努涅斯说；70 年代努涅斯曾与戴维和苏珊一起生活过一段时间。“尤其是那种写作。因此会更容易让人服用苯丙胺。她就会服用，然后，不会那么艰难痛苦，
243 她就能搞定事情。她服用这药的唯一理由就是这样会让写作容易一些，仅此而已。”她后来曾告诉卡米尔·帕格利亚，为了完成她那些随笔文章，她两星期都没合眼。[③]

一个星期接着一个星期不眠不休；抽掉一盒接着一盒万宝路香烟；用大量的咖啡冲服吞下一瓶接着一瓶的右旋苯丙胺：对于一个喜欢“假装我的肉体不存在”的人来说，这似乎很正常。但是，就像是一个真实的人躲在一个人的影像后面一样，无论多么坚决地予以否
244 认，那有形的肉体最终会果断地采取行动维护自己。

---

① 作者对唐·莱文的采访。
② 作者对加里·印第安那的采访。
③ 作者对卡米尔·帕格利亚的采访。

第十六章

在你停下之处照相机就开始拍摄

桑塔格去世后，她的日记选集出版，很多认识她的人对她日记中多处流露出的不屈不挠的自我意识感到惊讶。“我总是同情那条自毁的母狗。”比如，她在1960年这样写道。[1] 1961年，她强调说：“我不是个好人，这句话一天说20遍。对不起，情况就是这样。”几天后，她又补充道：“还有更好的说法。‘你算什么东西?’”[2] 她并不认为自己坏，就像她在1965年写的那样，她只是“不完整。并不是我现在这个样子有错，而是我没有更（灵敏、有活力、慷慨、体贴、有创意、敏感、勇敢，等等）”[3]。她也注意到别人对她的批评，但是，她用“X”来辩说她不是故意不友好：“实际情况是，我迟钝、不敏感。”

对于一个遭受“X”折磨的人来说，这才是成名真正的危险。她需要别人来看见她自己，没有他们，她就会恢复到艾琳所认定的那个 245
自我：米尔德丽德的女儿。“我讨厌独处，因为独处时我感觉自己只有10岁左右，”1963年，在《关于“坎普”的札记》发表前不久，

① Sontag, *Reborn*, 262, December 18, 1960.
② 同上，第266页，1961年4月14日；1961年4月23日。
③ Sontag, *Consciousness*, 72, January 16, 1965.

她写道，“和另一个人在一起，我能从对方身上借来成人身份+自信。”在独自一人到波多黎各旅行24小时后，她面对的是“那个‘真实的我’，没有生命的我。我，部分的，逃离的我，和其他人待在一起的时候。懒人。那个睡觉、醒来又一直饿的人。不喜欢洗澡、游泳，不会跳舞的人。去看电影的那个人。咬指甲的那个人”。

那不是桑塔格。

那甚至不是苏珊。

“叫她苏。”她做出决定。①

“很难说得清楚你是在哪里停下而照相机开始拍摄的。”在《论摄影》中，她会引用1976年美能达的广告语中的这一句话，“你是照相机时，照相机就是你。”这是一个很难划分的界限：“真实的我”与让别人看到的自我，而后者是一个需要别人的眼睛赋予生命的“没有生命的我”。不过，名气似乎为她排遣孤独寂寥提供了一个解决办法。源源不断的人流牵制了“那个懒人”，让她无法犯懒。安非他命阻挡了“那个睡觉的人”，让她一直醒着。

◆ ◆ ◆

这一时期，她结识了大量的新人，这让她忙忙碌碌、应接不暇。这些新人包括她在哥大任教至1964年的学生，其中就有科赫和莱文。他们包括围绕着法勒-斯特劳斯出版社、《党派评论》和《纽约书评》杂志的文学圈。他们还包括被她的魅力所吸引的老一辈艺术家：比如沃霍尔，虽然时间不长；还有约瑟夫·康奈尔，她与名声的关系和沃霍尔形成了鲜明的对比。

① Sontag, *Reborn*, 312, March 26, 1963.

康奈尔在生命的最后几年里，曾送给桑塔格一系列个人收藏品，这些小物件仿佛是从他梦幻般的世界里爬出来的一般。有一张卡片上 246 面印着一段约翰·多恩的语录，几张维多利亚时代的照片，一根黄羽毛，一页纸上写着“亲爱的苏珊”，把一片树叶拼进了她名字的首字母上，以优雅的希腊字体书写的几封旧信函，还有一本他于 1933 年出版的书：《福托先生》，即《摄影先生》[①]。有些是语气友好的便条，上面开玩笑地写着这些名字：“苏珊娜·迪芒什”、“亨丽埃特·桑塔格小姐”以及“戴维·桑塔格”。有时他则署名“杰姬·德伦奎琳”，有时甚至是“希波赖特”。

是小说《恩主》把他带进了苏珊的生活。她表示他会认同她的主人公，那个“完全生活在自己的头脑里、自己的梦里”的人。可是，康奈尔迷恋的是作者的照片而非小说的文本内容。她说：“他对摄影很感兴趣，然而，摄影中重要的是人。他对明星们很感兴趣，他对表演者的那种浪漫很感兴趣。”他注意到“我和 19 世纪一个非常著名的表演艺术家、一个女高音歌手是同一个姓；歌手是 19 世纪上半叶与玛丽亚·马利布兰和保利娜·维亚尔多齐名的著名女歌唱家，她的名字叫亨丽埃特·桑塔格……她是个大名角，有一些她的很漂亮的肖像图片，因此他就把我和这个著名的女高音歌手联系在一起了”[②]。

沃霍尔同样也迷恋这些；他的书房里摆满关于歌剧女主角的书。但除此之外，其他方面的反差可谓天壤之别。沃霍尔的艺术拒绝深度，咄咄逼人地肯定表面价值，“俗气而华丽，十分明显，分分钟就能把握”[③]。康奈尔的艺术则令人充满联想。他的艺术的典型形式很像是一个不张扬的小盒子；象征性的表面是一块玻璃，虽然透明，却挡

① *Monsieur Phot*，phot 为法语 photographie 的缩写。——译注

② 桑塔格接受罗伯特·麦克纳布采访的文字记录中关于康奈尔的部分，1991 年 12 月 9 日 BBC 电台播报，桑塔格文档。

③ Koch，*Stargazer*，6.

住了，让人摸不着摆放在里面的物件。玻璃后面是倾斜的一幅幅图像，就像巴洛克静物画一样："反对阐释"不是因为，像在沃霍尔的艺术中那样，没有什么需要理解，而是因为，像在康奈尔的艺术中那样，没什么能够理解。

247 沃霍尔收集名人，康奈尔则收集名人的肖像。这与那些人本身只存在最模糊的关系：照片是艺术风格神圣的物体，显示人们不可能了解或拥有。苏珊说，他是一个"隐居的单身汉艺术家的典型例子"。他具有

> 极其精致的艺术家的气质，但他也具有收藏家的气质，而这往往与艺术家气质不是一回事；事实上，很多情况下，收藏家恰恰是这样一种人，他们不能——他们被美所深深吸引却无法创造出来，于是必须收集，但是，他们的创造能力要么就不存在，要么就潜藏着。

苏珊后来写道，托马斯·曼是她遇到的第一个在见面之前，"就已经通过照片对他的模样有了深刻印象"的人。康奈尔和她的关系也是这样开始的。苏珊说："最令他着迷的人物肖像当然是女人的肖像，有名的女人，有魅力的女人。有一些图像来自广告和流行杂志。"这也正是沃霍尔的情况，但康奈尔与这些神秘的女人的交往方式则大为不同。《恩主》封底，苏珊的照片变成了一幅拼贴画，标题是《简略》。他把画寄到了她家，而且后面一封封邮件接踵而至。她说："他一开始的邮件我都没有回复，我只是收到了这些邮件，我认为从他写这些邮件的精神层面来看，它们是他与这个世界联系的一部分，因此它们并不需要回复。"当这些邮件愈积愈多时，她开始对这些礼物的价值感到惊恐。

最后，她写信说她觉得这些成了她的负担；他无论什么时候需要它们，她都会如数奉还；在随后的邮件中，他一再邀请她去他家。因为不能确定他的意图，她犹豫不决，等她终于接受邀请时，她带上了戴维，以防止不受欢迎的求爱。她无须有这个担心。她回忆说："他特别漂亮，脸似乎是透明的，脸型骨骼完美，眼睛超大……你不会感 248
觉到他的性别，你感觉到的是他的柔弱、他的精致、他的可爱以及他的神奇。"他们坐在厨房；他播放了雅克·布雷尔的唱片："他说嗯告诉我这些字是什么意思，我说哦我肯定你懂法语，他说不不不过没关系，我理解那感觉。我知道那是什么。"

他继续给她寄信寄礼物，但他俩再没见过面。

◆ ◆ ◆

苏珊得到了沃霍尔的认可，也得到了康奈尔的认可——还有一长串当时最杰出的摄影师为她摄影——她也开始被人写进小说。有记载的第一个以桑塔格为角色的例子出现在阿尔弗雷德·切斯特未完成的长篇小说《脚》中，她以"玛丽·蒙黛"为名出现在小说中，而且书中有两个玛丽·蒙黛，切斯特颇富先见之明地观察到"那个人和她自身的影像"[①] 同时存在。

切斯特的浮浮沉沉让他成为有如 19 世纪法国长篇小说中的人物。他比苏珊大 5 岁，出生在布鲁克林的一个犹太移民家庭，长得巨丑：小时候生了一场病，让他的头发全掉光了，他戴上假发，想掩饰他的缺陷，结果反而引起人们对这种状况的注意。他的英国编辑戴安娜·阿西尔写道，那是他怪诞、乱七八糟的生活的图腾。"他写道，假发第

---

① Rollyson and Paddock, *Making of an Icon*, 111.

一次戴到他头上时，就仿佛他的脑袋被一把斧头劈开了一般。”[①]

但是，正如戈尔·维达尔说的那样，他就是“有头脑的热内”。尽管长相丑陋，但他聪明绝顶，其魅力令人难忘。[②] “他写的东西太怪，吸引不了大量读者，”阿西尔写道，“但他仍然是我在出版业遇到的最了不起的人。”[③] 在欧洲待了几年后，切斯特又回到了纽约。在纽
249 约的那几年里，他获得了巴尔扎克式崛起的乐趣；他通过艾琳认识了苏珊，而且成为她最亲近的朋友之一。她刚到纽约时，他给她鼓励，并且把自己的一些人脉介绍给她；而作为回报，当他的短篇小说集《看歌利亚》在《纽约时报书评》上遭到差评时，她便发声为他辩护。

评论家索尔·马洛夫抨击切斯特在其小说中把梦和噩梦混为一谈——桑塔格最喜欢的一种模式——而且还攻击他写同性恋的方式。“含糊其词！平庸不堪！厚颜无耻！”桑塔格在致编辑的信中大发雷霆——她还另外补充说，该评论者真是“可悲”又“卑鄙至极”。[④]

在一次重塑自我的重大时刻，切斯特烧掉了他的假发，还“讲他阴茎小+没阴毛”，她写道，“他一直觉得丑陋，+现在，他就谈这个，别的一概不想谈。”[⑤] 1965年夏天，她去丹吉尔看望了他；他当时和围绕着保罗·鲍尔斯与简·鲍尔斯夫妇俩的圈子里的一群吸毒的同性恋侨民住在一起。这让她很厌恶。《关于“坎普”的札记》的作者，仍然时而感兴趣，时而又生厌，她在日记里写道：“以前，我以为这全是个玩笑——那种执念，那样的无情，那样的残酷。国际同性恋风

① Diana Athill, *Stet: A Memoir* (London: Granta Books, 2000), 202.
② Rollyson and Paddock, *Making of an Icon*, 107.
③ Athill, *Stet*, 185.
④ Sontag in *The New York Times Book Review*, May 31, 1964.
⑤ Sontag, *Consciousness*, 108, August 29, 1965.

格——天哪，它是多么疯狂+人性上多么丑陋+不幸。”[①]

几乎在苏珊的脚一踏上摩洛哥的土地时，麻烦就出现了。切斯特确信苏珊在拼命抢走他的男朋友，尽管他自己也向苏珊求过婚。苏珊曾向切斯特的一个朋友透露，她已经开始害怕他会动粗了。[②] 切斯特写信给纽约的一个朋友，用了一个词——“灾难性的”——来描述苏珊的到访。[③] 他成了苏珊最严苛的批评者之一。他写信给另一个朋友说：“你竟敢说‘你的朋友 S. 桑塔格’？你这个卑鄙小人，她是我的敌人。她是大家的敌人。她就是敌人。”[④] 另外一次，他想知道“苏珊是否真是个卑鄙小人”，然后又恶狠狠地补充道：“我想她就是个到世界上任何地方都跟在家里一样自在的人。”[⑤] 250

然而，苏珊开始怀疑，切斯特的态度与对她的职业抱负的不信任，或她对他的男朋友的企图毫无关系。她注意到了这些征兆：

> “我感觉全世界都在听我说的每一句话。”
>
> “苏珊，发生什么事了？某件非常奇怪的事情在发生。”
>
> “你有事瞒着我。”
>
> “我想我染上梅毒了。要不就是癌症。”
>
> “苏珊，你看上去好伤心。我从来都没有见你这么伤心。”[⑥]

事实上，他精神错乱了。幻听，无法写作，被赶出了摩洛哥。六年后，他死在耶路撒冷，年仅 41 岁。邻居们听到了他家几条狗的吠

---

① Sontag, *Consciousness*, 110, August 28, 1965.（此处有误，应为 8 月 29 日。——译注）
② Edward Field, *The Man Who Would Marry Susan Sontag: And Other Intimate Literary Portraits of the Bohemian Era* (Madison: University of Wisconsin Press, 2005).
③ Rollyson and Paddock, *Making of an Icon*, 107.
④ Blake Bailey, “Beloved Monster”, in *Vice*, March 1, 2008.
⑤ Rollyson and Paddock, *Making of an Icon*, 106.
⑥ Sontag, *Consciousness*, 117, September 6, 1965.

声，才注意到了他的尸体。

◆ ◆ ◆

摩洛哥之行后，苏珊最终与切斯特绝交。然而，她这一时期的日记显示，他身上吸引她的地方，很大程度上恰恰就是他对她的蔑视。

> 我以前总是倾心于强势的人——认为假如他们发现我普普通通，那他们肯定了不起。他们排斥我，说明他们优质，有品位。(哈丽雅特、阿尔弗雷德、艾琳。) 以前我不尊重我自己……我觉得自己不可爱。但是，我尊重这个不可爱的战士——挣扎着幸存下来，挣扎着做到诚实、有正义感、可敬。我尊重我自己。我绝不会再爱上强势之人了。[1]

很多强势的人，包括阿尔弗雷德，都妒忌她。她日记中那个胆怯、质疑的战士很少出现在他人眼里，她给旁人的印象是自信到傲慢的地步。不过，即使外界对她的看法会影响她，这些看法对她关于自己的看法也只有参考价值。她写道，她“永远对那些我没有伤害
251 过的人的……恶意感到诧异”，她把阿尔弗雷德·切斯特归入这些人当中。

> 小时候我是（感觉）极度地受到忽视，没人理我、没人注意我——也许一直这样，一直到艾琳出现，或者说除了艾琳以外——甚至连迫害、敌意、嫉妒，在我看来，“au fond” [“从根

---

① Sontag, *Consciousness*, 108, August 29, 1965, Tangier.

本上讲”］都是对我的关注；我感觉自己不可能得到这么多关注。[1]

尽管她很成功，但是失败的感觉还是不时袭上她的心头；终其一生，成功总比失败更令她忐忑不安；她在日记中表示她认为自己就该失败。她被困住了，没有过去，没有现在，也没有未来。“她是一个没有过去的女人。”她的德国出版商麦克·克鲁格说道。这也许能解释她为什么对现代艺术感兴趣。他推断说：“她的事业开头就是现代主义，就是希望与过去彻底决裂。”[2] 以色列小说家尤拉姆·卡纽克也做过类似的评论，他说苏珊是“没有历史的，苏珊排斥她的历史”[3]。她当然和任何人一样有着丰富的历史。但真实的情况是：她排斥她的过去，对现在又很难有幸福感，而且现在又发现几乎不可能想象未来，也不可能相信未来。离开欧洲时，她为返回美国后要采取的重大步骤而忧心忡忡。此时，她那令人心碎的爱情僵局让她确信自己的生活已然结束。

我有没有一直遵循我准备遵循的生存之道？现在是个旁观者，心静下来。睡前看看《纽约时报》。但是，我感谢上帝赐予我这份相对的平和——听天由命。与此同时，背后的恐惧在加大加强。人该怎么去爱啊？……但我千万不能去想过去的事。我必须继续前行，摧毁我的记忆。若我现在能感到一些真实的能量（不只是坚 252
忍、勇敢的某种东西），对未来有一些希望，那就好了。[4]

---

① Sontag, *Consciousness*, 107, August 29.
② 作者对麦克·克鲁格的采访。
③ Yoram Kaniuk quoted in Rollyson and Paddock, *Making of an Icon*, 163.
④ Sontag, *Consciousness*, 134, October 17, 1965.

◆ ◆ ◆

1965年9月，苏珊从巴黎回到纽约，茫茫然不知道自己该怎么办。她有了一个女朋友，名叫伊娃·科利施，是通过另一位来自闹市区活动圈的朋友约瑟夫·蔡金认识的。蔡金于1963年创办了开放剧场（Open Theater），他成为令艾琳、阿尔弗雷德以及苏珊·陶布斯这些人振奋不已的实验文化中最具魅力的年轻人物之一。伊娃是难民，在维也纳出生并长大。她曾是个托派分子，结过婚，有个和戴维差不多大的儿子。

她这样说苏珊："我钦佩她的精力和激情，她可以做那么多事儿。我发现她很有趣，真是既奇妙又令人敬畏。"1962年她们在一起不久，像苏珊众多的情人一样，伊娃就挣扎着要摆脱了。伊娃坦率地承认，苏珊似乎从未全身心地爱过她。科利施指出："我从来就不是那个重要的爱人，我从来就不是那个高智商圈子的朋友。我当时就是个大学老师。"①

伊娃看到了作为女人的苏珊与作为雅典人杰出典范的桑塔格之间的挣扎。这就是她14岁时所描述的"要做到诚实、有正义感、可敬"的挣扎，那时候，她发问"一个人在什么时候以及是否会说真话"。伊娃听任苏珊对她的不诚实。直到1966年5月，尽管苏珊已是美国最知名的年轻作家之一，但她基本上还是无业，只是在考虑要完成她的博士学位。她写信给哈佛大学哲学系主任，申请重新注册入学。②她必须证明自己精通两门外语；尽管她通过了法语考试，但她让伊娃

① 作者对伊娃·科利施的采访。
② 桑塔格致罗杰斯·奥尔布里顿的信，1966年5月14日，桑塔格文档。

当枪手替她参加了德语考试。[①]

不过，她担心的不诚实与德语考试作弊的关系不大，而是与一些严重的欺骗行为有关，这些欺骗行为是她周围的人不断遭受痛苦的根源。伊娃说， 253

> 我多次目睹苏珊对坐在身旁的人非常不友好，但同时又在滔滔不绝地高谈阔论着崇高的理想。我从未理解苏珊的自我形象。她是谁？她一直在对她自己说："我能做到这个样子吗？我会做到吗？"可是，她要努力做到什么人的样子呢？[②]

十来岁的时候，苏珊就注意到"从我记事起就一直注视着我的那个人"千真万确地存在。她总是达不到那个规劝的影子人、那个更好的自我的迫切的要求。她所接受的教育教会她懂得，没有苏格拉底式的人生就是一种失败；她所获得的教养使她养成了一种压倒一切的道德完美的理想；对这样的人来说，渴望纯洁是一种灵感，但同时也是一种可怕的压抑。伊娃说："苏珊几乎没有什么自由，如果你总是想着自己的墓志铭，那么和某个人在一起也会失去一些快乐。"

◆ ◆ ◆

伊娃说："苏珊对道德上的纯洁很感兴趣，但同时，她又是我认识的最不道德的人之一。甚至有些病态。背信弃义。"如果没有博士学位，伊娃的事业就无法发展。她还有个孩子要抚养，挣的钱又不

---

① 作者对唐·莱文的采访。
② 作者对伊娃·科利施的采访。

多，于是决定写学位论文。苏珊对她说："我会帮你获得美国大学妇女联合会的奖学金。"就是这个组织资助她在英国和法国待了一年。"我只要给他们写封信就行。"她压根没写。事情过去半个世纪后的今天，伊娃回想起来仍然觉得这种欺骗让她很受伤。她说："这件事真
254 的让我很心痛，苏珊在有些事情上太差劲了。"

苏珊的长处和魅力几乎完全取决于她克服自己的缺点的决心。她极度渴望摆脱自己详详细细列出来的缺点，结果这造成了一种心理上的紧张。如果不是迫切需要改进，她最终会像很多其他的失败者一样，默默忍受自己的痛苦。"自我改进的计划有什么错?"她在日记里问道。①

有时，她自我改进的一次次努力让别人觉得是被迫的。伊娃不爱吃海鲜，苏珊对此勃然大怒；这情景后来一直萦绕在伊娃的脑海中，一辈子挥之不去，部分原因是，被这样的事情激怒真是太奇怪了。不过，苏珊很喜欢品尝一些奇特的食物。她和斯蒂芬·科赫第一次见面时，科赫试图以极不寻常的吃货的点菜选择给她留下深刻印象，她居然狼吞虎咽，吃下去几个皮蛋，那是一种有硫磺味的中国美食。和女伴妮科尔·斯特凡娜一起在马拉喀什时，苏珊从市场小摊贩处买回来的蜗牛，上面还爬满苍蝇，她直接就吃下去了，这让斯特凡娜这个优雅的法国女人惊恐万状。② 她爱吃动物的脏器；她和约瑟夫·布罗茨基酷爱吃鸡爪，当餐厅服务员推着餐车从他们桌边经过没有停下来给他们再上一份时，他们就会追着餐车跟过去。③ 一个熟人描述，看她吃东西"很可怕"。"我就喜欢吃动物下水。"她对科赫说。

在日记里，她把不能容忍别人的品位归为自己的过错。她不赞同

---

① Sontag, *Consciousness*, 115, September 6, 1965.
② 作者对唐·莱文的采访。
③ 作者对戴维·里夫的采访。

地注意到“我对苏珊［·陶布斯］和伊娃的身体洁癖感到愤怒”。她指出她的“难以餍足的胃口——真正的需要——对品尝新奇和‘令人讨厌的’食物 = 需要声明我对洁癖的拒绝。一个反声明”[①]。这是一种把她与她挑剔的母亲区别开来的方法：“自测一下，看看我是不是畏缩？（不受我母亲的影响，比如她容易对食物犯恶心。）”[②] 伊娃身上任何让苏珊联想起米尔德丽德的东西都会遭到抨击：“我母亲有过一些漂亮的东西（中国家具），但她没太上心去保存。伊娃对克莱斯特还没在乎到去买他的《作品集》的程度。”[③] 255

◆ ◆ ◆

然而，在某些方面——包括以一种令人震惊的方式——苏珊酷似母亲。她去世后，她的日记公开出版，唐·莱文无意中看到她写于1962 年的一句话，惊讶得目瞪口呆：“我不是我母亲的孩子——我是她管的对象、陪伴、朋友、同伴。”[④] 他吃惊是因为，离那个时候没多久，他试着提出一个微妙的话题，苏珊就用了与这个描述极为相似的说法。他问道：“苏珊，你真的认为你对待戴维的方式是好的吗？”她回答说：“你不懂，戴维是我的弟弟、我的情人、我的父亲、我的儿子。”唐意识到他没什么可说的了。他只是想：“那对他将是一场灾难。”[⑤]

戴维进入青春期的时候，苏珊自己还很年轻——30 岁出头。但是，很长时间以来，她养育他的方法令她的朋友们深感不安。“艾琳

---

① Sontag, *Consciousness*, 105, September 3, 1964.（此处有误，应为第 28 页。——译注）
② 同上，第 104 页，1965 年 8 月 28 日。
③ 同上，第 69 页，1965 年 1 月 5 日。
④ Sontag, *Reborn*, 300, March 3, 1962.
⑤ 作者对唐·莱文的采访。

嫉妒戴维，因为那是她无法完全接管的我过去生活的一部分，”1965年8月，她这样写道，“有件事我知道：如果没有戴维，我去年就会自杀了。”[①] 这种说法效仿了米尔德丽德对苏珊说过的话，没有她（苏珊），她（米尔德丽德）就会死。不过，艾琳真正想要“接管”她和戴维的关系的愿望与唐的相似。她认为苏珊给了他太多的自由范围，但对他的关注又太少，这是一个糟糕的组合，而且她这样对苏珊说了。

这也正是伊娃的观点。她说：“他是个很优秀的孩子，他不得不适应她给他安排的任何地方，我认为她欠缺了他很多的爱和关怀。”这个以文艺复兴时期完美的雕像之名命名的男孩被安置在“一个没有孩子的地方。他必须在那儿陪着她随时准备与她进行智性的讨论。她不会在那儿陪着他，却从教育学层面对他提出要求”。她禁止他看儿童文学，而坚持要他看伏尔泰和荷马。“总是再多看一些，再多一些。
256 他不得不提高自己的知识水平，这样他才能成为她的伴侣。”

这就是她早在训练小朱迪丝记住美国每个州府的名称时就开始养成的行为模式；抑或是坚持要求有诵读困难症的艾琳读更多书的时候养成的习惯；或者是，后来斥责安妮·莱博维茨对巴尔扎克的无知时养成的习惯。戴维是她的孩子，完全依赖她，所以他的压力很大。她本意是想表扬加激励，可旁人则认为这是一种沉重的负担。大家都认为戴维很聪明。但是，他是否像他母亲喜欢夸的那样，“是他那代人中排名第二的最强大脑”呢？[②] 提到苏珊对待戴维的方式时，伊娃说：“我觉得真可怕，她还认为她是世上最伟大的母亲。”

重压之下的问题开始显现出来。戴维11岁看《战争与和平》的时候，绝望地表示“他永远也写不到那么好”[③]。13岁的时候，他

① Sontag, *Consciousness*, 97, August 24, 1965.
② 作者对利昂·韦塞尔蒂尔的采访。
③ D'Antonio, "Little David, Happy at Last", 128.

"酷爱阅读义和团和阿尔比派十字军东征方面的书籍"[①]。有一次，弗雷德里克·塔滕来看苏珊，她当时在穿衣打扮，是戴维开的门。塔滕在等苏珊收拾的时候随便闲聊几句，问道："最近你在干什么呀?"戴维回答说："我在写一部关于西班牙内战的长篇小说。"塔滕听了想大笑，但他没有，而是问戴维是否看过休·托马斯写的关于这个主题的书。"当然。"戴维说。[②] 但是，如果说兴趣广泛对一个早熟的男孩子而言是一件自然的事，那么，它们在媒体上的表现则反映，苏珊需要把她的儿子展示成一个伟大的知识分子——是她本人的延续。与他母亲相反，戴维不喜欢招摇，尤其是在高中的时候。一个朋友说："他从来不想让你一眼就看出他很聪明。"[③]

戴维小时候渴望得到他那四处游历的母亲的关注。"她设计了这个电话，由纸杯和细绳做成，"伊桑·陶布斯——雅各布·陶布斯和苏珊·陶布斯的儿子——说，"她会说：把这根线从我的房间拉到你的房间，你就会知道我就在那儿。你就不会夜惊了。"[④] 可是，即使没有出国或没有谈情说爱的感情纠缠，她也并不是总在家。她有一次告 257
诉唐·莱文，戴维去一个同学家玩，她去接他回家；他听了惊呆了，因为迄今为止他从未注意到她有这种当家长的兴趣。

> 这可不是苏珊。她为什么要去接她儿子呢？我当时什么也没说。等她回到家把戴维安顿上床睡觉后，她说："你猜怎么回事儿？我敲了门。是达科塔公寓哎。"我想也许这才是原因。她想进达科塔公寓。她敲了门，那么开门的是谁呢？……她当然知道

---

① Rollyson and Paddock, *Making of an Icon*, 89.
② 作者对弗雷德里克·塔滕的采访。
③ 作者对罗杰·多伊奇的采访。
④ 作者对伊桑·陶布斯的采访。

> 谁会来开门。劳伦·白考尔。[1]

伊娃“喜爱戴维。我认为他是个心很软的人”。（她补充说：“他不会承认自己是这样的人。”）苏珊经常反复地描述戴维是睡在聚会的衣服堆上长大的；唐发现，这件事表明，并不是她做了这件事，“而是她把它变成了自己叙述的生活的一部分，发现了它的魅力，并加以利用”。

苏珊认为，她是在给他提供她自己荒漠般的童年时梦想得到的那种文化优势。但他们的情感世界是一样的。她没有父亲，戴维也没有。米尔德丽德留下两个女儿自己到处旅行，苏珊也一样。即使米尔德丽德在家，她也常常埋头只顾自己的事，而不太注意两个女儿；苏珊亦复如此，值得注意的是，在她的近100本日记中，提到戴维处寥寥无几。

只有当苏珊似乎要离开时，米尔德丽德才表现出她对自己是多么重要。苏珊采用她的中间名，在一部早期的自传体小说中描述了这一互动情景：

> 李14岁时，她母亲对她突然表现出母爱泛滥且对她极其依
> 258 赖，第二年，李心存愧疚和痛苦地逃离了那个家，去上大学。[2]

一旦戴维长大要离开苏珊，她对戴维也采取了同样的做法。他说：“在我小的时候，苏珊对我并不十分牵挂，等我长到十来岁的时候，她开始心里放不下，越来越牵挂我了。”[3] 她放手不管的当家长方

---

① 作者对唐·莱文的采访。
② 桑塔格文档。
③ 作者对戴维·里夫的采访。

式给了他令人羡慕的优势。在她多次长时间去欧洲期间，都把他一人留下；他就和邻居或朋友在一起。[1] 戴维九年级的时候，她满足他对考古学的兴趣，眼睛眨都没眨就同意他在没有大人陪同的情况下，只和一个同龄的朋友加上“一些在利马可以查到姓名的人”一起去了秘鲁。[2] 他上高中的时候，她允许他和一些朋友一起去了巴基斯坦、阿富汗和伊朗。然而，对苏珊·桑塔格给予儿子的一切——远远超过“可怜的米尔德丽德”能给予苏珊的——换回来的是，她下定决心不惜一切代价把他留在自己身边。

斯蒂芬·科赫说：“她需要某个人，而这种需要延伸到了戴维的身上，而且程度简直令人发指。她决心要做到让他逃脱不了她的控制。”当他试图摆脱时，她说：“我会智取来战胜他。”[3]

◆◆◆

1965 年初，苏珊开始与贾斯珀·约翰斯交往。和很多与她有过恋爱关系的男性一样，约翰斯主要也是同性恋；和苏珊交往过的大多数男性一样，他们的关系也很短暂。而且——和所有与她有过关系的男性一样——约翰斯也极具天赋。“我知识上的、性方面的感受一直都是乱伦的。”她说道。[4]

约翰斯的哲学思考与她自己的想法完全和谐一致——而且，至少乍一看，和沃霍尔也完美契合。约翰斯和沃霍尔都出生在名不见经传的乡下家庭，两个人相差不到两岁。两人都是在 20 世纪 50 年代“进入”纽约艺术界，而且两人都坚定地遵循着马塞尔·杜尚从垃圾堆里 259

① 作者对佩姬·米勒的采访。
② 桑塔格写给朱迪丝·桑塔格·科恩的信，1968 年 5 月 27 日，桑塔格文档。
③ 作者对斯蒂芬·科赫的采访。
④ Sontag, *Reborn*, 223, December 28, 1959.

捡出物品并把它们放进博物馆的传统。沃霍尔画了坎贝尔汤罐头和可口可乐瓶子，约翰斯则画了萨瓦兰咖啡和百龄坛啤酒。

然而，沃霍尔拒绝阐释之处——对他而言，一幅伊丽莎白·泰勒的画像就是一幅伊丽莎白·泰勒的画像——约翰斯则掩盖了其画作“真正的”含义；约翰斯的画作拒绝阐释不是因为像沃霍尔一样，它们没有隐藏的含义，而是因为它们的创作者拒绝揭示其含义。“我努力隐藏我的个性，我的心理状态，我的情绪。”① 他这样说起他早期的作品。“戴着面具嬉闹”也是苏珊自己作品的关键所在。

《旗帜》一画创作于1954年，是受他的梦所启发而作。“我没有梦到过任何其他的绘画。我必须感恩这么一个梦！”他感叹说；这种解释让人想起希波赖特。“我的意识怀着感激接受了这个无意识的想法。”② 近距离看，表面上一目了然的图像逐渐溶暗，透过这幅画，你能看到的就是一张张剪报。细心的观看者会尝试着把它们拼到一起，但不成功，这就像人们也许会尝试把约瑟夫·康奈尔盒子里神秘的物体连接到一起一样。唯一完全可以理解的标志是旗帜本身，其刻板固定的熟悉程度让约翰斯把注意力完全集中在画它上面，迫使观看者尝试——但不成功——去发现那个明显的标志以外的一些别的意义。评论家里奥·斯坦伯格写道：“关于约翰斯，这仍然是最有趣之处，即他设法发现了一些无趣的主题。”③ 对苏珊而言，这种无趣是一种优点，意味着拒绝那种很容易就能获得的、她视之为商业娱乐的东西。

> 我们时代有趣的艺术大都是无聊的。贾斯珀·约翰斯是无聊的。贝克特是无聊的。罗伯-格里耶是无聊的。等等，等等。也

① Jill Johnston, *Jasper Johns: Privileged Information* (New York: Thames and Hudson, 1996), 50.

② 同上，第64页。

③ 同上，第55页。

许，艺术不得不无聊，现在。（这显然并不意味着无聊的艺术就 260
一定好——显然。）我们不该再指望艺术来让我们娱乐，或者得到消遣。至少，高雅艺术不这样。[①]

《旗帜》的无趣与晦涩令评论家们对它无法抗拒；他们在报刊上用它刻意反对的那些阐释来掩盖它。他们提出了一个经典的问题——的确是一个经典的问题，源自柏拉图——这大大推动了当时艺术的发展：《旗帜》是一面旗帜吗，抑或只是一面旗帜的图像？约翰斯回答说它两种都是。由此，他提出了一个困扰了哲学家们几个世纪的问题：一样东西有可能既是它自身同时又是其自身的标志吗？

在后来的若干年里，他会故意画一些内容模糊的东西——打不开的书、无法看的报纸、背面对着观看者的油画——所有这些都暗示着某种不可知的意义。观看者把自己的理解——而非画的内容——投射到它们身上，这既不能获得证实，也不能被否认。在这种情况下，一如在其他许多情况下一样，问题（语言和隐喻可以超越吗？）比答案（那就是刊在报纸第二页上的内容啊！）要丰富很多。

可是，这些答案意味着艺术创作的可能性，它们也许会克服诺斯替教徒所假定的分歧。这样的艺术，就如同苏珊观看的《美狄亚》演出一样，可以消除艺术与生活、精神与肉体、自我形象与自我之间的界限。

◆ ◆ ◆

20 世纪 50 年代，约翰斯在创作这些作品时，他的恋人是罗伯

① Sontag, *Consciousness*, 144, November 20, 1965.

特·劳申伯格，他以一幅幅巨大的“空”画而出名。其中一幅画面全是黑色，另一幅则全是白色。约翰·凯奇和他的搭档梅尔塞·坎宁安一起，以其1952年的著名作品《4′33″》——4分33秒的寂静——作
261 为对他们的回应，圆满完成了年轻艺术家圈子的循环。他把劳申伯格的单色画描述为“尘埃、光和影的‘着陆地带’”。[1] 然而，尘埃、光和影并不是唯一能落在这类空白处的东西。阐释也可以投射到它们显而易见的封闭的表面上。约翰斯很欣赏苏珊的观点。

约翰斯说：“我认为我无法轻而易举就将我对工作的情感与‘至高无上’[2] 联系起来，而她建立这种联系的能力很有魅力。”[3] 在她的日记里，她写道：“感觉（感受）一幅贾斯珀·约翰斯的画或物体，也许就像感觉（感受）‘至高无上’的作品一样”。[4] 这句话的一个版本出现在她的随笔文章《一种文化与新感受力》中：

> 如果艺术被理解为情感的训导或者感觉的规划的一种形式，那么劳申伯格的一幅画所带来的感觉（或感受）也许就像“至高无上”的一首歌的效果了。巴德·伯蒂彻的《金钻盟》[5] 的生动和优雅或者狄昂·华薇克的演唱风格可以被当作一个复杂的、令人愉快的事件来加以欣赏。不卑不亢地去体验它们。[6]

这一段干巴巴的文字引发的反响数量多到不相称的地步。“那个女士摇摆舞动，”本杰明·德莫特在《纽约时报书评》上赞美夹杂着

① Johnston, *Privileged Information*, 134.
② the Supremes，20世纪60年代在美国流行乐坛盛极一时的女子三重唱组合，美国最著名最有影响力的乐队之一。——译注
③ 作者对贾斯珀·约翰斯的采访。
④ Sontag, *Consciousness*, 78, March 26, 1965.
⑤ *The Rise and Fall of Legs Diamond*，亦译《金刚腿之兴衰》《钻石脚之起落》等。——译注
⑥ Sontag, *Against Interpretation*, 303.

嘲讽地惊呼道，“她挖掘出了‘至高无上’而且对‘坎普’又了如指掌。她理解主要的‘偶发艺术’和最优秀的变态电影……”[①] 在接下来的数十年里，人们会提及“至高无上”来针对她，作为她对高雅文化充满敌意的证据（“看在上帝的份上，‘至高无上’吗?”诺曼·波德霍雷茨倒吸一口气说道），也作为她后来舍弃了的一种所谓的时尚的证据。27 年后，她的朋友拉里·麦克默特里为她辩护，以免她受攻击： 262

> 她偶尔会说她自己喜欢摇滚乐，在 1965 年发表的一篇随笔文章《一种文化与新感受力》中，她也确实以赞赏的口吻说到了狄昂·华薇克和“至高无上”，但是，如果她真的舍弃了，这是否构成了一种可以说她已经“舍弃了的兴趣”呢？或许她依然喜欢“至高无上”。[②]

如果约翰斯是被苏珊建立这些联系的能力所吸引，那这些联系就惹恼了很多人。后来被称为文化研究的东西当时还处于初级阶段，对商业艺术和高雅艺术之间的复杂关系的研究常常被视为“消除等级”。然而，在沃霍尔的“不阐释”与约翰斯的“无法阐释”的观点之间，苏珊·桑塔格很快就会提出一个甚至更引人注目的观点：反对阐释。

◆ ◆ ◆

在约翰斯身上，苏珊发现了她在男人身上通常很欣赏的同样的特点：他是个导师——一个老师，就像芝加哥大学的哈钦斯那样，能给

---

① Benjamin DeMott, “Lady on the Scene”, in *The New York Times Book Review*, January 23, 1966.

② Larry McMurtry, *Times Literary Supplement*, June 7, 1992.

她指明“正确的道路”。斯蒂芬·科赫说：

> 贾斯珀个性霸道、自我，随时随地认为他身边的任何人都要听他的，就像有史以来最愚蠢的异性恋大男子主义者一样。因此，情况并非她发现贾斯珀是一个敏感的男人，该男人会让她鲜明的霸道个性迅速发展。情况根本不是如此。她很清楚，贾斯珀从不让步，只争第一。这让她非常兴奋。[①]

苏珊渴望受更强势的人影响，这一渴望肯定比束缚这些影响的情
263 爱动力的任何东西都更重要。因为约翰斯是个男人，苏珊得以在智力和艺术上完全被他控制的同时，在情感上却完全不受其影响。她的日记里没有记录她对自己与女性交往时读来令人感到痛苦的任何绝望情绪。当贾斯珀甩掉她的时候，他采用的方式几乎会让任何一个人都感到崩溃。他邀请她一起去参加一个新年前夜的聚会，然后不打招呼就和另一个女人离开了。这件事在她的日记中没有提到。[②]

这段短暂的关系留下了一个实用的遗赠。他把他位于河滨大道340号，106街拐角处的顶层公寓的租约留给了她。明媚的阳光、宽阔的露台加上开阔的视野，年轻一代的作家如果拿着桑塔格这样的收入，是根本负担不起这套公寓的；不过，那个年代在这个脏乱不堪的城市，租金还算合理；约翰斯搬出去后，苏珊就搬了进来。只有一个缺点。约翰斯直接在一面面墙上为他的绘画创作精心设计的草图。公寓里到处都是这种画，新房客不得不做出如何处理它们的决定。她选
264 择了最简单的办法，粉刷一遍把它们遮盖掉。[③]

---

① 作者对斯蒂芬·科赫的采访。
② 作者对唐·莱文的采访。
③ 同上。

第十七章

上帝保佑美国

20 世纪 60 年代的三个标志性人物——约瑟夫·康奈尔、安迪·沃霍尔、贾斯珀·约翰斯——为苏珊提供了观察和理解她所见之物的新方法。然而，在 1966 年 1 月发表的《反对阐释》中，她却将我们如何对待所见之物的反思，献给了第四位艺术家，保罗·特克；保罗去世后，她称他为“我生命中最重要的人”。①

如今，康奈尔、沃霍尔和约翰斯的作品售价高达数千万美元。特克的则没有这么高。他的生肉和残骸雕塑散发着阴森森的祭品的气息，注定了他属于小众。然而，像桑塔格这样的鉴赏家都狂热地崇拜他，恰恰是因为，像阿尔托一样，他绝对无法为人完全理解。事实上，他的很多杰作已不复存在：它们是临时搭建的建筑，就像舞蹈一样，只能拍成照片才能留存下来。他创造了“装置艺术”这个词来描述它们。

20 世纪 60 年代的很多艺术家——包括桑塔格——决意要逐渐削弱他们所痛恨的这个消费主义社会的价值观。特克是那个时期为数不多的获得成功的最重要的艺术家之一。1980 年，桑塔格哀叹说：“现 265

① Sontag, *Conversations*, 258.

在的高雅现代主义艺术是体制艺术。事实证明，高雅现代主义艺术，一点也不具备颠覆性，反而与消费社会完全相容。”[1] 与此形成对比的是，特克对绘画和雕塑的处理则直入肉体，就像音乐或舞蹈一样，这迷住了急于逃离其头脑的苏珊。在和她上床的一长串男同性恋者的名单上又加上了他，尽管他俩的友谊并不十分和谐：特克有一次指责她“浑身散发着大蒜和文件的味道”。[2]

然而，除了菲利普之外，特克是唯一一个她与之讨论要生个孩子的人。我们很容易把一个从父母身上各遗传一半——苏珊的知性加上保罗的感受力——的孩子想象成一个完美的结合。两个人正好完全互补，都拥有对方所缺乏的东西。

◆ ◆ ◆

“我们需要的不是阐释学，而是艺术色情学。”苏珊在她的随笔文章《反对阐释》的最后写道。这些话是她的，但标题以及构思都是保罗·特克的。弗洛伊德和马克思为个性和社会问题提供了大量且繁复的解决方法；在这样一个充满着弗洛伊德和马克思思想的知识文化中，对直接经验的强调是受欢迎、令人兴奋的，而且与这十年的其他解放运动是相一致的。美国国内有政治解放（黑人解放、妇女解放、同性恋解放），国外有殖民地人民解放。在哲学和社会学中，有一种对马尔库塞提出的那类“爱欲文明”的辩解。这在音乐界也有类似的情况，从披头士到鲍勃·迪伦，以及文化生活的各个领域：维达·沙

① Annie De Clerck, “Susan Sontag” (interview).

② Paul Thek, notebook dated November 30, 1978 – 12.11.78, Alexander and Bonin, New York.

宜摒弃了用发卷来为头发定型；伊夫·圣·洛朗[1]甚至把一种新的非正式风格引入了巴黎时装。

在大众文化中，这一运动以嬉皮士及其花童[2]为象征，他们已退
出了以谢尔曼奥克斯文化为象征的等级制度。嬉皮士甚至比苏珊还年 266
轻。她31岁，在这一年纪，她的战斗口号是“绝对不要相信30岁以上的人”；这一年，即1964年，《关于“坎普”的札记》一文发表。

在这种文化革命的氛围中，文集《反对阐释》出版了。其中的章节都曾在其他刊物上发表过，被人阅读过，有好评，还有——同样也有很多——苛评。其中就有《关于“坎普”的札记》，以及标题作《反对阐释》。其中还有论先锋派和大众文化的篇章，包括评论《淫奴》、科幻电影和“偶发艺术”，以及论法国文化。自20世纪50年代以来，她对法国文化一直兴趣不减，其中包括西蒙娜·韦伊、加缪、萨特、热内和阿尔托等作家，还有布列松、雷乃和戈达尔等电影制作人。

鉴于该书涉及内容广泛且话题严肃，很值得注意的是大量的评论集中在作者所谓的摧毁文化的决心上。1969年，欧文·豪写道：“苏珊·桑塔格提出了一个颇为乐观折中的观点……现在，每个人都在做‘自己的事情’，高端的、中档的或者低级的；旧的、清教徒的阐释和判断的习惯，对感性极其抵触，被一种程序化的感受性取而代之；我们从对披头士长期的研究中得到启发。”[3] 在一篇肯定很伤人的书评中，彼得·布鲁克斯承认了桑塔格在让新作品引起公众注意方面所起的作用：“总的来说，美国的批评话语对米歇尔·布托尔、让-吕克·戈

---

[1] 伊夫·圣·洛朗（Yves Saint Laurent，1936—2008），中文译名亦作圣罗兰，是法国著名奢侈品牌YSL的创始人。——译注

[2] flower children，嬉皮士的一个流派，尤指年轻的嬉皮士，因佩戴花朵以象征和平与爱情而得名。——译注

[3] Irving Howe，“The New York Intellectuals”，in *Dissent*，October 1，1969.

达尔、罗兰·巴特或克劳德·列维-斯特劳斯——桑塔格小姐花名册上的几位男主角——要么忽略了，要么就是未对他们进行明智的探讨，”他在《党派评论》上撰文写道，“这种忽略或未进行恰恰说明了桑塔格的重要性：她对时机和戏剧性完美的把握使她自己成为当代艺术意识中至关重要的权威宣传者。”然而，这一赞美很快就被诟病她“在逻辑、语言和历史理解上的失败”所取代。[1] 这些批评常常带
267 有性别特征：布鲁克斯称这本书为“一场奢靡的节日狂欢”，而《纽约客》的影评人宝琳·凯尔说：“我认为，把不加选择作为一种价值，她已然成为一个真正的放荡之人。”[2]

◆ ◆ ◆

文集最后是《一种文化与新感受力》这篇随笔文章，它为显示那个时代特点的许多变化起了个名字。桑塔格的反对者将“新感受力”理解为对高雅文化与低俗文化等同视之：更广泛范围的价值观的崩塌，其中包括性价值观，这导致了智与性两方面的混乱。例如，在一篇关于媒体理论家马歇尔·麦克卢汉的文章中，一位记者抨击了麦克卢汉“宣扬嬉皮士和花童文化，以及桑塔格的新感受力，还有其他各种脱离、退缩、否定主流文化的形式和做法”[3]。然而，该文清楚地表明，桑塔格所谓“一种文化”的观点并不是要消除高雅和低俗之间的差距，而是要在文学文化与科学文化之间提出一种新的联盟，而传统上对这种联盟是反对的。

这意味着不再将文学尊崇为对抗机械化的非人化的最大堡垒，这

---

① Peter Brooks, "Parti pris", in *Partisan Review*, Summer 1966.
② Seligman, *Sontag & Kael*, 23.
③ "Media Man's Mascot", in *Guardian*, September 28, 1967.

一思想明显来自马修·阿诺德。桑塔格感到既然正如巴克敏斯特·富勒所言“自从第一次世界大战以来，所有重大的进步都发生在电磁波谱的亚频和超频上”[1]，那就有必要对艺术和科学提出一个新的概念。科学已经吸纳了很多伟大的创造力，而在另一个时代，这些创造力可能会转向艺术，因此，桑塔格从小说以外的领域创立了思想家的另一种经典。

> 新感受力的首要特征就是其典型成果并非文学作品，尤其不是小说……这一新的文化联盟的一些基本文本可以在下面这些人的作品中觅得，他们是：尼采、维特根斯坦、安托南·阿尔托、 268
> C. S. 谢灵顿、巴克敏斯特·富勒、马歇尔·麦克卢汉、约翰·凯奇、安德烈·布勒东、罗兰·巴特、克洛德·列维-斯特劳斯、西格弗里德·吉戴恩、诺曼·O. 布朗以及乔治·凯布斯。[2]

为了理解由一种神秘的、常常还是有危害的科学形成的世界，哲学家、剧作家、建筑师、音乐家、人类学家、精神分析学家和画家会以科学范例作为他们的基础。“如今的艺术坚持冷静，拒绝其认为的那种多愁善感的内容，以其严谨的精神，具有‘探索’和‘问题’的意识，因而更接近于科学的精神，而非传统意义上的艺术精神。”她写道。[3] 就像科学一样，它需要严格的应用：

> 米尔顿·巴比特和莫顿·费尔德曼的音乐、马克·罗思科和弗兰克·斯特拉的绘画、梅尔塞·坎宁安和詹姆斯·韦林的舞

① Sontag, *Against Interpretation*, 301.
② 同上，第 298 页。
③ 同上，第 297 页。

> 蹈，都要求一种感受力的训练培养，其难度和学徒训练的长度至少与掌握物理学或工程学所面临的难度不相上下。（在各艺术门类中，只有小说不能提供类似的例子，至少在美国如此。）[①]

罗斯金曾对文艺复兴时期的艺术进行抨击，称其冷漠，平民百姓难以接近；然而，桑塔格却认为，在强势的庸俗风气的重压下，高雅文化经常面临崩塌的危险，而复杂性则为高雅文化提供了一道防御。这就是为什么现代文化常常显得严肃、缺乏幽默感而又认真；这也是为什么其作品非但没有流行开来，而是正好相反。桑塔格钦佩的思想家可不是沃霍尔这一类的。他们是那些试图破译"亚频和超频"者，正是它们使艺术成为"一种新的工具，一种用来改变意识、形成新模
269 式感受力的工具"[②]。

这正是该文暗含的辩解。又一次，在这个新的伪装下，桑塔格正在描绘"理性"科学与艺术家的浪漫思想之间的关系。这是一个颇受欢迎的话题，在弗洛伊德的作品中也能找到；弗洛伊德曾思考过自由与压抑、自发性与理性、艺术想象力与科学想象力之间的矛盾。它们都曾被视为互为对立面。在这个新的概念里，它们将不再如此。通过采用科学的方法，艺术家将取代意义的守护者角色，这在传统上只留给科学家、学者和神学家们担任。他将对这个全新的、往往还是深不可测的世界，向他的观众提供阐释，将先前神和牧师、创造者和阐释者各自的角色合而为一。换句话说，这就是一种把批评视为艺术的观点，而苏珊·桑塔格的"新感受力"则是一种把批评家视为艺术家的观点。

---

① Sontag, *Against Interpretation*, 295.
② 同上。

◆ ◆ ◆

尽管桑塔格对现代艺术的高深莫测发出了严厉警告，但她还是对它感到兴奋不已。它帮助她和其他人“看见更多，听见更多，感受到更多”。在《一种文化与新感受力》中，她表示，希望这将有助于抵制日益机械化的生活所带来的“巨大的感官麻木”。有些新艺术对快乐的看法很模糊。但她不是如此。当她在 1996 年写的题为《三十年后》的随笔文章中回顾往昔时，她想起的正是这种快乐。

随笔就像是最好的游记一样，让你想去那儿一游。她写道：“我关心的作品的作者，那些艺术家的献身精神、冒险精神以及毫无唯利是图之心，似乎就是本该这样。我认为每个月都有新的大作面世是正常之事。”她提到“30 年前认为我们正处在文化和社会的一场伟大而积极的变革的开端的那个信念”[1]。边缘的观点正进入主流，或者至少是进步思想的主流，其结果是她始料未及的。 270

> 我不明白的是（我肯定不是理解这一点的正确人选），在整个文化中，严肃性本身正处于失去信誉的早期阶段，我不明白我所欣赏的一些更为离经叛道的艺术会强化轻浮的、仅仅是消费主义的离经叛道行为。30 年后，严肃性标准几乎悉数土崩瓦解，而一种文化崛起，其最浅显易懂、最有说服力的价值观来自娱乐业。如今，对大多数人而言，严肃（以及可敬）的观念似乎是离奇有趣的、“不切实际的”。

---

① “Thirty Years Later”, in Sontag, *Against Interpretation and Other Essays* (New York: Picador U. S. A., 2001), 311.

这一自白缓解了人们对她是“消除等级者”的指责。她的确想要逆转主观武断的界限区别：“我所质疑的那些等级制度（高/低）和两极分化（形式/内容、理智/情感），是那些妨碍我正确理解我所欣赏的新作品的因素。”[1] 这些等级制度，就像其他受到质疑的制度（黑人/白人、男人/女人、异性恋/同性恋、艺术/科学）一样，往往应该被推翻。但这并不意味着所有的等级制度都是糟糕的。文化保守主义者就是正确的，尽管不是他们认为的那种方式的正确。如果他们希望保留这些等级制度，那他们就不比苏珊·桑塔格、贾斯珀·约翰斯和约翰·凯奇这些人更成功；这些人曾试图扩充或重新定义这些等级制度。桑塔格不无遗憾地强调指出，消费主义令他们所有人都陷入困境。

◆ ◆ ◆

《反对阐释》是20世纪60年代上半叶的一部作品，当时形势似乎正在有所好转。桑塔格写道：“没有什么怀旧的感觉。从这个意义上说，这确实是一个乌托邦式的时刻。”战胜希特勒、民权运动、肯尼迪的崛起，这些都赋予桑塔格这一代人一个进步的观点：不是因为
271 他们没有意识到不公正，而是因为他们看到不公正已被克服。

然而，诺斯替主义者鼓吹的黑暗，会永远跟随着光亮。对苏珊这一代人来说，这黑暗可以用一个词来概括：越南。肯尼迪政府执政期间配备了大量美国“顾问”，即苏珊在曼哈顿的电影院和画廊里见到的那些人，他们开始抵达西贡。小说家菲利普·卡普托写道，他们是以让肯尼迪上台的那种理想主义精神来做这件事的。

---

[1] “Thirty Years Later”, in Sontag, *Against Interpretation and Other Essays* (New York: Picador U. S. A., 2001), 309.

> 我们带着满脑子的幻想奔赴海外，那些年令人陶醉的气氛和我们的青春年华一样，是造成这些幻觉的罪魁祸首。战争对那些对其一无所知的年轻人充满吸引力，不过，肯尼迪向我们发起挑战，他发问说，你们能为自己的祖国做些什么，于是他唤醒了我们心中的传教士般的理想主义，因此，我们受到诱惑，参军穿上了戎装。①

在这一理想主义的所有结果清晰呈现出来之前，苏珊对政治是不闻不问的。这种现象很典型。20世纪50年代，很多作家退回到他们的个人梦想当中：个人戏剧成为他们文学的中心，其中包括垮掉的一代的作品。上一代人迫切需要解决的政治和社会问题已然退却。每当政治出现在苏珊的日记中，那就是——就像在古巴一样——与美学有关。在美国——就如同对待《淫奴》一样——她的政治干预仅限于艺术问题。

毕竟，20世纪50年代美国外交政策的主要目标是遏制共产主义，这一点是毫无争议的。自由派就如何把这一点做到最好而争论不休，但大多数人一致认为，遏制是可取的；甚至连《党派评论》都支持冷战和美国对自由政权的支持。问题出在“自由”这个词的含义上；这个词在南越混乱的独裁统治时期被不靠谱地滥用了。 272

在美国，在越战成为最有分歧的争议之前，一种新的激进主义已然在酝酿之中。“新左派”于1962年出现，在其早期的几年间，越南几乎没有起到什么作用。② 它吸收了马尔库塞关于个人解放的追求如何影响更广泛的政治的许多观点，谴责美国注定要被资本主义、帝国

---

① Robert R. Tomes, *Apocalypse Then: American Intellectuals and the Vietnam War, 1954 - 1975* (New York: New York University Press, 1998).

② 同上，第70页。

主义和种族主义所毁灭。越战似乎完美地诠释了这些观点。

新左派分裂了左派，还嘲笑那些对美国的善良多愁善感地抱有希望的自由派。到了 1965 年，当轰炸北越开始时，激进派把自由派描绘成幼稚轻信的人，而苏珊的圈子也倾向于激进派。她从一开始就参与其中的《纽约书评》，成了人们眼中的“纽约越南评论”。到 1967 年它在封面上刊登了一幅“莫洛托夫鸡尾酒”[1] 的制作配方图时，该刊已成为美国最激进的出版物。

她对日益剧增的杀戮感到绝望，这让她有生以来第一次积极主动地发出了抗议。1966 年 2 月 21 日，在《反对阐释》发表一个月后，她和其他一些作家，包括诺曼·梅勒、丽莲·海尔曼、威廉·斯泰伦、伯纳德·马拉默德和罗伯特·洛厄尔，在时代广场附近的市政厅举行了一场“朗诵会”。舞台是用“粗陋的竹子做成框架的背景墙，上面是一幅幅照片，展示的是轰炸、阵亡士兵和致残的亚洲儿童”[2]；集会被一名不当班的警察打断，他走上台，在照片墙前唱起了《上帝保佑美国》。不用说，现场观众没有接受这个警探的邀请，没人和他一起唱歌。

1967 年 12 月，“苏珊穿着宽松的裤装，脚蹬靴子，一边像圣女贞德一样向一辆商务车走过去，一边提议再搞一次朗诵会”，这次，她因堵在曼哈顿征兵中心入口妨碍交通而被捕。[3] 1966 年 3 月，她写道：
273 “作家应该是持不同意见的少数派的先驱——为那些害怕的人、那些觉得羞愧的人、那些说‘不’的人、那些说‘我们正在流血’的人、那些大声叫‘停下’的人。”[4]

---

① 一种装满混合燃料的燃烧瓶。——译注

② Paul L. Montgomery, “Detective Interrupts Vietnam Read-In”, in *New York Times*, February 21, 1966.

③ “Robert Mayer in New York: Dr. Spock’s Breakfast Club”, in *Newsday*, December 6, 1967.

④ “Susan Sontag’s Statement to the Press, Wednesday, March 16, 1966”, Sontag Papers.

◆ ◆ ◆

此后不久，苏珊就撰文对美国表示谴责，该文也一直会是对苏珊·桑塔格的谴责。诋毁她的人从未原谅也从未忘记《美国怎么了》。[①] 这篇文章最为人记住的是这一句话："白人种族是人类历史之癌。"虽然更多的是出于隐喻，而不是潜在的感情，但这样的措辞可能还是不恰当的，以至于从来不道歉的她后来会因此而道歉。毕竟，她不是唯一被越战激怒的人。

她在这篇文章里写的很多情况都是真实的。至少在很大程度上，美国这个国家是建立在对美洲印第安人的种族灭绝和对非洲人的奴役之上的。很多美国人既极端暴力又极端说教。美国的很多物质文明其实就是垃圾；当然，美国很多政客也都是腐败堕落的。而整篇文章的字里行间显示，这个国家确实出现了一种希望，主要是在正在崛起的一代人的身上，从他们的兴趣中，她看到：

> 重新定义的性革命与重新定义的政治革命之间极度的和谐。成为社会主义者与选择嗑药（以一种全然严肃的精神：一种探索个人意识的技术手段，而非将其当作镇痛片或一种依赖）这两者并非互不相容；探索内在空间与矫正社会空间两者之间也并非互不相容。

通过性和毒品而扩展的意识可能会矫正整个社会，不过她没有具体说明如何做到；在伯纳德·多诺霍把她的政治概念描述为"探索你 274

① 《美国怎么了》（"What's Happening in America"）最初发表在《党派评论》，1967 年冬季号。

的性和你的整个生活，质疑所有的当权者以及敌视所有的统治制度”之后的十年里，她保留了马尔库塞式的希望，即这种质疑可以扩展到政治上。

然而，《美国怎么了》中缺少实际的政治。比如，美国的种族主义问题似乎真的无法解决。同样真实的是，就在桑塔格写这篇文章之前一年不到的时间，那位被她嘲笑为“在公共场合［搔挠］他的蛋蛋”的总统签署了《投票权法案》，这是他 1964 年同样具有里程碑意义的《民权法案》的成功续篇。在林肯之后的一个世纪里，没有哪位领导人取得过类似的成就。但是，桑塔格能敏锐地觉察到自己身上光明与黑暗的混合，却无法如此细致入微地解读她自己的国家。

在美国，最主要的美德宝库就在她自己居住的地方。她对读者说，“跨过哈得孙河，你就会发现，并非只是一些美国人，而实际上是所有美国人”觉得“在美德取胜之前，依然有更多的美洲印第安人会遭残杀”。这是十分怪诞而夸张的描述；无论如何，越战的大多数发动者，和肯尼迪本人一样，都是来自美东的当权派。

但是，读了这篇文章，你就会发现，它并不真正是关于一个大而复杂的国家里“正在发生的事情”。这是一些杂志——比如《党派评论》——上对一个有着悠久历史的美国的写照。《党派评论》上还刊登过一篇文章：《艾伦·金斯伯格〈嚎叫〉中的摩洛克》。

> 摩洛克的思想是纯粹的机器！摩洛克的血液是流淌的金钱！摩洛克的十指是十支军队！摩洛克的胸脯是吃人的发电机！摩洛克的耳朵是冒烟的坟墓！①

① Allen Ginsberg, *Howl and Other Poems* (San Francisco: City Lights Pocket Bookshop, 1956).

桑塔格的美国是一种文学修辞，而且，和在古巴一样，她对政治的观察依然主要是从审美的角度进行的。她写道，美国“被一代又一 275 代新的穷人填满，并按照文化贫瘠、背井离乡的人们在工业时代开始时可能拥有的对美好生活的庸俗不堪的幻想来建设它”。人们可以认同她的每一个观点——并完全认同她对越战的愤怒——但仍然知道这不是事情的全部，知道她的美国不是“真正的”美国。那是作为坎普、作为审美现象的美国：作为隐喻的美国。

然而，看着自己的国家走向地狱的正确方式是什么？作为《仙人掌报》的前编辑，带着她那一代人强烈的爱国主义精神长大，而那一代人曾把美国及其军队视为文明最后、最好的希望；年复一年，旁观着这些军队在一个从未威胁过美国且遥远的国度狂轰滥炸造成伤亡，这对她来说真不是一件轻易能做到的事情。表达一个人恐惧、心碎和背叛的感觉的正确方式是什么？

◆ ◆ ◆

没当过徒弟就当不了师父，没有失败就不会成功；在文学界，一出场就羽翼丰满的艺术家是罕见的，实际上也不存在。在任何情况下，他们的生平都不可能成为有启发性的传记：是思想的发展为作者的生平提供了叙述的内容。一次次的失败并不会贬低后续的成就，相反，通过说明获得这些成就之艰难，反而会放大这些成就。

人们普遍认为，桑塔格于 1967 年 8 月出版的第二部长篇小说《死亡匣子》是她的一次失败。它甚至比《恩主》更不受欢迎，可能是这样一种情况：也许因为人们对一部处女作的态度是宽容的，所以后面一部就很少能再得到这样的对待了。然而，它的有趣之处不在于小说是不是令我们满意，而在于它让我们得以一窥桑塔格对贯穿她所有作品的这些主题的思考——什么是真实的？如何才能看到？通过不276 断质疑自己作品中的人物以及他们的经历的真实性，她将这些置于一种情感上的剥离，在情节和人物层面上使得阅读不够顺畅，但是读者能见证她的思想展开的过程，还是非常值得的——与书名中宣布的主题相关的情感线索，就在表面之下——尽管被严严实实地掩盖着，在某些情况下，甚至对作者本人也是如此。

其中一条线索是关于保罗·特克的男友彼得·赫贾的西西里岛之行。赫贾是一名摄影师，他像保罗和艾琳一样，也是一个没上过学的大天才。他出生在新泽西一个乌克兰血统的半文盲农民家庭，他在母亲——一个女招待、一个粗野的女酒鬼——怀着他的时候就被他父亲抛弃了。他母亲后来嫁给了一个赌场经纪人。斯蒂芬·科赫说："要上彼得的 A 级名单，毫无例外，就得做一个受虐待的孩子。"赫贾变成了一个令人生畏的独特的人。科赫第一次见他时，"他当时就坐在苏珊这张'使命派'风格的摇椅上。他坐在那儿。椅子从未摇过"。

> 他一整天都在摄影棚里拍摄杰恩·曼斯菲尔德，她赤身裸体，一套又一套地换装。听他描述就如同听一位优秀的小说家在讲故事。比如，他会描述她与她自己的乳房的关系，她是如何与两个乳房相连的，她的乳头是如何呈现出碾碎的树莓的颜色的。[①]

1963 年，他去了西西里岛，带回来的照片证实了他有小说家的天分。1976 年，他以《生者与逝者的肖像》为书名，出版了这些照片，苏珊为书作了序。"生者"包括苏珊和艺术界的很多重要人物，如威廉·巴勒斯、保罗·特克、弗兰·勒博维茨、罗伯特·威尔逊以及约

① 作者对斯蒂芬·科赫的采访。

翰·沃特斯等的肖像。“逝者”展示的则是巴勒莫的嘉布遣会地下墓穴中保存着的一群穿戴整齐的市民，而无论是宗教人士或世俗之人，他们的尸体聚在一起，令人毛骨悚然。 277

科赫说，它们对苏珊产生了“巨大的影响”，也很大程度上决定了保罗·特克后来的作品：一个个肉块和身体残骸。特克记得他们第一次去那儿参观：

> 它们最初的效果极其惊人，你会一时间后退一步，然而随后就觉得很兴奋。总共有8000具尸体——不是骷髅，是尸体——装饰着一面面墙壁，而且走廊里到处都是带窗户的棺材。我打开一个，拿起一个我以为是一张纸的东西；其实是一块风干了的大腿。我感到一种奇怪的解脱和自由。尸体也能用来装饰房间，就像花儿一样，这让我很开心。我们在理智上接受我们的物体属性，但在情感上接受它可能是一种快乐。①

《死亡匣子》的最后一个场景中，主人公在这个墓场里游荡。这是一本关于一个人在死亡的王国里活着的书；他是否真的活着，我们永远无法完全确定。她在倒数第二页写道：“他全然忘记自己在哪里，身在何处，状态如何。”②

他奇怪的名字，迪迪，为另一个戏剧性事件提供了证据；苏珊自己直到1972年才恍然大悟，当时她在日记里记录了自己发现它的含义时的那种惊讶。

---

① Paul Thek *et al.*, “*Please Write!*”: *Paul Thek and Franz Deckwitz: An Artists’ Friendship*, *Boijmans Studies* (Rotterdam, Netherlands: Museum Boijmans van Beuningen, 2015), 13.

② Sontag, *Death Kit*, 311.

迪迪，就是迪迪。那五个字母[1]。为什么呢？我以前从未搞明白。今天我知道了。

迪迪。

爹爹。

这就是我这一辈子心里对死亡一直在思考的源头。

迪迪33岁。爹爹就是在这个年龄死的。

他死了吗？假死这个主题，亦真亦幻的死亡、意外的复活出
278 现在我所有的作品中——[2]

◆ ◆ ◆

在从纽约去布法罗的途中，迪迪乘坐的火车被耽搁在隧道里。等待的时间一拖再拖，于是迪迪下了火车。他发现了一个工人，安杰罗·尹卡多纳；他用铁撬棍打死了尹卡多纳。回到车厢后，其他五个乘客没有一个人注意到他离开过。他的目光落在一个双目失明的姑娘海丝特身上，他向她坦白，可是她向他保证——就像《恩主》中梦幻世界里一样——说他只是在梦幻中犯下了这个罪。“你从没离开过火车，”她对他说，“你从没出过车厢。相信我。”

难道双目失明的她看到了什么他一个明眼人看不到的东西？在布法罗，迪迪得知，的确有一个工人死了，只不过不是被铁撬棍打死的：他是被火车撞死的；火车根本没有停下。因此，迪迪不可能离开过那列火车，不可能进入过那个隧道，不可能杀了他；但是，“迪迪

---

① 即Diddy。——译注

② Sontag, *Consciousness*, 335 - 336, July 21, 1972.

知道，这个世界是建立在一个个谎言之上的”，而且所有的乘客“都能证明那列火车停了 40 分钟左右”——或者，他们能证明我们能不能相信迪迪的话。

一具可能存在、也可能并不存在的尸体是苏珊对肉体的非真实感相当明确的象征，是对特克作品所包含的“物体属性”的拒绝。迪迪坚信自己犯了罪，而读者却有充分的理由相信他并没犯这个罪。也许，正如弗洛伊德所假设的那样，现实不如他的良心的真实重要，他的内疚与苏珊过去的另一个恐惧极其相似：她骗人、不可靠、不真实。为了弥补这一罪过，迪迪尝试着要承担责任，但屡试屡败。他甚至去拜访了尹卡多纳夫人，而她在一场昏昏沉沉的梦魇中向他调情。然而，就如希波赖特的犯罪企图不断被挫败一样，迪迪也无法让任何人相信他有罪。当海
丝特为恢复视力在做一次注定会失败的手术时，他则在城市中游荡。 279

和几乎所有桑塔格作品一样，视觉在这里提供了主要的隐喻。海丝特双目失明；迪迪在一家生产显微镜的公司上班。不过，对他而言，看见是一种压抑的行为。他说：“我这种一目了然让我多么受罪，你要是能明白就好了。所有的东西都能看到是多么痛苦哦……几乎所有的东西都那么丑陋。”[1] 因此他对美极其迷恋，他怀疑这可能会干扰他对事物正确的理解，这在一定程度上解释了他为什么会对海丝特感兴趣。她看见的方式与他截然不同，这几乎成了一种理想。因为他必须看见，所以他被视觉上的欺骗和不确定性所折磨。

在梦中，他出现在海丝特接受手术的那家医院，并且开始“小心翼翼地”为手术拍照。

> 她肯定很痛。看看她正在手术台上不安地扭来扭去呢。医生

① Sontag, *Death Kit*, 157.

> 们继续忙着。迪迪很想做点什么，可是他离得太远。于是他继续拍摄，他的照相机咔嚓咔嚓地响着……海丝特就是迪迪眼中的标本。他缓缓地转动旋钮，把镜筒一点点地上下调整，寻找最精准的聚焦点。①

这种看待他人的痛苦的方式也是使用一种设备——显微镜、照相机——来与那种痛苦拉开距离的一种方式：用科技保护自己的双眼，不直接看到东西。自相矛盾的是，正如桑塔格在《论摄影》中指出的那样，照相机会让这样的看到甚至更加痛苦：

> 1973 年我在上海一家医院，观看一名胃溃疡晚期的工人在针刺麻醉的情况下被切除十分之九的胃；我坚持了三个小时，看了这台手术的全过程（这是我观看的第一台手术），没有觉得不适，
> 280 一次也没有感觉需要把目光移开。一年后，我在巴黎一家电影院看安东尼奥尼的纪录片《中国》里一台并不那么血淋淋的手术，在看到手术刀第一刀下去时，我就畏缩了，在那一组镜头中我多次挪开了视线。②

正确的——诚实的——看见的方式是什么？正如桑塔格在上海知悉的以及迪迪从书本中学到的那样，摒弃人工器械并不能保证更接近现实。他放弃图像、视力——然后，当这都无法让他更接近他所追求的真相时——是语言：

> 迪迪下定决心，不能让自己与海丝特之间的关系变得机械而

① Sontag, *Death Kit*, 177, 179.
② Sontag, *On Photography*, 168.

平淡，因此他寻找一个办法，既减少交谈又不影响他与这个姑娘之间的接触。已经缺乏图像了，所以话语不能被完全舍弃。只能被取代。[①]

他们找到的替代物是“身体的物体属性”。海丝特掌握了一种肢体语言，不是通过图像或语言，而是通过形状和感觉来识别东西。还有他们不用眼睛的性爱，“越来越成为他们之间关系的统一的主题”[②]。但是——因为眼睛揭示一个真相，却遮盖另一个真相——迪迪发现双目失明有好有坏。视而不见的好办法同样会把他们推回到他们疏远了的身体里：

高尚的失明。就像希腊雕塑中的那样。因为这些雕塑人物没有眼睛，他们看起来更生动，更突出身体的重要，更真实存在。我们凝视那些塑像的时候，会觉得它们在我们心中也更真实存在。

卑贱的失明：因为愤怒或绝望而导致的失明。某种被动状况。就像在消极的死人的雕像中那样。当一个人溺水时，整个身体中
最先分解或腐烂的部位就是两只眼睛；鳗鱼就在刚刚溺亡的人的 281
空眼窝里游来游去。

《死亡匣子》的首版封面是黑色的，这很恰当。压抑、黑暗、失明——被困在隧道里——是该小说所传递的感觉。如果桑塔格的读者在该小说上气不接下气地走向令人不满的结局时已然精疲力竭，那可能就是问题的关键所在。小说中没有什么是“真实的”。不过那黑暗的感觉倒确实存在。在越战那些年，全世界很大范围笼罩着的正是这
种感觉，它当然也影响到了苏珊。 282

① Sontag, *Death Kit*, 209.
② 同上，第 272 页。

第十八章

神经紧张的大陆

如果说苏珊崇尚激进主义，这使得她与反战者站在一起，那么，她的私生活则使她能够接触到战争发动者。通过杰姬·肯尼迪，她结识了罗伯特·肯尼迪；罗伯特在他哥哥执政时担任司法部部长，有一段时间，他是美国第二有权势的人。他比他的哥哥更孩子气——更坏孩子气；他仍然抱有希望，希望 60 年代初期的光明会在一个黑暗的时代重现。1964 年 8 月，总统遇刺身亡后，在大西洋城的民主党大会上，前所未有地，大家为罗伯特热烈鼓掌长达 22 分钟。这样的反应让人觉得他似乎也注定要入主白宫。虽然越战在一定程度上是他哥哥一手造成的，虽然他本人是封锁古巴主要的始作俑者，但他成了左翼的象征；尽管他有 11 个孩子，但他的情人，至少有一次，包括苏珊·桑塔格。[①]

那年 11 月，他的劲敌约翰逊以美国历史上最大的压倒性优势当
283 选总统。约翰逊从来不是自由派的宠儿，他在 7 月通过了《民权法案》，与左派最珍视的事业结盟。一时间，约翰逊的行为让他成为一名英雄，名声甚至超越了罗斯福，而罗斯福的“新政”正是约翰逊所

---

① 作者对理查德·霍华德的采访。

效仿的。他影响深远的社会项目包括为美国老年人提供医疗保健的“医疗保险制度”和为穷人提供同样帮助的“医疗补助计划”。其他项目——涉及教育、交通、住房——将把美国塑造成一个类似社会民主主义的国家，统称为“伟大社会”。

这一措辞出自一位名为理查德·古德温的年轻职员之口，他与肯尼迪总统也曾关系密切。“我睡过的最丑的人是床上功夫最好的人。”苏珊曾告诉唐·莱文。与肯尼迪或约翰斯形成鲜明对比的是，满脸痘痕、胖乎乎的古德温并不吸引人，但是——像苏珊很多男性情人一样——他是一个举足轻重的人物，也提供了一个近距离的视角，让她目睹了她在极力反对的权力。他会说：“到自由女神像这儿来吧，这里将会有一个落成典礼。我会把你介绍给总统。”[①] 这样的邀请是很难拒绝的。

尽管古德温已婚，但这并未造成意想不到的麻烦。在艾琳之前，苏珊从未体验过性高潮；在理查德·古德温之前，她从未和男人体验过性高潮。她告诉科赫：“这并不是说他做这事儿和其他男人有什么不同，只是他是被一个法国妓女耳提面授如何行此事的。”艾琳帮助她发现了自己身体里的种种可能性，这让她感到获得释放。但当这种事遇到理查德时，她又慌乱了，瘫倒在枕头上。她记得当时想：“哦，该死，现在我真和旁人毫无区别了。”[②]

◆　◆　◆

1967 年，她开始和沃伦·贝蒂交往。他当时 30 岁，刚刚凭借电影《雌雄大盗》大获成功，打破了好莱坞对性和暴力进行描述的禁 284

① 作者对斯蒂芬·科赫的采访。
② 同上。

忌，成为20世纪60年代的标志性电影。苏珊喜欢对朋友们说，她有时不得不等上40分钟他才收拾好：他在卫生间梳妆打扮时，她就百无聊赖地翻阅杂志。[①] 一次约会后，她对唐·莱文说："非常奇怪。他能谈的全是他的姐姐。我一点儿也不知道他姐姐是谁。"而事实上贝蒂的姐姐雪莉·麦克雷恩成为大明星至少有十年时间了。[②]

这个人的懒散和颓废的神态让整整一代人都被他的魅力所吸引，然而，他对苏珊·桑塔格并没有特别的吸引力。也许部分因为这个原因，他被她迷住了。斯蒂芬·科赫说："以一种我以前从未见过的方式对其痴迷，我和苏珊坐在那儿，电话就开始响了。那时候还没有电话答录机。它会响上500遍。她会把电话机锁进一个壁橱，然后说，好了，我们继续吧。然后在接下来的两三个小时里，电话会一直响个不停。"他们的交往非常短暂：她告诉自己的妹妹——她从未跟她妹妹提过自己和女人恋爱的事——他们的交往持续了一个月。[③]

莱文说："我从来没有觉得她对理查德·古德温真正感兴趣。"对在她和艾琳分手后的几年里交往过的——贝蒂以及其他她约会过的男性——情况也是一样。被肯尼迪、古德温或贝蒂这样的男人追求似乎令人兴奋，但她的日记里鲜少提及这些男人。她儿子说："这些交往令她觉得好玩，但我认为她没有一次是深陷其中的。""好玩"的确是形容她与名人世界之间关系的一个很恰当的词：一种对其紧张工作生活有趣但肤浅的逃避。"这些人她全认识，"戴维说，"不管她杰姬是什么人，是奥纳西斯、肯尼迪、布维尔，还是什么人：她会和他们交往，然后再回到自己的隐修室。"[④]

就像阿尔弗雷德·切斯特所说的那样，她越来越"在世界上任何

① Schreiber, *Geist*, 119.
② 作者对唐·莱文的采访。
③ 作者对朱迪丝·科恩的采访。
④ 作者对戴维·里夫的采访。

地方都跟在家里一样自在”，她开始把隐修室理想化。她喜欢名声带 285
给她接触好莱坞、进入白宫的机会，然而，名声也意味着在假象、隐喻、面具、伪装的外表等与在寂静中发现的自我之间加剧分裂。吸引她一步步走过去的是那隐修室。朴素苦行、严肃认真、纯粹——这些一直吸引着她的价值观——是她的第二本文集《激进意志的样式》的基础。

该文集于 1969 年出版，所收文章大多写于 1967 年，包括《美国怎么了》和《河内行纪》这两篇关于越南的文章。从某种程度上说，书名具有误导性。如果说，在那些年，“激进的意志”意味着一种迫使改变的积极的手段，那么在她的使用中，这个表达完全是另一回事，成了消极的，是一种对抗意志的武器，或者，就像她那篇关于 E. M. 齐奥朗的文章中所说的，是“自省”。这个书名的意思不是改变世界，而是战胜世界。

她的英勇意志使她得以发展。但她一直以激进的方式对此持怀疑态度，她在 1960 年的日记里写道：

> 意愿的想法已经频频出来拉近我所说的（我说的不是我本意的东西——或者没想透自己的感情就说）与我所感觉的之间的距离。
>
> 因此，我的婚姻当时是我想要的。
>
> 戴维的监护权当时是我想要的。
>
> 艾琳当时是我想要的。
>
> 规划：摧毁这一意愿。[1]

这些年身陷表面的名声和无爱的风流韵事中，她担心自己正在失

① Sontag, *Reborn*, 261, March 20, 1960.

去她从未百分百拥有过却已所剩无几的自我。当她说自己和理查德·古德温在一起让她变得“真和旁人毫无区别”时，她的意思是她变得越来越不像她自己了。异性恋意味着自我的丧失，就像沉浸在名人文化中一样，是另一种不真实和欺骗的形式。这个想法吓坏了她，因为她明白，坚持自我——不管那意味着什么——这是生死攸关的大事。
286

> 随着 D. G.（理查德·古德温）的到来，整个神经紧张的新大陆驶入视野。（亚特兰蒂斯。[1]）我是谁。我不会让“他们”把它从我这里拿走。我不会被消灭。[2]

◆ ◆ ◆

“存在是一种习惯，我对养成这一习惯并不感到绝望。”[3] 这句话引自桑塔格的随笔文章《“自省”：反思齐奥朗》。该文收入文集《激进意志的样式》，是其最优秀的随笔文章之一。正是因为齐奥朗所提出的问题与她自己的问题极其相似，也因为她对齐奥朗的观点所持的态度，虽然从来都不是不加批评的，却揭示了在更大的危机背景下思考她个人难题的一种方式。有人把这一危机称为“历史”，其他人则称之为“现代性”。这个问题产生于一个高度发展的文化当中；在该文化背景当中，艺术和科学的发展突飞猛进，现在几乎可以解答一个人可能提出的任何问题，因此，似乎文化已无更大的发展空间。“在过去的 150 年中，西方最优秀的智性和创造性思考在整个人类生活中似乎毋庸置疑是最具活

① 传说中一个文明高度发展的古老大陆，沉没于大西洋的岛屿。——译注
② Sontag, *Consciousness*, 137, November 7, 1965.
③ “Thinking Against Oneself”, in Sontag, *Styles*, 80.

力、最扎实密集、最敏锐、绝对有趣，也最真实的。”桑塔格写道。[1]这便是她出手定义为一种新的感受力的“一种文化”。

唉，这不是，或者未必是一种安慰。在艺术与智性的辉煌中，个人的问题依然存在。苏珊写道：“到现在为止，最乐观的和最悲观的、最愚蠢的和最明智的，都已有定论。对个人精神咨询的需求却似乎前所未有地强烈。”[2] 生活在这个后期阶段，拥有如此丰富的知识，就会陷入困境，意识到旧的体系——她提到了孔德、马克思和弗洛伊德——不可能解释这种先进文化揭示的复杂性。（包括宗教在内的旧 287
体系几乎未被提及。）逐渐增长的知识意味着曾经给人们带来希望的慰藉逐渐消失。没有体系，没有包罗万象的意义，她写道：“在黑格尔的努力之后，这种对永恒的探求——曾经是一种极具魅力且不可避免的意识姿态——作为哲学思想的根基，如今暴露出了它所有的悲怆与幼稚。”[3]

于是，齐奥朗的形象变成了这种无法安慰的意识的象征。他曾创建了“一种新的哲学思维：个人的（甚至是自传性的）、警句式的、抒情性的、反体系化的。其最重要的典范有：克尔凯郭尔、尼采、维特根斯坦。齐奥朗是当今这一传统写作中最杰出的人物”。[4] 苏珊·桑塔格成为这一派系中紧随其后的人物并非巧合：她一直尊敬那些杰出的前辈，并以他们为榜样，齐奥朗的经历像一面镜子，她从中看见了自己。她注意到他的作品中有一种“奇怪的辩证法”，这对她而言并不奇怪：

一方面，传统的浪漫主义者和活力论者蔑视“智性”，蔑视

---

① “Thinking Against Oneself ”, in Sontag, *Styles*, 74.
② 同上。
③ 同上，第 77 页。
④ 同上，第 78 页。

以牺牲身体、情感以及行动能力为代价的精神过度发展。另一方面，精神生活的提高是以牺牲身体、情感和行动能力为代价的，这种精神生活的提高达到了最为激进和专横的地步。[1]

在这些似是而非、似非而是的事情中——虽然他的一生是在一个类似“隐修室”的地方度过的——齐奥朗并未规定要放弃精神生活。正是这一点，让桑塔格既钦佩又表示质疑。她提到了《论傀儡剧》，
288 这是她经常提到的克莱斯特的一篇随笔文章。

无论我们多么渴望去修复由意识造成的人类自然和谐的混乱，这都不是靠放弃意识可以实现的。无回头路可走，不可能回到纯真年代。我们别无选择，只能一条路走到思想的尽头，（也许）在那里，在完全的自我意识中，我们得以再获福祉与纯真。[2]

◆ ◆ ◆

克莱斯特的立场和齐奥朗一致。但这一立场坚持认为理性思考是无法逃避的，这并不容许革命的愚蠢举动。苏珊很不情愿地承认了这一点。她写道：“政治上，齐奥朗应该算是保守派，他认为，随着精神的成熟，对激进革命的希望就会消失。”尚不清楚苏珊对齐奥朗的发展了解多少，因为他禁止了他最早写的一批书的出版，那是在他1937年于法国成名之前，用罗马尼亚语撰写的。除非政权垮台，否则那些书不会重见天日，但它们揭示了年轻人对激进主义的迷恋，这种

① “Thinking Against Oneself ”, in Sontag, *Styles*, 87.
② 同上，第80页。

迷恋与她自己一样。

齐奥朗开始自己的政治生涯时是一个右翼极端分子：一个法西斯主义者。不过，正如他的一位传记作家所写的那样，其基本过程都是一样的，这在20世纪的知识分子中很常见，与欧文·豪所追溯的美国人的轨迹并无太大的不同。这个周期"始于知识分子对现代社会的批判，伴随着乌托邦式的、极权主义的解决方案。最终，他们对革命、战争和极权主义的暴行感到厌恶，于是退至去政治化的艺术和思想领域"[①]。年轻一代的苏珊也会有类似的幻灭感。和她一样，齐奥朗也深信自我改造。如果说他有什么意识形态的信仰，那便在他严谨的古典法语所体现的高雅文化的永恒之中。

这展现在他们的政治中，亦展现在他们的风格中。两个人都呼吁普适性，渴望摆脱边缘人的出身。两个人都成为向往18世纪精神理 289
想的警句家。两个人年轻时都雄心勃勃。两个人都是失眠患者。两个人的作品都经过高度掩饰，带有强烈的自传体色彩。齐奥朗说："我所有的书或多或少都是加以掩饰了的自白。"这句话也可以是桑塔格说的。而且，她有一次坦承道："唯一真诚的自白是我们间接的自白——说到旁人时。"[②] 这完美地描述了她的随笔文章与传记作者的相关性。

他们两个人年轻时都信奉激进的政治。来自"一个无足轻重的国度"，齐奥朗梦想着"一个改革后的国家，能够符合他的自我意识"[③]。对他来说，革命是个人幸福的梦想；它失败了，个人的幸福也同样不存在了。第二次世界大战后，齐奥朗接受了历史的裁决，接受了它赋予他的更为适度的角色。"对齐奥朗来说，就像他一贯所为，

---

① Ilinca Zarifopol-Johnston, *Searching for Cioran*, ed. Kenneth R. Johnston, foreword Matei Calinescu (Bloomington: Indiana University Press, 2019), 10.

② 同上，第13页。

③ 同上，第93页，第102页。

主张抵制追求幸福和‘幸福的绝境’这一庸俗的诱惑，似乎是令人无法容忍的。”苏珊写道。然而，一个在长大成人的过程中“真的从来不敢奢望幸福”的人完全明白他的意思。①

◆◆◆

对一个被意识包围的人来说，还有另一种解决办法。如果说苏珊和齐奥朗有很多相似之处，她在文章的最后却在暗示，她真正的理想是约翰·凯奇。她称齐奥朗的作品是“一本介绍高档精神品位的手册”，可能有助于“防止一个人的生活变成一件物品、一样东西”。尽管前面那句话显得屈尊俯就，但目标是她的：与沃霍尔要成为机器的目标正好相反。但即便这似乎也不如凯奇的；她称凯奇的思想“与齐奥朗的思想同样激进，在精神上也同样雄心勃勃”，包括因为它“拒绝承认这些主题”。②

凯奇对品位高低的区别并不在意，正如他对 18 世纪法国的警句
290 风格的态度一样。他所提供的是一种从内省的失败中逃脱的方法，“在这个世界，没有什么比我们在做之事更好的事情，也没有比我们所在之处更好的地方”③。这个观念源于禅宗，其中没有任何英勇的放弃，没有长达一生的自我征服规划。他说：“一个人身处一个地方并不恼人，想到一个人想去别的地方，这才恼人。”④ 对于像她或齐奥朗这样的人而言，这就意味着一种被剥夺了的幸福的可能性。但其中的含义——自我接受——并不是苏珊所能想象的。相反，对齐奥朗或他

① “Thinking Against Oneself ”, in Sontag, *Styles*, 90.
② 同上，第 93 页。
③ 同上，第 94 页。
④ Kay Larson, *Where the Heart Beats: John Cage, Zen Buddhism, and the Inner Life of Artists* (New York: Penguin Press, 2012), 237.

之前的弗洛伊德，知识必须是其本身的目的。她写道："当然，解脱并不是齐奥朗的意图，他的目的是诊断。"在那缺乏安慰的"当然"的背后是她过去对不幸福的设想。

她对通过艺术回归真实自我的可能性的着迷是其文集《激进意志的样式》开篇《静默之美学》一文的主题。该文展示了警句风格的文体所有的优点和缺点。她后来说，她力求在每一句话中都提出一个新观点。其结果是产生了一系列令人眼花缭乱的观点，多得让读者难以理解：书中比比皆是，达到《反对阐释》一书中未曾有的那种密集程度，令人生畏。也许，本来就不可能是另外的样子。她在文章中所应对的一个个观点的困难反映了她在自己的生活——包括她的创作生活——中所应对的观点的困难。

这些就是她那个时代艺术创作的困难所在。现代艺术——文学、绘画、舞蹈、音乐——的独特之处在于，它已然变成了一个"上演困扰着意识的正式戏剧的场所"。桑塔格称这个为"艺术"——与艺术完全不一样。而"艺术"，就像齐奥朗的"自省"的概念一样，是一种超越自我的方式。她写道："艺术成为艺术家的敌人，因为它不让艺术家实现其追求的目标——超越，因此，艺术被认为是要被颠覆的东西。"① 291

很多人选择了静默。兰波去了阿比西尼亚，维特根斯坦当了老师，杜尚迷上了象棋。这种"艺术"，掌握了随后便被丢弃，是对过去抛弃之物的一种重新定向，起源极其神秘：是作为通往隐修室的一次旅程。"通过这一旅程，艺术家自身，且最终其艺术也得到净化。艺术家（若非艺术本身）仍然朝着'优秀'的方面前进。"②

这可以通过摆脱"糟糕的"——隐喻——而实现。她坚持认为：

---

① "The Aesthetics of Silence", in Sontag, *Styles*, 5.
② 同上，第6页。

“在艺术创造的所有材料中，语言是最不纯净、污染最严重、消耗最厉害的。”在齐奥朗描述的、桑塔格生活的那个历史阶段的后期，意义就如动脉里的血小板一样，令文字凝结。语言所经历的“不仅仅是让人分享的东西，而是受到历史积累的重压，成为一种腐败的东西”。然而，这种积累尚不足以描述一个笼罩在广岛和奥斯维辛阴影下的世界。“我们缺乏话语，而同时我们又拥有太多的话语。”她写道。

解决这个难题的方法就是直接拒绝被桑塔格视为现代艺术标志的语言。“我们这个时代全在嚷嚷着呼吁静默。”劳申伯格和罗思科的空画布、约翰·凯奇的无声音乐，都试图融入原先属于宗教范畴的艺术价值。[①] 然而，对作家而言，拒绝语言是不可能的。像克莱斯特和齐奥朗一样，桑塔格也不是一个神秘主义者。她通过被众多现代艺术家抛弃的工具来理解这个世界：被耗尽且不纯净的语言的脉管。

◆ ◆ ◆

静默之美学是什么样子——听起来怎么样——是越战时代另一部杰作的主题。1966 年上映的英格玛·伯格曼的电影《假面》也许比其他任何一部电影都更好地捕捉到了现代意识中令人窒息的困境。这
292 部电影描述了两个女人，演员伊丽莎白和她的护士阿尔玛。伊丽莎白已完全说不出话，她的医生却说不出原因。当电视上播放一个越南僧人自焚时，她才对生活第一次有所触动；随后，她仔细察看那张著名的照片，上面是在华沙犹太人区被捕的那个惊恐万状的男孩。

面对现代残酷的一幕幕画面，该说些什么才合适呢？沉默是最合情合理的反应。但伯格曼揭示了伊丽莎白另一种形式的残酷。她对语

① “The Aesthetics of Silence”, in Sontag, *Styles*, 12, 14.

言的拒绝是对种种关系的拒绝，这些关系可能会让她的困境——不管那困境实际上是什么——少一些惩罚。她惩罚阿尔玛，惩罚她的丈夫和孩子。而伯格曼又通过她惩罚他的观众。《假面》的沉默并非安迪·沃霍尔电影的那种恶作剧般的沉默。几乎没有人看过《帝国大厦》的全部内容——他拍摄的《帝国大厦》只有一个镜头，时长八小时——很难想象沃霍尔认为会有人看。相反，伯格曼的沉默是一种折磨。这部电影“采取一种近乎侮辱性的方式对个人的痛苦表示控诉”[1]，桑塔格在《激进意志的样式》中这样写道。

她写道：“伯格曼屏蔽了那些可以明确区分事实与幻境的信号，他在影片中植入此类暗示很少，这意味着他希望影片保留一些神秘。”这与她的小说，尤其是《死亡匣子》的相似之处不言而喻。该影片同样充满了对失明的隐喻，比如伊丽莎白失明的丈夫与阿尔玛而非自己的妻子做爱。但是，伯格曼不断地模糊最基本的“阐释”：我们无法确定他是否真的双目失明，就像我们不能确定伊丽莎白是否真的失语一样。

但是，有一件事是确凿无疑的，桑塔格写道，那就是伊丽莎白曾拒绝作为隐喻的生活。

> （阿尔玛）已然明白伊丽莎白想要的是真诚，不是表演某个
> 角色，不是撒谎；想要表里如一。于是，在拒绝通过自杀来解决 293
> 问题之后，她决定不再开口说话。[2]

“Persona”在拉丁语中是戏剧面具的意思。从词源学上讲，面具是人格的条件，从字面上看，揭下面具即去除人格。除去语言和言语

① “Bergman's *Persona*”, in Sontag, *Styles*, 124.
② 同上，第131页。

的面具是一个比自杀更为可怕的“解决办法”；选择不开口说话迫使人用两只眼睛来表达一切，令眼睛看上去怪异，令人毛骨悚然。一双双眼睛令《假面》这部电影充满震撼力：阿尔玛的眼睛和伊丽莎白的眼睛，但尤其是伯格曼的眼睛，迫使观众的眼睛，在没有其他暗示的情况下，去探究他影片中一个个角色的脸。

桑塔格写道：“在传统电影的美学中，摄影机试图不为观众所察觉。”而现在镜头无处不在，是一种令人不安、顽固的存在。但它并不比同样不完美的言语更接近“现实”。桑塔格写道：“《假面》这部电影展示了一种适当的语言的缺失，即一种真正充实的语言。所有剩下的只是一种满是缺失的语言。”[①]

◆ ◆ ◆

另一种超越意识的形式出现在《激进意志的样式》中，那便是色情。更确切地说，是“色情作品”：尽管苏珊关于这个主题的随笔文章巩固了她的声誉，并很快就被称为激进派时髦，但很少有人会认为她在文章中描述的作品是色情的。

一开始，她承认这种混淆与她在乔纳斯·梅卡斯的实验电影中使用的术语类似。“色情是一种有待诊断的疾病，也是一个判断的时机，”她写道，“这东西你要么支持它，要么反对它。”[②] 她并不是在说它更为本土的形式，她强调说，而是“一系列被视为一门艺术的属于文学的作品”[③]。精心设计的框架现在已经过时了，就仿佛她要为涉
294 足这一片水域而感到尴尬一样。的确，这种谨慎反映了 20 世纪 60 年

① “Bergman's *Persona*”, in Sontag, *Styles*, 144.
② “The Pornographic Imagination”, in Sontag, *Styles*, 37.
③ 同上，第 36 页。

代一个典型的变化。一个严肃的知识分子不可能写任何她想写的东西，而像色情文学这样的主题，就得披上最华丽的外衣：尽可能地做到保持体面，兵不血刃。

苏珊一直对大多数人所理解的意义上的色情文学感兴趣。15 岁时，她就意识到 D.H.劳伦斯的《儿子与情人》中淫秽描写的段落对她颇有吸引力。

> 我在自己身上发现了一种色情的倾向，但凡我读到关于性的内容，就有一种暗自的快感。如果涉及的是异性恋，我的感觉几乎是微不足道的，但当我读到描写威妮弗雷德和厄休拉的段落时，我的感受就非常强烈。当我读到《寂寞之井》[①] 时，我的震惊是无与伦比的；从那以后，我重读了书中的部分内容，只是为了从这些想法中得到内疚且无耻的刺激。
>
> 这一点也不美——事实上，相当令人厌恶——但是，我认为有必要把它记录下来。[②]

确切地说，这并不是“色情倾向”。这是一个被成人作品所吸引的青少年。无论怎样，不会有人喘着粗气来快速翻动《色情之想象》的一页又一页；她所讨论的色情作品写到性，不过就是与科幻小说写到天文学一样。

> 情节发生在没有历史背景的梦境之中、独特凝固的时间之中，这些在科幻小说中几乎和在色情文学中一样常见。一个众所周知的事实是，大多数男女都缺乏色情文学中描述的人物所享有

① *The Well of Loneliness*，亦译《孤寂深渊》。——译注
② 桑塔格文档，1948 年 12 月 31 日。

的那种性能力，然而并没有确凿的证据证明这一点。性器官的大
295 小、性高潮的次数和持续的时间、性能力的多样性和可行性、性活力的能力，所有这一切都显得非常夸张。没错，不过，科幻小说中描绘的宇宙飞船和众多的行星也并不存在。[①]

这就是作为文学话语的色情文学。正因为如此——就像很多令她感兴趣的艺术一样——这是对“真实生活”的一种审美化：试图说出不可言说的东西，表达激进的意志。她的案例研究是法国小说，比如乔治·巴塔耶的《眼睛的故事》和安妮·德斯克洛的《O 的故事》；它们的根源在于萨德 18 世纪的作品，不过，它们的兴趣基本上是现代的：萨德则是“超现实主义运动的先师圣人之一”[②]。

两本书都不是关于性的。它们是关于统治与服从，关于通过堕落和放荡来获得净化。它们是关于性的表征，性的种种隐喻。因为对性的描写和对其他事物的描写一样有很多，所以苏珊选择的那些描写是有教育意义的，那些关于意志的屈服的故事极其悲惨，成了一种宗教戒律或禁欲主义。这样就把这些作品置于不同的语境中：“将性痴迷作为文学主题的这种运用与另一类更不会有人质疑其合法性的文学主题的运用颇为相似：宗教痴迷。”[③]

不要成就我的意思，只要成就你的意思。[④]“除了性以外，宗教也许是人类拥有的第二个最古老的可以令他们神魂颠倒的资源，”苏珊强调说，“然而，在众多虔诚的信徒中，能冒险深入这种意识状态的人肯定也很少。”[⑤] 巴塔耶和德斯克洛做到了，因此成了现代人物中的

① “The Pornographic Imagination”, in Sontag, *Styles*, 46.
② 同上，第 50 页。
③ 同上，第 47 页。
④ 《圣经》路加福音，22：42。——译注
⑤ “The Pornographic Imagination”, in Sontag, *Styles*, 57.

典范："艺术所承担的任务之一就是闯入并占据意识的前沿阵地（通常对艺术家本人而言是极其危险的），并发回报道。"① 巴塔耶和德斯克洛笔下的人物既没有回头，也不想回头："O 不只是要认同自己的性可用性，她还想要达到完美，成为一件物品。"② 296

这种渴望将性朝圣者与现代艺术中的一种张力联系起来。如果一些艺术家竭力"防止个人的生活变成一件物品、一样东西"，那么，很多其他人则与沃霍尔有着同样的目标：成为一台机器。这两种动机，无论表面看上去多么对立，本质上都属于神秘主义。通过一些极端的否定来逃避自我，甚至其"人物角色"的企图，可能导致肉体的毁灭，这样使得这些作品中描述的很多人物的性行为与西蒙娜·韦伊和安托南·阿尔托相似。就像萨德的作品一样，他们做得确实非常过火：巴塔耶的书达到了巅峰——如果这个词恰当的话——把一个挖出来的眼珠塞进了阴道。

对性行为的概括，桑塔格的各种解读有它们自己的极端之处，比对她自己的性行为的表述更具说服力。她在性行为中看到的是主-仆互动模式，而在这种色情作品中则反映了她的观点："规划：摧毁这一意志。"

> 除了基督教的压制，人类的性行为是一个非常值得怀疑的现象，至少可能属于人类的极端体验，而不是普通体验。尽管也可以被驯服，但性仍然是人类意识中的恶魔力量之一……做爱无疑像癫痫发作，但是，如果不是更像，至少也同样像吃饭，像与人交谈。③

---

① "The Pornographic Imagination", in Sontag, *Styles*, 45.
② 同上，第55页。
③ 同上，第57页。

即使没有发现《O 的故事》中描写的性在大多数人的生活中都有代表性，甚至在那些毫无疑问恶魔般的生活中，人们也会同意这种观点。桑塔格欣赏德斯克洛——后者以波莉娜·雷阿日的笔名写作，直
297 到 1994 年才透露自己的作者身份——的地方在于，她“完全以这种黑暗而复杂的性观念为前提，与美国弗洛伊德主义和自由文化所支持的充满希望的观点相去甚远”[①]。

桑塔格自己的观念来自她对隐喻和影像的怀疑。“色情作品最终真正关乎的并不是性，而是死亡。”她写道。这似乎值得怀疑：色情作品，至少对大多数人而言，的确是关乎性的。不过，词源学将色情文学与桑塔格作品中更广泛的主题联系起来。希腊语里，pornografia 意为一种“对妓女的描述”。把色情与死亡联系到一起的不是妓女而是对妓女的描述。描述——影像——显示了生命注定要走向毁灭。桑塔格写道：“照片显示那些走向自己的消亡的人们的无辜与脆弱。”[②]
298 这就是影像的悲怆之处。也许可以逃避意识。但是无法逃避时间。

---

① “The Pornographic Imagination”, in Sontag, *Styles*, 58.
② Sontag, *On Photography*, 70.

第十九章

Xu-Dan Xôn-Tăc（苏珊·桑塔格）

1968年，一个新的词语进入了美国人的词汇表："信用差距。"它指的是柏拉图所描述的语言与现实之间的距离，并且表明这一距离不仅仅是一种智力上的抽象概念，而且是一个关乎生与死的问题。

实际上，"信用差距"指的是约翰逊政府乐观浮夸的言辞与血腥的困境之间的差距。"我们不会把美国男青年送到离家九千或一万英里以外的地方去做亚洲男青年应该为他们自己做的事情。"约翰逊在1964年的总统大选中说道。[①] 一旦5万人的军队变成了54.9万人的时候，这个差距就扩大了，尤其是因为一些照片揭露了再多的宣传也粉饰不了的一些事情：一些自焚的僧人，一个惊恐地跑出他们被投下凝固汽油弹的村庄的赤身裸体的女孩，街道中央一名头部中弹的平民，一些被炸掉四肢的美国士兵。

欺骗达到了这种程度，几乎要颠覆美国这个国家的社会契约。虽 299
然约翰逊最初的成就是伟大的，但这些成就几乎迅即便因为他所象征的腐败政府不为民众所信任而止步不前。1965年8月6日，他签署了《投票权法案》。8月11日，作为对警察暴行的回应，洛杉矶瓦茨区

---

① Lyndon Baines Johnson, "Remarks in Memorial Hall, Akron University", October 21, 1964.

爆发了骚乱。六天的混乱之后，在接下来的几年里，一个城市接着一个城市——纽瓦克、芝加哥、底特律、纽约、巴尔的摩——都发生了大规模的骚乱。1968 年，人们记忆中第一次看到华盛顿国会大厦的台阶上出现了配备着机枪的军队。

他们是 4 月 5 日奉命出动的。六天前，约翰逊总统宣布他将不再寻求连任，这一消息震惊了全国上下。4 月 4 日，马丁 · 路德 · 金在孟菲斯遭到暗杀，上百个城市为此感到愤怒。6 月 5 日，在赢得加州初选的第二天，罗伯特 · 肯尼迪在洛杉矶遭枪击身亡。

◆ ◆ ◆

随着对新一代更新、个人改造和摆脱过时的社会习俗的希望的破灭，他们度过了 20 世纪 60 年代初期，然后，黑暗降临了。在《河内行纪》——苏珊的北越之旅纪事——中，那些希望尚未完全破灭；该文讲述了一种尝试，这种尝试在当时相当普遍：要去拯救那些在世界各地推动起义的理想主义，从墨西哥到布拉格再到巴黎的街垒。1968 年 5 月，就在金和肯尼迪两人遇刺身亡之间，苏珊去了越南。该文的每一页都充斥着对那几个星期混乱局势的描述，反映了时代的阴暗面。

她的激进行为使她获得了北越政府的邀请。她去了老挝，然后进入
300 一个遭受了数年狂轰滥炸的国家，那里生灵涂炭。她立刻面临着一个问题：如何看待一个她以往只通过文字和影像了解的地方。“和过去几年里关心越南的任何人一样，我已了解大量情况。”她写道。但是，她很快意识到她其实一无所知，因此在最初几天里，她“极度沮丧”[①]。

① “Trip to Hanoi”, in Sontag, *Styles*, 206, 208.

她一次又一次承认自己的困惑。她意识到，要看到越南独立于在它周围形成的意识形态，文字和照片远远不够，她也清楚这有多么困难。她努力让自己心中的那个越南与眼前她看到的这个国家联系在一起："问题是，作为美国人，越南已然就是我意识里认为是真实情况的那种样子，我很难把它从我的想象中抹去。"[①] 她后来说，这"毕竟是我第一次写我自己"。这说辞很做作，她书写的自己总是戴着人格面具。"我不指望能有诺曼·梅勒和保罗·古德曼那样的影响力，因为我无法想象像他们那样涉及私生活的写作方式。我只是本性上无法采用梅勒在他的随笔文章中所用的那种写作方式：亲身的、直接的、第一人称的经历，而这正是他行之有效的地方。"在赴越南的那年，她这么说道。[②] 她不得不摘掉面罩露出真面目。她觉得，"我不想写自己的事，我只想写写他们的事。但当我意识到我能够写他们的最好的方式就是将我自己包括进去，这就像是一种献祭"[③]。

希波赖特曾承认自己对变革很感兴趣，而且坚信变革"不是什么政府更迭，也不是公共机构人员变动，而是感觉和视觉上的变革"。越南则两者都是。首先，这是切·格瓦拉在敦促激进分子创建"两个、三个、很多个越南"时设想的血腥起义。而且，这是个人对激进意识的一种献身。让-吕克·戈达尔说过："要是我们每个人都能在自己心里造一个越南就好了。"苏珊心怀赞许地引用了这句话。[④] 可是， 301
在河内，她发现要把这些不同的越南——真实的国家与通过语言和照片一点点构建起来的印象——联系在一起协调一致，比她预料的要困难。

① "Trip to Hanoi", in Sontag, *Styles*, 209.

② James Toback, "Whatever You'd Like Susan Sontag to Think, She Doesn't", in *Esquire*, July 1968.

③ Jonathan Cott, *Susan Sontag: The Complete Rolling Stone Interview* (New Haven, CT: Yale University Press, 2013), 96.

④ Sontag, *Styles*, 211.

在最初的几天里，她一次又一次地强调，好多东西她看不到，好多事情她不理解。谈到东道主时，她这样说："我努力去发现他们之间的不同之处，但无法做到，而且，我担心他们也看不出我身上与旁人的不同或独特之处。"她尽自己最大的努力做到"处在一个孩子的状态：日程有人安排、处处有人引路、疑问有人解答、大事小情有人照料、顿顿吃饱喝足、时时处在善意的监视之中"。这是一种形式的意识的屈服，就像她在关于色情、《假面》以及静默之美学的那几篇随笔文章中所讨论的那样，但这并不容易让人接受："这出戏的沉重之处在于，剧本完全是他们写的，而且也是他们在导演，尽管局面必须如此。"[①]

和通常一样，语言也无济于事。她写道："让我们尤其难以把这里的人看作独立个体的原因是，他们人人似乎都以同样的方式说话，而且说的也是一模一样的事情。"[②] 这些越南人说的语言让她觉得自己变成了一个孩子：实际上，变回了在图森的《仙人掌报》的初级记者苏·罗森布拉特。12 岁那年，她写道："被处决的法西斯头子是我们的敌人，但意大利人民不是。"在越南，她听到了她早就听腻了的陈词滥调。"我们知道美国人民是我们的朋友，"那些人对她说，"现今的美国政府才是我们的敌人。"[③]

人们可以对这种幼稚的语言回以微笑。桑塔格这样做了，但很不舒服："我不诚实的根源：[即便] 我在造访这个二维的合乎道德的童话世界，我还是渴望我生活其中的美国那个三维的、有质感的、'成人的' 世界……"[④] 然而，一个喜欢复杂性的作家发现有些事情其实
302 很简单："这一次，我认为，政治和道德的现实就像共产主义修辞描

① Sontag, *Styles*, 212, 214.
② 同上，第 213 页。
③ 同上，第 215 页。
④ 同上。

述的那样简单。法国人曾是‘法国殖民者’，美国人是‘帝国主义侵略者’，阮文绍-（高）祺政府是一个‘傀儡政府’。”① 至此，信用差距得以弥合。

简单明了的语言抚慰了她。然而，她也知道，这种语言所需要的智力和个性的屈从并非来自她自己的意识中的解决办法。接受越南人的观点意味着失去“我身上与旁人不同或独特之处”。这就意味着失去自我，这可是她一直担心的事。（“我不会让‘他们’把它从我这里拿走。我不会被消灭。”）尽管如此，她仍然努力想象这样失去自我的积极的一面。

> 当然，我可以在越南，或者像这样一个讲道德的社会中生活——但不可能不失去很大一部分自我。尽管我相信融入这样一个社会将大大改善这个世界上大多数人的生活（因此我支持这样的社会的出现），我却想象一旦成真，我的生活会面临多方面枯竭。②

这就是齐奥朗拒绝考虑回到一个不那么复杂的意识体系中去的原因，他认为这一做法既不可取也不可能。没有回头路可走，历史不能重写；而苏珊想要化圆为方，打破这个常规，保留自我，同时也接纳一些她认为可能更简单的选择，这给了她一种被困在造就了她的社会的、经济的和政治结构的历史中，也为自我所困的体验。

“一个美国人带到河内来的自我是非常复杂的。”③ 无论苏珊 · 桑塔格对越南农民革命者有多么钦佩，她也不可能成为越南农民革命

① Sontag, *Styles*, 216.
② 同上，第 224 页。
③ 同上，第 229 页。

者。这让她成了一个骗子吗？“我突然想到应该遵循严谨的老规矩：如果你无法把自己的生活置于你头脑（心灵）所在之处做到身心合
303 一，那么你的思想（感觉）便是一个骗局。”[1] 这种自相矛盾的愿望——通过成为与她不同的人而变得真实——将导致她在越南文化方面，在她自己的文化方面都具有更大的欺骗性。

◆ ◆ ◆

《河内行纪》的第一部分充满了盲目的坦白，坦率且简洁：“我希望他们胜利。然而我并不理解他们的革命。”这种语言的质朴和严苛的控制（“这令我无法相信我看到了这个国家的真实面貌的一个侧面是这个样子”[2]），把越南变成了一种“没有历史背景的梦境”，她则把色情置于其中。越南是“美国最丑陋的东西——以‘意志’为原则，喜好暴力却自以为正义——的攻击目标”[3]。然而，同样以意志为原则——渴望与众不同——却让她突然间就屈从接受她那对越南伦理道德与英雄主义的美国式幻想。

她决意要相信别人告诉她的每一件事，她可以让信用差距消失。用东道主的眼睛代替她自己的眼睛，她怀疑的语言就可以被听上去像是政府宣传册上的文字所取代。“这个国家物资贫乏到让人可怜，缺少……机床、风钻和焊接机等基本工具。”她宣称。[4] “越南人对自己的未来充满遐想，”她写道，他们“真心地相信生活是简单的。尽管考虑到他们目前的处境，这似乎是不可思议的，但是他们还是相信，生活充满了欢乐。”此外，他们“真心地爱戴和钦佩他们的领导人；

① Sontag, *Styles*, 224.
② 同上，第 226 页。
③ 同上，第 234 页。
④ 同上，第 253 页。

令我们更觉得不可思议的是，政府也爱着人民"[①]。

也许这全是真的。但是，这些言之凿凿的话语仅有"真的"这个词来支撑。没有收集到什么事实，也听不到越南人的声音来证明。只有当读者相信桑塔格的经历是真实的，他们才会证实这种说法。然而，《反对阐释》一书那个才华横溢的作者——那位写了同名 304
文章头几页的敏锐的批评家——已然走出了房间，把话筒递给了一个人；关于越南，这个人愿意忽视甚至是最翔实的事实：比如，美国俘虏的待遇。桑塔格探访了一处美国军人的墓地，那里被人悉心照管着。她写道："北越人真的关心那数百名被俘的美国飞行员的安全与健康。"

这与左翼主流相去不远。在"信用差距"时代，当美国政府屡屡坚持另一种说法时，很多人开始不相信这些报道。但是，她入住的酒店，是一栋豪华的法式建筑，名为"统一"；离一家更有名的客栈，名为"河内希尔顿"的"火炉监狱"有五个街区的距离。被俘的美国人关押在此，其中很多是倒霉的新兵，他们挨饿遭揍，被铐在水泥板上或吊在挂肉的钩子上。苏珊忽视了他们存在的可能性，甚至拒绝以她自己的政府所持的怀疑态度来看待另一个政府最奇异风格的主张。

她曾在日记中强调指出，哈丽雅特指责她"对别人、对他们在思考和感受的东西"不是"非常敏锐，尽管我肯定我具有共情、直觉的能力"。十多年后，在《河内行纪》中，她提到了"我具有的共情的能力"。回到纽约后，她手上戴着一个铝戒指，是用一架被击落的美国飞机的机身材料打制的。

---

① Sontag, *Styles*, 251, 252, 256, 262.

◆◆◆

《河内行纪》发表后，在北越的报刊上有人写文章提到了“美国女作家苏珊·桑塔格”。“根据美国人的说法，以越南人的生活方式生
305 活，很大程度上那将是灵魂的丧失!”一名记者惊叹说。

> 当然，在我们看来，桑塔格担心可能“丧失”的东西并不会让人觉得遗憾，也不是什么让灵魂感到满足的东西。她尚不能理解什么能充实我们灵魂。然而，我们能理解和评价美国文化。[①]

这当然不真实：非美国人普遍认为，对美国出口产品越熟悉就越了解美国文化。然而，苏珊自己很难对自己的国家形成一个更为精确的看法。在这篇文章的最后，她呼吁树立一种新的美国爱国主义观念，以取代通常以“爱国主义”为名的残酷和沙文主义。1967 年，她在伦敦说道：

> 生活在美国真的很痛苦。就像一直有溃疡一样。本届（美国）政府是一场世界性的灾难，这主要是因为政府中有思想的人太少了。我感到作为一个美国人尴尬极了……遗憾的是，在各所大学里，有少数族裔的一代是美国有史以来最具天赋、最有人性的一代。他们别无选择，只能决定退出。出国就是我选择退出的方式。然而，我是美国人，而当我身在美国时，我不由自主地参

① Nguyễn-Dú'c Nam, Con Ngu'ò'i Viê.t-Nam Hiê.n đa.i Trong Nhâ.n Thú'c Cua Nhà Văn Mỹ Xu-Dan Xôn-Tăc, trans. Cindy A. Nguyen, Sontag Papers.

与到抗议中去——无论它能带来什么好处。[①]

这合理地反映了众多美国人在越战一拖再拖，迟迟无法速战速决时亲身体验到的感受。但是，她的义愤填膺导致她走向越来越极端的反美主义。她很惊讶地发现，越南人一边在看惠特曼和爱伦·坡的作品，一边不怕牺牲地与美国作战。在《美国怎么了》一文中，她似乎要摧毁这整个国家："美国人知道自己无后路可退：'他们'想要把这 306
一切从'我们'手中夺走。而我认为，美国活该被人夺走这一切。"[②]

信仰共产主义——至少是越南模式的共产主义——就是信仰一种浪漫的政治，而这种政治在美国国内是得不到的。罗伯特·西尔维斯说："苏珊被冲昏了头脑，苏珊想要相信，可那都是故意的视而不见。"[③] 后来，她对这篇文章感到尴尬。[④] 据戴维说："就连她回首往事的时候，也都会对她冒着美国的轰炸数次访问河内时所说的一些事情感到懊悔。"不过，"令她怒不可遏的战争的种种恐惧绝非她虚构的东西。她也许不明智，但战争仍然是她当时认为的无法言说的残暴行为"[⑤]。

◆ ◆ ◆

河内之行前后，她崭露头角的年轻作家加活动家的双重身份把她带入了一个更为和平的王国。1968 年 4 月，瑞典大使馆的一位文化专员邀请她到斯德哥尔摩拍摄一部电影。

这次意外的邀请是其声名鹊起的证明。朋友们看着她一次又一次

① *Evening Standard*, July 18, 1967.
② "What's Happening in America", in Sontag, *Styles*, 195.
③ 作者对罗伯特·西尔维斯的采访。
④ 作者对明达·雷·阿米兰的采访。
⑤ Rieff, preface to Sontag, *Consciousness*, xi.

地取得战果，心生敬畏。然而，旁人看到的幸福的印象并不是她自己感受到的。私底下，她依然是那个“不可爱的战士”，在“挣扎着幸存下来，挣扎着做到诚实、有正义感、可敬”，而她依然像往常一样，在貌似成功之际，担心自己会功亏一篑。从20世纪60年代后期起，在她所有的作品中可以明显感受到一种抑郁，其程度比越战时期笼罩在很多人心头的恐怖还要严重。

尽管如此，表面上看一切还是光鲜璀璨的。在去河内的途中，她先在瑞典停留了一段时间，然后又从河内回到瑞典，在首都斯德哥尔摩度过了三个月；这个国家在历史上大多数时期都是贫穷且默默无闻的。现在，像越南一样，它也很有名。“有一些国家比另一些国家有
307 名，”苏珊写道，“还有类似的名人法则——错误的时尚观；钦佩、嫉妒和苛责的残酷的变化，不仅仅对个人如此，对国家亦然。”①

瑞典的声名源自世界上最大胆的政治实验之一。它的社会民主制度是一种非共产主义的社会主义，旨在通过消除使革命蓬勃发展的不满的情绪来对抗共产主义。为了表明资本主义社会亦能像共产主义社会一样善待工人，瑞典的社会民主党人创立了一些因其慷慨而成为传奇的计划。通过高税收和高福利相结合的策略，瑞典成了全世界民主左派的标杆之一，也许没有“之一”。

有了这种政治模式，瑞典决心在文化方面也要发挥自己的作用。尽管瑞典电影更为人所知的是其他方面，但伯格曼表示，瑞典这个曾经属于边缘化的国家可以拍摄出艺术上高水平的电影。1951年，在电影《幸福的夏天》中，女演员厄拉·雅各布森裸露双乳。这在一部主流电影中尚属首次，因而引起了世界性的轰动；瑞典对裸体的宽容尺度最终让有利可图的色情产业风生水起。

---

① Sontag, “A Letter from Sweden”, in *Ramparts*, July 1969.

作为瑞典文化外交的一部分，该国努力使其电影国际化，诸如为戈达尔的几部电影投资以及邀请国外导演到瑞典拍片，包括阿涅斯·瓦尔达和彼得·沃特金斯。苏珊·桑塔格似乎是个不错的选择：《反对阐释》瑞典语版于 1967 年出版，而且她论伯格曼的随笔文章即便是在他的祖国影响也很大。

于是，她得以下榻外交官酒店 404 房间，酒店在斯特兰德韦根大街，地处一条雅致的海滨街道。她就在此写下了《河内行纪》和剧本《食人者二重奏》。“我们全都觉得这是一次冒险。”年轻的女演员阿格妮塔·埃克曼尔说，她后来出演了《食人者二重奏》。阿格妮塔和她的朋友们期待着“与苏珊·桑塔格一起工作，那将是一场令人兴奋的冒险，我们已经读过关于她的故事了。当时大家都很年轻而且无 308
知——不过都很聪明”①。

“我们已经习惯了和很陌生的导演——电影导演——一起工作，”桑德鲁斯电影制作公司的副制片主任布·琼森说，“所以她来的时候，我们的态度都不拘谨。”他们清楚这是一次冒险。“法国有一百位第一流的导演。”琼森说。然而，只有三位享有全职的导演生涯。瑞典没有专职编剧：“几乎所有的导演都是自己写剧本的。”苏珊的预算非常宽裕。“他们喜欢瑞典，因为他们可以完全自由地做任何他们想做的事情。作为制片人，我们从来没有说过：你必须这样做。这样的对话从来没有出现过。”②

◆ ◆ ◆

社会民主的瑞典就是人们所说的“自由开明”，而非“激进”。

① 作者对阿格妮塔·埃克曼尔的采访。
② 作者对布·琼森的采访。

但是，就像很多自由主义的堡垒一样，瑞典也变得激进了。瑞典反对越战，而且乐意接受来自美国武装部队的逃兵，这就导致瑞典方面与约翰逊政府的关系差到了极点，甚至连美国驻瑞典大使也于 1968 年 3 月被召回。这是对一个友好的西欧国家采取的极其罕见的措施；而且，在接下来近两年的时间里，到尼克松上台掌权之前，都没有再派大使回来。

“越南是瑞典最大的问题。”曾与苏珊共事的彼得·哈尔德说。瑞典人对她感兴趣的部分原因是她对越南感兴趣。“瑞典人全都对越南感兴趣。”[1] 因此，夏日的斯德哥尔摩——拥有一个个古老的尖塔和鲜花盛开的小岛——似乎与越南遭凝固汽油弹轰炸的村庄相去甚远，而事实并非如此。这座城市里满是逃避兵役的美国人：对他们来说，瑞典是仅次于加拿大最受青睐的地方。

309 他们“无处可去，无处可住”，格斯塔·埃克曼说；他曾是英格玛·伯格曼在瑞典最著名剧院——皇家剧院的助理。“于是我们说：欢迎你们。于是苏珊听说了这件事，那些逃兵住在我们家，因此，她来瑞典的目的就是要拍一部关于逃兵的电影。”[2]

在一篇幸存下来的对剧本的处理文稿中，我们看到：“对一个来到斯德哥尔摩的美国逃兵汤姆·莫斯处境的关注。”她的电影会包括纪录片的一组连续镜头。然后，30 分钟后，“他的生活变得更加梦幻一般”。其中一些场景可能是出自《恩主》或《死亡匣子》：“在一个汤姆、拉尔斯和英格丽德都出席的晚会上，汤姆最终变得极为心烦意乱，他最后用绷带把自己身体的大部分，包括他的脸，都包扎了起来。”[3]

---

① 作者对彼得·哈尔德的采访。
② 作者对格斯塔·埃克曼的采访。
③ 未发表的剧本，桑塔格文档。

这一真实的政治与怪诞的梦境的结合，意在说明苏珊先前定义的现代艺术的意义："它对日常生活逻辑背后梦的非逻辑的发现。"然而，她发现另一部关于逃兵的电影也正在拍摄中；于是，她便创作了一个不一样的剧本，一个让所有参与其中的人都感到困惑的剧本。埃克曼说："我当时说，我不明白啊。这是关于什么的？我们大家都不明白。"可是，桑德鲁斯电影公司的老板戈兰·林格伦说："她很有名。我相信她。"[1]

◆ ◆ ◆

"我从来没有听到过这么多关于电影的有趣的事情。"阿格妮塔·埃克曼尔说道。苏珊对电影的迷恋遗传自米尔德丽德——"我的母亲，一个超级影迷"[2]——这也是20世纪60年代的一个特点。"有趣的是，这就是当时推动文化的东西，爱电影。"提起他在哥大结识桑塔格的那几年，菲利普·洛佩特说。[3]正如苏珊在快要走到生命的尽头时所写的那样，那是"一个热衷去看电影的时代，一个全天候的影迷总是希望找一个离大屏幕尽可能近的座位，最理想的是第三排中间的座位"。这是一种作为教育、作为人生观的观影方式： 310

> 电影有信徒（就如宗教一般）。电影是一场圣战。电影是一种世界观。喜欢诗歌、歌剧或舞蹈的人认为并不只有诗歌、歌剧或舞蹈。
>
> 你是通过每星期去看一场电影才学会了（或试图学会）如何

---

① 作者对格斯塔·埃克曼的采访。

② 桑塔格文档，1984年。

③ 作者对菲利普·洛佩特的采访。

昂首阔步、如何吸烟、如何接吻、如何打斗、如何悲伤的。电影会给你提供一些小窍门让你变得更有魅力，比如……即便不下雨，穿雨衣也很好看。

电影也提供了逃避意识的机会。她写道："你希望被电影绑架，要想被绑架，你就必须是在影院里，在黑暗中坐在一群不知姓名的陌生人中间。"如果说这种安排其中带有性的元素，桑塔格不会否认："再多的哀悼也无法令黑暗的剧院里那些逝去的仪式——情欲的、沉思的——复活。"①

20 世纪 60 年代后期，先锋电影中最受推崇的创作者或许就是让-吕克·戈达尔了，桑塔格的《反对阐释》中的一篇随笔以及 1968 年 2 月的另一篇都是题献给他的。戈达尔只比苏珊大 3 岁，是个奇才，"每隔几个月就拍出一部电影"：到 1968 年底他 38 岁时，已经拍了 18 部电影。尽管她也渴望摧毁意志，但她还是钦佩这些尼采式的创造者。"我们这个时代伟大的文化英雄有两个共同的品质，"她写道，"他们都是一些典型的苦行者，也是伟大的破坏者。"② "隐修室"，静默之美学，可以与这类英雄主义共存。

还有一件事令她对戈达尔产生兴趣，并将他当作她在试图去做的工作中的一个榜样。她引用他的话："我依然和在《电影手册》时一样，是一个批评家。唯一不同的是，我不再写评论文章，我现在通过
311 拍电影来表达。"③ 他"给电影"找到了"一种新的方式来表达抒情和感染力：在书卷气中，在真正的文化激情中，在知识分子的不谙世事中，在被自己的思想扼杀的痛苦中"④。而且，他还向我们展示了批

① "A Century of Cinema", in Sontag, *Where the Stress Falls.*
② "Godard", in Sontag, *Styles*, 148, 150.
③ 同上，第 151 页。
④ 同上，第 154 页。

评家如何变身为艺术家：

> 戈达尔精心设计了一种很大程度上反诗意的电影，其主要的文学模式之一是散文随笔体。戈达尔甚至说过："我认为我自己就是一个随笔作家。我以小说的形式写随笔，或以随笔的形式写小说。"①

◆ ◆ ◆

尽管很多人都努力试过，但戈达尔那些神秘莫测的电影，及其阐释和批判的感受力，是很难效仿的。桑塔格沉迷于电影和影评。她曾经担任 1967 年威尼斯电影节的评委，以及纽约电影节的评委。她的电影知识无人能及，但说到电影《食人者二重奏》时，她似乎只会神秘兮兮地故弄玄虚了。

埃克曼饰演托马斯，是流亡瑞典的革命者鲍尔的秘书；鲍尔精神恍惚但魅力非凡。阿格妮塔·埃克曼尔饰演托马斯的妻子英格丽德；她提心吊胆地看着托马斯越来越受到鲍尔的蛊惑。鲍尔——以雅各布·陶布斯为原型，就像《恩主》中的布尔加劳教授一样——娶了一个名叫弗朗西斯卡的意大利人。这个人物是安德斯太太——那个没有意志的女人——的另一个版本。"她不喜欢被打扰，最好不要理她。"她丈夫说道。② 鲍尔患了某种疾病，这增加了一种怀疑、刺探活动以及夜里似乎会发生什么怪事的气氛。

"不是情节，只是事件"：沃霍尔对其合作者罗纳德·塔维尔的指

① "Godard", in Sontag, *Styles*, 155.

② Sontag, *Duet for Cannibals: A Screenplay* (New York: Farrar, Straus and Giroux, 1970), 16.

导也为这部电影提供了座右铭。[1] 事件发生。例如：弗朗西斯卡把她自己锁在车内，然后在挡风玻璃内侧涂上剃须膏。她用纱布把托马斯
312 的头包裹起来。片中有超现实主义的表现，当托马斯在听鲍尔的声音录音时，那声音突然开始直接和他说话。英格丽德出现在鲍尔家，为他的魅力所倾倒，在沙发上就和他发生了关系，然后像弗朗西斯卡一样，成了一个没有骨气的仆人，又一个没有意志的女人。弗朗西斯卡用自己盘子里的食物喂英格丽德；英格丽德与弗朗西斯卡调情；弗朗西斯卡死亡；鲍尔自杀；他们俩都没有真死。裹着绷带的托马斯是苏珊对视觉和失明主题痴迷的又一个例证，而鲍尔的死而复活则是她对“假死主题痴迷”的又一个例证。

解读或分析这部电影要比观看有趣得多。观众只能同情演员们的迷惑不解。“我们不停地悄悄问对方：‘这是怎么回事？’”格斯塔·埃克曼说。[2] 阿格妮塔说，起先，“我们觉得这令我们非常兴奋。觉得这部电影可能会是非常新颖的东西。可是我们无法判断。因为剧本没说太多内容”。苏珊很难说清楚她自己的意思。“我认为她对那些演员没有真正的感情。”琼森说。他们试图从她那里得到解释，但未果，只好耸耸肩继续干活。“到底是怎么回事……我想我们没有人对此真正理解。”彼得·哈尔德说。

于是苏珊被孤立了。演员们相互熟悉且以前就在一起共事。而她既无导演经验又没演戏体会，而且还不懂她用来导戏的这门语言。就像她在越南一样，那时她意识到自己不懂越南语，因此不得不依赖别人的翻译；而在瑞典，她发现自己陷入了一种奇怪的境地，在用一种她不懂的语言来导戏。

---

① Koch, *Stargazer*, 63.

② Klas Gustafson, *Gösta Ekman: Farbrorn som inte vill va' stor* (Stockholm: Leopard Förlag, 2010), 202.

在苏珊保存了一生却从未看过的两部被她视为镇宅之宝的电影中，她的父母，杰克·罗森布拉特和米尔德丽德·罗森布拉特，正在从欧洲回美国的船上嬉戏。对米尔德丽德而言，她和杰克在一起的短暂时光是无忧无虑的黄金时代，充满了冒险的旅行和顺从的仆人；对苏珊而言，父亲在中国的英年早逝是其无法接受的损失。她只知道他存在于“一组照片”中，包括这几张在内。

苏珊和她美丽的母亲米尔德丽德。苏珊一生都被这个高不可及的女人所吸引。米尔德丽德在好莱坞的阴影下长大，苏珊对她时而崇拜，时而厌恶。为了治疗苏珊的哮喘，米尔德丽德带着苏珊（下图右）和朱迪丝（下图左）姐妹俩搬到了亚利桑那州，并在此遇到了她的第二任丈夫，负伤的王牌飞行员纳特·桑塔格。

居里夫人给一代又一代聪颖的女孩树立了榜样，并向苏珊灌输了获得诺贝尔奖的愿望。理查德·哈里伯顿（下图）真实生活中惊险刺激的故事激励她去看世界；而通过托马斯·曼（上图）——曼流亡加州期间，苏珊拜会过他——“欧洲的一切都涌进了我的脑海”。

License Denied to Flamingo Club

Acting on recommendation of the Sheriff's Office, the Board of Supervisors yesterday refused to grant an entertainment license to the Flamingo Club, 1027 N La Brea Ave.

Capt. P. L. Sutton, Sheriff's aide, reported the club is a gathering place for undesirables. Counsel for the club contended the shows being presented are no longer objectionable.

苏珊、吉恩·马鲁姆（下图左）和梅里尔·罗丁（下图右）一起拜访了住在太平洋帕利塞兹的托马斯·曼，开始探索洛杉矶的同性恋亚文化，包括像火烈鸟俱乐部这样的场所；游客们会到这样的地方看“仙女”。他们经常面临警方搜捕不良分子的突袭。火烈鸟俱乐部于1951年关闭。

地下同性恋世界与先锋艺术家——朱娜·巴恩斯、肯尼思·安格以及玛雅·黛伦等（顺时针方向左上起）——的作品交织在一起，这些艺术家给了苏珊一个不同于她成长的那种“棒球+烧烤”的郊区世界的选择。在罗伯特·哈钦斯（下图）身上，她发现了一种观念，即学习是一种重塑自我和社会的工具。哈钦斯担任芝加哥大学校长时年仅30岁。

苏珊在伯克利遇到了她的初恋，哈丽雅特·索姆斯。这段恋情暂时消除了“我对自己的女同性恋关系一直就有的那种最初的内疚之情——让我面对自己时觉得丑陋。现在我知道了真相——我知道了去爱是多么美好、多么正确的事情啊”。

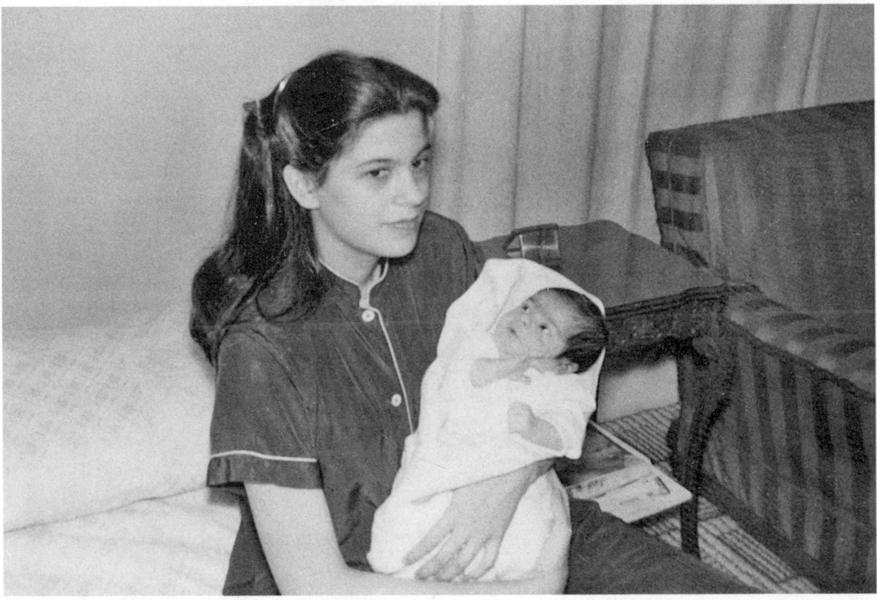

在芝加哥，17岁的苏珊和一位名叫菲利普·里夫的教授在认识了一个多星期后就订婚了；婚礼在加州格兰岱尔的“大男孩”餐厅举行。19岁时，她生下独子戴维，并开始撰写一本关于弗洛伊德的具有里程碑意义的专著。后来，菲利普署上自己的名字出版了该书。

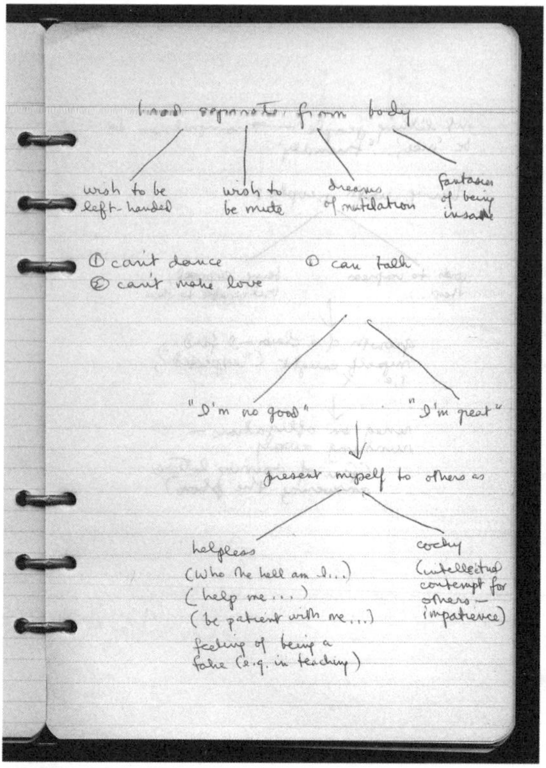

苏珊提出了一个终生困扰她的问题："头脑与肉体的分离。"肉体与头脑都与菲利普所期待的传统的异性恋家庭格格不入。戴维出生18个月后，米尔德丽德（下图左）终于见到了他。她惊呼道："哦，他好迷人啊。不过，你知道的，苏珊，我不喜欢小孩。"

在具有超凡魅力的大师雅各布·陶布斯和他逃不出厄运的妻子苏珊·陶布斯身上，桑塔格发现了生活在“废墟中”的新思路，其中包括对战争和大屠杀阴影下的婚姻的看法。1957年，苏珊（下图右，在西班牙）离开丈夫和年幼的孩子，乘船前往欧洲。她在欧洲的一年时间，在知识的海洋和性生活的海洋中进行了一番探索，其间再次遇到哈丽雅特（下图左，在希腊），并做好了离开丈夫的准备。

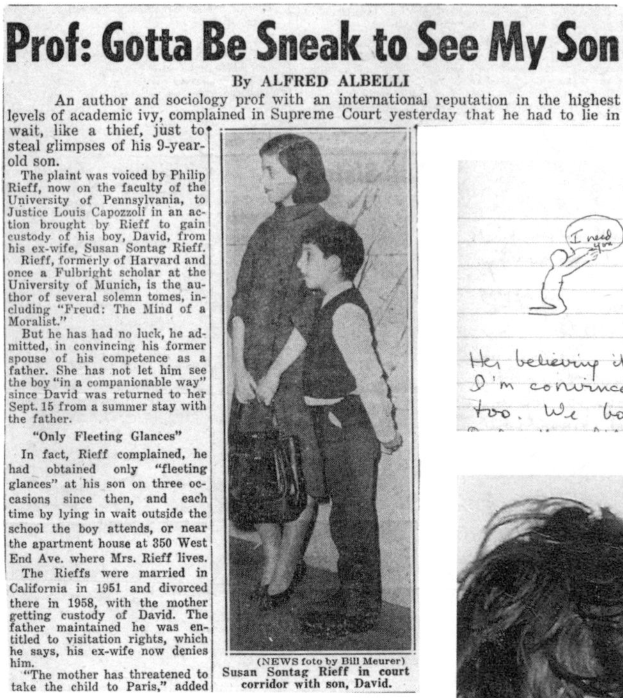

Prof: Gotta Be Sneak to See My Son

By ALFRED ALBELLI

An author and sociology prof with an international reputation in the highest levels of academic ivy, complained in Supreme Court yesterday that he had to lie in wait, like a thief, just to steal glimpses of his 9-year-old son.

The plaint was voiced by Philip Rieff, now on the faculty of the University of Pennsylvania, to Justice Louis Capozzoli in an action brought by Rieff to gain custody of his boy, David, from his ex-wife, Susan Sontag Rieff.

Rieff, formerly of Harvard and once a Fulbright scholar at the University of Munich, is the author of several solemn tomes, including "Freud: The Mind of a Moralist."

But he has had no luck, he admitted, in convincing his former spouse of his competence as a father. She has not let him see the boy "in a companionable way" since David was returned to her Sept. 15 from a summer stay with the father.

"Only Fleeting Glances"

In fact, Rieff complained, he had obtained only "fleeting glances" at his son on three occasions since then, and each time by lying in wait outside the school the boy attends, or near the apartment house at 350 West End Ave. where Mrs. Rieff lives.

The Rieffs were married in California in 1951 and divorced there in 1958, with the mother getting custody of David. The father maintained he was entitled to visitation rights, which he says, his ex-wife now denies him.

"The mother has threatened to take the child to Paris," added

(NEWS foto by Bill Meurer)
Susan Sontag Rieff in court corridor with son, David.

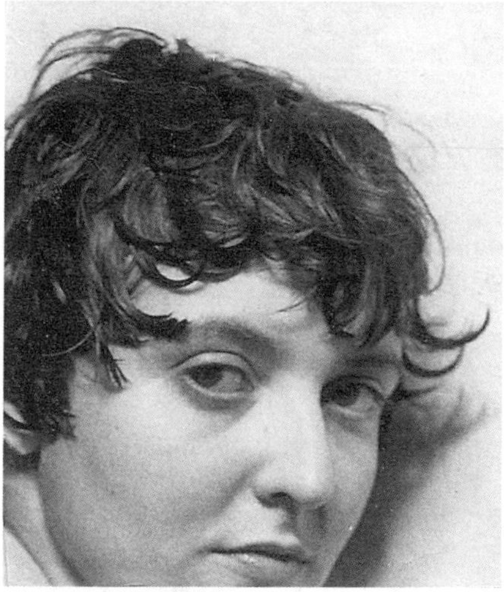

回到美国后，苏珊提出离婚，“气疯了”的菲利普跟踪她，把她和年幼的儿子登上了小报。这段经历给苏珊留下了很深的创伤。她很快就与哈丽雅特的前女友玛丽亚·艾琳·福恩斯好上了。除了“报纸、《小妇人》以及《海达·加布勒》”，艾琳就没看过其他书。但是，在苏珊看来，艾琳是个天才，而且在性方面激情澎湃。“艾琳能让一块岩石达到高潮。”哈丽雅特说。苏珊在日记里以漫画的形式夸张地描绘了自己的需要。

刚回到纽约的苏珊被正在兴起的新艺术现场迷住了，她出演了安迪·沃霍尔拍摄的“试镜系列”，这件事激发了她对照相机是如何将一个人简化为一个人的影像的思考，并就“偶发艺术”——一种由艾伦·卡普罗（下图，左二）首创的崭新的非商业形式——撰写了一篇文章；这是一场运动的一部分，这场运动拒绝一个被金钱、毫无价值的名望以及浮夸的名誉所过度束缚的社会：沃霍尔所推崇的商品化社会。

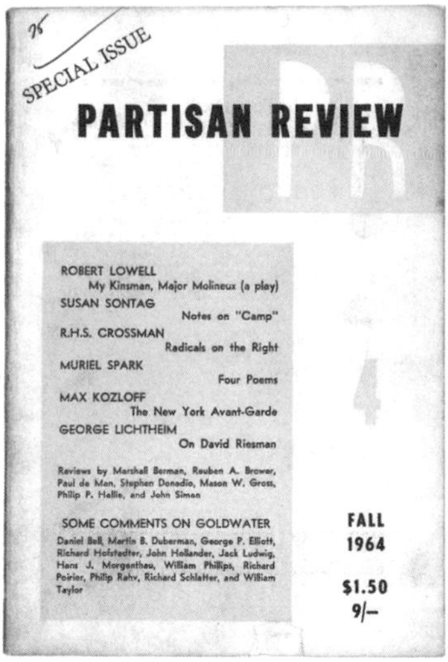

SPECIAL ISSUE

PARTISAN REVIEW

ROBERT LOWELL
My Kinsman, Major Molineux (a play)
SUSAN SONTAG
Notes on "Camp"
R.H.S. CROSSMAN
Radicals on the Right
MURIEL SPARK
Four Poems
MAX KOZLOFF
The New York Avant-Garde
GEORGE LICHTHEIM
On David Riesman

Reviews by Marshall Berman, Reuben A. Brower, Paul de Man, Stephen Donadio, Mason W. Gross, Philip P. Hallie, and John Simon

SOME COMMENTS ON GOLDWATER
Daniel Bell, Martin B. Duberman, George P. Elliott, Richard Hofstadter, John Hollander, Jack Ludwig, Hans J. Morgenthau, William Phillips, Richard Poirier, Philip Rahv, Richard Schlatter, and William Taylor

4

FALL
1964

$1.50
9/–

该照片为阿尔弗雷德·切斯特与其摩洛哥男友的合影。切斯特才华横溢但很不幸。他是第一个把桑塔格写进小说的人，他在小说中称该人物为“玛丽·蒙黛”。1963年秋，苏珊在弗雷·斯特劳斯出版社出版了长篇小说处女作《恩主》。该小说的出版商罗杰·斯特劳斯后来成了她最长久的“恩主”，他最喜欢的作家就是苏珊·桑塔格。一年后，《关于“坎普”的札记》发表在纽约知识分子圈内刊物《党派评论》上，苏珊因此声名鹊起。

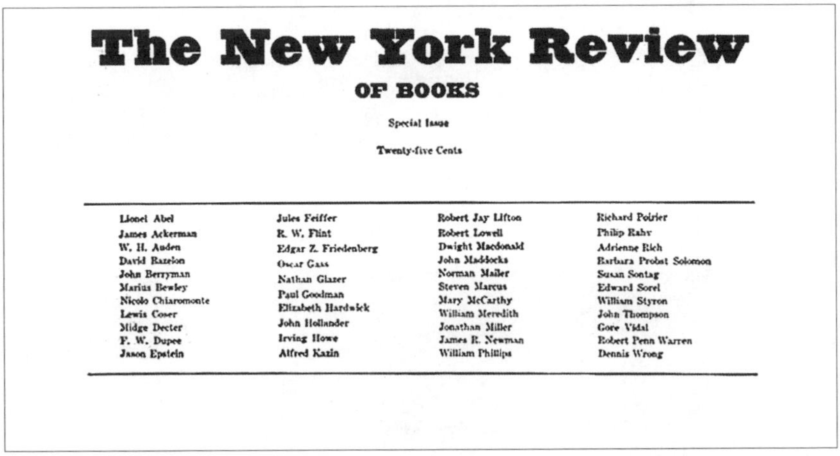

The New York Review
OF BOOKS

Special Issue

Twenty-five Cents

Lionel Abel
James Ackerman
W. H. Auden
David Bazelon
John Berryman
Marius Bewley
Nicola Chiaromonte
Lewis Coser
Midge Decter
F. W. Dupee
Jason Epstein
Jules Feiffer
R. W. Flint
Edgar Z. Friedenberg
Oscar Gass
Nathan Glazer
Paul Goodman
Elizabeth Hardwick
John Hollander
Irving Howe
Alfred Kazin
Robert Jay Lifton
Robert Lowell
Dwight Macdonald
John Maddocks
Norman Mailer
Steven Marcus
Mary McCarthy
William Meredith
Jonathan Miller
James R. Newman
William Phillips
Richard Poirier
Philip Rahv
Adrienne Rich
Barbara Probst Solomon
Susan Sontag
Edward Sorel
William Styron
John Thompson
Gore Vidal
Robert Penn Warren
Dennis Wrong

1963年，罗伯特·西尔维斯和芭芭拉·爱泼斯坦创办了《纽约书评》。桑塔格此后一辈子都与该杂志联系在一起。不久之后，她与贾斯珀·约翰斯开始了一段短暂的恋情。约翰斯说："我认为我无法轻而易举就将我对工作的情感与'至高无上'乐队联系起来。而她建立这种联系的能力很有魅力。"

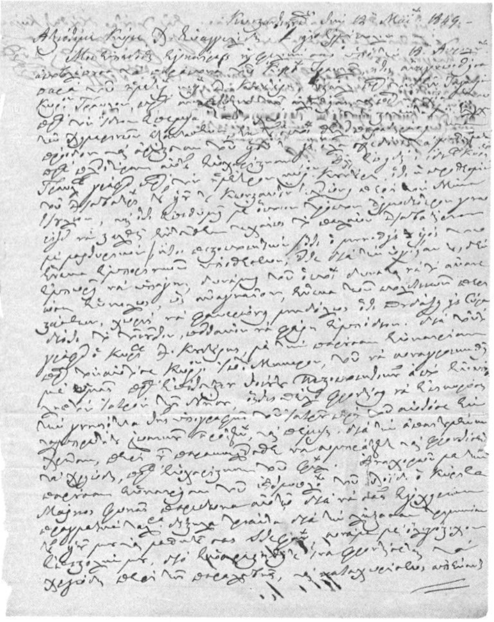

喜爱歌剧女主角的艺术家约瑟夫·康奈尔，在桑塔格身上发现这一特质后，赠送给她一些小礼物：一根羽毛、一段约翰·多恩的语录、一封用希腊字体书写的信。他们只见过一次面，在他位于皇后区尤托皮亚帕克韦路的住处。“他对摄影很感兴趣，”她说，“他对明星们很感兴趣，他对表演者的那种浪漫很感兴趣。”

很多艺术家在自己的作品中采用桑塔格所说的“静默之美学”来回应世界的浮夸和残酷：马克·罗思科几乎空白的画布；约翰·凯奇的无声音乐作品；或者是英格玛·伯格曼的电影。在伯格曼的电影《假面》中，一个角色对现代世界的暴行——奥斯维辛集中营和越战——做出的回应是：不再开口说话。

20世纪60年代初的兴奋很快就被一代人的噩梦——越战——所取代。越战揭露了美帝国的残暴。苏珊在纽约因抗议征兵而被捕，后前往瑞典拍摄一部关于越战中的美国逃兵的电影。她最终拍摄了两部伯格曼式的电影，试图避免叙事的神秘性，却只是成功地把观众搞糊涂了，甚至也搞糊涂了剧中的演员：“我们不停地悄悄问对方：‘这是怎么回事？’”

◆ ◆ ◆

1969年，苏珊在《堡垒》上发表了《瑞典来函》一文，她在接触现实的政治世界——与理论上或美学上的意识形态的世界截然相反——时遇到的困难在该文中有所反映。除了《死亡匣子》、《河内行 313
纪》和《食人者二重奏》，该文也反映了隐匿在狂热的表面下的挫败感。苏珊在努力找到激情，那种《反对阐释》中充满因发现而产生的兴奋情绪。文集《激进意志的样式》中，即便是最优秀的随笔文章读来也令人觉得冗长、晦涩难懂：是困难而非挑战；可以感觉到，这让读者和作者都感到畏惧。在她的小说、报告文学和电影中——这些形式都没有使用她的母语——困难甚至变得更加明显。

《瑞典来函》揭示了苏珊的困惑和困难的根源。很难找出她反对瑞典的确切理由。从字里行间读出弦外之音就会找到一个人道主义社会的典范，而苏珊并不是看不到它的优秀品质。她夸赞了它对艺术家——包括她在内——极度的慷慨大气。她强调指出该国是全世界人均收入最高的国家。她描述了它的平等主义："例如，事实上，这个国家是没有仆人的。"[1] 她钦佩这个国家没有腐败现象。"在工作环境中人们诚实的标准几乎无法再高了。"她写道。[2] 至于妇女的地位："在城市里，无人陪伴的女人可以在任何时候，或白天或晚上，四处走动，甚至都不会有男人去看她一眼，更别说搭讪或尾随了；我无法告诉你，这是多么令人宽慰、多么自由的事情啊。"[3] 此外，瑞典人"长得特别好看"，而且"身体非常健康"——不过，她也批评"脸

---

① Sontag, "Letter from Sweden", 32.
② 同上，第28页。
③ 同上，第29页。

部的美和未解放的身体之间的悬殊差异”[①]。他们不会对性感到心神不宁：“身为私生子不会有任何耻辱。”而且，“如果你想要一个人造阴茎，你可以在离你最近的性用品商店里买一个”[②]。

不过，这其中夹杂着一些几乎是游客般的抱怨。瑞典人，像所有北方人一样，会喝酒。瑞典很冷。冬日漫长，而且阴郁得令人压抑沮
314 丧。“瑞典人只是真的觉得很难接受别人的慷慨，然后再慷慨解囊帮助他人。”她写道，全然忘了她刚刚拿到手的 18 万美元，那是专门供她拍电影的。而且“和别人在一起感觉就像是在为他们工作”。也许所有这一切都是真的，但这些主观判断仅仅是主观判断，没有多少证据证明。就如她那篇关于北越的文章一样，我们从未了解过瑞典人自己是怎么想的。例如，当他们听到自己“作为个体，对差异化的欲望相对较弱”时，他们会感到惊讶吗？[③] 他们如何看待她所说的“这个国家的统治阶级是真正仁慈的，而且充满善意”呢？[④] 我们永远不会知晓——就如我们永远也不会听到是不是“瑞典人希望被强奸”[⑤]。

然而，《瑞典来函》与其说是关于其声称的主题，不如说是关于其作者，而且最后的几句话为她的困境提供了一个解决方案。

> 瑞典经历了一场伟大的改革，而不是一个激进的改变。尽管这些改革是人道的和有独创性的，但它们并没有触及瑞典人作为人的处境的根源，没有把瑞典人从他们数百年来长期萧条的旧的状态中唤醒，没有释放出新的能量，没有——也不能——创造出

---

① Sontag, “Letter from Sweden”, 31.
② 同上，第 31 页。
③ 同上，第 32 页。
④ 同上，第 35 页。
⑤ 同上，第 27 页。

一个新人。要做到这些，瑞典需要一场革命。[①]

这是在一个个口号后的失望。她所描述的改革并没有瑞典在她内心产生的希望那么重要。在这种背景下，她的瑞典之行似乎是一次逃避意识的旅行：一次在别处的全新的开始。用酗酒方面的术语来说，这就是所谓的"地理治疗"，即通过寻求一次全新的开始，改变环境尝试摆脱成瘾。一个愤怒的美国人可以出国。一个才思枯竭的作家可
以变成电影制作人。一个抑郁的女人可以变成一个"新人"。她在河 315
内看到的就是这种难以捉摸的生物："历经这一场场磨难，'一个新人'便在形成之中。"[②]

她并没有停止努力去发现这个新人：去发现浪漫。该文以 20 世纪
60 年代最著名的口号结尾："直到永远的胜利。"[③] 316

① Sontag, "Letter from Sweden", 38.
② "Trip to Hanoi", in Sontag, *Styles*, 249.
③ Sontag, "Letters from Sweden", 38.

第二十章

四百名女同性恋者

苏珊过去常常开玩笑说，欧洲有四百名女同性恋者。[①] 在这个群体中——女继承人和社会名流、作家和学者、女演员和设计师——女同性恋者就像贵族中的贵族。蕾丝边[②]，又称萨福[③]，在英国，以赛亚·伯林称之为 Homintern，在法语中则为 l'homo-people。在巴黎和伦敦、戛纳和卡普里岛，这些女人同在一个专属她们自己的圈子里，一起度假、恋爱、伤心。

对她们而言，作为同性恋者绝不意味着放弃阶级特权，就如《夜林》等作品中经常描述的那样。一名成员提到其他人时说：“她们生活在一个迷人的宫殿里，不过，你当然不能说她们富裕。”[④] 这就是安娜·卡洛塔·德尔·佩佐，卡亚内洛公爵夫人的家庭。1969 年她俩相遇时，苏珊极其渴望浪漫爱情，而卡洛塔正如该词旧的含义所表示的那样浪漫多情：仿佛直接从小说里走出来似的。苏珊自从十年前遇到
317 艾琳后就没有再和谁恋爱过。戴维后来说：“我认为苏珊从来没有像

① 作者对唐·莱文的采访。
② lesbian，女同性恋者，中文译文根据其发音译为“蕾丝边”，亦译“拉拉”。——译注
③ sapphic，来自拉丁语 Sappho，萨福是古希腊女诗人，在莱斯博斯岛（Lesbos）上招收女弟子开课讲学，并在其作品中描述与女弟子之间的爱情故事等，后人借用该词指女同性恋。
④ 作者对玛丽卢·欧斯塔基奥的采访。

爱卡洛塔那样爱过其他人。”[①]

她们在各方面都正好相反。苏珊是美国中产阶级一员，一心只想着出人头地。卡洛塔是那不勒斯的贵族，她唯一关心的是保持现状。诗人帕特里齐亚·卡瓦利说：“你觉得如何、你打算怎么办，对那些人提这些问题几乎是无礼的。”即使以卡洛塔的出生背景来衡量，她也是极为懒散的。画家玛丽卢·欧斯塔基奥说：“她的朋友，和她同龄的那些女性，和她一起上学的那些女性：她们都会做点什么事情，而她是唯一一个绝对什么事也不做的人。”

卡瓦利解释说：“卡洛塔甚至都可能不下床，和她制订任何计划都是不可能的。”[②] 1970 年，她们的朋友焦万内拉·赞诺尼这样对苏珊解释这件事：“她有时会对时间及其含义感到十分茫然，似乎完全无法理解别人会把幽会和约会当成某种精准的事情。”[③] 卡瓦利还补充说：“我觉得她一辈子一本书也没读过。”她一生只做过两样东西，唐·莱文说：“她每天早上都要卷的粗粗的黑褐色的纸烟卷，还有在早餐时吃的非常辣的意大利面酱。”[④]

卡洛塔是“激进意志”的对立面——苏珊的对立面——不过，她对行动的拒斥本身也产生了一个个问题。有一次，当欧斯塔基奥指责卡洛塔的慵懒状态时，后者恼怒地说：“你以为无所事事很容易吗？”

◆ ◆ ◆

戴维·里夫说，卡洛塔早期的生活是半封建半贵族式的，周游世

① 作者对戴维·里夫的采访。
② 作者对帕特里齐亚·卡瓦利的采访。
③ 焦万内拉·赞诺尼写给桑塔格的信，1970 年 3 月 7 日，桑塔格文档。
④ 作者对唐·莱文的采访。

界四处享乐，生活在“一个现在被称为欧洲垃圾[1]的世界里”。她又高又瘦，偏爱穿带垫肩、扎腰带的毛皮大衣，或者在T恤衫外面直接披件貂皮大衣，里面连胸罩也不穿。她当模特儿，跟着维斯康蒂一起闲混，是帕索里尼的临时演员。莱文说，她活在这样一个世界里：“那儿的人们不会
318 觉得：‘此刻我应该在写剧本，而不是在卡普里岛的这个聚会上。’”[2]

她和苏珊看上去几乎是滑稽可笑、不般配的一对儿——确实如此。不过，卡洛塔很美，而苏珊又很容易被美打动。尼采说过：“要体验事物的美好就意味着：用相反的方式去体验。”这是苏珊喜欢引用的一句话，[3] 不过，如果苏珊用相反的方式去体验了卡洛塔，那她也并非唯一一个。“我遇到卡洛塔的时候，”欧斯塔基奥说，“很难不感受到她的魅力。”卡瓦利也完全认同：“（她是）魅力的化身。”很多人都为她的魅力所倾倒。她是雌雄同体——“像个男孩”，卡瓦利说——而且她的情人有男有女。有一次，在纽约，莱文带她去看一部柯克·道格拉斯主演的电影。“他床上功夫很棒。”她悄悄地说。她的同性恋人包括这四百个女同性恋者中的很多人：科莱特·德·若弗奈尔，杰出的科莱特[4]的女儿；还有意大利影星玛丽拉·罗蒂。

她也有毒瘾。一个喜好海洛因、美丽动人的女同性恋公爵夫人是一个传奇。她的魅力，以及她给人们留下的不食人间烟火的印象，让她能够做别人不敢尝试的事情。不过，她吸毒的行为最终带来了法律问题。有时她能摆脱困境（“我的下一个电话将打给司法部部长”），但有时，结果显示，她的人脉作用并不大。有一次，她在意大利一所

① Eurotrash，亦译欧洲败类，指欧洲富有的社会名流，不事生产、四处游乐，也指生活或工作在美国的富有的欧洲上流社会人士。——译注

② 作者对戴维·里夫和唐·莱文的采访。

③ Bernstein and Boyers, “Women, the Arts, & the Politics of Culture”, in Sontag, *Conversations*, 60.

④ Colette（1873—1954），法国20世纪著名女作家、记者、演员、剧作家和戏剧评论家。代表作有“克罗蒂娜”系列及《流浪女伶》《谢里宝贝》《吉吉》等。——译注

监狱里关了一个月，而苏珊则每天给她写信。卡洛塔与同住一间牢房的妓女们相处融洽，但法院命令她进行戒毒康复治疗，于是她去了瑞士的一家诊所。[①]

◆ ◆ ◆

美貌、吸毒酗酒后精神恍惚而且难以接近，这样的卡洛塔与米尔德丽德很相似——苏珊对此很清楚。1975 年，她描述她“对监护关系的喜爱。这种习性最早的养成与我母亲有关。（软弱、不开心、糊涂、迷人的女人。）又一次争吵，反对恢复与 C.[②]的任何联系”[③]。

1958 年，苏珊与哈丽雅特分手时，她特别强调了一个教训。“别 319
把心拱手交到不需要它的地方去。”[④] 卡洛塔让她忘了这一教训，而且她的屈从是很丢人的。“卡洛塔残酷地——非常残酷地——对待苏珊。”卡瓦利说，这导致了苏珊“永无止境的受虐狂”倾向。斯蒂芬·科赫对此表示同意。“她受虐到了令人无法忍受的程度。毫不夸张地说，她真会在地板上爬。”弗洛伦丝·马尔罗说：“苏珊拜倒在卡洛塔的脚下。”而唐·莱文说：“苏珊其实只拜倒在两个人的脚下。如果她走进一个房间，看到这两个人当中的一人：汉娜·阿伦特或卡洛塔，她立马就会坐在地板上。”

1971 年，苏珊写道：“我在寻找尊严。别笑。我（对别人）既毫不容忍又无比纵容。对我自己，不能容忍则占主导地位。我喜欢自己，但我不爱自己。对我爱的人，我的纵容达到了极限。”[⑤] 她准备忍

① 作者对戴维·里夫的采访。
② 指卡洛塔，下同。——译注
③ Sontag, *Consciousness*, 386, May 25, 1975.
④ Sontag, *Reborn*, 193, February 25, 1958.
⑤ Sontag, *Consciousness*, 313, January 1971.

受的程度之深让她的朋友感到震惊。卡洛塔吝啬，苏珊则慷慨；卡洛塔颐指气使，苏珊则卑躬屈膝。莱文有一次问，如果卡洛塔坚持要求她切断与戴维的联系，她会怎么办。“她当时没有说这是一个多么荒谬的问题，也没有说这是不可能的，或诸如此类的话。她说，我会等到她头发做好了，再打电话给他。”

她们在1969年夏天，通过那不勒斯的制片人焦万内拉·赞诺尼介绍相识；但到了1970年秋天，在她们交往一年多一点的时间后，这段关系就结束了。就像苏珊众多次失意的恋爱，包括与她母亲的关系，这一次也会以其他形式继续有所牵连。不过，当这场恋爱结束时，苏珊逃到了艾摩斯特，莱文在那儿教书。她比他以前见过的任何时候都要沮丧，他尝试着陪她散步、聊天以及听音乐来分散她的注意力，可全都没用。

> 我说我们进城吧。时值秋天，有一次我们走到一棵树下，巨大神奇的枫树，满树红叶似火；我们就在树下，被枫树笼罩着，
> 320 那树就像是一把撑开的伞。她在谈着卡洛塔，于是我说：“苏珊，别说了！”她停住嘴，然后我说：“你看这些树叶。”苏珊并不是一个会诅咒别人的人，然而她说：“去他妈的这些树叶。”

◆ ◆ ◆

卡洛塔的名字是为了纪念她的瑞典祖母——女性主义作家安妮·夏洛特·莱弗勒。卡洛塔对苏珊的影响令人想起其他瑞典女性，她们的留白为其他人的想法投射提供了一个理想的屏幕。在伯格曼的《假面》中，留白赋予了伊丽莎白力量；留白也是葛丽泰·嘉宝的秘密。

苏珊一直对嘉宝很着迷，嘉宝的女同性恋者身份——一个公开的秘密——是众多女同性恋者自豪的源泉。1958 年，她把学习“申请加入嘉宝粉丝群”列为自己性教育和人情世故教育的一个重要组成部分。[①] 1965 年，当她看了一部名为《葛丽泰·嘉宝的私人土豆地》的戏，她对其能力有了一些想法：

> 我想要成为嘉宝。（我研究过她；我想要吸收她，学她的姿势，感觉她的感觉）——然后，快看完的时候，我开始想要她，意淫她，想要占有她。随着仰慕而来的是渴望——在我快要看不见她的时候。是我又起了同性恋的念头？[②]

在《关于“坎普”的札记》中，桑塔格两次提到嘉宝，两次都是关于她的留白：她提到“葛丽泰·嘉宝完美无瑕的美貌背后那萦绕心头难以忘怀的雌雄同体的留白的感觉”，接着声称“作为一名女演员，嘉宝在表演方面的不足（至少，缺乏深度）反倒强化了她的美。她演什么都演成了她自己”[③]。这一点——“演什么都演成了她自己”——正是卡洛塔对苏珊最大的吸引力。尽管卡洛塔有过一次次失败，但她从未想过要成为别的人。 321

“把你的脸当成一个面具，”一名导演有一次对嘉宝说，“什么也不要想，什么也不要感觉。”[④] 和嘉宝一样，卡洛塔也是沃霍尔风格的完美典范，极其肤浅，没有深度。苏珊的灵肉是分离的。卡洛塔则只重身体，没有头脑。“她只是一幅图像，你能理解吗？”欧斯塔基奥

① 桑塔格文档，（1958 年）7 月 27 日，伊德拉岛。

② Sontag, *Consciousness*, 138, November 8, 1965.

③ “Notes on ‘Camp’ ”, in Sontag, *Against Interpretation*, 279, 286.

④ “Greta Garbo, 84, Screen Icon Who Fled Her Stardom, Dies”, in *New York Times*, April 16, 1990.

说，“她对实质丝毫不感兴趣。”对苏珊而言，卡洛塔成为她放弃意志的一种方式。

◆ ◆ ◆

1969年11月6日下午，另一种逃避意识的可能性出现了，一名女子乘火车从曼哈顿前往东汉普顿，然后上了一辆出租车前往海滨。“这儿一个人也没有哦。”他们到达目的地时，司机说。“我意识到了，”那女人回道。几个小时后，一具尸体在海洋大道的尽头被冲上了岸。①

这名女子便是苏珊·陶布斯。四天前，她的长篇小说《离婚》在《纽约时报》上遭到了猛烈的抨击。评论家休·肯纳承认，该书内含“些许奖励，一旦你击败与桑塔格探测器相连接的不断上升的障碍，便能获得”。不过，那只不过是一个“女小说家”令人讨厌的作品：“一个穿上其他作家的衣服迅速变换的艺术家”，开始“模仿《死亡匣子》那时尚得令人晕头转向的风格进行她的表演”。②

桑塔格和斯蒂芬·科赫前往萨福克县辨认尸体。一名医生接待了他们。医生把他们带进了一间无菌室，里面有一扇很大的观察窗，被一幅棕色的塑料窗帘严严实实地遮挡着。一名男子按下按钮，那窗帘缓缓升了上去。

> 透过那扇窗的玻璃，可以看到苏珊·陶布斯的尸体躺在一张轮床上，她头发很长，凌乱地散开在头的四周。她的脸没有肿胀，也没有被毁容。除了头露在外面，整个身体被一张很大的纸

---

① “Novelist Drowns Herself”, in *East Hampton Star*, November 13, 1969.

② Hugh Kenner, “Divorcing”, in *The New York Times Book Review*, November 2, 1969.

盖着，纸上用大写字母写着：纽约萨福克县。322

“这是你的朋友苏珊·陶布斯吗？”

“是的，”苏珊说，“是的，当然是的。”

那人按下了窗帘。就在那房间里有一张桌子，桌上摆着一些法律文件，铺开着等苏珊在上面签字。她的手颤抖得厉害，都无法握笔。稍后，她缓了过来，签了字。有人把我们领了出去。

走回到车上时，苏珊说：“就这样，她最终还是做了这事——这个蠢女人。”①

◆ ◆ ◆

陶布斯夫妇早就分居，不过他们直到 1967 年才离婚。雅各布回到了欧洲，他后来就一直生活在欧洲。根据《离婚》中的描述，这段婚姻是一场高度刺激性的灾难，是以多种方式重新构建关系的一种尝试，从荒谬骇人的——雅各布让妻子爬上他们在上西区的寓所的屋顶，对着满月号叫——到哲学的各种方式。

他们的儿子伊桑说：“20 世纪 60 年代的性革命中，有很多人到处睡，到处乱搞，没有一个完整的哲学来支撑，而他确实有哲学依据：就像赎罪一般去解放人们。”雅各布帮马尔库塞出版了《爱欲与文明》，而在现实生活中——在他自己的生活中——解放爱欲的能量则被证明要艰难得多。他有躁郁症，他的儿子说：“他无法控制自己。他动不动就发脾气。一点点小事都会是一场灾难。面包屑掉在地板上啦，一场灾难。不讲礼貌啦，又是一场灾难。”②

---

① 作者对斯蒂芬·科赫的采访。

② 作者对伊桑·陶布斯的采访。

苏珊·陶布斯也在欧洲待过一段时间，把他们的孩子塔尼亚和伊桑送到各种各样的寄宿学校上学，她时不时还在哥伦比亚大学上班。对她来说，性反律法主义，无论从历史观点上看多么必要或从智性上看多么无可非议，在情感上都是另外一码事。伊桑说：“我认为我母
323 亲是个伤透了心的浪漫主义者。这个人是她一生的挚爱，而他基本上会和任何一个人上床。”与雅各布分手后，她也有过另外几个情人。在她去世前不久，她在布达佩斯度过了三个月，在那里她与小说家哲尔吉·康拉德经历了一段注定无果的恋情。

桑塔格把陶布斯的自杀怪罪到康拉德头上，伊森觉得这“有点过了”。其他人则指责《纽约时报》上那篇猛烈抨击的书评。但在高中时，人们就劝她要微笑。她很长时间以来一直情绪低落，非常沮丧，以前也曾试图自杀过。和苏珊·桑塔格一样，她也常常视而不见：真正意义上的看不见，因为她的眼睛几乎是瞎的，如果没人帮助她的话，她几乎不能自己过马路；隐喻意义上也看不见，因为她无法看到她的行为对其他人——她留下的孩子以及她的父母——的影响。伊桑·陶布斯说：“真是太残忍了。父母双双还健在，所以看到两位 70 多岁的老人哭泣真是太难受了。苏珊［·桑塔格］感到悲痛欲绝。”

桑塔格对她朋友的死感到恐惧，一边努力要摆脱抑郁，害怕失败。1975 年，她写道：“我不想失败，我想成为一个幸存者。我不想成为苏珊·陶布斯。（或者阿尔弗雷德。或迪安·阿巴斯。）”[1] 1971 年，彻底精神失常的阿尔弗雷德·切斯特在以色列去世。五天后，迪安·阿巴斯在纽约自杀身亡。桑塔格对阿巴斯作品的苛评反应催生了《论摄影》。然而，她对阿巴斯的强烈反应无疑也表明了一种认同——担心她自己也是个不正常的人，担心自己最终也会抵挡不住。

---

① Sontag, *Consciousness*, 384 - 385, May 25, 1975.

◆ ◆ ◆

在遇见卡洛塔之前不久，当时苏珊·陶布斯还健在，桑塔格写下了她20世纪60年代的最后一篇政论文章《关于（我们）热爱古巴革命的正确方法的若干思考》。瑞典需要一场革命；古巴就是前景。

1968年12月，她与戴维和鲍勃·西尔维斯一同飞往墨西哥城：古巴处于美国禁运之下，直航是不可能的。和河内一样，古巴也在国 324
际革命旅程的路线中，这个旅行团在秘密的氛围中进行。“我们登机时全被中情局的人拍了照。”西尔维斯说。在哈瓦那，苏珊被匆匆带走，与“红胡子”曼努埃尔·皮内罗·洛萨达进行了激动人心的午夜会晤。“红胡子”曾是哥伦比亚大学商学院的学生，现在是古巴情报部门的负责人。[①]

十年前，伯纳德·多诺霍曾说过，对苏珊而言，政治意味着“质疑所有的当权者以及敌视所有的统治制度”。现在，她写道，对于新左派来说，“出发点是认为精神救赎和政治救赎是同一回事”[②]。但是，就如同在牛津大学时一样，令她感兴趣的是美学，而非实用政治那些“乏味的事情”（“为人找个家，为人搞到养老金”）。

像瑞典和越南一样——像卡洛塔一样——古巴是她自己渴望去重塑的一个想法的投射。她写道：“就像革命的那十年里一样，现在人们不睡觉仍然很普遍，有时候，整个国家似乎都在以某种乐善好施的速度高速行进。”不眠不休，极度亢奋，古巴人在创造着苏珊所梦想

---

① 作者对罗伯特·西尔维斯的采访。

② Sontag, “Some Thoughts on the Right Way (for Us) to Love the Cuban Revolution”, in *Ramparts*, April 1969, 6.

的“新人”。这样的梦很少能引发她写出最精美的散文。文章中复杂的句型和充满术语的措辞表明，她在努力使用一种并非完全属于她自己的语言：

> 正如切·格瓦拉在他著名的《古巴的社会主义与人》一文中所说、菲德尔也曾多次申明的那样，古巴领导人衡量革命的成功，首先是通过它在创建一个新的意识方面的进步，其次才是通过该国确保其政治活力的经济生产力的发展。

一年前，在一本关于古巴海报艺术的书的前言中——也就是说，关于革命的美学——她赞扬了这个国家的英雄：“自从1960年夏天我
325 对古巴进行了三个月的访问以来，古巴革命对我来说一直是弥足珍贵的，切和菲德尔都是英雄，都是珍贵的榜样。”[①] 她的描述含糊不清、毫无根据。美国的“文化太受白人主宰，死气沉沉”。古巴人“自革命以来变得不那么色情了”。她还声称，“几乎所有的”古巴人“在革命当权时都是文盲”。（事实上，1960年的时候，几乎80%的古巴人是能断文识字的。[②]）死气沉沉的美国应该

> 保持一些客观的判断，因为面对的是一个主要以舞曲、妓女、雪茄、堕胎、度假生活和色情电影闻名的国家，其在性道德问题上变得有点紧张不安，而且在两年前的一个糟糕时刻，这个国家把哈瓦那几千名同性恋者抓起来，将他们送到农场去康复改造。（他们早就被送回家了。）

① Sontag and Dugald Stermer, *The Art of Revolution: Ninety-Six Posters from Cuba* (London: Pall Mall Press, 1970).

② Max Roser and Esteban Ortiz-Ospina, “Literacy”, Our World in Data, September 20, 2018.

清教徒式的语调并不是唯一令人惊讶的事情。把受人鄙视的少数族裔的成员抓起来集中送到偏远的监狱，这与一个生活被大屠杀的画面撕裂得一分为二的女子居然没有产生共鸣，那就更奇怪了。雷纳尔多·阿瑞纳斯，一名持不同政见的同性恋小说家，在卡斯特罗统治下备受折磨，他把情况原原本本地说了出来。他写道，20 世纪 60 年代“正是所有反对同性恋的新律法出台之际，迫害开始了，集中营开张了，性行为成为禁忌，‘新人’被宣扬，阳刚之气得到尊崇”[①]。“新人”的塑造意味着消灭“旧的”“反动的”“娘娘腔的”——正如纳粹的纯种之梦意味着消灭不纯的一样。

◆ ◆ ◆

1970 年 1 月，苏珊·陶布斯自杀身亡不到两个月，桑塔格回到了斯德哥尔摩。她在那儿拍摄了她的第二部瑞典电影《卡尔兄弟》。这 326
个项目带有影片《假面》的痕迹，里面有一个不说话的人物，还有卡洛塔·德尔·佩佐的影子，苏珊刚和她分手；该影片即以她的名字命名。[②] 影片还借鉴了雅各布·陶布斯高傲的刚愎乖戾以及苏珊·陶布斯的小说和人物。在影片中，苏珊为她过去十年里一直在探索的想法寻找一种戏剧化的形式。她在寻找一种方式来疗伤，承受失恋的痛苦：弗洛伦丝·马尔罗此时结识苏珊，于是苏珊向她求助一起构思剧本。她俩讨论剧本时，马尔罗看出，失去卡洛塔对苏珊的打击很大。[③]

影片的拍摄贯穿了整个夏天。两个女人，卡伦和莉娜——苏珊·陶布斯这个人物——到一个岛上探访莉娜的前夫马丁。苏珊写道，马

① Jonathan Lerner, “Whorehouse of the Caribbean”, in *Salon*, January 4, 2001.
② 卡洛塔（Carlotta）的名字中就包含了卡尔（Carl）。——译注
③ 作者对弗洛伦丝·马尔罗的采访。

丁是“《食人者二重奏》中精神上的法西斯主义的新版本”——也就是说，是雅各布·陶布斯的翻版。（也许，苏珊·陶布斯在《离婚》中对他们的婚姻的描述使得桑塔格这样来看待他。）[1] 桑塔格也添加了其他一些角色，包括由马丁监护的卡尔，他是一个舞者，让人联想起神经错乱的尼金斯基；还有卡伦的小女儿安娜，因为安娜也不开口说话，所以是唯一能和卡尔交流的角色。就像是《死亡匣子》中海丝特和迪迪的组合一样，安娜和卡尔这一对让苏珊能够将她在《静默之美学》一文中讨论过的观点转化为视觉的形式。

◆ ◆ ◆

电影开拍前的那个夏天，苏珊和弗洛伦丝·马尔罗在准备剧本，她们漫步在纽约街头。弗洛伦丝对一家店橱窗里展出的一盘日本菜肴大叫起来，却被苏珊谴责太轻浮：“那样的东西没有什么了不起。”问题是，对弗洛伦丝来说，则是“苏珊毫无眼光。”

这个现实问题与电影中戏剧化的哲学问题交汇到了一起。没有语
327 言——尤其是没有“眼光”——《卡尔兄弟》在尝试进入视觉艺术的领域时，表现出了鉴赏力的挫败，这部电影与其说值得观看，不如说值得去为它写一篇文章。1974 年，桑塔格真写了，她强调指出，这部影片“超越了《食人者二重奏》：镜头中的空间关系更加奥妙，剪辑更加智能，音效的使用更加精细，人物之间的联系更加复杂”。此外，她还指出“《卡尔兄弟》中的对话要比《食人者二重奏》中的对话更具‘反自然主义的’色彩”[2]。

“这是一个影迷的作品。”一个新朋友——阿根廷导演埃德加多·科

① Sontag, *Brother Carl* (New York: Farrar, Straus and Giroux, 1974), x.
② 同上，第 vi 页，第 xv 页.

萨林斯基说。[①] 虽然《卡尔兄弟》获得的理论评价不高，但与《食人者二重奏》相比，已有明显的进步。这个故事没有那么离奇，片中人物的动机也更像是人们可能希冀去了解的。这两部电影均围绕施虐受虐狂的操纵力——吞噬对方、控制对方、拒斥对方的话语——这一主题来构建的，但是，在《卡尔兄弟》中，一个个人物都竭力想摆脱这些角色。

《食人者二重奏》的制片经理彼得·哈尔德说："大多数批评家说，你必须切身感受方能理解，然而没有人有任何感觉。"[②] 在《卡尔兄弟》中，我们确实能感觉到一些东西。这部电影让观众心怀好奇地想知晓到底发生了什么，想要更近距离地了解：片中人经历的那样的感受。所有人都找寻不到合适的词语——只有一人除外。

像苏珊·陶布斯一样，莉娜也投水自尽。之后，卡尔诱导安娜说出了第一句话。"他很重。"她说。这是她在该片中唯一的一句台词。为了让她开口说话，卡尔付出了生命的代价。

◆　◆　◆

如果说这部影片带有桑塔格个人的以及智力上挣扎的痕迹，它也显示出她对于身体的态度演变；她的思想一直是身体内一个"焦躁不 328
安的住客"。在她的首部电影《食人者二重奏》中，雅各布·陶布斯这个角色令人厌恶地狼吞虎咽，把食物吃了个精光。伊娃·科利施认为，这是苏珊所喜爱的一个主题。阿格妮塔·埃克曼尔曾看到过苏珊在瑞典"吃相难看，令人厌恶"。

① 作者对埃德加多·科萨林斯基的采访。
② 作者对彼得·哈尔德的采访。

苏珊在1970年的一则笔记中表明了其中的动机。

> 我触摸某人时心怀感激——还有爱意，等等。这个人让我证明了我有个身体——也证明了世界上有身体。
>
> 做个大吃货=一个强烈的愿望：证实我有个身体。认为拒绝食物等同于拒绝身体。对不吃的人表示恼怒——甚至感到焦虑（就像一开始对C.那样）和厌恶（像对苏珊[1]那样）。[2]

她16岁时，曾提到“一直在煎熬着我的、痛苦的灵与肉的两分法”。多年来，她逃离其肉体，进入精神的保险箱内——超越了意识，进入到潜意识的梦境之中。随着年龄的增长，她决定回归肉体，包括通过毫无顾忌地大快朵颐这样的行为来强调自己肉体的存在感。

影片《卡尔兄弟》中的一个迹象表明，桑塔格在其作品中显示的“令她痴迷的假死的主题”正从一个孩童的愿望成熟发展为一个成人的理解。正如她在《卡尔兄弟》的序言中所写的那样，她在寻找奇迹，某种能把她从她该阶段作品中人们能感受到的无处不在的沮丧消沉中唤醒的东西。托借莉娜的尸体，这一奇迹以惊人的形式出现了。基督教认为“每一次受难都必须以复活来超越”，苏珊早先嘲笑过这一观念。然而，她的作品暴露了她不可思议地笃信复活这种事，她的日记中罗列过各种假死。这些情况直到这部影片才开始改变：
329 “卡尔试图把莉娜的死变成假死（即试图令她复活），但失败了。”她写道。

正如莉娜的自杀给了安娜开口说话的机会一样，卡尔的失败给了桑塔格意想不到的重生。莉娜——也就是苏珊·陶布斯——不会复活

---

① 指苏珊·陶布斯。——译注
② Sontag, *Consciousness*, 261, February 4, 1970.

了。同样，桑塔格早期作品中理论性的、梦幻般的风格也被演绎出来。越战、失去卡洛塔、苏珊·陶布斯之死，现实的侵扰太残酷了。不过，这些侵扰无论给她带来多少痛苦，都会赋予她未来的作品一个迄今为止所缺少的支柱。这个“不可爱的战士”会更多一点地呈现自己，而她作为对付社会的武器而塑造的作家身份——那个隐喻的苏珊·桑塔格——也会拓宽其影响。这一转变不会一帆风顺。不过，她的下一部电影将尸横遍野。 330

第二十一章

中国、女人、奇人怪事

“妮科尔·斯特凡娜以极少的动作展示出厄勒克特拉可怕的力量。”让·科克托说；科克托让她在电影《可怕的孩子》中扮演一个角色。他曾在1949年拍摄的电影《海之沉默》中见过斯特凡娜，[1] 她在该影片中扮演了一个被迫为纳粹中尉提供住宿的法国女人。当这位理想主义的德国青年在讲述法国文化和德法两国辉煌的联合时，年轻的女子和她叔叔礼貌却茫然地旁观，没对强迫他们接待的客人说一句话。不说一句话，“极少的动作”，武器般的沉默，是该女演员所具有的一切。

斯特凡娜适合扮演这种如钢铁般抵抗的角色。斯特凡娜原名妮科尔-马蒂尔德-斯特凡娜·德·罗斯柴尔德，出身于欧洲最显赫的犹太银行世家。1942年11月，她和妹妹莫妮克越过比利牛斯山，逃离了法国。姐妹俩身穿滑雪服，怀揣假证件，证明自己出生于一个诺曼人的村庄，而那个村子的档案已遭毁损，不复存在。芳龄18岁的妮科
331 尔魅力十足，引得两个年轻的德国纳粹国防军士兵帮她扛行李；不过恶劣天气和纳粹分子并非唯一的障碍：难民们花钱雇人帮他们偷渡到

① Jean-Luc Douin, “Nicole Stéphane”, in *Le Monde*, March 17, 2003; Gérard Leford, “Nicole Stéphane, la mort d’une enfant terrible”, in *Libération*, March 15, 2007.

西班牙边境，但常常会遭到这些人的抢劫和杀害。让·皮埃尔·梅尔维尔——电影《可怕的孩子》和《海之沉默》的导演——就是这样失去了一个兄弟。好在她们的向导“雅克兄弟”一直把她们送到了加泰罗尼亚，不过，她们的磨难还远远没有结束：她们一到巴塞罗那就被逮捕了。[①] 终于获释之后，她们就即刻动身前往里斯本，又从里斯本去了伦敦；她们在伦敦加入了“自由法国妇女力量组织”。妮科尔为空军开车，在诺曼底登陆日之后，她也抵达了诺曼底。

战争结束后，罗斯柴尔德各处宅邸的生活又得以恢复。妮科尔和莫妮克在穆埃特城堡长大，城堡的后院就是布洛涅森林。城堡是由她祖父亨利男爵建造的。亨利男爵是一名业余剧作家，曾为其情妇修建了皮嘉尔剧院。他还出资资助皮埃尔·居里和玛丽·居里夫妇俩的研究。他的儿子詹姆斯男爵，妮科尔的父亲，继承了他父亲对女人的兴趣：他娶了娘家姓为克劳德·杜邦的女子为妻，她是犹太裔工程师保罗·沃姆斯·德·罗米利的孙女，有法国最美的女人之誉。夫妻俩分住在宅邸两侧相对的房间，他们的生活一如他们的每顿晚餐，都是精心安排的。在成长过程中，妮科尔几乎从未使用过钥匙：自然有人会帮她打开她想要进入的任何一扇门。[②]

◆ ◆ ◆

作为纽约电影节评委会的一员，苏珊参加戛纳电影节已有好几年了。1971 年，她带着影片《卡尔兄弟》去戛纳参展，不过此行并不十分愉快。她仍然为与该影片同名的卡洛塔而伤心难过；她大约六个

① Monique de Rothschild, *Si j'ai bonne mémoire ...* (Saint-Rémy-en-l'Eau: Éditions Monelle Hayot, 2001).

② 作者对唐·莱文的采访。

月前被卡洛塔甩了。“孤独无边无际，”4 月底的时候，她写道，“一
332 个完整而崭新的世界。沙漠。”[1]

两星期后，妮科尔·斯特凡娜走进了戛纳一家酒店的会议室。妮科尔早先在《可怕的孩子》和《海之沉默》中取得成功，但她未能继续锦上添花，因为她在一场车祸中致残，这迫使她重新学习说话和走路。她不得不考虑从事新的职业，于是决定拍电影，成为“法国仅有的两位女制片人中的一位”[2]。（无论哪儿，女制片人都很少。）1969 年，她把玛格丽特·杜拉斯的小说《毁灭，她说》拍成了电影。她最大的梦想就是拍摄《追忆似水年华》，并在 1962 年获得了这部电影的拍摄版权。正是她想做的这件事让她来到了戛纳。她和一个朋友，意大利放射科医生米玛·夸尔蒂，来戛纳和一位女演员谈这个项目。[3]

在那家酒店的房间里，她们发现了看上去非常沮丧的苏珊·桑塔格。会议结束后，妮科尔转身对米玛说：“我们必须救那个女人。”[4]这种使命般的冲动行为正是妮科尔典型的作派。她和苏珊很快就成了情侣。不过，如果说卡洛塔是苏珊的母亲，那么，妮科尔——与卡洛塔或米尔德丽德不同——则真正洋溢着母爱。她立刻让苏珊沉浸在一种从未享有过的关怀之中。妮科尔给她洗澡，喂她吃饭，帮她穿衣，给她提供住宿，把自己大量的精力投入到拯救苏珊上：先是救她的事业，然后是救她的命。

她俩的恋情不像苏珊与艾琳或与卡洛塔之间的感情那样充满激情。再说了，那可不是妮科尔的风格。她说：“对我来说，爱情大约会持续一两个星期，然后，我就希望我俩永远是朋友或是姐妹，但不

---

① Sontag, *Consciousness*, 318, April 27, 1971.

② Victoria Schultz, “Susan Sontag on Film”, from *Changes* (May 1, 1972), in Sontag, *Conversations*, 33.

③ 普鲁斯特作品《斯万的爱情》这一部，最终由沃尔克·施隆多夫导演，于 1984 年拍摄完成。

④ 作者对唐·莱文的采访。

再有性关系。”[①] 这和苏珊自己的模式相似。在此模式中，这次一见钟情的小插曲很快就翻篇了。同样相似的是她们把人际关系视为影响力的观念。一开始，妮科尔因其大胆而处在主动地位。她比苏珊大 10 岁，是她向苏珊发起猛烈追求的，后来她曾解释自己的技巧：“带她出去，让她喝上几杯，然后生扑！”她说：“苏珊是一个需要被强暴的人。”[②] 这话让人想起苏珊对瑞典人的评价。

然而，苏珊对妮科尔表现出的被动与她对卡洛塔的完全顺从是不一样的。妮科尔发现苏珊坐在地上，情绪极度低落。她一旦决 333
定搭讪，便立马积极行动起来。苏珊暂时搬到了巴黎，她曾在那里断断续续住了好几年。她想要逃离的愿望部分与文化有关，但更多的是与越南有关。“我不希望生活在美国，”1973 年时，她对一名意大利记者这么说，“待在美国意味着总得发疯、完蛋、消失、崩溃。而如果你在国外，你就会明白那个国家是什么情况，要回到那里生活会有多难。”[③] 不过，她离开纽约的时间最长也从未超过几个月。

也许因为担心这段关系发展得太快，苏珊自己在波拿巴街租了一套公寓，就在波拿巴咖啡馆的上面，萨特正是在此公寓里创办了《现代》杂志。她在此一夜也没住过。妮科尔随即就带着她穿过塞纳河——来到雅街 31 号。妮科尔和米玛在这里合住，米玛住一楼，其他归妮科尔，房子围绕着一个花园而修建。她在顶楼给苏珊布置了一间办公室。

---

① 作者对唐·莱文的采访。
② 同上。
③ Maria Adele Teodori, “Un'americana a Parigi”, in *Il Messaggero*, May 26, 1973. “Perché non voglio vivere negli Stati Uniti. Non potevo pensare a un luogo più logico come scelta, non ha bisogno di ragioni e l'amo molto … Restare in America oggi significa diventare pazzo, finire, sparire, disintegrarsi, in un qualsiasi modo. E se stai fuori, capisci cos'èquel paese e anche come è difficile tornarci a vivere.”（此处作者附上了正文中引文的意大利原文。——译注）

◆◆◆

苏珊不会很快就从20世纪60年代后期的磨难中恢复过来。1973年初，在她40岁生日的前几天，她在日记里写道：

> 过去三年中我经历的糟糕、令人麻木的自信丧失：对《死亡匣子》的抨击，觉得我自己是个政治骗子，对《卡尔兄弟》接受的惨状——还有，当然，C.的纷乱。[①]

事实上，对《死亡匣子》的评论大多是差评。《纽约时报》的评
334 论家艾略特·弗里蒙特-史密斯的表述极其蔑视，且措辞伤人。“有一种老观念认为，批判性和创造性的想象是巧妙地对立的，它们的感受力是相互颠覆的，一个不能成功地完成另一个的工作。”他写道。随后，和她整个职业生涯中的其他那些评论家一样，他也想知道“一个具有苏珊·桑塔格这样精致感受力的评论家怎么会写出既乏味又明显对小说技巧毫无感觉的小说来的”[②]。

对《卡尔兄弟》的接受比《食人者二重奏》好一些，不过，这也并不能说明什么。瑞典的影评认为片子总体在故弄玄虚，而美国的影评也很难增强她的自信。她在《哈佛深红报》上读到了这段话：“苏珊·桑塔格可能永远也找不到领悟艺术意义的途径。不会有很多人去读她的书，也不会有很多人去看她的电影。然而，尽管如此，她有她的作用。她每时每刻都在思考，她占领着每一种新时尚的巅峰；

---

① Sontag, *Consciousness*, 351, January 7, 1973.
② Eliot Fremont-Smith, “Diddy Did It—Or Did He?”, in *New York Times*, August 18, 1967.

她值得关注。当文化界一有风吹草动，她立马闻风而动。”[1]

妮科尔开始充当她的保护人，并给了她一个新家，这样就助其遏制了她内心越来越甚的无用感：这一感觉一直存在，而且永远也不会完全消失。就在她们见面短短几个星期后，这两个女人就开始了一个项目，这让苏珊为自己找到了一个新的方向，作为作家同时也是电影制片人。妮科尔获得了西蒙娜·德·波伏瓦于1943年出版的长篇小说处女作《女宾》的电影版权。这是个包括波伏瓦、萨特和一位年轻的被保护人在内的三角关系的故事。这部小说深深吸引了苏珊，因为故事里有非正统的家庭生活模式的安排，有与巴黎知识分子圈子的联系，有让她在瑞典几个项目失败后重新导演出一部更具主流特色的影片的可能性——况且，故事中还有一个角色，与卡洛塔惊人地相似。1971年6月，她们已经开始和她的老朋友诺埃尔·伯奇一起合作了；伯奇是加州人，长住巴黎。可随后，显然是在妮科尔的建议下，苏珊 335
出人意料地放弃了这个项目：她突然且毫无歉意地中止合作的举动意味着她与伯奇一度亲近的友谊就此结束。[2]

尽管妮科尔名声显赫，人脉很广，但她提供给苏珊的生活十分简朴：“一间隐修室。”苏珊对她在雉街公寓的描述听起来就仿佛是把静默之美学转变成了室内设计。在这个“逼仄、空荡荡的住处”，环境“无疑满足了我的一些愿望，我就希望轻装上阵，摆脱世事的羁绊，尽量不依赖什么而整个地重新开始”。她一连写了几个月：“除了上床睡觉，我根本就不想离开打字机，就这样度过了许多舒心的日日夜夜。”[3]

---

① H. Michael Levenson, “The Avant-Garde and the Avant-Guardian: Brother Carl New England Premiere at the Brattle”, in *Harvard Crimson*, July 27, 1973.

② 作者对诺埃尔·伯奇的采访。

③ “On Paul Goodman”, in Sontag, *Under the Sign of Saturn* (New York: Farrar, Straus and Giroux, 1980), 3.

这些话是在 1972 年 8 月保罗·古德曼去世时苏珊写下的。古德曼是一位激进而博学的双性恋者，如今已基本被人遗忘，但他是对苏珊的人生、对新左派影响最大的人之一。他在 1960 年出版的《荒唐的成长》一书中，罗列了很多的不满；在此之前就已经有人感受到了这些不满，但没有人如此明确地表达出来。古德曼描述了对美国繁荣的表象背后的绝望：年轻人被琐碎平凡化、堕落、失去了性特征——在接受了糟糕的教育之后，他们被强制从事毫无意义的工作，被迫过着压抑的生活，而一个更好的社会也许能够为他们提供更好的生活。

苏珊写道："20 年来，他在我心目中一直就是最重要的美国作家。他是我们的萨特，我们的科克托。"[1] 这种纪念随笔文章此前在她的作品中是没有先例的。她曾用小说的形式来纪念过其他人，但在这篇文章中，她采用了与其文学随笔和政治短文的批评立场截然不同的语气。事实上，这是回忆苏珊的朋友的腔调——忠粉、崇拜者。这也是她日记中自我批评时的语气，充满了自我意识；在她发表的作品或公开演讲中，这一特点并不是总有体现。她回忆起自己与古德曼相处
336 时的紧张，她感觉到古德曼并不真正喜欢她，而她告诉大家，她也并不真正喜欢他："我始终清楚，我的这种不喜欢是多么令人难过，且仅仅是形式上的。"她对其勃勃雄心表示同情。"如果一个作家试图做很多事情，那么，一种可怕的、刻薄的美国式忿恨就会向他袭来"——这种忿恨她自己已然感觉到了。他感觉自己未被世人正确认识，她对此表示同情，并且警告说"媒体明星"与"实际影响毫不相干，也说明不了一个作家有多大的读者群"。

《论保罗·古德曼》一文并不长，却有别于她的电影和小说的艰难，也不同于她的政论文的激进主义。苏珊在巴黎公寓的一年里，努

---

① "On Paul Goodman", in Sontag, *Under the Sign of Saturn* (New York: Farrar, Straus and Giroux, 1980), 8 - 9.

力过着没有书籍的日子，然而，她还是发现了一本 1970 年出版的古德曼的《新改革》。书中，古德曼告诫读者，由于缺乏明确的、可实现的目标，一度鼓舞人心的各种解放运动正陷入无政府状态。这是苏珊尚未能完全接受的内容，就如同她无法完全舍弃奥林匹斯山般雄壮的风格而追求一种更优雅的风格一样。然而，一次意想不到的旅程，将她带到了童年想象的王国，从而推动了两种风格的融合。

◆ ◆ ◆

1972 年 2 月，尼克松总统对中国进行了历史性的访问，这是 1949 年以来美国总统的首次访华。地缘政治的重新调整带来了一种可能性，即其他美国人有可能访问一个几十年来对他们封闭的国家；在此之前，米尔德丽德曾打包了一车厢的中国古董装饰品，径直进入中国东北。7 月 20 日，也就是保罗·古德曼去世前两星期，苏珊收到了邀请。她将于 8 月 25 日启程，开始为期三周的中国之行。就在收到邀请的当天，她便开始匆匆写下自己的一些想法。

她草拟了一个电影计划，一部她可以和妮科尔合拍的电影，讲述一对美国夫妇在中国的故事。这对夫妇的女儿——和苏珊不一样——小时候去过中国。这个计划并没有进展，就像她的另一篇未完成的文 337
章，但她为此做了大量的笔记。在笔记中，她把“中国之行”称为“我生命中的两个基本隐喻”之一。（另一个是“沙漠”，同样是指她的童年，也指其当时的心境。）[①] 另一则笔记则列出了“我一生中一直在追寻的三个主题”。它们是“中国、女人、奇人怪事”[②]。

这次旅行的安排一再被取消、重新安排、再被取消，不过，她的

① Sontag, *Consciousness*, 342, October 21, 1972.
② 同上，第 348 页，1972 年 11 月 6 日。

笔记为她的最佳短篇小说之一《中国旅行计划》提供了素材；该小说在1973年4月的《大西洋月刊》上发表。这篇短篇小说中有她的作品中很多显著的特点——她的拼贴式的列表，她引经据典的大赋，她亲切的声音，她的幽默——这些在她的日记中都能见到，但从《关于“坎普”的札记》开始，大多从其随笔文章中消失了。

她是在中国被怀上的。“怀孕，孕前。”[①] 她写道。

> 对于这次旅行我事先能怀着什么样的想法呢？
>
> 一次寻求政治理解的旅行？[②]

当她描述中国对她的所有意义时，她强调说，她描述的中国与真实的中国没有任何关系。在学校，“似乎是我花言巧语地编造出了中国……重要的是让同学相信中国真的确实存在”。她列出了写这本关于中国的书的种种可能性，但得出结论说：“也许，走之前我会写那本关于我去中国旅行的书。”

在她的日记里，她解释说：

> 我写过一个短篇小说，开篇就是“我打算到中国去”，这恰恰是因为我当时认为我不会去。我决定让那个4岁大的女孩来发表意见，因为这个39岁的人不打算去弄清楚毛泽东思想和“文
> 338 化大革命”。（当然，1月份的时候，我还是去了——是39岁的这个人去的；令我惊奇的是，那个4岁的孩子甚至都不屑跟去。是因为她已经把压在心头的重荷卸下了吗？不是——也许，她永远也不会来——因为真实的中国与她的中国一点关系也没有，从

① 原文中的conceive和conception既有“怀孕”，也有“构思”的意思。——译注

② “Project for a Trip to China”, in Sontag, *I, etcetera*, 18 - 19.

来就没有过任何关系。)①

这是至关重要的领悟。她早期游记作品的一个弱点是无法区分幻想与现实。这就是《河内行纪》中的矛盾之处——真正的越南与她从影像中了解的越南之间：在越南及其隐喻之间。当行程最终重新安排好，1973年1月成行时，她已到不惑之年；事实证明，她想象中的中国远比她实际看到的中国有趣。在中国，她又恢复了过去她那好学生的角色，匆匆记下了一个个导游那并不引人入胜的讲解——

> 我们只有几家国营拖拉机厂，分别位于上海、北京+天津、宝龙②
>
> 我们95%以上的县都有自己的工厂，可以制造+修理自己的机器③

——然而，这些工厂只不过是类似拥有“机床、风钻和焊接机”的地方；她在北越时就十分喜爱这些机器。她对与她同行的那些游客感到恼火，因为她注意到他们“居高临下的言论”，带着一种怀疑，这是他们在古巴或北越时从未表现过的：

> “哦，这难道不漂亮吗！”（说的是一个极度贫穷的村庄）
>
> 卡帕在看京剧时说：“观众比戏好。看看他们的服装有多单调哦。真是不可思议！”
>
> 说紫禁城和大雁塔：“看一下。这很有纪念意义。” 339

① Sontag, *Consciousness*, 361, July 31, 1973.
② 原文Baulong的音译。——译注
③ 桑塔格文档。

> 享受自由的人们——美国人——无法想象一个不同的社会，这令人同情。他们辨认不出这些迹象。在我们住的酒店门口有个佩戴武器的士兵，有人说“他是门房”，我厌倦地提出异议。人们解释说“这是个警卫，因为这里有重要建筑……”哦，当然。[1]

这些言论常常触及美学问题，尽管她从未写过中国，也没有完全摆脱掉她的老习惯。她称赞这些地方没有汽车，这“从生态角度而言好极了。有人告诉我，只有大约1%的人买得起汽车，因此就没什么汽车”。但被问及如果人人都能拥有一辆车，汽车是不是令人向往时，她惊呼：“哦，是啊！”[2]

她说：“有些人对社会翻天覆地的变化感兴趣，这在某种程度上符合马克思主义的传统。我就是这样的人，中国的经历令我震惊：它让你重新审视一切，包括你自己。”不过，她没有说如何去审视。[3] 一场革命就这样悄无声息地过去了。就像在越南，当时她可能不知道美国人就在街头遭遇暴行，于是，那些画面便是一切。并不是总是那么容易就能看到这些的；在一个“由导游带领着旅行”和新闻报道受到严格控制的年代，她不可能知道这场灾难的严重程度。

◆ ◆ ◆

中国之行后，她再次访问了北越。曾有传言说要出越南语版的
340 《河内行纪》，她为此写了一篇简短的序言，但这本书并未出版。也许
她的序——她承认自己发觉越南难以理解，渴望她自己的更复杂的社

① 桑塔格文档。
② Helga Dudman，“From Camp to Campfire”，in *Jerusalem Post Weekly*，November 27，1973.
③ Teodori，“Un'americana a Parigi”.

会——引起了审查部门的注意。

在河内机场，她的月经来了，这令她完全措手不及。几年后，她讲起这件事，说这件最可预见的事让自己吓了一跳，对此她的助手卡拉·埃奥夫深感震惊。她对卡拉说："我简直无法相信。"是提前了吗？"哦，没有，"苏珊愉悦地回答，"很准时。我只是无法相信我在机场时它就来了。"卡拉大为惊愕：

> 月经不会时不时地来吧。你知道它什么时候要来吧。你在北越，难道你就没有一片高洁丝卫生巾或一支丹碧斯卫生棉条或随便什么那个时候北越有的卫生用品吗？……这件事突显出她似乎不活在现实中，不知道基本的生存常识。[①]

她浑身脏兮兮地回到巴黎，妮科尔用消毒液给她洗了澡。[②] 她在保持个人卫生方面的困难并不是什么新鲜事：在高中时，她就曾在体育课结束后假装淋浴。[③] 在她自我完善的劝勉激励列表中，她就经常提醒自己要洗澡。"隔一个晚上冲一次淋浴。"她在1957年写道。[④] 五年过去了，这个习惯仍然没有养成："每天洗澡（过去的六个月里在这一点上已经大有进步）。"[⑤]

她的一生中，一直忽略最基本的个人卫生护理——不刷牙、不洗澡、不知道自己的月经什么时候来，也不知道分娩会很痛——这一切让她的朋友深感困惑；甚至早在图森时，她妹妹就因为她不讲卫生而感到尴尬。[⑥] 这样的故事在桑塔格自己写下的文字中给一个基本主题

① 作者对卡拉·埃奥夫的采访。
② 作者对唐·莱文的采访。
③ Sontag, *Reborn*, 115, January 1957.
④ 同上，第139页，1957年2月底或3月初。
⑤ 同上，第299页，"1962年2月12日那一星期"。
⑥ 作者对朱迪丝·科恩的采访。

341 提供了一个又一个例子，这表明她不仅仅是粗心大意——毕竟，有多少人需要告诫自己要洗澡呢？这，正如她描写阿尔托那样，是“不可思议的东西，即身体如何是精神、精神又如何是身体的问题”。这不是智力问题。这些故事以一种奇怪的按字面意义的方式举例说明，即使是最聪慧的头脑，也会发现自身与限制它的肉体相疏离。对桑塔格而言，要把野兽般的肉体与知识领域，也就是语言、隐喻和艺术的领域结合到一起，谈何容易。

◆ ◆ ◆

1973 年 10 月，从中国回到巴黎几个月后，她回到了美国。在此，只要与一个年轻学者稍稍接触，就能看出人们对她寄予的厚望。卡米尔·帕格利亚在“十几本定义文化时刻、似乎预示着革命成功的曙光时代的书中”① 偶然读到了《反对阐释》一书，因此对桑塔格十分痴迷。在一个缺乏女性知识分子典范的文化里，桑塔格对帕格利亚而言就如同居里夫人对桑塔格一样。“我原先认定多萝西·帕克和玛丽·麦卡锡是文学生活中少有的可以效仿的女性榜样，”帕格利亚写道，“通过《反对阐释》，桑塔格使知识女性重现活力，且更为现代化。”②

年纪轻轻的桑塔格已然成为新一代知识女性的象征。她们进入了一个比她们的母亲拥有更多机会的社会，却缺乏她们所需要的榜样。她们中的许多人寄希望于苏珊·桑塔格；比桑塔格小 14 岁的帕格利亚即是其中之一。4 月，帕格利亚从她任教的本宁顿学院驱车前往达特茅斯，桑塔格正在此演讲。帕格利亚邀请苏珊去本宁顿，她接受了

① Camille Paglia, “Sontag, Bloody Sontag”, in *Vamps & Tramps: New Essays* (New York: Vintage, 1994), 344.
② 同上，第 347 页。

邀请，还同意只要她通常的出场费的一半。但是，这种姿态永远也不可能达到别人对她的期望。9月底，帕格利亚给本宁顿学院院长写信的时候，已经在紧张地准备自己的行头了： 342

> 自然，我绞尽脑汁想为自己选定一个合适的风格色调。我新买的正式场合穿的蓝色的40年代风格的中山装？还是我那件更随意的石蓝色的50年代初的宽松式衬衫？或许是我那件男孩子气的法式套衫？唉，时尚的负担！①

然而，苏珊来了，帕格利亚说，“肿着两只眼睛，一副昏昏沉沉、迷迷糊糊的神情”。她迟到了一个小时，礼堂里的听众“明显流露出了敌意”。醉醺醺的帕格利亚介绍了苏珊（“巴克斯知道我都说了些什么”），然后，苏珊开始读一篇“索然无味、令人厌烦的”短篇小说，让希望听她谈谈当代文化和政治的听众非常失望。随后，她们又换了个地方到伯纳德·马拉默德家吃晚饭；马拉默德是“本宁顿的半驻校明星（也是个讨厌蛋）”，他“带着他通常那种令人无法容忍的、道貌岸然的霸道作风”对苏珊说了一些粗鲁的话。苏珊转身对卡米尔说：“他把我邀请到他家里侮辱我！”苏珊和卡米尔因此退场，这时“冷静、漠然、严厉而高贵的‘桑塔格’变成了热情、八卦、言行举止明显是犹太人式的‘苏珊’”②。

正如苏珊有时在公开场合演讲一样，她会迟到，一副厌倦且无趣的样子。然而，据帕克利亚自己承认，苏珊对她很好：拿的报酬也比平时低很多，私下里与她交谈时也是事无巨细、无所不谈。她写道：

---

① Camille Paglia, letter to Gail Thain Parker, September 27, 1973, Administrative Records, 1972 – 1975, Bennington College Archive, Bennington, VT.

② Paglia, “Sontag, Bloody Sontag”, 350, 351.

"但是，我俩的思维相互不搭，有什么东西缺失了。"苏珊与桑塔格之间也有一种断裂。

> 最终，[苏珊] 半是恼怒，半是觉得好笑地问道："你到底想要从我这里得到什么？"我结结巴巴地说："只是想跟你讲讲话嘛。"其实不对，我想说的是："我是你的接班人，见鬼，难道你就没有脑子想到这一点吗！"这就像电影《彗星美人》，桑塔格就
> 343 是马戈·钱宁，被那个新来的女孩暗中跟踪。[1]

在把自己比作《彗星美人》里的后起之秀之后，帕格利亚不再好奇去搞清楚桑塔格是否希望被跟踪，也没有去继续打探年仅 40 岁的她是不是已经在满世界搜寻接班人了。在随后的 20 年里，在帕格利亚的心目中，桑塔格的影响会越来越大。

◆ ◆ ◆

1973 年 10 月 6 日，苏珊离开本宁顿的第二天，埃及和叙利亚袭击了以色列。这一天是赎罪日，犹太人一年中最神圣的一天。尽管以色列受到多次警告，其中包括来自约旦国王的警告，他曾秘密飞往特拉维夫通知以色列总理，但以色列人还是毫无准备。当埃及人蜂拥着跨过苏伊士运河、叙利亚人潮水般涌入戈兰高地时，很多以色列人及其友人开始为这个国家的存亡感到担忧。

其中一人便是妮科尔·斯特凡娜。从资助巴勒斯坦的第一个定居点到确保《贝尔福宣言》的通过，再到在耶路撒冷建立以色列议会，

① Paglia, "Sontag, Bloody Sontag", 352.

她的家族在帮助建立以色列这个国家方面起到了重要的作用。1948 年独立战争期间，她曾是一名战地记者。1957 年，她曾到过加利利海的恩盖夫的基布兹集体农场：从前叙利亚边境步行即可轻松抵达。这些深切的联系使得她惊恐万状，于是她给苏珊打电话。

她说："我在法国待不下去了，这儿的电视报道太糟糕了。"苏珊让她去纽约，因为纽约"所有人都支持以色列"，于是她去了。[①] 她几乎立刻再次启程，前往以色列，还带上了苏珊和戴维。他们"靠信用卡"[②] 拍了一部电影——《应许之地》，这部电影将成为苏珊有史以来拍得最好的电影。即使时至今日，在阿以冲突经历了所有的那些风云变幻后，该片对了解那场冲突仍然起到不可或缺的指导作用。它把苏珊的分析思维带入了一个高度情感化的境地，在避免陈词滥调和鼓 344
吹宣传的同时，展示出这场冲突让个人付出的生命的代价。

该片是一部真实的良心之作。镜头停留在一些材料的纹理上：沙漠、城市的大街小巷，以及战争得以进行所需的物资；拍摄时战争仍在激烈进行着。背景音乐中不断传来隆隆声，仿佛有人在切换电台，从犹太人葬礼上的祷告声切换到法国流行歌曲，再到意大利歌剧的咏叹调，让人联想到一种不太可能的相互交织，正是这种交织组成了现代以色列。然而，有一个声音始终在耳畔响着。那是影片最后几分钟时的声音，一个精神病医院的医生在"治疗"一个抽泣着、打了麻醉药的老兵；通过重现战争的各种声音——叮当声、呼啸声、叫喊声、射击声——一开始就是这些声音把他送到了医院。当这个人把头埋在枕头里，当他趴在床底下，呜咽着、乞求着，这个时候，可怕的场景——一个个命令在发出，一声声汽笛在鸣响，家具在发出砰砰巨响——没完没了地持续着，那是令人无法忍受的十分钟：犹太人的历

① Dudman, "From Camp to Campfire".
② 作者对戴维·里夫的采访。

史在一个看不到脸的病人身上得到了展现。

就像妮科尔和苏珊一样，影片《应许之地》也对犹太人的愿望表现出了深切的同情。“我为什么要反对以色列？”苏珊在耶路撒冷向一名记者发问，“我发觉很难采取反对这个国家的立场。身为犹太人，我很自豪，我和其他犹太人有很多相同之处，性情上，我更偏向于以色列人。”① 与此同时，影片也把以色列描述成一家精神病院，到处充斥着杀戮和毒气室，被其自身的痛苦所扭曲，无法顾及他人的痛苦。

这一观点的发言人是小说家尤拉姆·卡纽克，他在整部影片的大部分时间里都在说着话，追循着犹太复国主义的足迹，从“托尔斯泰、歌曲、舞蹈以及早期美好的社会主义思想”一直到目前的僵局。他说，1967 年战争之前，以色列一直是一个支离破碎的社会，其主要
345 焦点是生存，而其最高价值观是平等与团结。然而，胜利带来了金钱——“人们开始建别墅”——也带来了帝国主义幻想助长的道德上的堕落：以色列“变得毫不关心别人的痛苦、别人的困境”。

这个时候，苏珊对与这个社会有关的全部事物进行了观察，从贝都因人牧羊的图片转到井然有序的超市再到低俗污秽的夜总会。她在接受采访时哀叹道，这些发展让以色列成为一个物欲横流的现代社会，却没有以一种积极、自由的方式实现现代化。她对《耶路撒冷邮报》说：“我没有想到这种传统主义，这种消费主义，尤其没有想到这里现存的对待女性的态度。”当被问及女性主义是否会被视为“从美国引进的边缘产品”时，她反驳道：“鉴于你们从美国引进的所有东西，这一样可能是其中比较好的一件。”而当被问到“两个女人一起负责拍一部电影是不是很不寻常”时，她回答说：“两个女人一起负责做任何事情不是都很不寻常吗？”②

---

① Dudman, “From Camp to Campfire”.

② 同上。

不过，女性主义并不是以色列最大的挑战。（事实上，一位名为果尔达·梅厄的女性就是当时的总理。）卡纽克说，问题在于，犹太复国主义的梦想导致了犹太人在毫无准备的情况下四处游荡，最后酿成了悲剧。

> 犹太人知道戏剧是什么。他们不知道什么是悲剧。悲剧就是一种权利与另一种权利抗衡。此时此地就有两种权利。巴勒斯坦人对巴勒斯坦拥有完全的权利。而犹太人对巴勒斯坦拥有完全的权利。别问我为什么。他们就是有这个权利。悲剧是没有办法解决的，此时此地这就是悲剧的处境。[①]

这部电影表达了这种矛盾心理，因此与苏珊早期的政治作品相比
有更加微妙的差别。它们往往也都是戏剧，而非悲剧。影片中出现的 346
尸体并不是《死亡匣子》和《恩主》中那些梦幻幽灵，而是真人烧
焦了的脸和烧焦变黑了的腿，在沙漠烈日下腐烂着。正如她在日记中
所说，这是“死亡开始变得真实”的时刻。[②] 347

---

① Yoram Kaniuk in Sontag, dir., *Promised Lands*, New Yorker Films, 1974.

② 桑塔格文档中一份未注明日期的文件，其中包括这一“对我自己的作品的‘结构’分析”：

“我的小说、电影中的（假）死的主题：
《恩主》中安德斯太太之死
《死亡匣子》中尹卡多纳之死
《食人者二重奏》中鲍尔夫妇之死
在这些例子中，被认为已经死亡的人其实并没有死——还会再次出现
自1973年起，死亡开始变得真实
《心问》中的朱莉娅之死
《应许之地》中的死亡、死亡、死亡。”

第二十二章

思考的本质

1973年10月18日，在最终结束赎罪日战争的停火决议生效前五天，苏珊和妮科尔还在西奈野营。这一天，《纽约书评》上刊登了一篇文章。文章的标题很简单——《摄影》，它宣布了希波赖特口中“我们时代的变革”中的一场“感觉和视觉上的变革”。

桑塔格自己的作品中也有一场变革，这场变革表明她的作品开始进入成熟阶段。另一场变革则是在评论史与现代艺术史之中。当文集《论摄影》——共收入六篇随笔文章，首篇即《摄影》[①]——四年后出版时，几乎立即成为一本难得的评论作品，它本身也引发了众多的评论。桑塔格自己后来也承认，这本书并不完美。但这是一本杰作，它的杰出之处不在于它的完美，而在于它的丰富内涵：它能够激发其他思想家，激励他们形成自己的新思想。这是一场对话的开始而非结
349 束；而且如果我们永远也不会知道是否有可能不参考苏珊·桑塔格这部杰作就去撰写任何关于摄影的文章，那是因为几乎无人愿意费心去试一试。

这是一本极有影响力的书：其影响力之大足以毁掉苏珊与彼得·

① 该文在杂志上发表时，题为《摄影》，后收入文集《论摄影》时，改为《在柏拉图的洞穴里》。——译注

赫贾和欧文·佩恩等摄影家之间的友谊[①]，足以令一位评论家把苏珊描述得听上去就像是三K党的博学高雅版："她认为照片不是独立的艺术作品，就像一个偏执狂认为黑人、意大利人或犹太人不是独立的个体一样。"[②]另一位评论家写道，对其他人而言，"该书几乎立刻变成了一本圣经"。30年后，摄影家们依然"不断地拷问自己：为什么他们还在做着他们所做的事情、他们为谁在做此事以及他们做或不做是否有人在意。如果有一个人能够说出自我反省的话，那便是苏珊·桑塔格"[③]。

◆ ◆ ◆

这种接受反映了作者自己的矛盾心理。她对准确地看到东西的渴望——这是其作品中最迫切的问题——与她对隐喻和表征不可避免的扭曲的不信任相互抗争。

一方面，她对摄影家的怀疑之甚令众人到了不只是吃惊而是目瞪口呆的地步。美国世俗清教徒的图像恐惧症，与对"犹太道德严肃性"的刻板形象的不信任交织在一起。（"是的，我是一个清教徒，"她在1976年时写道，"双重的——美国人以及犹太人。"）[④]她傲慢地

---

① 参见 Schreiber, *Geist*, 175。据斯蒂芬·科赫说，赫贾因为《论摄影》中没有提到他而感到愤愤不平，他认定苏珊觉得他不够有名因此未将他写进去；而苏珊则认为摄影不是真正的艺术。"这个观点在彼得看来是致命的。他告诉我，很可能是有一次在谈论这本书的时候，理查德·埃夫登曾对他说：'你知道，彼得——有时候我觉得苏珊可能是我们的敌人。'"科赫补充说："彼得的偶像，莉赛特·莫德尔（'大师之一'）这样评价《论摄影》：'这本书是一个什么都知道又什么都不懂的女人写的。'"来自作者对斯蒂芬·科赫的采访。

② Colin L. Westerbeck Jr., "On Sontag", in *Artforum*, April 1978, 58, quoted in Seligman, *Sontag & Kael*, 130.

③ Neal Ascherson, "How Images Fail to Convey War's Horror", in *Los Angeles Times*, March 16, 2003.

④ Sontag, *Consciousness*, 401, February 1976.

扫了一眼“纯粹只是真实的影像”[1]。照片是消费主义的媚俗之物，是极权主义监视的工具，“在唤醒良知的同时，至少在同等程度上也在麻痹良知”。照相机是一种“掠夺性的武器”[2]，而摄影师则是偷窥狂、窥淫癖者和精神病患者：“照相机的每一次使用，都隐含着一种侵犯。”[3] 这句话就出现在该书第一章。

350 20年前，在《弗洛伊德：道德家之心灵》中，她曾强调指出，“观察原子现象的事实改变了它们的速度，因此也改变了观察到的关系”[4]。量子力学则更甚：假设物体只有在被观察到之后才开始存在。对于这个神秘莫测的问题，照相机提供了一个现成的比喻：它的镜头改变了现实，也创造了现实。这种看待物体的方式——一种改变和篡改物体的方式——是桑塔格不信任照相机的缘由，也是她不信任隐喻的原因。毕竟，照片是一种隐喻——一个代表另一个东西的东西——而苏珊本能上就厌恶隐喻。

> 有人说：“那条路是直的。”好吧，然后又说：“那条路像一根线一样直。”我内心深处觉得“那条路是直的”是全部你需要说的，也是全部你应该说的。[5]

但是（她说过“思考的本质即但是”）这不是这件事的全部。当她写到她受到“‘坎普’的强烈吸引，但几乎同样强烈地排斥”，或者写道“我在成长的过程中想方设法做到既看见，又不看见”时，她与摄影的关系从来就不是简单的爱或者恨，而是既爱又恨，且程度

① Sontag, *On Photography*, 3.
② 同上，第15页，第21页。
③ 同上，第7页。
④ Rieff, *Moralist*, 115.
⑤ Jonathan Cott, “Susan Sontag: The *Rolling Stone* Interview”, in Sontag, *Conversations*, 121.

极端，这是一种电荷，它解释了为什么人们爱或者恨——既爱又恨——《论摄影》。

这种矛盾使得该书令人兴奋。如果说《激进意志的样式》往往令人印象深刻的话，却很难说它有趣；而《论摄影》两者皆有。桑塔格的学识不再会威胁到面对该书的普通读者，令他们望而生畏。她轻轻松松就把自己的知识呈现了，这种博学和才智更令人惊叹。她列举了数百个例子来说明一个隐喻与其代表的、曲解的、歪曲的和产生的事物之间错综复杂的关系。

对苏珊而言，在一定程度上相信这个世界的不真实性在心理上是必要的。从诡辩的角度来看，这种认知也许在智力上甚至看上去令人 351
信服；但这并不令人满意，因为即使视角扭曲，眼睛也能看到一些真实的东西。她的长篇小说中想象出来并在她的随笔散文中得到认可的梦幻世界（“内容微不足道——微不足道”）是坎普观点、沃霍尔观点，即世界是由表面和风格构成的。这观点是对的，但只对了一半——只针对戏剧，而非悲剧。因为，如果说视觉、隐喻和摄影改变了现实，那么它们也常常揭示现实。

然而，苏珊直到——用她自己的话来讲——死亡开始变得真实时，她才能欣赏这一“悲剧”。她对赫贾拍摄的巴勒莫地下墓穴中的尸体照片十分着迷。在以色列，当她拍摄尸体的时候，她目睹了那些影像背后腐肉的真实情况。事实证明，这些尸体潜藏在整个摄影的后面。“摄影是死亡数量的清单。”她写道。①

◆ ◆ ◆

在《论摄影》中，是又一幅桑塔格乔装起来的自画像。该书源自

① Sontag, *On Photography*, 70.

她在1972年底的一次观展；那是那个时代最轰动的摄影展之一——已故的迪安·阿巴斯的作品回顾展。一年前，阿巴斯割腕加服用过量的巴比妥酸盐自杀，年仅48岁。在她去世和现代艺术博物馆展览之间短短的时间里，她声名鹊起，当展览开放时，观展的人排起的队伍长达数个街区。展览吸引了比以往任何一个摄影展都多的观众，受欢迎程度之甚，当它结束了北美的巡回展——七年之后！——观展人数超过了七百万人。①

很多都是回头客，苏珊·桑塔格就是其中的一位。② 1965年，阿巴斯给她和戴维拍过两次照片。第一张照片中，他们坐在公园的长椅上，两人的鼻子挨得非常近，几乎碰到了一起，看上去就像是同一张脸的两半：没有哪一张照片像这张这样，充分传递出了他们母子相依
352 共生的关系。阿巴斯还拍摄了另一幅氛围截然不同的照片，照片中一脸忧郁的苏珊依偎在衣着整洁的戴维身旁。他看起来也很不舒服，好像母亲的悲伤感染了他。苏珊不喜欢阿巴斯，也许人们正是从这幅照片中感受到了这种不喜欢：这一点在她对阿巴斯的评论中表现得很明显，她似乎曾经很讨厌她。③

但是苏珊也对她感到着迷——而且为人们对她着迷而着迷。她说，她一次又一次地再回去观展，部分原因是为了看那些观众，去偷听他们的评论。④ 这些在观看的人并不是普通的人，因为阿巴斯的摄影展——借用苏珊随笔文章的标题——是一场畸人秀。有一个"犹太巨人"。有一些人患有唐氏综合征，有些人脸上有文身。有一个男孩在玩玩具手榴弹，男人们在化妆，而一个女人在吞一把剑。

---

① Robin Muir, "Women's Studies", in *Independent*, October 18, 1997.

② Rollyson and Paddock, *Making of an Icon*, 176.

③ 后来，她向她的法国出版商承认，她对阿巴斯太苛刻了。来自作者对多米尼克·布尔古瓦（Dominique Bourgois）的采访。

④ Rollyson and Paddock, *Making of an Icon*, 176.

观众们津津有味地欣赏着桑塔格所说的“各种各样的怪物和边缘案例”，因为他们非常符合时代潮流：[①]

> 阿巴斯的照片传递了一种反人道的信息，20 世纪 70 年代善意的人们渴望为之所困扰，正如他们在 1950 年希望被一种多愁善感的人道主义所慰藉和为之惆怅一样。[②]

◆ ◆ ◆

巧合的是，苏珊一直对畸形人很着迷。它们是“我一生中一直在追寻的三个主题”之一。而且它们经常出现在她的笔记中。1965 年，她注意到自己着迷于：

> 开膛剖肚
>
> 脱光衣服 353
>
> 最低限度的条件（从《鲁滨孙漂流记》到集中营）
>
> 沉默，无声
>
> 我极想窥探：
>
> 跛子（卢尔德之旅——他们从德国乘坐封闭的火车到达这里）
>
> 怪人
>
> 畸形怪物
>
> ……
>
> 对照［X］：他注意到他喜欢同样的东西——看医学书，看跛

---

① Sontag, *On Photography*, 29.

② 同上，第 32 页。

子等，由此他发现自己喜欢在做爱时施虐。

或者，还有什么东西？比如：

将我自己等同于跛子？

自测一下，看看我是不是畏缩？（不受我母亲的影响，比如对食物，容易犯恶心）

着迷于最低限度的条件——障碍物、残疾——身体残缺的人是其隐喻？[①]

在一篇论科幻小说的随笔文章中，她写道，科学家“总是容易失去理智或贸然行事”，因为他们是“知识分子一类”的人。她也属于这类人，她对畸形人的兴趣部分原因肯定在于她就是那种人：因为她是犹太人而被打，因为她是女人而被贬低，因为她是同性恋者而受到威胁。

1972 年 11 月，在她一次又一次去看阿巴斯摄影展期间，她在日记中写道，她对奇人怪事的趣味也和她对坎普的兴趣交织在一起，她关于这个主题的随笔文章几乎完全写成了另一篇东西。那另一个主题即病态，和她在巴黎发现的同性恋趣味有关。她曾写道，坎普“不是一盏灯，而是一盏‘灯’；不是一个女人，而是一个‘女人’”。而
354 病态不是死亡，而是“死亡”——死亡之美学——就如同色情作品不是性，而是对性的描述一样。没有一个是真实的世界。它们是作为意志——以及表征——的世界。

我最初的选择是“病态”。从卡诺瓦的新古典主义雕塑到巴勒莫的嘉布遣会地下墓穴、锡拉库萨（西西里）和瓜纳华托（墨

① Sontag, *Consciousness*, 104, August 28, 1965.

西哥）［两处原文如此[①]］的木乃伊艺术。当那个主题未能写成时，我转向了“坎普”。

给迪安·阿巴斯的感受力下定义让我又回到了我最初的主题。

埃利奥特·斯泰因，众多艺术家（我、肯尼思·安格）的幕后操纵者——这一趣味的地下异教的创始人：畸形人、双胞胎、连体婴儿、施虐-受虐、新艺术、伏都教艺术、坎普、巴洛克、施特劳斯歌剧、达米娅/弗雷埃尔/米莉、罗曼·布鲁克斯、伦敦医学博物馆的癌症展、托德·布朗宁电影、格洛尔博物馆[②]的宗博雕像、“象征主义”艺术（de Knopff）［原文如此］，时代广场的色情书店、黑魔法、摩托车狂热，《正义周刊》。埃利奥特在巴黎韦尔讷伊酒店的房间是20世纪60年代的。你可以在20世纪50年代末进入他的房间，于是就能看到60年代、看到未来。就像那个“魔盒”一样。[③]

◆ ◆ ◆

“拍摄畸形人‘让我觉得极其兴奋’，阿巴斯解释说，‘我以往就一直迷恋他们。’”[④] 观众在街上排的长队表明她并不孤单。如果苏珊也排在队列中，她也能明白，观看她看的那些被当成畸形人来展示的人，是一种猥亵。她对允许观众看到他们的过程持怀疑态度——仔细

---

① 是指西西里（Sicily）和瓜纳华托（Guanajuato）被桑塔格写成了 Sicility 和 Guanjuato。——译注
② 原文为 Glore，是美国密苏里州的一个博物馆。——译注
③ 桑塔格文档，1972年11月。
④ Sontag, *On Photography*, 38.

观察他们、研究他们、收集他们、被他们所震惊、嘲笑他们——而不
355 会有一丝一毫反过来的风险。摄影中偷窥的一面将其与性变态联系起来，使其成为“一种极其私密的痴迷（就像刘易斯·卡罗尔所拥有的东西让小女孩痴迷，或迪安·阿巴斯所拥有的东西让万圣节人群痴迷一样）”[1]。

阿巴斯写道：“你在街上看到某个人，基本上注意到的是他的缺陷。”[2] 桑塔格引用的这句话让阿巴斯显得很刻薄。这也呼应了苏珊在康涅狄格大学的同事对她的评价：“你会有这样一种感觉，她永远在评头论足，总是在评头论足，而且总是差评。”如果苏珊从未明示她对万圣节人群和呆头呆脑的文化狂热分子这两样都有强烈的共鸣，那么它给《论摄影》增添了一抹感情色彩，而这一情感隐藏在桑塔格最雄辩的论述背后。她就是阿巴斯和畸形人、摄影师和拍摄对象、法官和被告、行刑者和受害者。她的矛盾心理意味着这些作品一开始是写给她自己的，旨在清除她不信任的一部分自己。这也意味着，那些指责桑塔格憎恨摄影的人，和那些认为桑塔格喜爱摄影的人一样，他们都错了。她对摄影的态度和她对自己的态度一样暧昧不明：1960 年，她曾描述了“我一无是处”和“我很棒”之间的区别。

“阿巴斯摄影的主题，借用黑格尔威严的标签来表达，即‘不快

① Sontag, *On Photography*, 58.

② 同上，第 34 页。完整的引文如下：“每个人都有这样的情况：他们需要朝一个方向看，结果却朝另一个方向看了，那就是人们注意到的。你在街上看到某个人，基本上注意到的是他的缺陷。我们原本应该被赋予这些特性，这真是不可思议。而且，因为并不满足于所赋予的，我们会创造出另外一整套特性。我们的整个外观就如同给世界发出一个信号，让全世界以某种方式来看待我们，然而，在你希望人们了解你的一面和你无法控制别人了解你的一面之间有一个关键点。这和我常说的意图与效果之间的差距有关。我的意思是，如果你近距离仔细审视现实，如果在某种程度上你真正、真正地进入其中，现实世界就会变得极为奇妙。你知道，我们看起来像这样，真的是太神奇了，有时候，你在一幅照片上可以看得非常清楚。世上有些事情颇具讽刺意味，它与这样一个事实有关：有心栽花花不开，无心插柳柳成荫。”参见 *Diane Arbus: An Aperture Monograph* (Millerton, NY: Aperture, 1972)。

乐的意识'。"[①] 这正是桑塔格自己作品的主题，尽管《论摄影》的主题同样可以被称为分裂了的意识：在事物及其表征之间，在一种描述性语言和某种"真实的"现实之间，意识摸索着寻找，但永远毫无所获。桑塔格渴望将其抓住，这在一定程度上解释了她对"意识在其渴求获得的情绪中伸出的理想的手臂"的痴迷：照相机，它把现实包装成一个容易获得的消费品。"获得"现实的欲望不应该归为消费主义，因为对桑塔格而言，这种欲望要深刻得多。但是，照相机确实可以把人们的畸形——他们的苦难——化为照片，被挂在墙上，被出售：转 356
变成产品。

然而，展示他人的经历也是一个了解他们的机会。"摄影图像的终极智慧就是说：'这就是表面。现在来想一想——或者凭直觉来感受一下——表面的背后是什么，如果以那样的方式来看，现实又会是什么样的。'"[②] 连小孩子都知道，外表是具有欺骗性的，并不是所有的情况都是有图有真相的。当苏珊还是个小姑娘时，她在圣莫尼卡看到的大屠杀照片令她惊恐万分；可以说那次经历把她的生活劈成了两半。然而，她对这种痛苦究竟了解多少呢？那些太令人震惊的影像——那些在经历的边缘拍摄的影像——可能会压垮和麻痹意识，它们同样可能会唤醒意识。桑塔格写道，也许正是这种感觉缺失，人们才会寻找照片。

> 根据［威廉·］赖希的观点，受虐狂对痛苦的趣味不是源自对痛苦的喜爱，而是源自希望通过经历痛苦从而获得强烈的感官刺激……但是，人们为什么寻求痛苦，对此还有一种与赖希的观

① Sontag, *On Photography*, 36.
② 同上，第23页。

> 点截然相反、但似乎也有关系的解释，即他们寻求痛苦不是为了感受多一些而是为了感受少一些。[①]

对她而言，艺术就是一种增加感觉的手段，“看见更多、听见更多、感受到更多”。她对阿巴斯的抨击背后是一种恐惧，害怕这种艺术掩盖现实、美化现实、具体化现实，会让她感受到的东西少了。桑塔格写道：“对于噩梦般痛苦的现实，阿巴斯使用了‘绝妙的’‘有趣的’‘难以置信的’‘奇妙的’‘耸人听闻的’诸如此类的形容词——波普心态的孩童般的好奇。”[②] 桑塔格认为，阿巴斯把沃霍尔的技巧带进了嘉年华，让人的各种感觉都迟钝了。而且，因为她把阿巴斯的主题视为别
357 人的痛苦，所以她担心阿巴斯在腐蚀道德准则——其本身是不明确的——把拍摄对象看得比其缺陷更重要。过于频繁地看这些照片，一次又一次地回头去看畸形秀，会让人的感受越来越少。

◆ ◆ ◆

如果作者机智巧妙地隐藏了自己，让《论摄影》获得了她早期作品中所缺乏的那种直接感，即使是最具预言性的作家也无法猜到，她自己的未来就在该书中被预言了，而且在该书出版几十年后，她还会让这本书笼罩上另一种更诡异的氛围。苏珊去世后，她的遗体成了一场激烈争辩的焦点：摄影中什么是恰当的，什么是猥亵的。这场争辩令她的朋友和家人产生了分歧，表明了《论摄影》中的那些问题不仅仅是哲学方面的。它们涉及的感情极其强烈：毫不夸张地说，事关生死。

---

① Sontag, *On Photography*, 40.
② 同上，第 41 页。

苏珊·桑塔格弥留之际，她的伴侣安妮·莱博维茨拍下了她一系列的照片：接受化疗，躺在医院的轮床上痛苦地扭动身体，随后——全身肿胀、伤痕累累、彻底面目全非——去世。这些照片收入《一个摄影师的生活》一书，在苏珊去世两年后出版。书中，莱博维茨在其私人生活照中穿插了一些专业的照片，其中包括一些政客和社会名流的肖像照片。她用照片记录了自己的怀孕和第一个孩子的出生。她还用照片记录了两个人的死亡，几乎同时去世的两个人：先是苏珊，几星期后，是她自己的父亲。

对莱博维茨而言，这是对生命两端——生与死——以及其间的岁月的一种纪念。而对其他人而言，这却是一场畸形秀。戴维·里夫为此怒不可遏，因为他母亲“在死后还要受到羞辱，被以那种拍摄名人之死的嘉年华照片的方式来‘纪念’”[①]。“嘉年华”这个词让人回想起苏珊自己的愤怒，她认为阿巴斯在利用那些人，因为他们不再能控制自己形象、无法对展示和使用这些形象给予任何有意义的 358
准许。莱博维茨承认这个问题及其困难。“我觉得苏珊真的会为这些照片感到骄傲的——只是她已经死了，”她说，“如果现在她还活着，就不会希望这些照片公开出版。这真的不是一回事。这真的很奇怪。”[②]

◆ ◆ ◆

尽管桑塔格表达了她对媒体的热爱，她的书却认同一种负面的摄影观。后来一位评论家苏茜·林菲尔德写道：“她的很多见解依

① Rieff, *Swimming*, 150.
② Cathleen McGuigan, “An Exclusive Look at Annie Leibovitz’s Compelling—and Surprisingly Personal—New Book”, in *Newsweek*, October 2, 2006, 56.

然敏锐而真实，但是，正是桑塔格，而非其他人，在摄影评论中确立了怀疑和不信任的写作风格，并教会我们，机智地对待照片意味着贬低它们。”[①] 很少有人去琢磨书评家是否喜爱文学，或者乐评人是否喜爱音乐，但是，在写摄影评论时，“评论家把情感上的反应——如果他们有的话——不是作为一种可以体验和理解的东西，而是作为一种需要防范的敌人……他们带着怀疑、不信任、愤怒和恐惧接近摄影——不是特定的照片、特定的摄影师或特定的类别，而是摄影本身”[②]。

对于私底下令桑塔格极为感动的事情，她在公开场合往往表现出反应冷淡或不屑一顾；然而，正是因为没有最终的定论，这本书才有如此大的影响力。书的结尾没有一句响亮、明确的声明（“我们需要的不是阐释学，而是艺术色情学”），而是附录了一些引言引语。对于这样一本书而言，这是一个恰当的结论，因为正是其可引用性引发了争议；因为引用，就如同照片一样，可以被提取、被组合，可以被篡改、被造假以及从它们原本的语境中摘取，从而可以支持几乎所有的论点。照片是时间的一个个引证，是代表某个更伟大的整体的一个个瞬间；任何以引证为基础的评论性描述都不可避免地遗漏了某些论
359 据：从这个意义上说，类似于一本摄影集。一个引证，就如同一幅照片一样，是一个碎片，它显示了真相，但又不等同于真相，这就是为什么摄影：

> 最终和绘画一样，对任何与真相直接相关的最典型的现代的

---

① Susie Linfield, *The Cruel Radiance: Photography and Political Violence* (Chicago: University of Chicago Press, 2010), xiv.

② 同上，第4页。

疑惑——无法将观察到的世界视为理所当然——也未能免除。①

摄影与世界的关系也存在同样的疑惑；这些疑惑与隐喻和真相之间的每一次互动紧密相关。影像与物体既不是截然不同，也非一模一样。相反，它们的关系随着历史的演变而演变，19 世纪在法国有过这么一件事——

> “我们的时代”并不是因为变态更喜欢影像而不喜欢真实的物体，而是在一定程度上回应了什么才是真实这个概念已经逐渐变得复杂和弱化的方式；早期的方式之一是在上世纪开明的中产阶级中兴起的将现实作为一种假象的批评。②

——而在 20 世纪中叶的中国：

> 中国人不希望照片有很多的含义或很有趣。他们不想从一个不寻常的角度去看世界，去发现新的目标对象。照片应该展示已经被描述过的东西……对官方而言，只有陈词滥调——他们认为这些陈词滥调不是陈词滥调，而是“正确的”观点。③

通过强调这些价值观念的不确定，以及它们极易受文化和历史的影响，桑塔格已远离了她对“屏蔽内容的”坎普的兴趣，也远离了另 360
一个极端的观点，即可以总结为“反对阐释”的观点。内容不再与阐

① Susie Linfield, *The Cruel Radiance: Photography and Political Violence* (Chicago: University of Chicago Press, 2010), 120.
② 同上，第 160 页。
③ 同上，第 172—173 页。

释相冲突，隐喻也不再与实物相矛盾。相反，它们以能够被描述为悲剧对戏剧的方式交织在一起。或者——以个人措辞来表达人们对桑塔格和莱博维茨两人的书形成的印象——是一种关系。

◆ ◆ ◆

摄影与真相之间的关系就如同任何两个人之间的关系一样令人担忧。就像身处任何一段关系中一样，桑塔格自己对摄影的态度也从来都不是一成不变的。在她早期的作品中，她对于看和看见的困难的理解加深了，在随后的数年中，这一理解还会进一步加深。在任何领域，她的理解都不会像观察身体，尤其是处于痛苦中的身体那样繁复。她曾经对彼得·赫贾拍摄的尸体照片感到痴迷。她自己也曾在以色列拍摄过已烧焦变黑的尸体。将她应用在那些痛苦的照片上的同样的诠释应用到这些照片上，而其他人又应用在她自己遗体的照片上，这意味着提出这样一个问题：这些人是否也同意让他们的身体被用来表达一个观点，无论是病态的（“今天是我，明天则是你”）还是道德上的（战争中人类的代价）。

莱博维茨拍摄的萨拉热窝伤亡人员的照片，中间穿插着一些摇滚明星和家庭出游的照片，这些都是在桑塔格本人坚持下拍摄的。“摄影本质上是一种非干涉的行为。”她在《论摄影》中这样写道。然而，差不多20年以后，当她把莱博维茨带到波斯尼亚时，她不再相信这一点；不再对战争摄影不屑一顾，认为它是“偷窥和危险”的结合体；不再说战争照片是“一场现今已为人熟知的暴行表演的令人无法
361 忍受的重演”，让厌倦了的资产阶级麻木不仁。[1] 在波斯尼亚，她看

① Susie Linfield, *The Cruel Radiance: Photography and Political Violence* (Chicago: University of Chicago Press, 2010), 19, 39.

到，摄影能够成为一种爱和自我牺牲的行为，一种直接的政治干预，一种震撼，而不是一支麻醉剂。

与此同时——就像对同一个人既爱又恨是完全可能的一样——它也可能是猥亵的。 362

第二十三章

完全未受诱惑

1971 年，戴维·里夫 19 岁，在阿默斯特学院读完了大一。他在争吵不休的父母之间度过了艰难的青春期。苏珊经常不在他身边，而且往往放任自流，疏于看护，她自己也承认很多好朋友看到的情况。她占有欲太强，把戴维视为自己的延伸。“我与他太亲，他和我也是。”[①] 在他离家上大学那年她这样写道。这种毫无界限的关系已经持续了很长时间，甚至在他出生前就已然如此。她写道，菲利普曾经

> 劝说我相信他的爱情观——一个人能**占有**另一个人，我可以是他的个性的延伸，他也是我的延伸，正如戴维会是我们俩的一样。
> 363 爱包含对方，吞并对方，爱割断意志的肌腱。[②]

她批评——甚至嘲笑——这种占有欲极强、自相残杀的“爱情观”，却无法抑制自己的需求和对被抛弃的恐惧。在给妹妹朱迪丝的一封信中，她对这个话题的表述更加明确，也不那么自我批评了；当

---

① Sontag, *Consciousness*, 400, n.d. [early 1970s]. （此处有误，应为 1976 年 2 月。——译注）

② Sontag, *Reborn*, 207, July 14, 1958.

时戴维还是个蹒跚学步的孩子。她在信中写道，她无意释放“那个神圣的小暴君”。

> 我已经让他发誓他要到40岁才可以结婚，而且到时候住的公寓要和父母的在同一栋楼里，就像犹太人家的一个孝顺儿子那样。我不想要妈妈那种新式的解放观点，说什么精神病医生正在向异教徒布道。①

在她的日记中，她对自己毫不留情——但焦点总是在她自己身上。当然，这就是记日记的目的；但是，即使是那些给她带来痛苦的女性，在她个人的剧情中也只是一个群演角色，而非在她们自己领域的主角。在这一百本日记中，有一个人的缺席值得注意：她唯一的孩子。

她的朋友们对她对待她孩子的方式表示担心。苏珊经常离开他，自己去欧洲，特别是当她和卡洛塔与妮科尔在一起的时候。一旦罗丝·麦克纳尔蒂离开——那时候戴维还很小——她便经常把他托付给罗杰·斯特劳斯和佩姬·米勒照管，由他们充当代理父母来照看他。当他进入青春期时，苏珊给了他非同一般的自由——对那些思想更传统的人而言，也是令人恐慌的自由。

苏珊让戴维自己管自己，尽管她喜欢居功，说自己培养了“一个才华横溢、有趣、完美的绅士”，罗杰·多伊奇说道。多伊奇是一个“来自威斯康星州的普通人”，他在那段时间成了戴维的朋友，并在1975年到1978年间，在河滨大道那个公寓里度过了两年多的时间。他目睹了苏珊是如何把戴维培养成她的好伙伴的。“作为她的作品，364

① 桑塔格写给朱迪丝·桑塔格的信，1954年7月27日，桑塔格文档。

他必须成为她能够在公众面前加以炫耀的那种人。”多伊奇说道。[①]

苏珊生戴维时才19岁，等他成年时，她也只有40岁。他们年龄相近，因此两个人之间发展成了一种伙伴关系；随着戴维年龄的增长，他们俩变得更像是一对恋人，而非母子。尤拉姆·卡纽克说：“她不像母亲，而他也不像儿子。”卡纽克是1973年在以色列与他们相识的。[②]

他俩的关系经常令朋友们感到怪异。多伊奇说：“她表现出来的显然不是母爱，她爱他，是因为她创作了这个人物。”苏珊不断反反复复表示，戴维高贵华丽、才华横溢，可这些似乎超过了一个母亲天性中会为之感到骄傲的主题范围。在一封写于1978年的信中，保罗·特克说出了很多人的想法，但他不能确定如何表达清楚。“你那些关于（与可怜的戴维合作）在美国建立桑塔格王朝的信件中的情绪状况似乎是绝望、荒唐，甚至是贪婪的。”[③]

尽管戴维兴趣广泛，但他并不是一个雄心勃勃的学者。他的高中朋友“都是普通人”，多伊奇说，“他们对知性不感兴趣，他们只是普通男孩子，就做男孩的事情。”一年后，他从阿默斯特学院辍学，然后去了巴黎，随后第二年，他又去了墨西哥的库埃纳瓦卡。他在这儿师从奥地利牧师伊凡·伊利奇，在他的“非传统学校”里学习；伊利奇的“跨文化文献研究中心”是“一个寻找惊喜的自由俱乐部”，伊利奇写道，“人们来这样一个地方是希望得到帮助，可以重新定义他们的问题，而非补全他们已经得到的答案。”[④] 在墨西哥期间，戴维学了西班牙语，然后，他回到纽约，当了近两年的出租车司机。他说：

---

① 作者对罗杰·多伊奇的采访。

② Rollyson and Paddock, *Making of an Icon*, 161.

③ 保罗·特克写给桑塔格的信，1978年5月29日，桑塔格文档。

④ http://infed.org/mobi/ivan-illich-deschooling-conviviality-and-lifelong-learning/.

“我他妈的当时不知道自己在做什么。”[①]

很难想象苏珊会从大学辍学去当一名出租车司机——而这可能就 365
是问题的重点。戴维的叛逆行为把他带到了她无法跟随而至的地方，他甚至宣布他想加入海军陆战队。“这对她是一个真正的挑战，需要智取。”斯蒂芬·科赫说。[②] 但是，很多年轻人都试图从专横的父母身边逃离，在具有超凡魅力的大师们的指导下寻找新的生活方式，这是他这一代人典型的特征。尽管如此，苏珊还是坚持要他完成学业。1975 年秋季，他注册入学普林斯顿大学，这一决定无意中引发了一场严重的危机。普林斯顿大学要求进行一次体检，而戴维“对这整件事变得不可思议地极度青春期叛逆”，他说道。他拒绝接受在规定好的时间去体检，最终让苏珊为他安排时间。“然后她想，‘好吧，既然他要约个时间体检，我也已经很长时间没有体检了，不如我也一起体检一下吧’。”[③]

◆ ◆ ◆

结果令人大为震惊。桑塔格，当时 42 岁，左侧乳房有个肿瘤：癌症已经扩散，4 期。她去了克利夫兰诊所，咨询的肿瘤学家建议她进行“较为温和的”乳房切除手术。当她回到纽约征求第二种意见时，纪念斯隆-凯特林医院的一位医生建议她做一次根治性手术，听了这话，她下定决心。“对她而言，”戴维写道，“真正的投入从来都是极端的投入。”[④] 但是，这个词[⑤]在医学上的意义和在政治上的意义是不

---

① 作者对戴维·里夫的采访。
② 作者对汤姆·勒迪和斯蒂芬·科赫的采访。
③ 作者对戴维·里夫的采访。
④ Rieff, *Swimming*, 38.
⑤ 指 radical，既指“极端的、激进的”，又指“根治性的”。——译注

一样的；在肿瘤学中，它意味着一种极具侵入性的外科手术，但从长期来看，它并不能提供比局部干预更好的结果。[①]

她一会儿乐观，一会儿又颇感绝望。一次，罗杰·多伊奇开车和她一起去斯隆-凯特林医院。“我俩下了车，她双手握住我一只手——她以前从未这样做过——看着我的眼睛。”她说：“罗杰，我要死了。”任何
366 令她振作的乐观情况，在一定程度上均由医疗上的不诚实而引起。戴维写道：“医生对癌症病人撒谎还是常见的做法。”虽然她的医生并没指望她能活下来，但他也没有把这个消息告诉她。戴维事后想，如果她当初知道自己活下来的机会那么渺茫，“那她还会有那种意志力去接受治疗吗？”[②] 她知道自己再活两年的概率只有百分之十。“总有人在这百分之十中间的。”她这样推理，试图说服自己继续坚持下去。[③]

手术之前，斯蒂芬·科赫跟她讲述了17世纪圣公会牧师杰里米·泰勒的作品《神圣地活着与神圣地死去》。“她对此非常震惊。她一言不发地接受了——我现在还记得。”[④] 住院期间，她为彼得·赫贾的《生死肖像》写了一篇短序。“在前面几个阶段，人们把死亡作为一门学科来研究，”她写道，“然而，身体已经知道了。就仿佛身体已经熟悉了死亡。”[⑤]

1975年10月28日，她左侧的乳房被一名技术娴熟的外科医生“清除了”（她用的词），没有留下任何疤痕。或者说没有明显的疤痕。戴维说，手术已经令她“在自己的身体上发现的快乐——从来都没有把握——受到不可逆转的破坏”，而且，她开始认为自己是“残

① Siddhartha Mukherjee, *The Emperor of All Maladies: A Biography of Cancer* (London: Fourth Estate, 2011), 60ff.
② Rieff, *Swimming*, 25, 40－41.
③ Rollyson and Paddock, *Making of an Icon*, 172.
④ 作者对斯蒂芬·科赫的采访。
⑤ Peter Hujar, *Portraits in Life and Death*, preface by Susan Sontag (New York: Da Capo Press, 1976).

疾的”。[1] 这是她以前用过的词——“残疾的、不完整的、纵欲前的”——来描述她在十几岁时就发现的这个难题。然后，她把自己的不幸描述为源自“痛苦的灵与肉的两分法”。她已经在克服这种困难的两分法上取得了很大的进步，但是，浪漫的灾难一次又一次地迫使她退回到相对平静的心境之中。

当时就是这样。但预后并不好，而且手术也仅仅是开始。肿瘤是癌症充斥她的身体的最明显的症状。随后又进行了四次手术，以清除其他病变；然后是长达两年半的化疗轰炸。她说：“我感觉像越战，367
他们在我身上使用化学武器。我还得欢呼。”[2]

◆ ◆ ◆

在确诊前不久，她就已经很抑郁了。她写道：“我必须改变我的生活。”她强迫自己高兴起来。可是她担心，会像迪安·阿巴斯和阿尔弗雷德·切斯特一样，她会被击倒。只有“一个安全港湾系统、一种封建关系[3]来避开恐怖的人或事——来抵抗，并生存下去”，她才得以保全活下去。但这已不再足够。

> 我已建构了一种生活，我在其中不会因为任何人而十分伤心或不安——当然，除了因为 D.[4]。（除了他）没有任何人能真正“了解”我，能进入我的内心深处，能用危急处境打垮我。人人都经证实是“安全的”。这个系统的重要人物，最引人注目的人

---

① Rieff, *Swimming*, 36, 73.
② 同上，第 35 页。
③ 《心为身役》中并没有提到“一种封建关系”。——译注
④ 指戴维，下同。——译注

物：妮科尔。

> 我是安全的，是的，不过我越来越弱。我越来越难独处，哪怕只是几个小时——今年冬天在巴黎，我对每个星期六都感到恐慌，因为这天N.[1]上午11点出去打猎，要到午夜以后才能回来。我根本无法离开雉街，一个人在巴黎转转。我只能待在家里，每个星期六，无法工作，无法行动……
>
> D. 提醒我，安全的港湾往后也不会安全多长时间了。（N.的破产，免不了把雉街的房子卖掉。）然后，要改变什么就会更加艰难——我对监护关系的嗜好。这种习性最早的养成与我母亲有关。（软弱、不开心、糊涂、迷人的女人。）又一次争吵，反对恢复与C.的任何联系；今年3月，我在罗马看到她那么可怜，状
> 368 态越来越糟糕。[2]

在这一段语气阴郁的文字中，很容易就能预感到那种病症的迫近，她自己却不知道，这种疾病已经侵袭了她的身体。然而，无论生病抑或健康状态，满足——更不用说幸福了——从来就不是自然而然就发生的。在她成长的过程中，她“从来不敢奢望幸福”，而她和妮科尔的恋情也像她所有的恋情一样，以迅速黯然分手而告终。

不过，当她病倒时，妮科尔在物质上和精神上都给她提供了援助。健康的时候，苏珊可能不信任这个保护罩；现在病了，她无法拒绝。她这场病带来了另一件幸事。她觉得戴维“回到了她的身边，”明达·雷·阿米兰说，“那段时间他们关系非常亲近。她对这种状态感到非常开心。”[3] 无论怎样，这种回归让她以积极的态度回忆起自己

---

① 指妮科尔，下同。——译注

② Sontag, *Consciousness*, 386, May 25, 1975.

③ 作者对明达·雷·阿米兰的采访。

与死神擦肩而过的经历。

> 我一生中唯一一次知道自己被人爱着——谦卑地、感激地感受爱、接受爱、接纳爱——是在 1975 年到 1976 年间，那是我患病的第一年，我和所有人都认为我要死了。而我极度兴奋。特德[·穆尼]说我神恩在身，是有福之人。[①]

20 年后，她告诉一位同样患癌症的朋友："那是我生命中第一次认为生活是多么美好。"[②]

◆ ◆ ◆

苏珊在纽约做了第一次手术后，妮科尔找到了巴黎的一位肿瘤学家吕西安·伊斯拉埃尔；后者推荐了一种免疫疗法，当时美国还没有。[③] 她后来相信是伊斯拉埃尔医生救了她，她还认为是她自己选择了他那种残酷的治疗方案。

和很多美国自由职业者一样，苏珊生病时没有医保，也没有钱来支付她治疗需要的费用。当时的花费是 15 万美元，几乎相当于现在的 70 万美元。对于一个书卖得不太好又没有多少个人收入的作家而 369
言，这是一笔巨款。

然而，和很多美国人不同的是，她很幸运，朋友圈里都是有钱人。罗伯特·西尔维斯发起了倡议，他发出了一封筹款信，把大家召集到她身边。捐款者包括《新共和》杂志的老板马丁·佩雷茨和休斯

① 桑塔格文档，（1984 年）4 月 8 日。
② 作者对约翰·彭斯的采访。
③ 作者对罗伯特·西尔维斯的采访。西尔维斯的伴侣达德利女伯爵格雷丝帮助妮科尔找到了伊斯拉埃尔医生。

敦收藏家多米尼克·德·梅尼。捐款者还有同行作家和艺术家，包括卡洛斯·富恩特斯、阿瑟·米勒和贾斯珀·约翰斯。

妮科尔确保苏珊能得到她需要的一切，例如，尽管她自己经济困难，她还是确保苏珊可以乘坐协和式超音速客机飞回纽约：长途飞行太耗精力了。当她完全康复时，她的幸存在文化圈里被看成一个奇迹。在年轻的知识分子斯蒂芬·多纳迪奥的记忆中，“我生命中最重要的时刻之一”，就是桑塔格康复后在纽约大学博布斯特图书馆发表第一次公开演讲之时。

> 当他们目睹桑塔格走上讲台时，很多人觉得他们看到的是一个死而复生的人。听众安静得几乎连自己的喘息声都能听见。然而，她看上去并不虚弱，说起话来也毫不犹豫；她直截了当地谈起了疾病这个话题，表现出一种显而易见的亲身经历的权威性。她演讲的持续性强度是我很少看到过的，她的话所产生的效果也令人振奋。我现在还记得她用一种绝对肯定的语气说，我们每个人都是两个王国的公民——健康人王国和病患者王国——命中注定我们的时光
> 370 都要在这两个王国里度过。在她演讲期间，听众席中鸦雀无声。[①]

◆ ◆ ◆

1978年，她发表了一篇题为《作为隐喻的疾病》的随笔短文，探讨了癌症如何被谈及——或者说，正如常见的情况那样，不被谈及。她并没有在文中提到她的亲身经历。这种缄默去掉了行文中的情

① 作者对斯蒂芬·多纳迪奥的采访。

绪化，但也像她的作品中常常出现的情况一样，给该书增添了一种额外的论战色彩。她罹患癌症，在这个世界上，这是一件丢脸的事情——一件最可能是患者活该的事情——正如她后来写的那样：

> 癌症被视为这样一种疾病：那些心理上被击垮的人、不善传情达意的人、情感压抑的人——尤其是那些压抑自己的怒火或者性欲的人——特别容易患上此病；正如结核病在整个 19 世纪以及 20 世纪初（事实上是直到发现治愈方法前），都一直被视为只有那些高度敏感、才华出众、情感强烈的人易于感染的疾病一样。

1989 年，有了更多的视角，桑塔格对她早期的一篇文章进行了反思。她描述了自己对围绕着癌症的污名的愤怒增加了她对这种病本身的恐惧的情形：“尤其让我愤怒的——同时也让我自己从医生对我的病悲观的预测引起的恐惧和绝望中摆脱出来——是看到这种疾病的名声加剧了患者的痛苦。”[①] 这一名声起到了隐喻的作用：把一件事变成它本来不是的样子。在癌症病例中，一个道德说教化的神话把一种化学的或生理上的病情变成了一个评判患了这种病的人的理由。

这些评判意味着病人经常被“亲朋回避，而且还被家人当成需要消毒杀菌的对象，”她写道，“患上癌症可能成为一桩丑闻，会危及其 371
爱情生活、晋升的机会，甚至是工作。”[②] 患者通常不会被告知他们有什么问题——因为癌症意味着道德和心理上有缺陷。这是“一种缺乏激情的病，折磨着那些性压抑的、拘谨的、无本能冲动的、无能力表达愤怒的人”。性行为——“如今有些人相信，所谓的自由的性生活可以避免癌症”——和发怒同样重要：“还有类似诺曼 · 梅勒这样的

① Sontag, *Illness*, 100.
② 同上，第 6 页，第 8 页。

谈癌色变者；梅勒最近解释说，如果他没有捅他妻子一刀（发泄出‘满腔的想杀人的情绪’），他也许就已经患上癌症，‘过不了几年就会死了’。”[①]

这类隐喻

> 阻止人们尽早地寻求治疗，或更加努力地获得有效治疗。我确信，这些隐喻和神话能置人于死地。（例如，它们让人们非理性地对化疗等有效措施产生恐惧，而促使他们相信食疗和心理疗法这类完全无用的疗法。）我想为其他患者以及照料他们的人提供一种方法，来消除这些隐喻，这些压抑。我希望能说服那些心怀恐惧的患者去看医生，或者把那些不称职的医生换成称职的；只有称职的医生才能给予他们适当的照顾。就把癌症当成一种疾病——虽然是一种非常严重的疾病，但也只是一种疾病而已。它没有“意义”。也未必就判了死刑（有关癌症的那些神秘说法之一是：癌症=死亡）。[②]

◆ ◆ ◆

癌症被神化了上千年。古希腊医生盖伦认为“‘忧郁的女人’比‘乐观的女人’更容易得乳腺癌”，她写道。如果这些观念的传人在当
372 今世界没有继续存在，桑塔格也绝不会写这本书了。在大众心目中，“当代癌症人格”意味着“孤独绝望、自我憎恨、情感迟钝”。[③] 她写

① Sontag, *Illness*, 21 - 22.
② 同上，第102页。
③ 同上，第53页。

道，结果，这种病人患上的“不仅是一种致命的疾病，还是一种羞耻的疾病”[①]。

披上了现代外衣伪装的这一神话并不是源自盖伦，而是来自弗洛伊德。19 世纪的科学已经逐渐摈弃了桑塔格所攻击的那类观念。直到弗洛伊德推翻了“精神是建立在有机基础上的”这一实证主义的老套说辞，疾病才成为“一种以某种方式潜入病人体内的外来物”。年纪轻轻的桑塔格颇具先见之明，她在《弗洛伊德：道德家之心灵》中写道：“弗洛伊德总的命题——基于历史所认定的疾病”，这是对弗洛伊德自己的医学教育中强调的“解剖学、物理学和化学因素”戏剧性的逆转。

如同弗洛伊德的很多思想一样，这些概念也被淡化了，尤其是被激进的心理分析学家威廉·赖希淡化了；赖希把弗洛伊德侦探小说般的隐喻扩展到了弗洛伊德自己决不会涉足的领域。赖希甚至让它们转过来反对大师自己。在桑塔格的叙述中，

> 弗洛伊德“说话的时候非常优美……”威廉·赖希回忆道，“然而，癌症击中他的正是这里，嘴这边。这也正是我对癌症产生兴趣之所在。”

苏珊曾一度对赖希非常感兴趣。在《作为隐喻的疾病》中，她认为他是现代把癌症与性压抑和情感压抑联系在一起的源头。[②]“没有什么比赋予一种疾病一种意义更具惩罚性了。”她坚持认为。[③] 癌症只是一种疾病。它没有任何意义。

面对这种曲解的象征意义，作家获得了一个异乎惯例的角色。

---

① Sontag, *Illness*, 57.
② 同上，第 23 页，第 40 页。
③ 同上，第 59 页。

“不是去赋予意义——这是文学上努力的传统目标——而是剥夺某种
373 东西的意义：这一次，是把那种具有堂吉诃德色彩、高度论辩性的策略——‘反对阐释’——运用到现实世界。”[①] 她在《艾滋病及其隐喻》——她于1989年发表的《作为隐喻的疾病》的续篇——中这样写道。文中，她回顾了自己两年半癌症治疗的过程。她看到了一个个隐喻是如何令她的病友们意志消沉，甚至要了他们的命，迫使他们表现出“对自己所患疾病的厌恶和一种羞耻”。他们“深陷在对自己病情的种种幻想中，而我并未受其影响”[②]。

◆ ◆ ◆

她对科学毫不动摇的忠诚形象宽慰了其他病患，这也成为医学史上一个独立的篇章。照相机即使在拍摄时也在改变，而她的评述开始改变人们对这种疾病及其患者的成见。部分因为她的原由，癌症转变为只是一种疾病，仅此而已。没人能减少该病的凶险或痛苦，但桑塔格通过弱化其隐喻，也就减轻了癌症患者不必面对的一些额外的心理痛苦。然而，在桑塔格作品中所有伪装起来的自画像中，没有一幅像论述疾病的这几部作品中呈现出来的自画像这样深刻——或这样发人深省。

她列举了那些折磨癌症病人的迷信观点。她引用了自己青春期的偶像托马斯·曼的话（“疾病的症状不过是爱的力量伪装起来的显现；所有的疾病都只是变了形的爱”），还有安德烈·纪德，他笔下的主人公得了肺结核，“因为他压抑了自己真实的性本性”[③]。她引用了纽

① Sontag, *Illness*, 102.
② 同上，第100页。
③ 同上，第21页。

约一位当代心理学家对“癌症患者基本情感模式”的概括。他们都有“一个感情疏离为特征的童年或青春期”，然后在成年时期失去了“有意义的关系”，这个时候，他们形成了“生活不再有希望的观念”。[①] 她还引用了19世纪对癌症患者的描述，说他们生活的构成是“全神贯注地久坐不动学习和研究，对公共生活的狂热和焦虑不安，对雄心 374
抱负的担忧操心，动辄发怒或悲痛欲绝”。她写道，在文艺复兴时期的英国，人们相信“快乐的人不会染上瘟疫”[②]。

然而，这幅压抑、内在和悲伤的画像——她谴责为惩罚性的和中世纪的——与她在日记中的自画像完全吻合，即她几乎从不允许在公众场合或她的作品中出现的隐藏的自我：作为一种生存手段而逐步形成的人格或面具。她写道：“我对自己的癌症负责，以前我活得像个懦夫，压抑着自己的欲望、自己的怒火。”[③] 苏珊极为自责。唐·莱文说：“她［于20世纪50年代］来到纽约，那时，人们写的都是性爱、死亡诸如此类的东西，而她已完全接受这一观念，于是她开始认为，也许我的确是自己让自己得了癌症。”[④]

她与自己身体疏离的程度极其严重，她甚至不得不提醒自己要洗澡。她忽视自身健康的方式也令人吃惊。她从不锻炼。她几乎不睡觉。她有时忘记吃饭，有时又狼吞虎咽、暴饮暴食。她烟瘾很大——然而对此习性，她甚至对自己的肿瘤医生都撒了谎。[⑤] 但是，在《作为隐喻的疾病》中——她急切地想要把自己内疚、羞耻和恐惧的故事变成有用的东西——她对这些均未承认。相反，她驳斥了“那些拿给公众看的粗略的统计数字，比如90%的癌症是‘由环境造成的’，或

---

① Sontag, *Illness*, 51.
② 同上，第52页，第55页。
③ Rieff, *Swimming*, 36.
④ 作者对唐·莱文的采访。
⑤ 作者对斯蒂芬·科赫的采访。

者因饮食不当和吸烟患病去世的就占了所有癌症死亡人数的75%”[1]。她并没有说这些数据粗略在哪里，也没有表现出任何对数据背后的科学方面的兴趣。

癌症的发病机制极其复杂，患上该病有各种各样的原因。但在这种猛烈的攻击下，她失去区别悲剧和戏剧的能力——这是她最近才学会的。她对该承担的个人责任——对于某些癌症，对于某些人——的漠视，使得因一支接一支抽万宝路牌香烟而患上癌症听上去就像有人
375 被流星砸中而粉身碎骨一样令人匪夷所思。她选择将自己的选择与她得病的任何潜在责任分离开来，而且，她还编造了一个她为何获救得以存活的故事。她把自己能活下来归功于自己做出的采取最极端治疗方案的决定，以及实施这些方案的那位医生。这个故事的核心却是一个不可能的悖论。她对自己的病没有责任——但治愈她的病则是因为她自己。

◆ ◆ ◆

为了向隐喻的力量表达一种特殊的敬意，她只能通过摧毁一个神话——性压抑和道德压抑的负罪感的受害者的旧观念——用另一个神话来取而代之。即使当身体像1975年那样气势汹汹地显示自身的问题时，桑塔格仍通过重塑自己的故事来证明隐喻的重要性，用另一种被她称为“科学”的东西来取代一种精神驱动的弗洛伊德-赖希式的神秘化。

“我母亲热爱科学，带着一种近乎虔诚的强烈而不可动摇的坚韧

[1] Sontag, *Illness*, 70.

崇尚科学。”戴维说。[1] 然而，在后来的讲述中，她的治愈方法较少依赖科学，而更多地依赖可以称为积极思考的力量。她说起伦纳德·伯恩斯坦的妻子费利西娅·蒙泰亚莱格雷；费利西娅曾被誉为智利第一美人，她也和苏珊同时被诊断出癌症。她俩经常谈起自己相同的苦难经历。费利西娅本该有更好的医疗前景，但还是死了——因为，苏珊逐渐相信，费利西娅有一种失败主义者的心态。[2]

她认为，她之所以取胜了，是因为她下定决心要活下来。这意味着她要决定不能去死，还意味着要忍受巨大的痛苦。在她生命的最后时刻，她被自行车赛冠军兰斯·阿姆斯特朗吸引住了；和她一样，后者也曾有过只剩等死的经历，但最终战胜了癌症。“你在想，我要死了，或者我也许要死了。这些时刻，你当然会软弱，”他说道，“我当时坚定不移，全心投入，对我的医生、药物、治疗步骤，我完全信赖。”戴维说，这些话也会是苏珊的话。[3] 376

她讲的这个故事

> 其实与我母亲因乳腺癌而正在接受的手术和接下来的治疗体验的方式并不一样。但是，她以这种方式渐渐将其记住，而正是这一“改写”影响了她从那时起的生活方式。

没有被提及的是，很多病人也表现出与疾病抗争的决心，完全信赖自己的医生，而且愿意忍受难以忍受的痛苦——但还是死了。不过，愿意吃苦受罪成为她幸存故事的标志。“她很自豪自己当时敢于接受这种实验性的、非常痛苦的治疗，比当时大多数人的治疗痛苦很

① Rieff, *Swimming*, 31, 41.
② 作者对罗杰·多伊奇的采访。
③ Rieff, *Swimming*, 91.

多。”戴维说。[1] 这种自豪感在癌症幸存者中很是常见。“你想编一个特别浪漫的故事，讲述自己是这个浪漫故事中的主角，你在其中为什么得以幸免。”肿瘤学家西达尔塔·慕克吉说道。[2] 这种神话般虚构的概念在幸存者的著书中出现已有很长的历史了，慕克吉说；他还探求其原由：

> “哦，其他人都失败了，因为他们找不到巴黎的这个医生。”你无须了解肿瘤学就能知道这些东西在我们文化中的传播是多么频繁。人们去墨西哥喝果汁[3]，幸存下来后，他们就对自己说：“那是因为我智勇双全，才能去墨西哥喝果汁。”

在桑塔格的例子中，其悖论在于，她坚持认为，精神因素不可能令人生病，却可以让人康复。她无法摆脱身体“作为精神需求的症
377 状”的弗洛伊德的观念。如果这削弱了她在《作为隐喻的疾病》中的说法，它也起到了鼓舞他人的作用，否则他们可能会默默地接受自己的疾病作为一种道德上的评判。她感到自豪的理由非常充分，正如她在接受采访时所说的那样，“数百人给我写信，说［这本书］挽救了他们的生命，说因为这本书，他们去看了医生或是换了医生”[4]。

就这样，《作为隐喻的疾病》意外地转变成了它所谴责的那个东西：一种隐喻。它用另一个神话代替了原先的神话，原来那个充满恐惧、心怀内疚的女子变成了“完全未受诱惑的”苏珊·桑塔格。当那些关于癌症的老套理论随着治疗上的进步——一场“视觉革命”——

---

① 作者对戴维·里夫的采访。
② 作者对西达尔塔·慕克吉的采访。
③ 传说墨西哥有一种果汁能治疗癌症，故有此现象。——译注
④ Marithelma Costa and Adelaida López, “Susan Sontag: The Passion for Words”, in Sontag, *Conversations*, 230.

而被彻底清除时，这个具有象征意义的桑塔格帮助了人们：那些因此得到了更好的治疗并幸存下来的人；还有一些人，虽然他们未能得到挽救，但至少在他们离开人世时，不会认为自己虚度了年华而羞愧难当。 378

第三部

第二十四章

永远忠诚

1977 年秋，苏珊正处于癌症治疗的最后几个阶段，唐·莱文走进了她的公寓，在厨房餐桌上方那唯一亮着的灯的照射下，他看到了《论摄影》的初稿。屋子里一片寂静，他发现苏珊躺在床上。当他就这本书向她表示祝贺时，她问："但它没有瓦尔特·本雅明的好，是吗？"①

在她个人的神殿中，本雅明占据了最重要的位置；在她接下来那年献给他的随笔文章《土星照命》中，她描述了他的爱好——收藏和书籍，残篇和废墟——这些也是她自己的爱好；还有她认为是他最突出的特征：那受尽磨难的、忧郁的性格。她写道："由于土星气质的特征是迟缓，有犹豫不决的倾向，因此，具有这一气质的人有时不得不举刀砍出一条道来，有时，他也会以举刀砍向自己而告终。"② 就好像别人知道她在谈论什么一样。

这是一句令人心碎的隽言妙语，也是该随笔众多妙语中的一句。这表明，作为一个警句家，桑塔格几乎不比本雅明差。本雅明写道：381
"忧郁的人允许自己拥有的唯一的快乐是寓言；这是一种强烈的快

① 作者对唐·莱文的采访。
② "Under the Sign of Saturn", in Sontag, *Saturn*, 117.

乐。”桑塔格十分赞同地引用了这句话。[1] 事实上，寓言是这篇文章最大的乐趣之一：对桑塔格而言，作为一个隐喻的本雅明，是她自身土星气质的一个典范，与“自身之间存在有自我意识的、不宽容的关系，自我是需要重视的。自我是文本——它需要译解”[2]。因为他把自我视为一种审美现象，因此具有忧郁气质的人就成为一种理想的阐释者。他身处独特之处，可以看到一个他永远无法真正成为其中一部分的世界，因为它完全存在于他自身之外：“完全是因为忧郁症性格经常为死亡所纠缠，所以，忧郁症患者才最清楚如何阅世。”[3] 世界也是一个文本，自我则游历其中，试图破译这个世界，一个游记作家。“本雅明当然既是一个行走中的漫游者，又是一位为物——激情——所压垮的收藏家。”[4]

在土星照临下出生的人都是骗子（“对于忧郁症来说，装腔作势、遮遮掩掩似乎是必要的”）；他需要自由（“本雅明也会无情地抛弃朋友”），用阅读和写作来遮掩其社交焦虑（“在被人凝视的时候真正立即想做的事情便是垂下目光，朝一个角落看。更好的做法是，他可以低下头来，看着笔记本。要不然就把头藏在书墙后面”）。[5] 土星气质的人“总是在干活，总是努力干更多的活”，总是觉得自己做得还不够，[6] 担心在完成那项工作之前死神就会把自己带走：“这些句子的背后似乎有一种恐惧，恐惧自己过早地失去写作能力；这些句子思想丰富，就像一幅巴洛克画表面动感十足一样。”[7]

工作的重要性使人际关系变得难以应付：

---

① “Under the Sign of Saturn”, in Sontag, *Saturn*, 124.
② 同上，第 121 页。
③ 同上，第 119 页。
④ 同上，第 124 页。
⑤ 同上，第 126 页。
⑥ 同上，第 127 页。
⑦ 同上，第 129 页。

> 对忧郁的人来讲，以家庭纽带形式出现的自然情感引入的只是伪主观的、多愁善感的东西；这是对意志、对独立性的压榨；它们剥夺了他们集中精力去工作的自由。这一自然情感也是对人 382
> 性提出的一种挑战，忧郁的人有种直觉，知道自己在人性方面是欠缺的。[1]

忧郁的人不惜一切代价去保护自己的工作，因为没了工作，他的自我就会消失。他需要盔甲：不是一个真正的自我，而是一种保护自我的手段。这可能类似于桑塔格在《关于"坎普"的札记》中承认的"角色扮演的状态"那种模棱两可的感觉，但这并不是沃霍尔那种要成为塑料的欲望；它是通过角色扮演所处的状态。正如苏珊有时与桑塔格分离，状态有时也与角色分离；不过，角色让状态掌握了一个世界，他在其中是个无可救药的异类。该角色允许他塑造一个自我，他对自我的理解只能到这样的程度，即它就像是一本书。他是一个狂热的收藏家，藏品包括书籍和物件，失去那些文本就是失去自我：既是字面意义上的文本，也是字面意义上的自我。本雅明自杀的一个理由是他无法取回自己迫不得已留在纳粹统治区的个人藏书。

在敏锐地意识到他的才华和不足这两个方面之后，脆弱的、真实的、隐藏的自我便创造了一个谨小慎微的面具，一种人格。

> 那些高人一等的、不足的、情感迷惘的感觉，那种不能得到所想要的，甚或无法对自己以合适的（或统一的）名称讲出来的感觉——都觉得应该掩盖在友好或最具道德原则的操纵之下。

---

① "Under the Sign of Saturn", in Sontag, *Saturn*, 128.

◆ ◆ ◆

苏珊为自己设定的标准是专横暴虐的，但这些标准也激励她去做得更多，做得更好。“我试图想象某人对莎士比亚说：‘悠着点儿!’”

这话是埃利亚斯·卡内蒂说的。她在《作为激情的思想》一文中
383 以极为赞赏的口吻引用了这句话。桑塔格于1980年出版文集《土星照命》，收入她之前发表在《纽约书评》上的一些随笔文章[1]，《作为激情的思想》是文集的压轴篇。她关于卡内蒂的那篇文章是在他获诺奖前几乎整整一年时发表的。卡内蒂是出生在保加利亚的英籍犹太人，居住在瑞士，母语是西班牙语，用德语写作。论卡内蒂的这篇文章的自传性甚至大于那篇关于本雅明的文章，几乎与文章所声称的对象无关。[2] 在卡内蒂身上，她看到了一个才华横溢却又有严重局限性的人——就像她自己这样的人——是如何找到前行之路的。在卡内蒂身上，失去父亲的苏珊不仅仅发现了一个楷模，还找到了一个谱系。

该文以卡内蒂致敬奥地利作家赫尔曼·布罗赫开始；卡内蒂侃侃而谈的雄辩口才“创造了接替前辈作家应具备的条件”。卡内蒂说，这位伟大的现代作家“有独创性，他概括出他所处时代的特征；他反对他的时代”[3]。这位作家将是“一个高尚的赞赏者”；他“总是在以故去的伟人为榜样来激励自己，检查他的精神方面的热烈程度，并随着日历的一张张撕下而恐惧得发抖”。他会展示一种“无畏的热切”。他会像16岁的卡内蒂、更小年纪的苏珊那样发誓，要“什么

① 关于阿尔托的那篇随笔文章发表在《纽约客》上。
② 在《死海搏击》中，戴维写道，这是“一篇讨论他的文章，我发觉该文既是一个作家在描述另一个作家的作品，也是一篇伪装起来的自传”。
③ “Mind as Passion”, in Sontag, *Saturn*, 181.

都学”。

《作为激情的思想》是关于精神激情与肉体激情是平等的，甚至比肉体激情更优越的论证：为了精神而保存肉体。她写道：“食欲不振、欲望满足、激情贬值，其可能性他根本不在乎。卡内蒂不去思考情感的败坏，就同他不考虑身体的腐败一样，他执着于精神。像他这样始终顺应精神活动，又这样态度明朗的人，实属罕见。”[①] 这是一个对肉体漠不关心却毫无罪恶感的秘诀，像本雅明描述的那样接受自我的一个秘诀。患了癌症后，这个想法对苏珊更有吸引力。卡内蒂是“最憎恨死亡的文学界人士之一”。他钦佩值得尊敬的前辈的习惯是采取一种方法“公正对待每位他钦佩的人，这是让某人活着的一种途 384
径”。文学赋予生命，而当生命逝去，文学则保留其记忆。

整部《土星照命》文集都贯穿着这种虔诚的语言。该文集包括两篇纪念随笔文章，一篇关于保罗·古德曼，另一篇关于罗兰·巴特。巴特在和她上一次见面时说：“啊，苏珊，一直关注我的老朋友。”她红着脸表示肯定。“是的，”她对他说，“我过去关注，现在还关注。”巴特自己“最深刻的冲动是赞美”，她也是这样。苏珊·桑塔格在旁人心目中所代表的，正是这些榜样在她心目中所代表的：一种高雅文化的理想典范，为寄希望成就更好的自己提供了可能性。

◆ ◆ ◆

桑塔格进入不惑之年时，通过与一些来自共产主义国家的流亡者，特别是约瑟夫·布罗茨基的接触，她断断续续地舍弃了她早期的热情。文集《土星照命》就是献给布罗茨基的，但他与《土星照命》

---

① “Mind as Passion”, in Sontag, *Saturn*, 203.

中写到的那些人不一样，他既没去世甚至年纪也不是很大：事实上，他比苏珊还小 7 岁。但毫无疑问，他是一个伟人；颇具讽刺意义的是，苏联政府在他年仅 23 岁时就承认了他的伟大。

1963 年，他在一本儿童杂志上发表了几篇译文和一首诗。[①] 但是，紧随着 1962 年——见证了索尔仁尼琴的《伊凡·杰尼索维奇的一天》——明显的自由化之后，政府决定发出一个信息，即尽管在“去斯大林化”，但制度并未改变。他们采取了久负盛名的苏联式袭击方式，完全不为人知的布罗茨基被用来传递这一信息。一开始，就是一篇文章。文章指责布罗茨基是“一个爬上帕尔纳索斯山的自鸣得意的小人”，而且更是一个“不在乎如何爬上帕尔纳索斯山”的人，此外，他还“不能放弃他想要去爬某座帕尔纳索斯山的念头，哪怕是不
385 择手段，哪怕是采取任何肮脏的手段”，而且——如果这还不够糟糕的话，他还想“独自一人爬上帕尔纳索斯山”。这类文章发表后，随即就出现了一次卡夫卡式的审判。“寄生虫布罗茨基受审”，法庭门口的告示上这样写着。[②]

如果说，同样的行为模式没有毁掉数百万人，那就会是一场闹剧。而且“袋鼠法庭”还成功地悄无声息地消灭了其他许多人，令全世界难堪，但布罗茨基不一样。布罗茨基的与众不同还在于他活了下来：他被判在苏联的北极地区服 5 年苦役，最终他在那儿服刑 18 个月。一个原先默默无闻的诗人成了轰动一时的人物，并在国际范围的抗议声中获释。在写给最高苏维埃主席团主席的一封信中，同情斯大林主义的让-保罗·萨特对这一“令人困惑和遗憾的反常现象”表示遗憾。[③]

---

① Lev Loseff, *Joseph Brodsky: A Literary Life*, trans. Jane Ann Miller (New Haven, CT: Yale University Press, 2011), 69.

② 同上，第 72 页，第 82 页。

③ 同上，第 116 页。

最重要的是，布罗茨基的与众不同还在于，他和成千上万他的同志不一样，他们要么缺乏天资，要么从未有机会将其开发出来，而他的的确确拥有天赋。他的才华首先得到了安娜·阿赫玛托娃的证实；她是斯大林执政时期苏联文化苦难的杰出象征。他俩结识时他21岁，她一边读着他的一首诗一边惊呼道："你根本不知道你都写了些什么！"①

于1965年获释后，他在苏联又待了7年。最后，在没有任何警示的情况下，他被塞进一架飞往维也纳的飞机，从此再也没回到他出生的那个国家——也是他憎恨的国家。苏珊写道："苏联曾是他的家，他却不再是苏联人。"他的经历赋予他一种帕尔纳索斯高蹈派的文化观念：作为反对粗俗和暴政的一个武器。他在美国数所大学任教过，上课的第一天，他都要宣扬，这一观念的基础就是培养普世传统的责任。

> 清单从《薄伽梵歌》《吉尔伽美什史诗》《旧约》开始，接着是大约30部古希腊和罗马作家的作品，然后就是圣奥古斯丁、386
> 圣弗朗西斯、托马斯·阿奎那、路德、加尔文、但丁、彼得拉克、薄伽丘、拉伯雷、莎士比亚、塞万提斯、本韦努托·切利尼、笛卡尔、斯宾诺莎、霍布斯、帕斯卡、洛克、休谟、莱布尼茨、叔本华、克尔凯郭尔（但既没有康德也没有黑格尔！）、托克维尔、屈斯蒂纳、奥特嘉·伊·加塞特、亨利·亚当斯、汉娜·阿伦特，还有陀思妥耶夫斯基的《群魔》，罗伯特·穆齐尔的《没有个性的人》、《学生特尔莱斯的困惑》和《五个女人》②，伊

---

① Lev Loseff, *Joseph Brodsky: A Literary Life*, trans. Jane Ann Miller (New Haven, CT: Yale University Press, 2011), 58.

② 应为《三个女人》。——译注

塔洛·卡尔维诺的《看不见的城市》，约瑟夫·罗特的《拉德茨基进行曲》，以及最后列出的44位诗人名单，从茨维塔耶娃、阿赫玛托娃、曼德尔斯塔姆、帕斯捷尔纳克、赫列布尼克夫和扎博洛茨基开始。[①]

也许只有苏珊能跟得上。1976年1月，就在她乳房切除手术后不久，通过罗杰·斯特劳斯，他俩相识了，她随即坠入了情网。很多认识他们的人对这段恋情中的性爱性质持怀疑态度，但毫无疑问的是，她爱他：在她最后弥留之际意识清醒时，提到的就是布罗茨基和她母亲两个人。[②]

毕竟，布罗茨基是她在图森和谢尔曼奥克斯时梦寐以求的那种友人；是她希望在菲利普·里夫身上找到的那种师长：是她一生都在寻找的伴侣，一个在智性上和艺术上都与她旗鼓相当，甚至超过她的人。她从未找到另一个志趣相投的朋友。当他于55岁英年早逝时，她就是这样表示哀悼的。“我孤苦伶仃，”她对一个朋友说，“我的观点、我的思想全都无人诉说。”[③] 这就是布罗茨基的传记作者在布罗茨基自己的诗句中发现的爱：“肉欲的穷途末路和爱欲的无限空间。”[④]

◆ ◆ ◆

苏珊说：“他给人留下非常深刻的印象，是一个不怒自威的人。”[⑤] 他一头红发，一双绿色明亮的眼睛；他对女人很有吸引力，而这魅力

---

① Loseff, *Brodsky*, 189.
② 作者对戴维·里夫和朱迪丝·科恩的采访。
③ 作者对玛丽卢·欧斯塔基奥的采访。
④ Loseff, *Brodsky*, 219.
⑤ Valentina Polukhina, “Thirteen Ways of Looking at Joseph Brodsky”, in *Words Without Borders*, June 2008.

很大程度来自他无可争辩地声称这是一位伟大的诗人与生俱来的威望。这种状态也带来了一些责任，首先是对最高艺术标准的奉献，他 387
的教学大纲反映了这些标准。“一个人写作不应该取悦其同时代人而是其前辈们。”他曾这么宣称。苏珊可能也会写下同样的文字，而且，她在他的文化观念中找到了自己的观念。[①] 布罗茨基写道：“人类最大的敌人不是共产主义，不是社会主义，也不是资本主义，而是人类心灵之粗俗，人类想象力之粗俗。”[②]

这些标准为人们在这个世界提供了一种生活方式，就像本雅明通过书并生活在书中一样。这些标准驯服了人们，它们来源于文学：“对于一个读过狄更斯很多作品的人而言，以某种理想的名义来射杀同类，比从未读过狄更斯作品的人感觉更加困难。”[③] 阅读令人敏感化、人性化；布罗茨斯建议用 Homo legens，即“阅读人”，来替代社会主义的“新人”。[④] 虽然从根本上说，他不是一个政治作家，但他的美学产生了政治影响。他痛恨共产主义，这是苏珊在有着这么一个强大头脑的人身上从未见到过的。在 20 世纪 80 年代与苏珊成为朋友的卡伦·肯纳利，在布罗茨基来到美国后不久，与他有过短暂的交往；他们曾一起在密歇根度过一个长周末。肯纳利对布罗茨基的政治观点颇感震惊：

> 他很难相处。他非常情绪化。他几乎不会说英语……当时尼克松是总统，他坐在电视机前看新闻，看美国国旗，尼克松在讲话，他就一直在拍手。我当时想，快让我离开这儿吧！[⑤]

---

① “Joseph Brodsky”, in Sontag, *Where the Stress Falls*, 331.
② Loseff, *Brodsky*, 163.
③ 同上，第 235 页。
④ 同上，第 234 页。
⑤ 作者对卡伦·肯纳利的采访。

苏珊·桑塔格当然没几个朋友会对尼克松在电视上露面拍手叫好。只不过，因为布罗茨基个人的名声和他在艺术上的威望，人们很难去嘲笑他。他能吸引苏珊，部分原因还在于他的霸气："极其狂
388 傲"，用他们俩共同的朋友——波兰作家雅罗斯拉夫·安德斯——的话来说。[1] "我一点也不喜欢他对待她的方式。"西格丽德·努涅斯说。[2] 苏珊说："他的性格中有一些我不喜欢的东西，他有时候对人非常刻薄，这一点我不喜欢。他会非常残忍。"但她赞赏他的公众形象：

> 他很享受那种给人留下深刻印象、自己知道得比别人多、自己的水平比别人高的感觉；我对此一直印象深刻……我认为我们之间的纽带——无论我们之间的感情纽带是什么——正如他之前对我说过的那样，在于我是他所认识的唯一一个和他同水准的美国人。[3]

凭借这些水准，采取这种姿态，他让她为她自己人生的最后几十年所扮演的角色做好了准备：一个开明的——不再是激进的——良心的声音。她从未完全消化吸收她读过的、在很多情况下还是她认识的反共作家的作品。有一次，当她对索尔仁尼琴表示怀疑时，布罗茨基打断了她。他说："可是苏珊，他写的关于苏联的东西都是真的。"她很惊讶——就仿佛她没有完全理解古拉格那种暴虐都是真实存在的，或者认为这是一种夸大，斯蒂芬·科赫说。

> 她就假装它不存在。我真的确实相信是这样。然而，在某

---

① 作者对雅罗斯拉夫·安德斯的采访。
② 作者对西格丽德·努涅斯的采访。
③ Polukhina, "Thirteen Ways of Looking at Joseph Brodsky".

个时刻，她的理解力又回来了，于是她又恢复成一个聪明的人。[①]

◆ ◆ ◆

苏珊也会教训人，这令她深受布罗茨基的喜爱。1977 年 11 月，《论摄影》出版当月，她在威尼斯参加“异见双年展”[②]，这是一个“完全致力于研究那些目前被定义为社会主义的欧洲国家的艺术与文 389
化中的‘异见’问题”的活动。[③] 布罗茨基也在威尼斯，他接到了苏珊的电话。她偶遇了奥尔加·拉奇，她是埃兹拉·庞德多年的情妇。拉奇邀请她去做客。苏珊害怕一个人去，于是叫上布罗茨基和她一起去。他们走了进去。“厌倦感猛然间但确定无疑地攫住了我。”布罗茨基写道。[④] 拉奇开始她冗长而枯燥的叙述，为庞德战时的通敌行为开脱，包括他为意大利法西斯政府所做的广播节目。这时，苏珊开口打断她：

> “但是，奥尔加，你肯定不会认为美国人生埃兹拉的气是因为他的广播节目吧。因为假使仅仅因为他的广播节目，那么埃兹拉只不过是又一朵‘东京玫瑰’而已。”嗯，这是我听到过的最棒的回应之一。我看着奥尔加。必须说，她听了这句话的反应还像是一个正人君子。或者，更恰当点，一个内行。要不然就是她

① 作者对斯蒂芬·科赫的采访。
② 双年展组织了以“东方集团国家文化异议”为题的国际会议。——译注
③ Carlo Ripa di Meana, “News from the Biennale”, in *The New York Review of Books*, September 15, 1977.
④ Joseph Brodsky, *Watermark* (New York: Farrar, Straus and Giroux, 1992), 71.

> 没有听懂苏珊说的话，虽然我对此表示怀疑。“那么，是什么呢?”她问道。“是埃兹拉的反犹主义。”苏珊回答说。①

反犹主义正是苏珊和布罗茨基认为是人类的敌人的那种“人类心灵之粗俗，人类想象力之粗俗”，20 世纪 70 年代，苏珊就瞄准了这个敌人。和布罗茨基一样，她相信美学是伦理学之母，与美的交流将产生伦理道德水准提高了的“阅读人”。苏珊在晚年时写道：“这种智慧是通过对美学进行一辈子的深入研究而获得的，是无法被其他任何一种严肃性所复制的。”②

莱妮·里芬斯塔尔对这个观念进行了检验，她的电影将美学上的优雅与道德上的丑陋结合在一起。一如庞德、塞利纳或三岛由纪夫的作品那样，她的作品长期以来一直被视为重要之作，即便她本人被认
390 为是居住在文明区域以外的别处。战争结束后，她试图获得名望和尊重；到了 20 世纪 70 年代中期，她开始成功地把自己塑造成一个不关心政治的艺术家；她一直声称，她只对美忠诚。甚至她拍摄的纳粹主题的电影——关于 1936 年柏林奥运会的《奥林匹亚》，以及她颂扬纽伦堡大会的影片《意志的胜利》——开始作为杰出之作呈现给喜爱电影的观众。有一种观念在一定程度上使得她的重塑成为可能，即她的电影中的美可以从任何“内容”中剥离出来，而那些令人生厌的缺乏鉴赏力的低层次观众意欲将这种内容置于影片之中。

如果美才是最重要的，那么莱妮·里芬斯塔尔的作品就是艺术杰作。她的纳粹主题电影曾在 1974 年特柳赖德电影节上放映，而里芬斯塔尔本人就是电影节的贵宾；同年，她出版了一本关于苏丹努巴人的摄影集。甚至连桑塔格也承认，这“当然是近年来各地出版的摄影

---

① Joseph Brodsky, *Watermark* (New York: Farrar, Straus and Giroux, 1992), 72 - 73.

② “An Argument About Beauty”, in Sontag, *At the Same Time*, 12.

集中最吸引人眼球的影集了"[①]。桑塔格写道，对里芬斯塔尔恢复名誉的最大的力量是"美这一观念所拥有的更为丰富的新财富"[②]。

里芬斯塔尔的作品挑战了桑塔格那些可能被归类为"反对阐释"的作品。20世纪60年代，桑塔格曾为里芬斯塔尔进行辩护，虽然短暂却尽人皆知；她在《论风格》中写道，一个美丽的物体，无论有多么令人讨厌，都可能激发去改善某种品质——"无私、沉思、专注、情感的觉醒"：

> 只有这样，我们才能问心无愧地珍视那些从"内容"的角度来看，在道德上令人反感的艺术作品。（其难度与欣赏《神曲》这一类艺术作品的难度同属一类；《神曲》的前提在智性上是陌生的。）把莱妮·里芬斯塔尔的《意志的胜利》和《奥林匹亚》 391
> 称为杰作，并不是在用美学的宽容来掩盖纳粹的宣传。纳粹的宣传确实存在，但也存在别的东西，我们不接受的话，就是我们的损失。[③]

这一段话成为20世纪60年代消除等级的一个尽人皆知的象征，莱妮·里芬斯塔尔和但丁说的话如出一辙。苏珊的一个访谈集提到"桑塔格被频频要求总结她关于莱妮·里芬斯塔尔纳粹时期的电影摄制的形式'美'的想法"[④]。她对一位采访者解释说，这段话"是正确的——就其范围而言。超出范围就不对了"[⑤]。

---

① "Fascinating Fascism", in Sontag, *Saturn*, 73.
② 同上，第84页。
③ "On Style", in Sontag, *Against Interpretation*, 25.
④ Sontag, *Conversations*, xv.
⑤ Bernstein and Boyers, "Women, the Arts, & the Politics of Culture", in Sontag, *Conversations*, 59.

但是，如果说她对里芬斯塔尔的兴趣反映了伦理和美学之间棘手的关系，那这一兴趣也反映了一种几乎为性欲的表现，渴望被艺术所强暴、为之感到欢欣、不能自拔。这便是里芬斯塔尔的电影所提供的东西：一种逃避自我忧郁途径的艺术。“你希望被电影绑架。”她写了自己对看电影的痴迷。[①] “偶发艺术”追随了“阿尔托给一场……‘将会从肉体上把观众包裹起来的’精彩表演的建议”。这一描述也适用于里芬斯塔尔拍摄的纽伦堡大会的场景：个人被放荡纵欲的整体艺术作品之海啸席卷而走。

◆ ◆ ◆

苏珊·桑塔格的强烈的热情，令她成为全世界最具权威的宣传员。她对一本书或一部电影——一场舞蹈、一幅画——的赞赏，就可以令一位艺术家从默默无闻中脱颖而出，并让他或她与大师们为伍：为人所津津乐道，作品被展出、被翻译，开始声名鹊起。埃德蒙·怀特说：“埃利亚斯·卡内蒂获得诺贝尔奖时，苏珊的文章是唯一一篇用英文写的关于他的文章，她是我认识的第一个提到W.G.塞巴尔德、丹尼洛·基什还有罗贝托·波拉尼奥的人——他们现在全都被视为文学大家。”[②] 怀特早期的作品也受到过她的热捧。同样的例子可以再举
392 上几十个。

在她人生的最后几十年里，很难想起她曾经被认为是一个消除等级主义者。她渐渐成为高雅文化以及维护高雅文化的严苛标准的象征。但她几乎从未公开批评过那些不合格的作品。“所以我不是一个评论家，”她说，这就与她最为人知的标签保持了距离，“我真的认为

① “A Century of Cinema”, in Sontag, *Where the Stress Falls*, 118.
② 作者对埃德蒙·怀特的采访。

评论家的一个重要工作就是攻击这个，说这个是垃圾，这个糟糕，这是很有害的。尽管过程很有趣，但是我写得最快的随笔文章，当然是关于莱妮·里芬斯塔尔那篇，因为在你感到愤怒，自认为有道理并且知道自己是正确的时候，写起来要容易得多。”[1]

她不信任这种写作，却又采取这种写作方式，这反映出，从1965年短暂地为里芬斯塔尔辩护，到1975年发表《迷人的法西斯主义》，这十年间发生了很大的变化。上一代纽约知识分子曾警告过的这种消除等级的做法——常常以桑塔格为例——已经动摇了旧的标准。部分原因是女性主义者和非裔美国人要求扩大经典的范围。20世纪60年代，控制松了，对许多年轻的知识分子而言，桑塔格本人代表了一种更宽泛的、更现代的感受力。

但是，接受弗吉尼亚·伍尔夫是一回事，接受莱妮·里芬斯塔尔则完全是另一回事了。在《迷人的法西斯主义》中，她写道：“十年前，作为少数人的趣味或敌对趣味似乎非常值得为之辩护的艺术，今天看起来，似乎再也不值得了，因为它提出的道德问题和文化问题已经变得严肃，甚至危险起来，当时还不是这样。”[2] 那本关于努巴人的书中“充斥着令人感到不安的谎言”，尤其是关于那位艺术家的生平内容。“将纳粹时代描写成‘德国遭受破坏的重要的20世纪30年代’，这是需要有点创造性的人才做得到的。”她写道，并嘲笑里芬斯塔尔的前纳粹电影中的自我神话化：

> 里芬斯塔尔为自己设计的角色是一个与一种破坏力量有着独特联系的原始人：只有琼塔这个衣襟褴褛、被村子遗弃的女孩能 393
> 够到达克里斯塔洛山山巅，那里放射出神秘的蓝光。其他年轻村

① Ruas, “Susan Sontag: Me, Etcetera”, in Sontag, *Conversations*, 176.

② “Fascinating Fascism”, in Sontag, *Saturn*, 98.

民受到蓝光的诱惑，试图爬上山顶，却都一一摔下山去，一命呜呼。[①]

通过总结里芬斯塔尔用来粉饰自己昔日“不准确或捏造的”事实，桑塔格令里芬斯塔尔的声誉几乎荡然无存——同时，她也猛烈抨击了让里芬斯塔尔在受人尊敬的体面的道路上风光了很久的那些个评论家。桑塔格用生平来质疑创作者的艺术，她是在含蓄地指责自己作品中的主人公罗兰·巴特，他也在同一本文集《土星照命》——关于里芬斯塔尔的那篇文章也收入该书——中得到赞美。他的“作者之死”的观点来自 1967 年的一篇随笔文章，该文宣扬了这样一种观点：一个艺术家与其作品之间没有联系，或者说至少没有什么联系是重要的。在桑塔格的实证下，这种诡辩彻底站不住脚了。

里芬斯塔尔会唱同一首《为艺术，为爱情》[②] 的咏叹调，直到她 2003 年 101 岁去世。但她非常清楚，作者并没有完全死去，她的历史对人们观看她的电影的方式的确很重要。还有，桑塔格给了她狠狠一击，她的声誉因此无法恢复。尽管时不时地尝试翻案，但从未真正采取行动，因此她将永远被当作希特勒的御用电影导演而为人所知。演员库尔特·克鲁格说：“我不记得莱妮恨过什么人，即使是对希特勒，但苏珊·桑塔格除外。”[③]

◆ ◆ ◆

看到苏珊力压里芬斯塔尔的气焰时的兴奋会让读者对《迷人的法

① “Fascinating Fascism”, in Sontag, *Saturn*, 77.
② 《为艺术，为爱情》是普契尼歌剧《托斯卡》中的一首脍炙人口的咏叹调。——译注
③ Steven Bach, *Leni: The Life and Work of Leni Riefenstahl* (New York: Alfred A. Knopf, 2007), 271.

西斯主义》中的某些问题视而不见。第一个问题与女性主义有关。1972年，她发表了一篇名为《衰老的双重标准》的雄辩长文。1973年，她又发表了一篇名为《妇女的第三世界》的长文。1975年，她发表了两篇短一些的文章：《女人的美：贬损，抑或力量源泉?》和 394
《美：接下来会有什么改变?》。这些都属桑塔格所写的最佳随笔文章之列，尤其是因为它们明确地展示了"美"的意象世界与实际的人类生活的真实世界之间的联系。通过描述女性如何被残酷无情地评判为不像女性的代表，她论美与论衰老的随笔文章置身于她最优秀的作品行列，为《论摄影》的系列论文提供了一个又一个例证。

她从未再版这些文章，这使得它们的卓越之处更加值得人们关注。[①] 除了论里芬斯塔尔那篇文章，文集《土星照命》中其他所有的文章都是关于男性的；即使这几篇关于女性主义的文章与其他那些随笔文章不搭调，桑塔格也有过很多机会可以在后面几卷文集中将它们收入，只不过这几卷收入的文章远不如前面的有价值。几乎所有她在杂志上发表的文章最后都结集出版。但是，桑塔格感觉到文化的风向；到了20世纪70年代末，随着最早、最紧迫的目标的实现，女性主义已然失去了一定的势头。

1960年，美国食品和药物管理局批准了避孕药的生产。1965年，最高法院将避孕合法化，1973年又将堕胎合法化。这些胜利的取得，以及20世纪60年代文化上的巨大变化，使得女性主义似乎势不可挡。这就是1971年4月30日曼哈顿中城市政厅召开的一次会议的基调；会上，诺曼·梅勒面对包括杰曼·格里尔、戴安娜·特里林，以及观众席上一副端庄模样的苏珊·桑塔格在内的专门小组成员。纪录片《血腥市政厅》将梅勒塑造成具有父权保守思想的暴君，被一干女

① 桑塔格去世后，她关于女性主义的随笔文章被收入《桑塔格：20世纪六七十年代随笔》(*Susan Sontag: Essays of the 1960s & 70s*, Library of America, 2013)。

勇士围攻。著名的例子是，辛西娅·奥齐克抓住了梅勒的说法——“一个优秀的小说家可以什么也不需要，除了他的蛋蛋的残余部分”——提了一个她长时间以来梦想着要提的问题：“梅勒先生，当你用你的蛋蛋蘸墨水时，那是什么颜色的墨水啊？”①

395 尽管梅勒故作一副男子气概，其实他是个古怪、可怕的家伙。在政治问题上，他几乎未与任何发言人持不同意见。但专门小组成员不承认梅勒的右翼立场，这部电影揭示了许多左派成员辩论的内在本质，包括关于共产主义和越战。（这种情况——并非偶然——仍然在肆虐。）影片还揭示，一个个发言者如何把焦点集中在诺曼·梅勒的罪孽上，就会被菲利斯·施拉夫利打个措手不及；后者激起了大家对《平等权利修正案》的反对；安妮塔·布赖恩特成了反对同性恋权利的同义词；杰里·福尔韦尔将愤怒的福音派人士带入政坛；或者说，罗纳德·里根，他在一定程度上就是因为这种愤怒才当选了总统。

至少在那天晚上，男权主义大势已去，潮流已然转向。意识到“第二波女性主义”的玫瑰竟然这么快就绽放了，真是令人惊讶。卡罗琳·海尔布伦写道，在1970年以前，如果一个女孩想要找一些阅读材料，了解女性的生活，而不是那些“最主要是为了男性命运而奉献”的人，她会发现“很少或根本没有这样的榜样”。但是，几乎这个工作一开始——复原女性的过去，尤其是女性艺术的过去——非常明显的是，女性主义作家们就开始遭到回避。一个突出的例子是阿德里安娜·里奇；她是一位诗人，在整个60年代，她写的随笔文章一点也不比桑塔格的逊色；她和桑塔格一样，文章发表在《纽约书评》的创刊号上；她给《纽约书评》写了一封信，反对《迷人的法西斯主义》一文的论点：里芬斯塔尔的翻案可以归因于一场妇女运动，这场

① Chris Hegedus and D. A. Pennebaker, dirs., *Town Bloody Hall*, 1979.

运动过于不加批判地力图为那些被遗忘的女艺术家翻案。

未提供任何证据，桑塔格就写道“里芬斯塔尔近来一跃而为一座文化丰碑，这背后的推动力部分肯定是由于她是个女人的事实”以及“对于不得不牺牲掉一个制作了大家均承认是一流影片的这位女性，女性主义者们将会感到一阵剧烈的痛苦”。[①] 里奇在信中指出，让里芬斯塔尔起死回生的是影迷，而不是女性主义者；女性主义者实际上只 396
是对电影的放映表示抗议。[②] 里奇写道：“人们不是在寻找一条宣传的‘路线’或‘正确的立场’，他们只是渴望看到这个女人［即桑塔格］的头脑正在形成一种更深层次的复杂性，是以情感基础为特征的；而这一点尚未得到证实。”

桑塔格暴跳如雷的反应表明，里奇触动了她的神经。她指责里奇诉诸“20世纪60年代幼稚的左翼主义”，这种左翼主义已从“女性主义一派”变成了“纯粹的蛊惑人心的煽动”，而“女性主义一派促进了心智（‘智力锻炼’）与情感（‘感知现实’）之间腐臭的、危险的对立”。这种思维方式是“法西斯主义的根源之一”。里奇这个一流的知识分子曾被指控举例说明“女性主义言论一贯轻率：反智主义”。[③] 桑塔格对里奇的攻击让她疏远了很多女性主义者，她们绝不会把她当成她们中的一员：这种分道扬镳也许可以解释桑塔格自己的女性主义作品被封存起来的原因。

◆◆◆

里奇从未舍弃过女性主义，却随之一起遭到驱逐。在她接下来37

① “Fascinating Fascism”, in Sontag, *Saturn*, 84.

② Adrienne Rich and Sontag, “Feminism and Fascism: An Exchange”, in *The New York Review of Books*, March 20, 1975. 当年邀请里芬斯塔尔的是苏珊的朋友、特柳赖德电影节导演汤姆·勒迪，他证实了里奇的观察。参见作者对汤姆·勒迪的采访。

③ Rich and Sontag, “Feminism and Fascism: An Exchange”.

年的人生中，她只在《纽约书评》上发表了一篇随笔文章。文章是在她写的关于桑塔格的那封信后六个月发表的：很可能文章当时已经在审稿处理中了。她在那个圈子里的声誉将受到她从未否认过的那句话的严重限制：她绝不仅仅是一个作家，她始终不可避免地是一个女性主义作家、一个"女作家"。在激进主义运动中、在心理学中、在一所所大学里，在通过传记和评论来开发女性艺术遗产的专题研究中，女性主义会变得越来越强大。但在"这个家庭"中，它不仅变得过时，还变得容易招致批评的暴力。

桑塔格也决心不被她发现有局限性的一种描述所束缚。在她对普
397 适性的愿望中，她的榜样是汉娜·阿伦特；后者会仅仅通过天赋来实现男女平等——实际上，比男性更优秀——并以此为妇女事业做出贡献。[①] 然而，不仅仅是这些。11 岁时，苏就做出了自己的"重大决定"，要受大家欢迎："我明白内外之别。"这种本能从来没有安抚过戴维所说的她那"强烈的、到末了都无法安慰的永远是个局外人的感觉"。除了为人所知的女作家和女性主义作家，里奇又给她贴上了一个标签：她还是一名女同性恋作家。桑塔格很清楚，如果被人知道是女同性恋者，那就意味着要把自己隔离起来。

"出柜得不到任何好处。"同性恋作家埃德蒙·怀特说道。[②] 这并不意味着要对自己的恋情保密，尽管很多人都是这样做的。吉尔·约翰斯顿——这位在市政厅的会议上宣称"除了那些尚不明白此事的，所有的女人都是同性恋者"的人——也是到了 1971 年，会议举行的当年，才公开出柜。约翰斯顿说，仅仅就在几年前，"在我们 20 世纪 60 年代的世界里，除我以外，苏珊是我所知道的唯一的另一个女同性

① 作者对唐·莱文的采访。
② 作者对埃德蒙·怀特的采访。

恋者”①。这是一个令人震惊的声明：约翰斯顿——《村声》的艺术评论家，想必也该是纽约最进步区域的居民——居然是个同性恋者。在后石墙酒吧骚乱事件时代，围绕着同性恋的污名已经减少，但并没有减少多少。纽约文学界“人人”都可能对某个名人的性取向心知肚明，怀特说，“但在那个时候，‘人人’也许相当于400个人”。里奇鼓足勇气，公开出柜，给她自己换来了一张去西伯利亚的车票——或者至少远离了纽约文化的男权世界。

怀特说，在前互联网时代，“除非你见过某人，而且他们本人向你吐露过这个秘密，否则你不会知道他们是同性恋者。圈外百分之九十九的人都不知道”苏珊的事——而正如约翰斯顿的证言所示，也有很多人是知道苏珊的事的。圈外人可能知情的唯一途径是，如果苏 398
珊——像里奇那样——开始公开发表同性恋作品，或者，如果应邀发表演讲时，她使用“作为一名女同性恋者……”诸如此类的措辞。

怀特说：“那样的话人们真的会十分震惊，她的读者人数会减少三分之二。”苏珊日益增强的文化上的影响力、她被人钦佩的实力，都依赖于确信无疑地确立了的国际性仲裁者身份。如果被外界知道她是个女性主义者，更别说还是个女同性恋者，这将会把她推向边缘。

◆ ◆ ◆

《迷人的法西斯主义》很有趣。很少有人反对看到纳粹宣传者被揭穿，从这个意义上说，里芬斯塔尔很容易成为一个攻击的目标。如果说女性主义者应该对她的翻案负有责任的说法引起了里奇的注意，那么，似乎很少有人注意到这篇随笔文章的另一个方面，要令人不安

① Rollyson and Paddock, *Making of an Icon*, 92.

得多。

这篇文章分为两个“展品”。里芬斯塔尔的努巴人的摄影集是第一个。第二个，是一本名为《党卫军制服》的廉价平装书，除了涉及纳粹主义外，与里芬斯塔尔毫无联系。桑塔格写道，该书的吸引力“不在于学术而在于性”[①]——因为它显示的是制服的照片，而非制服本身。尽管她称之为“大多是平庸的照片”，但是，她写道，这种区别很重要，因为制服的照片“是色情材料，而党卫军制服的照片则是一种特别有力、传播颇广的性幻想的组成单位”[②]。

不清楚她为什么把这本书归类为色情书籍，既然她承认它并未涉及性。“所有这些照片的平淡无奇完全说明了那种形象的力量：人们翻看这些照片，手里拿的仿佛是性幻想大全。”正如当她表明女性主义导致了里芬斯塔尔的翻案时一样，她这里也没有提供任何证据来支
399 持这一说法：从未说过这是谁的幻想，也没说过这本书为什么不同于数不胜数已出版的关于第二次世界大战有历史意义的军用品题材的书。

“在全世界范围……所有色情文学、电影和精巧的小玩意中，党卫军都已成为性冒险的所指对象。”[③] 也许是这样，然而，在时代广场这条街上，在一家家书店里，并不缺少真正的色情作品，它们可能比这部未署名的、无足轻重的、描写也非赤裸裸的作品提供了更好的例子。当我们琢磨是谁在制造这种现象，又是谁可能在享受它时，我们便得到了答案。“在男同性恋者当中，纳粹的色情化最为明显。”（明显在哪儿呢?）“施虐-受虐而非乱交群交是过去几年里的一大性秘密。”[④]（她是怎么知道这情况的?）“一个迫害同性恋者的政权怎么可

① “Fascinating Fascism”, in Sontag, *Saturn*, 98.
② 同上，第99—100页。
③ 同上，第101页。
④ 同上，第103页。

能成为激发起男同性恋者欲望的地方?”[①]（这是一个好问题；不过还没有答案。）然而，令人失望的是，反复提及的被纳粹激发起欲望的男同性恋者未能出现。

在桑塔格最有力的作品中，例子一个接着一个，引用一条接着一条，这使得读者很难得出除了她得出的结论以外的任何其他结论。她的女性主义作品，就如其论摄影的作品一样，以令人心醉神迷的细节展示了那些匿名操作（照相机、影像、隐喻）是如何显而易见地扭曲和改变、解放和禁锢的。但是，《迷人的法西斯主义》暴露出桑塔格关于性和政治这两个主题的作品的弱点，无论它们何时出现在书本之外。两者都可以被美化，但都不属于美学。毕竟，性游戏并不是什么秘密。色情作品随处可见，并不需要求助于桑塔格在《党卫军制服》中发现的那种代码。统治与屈服的种种幻想并非是在“最近几年里”出现的，而且这些既不是同性恋也不是异性恋。但是，即使无一例外都是同性恋，在格林尼治村的酒吧里身穿皮衣和看到纳粹暴行的照片就感到兴奋之间还是有相当大的距离的。（很难知道除此之外还能如何解释她反复将《党卫军制服》与“色情杂志”相比较的意图。）[②] 400
对于一个视“所有关系为主人与奴隶之间的关系”的人来说，把自己的想法投射到别人身上——没有引用，没有看到——是转移这些焦虑的一种途径。

《迷人的法西斯主义》是一个人写的一篇随笔文章，这个人从书本中获得性知识，这些书的作者是类似三岛（由纪夫）这样精神错乱的天才，或者是像《太阳肛门》的作者那样精神错乱的平庸之辈：

① “Fascinating Fascism”, in Sontag, *Saturn*, 102.
② 同上，第98页。

> 正如社会契约与战争相比显得驯良一样，性交与口交变得只是“不坏”而已，因此不能令人兴奋。一切性事，正如巴塔耶在一辈子的著述中坚持认为的那样，终归于玷污与亵渎。①

巴塔耶的主张是不容置疑的。难怪里奇关于这篇随笔文章缺乏“情感基础”的说法触动了桑塔格的神经。这种讽喻是忧郁症患者所能得到的唯一的快乐，毕竟，它可以很容易地转变为一种偏差，一种疏离：变成一种被动的声音。不真实是桑塔格为保持她的文化中心地
401 位所付出的代价；而这种文化中心就要转移了。

① “Fascinating Fascism”, in Sontag, *Saturn*, 103.

第二十五章

她以为她是谁呀？

苏珊的病带来了很多意外的结果。其一是产生了一种与猫王埃尔维斯·普雷斯利油腻腻的“飞机头”发型和安迪·沃霍尔银灰色“惊恐”假发齐名的发型；作为一种罕见的发型，人们完全单凭发型，就能识别出与它所匹配的那张脸。很简单：就像一只北美臭鼬身上的条纹那样的一绺白发从她的前额往上，衬托出周围的黑发。这发型的识别度超强，连《周六夜现场》节目组的服装部都有一顶桑塔格式假发——这是对纽约知识分子的一个滑稽的提喻。[①]

像很多伟大的观点一样，它的起因很简单。1966 年 8 月 20 日，苏珊的妹妹朱迪丝·科恩在加州圣马特奥和莫瑞·科恩结婚。苏珊当时人在欧洲，因此未能出席，这一怠慢让姐妹俩之间心存嫌隙、相互疏远长达 20 年。婚礼后不久，朱迪丝和莫瑞就搬到了火奴鲁鲁，朱迪丝在那里的一家百货商店工作；1970 年，米尔德丽德和纳特也跟了过来和他们一起生活：老桑塔格夫妻俩早先跟着朱迪丝搬到了加州北
部，现在又跟在他们后面搬到了夏威夷。（朱迪丝和莫瑞后来又离开 403
了他们，搬到了毛伊岛，这次纳特和米尔德丽德没有跟他们去。）

---

① Acocella, “The Hunger Artist”.

1973 年，苏珊第一次去火奴鲁鲁，那是在她的中国之行之后。在《中国旅行计划》中，她提到“三年过去了，我和母亲之间往来的没有写成的信和没有打出的电话，构成了不存在的文学作品，让我精疲力竭”[①]。苏珊和米尔德丽德之间的关系时而敌意、时而亲密，这也为她与众多其他人之间的关系设定了模式，即使这种敌意主要存在于苏珊的头脑中。但是让她回家总是很艰难。她的一个朋友说：“她每时每刻都感到恐惧，等不及地想要离开。”[②] 苏珊生病也不告诉自己的家人，他们是在一位表亲碰巧看到杂志《好莱坞报道》上关于她患癌症的文章时才知道。[③]

最终，当苏珊病情好转时，她飞往夏威夷。她在那里结识了发型师保罗·布朗；他与纳特和米尔德丽德关系很好。在热带阳光的照耀下，“我都担心她会被烤焦，因为她就像一张纸，那么苍白”，布朗说。米尔德丽德拉着他一起努力来打扮她女儿——“让苏珊穿得好点，化点妆。”这次改头换面留下了一张照片：苏珊涂脂抹粉，化了浓妆，穿的看上去好像是一件睡衣。她的头发并没有因为化疗而脱落，只是变白了。保罗给她修剪了头发，除了留了一绺，其他全部染成了墨黑。[④]

◆ ◆ ◆

桑塔格在《作为隐喻的疾病》中写道：“对流行病规范的描述，主要是针对疾病对人格的毁灭性影响。”[⑤] 即使是圣人也能被痛苦摧

① “Project for a Trip to China”, in Sontag, *I*, *etcetera*, 28.
② 作者对史蒂夫·沃瑟曼的采访。
③ 作者对朱迪丝·科恩的采访。
④ 作者对保罗·布朗的采访。照片由吉尔·吉尔伯特拍摄。
⑤ Sontag, *Illness*, 40.

毁。“它就仿佛是任何一场大的突发事件一样，激发出人身上最好和最坏的一面。”提到她患癌症，她这样说道。[①] 弗吉尼亚·伍尔夫写道，处在健康状态时，“我们的智力凌驾于我们的感觉之上……处在健康状态时，‘必须保持一种和颜悦色的伪装’；处在生病状态的时候，这种装模作样就停止了。”伍尔夫写道，患病时期就是“警察下班了”。[②] 404

苏珊也是如此。她的警察——她的超我、她的自我意识——下班了。朋友们说她对别人的反应甚至比平时还要不敏感，而且更爱说谎。甚至在他们十来岁的时候，梅里尔就认为她不诚实。“她诚实吗？”哈丽雅特问道。伊娃认为“苏珊一定是哪里出了大问题”。苏珊自认为在“挣扎着做到诚实、有正义感、可敬”。唐对“苏珊的盲区”的描述——“她在情感上既不灵敏也没直觉”——得到了艾琳、阿尔弗雷德，尤其是苏珊自己的附和肯定；苏珊同意他们的观点，承认自己“对别人、对他们在思考和感受的东西不是非常敏锐”。

这种意识很少在公开场合表现出来。在《河内行纪》中，她就提到了她“共情的天赋”。该文是她——至少在她的日记以外——避开第一人称的一个不寻常的例子，而且，正如她所说，她对这样的要求会感到不自在。当她将自己的心理感知融入他人的肖像之中时，就如她在关于本雅明或卡内蒂的随笔文章中所做的那样，这种感知往往非常敏锐。她一直有不诚实和浮夸的倾向——不过，她知道这一点，而且因此责备自己。而今，我行我素、不理会他人的意见成了她自我形象的一个重要组成部分。

她没有接受纽约医生的建议；她自己找到了解决方案。选择去巴黎，她不仅仅要负责自己的治疗。她根本不理睬纽约那些医生，在她

---

① Charles Ruas, “Susan Sontag: Past, Present and Future”, in *New York Times*, October 24, 1982.

② Virginia Woolf, “On Being Ill”, in *The Moment and Other Essays* (London: Hogarth Press, 1947).

的重述中，她表示开始相信，不理会别人的意见是她得以幸存的关键所在。“不听任何人的话，只相信自己，就这样救了自己的命”成了她故事的主要内容。她1994年到1996年期间的助手米兰达·斯皮勒说道，“这让苏珊觉得，她的未来和安全全都在于听从自己的内心。她的固执——在与别人的关系上有时不愿让步——都是指她的任性和固执救了她一命的那个时刻”[①]。

405 然而，正如癌症史学家西达尔塔·慕克吉所言，桑塔格的情况并不是独一无二的。“病人不爱与人交往、变得咄咄逼人、没时间理睬别人——就是在孤军奋战。”[②]

◆ ◆ ◆

然而，苏珊并不是在孤军奋战。在她生病前，她和妮科尔的关系就一直很紧张，只不过癌症掩盖了她们之间的问题，也让朋友们纷纷迅速来到她的身边。“法国帮”——一个朋友这样称呼她们——就这样出现了。“三四个最优雅的女人，”他说，“幻想：美丽、文明、老道的贵妇们。”[③] 这些人中就包括妮科尔“憎恨”[④] 的卡洛塔，而且她认为就是因为卡洛塔，苏珊才生病的。这种憎恨部分是源于嫉妒，因为苏珊对妮科尔的爱从来就没有像她对卡洛塔那样疯狂。情敌们为了这个病人，保持着表面的礼貌。但是，罗杰·多伊奇说：“在［苏珊的］家里，一切都仿佛处在一出歌剧的高潮一般。”[⑤]

巴黎的治疗救了苏珊的命，而妮科尔在把苏珊带到巴黎这件事上

---

① 作者对米兰达·斯皮勒的采访。
② Mukherjee, *Emperor*, 169.
③ 作者对文森特·维尔加的采访。
④ 作者对唐·莱文的采访。
⑤ 作者对罗杰·多伊奇的采访。

起了非常重要的作用。在苏珊接受治疗期间，妮科尔在很多方面充当的是妈妈的角色。虽然她在 20 世纪 70 年代末就戒了酒，但她是个“明显的酒鬼”[1]，而且，甚至在她照顾苏珊——喂她吃饭、给她洗澡、确保她吃药——的同时，她再一次和苏珊之间建立了一种敌对的依赖关系，就像以前和苏珊之间的关系一样，既没有幸福婚姻的可能，又不断个干净。当苏珊还在接受化疗期间，她们就开始经历这一过程，这和她与哈丽雅特、艾琳，还有卡洛塔之间的分手一样痛苦不堪。不过，现在还多了一层绝望，因为苏珊担心自己的性命掌握在妮科尔手里。1981 年，她提到“从 1975 年开始，我就一直依赖妮科尔，如果她不在我的生活中，我就会再次生病”[2]。

> 如何独处，如何才能不独处——这是一个永恒的问题。
>
> 我感到悲痛欲绝，但又对此糊里糊涂。这不仅仅因为我爱着和思念着 N.，而是因为我对她和对我自己都很失望。 406
>
> 也许，结束与妮科尔在一起的生活是我成为一流人物的最后一次机会。（在智力上，作为一名艺术家。）我一直沉湎在平庸和妥协当中——为了那种温暖，那种没有它我觉得我就活不了的温暖。[3]

四年后，她和妮科尔仍然纠缠在一起，而苏珊也仍然在试图离开。最终，妮科尔主动结束了这段恋情。苏珊在巴黎的街头遇到了弗雷德里克·塔滕。她伤心地对他说：“妮科尔和我分手了，当这种事发生时，你永远是 16 岁。”[4] 如果苏珊需要“安全的港湾”以及“封建的关系”，她就会不断地反抗令她寻求它们的那种无助感，同时反

---

① 作者分别对戴维·里夫和西格丽德·努涅斯的采访。
② 桑塔格文档，1981 年 6 月 2 日。
③ 桑塔格文档，1977 年 1 月 27 日。
④ 作者对弗雷德里克·塔滕的采访。

抗那些急切地想给她提供这些的人。1981 年，她写道：“我觉得自己成了厌恶情绪的囚徒。我发现几乎所有和我接触过的人都很丑陋、肤浅。而且，我同时也感觉到，这一段段感情是我失败的证据：爱别人与被我喜欢的人爱都失败。”[①] 这是她意愿的极限，她自己也清楚这一点。戴维写道，她相信“一生中不管有什么意愿，她大约都能实现（爱情是个例外：她认为自己在这方面被剥夺了任何天赋，并且不相信意愿有任何用处）”[②]。

◆ ◆ ◆

“那个永恒的问题”——她无法独处——变得越来越严重。数年前，她曾对斯蒂芬·科赫直白粗暴地表达过这一点：“有一次，她和我在一家中餐馆里，我们聊到了独居和与人同居。她说：我拒绝独自生活。我是不会独自生活的。与其独自生活，还不如，我可以——而且愿意——从这个房间里随便选一个人生活在一起。”[③]

她的家中总是挤满了人。很多人——戴维；妮科尔和卡洛塔；各种各样的来访者和宾客；罗杰·多伊奇；唐·莱文；当时戴维的女朋友西格丽德·努涅斯，一个青年作家——或长或短都在这个家里住过
407 一段时间。从 1975 年到 1978 年，多伊奇在河滨大道度过了两年多的时光，而且他注意到一件表面上的幸事——朋友们为她提供钱——却对苏珊和戴维产生了负面影响。

苏珊和罗杰·斯特劳斯之间的封建所属关系，或多或少有些直接地一直对她有所资助。她的名声名望从未转化成作品的大卖，无法让

① 桑塔格文档，1981 年 5 月 31 日。
② Rieff, *Swimming*, 140.
③ 作者对斯蒂芬·科赫的采访。

她在生活中财务无忧。斯特劳斯帮她出版了几本根本不赚钱的书（比如剧本《卡尔兄弟》和《食人者二重奏》），还为她预付了几本书的稿酬，尽管这几本书她从未能写成：1973 年，她写信对他说“接下来两年里至少四本书”，一本“中国的书”、一本短篇小说集、一本长篇小说，还有一本文集。最后一本也未写成。（只有一本短篇小说集《我，及其他》在五年后出版。）他还在国外支持她，帮她出售外文版版权；他还经常帮她支付账单。据罗杰的秘书兼“办公室夫人”佩姬·米勒说，苏珊是他最喜爱的作者；在她生病后，罗杰把她纳入了由公司买单的健康保险之中。[①]

但是，她生病的时候还没有保险，于是鲍勃·西尔维斯就和佩姬以及罗杰一起，帮忙为她的治疗筹集资金。他们几乎大获成功。多伊奇说：“他们日常生活中就吃英式松饼、一顿中式鸡肉饭，还有一周一两次应邀去罗杰·斯特劳斯家赴宴，或者有人送他们票去听一场音乐会，生活方式的改变是立竿见影的，真是令人难以置信。她开始坐着豪华轿车到处跑，还乘坐私人飞机，出去度假。有人付钱令她的整个生活方式都改变了——完全、完全改变了。”

苏珊谨慎地与捐助人保持联系。如果那些有能力帮助她的人没有尽力，她便抱怨，即使那时他们并不是关系很亲近的朋友。多伊奇回忆说：“如果像杰姬·奥纳西斯这样的人捐了 2000 美元，苏珊就会 408
说：‘那个女人可真有钱。杰姬·奥纳西斯。她以为她是谁呀？’”[②]

◆◆◆

苏珊害怕孤独，加上她因病接受的长期治疗及其带给她的痛苦，

① 作者对佩姬·米勒的采访。
② 作者对罗杰·多伊奇的采访。

这些都让戴维很难过上独立的生活。他的漫游期结束后，他决定回到学校继续他的学业。在普林斯顿大学，他很难融入校园生活，这不仅仅是因为苏珊的病：他当时 23 岁，读大二，这个年纪比大多数大四的学生都大；而且他的文化和经历令他比任何年龄的大多数大学生都见多识广。

因此，戴维大多数时候住在苏珊家，一周只去上几天课。他母亲身边的人——在图森和谢尔曼奥克斯时，她自己也曾梦想能经常出入这样的社交圈——对他形成了一种自然的环境；而且，如果在溺爱孩子的单身母亲眼里，戴维有“伟大的头脑”，但这个头脑仍然缺乏苏珊花费无数个夜晚在图书馆里经历的训练。“除了聪颖和有趣之外，他没有什么天赋。”罗杰·多伊奇说。比如，卡尔·肖斯克那门课的一篇论文他只得了 D；肖斯克是维也纳历史学家，普林斯顿大学的大人物之一，是那种如果当年在芝加哥大学或哈佛大学，戴维的母亲都会为之倾倒的出类拔萃的人物；他看得出戴维没有投入时间学习。多伊奇说：“他服了安非他命，用了一个晚上就把卡尔·肖斯克的作业交差了。”肖斯克命令他重写。①

戴维“基本上崩溃了”。他绝不可能是第一个熬了一个通宵然后交上一篇粗制滥造的论文的大学生，但是，他的母亲是一个有着专横霸道标准的女人；作为这样一个女人的儿子，即使是他对这种日常失望的反应也反映了他对达不到要求的恐惧。西格丽德·努涅斯说：
409 “他觉得自己是个失败者，他很容易就感到自惭。”② 戴维“人很好，一点也不傲慢”，多伊奇说——与他母亲形成鲜明的对比，总是对接受别人的资助极其敏感。可是此时，他的朋友看到他换了一副模样，都很震惊。多伊奇意识到“这家伙在故意把自己变成一个混蛋”。戴

① 作者对罗杰·多伊奇的采访。
② 作者对西格丽德·努涅斯的采访。

维承认：“我已下定决心：不再做一个好好先生。”

> 他会说一些以前从他嘴里从来说不出来的粗话。我对他说：“你在变。”而他则说：“是的，这是件好事。别指望我还是以前的我。”①

苏珊身边的世界并非岁月静好。她一向对杰出的人才感兴趣，不过，她的朋友一致认为，她从来不喜欢嚼舌头，对八卦也不是特别感兴趣。西格丽德指出，苏珊是一个精英主义者——对有巨大成就的人感兴趣，而非势利小人——对权贵或富人感兴趣。尽管如此，每天的晚餐还是为新客人提供了一次机会，他们可以和苏珊、戴维一起，对前一天晚上坐在同一张桌子上的那些人毫不留情地评头论足一番。多伊奇说：“如果他们谈论另一个人，通常都是否定的或八卦的内容，谁在瞎搞啦，谁是个混蛋啦，或谁真的笨啦，如此种种。我记得从来不会有哪次谈话是这样的：‘哦，萨莉怎么样？’然后我们就开始说萨莉有多好。”②

他们开始仪式性地显示自己的优越性。“我们应该不搭理谁呢？”有一次有人听到戴维在剧场幕间休息时对苏珊说。③ 苏珊患癌症后的数年里，流传着这样的玩笑话：他们试图构成一个二人组的贵族阶层。保罗·特克嘲讽“美国文学界桑塔格王朝的建立”。妮科尔·斯特凡娜称戴维为“那个怪物”；其他人则称他为“太子”。苏珊的朋友加里·印第安那说：“戴维从苏珊身上得到这种自命不凡的感觉，却不知哪来的底气，他这辈子并没有取得什么令人印象深刻的成就，但他

---

① 作者对罗杰·多伊奇的采访。
② 作者对罗杰·多伊奇的采访。
③ 作者对斯蒂芬·科赫的采访。

410 认为自己属于贵族阶层。”①

贵族身份的一部分就是世袭一些东西。苏珊甚至在戴维大学毕业前就建议《纽约书评》考虑他成为该刊的“法定继承人”，从鲍勃·西尔维斯手里接过刊物；苏珊和戴维都很崇拜西尔维斯。② 后来，苏珊还表达了她希望戴维从罗杰·斯特劳斯手里继承法勒-斯特劳斯-吉鲁出版社的愿望。1978 年，他从普林斯顿大学毕业，这一年，她也完成了化疗，出版了《作为隐喻的疾病》；罗杰聘请他在法勒-斯特劳斯-吉鲁出版社任编辑。他之前没有编辑的工作经历，但正如佩姬·米勒所说的那样，他对这份工作“很疯狂”，而且他也“比其他人都聪明”。③ 他在文学界的人脉关系帮了他的忙——他和法勒-斯特劳斯-吉鲁出版社很多作者之间的关系好到直呼其名；而且，他精通西班牙语和法语，这也是他的一个有利条件。

苏珊坚持要他做自己的责任编辑，这是一个极其任人唯亲的安排。一段混乱的人际关系又变成了一段混乱的工作关系。甚至在他入职法勒-斯特劳斯-吉鲁出版社之前，他们就一直在对峙。戴维并非没有注意到，苏珊对别人的爱与别人对她的爱常常是成反比的——“我以前总是倾心于强势的人，以为假如他们发现我普普通通，那他们肯定了不起”——于是就会退缩，拒绝在不太隐秘的争论中跟她说话，这些争论的确切性质像是蒙了一层神秘的面纱。埃德蒙·怀特写道：“他们之间到底发生了什么事并没有详细说明。在这里，他们又一次看上去有点像王室成员——在没有任何人知道确切的疏远关系条款的情况下，一场纠纷在法庭上被登记在案。”④

---

① 作者对加里·印第安那的采访。
② 作者分别对罗杰·多伊奇和西格丽德·努涅斯的采访。
③ 作者对佩姬·米勒的采访。
④ White, *City Boy*, 279.

正如她对她一个个情人所做的那样。“她可以在戴维面前羞辱她自己，”明达·雷·阿米兰说，“苏珊道歉、乞求原谅。”[①] 她会在回家的路上一直低声下气。“她会做这样的事情，比如让妮科尔给戴维买非常昂贵的法国西服，一次买三四套。”唐·莱文说。[②] 另一种最受欢迎的贿赂是奢华的牛仔靴，他收集这些靴子，而且1981年，他把自己的第一本书献给了这些靴子。借用菲利普·里夫自我描述中的表达，戴维给人的总体印象也是“一个极不自在的人”。他似乎正在经历一场“内心深处的斗争，以控制某些东西”，罗伯特·西尔维斯说， 411
“我不想知道戴维的内心世界”[③]。

◆ ◆ ◆

他母亲也不想知道。戴维越是努力保持距离，苏珊似乎就越崇拜他。她的崇拜对双方都有害而无益，于是，像卡洛塔一样，他也成了她的想法投射的一个屏幕。这些想法比母亲理智地考虑什么对他才是最好要重要得多。她以令人毛骨悚然的方式——“毛骨悚然”这个词就是她的——重现了她小时候她母亲对待她的方式。1967年，她就已然预见到了这个问题的到来。

> 我自己的成长过程：我看上去比我实际年龄年轻许多的这一事实似乎
>
> 1）像是我母亲的翻版——部分盲从地深受其影响。她定的标准。

---

① 作者对明达·雷·阿米兰的采访。
② 作者对唐·莱文的采访。
③ 作者对罗伯特·西尔维斯的采访。

> 2）像是仍然要恪守保护她的秘密诺言——对她的年龄我会说谎，帮她看起来年轻。(要证实我看起来年轻，但她看着更年轻这一点，还有更好的办法吗?)
>
> 3）像是我母亲的诅咒（我恨我身上的一切——尤其是物质性的东西——这像她）。我感觉我的肿瘤和子宫切除的可能都是她的遗赠、她的遗产、她的诅咒——我因此极其沮丧的部分原因。
>
> 4）像是出卖我母亲——因为我看上去年轻，这对她没任何好处。现在，她越来越老了，而且看上去也老了；但我不，我依然年轻——我加大了我们之间年龄上的差距。
>
> 5）像是她给我设下的一个陷阱——所以，现在人们以为我
> 412 和戴维是姐弟，这可把我高兴死了，让我兴奋极了。我记得她——我吹嘘我年轻，把年纪多大扯进聊天中，给戴维的年龄多加上一岁，其实并不是真有什么必要。①

1985年，埃德蒙·怀特写了一部长篇小说——《嬉戏》，这宣告了他与戴维和苏珊之间友谊的结束，因为书中的两个人物——一位著名的知识分子和她的儿子——实在是太好识别了。

> 她不止一次对他很肯定地说，她知道在他们那个几乎没有孩子的艺术家和知识分子的圈子里，被一个孩子牵绊住是什么滋味；毕竟，她（在马蒂欧如果说是充满深情但也是疏远的帮助下）养育了一个孩子丹尼尔；丹尼尔现在30岁了，看上去跟她年龄相仿，就像是她的弟弟。如果不是他们出了名的，甚至是声

---

① Sontag, *Consciousness*, 223, August 10, 1967.

> 名狼藉的过去被详详细细地记录了下来，她的母亲身份都可能会受到怀疑。然而，当一些无知的人或外地人把丹尼尔误认为是她的弟弟或情人时，玛蒂尔达很是开心，为了令人更加困惑，她还常常忸怩作态地称他“亲爱的”。

怀特还写道：“丹尼尔喜欢说玛蒂尔达对她自己的了解要少于他认识的所有人。”[①] 不过，即使苏珊的确表现出这种自我了解的时候——私底下，以及灵光一闪之间——她也很难将它转化成行动。这是常有的事，只不过，在她患病的那些年里，情况变得更糟了。她的日记——那个存储她真实自我的地方——干涸了，变得越来越不敏锐。

她因缺少对戴维的评价而引人注目，但她不多的评价则透露出那些时刻她体悟出，她的在场和她日益增长的需求是令人压抑的。“我必须考虑戴维。”1971 年[②]的时候，她这样提醒自己。一个朋友 413

> （中肯地）说过我不描述他，我描述我与他（我们）之间的关系——她要我描述一下他的时候，我卡住了——很窘迫——就仿佛是她在要求我描述我最优秀的一面。问题的关键是：我与他太亲，他和我也是。这对他是一个多重的负担啊。[③]

1975 年，她罹患癌症前不久，她写道：

> 戴维对我说，今年春天他就注意到了我的焦虑——每次他离

① Edmund White, *Caracole* (New York: Dutton, 1985), 93.
② 此处有误，应为 1976 年。——译注
③ Sontag, *Consciousness*, 400, n.d. [early 1970s]. （此处有误，应为 1976 年 2 月。——译注）

> 开家几个小时，去哥大图书馆，和罗杰或加里一起度过一个下午，等等。这对他是个多么可怕的负担啊！[1]

1977年，她从河滨大道公寓搬到了市中心，住进了东17街207号的一套公寓里。苏珊和戴维从此就不住在一个家里了，不过，这并不意味着时年25岁的戴维就行动自由了：他最终住到了隔壁。对此深感惊讶的保罗·特克写道：

> 搬家的那个周末改变了你在我心目中的形象；从原先那个宽宏大量、非常有人性、温柔的形象变为霸道、泼妇一般，就因为她儿子（最后终于）想过他自己的生活，这把她吓疯了；而且，你似乎变得愿意用所有令人极为不快的处理方式，来强迫别人按你的要求就位，毫不尊重或理解他们自身的需求。[2]

西格丽德和戴维分手时也证实了这一点。西格丽德在河滨大道的公寓里住了一年多时间。罗杰·多伊奇说，戴维“疯狂地、疯狂地坠
414 入了爱河，无比危险地坠入了爱河”。后来，多伊奇惊讶地发现苏珊的日记里没有提及他们的分手。如果她能理直气壮地写道她“（觉得）自己像个孩子一样被严重地忽略、忽视、不被人关注”，那戴维也能这么说。他开始出现抑郁的迹象。“他会去睡觉，而且，实际上可能会睡上36个小时。”西格丽德回忆说。[3] 在多伊奇看来，是苏珊的自恋导致了戴维的改变：“他是个好人，可是他有这么一个明显不喜欢他单立门户的母亲。”相反，她关心的是他和她之间的关系。“他有没

① 桑塔格文档，1975年5月25日。
② 保罗·特克写给桑塔格的信，1978年5月29日，桑塔格文档。
③ 作者对西格丽德·努涅斯的采访。

有跟她出去吃饭啊？这才是她关心的事。这是要成为她的影子啊。于是他就通过羞辱别人来应对，因为这样他就不会被别人羞辱。”① 他一有机会就会羞辱的人之一就是苏珊本人。努涅斯说：“他知道什么能伤到她，于是他就做什么。” 415

① 作者对罗杰·多伊奇的采访。

第二十六章

严肃认真的奴隶

癌症康复后的桑塔格在公开场合展现出一副坚不可摧的架势。从20世纪70年代末开始，她在纽约大学人文学院与其他名流（布罗茨基、德里克·沃尔科特、唐纳德·巴塞尔姆）一起出席活动；大家聚在一起听客座演讲者的演讲，或讨论他们自己的作品。一头黑发中留着那绺白发的桑塔格是学院的杰出人物之一，来访者常常惊叹于她所表现出来的争强好胜的机智和智慧。澳大利亚作家丹尼斯·奥特曼说："有一次，我说了什么，苏珊非常生气，于是对我进行了一番全力攻击。这本身就是一种令人感到威严的体验，尽管也是令人感到相当可怕的体验。"[①] 这就是桑塔格，威严且可怕，她扬一扬眉头就能成就、当然也能断送别人的事业；她能写出《迷人的法西斯主义》这样的随笔文章，她无人不识，无所不知。

然而，桑塔格的另一个身份则是小说家，她的小说的主要原则可以被称为叙述的不确定性。她在早期的小说和电影中尝试的不确定性令人困惑。她坚持认为，她笔下的人物以及发生在他们身上的事情，
417 均无法为人所知；这让人们不可能在情感上对她的作品产生共鸣。读

① Rollyson and Paddock, *Making of an Icon*, 190.

者讨厌自己的阅读被理论上的伎俩所阻碍，而且有人怀疑，只有那些忠粉，才会看到最后。

不确定性是围绕其组织故事的一个令人沮丧的原则。但是，当它从叙述转向叙述者时，就会用之前用来掩盖真相的方法来接近真相。桑塔格日益令人敬畏的人物形象背后那个真实的女性是完全不确定的。当这个桑塔格——不是那个依靠傲慢无礼的断言或艺术家气派的“巴里昂巴德”理论的桑塔格——让不确定性渗入她的作品时，这些作品毫无例外地获得了共鸣和权威。这些结果就像她日记中四处可见的列表清单，或者是超现实主义的拼贴画，或者是约瑟夫·康奈尔的盒子：碎片，以它们破碎的——也就是说它们真实的——形式。生活就是在未知的云里雾里过着；经历、记忆和梦想只不过是一些碎片。

1978 年，她出版了短篇小说集《我，及其他》，其中收入了八篇这样的短篇小说，都是在她生病前写的：那个时期，她仍然允许自己存在不确定性。她仍然断断续续地和母亲维持一种亲近关系，因此她把这本书献给了母亲；书的开篇，从字面上看，是以“苏”这个名字出现的。《中国旅行计划》是在她认为自己不会去中国的时候写的，书中收集了她对父亲的了解：一些记忆的片段，一串串句子，大量的空白。这种千变万化的表达方式，真人真事和格言警句堆积在一起，并不试图迫使它们最终揭露任何真相，这是她最优秀的随笔文章的一个特点。这些短篇并没有像写里芬斯塔尔那篇随笔那样试图下断语或表示谴责。相反，它们表达了想让死者（她父亲）复活的愿望；去“思考无法思考的东西”（阿尔托）；去定义无法定义的东西（坎普）。这些作品中并没有中断讨论。作品中一直敞开、激励着这种讨论；而激励讨论正是这位伟大的批评家的作用——成就——所在。 418

◆ ◆ ◆

《我，及其他》是一部短篇小说集，不过，这本书并不像“小说”这个词通常为人所理解的那样，是一本真正意义上的小说集：比如，《中国旅行计划》可以说是一篇充满诗意的回忆录。接下来的那篇《心问》也是一篇回忆录，是写苏珊·陶布斯的，虚构的成分稍微多一些，小说中陶布斯的名字叫朱莉娅。

> 分享别人的回忆是一种愉悦。回忆中的一切都是亲切、可爱、感人和珍贵的。至少过去是安全的——尽管当时我们没有意识到。我们现在意识到了。因为它属于过去；因为我们幸存下来了。

朱莉娅——我们知道，未能幸存——有着“演员一样的头发”，“看上去疲惫而娇小，手腕又粗又大，胸部不够丰满，肩胛骨偏宽，盆骨像是海鸥的双翼；这么一个缺席的身体，人们可能都不愿去想象她脱光衣服时的样子”。朱莉娅“不经常洗澡。散发着一股难闻的味道”。她和叙述者“知道的比他们能用的要多”。与此同时，他们“知道的还远远不够”。[①]

这个故事充斥着20世纪60年代纽约的素材，这远远不足以引导朱莉娅安全地行走在这个世界上。小说中“人们在努力做的事情”这个部分包括了对其他人的观察：“在我看来，我们周围所有的人都在力求当个普通人。这需要很大的努力。”[②]“对人们有解脱、抚慰和帮

① “Debriefing”, in Sontag, *I, etcetera*, 33, 37.
② 同上，第38页。

助的东西”这个部分提供了一些建议：“幽默感很有益……有时候，妄想狂也有益……据说逃离也有益……不对自己的性取向感到内疚也有益，不过，不清楚是不是很多人真的做到了这一点。”

> 有时候，彻底改变一下你的感觉也有益，这就仿佛是把你体内的血全部抽出来，换上新鲜的一样。完全变成了另一个人。但 419
> 没有任何魔法。给变性者带来幸福的手术是没有道德上的对等物的。[1]

什么也不能真正帮得了朱莉娅：她无法改变自己的感觉，投河自杀身亡。在书的其余部分，逃避自我的欲念再次出现。在《假人》中，一名男子造了一个和他一模一样的人——一个替身，一个假人——来完成所有他不再想完成的任务：“我只想给自己留下那些给我带来愉悦的事情。”[2] 这也意味着回到童年，彼时，即使是最异乎寻常的可能性也还没有被自我的不断积累所扼杀：

> 我为怎样去过别样的生活制订了一个个宏伟的计划。我想成为一个北极探险家，一个音乐会钢琴演奏家，一个大名鼎鼎的交际花，一个世界级政治家。我先后试过亚历山大大帝，然后是莫扎特，然后是俾斯麦，然后是葛丽泰·嘉宝，然后是猫王埃尔维斯·普雷斯利的生活。[3]

这一个个计划均未成功。没过多久，这个假人便把他做的事情中

① “Debriefing”, in Sontag, *I, etcetera*, 44－45.
② “The Dummy”, in Sontag, *I, etcetera*, 88.
③ 同上，第93页。

更令人厌烦的部分转给另一个假人去做了：即便是一个玩偶也逃脱不了自我的负担啊。

在《旧怨重诉》和《杰基尔医生》中，桑塔格研究了另一种失败。就像《食人者二重奏》和《恩主》一样，这两个故事都以令人感到压抑的大师为特征，他们让人想起雅各布·陶布斯，但也可能代表任何一个男性超我，从托马斯·曼到布罗茨基，他们都对她行使着统治权。这些人物渴望自由，却不希望获得自由。《旧怨重诉》中那个"严肃认真的奴隶"与一个组织纠缠在一起，该组织的成员永远也无法逃脱。在《杰基尔医生》中，信徒们通过一根根实实在在的神秘的绳子与他们的领袖联系在一起。隐喻很直白，表达的信息也很清楚。"你不可能变成除你以外的别的什么人。"有人对《旧怨重诉》
420 中的这个人物说。[①] "别跟我谈什么自由。"《杰基尔医生》就此结束。[②]

◆◆◆

一个人什么也不知道，也无法逃脱：如果诊断至少部分是准确的，那就很难令人鼓舞；到了 20 世纪 80 年代初期，苏珊的情绪更加低落。她对瓦格纳产生了一种痴迷。1981 年，她写道，"过去这三年，我对瓦格纳的激情——这个词并不太强烈——也是我心理崩溃的一个标志。我陶醉，我漂浮：就像尼采描述的那样"[③]。

她想要重新开始，努力却又失败，想摆脱她与妮科尔剪不断理还

---

① "Old Complaints Revisited", in Sontag, *I, etcetera*, 129.

② "Doctor Jekyll", in Sontag, *I, etcetera*, 230.

③ 桑塔格文档，1981 年 5 月 31 日。在《尼采反对瓦格纳》中，尼采写道："理查德·瓦格纳想要一种不同的运动，他推翻了以往音乐的生理预设。游泳、漂浮——不再是走路和跳舞。"（第 3 部分，第 1 页）

乱的关系，尝试寻找一种新的方式去写作，去找到给变性者带来幸福的手术在道德上的支持。她仍然感到抑郁，仍然觉得自己做得不够，仍然或多或少地一直处在恐慌的状态中：

> 一定有可能让我不这么焦虑。我觉得——我不知道确切地该怎么说——是多余的、精神错乱的，而且（我已经这样有五年了）是死后发生的。我在扮演一个活着的人，一个作家。我不知道在何处安放自己。我既无精力也无希望。一定有可能可以做得更好！[①]

这可不是一般作家的牢骚话。她的小说中和日记里表现出来的不确定性是实实在在的。20 世纪 60 年代和 70 年代辉煌多产，到了 80 年代就枯竭了，那时候，她已经从癌症中完全康复了。她把时间越来越多地用在出席剪彩仪式的事务上。

然而，她的声望的提高将以牺牲自己的私生活和艺术生涯为代价。1980 年，她出版了《土星照命》，1992 年，她出版了《火山情 421
人》；在这期间，她只出版了一本薄薄的《艾滋病及其隐喻》。她写了一些短文章，其中一些也非常出色；但是，在这十年里，她未写的东西比她写出的东西更值得注意。她开始写一本书，但因为不满意这个项目而心烦意乱，于是中途放弃，就这样一本接一本开始，又一本接一本放弃，然后再艰难地继续重新开始。对一个以“重塑”而扬名的女人而言，80 年代的情况将会表明，努力摆脱过时的观念和落伍的自我是多么痛苦，这与时尚几乎毫无关系：这与她试图摆脱的自身糟糕的部分、令人悲伤的部分是多么密切相关啊。在《我，及其他》中，

① 桑塔格文档，1981 年 5 月 31 日。

她一次又一次地注意到，逃离不是一个好的选择。当她意识到此事的不可能时，她变得极其沮丧，认为最终的逃避就是自杀。

然而，不确定的思维是开放的思维。正如苏珊更善于赞赏而非攻击一样，她更善于怀疑而非断言。这也无妨，因为她试图想出自己的方式成为一个崭新的自我，这是在一个极其动荡的文化背景中发生的。一个刚刚成为“时代之基调”以及“时代之缪斯”的人发现自己陷入了困境。某些问题在六七十年代很紧迫，但很快就变得像归尔甫派成员和吉伯林派成员之间的争吵一样稀奇古怪。总之，这些突如其来的改变——艺术上的、政治上的、性方面的——让她的旧世界支离破碎。

◆ ◆ ◆

1960 年，约翰·肯尼迪当选为总统，这象征着两代人之间的决裂。20 年后，罗纳德·里根当选为总统，这也成了一个分水岭。肯尼迪是继年龄最大的艾森豪威尔之后最年轻的总统。里根就职时 69 岁，比艾森豪威尔就职时大 7 岁。他并不代表新一代，但他确实代表了一
422 个新的联合政府。他把共和党的一些老问题——反工会主义、反共产主义、对富人的低税收——与对 20 世纪 60 年代那些进步胜利的反应结合起来。对“州权”的诉求赢得了南方种族主义者的支持，其中许多人在约翰逊颁布民权法之前一直是民主党人。他把那些在后肯尼迪时代被自由派最高法院的裁定——禁止在学校祷告，允许堕胎和避孕——所冒犯的人聚集在一起；在《平等权利修正案》提出后，他紧接着又重新鼓动反女性主义情绪。

他的当选，以及后来轰动性的再次当选，是对苏珊已经在其中生活了 20 多年的政治世界的断然拒绝；这个世界在与诺曼·梅勒的女

性主义的交汇中似乎取得了胜利。诺曼·波德霍雷茨说，在那个世界里，“右翼是不存在的。它甚至都没有为人们所关注”[1]。那个时候，激进主义的敌人不是保守主义，而是自由主义，而且，“这些争斗都是宗教派系性质的”。里根的事件证明，这些争斗在很大程度上蒙蔽了左翼的双眼，让他们看不见复兴的右翼，让他们对那些和他们一样反对自由主义却来自对立阵营的人毫无准备。波德霍雷茨说，像桑塔格这样的人不仅没有接受保守观念，他们甚至不承认这些观念的存在。1950年，波德霍雷茨的老师莱昂内尔·特里林写道：“这个时期的美国，自由主义不仅仅是主流，而且是唯一的思想传统。”他说，没有保守的观念，只有“力图与观念相似的急躁的心态”[2]。

即使在当时，这也是错误的。里根是复兴的保守主义对20世纪60年代的断然拒绝，但他也是那个年代的产物。在某种程度上，他代表了安迪·沃霍尔的成功：众所周知，他分不清影像与现实、隐喻与客体、拍摄出来的经历与生活的经历之间的区别。他讲述了一个关于他父亲“醉醺醺地躺在门口台阶上”的故事，言之凿凿，但后来被发现是从一个长篇小说中偷来的情节；[3] 他声称，二战期间，他曾为陆 423
军通信兵拍摄过纳粹死亡集中营的影片，而事实上整个战争期间，他都在卡尔弗市，在哈尔·罗奇工作室拍摄培训用的影片。[4]

这位前二流演员就是沃霍尔式名流活生生的例子，他的感受力来自好莱坞，从他身上根本发现不到讽刺的感觉：无法区别暴行和暴行的照片。他的总统任期被这个政治概念定义为角色扮演，定义为“坎普”：“在其感受力中，作为戏剧的生活的隐喻的最远延伸。”琼·迪

① 作者对诺曼·波德霍雷茨的采访。

② 作者对诺曼·波德霍雷茨的采访；另见 Lionel Trilling, *The Liberal Imagination* (New York: Viking Press, 1950), preface。

③ Steven R. Weisman, "The Hollow Man", in *New York Times*, October 10, 1999.

④ Joan Didion, *Political Fictions* (New York: Alfred A. Knopf, 2001), 112.

迪恩写道，对里根而言，“花言巧语很快就被理解为可以与行动互相替换”[1]。

◆ ◆ ◆

花言巧语等同于行动的概念——碰巧——也是这类被模糊归类为后现代主义的作品的一个准则。这场运动与法国的理论（或简称为理论）有部分的重叠，与桑塔格自己早期的一些作品在表面上有某些相似之处，并为一代人的学术批评定下了基调。

“学术”这个词很重要。从一开始，理论就是一种学术努力。众多的美国热衷者专攻这种设计得晦涩难懂的作品的创作，并以此为荣；它的诸多影响之一是切断了专业批评与受过教育的大众之间的联系，这种联系虽令人担忧，却是必不可少的。维系这一联系曾是“家庭”中作家的长处，比如特里林、埃德蒙·威尔逊、汉娜·阿伦特，以及他们的第三代继承者，包括桑塔格和罗伯特·西尔维斯。理论将人文学科从普通读本中分离出来，产生了“文本”；这反映了学者一度在其中占据中心地位的社会辩论的倒退。很多后现代主义学者晦涩难懂的作品和杂志上日益低俗的格调之间的差异，可能会让桑塔格这
424 样的作家陷入困境，没有地方发表作品。

后现代主义的主要倡导者——雅克·德里达、米歇尔·福柯、让·鲍德里亚、埃莱娜·西苏、吉尔·德勒兹——都是法国人，都属于一种文化；桑塔格一度十分推崇并宣传他们战后的作品，而这些作品当时在美国则基本上不为人所重视。和她一样，他们对电影、摄影、超现实主义以及其他形式的流行文化很感兴趣，但迄今为止，人

---

① Joan Didion, *Political Fictions* (New York: Alfred A. Knopf, 2001), 99.

们认为这些东西都缺乏高雅艺术的优美。他们对性和女性主义感兴趣；他们对她感兴趣的作家，包括巴特、本雅明还有萨特感兴趣，并从中汲取灵感。

但是，桑塔格不喜欢这些后现代主义作家，几乎从不提及他们的名字。相反，她表达了对“所谓的后现代主义”的不认可，她将其定义为“让一切变成等同之物”[1]。因此，她间接地回应了对她的批评，尤其是那些一直指责她为消除等级的新保守主义者。这是她很久以前在《评论》杂志社的同事希尔顿·克莱默对她的指责，克莱默当时说《关于“坎普”的札记》切断了“高雅文化与高度严肃认真之间的联系”，从而造成了“后现代时代的精神破产”，而“高雅文化与高度严肃认真一直是现代主义精神的基本原则”。[2] 这也是波德霍雷茨的观点：“不仅仅是《关于‘坎普’的札记》，还有《反对阐释》，基本上都是相对主义的——我不知道你怎么称呼它。它当然不符合我们当时所认为的正确标准。”[3]

扩大标准，把因历史不公而受到排斥的艺术纳入其中是一回事，就像女性主义者和黑人运动推动者试图做的那样。认为所有的作品都是等同之物则是另一回事。这是桑塔格在60年代的挑衅的一种暗示。“它微乎其微——微乎其微，内容。”她在《反对阐释》中引用了德·库宁的话。这些似乎是为了说服她自己去感性地体验艺术，就像艾琳或保罗一样。她从来都没有真正相信内容是不存在的：像很多现 425
代主义者——包括维特根斯坦——一样，她感兴趣的是哲学上的转变，从研究事物的意义是什么——批评的经典任务，到研究事物是如何产生此意义的。但是，这个被广泛接受的观点大胆地表明意义仅仅

① Evans Chan, “Against Postmodernism, etcetera—A Conversation with Susan Sontag”, in *Postmodern Culture* 12, no. 1 (Johns Hopkins University Press, September 2001).
② Seligman, *Sontag & Kael*, 116.
③ 作者对诺曼·波德霍雷茨的采访。

是一种建构，而语言、文学和艺术只不过是优势群体的各种偏见的总和。后现代主义远远超过了马克思主义或弗洛伊德主义，是“智力对艺术的报复”，她曾在《反对阐释》中警告过这一点。

在后来的几年里，她会经常解释为什么将种种“正确的标准”民主化与废除它们不是一回事。

> 毫无疑问，没有任何含糊或讽刺，对文学、音乐、视觉艺术和表演艺术中高雅文化的经典，我一直忠心耿耿。然而，比如说，我也喜欢很多流行音乐。我们似乎在试图理解为什么那是完全可能的或为什么不是……以及标准的多样性和多元性可能是什么。然而，这并不意味着废除等级制度，也不意味着一切均等。从某种意义上说，我和任何一个文化保守派一样，是传统文化等级制度的拥趸或支持者，但我没有用同样的方式来划定等级制度……举个例子：不能因为我爱陀思妥耶夫斯基，就意味着我不能爱布鲁斯·斯普林斯廷。现在，如果有人说你必须在俄罗斯文学和摇滚乐之间做个选择，我当然会选俄罗斯文学。但我没有必要选择。①

2002年，她将后现代主义与政治上的思想贫乏联系起来：效仿里
426 根而来的，那种低俗、专为电视制作的装腔作势的演讲已成为标准。

> 当林肯那些伟大的演说在“9·11”纪念活动中被引用时，它们——以真正的后现代的方式——变得毫无意义。它们现在是高贵的姿态、伟大精神的姿态。它们当年的伟大之处，则已不相

① Chan, “Against Postmodernism”.

干了。[①]

桑塔格谴责了一种文化，在该文化中，“梵高和沃霍尔”——林肯和里根——“被视为同等人物对待”。她把“所谓的后现代主义——也就是，让一切变成等同之物”描述为“消费主义资本主义的完美意识形态。这是一种积累的理念，是为人们的购物之旅做准备的理念”。[②]

这是语言和隐喻仅指其自身而不指任何外在现实这一观念的自然产物。后现代主义切断了与现实世界（对身体、对政治）的任何联系，颠覆了批判权威，肯定了半个世纪前费尔南多·佩索阿的说法：“一幅伟大的画作意味着一个富裕的美国人想要购买的东西。”[③] 衡量的标准就是金钱，而评论家的观点不过是一个消费者的观点。里根时代即沃霍尔时代——还要去掉讽刺。

◆ ◆ ◆

在漫长而乏味地盛行于美国学术界期间，理论拒绝与受众接触，这样就把人文学科——已然被一种除了金融价值外已很难看到其他价值的文化所围困——进一步推向了边缘。桑塔格后来的人生中，一直在为那些越来越被冷嘲热讽地描述为“经典”的作品而辩护。这种辩护被认为是保守的。但这与政治保守主义毫无关系。这是一种名著式的、芝加哥大学特色的保守主义——与里根所象征的谢尔曼奥克斯地

① “One Year After”, 120.

② Chan, “Against Postmodernism”.

③ Fernando Pessoa, *Heróstrato e a busca da imortalidade*, trans., Manuela Rocha, ed., Richard Zenith, *Obras de Fernando Pessoa*, Vol. 14 (Lisbon: Assírio & Alvim, 2000).

427 域性保守主义截然相反。

在20世纪60年代，她被视为新奇的象征。但是，越战时代的政治激进主义与尊重过去的权威并不是水火不容的。1988年，她承认自己对某些时尚艺术形式的热情有些牵强：

> 我在60年代对新小说成就的态度不是百分百的诚实。我真正更加喜欢的是新小说这个理念。我写文章谈论萨洛特和罗伯-格里耶时，更喜欢他们的随笔以及他们的小说观，而不是他们自己在写的小说。①

在那些年里，她常常对“小说”表示鄙视。这反映了一种不安全感，一种自我怀疑，而这有助于解释她自己的小说中的那些更为精心设计的技巧。私底下，正如她日记中一串串长长的书单所显示的那样，她博览群书，数千本小说中很多（如果不是大部分）都反映了约瑟夫·布罗茨基的教学大纲中的传统文化。这是她从逛图森文具店的时候就开始尊崇的文化。

有她一生的研究做后盾，她此刻站在一个绝佳的位置上，在普通读者面前捍卫这种文化：契合完美，以至于“苏珊·桑塔格”这个名字成了高雅文化的同义词。赞赏这个特点展现了她性格中最好的一面，她在这方面很少出错；在政治上，她也逃脱了她思想中另一个令人难以信服的部分，从“20世纪60年代幼稚的左翼主义”转变——用科赫的话说——再一次成为一个聪明人。

然而，桑塔格并没有谨慎地用她的作品来表达这一转变，而是彻底抛弃了对左派的忠诚，她采取的高调炫耀姿态令她声名狼藉。这是

---

① Stefan Jonsson, “One Must Defend Seriousness: A Talk with Susan Sontag”, in *Bonniers Litterära Magasin* 58, no. 2 (April 1989): 84-93; in Sontag, *Conversations*, 244.

一个需要破译的姿态，因为它的语言，曾经在政治辩论中是最重要的，而今几乎消失了。1982 年 2 月 2 日，苏珊 · 桑塔格在一次活动中 428
表达了自己的谴责立场，该活动成为著名的“市政厅事件”。

◆ ◆ ◆

苏联解体前不久，美国某些飞地还在为共产主义是对是错争论不休。《党派评论》在这时期祝贺一位孕妇孕育了“一名未来的苏美公民”；这些日子和那些“斯大林主义者、托洛茨基主义者、列宁主义者、马克思列宁主义者全都在《党派评论》——或者，就像埃德蒙 · 威尔逊所说的《党派茨基评论》[①]——上无休止地辩论他们的立场的日子一样遥远”[②]。

几十年来，不同模式的共产主义一直非常流行：通常，像越南和古巴，都是美国国内论战时的代表性案例。但是，这种兴趣从来就不是一种对真正的政治的兴趣，因为在美国，这个群体并不庞大。对美国人而言，人们首先是希望因此能找到一种途径，来替代对穷人和无权无势的人、对文化、对环境都是毁灭性的消费资本主义——因为它似乎是不可战胜的。这样的兴趣表达了一种希望，即马克思主义宝贵的见解可能会被民主地采用。这些争论中有很多是关于美学和文化的，它们是在纽约的文化圈子里展开的。这就是苏珊的世界，“美国的布卢姆斯伯里团体”，她在其中赢得了“最激进的激进分子”的声望。[③]

从 20 世纪 70 年代中期开始，当她遇到布罗茨基和他周围的流亡

---

① 《党派评论》的英文原文为“Partisan Review”，《党派茨基评论》的英文原文为“Partisansky Review”，加入了一个俄语词根“sky”。——译注
② Atlas, “The Changing World of New York Intellectuals”.
③ 同上。

者时，她已经和那些受苦受难的作家们走得很近了，尽管布罗茨基狂
429 暴地强调他们经历的真实性，这才让她“再一次成为一个聪明人”。但是，即使在此之前，在她多次访问相关国家时，她也有很多次的机会看到真相意味着什么。1968 年，他们在古巴期间，罗伯特·西尔维斯遇到了一个名叫埃韦尔托·帕迪利亚的诗人，诗人描述了不断恶化的人权状况。1971 年 3 月，帕迪利亚被关押受刑。获释后，他发表了《自我批评》，令人联想起斯大林时代的作秀审判。“他写了‘我从 5 岁起就是中情局的特工’，或诸如此类的东西，”西尔维斯说，“而他们［古巴当局］真是太蠢了，竟然还真把它发表了。”①

对帕迪利亚迫害的结果是，在国际上众多原先支持这场革命的人眼里，这场革命黯然失色。苏珊加入了拉丁美洲和欧洲知识分子精英——萨特、波伏瓦、莫拉维亚、科塔萨尔、帕斯、鲁尔福、巴尔加斯·略萨，还有更多的一些人——的行列，谴责这些行径。她在两封不同的信上分别签了名，第一封刊登在《法国世界报》上，然后是《纽约时报》上。然而，不久她就开始变卦了。一次会议上，一名发言者谴责帕迪利亚的“精英主义及其培养一个远离人民大众的小文学集团的意愿”；在这次会议上，她“强烈表示后悔”在那两封信上签名。她当时签名只是因为“有人告诉她这是一封私人信件”，写给菲德尔·卡斯特罗，她“不知道这样的信件会成为《纽约时报》的头版新闻”。② 尽管她是在第一封“私人信件”已然刊登在《法国世界报》上之后，才在《纽约时报》上的那封信上签的名。

不过，就像苏珊在政治上的众多失误一样，此次也是可以弥补的。差不多十年后，西尔维斯接到帕迪利亚的妻子打来的电话；她于 1979 年逃离古巴。她恳求他帮忙把埃韦尔托救出来；西尔维斯随后为

---

① 作者对罗伯特·西尔维斯的采访。

② Mary Breasted, “Discipline for a Wayward Writer”, in *Village Voice*, November 5 – 11, 1971.

此事邀请了肯尼迪家族的顾问小亚瑟·施莱辛格共进午餐。西尔维斯解释了当时的情况，施莱辛格准确地将其行为解读为向泰迪·肯尼迪提出请求。一星期后，参议员办公室打来电话：帕迪利亚将经由加拿大抵达拉瓜迪亚机场。他的到来是一种解脱，但也是一个问题。新闻发布会结束，“肯尼迪的人给了他一千美元，他有合适的访客身份”，430
西尔维斯说。“可是他能做什么？他能住哪里？”

答案就是：住在苏珊·桑塔格家。“苏珊并未对此大惊小怪，只是说了一句，‘来住我这儿吧’。”西尔维斯说。帕迪利亚最后和她一起住了六个月。“我认为这是苏珊最无私、最高尚的行为之一。”①

◆ ◆ ◆

这是她经常反复表示的一种姿态，就像她在1980年访问波兰之后所做的那样。她与包括乔伊斯·卡罗尔·欧茨和约翰·阿什贝利在内的一行人一起去的波兰，在那儿结识了年轻的波兰作家雅罗斯拉夫·安德斯。她令他神魂颠倒。“她令人信服地、大胆自信地，有时是无所顾忌地、毫无警示地表达自己的观点和意见。我个人认为，这样子很有趣、很有启发性，也很自由自在。这是一个自由的头脑。”他发现她已然做好一切准备来理解波兰的局势。他回忆道：“她已经结识了布罗茨基和米沃什，而且他们也影响了她的思考，她不是写《河内行纪》时候的苏珊了。”②

她安排了安德斯出访美国。1981年底，他去了美国，就住在苏珊位于17街的公寓里。12月13日早上，她把他叫醒，给他看了《纽约时报》的头版头条新闻：《波兰宣布军事管制》。卡罗尔·沃伊蒂瓦在

---

① 作者对罗伯特·西尔维斯的采访。
② 作者对雅罗斯拉夫·安德斯的采访。

1978年底的教宗大选中，当选为教宗若望·保禄二世；而紧随其后的这次军事行动即使以苏联集团的标准来衡量也是十分极端的。1980年4月，苏珊到访波兰；9月，团结工会在格但斯克造船厂的工人中出现。团结工会成立后，几乎所有波兰人都效忠的教会的反对派加入了工人阶级的反对阵营。

安德斯不仅失去了工作，还无法与妻子和年幼的女儿取得联系。
431 苏珊自始至终都在帮助他。“我的情况真是似非而是，因为这不是一个非常典型的移民经历，一个知识分子，却不得不开出租车。”他说道。在苏珊的资助下，他成为人文学院的一员，而且“开始用英语——我掌握的语言——为《纽约书评》撰稿”。1982年2月，在市政厅召开了一次会议，表达左翼知识分子对团结工会的支持。

克里斯托弗·希钦斯写道：“从气氛上看，从运转不灵的电影放映机、拥挤不堪的讲台到留着小胡子的主席，这显然是一次左派的晚会。”[1] 在里根时代，左派意志消沉，心怀戒备，但仍循规蹈矩，包括倾向于把共产主义世界里的一切坏事与资本主义世界里的坏事等同起来。这惹恼了布罗茨基。和平活动人士拉尔夫·舍恩曼对他说：

> “您之所以受邀来演讲，是因为我们很看重您对波兰作家的帮助，但没人必须为你不合时宜的自以为是负责。当我们支持团结工会时，我们就是在保卫社会主义不受那些贬低它的人的侵犯。我们不打算让里根这样的人为波兰工人摇旗呐喊。”
>
> 布罗茨基问道：“为什么不？美国政府对波兰人民表示支持错在哪了？”
>
> “里根和黑格的宣传事业，”[舍恩曼回应说，]“包括土耳其

① Christopher Hitchens, “Party Talk”, in *Observer*, June 20, 1982.

总统比伦德［原文如此］·乌卢苏在内；乌卢苏不仅——在美国的命令下——在自己的国家实施了军事管制，还判处工会成员死刑，以及未经审判就将数千人投入监狱。如果那就是你想要的伙伴，我们可不想要。”①

在布罗茨基的鼓励下，苏珊站了起来。 432

如果你愿意，请想象一下，一个人在1950年到1970年间只看《读者文摘》，而另一个人在同一时期只看《国家》和《新政治家》。哪一位读者更了解现实呢？我认为，答案应该让我们停下来思考一下。有没有可能我们的敌人是对的呢？

在指责包括戈尔·维达尔、艾伦·金斯伯格、E. L. 多克特罗、皮特·西格和库尔特·冯内古特（冯内古特用《你是美国南方人吗?》的曲调唱了一首波兰歌曲）在内的一群人比《读者文摘》还要愚蠢之后，她捅了一刀。

这就是法西斯主义——成功的法西斯主义，如果你愿意这样说的话。我们所谓的法西斯主义，更确切地说，是一种可以被推翻的暴政——在很大程度上都失败了。

我重复一遍：法西斯主义（以及公开的军事统治）不仅是所有社会可能的命运——特别是当人民被迫奋起反抗时……一种有着人类面孔的法西斯主义。②

---

① Ralph Schoenman, “Susan Sontag and the Left”, in *Village Voice*, March 2, 1982.

② “Susan Sontag Provokes Debate on Communism”, in *New York Times*, February 27, 1982.

有不满之声也有奚落；在接下来的几周里，这引发了桑塔格家族一页又一页发文给予“回应”：戴维对《新共和》杂志上理查德·格雷尼尔的一篇文章做出了回应，向作者发起了决斗。[①]

她最后连珠炮式的言语引起了大家一阵冷嘲热讽。“就个人而言，我不愿看到桑塔格——美国左派长期以来最宝贵的人才之一——居然允许她自己被夸张地描述成有着人类面孔的诺曼·波德霍雷茨。”编辑菲利普·波乔达写道。[②]（波德霍雷茨已经抛弃了左派，成为里根的公开支持者。）以赛亚·伯林爵士发表了最冷静的言论。“我赞同，”
433 他对苏珊说，“但我对这张面孔还不太确定。”[③]

◆ ◆ ◆

安德斯说：“她受到了来自双方的攻击，我当时和她在一起。她对此感到非常、非常不安。这对她个人伤害很大。”但是，这些攻击更多地与苏珊当时说话的语气而非别的有关。毕竟，自20世纪30年代以来，这个问题就一直在这间屋子里被同一群人辩论着。多年来，人们——又是这间屋子里的很多人——一直试图让她了解真相，以及它与他们所珍视的民主社会主义理想有何不同。前托洛茨基分子伊娃·科利施说：“当它折磨人、杀害人、让人挨饿时，她对这种制度充满了感伤。”[④] 鲍勃·西尔维斯说：

> 她这个人，不会对一件事情的看法始终如一，而是在不断地

① James Brady, “Town Hall” Page Six, in *New York Post*, April 17, 1982；另见作者对海伦·格雷夫斯的采访。

② “Tempest on the Left”, in *Across the Board: The Conference Board Magazine* XIX, no. 5 (May 1982).

③ 桑塔格写给奥克塔维奥·帕斯的信，1982年3月2日，桑塔格文档。

④ 作者对伊娃·科利施的采访。

重塑自己，与不同的女人［她的情人］交往，与共产主义、美国以及赫伯特［·帕迪拉］交往……然后，你知道的，她写出了这本关于一个女演员的书，化身在［《在美国》，1999年出版］小说中。[①]

苏珊过去总喜欢把她自己失败的原因推到别人身上，这让朋友们很恼火。埃德蒙·怀特在他影射苏珊的小说中这样描述她的性格特征：

> 玛蒂尔达似乎浪费了很多时间来思考别人的行为道德的方方面面。由于她理论上的机敏与强烈而天真的自我主义结合在一起，她的道德研究总是以证明她的敌人有罪、证明她的朋友无罪和授予她自己一枚道德全勤徽章而告终。[②] 434

她总是把自己的意象投射到别人身上。但在她罹患癌症之后，在帕迪利亚事件中和《河内行纪》中，明显的犹豫消失了。她坚信自己创造的形象——一个谁的话也听不进、认为自己永远正确的女人——而这却是一个越来越大的谎言。她很快就会一个劲地否认曾经的亲密关系，就像她过去常常同样起劲地宣称关于疾病的神话“完全未能诱惑”自己一样。就是这同样的姿态总是让她陷入麻烦，至少在她的圈子里，没有人忘记她曾经的狂热吹捧。她的新朋友，和戴维年纪一样大的利昂·韦塞尔蒂尔说：“1982年的时候，60年代已成往昔。”他被她在市政厅的表演吓坏了。[③]

---

① 作者对罗伯特·西尔维斯的采访。
② White, *Caracole*, 265.
③ 作者对利昂·韦塞尔蒂尔的采访。

然而，到了1982年，也就是戈尔巴乔夫在莫斯科执政之前四年，对相关辩论感兴趣的人数几乎减少到零；整个纷争只在“一个远离大众的文学小圈子”里展开。此后不久，菲利普·洛佩特在休斯敦见到她时，注意到了这一点。那儿从来没有人想成为斯大林主义者、托洛茨基主义者、列宁主义者或马列主义者。

> 她原本以为自己激进的政治立场会受到诘问，她甚至在开场白中提到了这一争议，但休斯敦当然没人明白她在说什么……如果说有什么不同的话，那就是休斯敦上流社会——那些去听歌剧、看芭蕾、参加博物馆开幕典礼以及出席我们的“阅读系列活动”的人——对英国王室非常痴迷。玛格丽特公主的到访引发的
> 435 兴奋远远超过了任何左翼派系争辩能引起的轰动。①

① Phillip Lopate, *Notes on Sontag* (Princeton, NJ: Princeton University Press, 2009), 171 - 172.

第二十七章

正常进行的事情

市政厅的混战所涉及的范畴和观念很快就都过时了。但它留下了一个有益的结果。正如在文化领域——时代的变迁让苏珊摆脱了工作的束缚（她后来承认，她从来都不喜欢这种束缚）——一样，她与激进主义的决裂使她摆脱了与20世纪后期政治越来越无关的正统观念。她并没有变成一个新保守主义者，一个有着人类面孔的诺曼·波德霍雷茨。相反，她变成了一个自由主义者，成了激进人士的祸害，无论是对右翼抑或左翼而言。在她后来的人生中，她一直拥护那些虽然不是革命的却十分紧迫的事业，包括支持言论自由，反对种族歧视、性别歧视和宗教歧视——这些都需要她的支持。在一个急剧右倾的世界里，放弃激进主义并不意味着放弃争辩。

当她避免墨守成规的确定性时，她的作品获得了权威性，因此，她的政治影响力也随着她对自由主义的接受、对不确定性的政治的表 437
达而增长：试图容纳多种观点，而非强加一个单一的立场。她的激进主义已然过时，但她的自由主义的行动主义已成为她不朽的遗产之一：她主张文化是抵御野蛮的堡垒，主张艺术与保证个人尊严的政治价值观之间的联系。

如果说她写的没有以前多了，那么，她的行动主义也成了一部独立的作品，揭穿了自由主义代表温和中间派的观点是一个谎言。其艺术传统和政治传统都遭到了围攻：在美国国内，里根的消费主义和理论术语都在以不同的方式破坏高雅文化。在国外，它们则受到了从霍梅尼到米洛舍维奇等狂热分子的攻击。桑塔格主张以文化为中心，这一信念让全世界的人团结起来，以一种她在 20 世纪 60 年代时绝对不一样的方式成为一个真正的反主流文化者。

◆ ◆ ◆

这将是苏珊在 20 世纪 80 年代中的大部分生活，尽管她拒绝把时间按十年或百年为单位来划分：她写道，这是一种隐藏着独特的现代历史话语的速记。这一观念始于 1800 年左右，当时人们开始思考是什么将 19 世纪与 18 世纪区分开来。在 1981 年的一次演讲中，她读了巴尔扎克的《比阿特丽克丝》，列举了 19 世纪的特点：

> （a）倾向于从旅行的角度考虑问题，（b）倾向于从观察而非参与的角度考虑问题，（c）作为一种意象的过去，（d）这个时代生产的是产品而非作品，（e）每个时代都一定会被取代，就像父母被自己的孩子取代一样。这就产生了我们特有的现代矛盾心理：进步是自然的，也是人们渴望的，但它造成了一种对过去的
> 438 伤感，这个伤感的观点认为我们已经失去了一个更纯真的时代。[①]

这种伤感是苏珊最哀伤的短篇小说之一《没有向导的旅行》的特征；该篇是其短篇小说集《我，及其他》的末篇，是在 1974 年，她

① 摘自金布尔·詹姆斯·格林伍德的日记，1981 年 12 月 8 日，华盛顿，西雅图。由格林伍德本人提供给作者。

生病前不久写成的。有时，小说中简短的段落只有一个词（“对”“污染”）；有时则是一些游客常说的话（“勒内先生说［咖啡馆］5点关门”）；有时是一些桑塔格特有的列表清单：

> 我认为形势是安全的。让人搭一下便车，喝一喝非瓶装水，试图在广场搞到一些大麻，吃点儿贻贝，把照相机留在汽车上，到海边的一家家酒吧闲逛闲逛，委托酒店前台预订好房间，你不觉得吗？

但是，在这些中产阶级游客的平庸中，有一种认识，那就是在美丽的事物之间旅行的痛苦，这些事物就像自我一样，永远处于瓦解和失去的边缘。

> 它们依然在那儿。
>
> 哦，但它们不会在那儿很久。
>
> 我知道。那就是我去的原因。为了说声再见。无论什么时候我去旅行，永远都是为了说声再见。

了解这个世界之美，会让我们意识到它的脆弱、意识到我们要承受失去多少：旅行“只是没有回报的爱当中损失更为惨重的一种形式”。在过去的老物件中慢慢变老，在旅行了多年后去旅行，就是要知道，即使是最美的地方也配不上躁动不安的自我：“监狱和医院都充满了希望。包机和豪华酒店却并非如此。”然而，即使在这个一扇扇门不断关闭的世界里，“有时候你是快乐的，且不论有事无事”[1]。

---

① Sontag, “Unguided Tour”.

这篇短篇小说发表在《纽约客》上几年后，1977 年，它又给她带来了另一种形式的快乐。通过卡洛塔的朋友焦万内拉·赞诺尼，苏
439 珊应邀前往威尼斯为意大利电视台拍摄电影《没有向导的旅行》。在赞诺尼的帮助下，电影的制作团队很快就拼凑出来了，但苏珊需要一个女演员来扮演一个旅行中道别的女性角色：当时的情景是，一个美国女人和她的意大利恋人分手。当时人在巴黎的导演罗伯特·威尔逊提出了解决办法，他建议苏珊去找舞蹈家兼舞蹈编导露辛达·蔡尔兹。

威尔逊清楚地看出，露辛达和苏珊从艺术角度上会非常合拍。他还觉得她们俩在其他方面也会合得来：露辛达很漂亮，她一出现在威尼斯，就和苏珊坠入了爱河，这是苏珊和卡洛塔之间的恋情结束后十多年来最强烈的一次爱情。两人的蜜月期就和苏珊所有的恋爱关系一样短暂。不过——也像苏珊所有的恋爱关系一样——在以后的岁月里，她们之间的关系还会以这样或那样的方式纠缠在一起。

她俩的恋情被露辛达和意大利男演员克劳迪奥·卡西内利的银幕情侣搭档关系掩盖住了。该片再现了小说中的几个主题，包括威尼斯一些不可避免的背景：用多国语言进行的闲聊、运河中戏水的划桨者、圣马可广场四周昂首阔步的鸽子。这部电影并不注重情节或人物，而是仪式化的动态效果，因而更像是一段舞蹈或一篇摄影随笔文章，而非一种传统的叙事。这种沉闷的方式是苏珊所欣赏的（“也许现在艺术不得不是沉闷的了”）：单单一组鸽子的镜头就持续了整整三分钟。这也许是对约瑟夫·康奈尔的一种肯定；康奈尔分别在 1957 年和 1955 年拍摄的短片《宁芙之光》（*Nymphlight*）和《鸟舍》（*Aviary*）中都有很多《没有向导的旅行》中的特征：静默、反复的动态效果、标志性建筑，以及一个高贵华丽的女人漫步在满是鸽子的画面中。

这部电影本可以不那么简单粗暴地滥用威尼斯的病态，并从这样

的安排中受益：这座“忧郁之都”是灰色的，湿漉漉的，处处都是亡 440
故名人的纪念碑。这一对情侣走过瓦格纳去世的宫殿；蔡尔兹在狄亚基列夫的墓前献上花，几英尺远的地方将是约瑟夫·布罗茨基不久之后的长眠之处。但是，当镜头停留在“文化女人”——影片真正的表现对象露辛达——身上时，这部电影充满了生机。当她跳舞、观赏教堂、从桥上漫步走过、从桥下穿行，导演对她的爱为该片增添了一种浪漫的活力，记录了两位女性生活中的一个时刻：她们快乐时，且不论有事无事。

◆ ◆ ◆

20 世纪 70 年代，罗伯特·威尔逊创作了一部影响深远的作品，《沙滩上的爱因斯坦》。这部长达 5 小时、无幕间休息的歌剧由菲利普·格拉斯作曲配乐，剧情一部分起源于早期的现代主义作品，如格特鲁德·斯泰因和维吉尔·汤姆森的《三幕剧中的四圣徒》，其中古典歌剧的戏剧元素，包括叙事，将被声音、动作和影射所取代：这种观念与苏珊在她的小说中经常使用的技巧有关；其中的经历不会被塑造成干净利落的形式，而是允许保留下来，就像在超现实主义者或约瑟夫·康奈尔的作品中那样，是些支离破碎的残片。《沙滩上的爱因斯坦》是一部“反对阐释”的歌剧。其中的潮起潮落试图表明作为真正经历过的人生——成为关注的焦点又退出焦点不为人重视的那个世界——在颠覆苏珊一直抵制的线性、渐进的时间的现代观念：为了推翻这一观点，爱因斯坦的付出比任何人都多。这个剧的典型特点是观众可以自由地进出剧场。

蔡尔兹是该剧最初的演员之一，她同时也负责一些编舞。到 1976 年《沙滩上的爱因斯坦》首演时，她已然是先锋派的一位资深人士

了。她是市中心艺术与舞蹈团体——贾德森舞蹈剧场——的创始成
441 员，该团体虽然存在的时间不长——从 1962 年到 1964 年——却是 20 世纪 60 年代文化活动中最激动人心的时刻之一。市中心的先锋派艺术与她成长的世界截然不同。蔡尔兹是在华盛顿创建科科伦艺术馆的银行家 W. W. 科科伦的玄外孙女，她在上东区长大：这是一个保守的新教家族的环境，尽管地理位置接近，但在某种程度上，它与市中心的艺术场所在文化上的距离就像它与图森在地理上的距离一样遥远。从萨拉·劳伦斯学院毕业之后，她又跟随梅尔塞·坎宁安开始了舞蹈的学徒生涯。

她家人的反应不冷不热："只要我按时回去吃饭，他们根本不管我做什么。"[1] 正如菲利普·格拉斯会把约翰·凯奇很多的观念转化为新一代音乐形式一样，蔡尔兹也会在舞蹈中展示坎宁安的很多理念。她也会与他们决裂，包括将音乐与舞蹈分离的凯奇传统。蔡尔兹还会设法把小型室内剧搬到大剧场去上演：《沙滩上的爱因斯坦》的美国首演就登上了大都会歌剧院的舞台。[2]

"当我说一件事的时候，听者要把它乘上 10 倍加以夸大。"蔡尔兹有一次说道。[3] 这在一定程度上是上流社会的矜持。但这个原则也可以在她的编舞中找到相似之处；其中严格限制的词汇以极其细微的变化重复出现，这些变化的催眠效果类似于视觉艺术家索尔·勒维特、唐纳德·贾德或丹·弗莱文的作品的效果。如果说她的编舞对外行而言看似简单，表演起来却极其困难，因为这是导演彼得·塞拉斯所说的"舞蹈史上最严谨思维"的产物。[4] 就像格拉斯音乐中咒语般

① 作者对露辛达·蔡尔兹的采访。
② 罗杰·多伊奇说，在《沙滩上的爱因斯坦》首演前后，苏珊和她的朋友们"就《沙滩上的爱因斯坦》究竟是杰作抑或荒唐之作有过很多的讨论"。参见作者对罗杰·多伊奇的采访。
③ 作者对戴维·里夫的采访。
④ 作者对彼得·塞拉斯的采访。

的反复，蔡尔兹的作品既是精神上的，也是艺术上的：这是苏珊在《静默之美学》中确认的神秘主义倾向的一个完美的例子。这是一种“必须趋向于反艺术，消除‘主体’（‘客体’‘意象’），用机会代替意图，追求静默”[①] 的艺术。这就是蔡尔兹的老师梅尔塞·坎宁安在舞蹈中所看到的：“舞蹈是借助肢体形式的精神体验，我们看到的 442
一切就是舞蹈的一切，这便足够了。我认为舞蹈不可能会‘过于简单’。”[②]

蔡尔兹“严肃但绝不冷漠”，苏珊写道。在她的作品中，她看到了克莱斯特那些观念的体现；正是这些观念激起了她对齐奥朗的兴趣。这些观念，如同随着时间推移的概念一般，可以追溯到19世纪初，对苏珊而言是一种精神上的理想。

> 克莱斯特将一种不表现精神与心理的方式抬高为最优雅、最深刻的艺术形式。写作此文时，以宣扬心灵与头脑对立、感官与机械对立为特征的现代主义思想已经形成，机械已被赋予一定的喻义，并饱受责难，克莱斯特却对此置若罔闻，认为木偶的机械动作具有非人格化的崇高感……在蔡尔兹的作品中，一个人则并非中性的，而是超人格的行动者。[③]

在露辛达的作品中，苏珊会发现一种主题的反复——在乐章和乐曲上——这是她一生都感兴趣的主题，而且，至少从《反对阐释》开始，这种主题就贯穿在她自己的作品中。她在《〈可见之光〉词汇表》中写到蔡尔兹的作品时也承认了这一点；这篇文章于1983年发

① “The Aesthetics of Silence”, in Sontag, *Styles*, 4.

② “A Lexicon for *Available Light*”, in Sontag, *Where the Stress Falls*, 162 - 163.（以下引自吴其尧译文，下同。谨此致谢。——译注）

③ 同上，第168—169页。

表。在日记中，她强调："我的随笔文章的一个重要的主题：作为一个精神研究项目的艺术。庄严与优雅。（还有一些解除负担的项目——一个较低的目标。）"[1]

◆ ◆ ◆

然而，就像是电影里的爱情故事一样，她们的幸福也不会长久。露辛达的母亲和苏珊的母亲都在与同样的问题进行抗争。露辛达的母亲也叫露辛达，喜欢在社交场合饮酒，她大部分时间都在东 66 街的
443 大都会俱乐部度过。像米尔德丽德一样，她也曾很有钱，只不过全花光了；像米尔德丽德一样，她也很孤独；像米尔德丽德一样，她也一会儿十分黏人，一会儿又拒人于千里之外；这个母亲让她的女儿感到尴尬，在女儿跟随梅尔塞·坎宁安训练时，这位母亲坚持要求女儿在支票上签上"小露辛达·蔡尔兹"的名字。苏珊的性格大多建立在逃离父母的世界的需求上，露辛达也极其相似，她也下定决心要逃离她父母的世界。但她们对一段长久的关系毫无准备。露辛达说："在我们这样的家庭环境中，我们学不到多少正常进行的事情。"[2]

回到纽约后，情况很快就陷入那种来自诸事不顺的家庭成员的模式。露辛达觉得自己被苏珊的文学世界排斥在外。露辛达是艺术家，她的国际巡演日程排得满满当当，因此苏珊觉得自己没有得到露辛达足够的关注。1984 年 2 月，她们确实去了趟日本，苏珊自从 1979 年第一次去过后，就一直十分喜爱这个国家。[3] 在露辛达的记忆中，她们的谈话是两个人这段关系的重要遗产之一，不过，苏珊

① 桑塔格文档，1983 年 8 月 20 日。
② 作者对露辛达·蔡尔兹的采访。
③ 同上。桑塔格曾计划写一本关于日本的书，而且甚至为此签下了一个合同。但是，这本书也成了她这些年间未能完成的众多项目之一。

经常大声地抱怨——借用戴维的话说，露辛达"绝对无法改变地沉默寡言"[①]。

曾有人提醒过苏珊，露辛达不太可能对她感情生活中一直发生的戏剧性事件做出反应。在她们的日本之旅后不久，苏珊在日记里写道：

> 1982年8月，鲍勃·威尔逊说，你知道的，L.[②]是个隐士……几乎过了两年后，我说：L.是个隐士。这意味着她是一个无法有伴侣——或不会有伴侣的人。先是回避床第之爱，次数越来越少；然后完全摒弃性暗示和爱抚；然后因为失眠有时需要分床睡；再然后分床睡就成了常规。不在一起睡觉就是不在一起生活。[③]

这是双方同样的互动方式——一个靠近，另一个就后退——这是大多数苏珊最亲密的情侣关系的特征，而且在她们相遇后不久就明显 444
地开始了。露辛达会一直爱苏珊，但是，对一个通过退缩来避免冲突的人而言，苏珊不是一个合适的伴侣。从日本回来后，苏珊在一封信中对露辛达说：

> 我不能继续这样的状态，你变成了虐待狂，而我则失去所有的尊严和自尊。我觉得你对我的误解太深。你不断歪曲我的行为和意图，把我变成一个心胸狭窄、毫无价值的人，变成了你的仇敌。你不知道如何识别爱、如何接受爱、如何给予爱。[④]

---

① 作者对戴维·里夫的采访。
② 指露辛达。——译注
③ 桑塔格文档，1984年3月24日。
④ 桑塔格写给露辛达·蔡尔兹的信，（1984？年）11月9日，桑塔格文档。

这样的信她写了很多封。

苏珊对别人的批评通常也是对她自己的批评。1986 年，她承认自己“没有能力去写叙事小说，是因为没有能力（也许，更准确点说，是不情愿）去爱”①。她把自己的弱点投射到露辛达身上，夸张地把她描述成“冰女王”。这成了她的标准套路。“开口说话超不过 30 秒就要提‘冰女王’。”卡拉·埃奥夫说；埃奥夫几年后当了苏珊的助手。“我和苏珊一起出去，碰到了露辛达，当她看到苏珊并看着她时，露辛达脸上的表情与苏珊对她的评价并不相符。”②

露辛达说：“有时，因为苏珊有趣的心理状态，她需要我做冰女王，我过去不是（冰女王），我现在也不是。”然而，蔡尔兹明白这种冲动来自何处。

> 她跟我说了很多关于米尔德丽德的事，但她跟我说的时候，总是把我当成那个她可以信任的人，那个暖心的人。而在其他时候，她又以一种不公平的方式把米尔德丽德投射到我身上，这让我感觉非常糟糕。这是她需要做的事情。我不知道我当时是否完
> 445 全理解。我觉得有时候是她臆想出来的事情。你知道，那些她会认定或宣称我不爱她的原因。她会胡乱编造一些毫无关联的事情——因为我会在聚会上对别人说了些什么，或者她会挑起一件小事，然后完全就把它变成另外一件事。③

一个想十句话却只说一句的女人，面对的是一个想一句话却要说十句的女人。苏珊试图吸引露辛达的注意，有时却演变成了一场闹

① 桑塔格文档，1986 年 12 月 30 日，巴黎。
② 作者对卡拉·埃奥夫的采访。
③ 作者对露辛达·蔡尔兹的采访。

剧。达里尔·品克尼记得有一次去林肯中心，苏珊知道露辛达也会在那儿，就自编自导上演了一出戏。“她摘下眼镜，这样她就看不见了。”他说。因为苏珊几乎是睁眼瞎，所以她在过道里踉踉跄跄地走着。“她需要有人帮忙，这场景就引起了大家的围观——这样露辛达就不可能看不到她的到来。”[①]

然而，苏珊把这些情节描述成露辛达冷漠、想要伤害她的一个个例子，并把自己视为受伤害的一方，且没有丝毫“大吵大闹引起围观”的想法。在第一次提到她们要分手的四年后，苏珊仍然试图引起露辛达的注意。

> 我见到你没跟你打招呼的原因是——上星期我去看了三次［芭蕾］，而你三次都在观众席上——看到你令我悲痛欲绝。我对你的感情一点没变。所以，对我而言，当着你的面，跟别人坐在一起看芭蕾表演似乎是疯狂的。一见到你，我就想死。或者——换种说法——我就想拥你入怀。或者是把我的观剧镜递给你……
>
> 我真不知道该怎么办。我不跟你打招呼真是荒唐；我当然不想大吵大闹引起围观，也不想让任何人知道发生了什么事。然而，此刻，我觉得，我的痛苦比你能想象的要大多了。 446
>
> 在过去的几个月里我几乎要自杀，而且我依然没有走出阴霾。[②]

露辛达面对这些乞求并不是无动于衷——恰恰相反——只是，她已经精疲力竭了。露辛达说：“苏珊在说自杀的时候，我母亲就

① 作者对达里尔·品克尼的采访。
② 桑塔格写给露辛达·蔡尔兹的信，1987 年 6 月 7 日，桑塔格文档。

在医院，因为她真的自杀了。”老露辛达康复了，后来，露辛达的父亲去世后，母女俩和解。之前她从未看过女儿的演出，从那以后，她一场不落。而且，“当我和苏珊分手时，她接纳了我并且救了我”[①]。

露辛达和苏珊也和解了，但无论是一拍两散还是重归于好都不会是彻彻底底的。她们相识 15 年后，苏珊再度写道：“我俩都是脆弱且令人困惑的人，我们干什么都会觉得不容易，我们俩都不喜欢大吵大闹引起围观。”[②] 她可能并不喜欢这样的场面，但她一直没学会过一种没有这样的场面的生活。

◆ ◆ ◆

没有学会正确处理正常的事情：苏珊的恋人和朋友中有相当多的人因瘾癖而受重创。“艾琳不是我妈”。20 年前她曾这样写道。她用了同一个词——“冰冷的”——来形容露辛达，就像她曾用这个词来形容米尔德丽德一样。

早在这之前——大约 1960 年——她就写下了《X，苦难》。而第一本关于酗酒者的子女的书[③]直到 1978 年——《作为隐喻的疾病》出版那一年——才出版。就像对待癌症一样，一种道德神话也围绕着酗酒，认为瘾君子的子女可能也会患上某些同样的病症，这一观点在专家之间刚开始展开讨论。随着更多研究的展开，一种代际间的模式出现了。

在酗酒的家庭环境中长大的人会走向两个极端，在自大浮夸和鞭

① 作者对露辛达·蔡尔兹的采访。

② 桑塔格写给露辛达·蔡尔兹的信，1997 年 8 月 12 日，桑塔格文档。

③ 即 Robert J. Ackerman, *Children of Alcoholics*（Holmes Beach, FL: Learning Publications, 1978）。

笞性自责之间摇摆不定；在学霸的过度活跃与抑郁症的昏睡之间转 447
换；在寻求关注与咄咄逼人地拒绝愿意关注他们的人的两种状态之间犹豫。因为他们难以相信自己的价值在于他们是谁，而非他们做了什么，他们被不可能实现的野心所折磨。“她很早的时候就认为自己应该获诺贝尔奖。”她曾经的情人贾斯珀·约翰斯回忆说。这不仅仅是勃勃雄心，还是对不断肯定的一种需求。①

1983 年，珍妮特·G. 沃伊蒂茨出版了第一本关于这种综合征的普及性书籍《酗酒者家庭的成年子女》。该书由佛罗里达迪尔菲尔德海滩出版社出版，不太可能引起苏珊的注意。就如同出版该书的偏远地区一样，其通俗易懂的语言表明，当这种综合征第一次被描述时，它离高雅的心理学的距离十分遥远。像沃伊蒂茨这样的书，几乎没有受到仍然在治疗行业占主导地位的高雅的文学弗洛伊德思想的影响，而是从起源于匿名戒酒会的草根疗法中传承了下来。在像苏珊这样的圈子里，这种文学作品往往被贬低为“大众心理学”。然而，这类作品所包含的深刻见解很快就会得到普遍的认可，并帮助众多与类似问题抗争的人们。沃伊蒂茨写道，酗酒者家庭的成年子女，在“永远说实话”和“我不想知道”之间左右为难。她把要求真相和不想知道真相之间的冲突称为“最大的悖论”。②

---

① 作者对贾斯珀·约翰斯的采访。她的法国出版商多米尼克·布尔古瓦还记得，在她去世前一年多一点的时候，库切获得了诺贝尔文学奖，她感到痛苦和失望。她知道，把这个奖颁给了一位英语作家同行，这几乎意味着她永远也拿不到这个奖了。但要证明她自己的需求从未离她而去：当她的骨髓移植——她最后一次罹患癌症时最后存活的希望——失败后，她的经纪人来到医院，发现她蜷缩着睡着了。当她意识到来客是谁时，她一下子就充满了活力：“我在工作！”这个垂死的女人坚持说，“我在工作！”参见作者对安德鲁·怀利及多米尼克·布尔古瓦的采访。

② 参见 Woititz, *Adult Children of Alcoholics*, 27。她补充说，酗酒者家庭的成年子女“会带着一种亲近、远离——充满爱意的父/母-子女关系的矛盾的体验。他们今天觉得被爱着，第二天又觉得遭到了抛弃。害怕被遗弃是一种可怕的恐惧……由于害怕被遗弃，你就对自己没有信心。你觉得自己不够优秀，或者认为自己不可爱。于是，你转而求助他人给予一些你无法给予自己的东西，让自己感觉好一些”（第 68 页）。这是对苏珊大多数人际关系最精确全面的描述。

◆ ◆ ◆

正如米尔德丽德的行为影响了苏珊一样，苏珊的行为也影响了戴维。他在入职法勒-斯特劳斯出版社并当上她的责编后不久，就开始辜负她的期望。在公开场合，她把他夸上了天。“我对这一安排非常满意，”她在1982年的时候对《纽约时报》记者说，“我对里夫先生的判断力很有信心。”[1] 而私底下，她会因为他的任何一个过失而毫不
448 留情地痛斥他。在《土星照命》的校样中，她发现戴维把“克尔白[2]的黑石”改成了“卡巴拉[3]的黑石”。她并没有认为这是一个因阅历浅而引起的错误，也没有和颜悦色地解释两者的区别，而是立即给他打电话，并且开始尖着嗓子吼叫。[4]

苏珊对任何感觉受人恩惠的事情都非常敏感，但她看不出戴维也是如此。对苏珊日益绝望的情绪爆发，他的反应和露辛达的一样，保持缄默。罗杰·多伊奇说道：“就像是一种恋爱关系，他们会吵翻了天，然而一连几天谁也不理谁。”[5] 在冷战期间，苏珊采取各种策略，在大都会歌剧院的过道里横冲直撞，利用各种由头来讨好他。当戴维的雪橇犬努努快要死的时候，苏珊三番五次地要求他回去看看那条快要死的狗；戴维明白这些要求与那条狗一点关系也没有。

母子俩共同的朋友史蒂夫·沃瑟曼说：“我一直在想，总有一天戴维会反抗的，等事情真的发生时，我可不想围观，因为局面真的会很丑陋。”矛盾爆发开来是在1982年，那是市政厅事件发生——也是

① Ruas, “Susan Sontag: Past, Present and Future”.
② 指建于麦加清真寺内的方形石造殿堂，内有供教徒膜拜的黑石圣石。——译注
③ 犹太教的神秘哲学。——译注
④ 作者对唐·莱文的采访。
⑤ 作者对罗杰·多伊奇的采访。

苏珊遇到露辛达的那一年。斯蒂芬·科赫说："苏珊把我叫来对我说，'戴维精神崩溃了'。"沃瑟曼回忆说："他基本上早上醒来后就是一种婴儿的状态，控制不住地哭着喊着。"① 当时戴维 30 岁。

让他崩溃的直接原因是他与女友萨拉·马西森的分手；萨拉是作家彼得·马西森的女儿。② 最糟糕的是，医生发现他的脊椎上长了一个他们担心是肿瘤的东西，于是他不得不在斯隆-凯特林医院接受手术。几年前，苏珊就是在这家医院做了乳房切除术。这时，戴维又回来和她住在一起。他的朋友、作家牙买加·琴凯德说："他以为苏珊会照顾他，就像她患癌症时他照顾她一样。"当初，只要男友一露脸， 449
苏珊的母亲米尔德丽德就不管不顾地跟着消失了；而此时，苏珊就像她自己的母亲一样——和露辛达一起迅速逃离去了意大利。琴凯德说："简直无法相信，她居然走了。我们无法相信她真的上了飞机。"③

苏珊的日记里没有提到戴维和西格丽德分手时心碎的感觉，几年后，在 70 年代末，她依然只字不提他与萨拉的分手，也没提他与癌症的擦肩而过。肿块被安全、迅速地切除，结果是良性的。尽管这是个好消息，但在精神上，琴凯德说："戴维的情况越来越糟糕。"甚至有人提出要把他送到佩恩·惠特尼精神病院去。不过，他后来住到了琴凯德及其丈夫艾伦·肖恩家里。他在他们家住了六个月，时而嘲笑他们的传统生活——"你知道，我和艾伦生活极有规律，定时起床，吃早餐，吃煮鸡蛋"——同时也很欣赏一种他和苏珊在一起生活时从来没有感觉到过的可预知性。

然后苏珊回来了，又变成了一个充满爱意的母亲。不过，戴

① 作者对史蒂夫·沃瑟曼和斯蒂芬·科赫的采访。
② 作者对牙买加·琴凯德、托德·吉特林、露辛达·蔡尔兹及戴维·里夫的采访。
③ 作者对牙买加·琴凯德的采访。

> 维为此很受伤，那是我第一次接触她。不是无情，就是苏珊特色。没有任何词语或方式完全适合用来描述她的行为特征。没错，她很残忍，诸如此类，但又不全是那样，她也非常善良。她就是一个伟人。我认为，在我认识苏珊之后，我就再也不想成为一个伟人了。

没有语言能形容这一点：这就是“X”。这件事情，像许许多多其他事情一样，似乎都没引起苏珊的注意。如果她寻找的是文学和道德的典范，她就没有人际关系的典范，没有“正常进行的事情”典范。这不是一个可以通过意志来解决的问题，琴凯德说：

> 她真的想成为一个伟大的母亲，但这有点像想成为一个伟大
> 450 的演员，或诸如此类的事情。当母亲这件事对她来说实在太难胜任了。就仿佛你把她送上火星，而他们说的是另一种语言。她根本没有真正的母性本能。我想说，没有真正的本能去关心另外一个人，除非他们是在书里。

戴维不在书里，因此苏珊无法看到他，甚至都不知道她应该看到他。琴凯德说：“这是他们俩之间的故事的转折点，不管她以前创作过什么关于遗弃的主题，这次的遗弃都有实实在在的影响。”[①]

面对堆积压过来的痛苦和不幸——失去挚爱、母亲的情绪失控、编辑她的作品的压力、对癌症的恐惧——戴维崩溃了。他在法勒-斯特劳斯-吉鲁出版社的助手海伦·格雷夫斯目睹了他万念俱灰、萎靡不振的样子；海伦是得克萨斯州作家约翰·格雷夫斯的女儿。她说：

---

① 作者对牙买加·琴凯德的采访。

“我给他当助手时，他通常对我都很好，他是我遇到过的最好的老板。我很多时候会歇斯底里咯咯咯地傻笑，因为他很有趣。”不过，甚至在他的健康状况出问题之前，他就已经开始吸食可卡因了。格雷夫斯说：“他总会准备好一些可卡因给我吸食，他慢慢变得越来越暴躁，越来越烦躁不安，火气越来越大。”[①]

他的工作开始受影响。海伦接到找他的电话就得不停地替他打掩护：“人们会朝我大吼大叫。”戴维说，自己的毒瘾令苏珊“非常不开心”，但她的反应是生气。苏珊的朋友罗伯特·博耶斯说：“对戴维的这个嗜好，她简直气疯了——气疯了，她会整天谈这件事。”戴维一生中这一时刻，当他需要一个能与他共情的父母可能会给予的支持时，他知道自己无法依赖她。“戒了几次都失败了”之后，他意识到这是一件生死攸关的事情，终于戒掉了毒瘾。[②]

◆ ◆ ◆

博耶斯说，苏珊认为她儿子染上毒瘾是“不可原谅的，她可以看出，这件事对他个人生活和职业生涯都是毁灭性的，而且不可能得到 451
原谅”。说到原谅就是说到罪孽；苏珊和大多数人一样，从道德的角度看待毒瘾。然而，在这个领域，如同在很多其他领域一样，她表现出一种无法将“永远说实话”和“我不想知道”结合在一起的能力。谴责吸毒意味着讲出真相——关于别人的。“人们需要被告知，”西格丽德·努涅斯脑补着她的坚持，“可是她说的时候凶巴巴的，而且常常还有旁人在场。”[③] 而且，当她自己要隐瞒什么的时候，她便在教条

① 作者对海伦·格雷夫斯的采访。
② 作者对罗伯特·博耶斯和戴维·里夫的采访。
③ Sigrid Nunez, *Sempre Susan: A Memoir of Susan Sontag* (New York: Atlas, 2011), 117.

主义中寻求庇护了。

一个令人惊讶的例子是一篇随笔文章，该文章从日期上看是在戴维健康状况出问题、她和露辛达交往以及她与左派决裂期间写成。这是她专攻的一种文章，是对欧洲重要作家的职业生涯的评价：这一次是对让-保罗·萨特所作的评价。几易其稿，《萨特的放弃》或许是她所有的自画像中最少伪装、但又是她似乎没有意识到这一点的一幅。这其实是一部自传体小说：用萨特来代替桑塔格，并为她自身的自认为的很多错误而强烈地谴责他。她对萨特的理解具备一部小说所有的要素：一个拥有杰出头脑的人因为自己的不诚实而未能成为伟人的故事。这是一次失败和“一场悲剧——他的头脑（本世纪最丰富、最有天赋的人之一）因为滥用和堕落，但这不是由于智力上的缺陷，而是由于性格上的缺陷；私人生活文化的缺失甚至超过政治文化的缺失”。

这个失败是双重的。首先，他接受了公众人物的角色。她对公共知识分子所面临的陷阱有着深刻的见解。“没有哪个优秀的作家会说得比写得好。（写作意味着修改。）”她坚持认为，萨特在数千次的访谈中聊到他接受“自我庸俗化的引诱、思想掺杂的引诱，以及消除等级使思想成为观点”的途径。采访形式就是一种消除等级的形式，
452 “是成功的反精英主义文学概念的理想武器”。

这种概念与萨特的共产主义相吻合。他的论调听起来让人怀疑是在河内时的苏珊，比如：“在我们所设想的社会主义社会里，就不再会有任何知识分子了。”他把“先锋文学作品……视为资产阶级社会的奢侈品（因此，便有了那个臭名昭著的判断：在第三世界，人们是无法阅读罗伯-格里耶的。）”。她承认，在第一世界阅读罗伯-格里耶也够难的——但那当然不是萨特的意思。她写道，他忠实于党派，无论差别或对错，这是因为他倾向于过度概括美学的或隐喻性的世界观。“当涉及政治时，萨特也把它当作一部道德小说对待。”她把“萨

特的基本策略”描述为“真实与想象的融合”。其结果便是，一个“充斥着庸俗主义——打着人们熟悉的道德主义幌子”的职业生涯。

在卡内蒂描绘的理想人生范畴中有很多公道正义，她在《作为激情的思想》中有所引用：

> 用50年来享受儿童时代和学生时代；再用50年来逐渐了解世界，看看世界上存在的一切；你有100年的时间来为大家谋福利；然后，在获得人类所有的体验之后，还有100年用来生活在智慧里，用来管理、教导、树立榜样。哦，人要是能活到300岁，那么，人生该多有价值啊。①

她写这篇随笔文章的时候已年过半百。她一直是个孩子，是个学生。她需要时间来长大成熟，不再犯这些政治上的错误；如果她认为萨特的错误应该受到谴责的看法是正确的，那么，她就比几乎任何人都更有资格解释他为什么会犯这些错误。她的手指固执地不指向自己，而是指向另一个男人。她写道：“总是与迟钝、心智衰老的经历做抗争；被‘别人’的愚蠢所困扰。”② 453

◆ ◆ ◆

《萨特的放弃》一文的重点在于萨特究竟是如何控制不了他自己的思想的。

> 也许与魔鬼之间最具包容性的契约是与苯丙胺的契约，因为

---

① “Mind as Passion”, in Sontag, *Saturn*, 201.

② 《萨特的放弃》（“Sartre’s Abdication”），未发表的随笔文章，桑塔格文档。

这是他作为一个作家的抱负进一步发展的结果；同时也是最具毁灭性的契约，因为它将肉体的毁灭与精神的毁灭联系在了一起。

这场灾难导致萨特的健康彻底垮掉，流利的语言能力也退化为多语症。她写道，他对让·热内进行长期研究后写出的“《圣热内》不仅仅是絮絮叨叨的，而且就像秃子头上的虱子一样明摆着是依赖苯丙胺而写成的”。她对萨特吸毒以及由此产生的风格的描述，只有最粗略的文本或医学参考文献。从越南到瑞典，再到莱妮·里芬斯塔尔，这在很大程度上削弱了她的政治作品的那些未经证实的断言四处散播，于是，熟悉她本人历史的读者会发现，这些作品中充斥着精心伪装过的自白：

> 苯丙胺是对萨特作品固有特性的反应，是对作品背后的抱负和焦虑的反应。无所不能的感觉，受全然理解的计划的吸引，受“整体”的概念本身的吸引——这些都被苯丙胺放大了……伴随苯丙胺而来的是焦虑以及欣快的感觉。

他的浮士德式的抱负，“他从未想过要批评”：

> 在浮夸（和傲慢）方面，它远远超过了自童年时代就怀有的成为19世纪风格的伟大作家的梦想；在过去的几十年里，这个
> 454 梦想遭到了无情的嘲笑（用过时的、资产阶级的、理想主义的、神经质的这种有着超级杀伤力的语言）。

他说，安非他命

对哲学而言是可接受的，在哲学上它们“诱导出天赋”，对文学却不行，因为写小说的人必须“绝对正常”。错……服用安非他命本质上就是放弃文学；封笔放弃文学。[1]

◆ ◆ ◆

“一直以来我每天工作 16 个小时左右，一周工作七天，”1973 年苏珊从巴黎写信给罗杰·斯特劳斯，“我真希望我能写得更快点儿。我也许看上去写得很快，或者至少比一些作家写得快，但事实并非如此。我只是在打字机前待的时间比任何人都长罢了。”[2] 她是一个精力特别旺盛的人。西格丽德·努涅斯说：“她会长时间地熬夜，那盏小灯一直亮着，时间太长，把灯罩都烧坏了。”[3]

然而，这样的精力很多都是靠苯丙胺获取的。苯丙胺的第一次商业化生产是在 1933 年，也就是苏珊出生当年，而安非他命的作用直到几十年后才被人们完全了解。二战期间，它被用来给飞行员服用，令他们在进行长时间轰炸时保持清醒；战后，流行歌星们开始服用苯丙胺，令他们在一场接一场再接一场的演出中保持生龙活虎的状态；随后，苯丙胺又被推荐给美国的家庭主妇，作为一种减肥工具，并借此进入了主流社会。差不多同时，作家们也发现了它。艾伦·金斯伯格创作《嚎叫》、杰克·凯鲁亚克创作《在路上》时，都十分依赖苯丙胺。在他们俩的身上，一种神经质的欣快感与装模作样和抑郁交替出现：安非他命的风格。

---

① 《萨特的放弃》(“Sartre’s Abdication”)，未发表的随笔文章，桑塔格文档。

② 桑塔格写给罗杰·斯特劳斯的信，巴黎，1973 年 5 月 13 日，桑塔格文档。

③ Nunez, *Sempre Susan*.（此处作者有误，《永远的苏珊》中并没有这句话。经与努涅斯确认，这是她接受作者采访时说的话。——译注）

桑塔格正是在60年代开始形成这种性格特征的。她会服用安非
455 他命，常常还是大剂量，而且至少持续了25年之长。[①] 安非他命帮助她集中注意力。但是，如果它们只是剥夺了她的睡眠，那也够了：每一个刑讯拷问者都知道不让睡觉是让人疯掉的最好办法。不过，安非他命的作用可不止于此。苯丙胺加重了“B群”组的人格障碍。这些并不是身体上危险的精神疾病，却令病人及其周围人的生活极不愉快。其症状包括害怕被人抛弃和无法安慰地感到孤独，这些会引发程度极其疯狂的缺乏自信；还有反社会的行为，比如粗鲁（这类人很难有共情的感觉）和反复无常：情绪波动到严重毁坏人际关系。“B群”人格障碍患者倾向戏剧效果，而且——为了弥补他们的低自我价值感——他们倾向于寻求关注和夸大。他们极度需要被人崇拜，因此会对他人做出苛评。

当苏珊开始服用苯丙胺时，安非他命的后果，就像父母酗酒的影响一样，人们对它们的认识还很模糊。但这两样的结果是，正如弗吉尼亚·伍尔夫所写的那样，警察下班了。除了癌症治疗和一连串失败的恋情给她带来的后果，她还将越来越难以控制自己过正常的生活。即使是最爱她的人——尤其是最爱她的人——会被她惊到目瞪口呆的地步。如果说她早年的时候，可能是不敏感且专注自我——甚至像她曾说的那样，“太不圆通了”——那她后来对待他人的方式发展到惊人的地步，有关苏珊·桑塔格离奇的故事最终成为美国文学坊间传说的一部分。

这种行为被归咎于一位传奇女主角的怪癖。然而，听了太多这样的故事后，就会意识到有更黑暗的东西在起作用。对于那些研究安非

① 她的日记里第一次提出苯丙胺是在1960年3月12日。据戴维·里夫和海伦·格雷夫斯说，至少到80年代中期，她一直还在服用苯丙胺。参见桑塔格文档，以及作者对戴维·里夫和海伦·格雷夫斯的采访。

他命服用效果的人来说，这就是典型的“B 群”人的一种行为。治疗师们开了个冷酷的玩笑说，B 代表“混蛋”。① 456

◆ ◆ ◆

当她请加里·印第安那帮忙做她关于萨特的那篇随笔文章的编辑时，他非常惊讶。他说：“她被这个人物吸引住了。她是个苯丙胺瘾君子，这显而易见。”他帮她买苯丙胺，持续了好多年。其他人也很诧异。当她描述萨特的癖好时，戴维冷笑着对海伦·格雷夫斯说：“与此同时，她的公寓里到处都是这些玩意儿。”

加里对她的态度，以及对文章本身都感到困惑：手稿文本是重复的，再三重复的，根本无法理解。“她写了一堆又一堆东西，她还因此对我很生气，因为通读了一遍后，我意识到苏珊的写作方式在我认识的人当中过去和现在都是独一无二的。”

她希望鲍勃·西尔维斯能发表这篇文章，但他觉得文章“怪异”。在一封信中，他说她在没有具体例子的情况下过多使用最高级（“非凡的”“惊人的”“令人眼花缭乱的”）削弱了她的人物，他还反对她对萨特是苯丙胺瘾君子这一毫无根据的判断：

> 这会让很多人感到惊讶。一个核心问题似乎一开始被忽略，后来又被顺带提及：我们是如何知道这件事的，我们对此又知道多少……他和德·波伏瓦的谈话是我们唯一的消息来源吗？他是什么时候第一次披露这件事的？又是以什么方式披露的？事实上，您在第 4 页就言之凿凿地开始论及他与安非他命契约的主

① “混蛋”：bastard，首字母也是 B。——译注

> 题，直到第7页我们才知道波伏瓦在1974年对他因此而进行的谴责。您在第5页时说他早期的作品带有安非他命风格的特征。他承认这是他开始服用苯丙胺的时间吗？他说过《圣热内》是在
> 457 他服用苯丙胺期间创作的吗（第6页）？这些疑问自然就会产生，因为读者不知道这种状态是如何建立起联系的：读者不会知道这是不是您从他本人那儿了解到的情况；是不是基于谣传和对作品的诊断性阅读的推测；或者，是不是萨特自己宣称过的。[①]

西尔维斯一直没有发表她这篇随笔文章。阅读手稿形式的版本会看到比不知所云的文字或无事实证明的判断更可悲的东西。这是看到自我意识的丧失，也就是说：自我的丧失。而她曾经发誓说道："我不会让'他们'把它从我这里拿走，我不会被消灭。"

作为一个哲学问题，在艺术家及其表现对象之间"不知道这种状态是如何建立起联系的"颠倒了传统上对隐喻的反对，即它歪曲了它试图描绘的那件事。这样的歪曲可能是语言不可避免的后果。但是，把萨特作为桑塔格的隐喻又不承认他实际上是一个隐喻——这就奇怪了。这是一种承认，把小说和谎言区分开来。这也是对女性主义革命和同性恋权利运动的一种拒绝，它们的真相很快就会在艾滋病的灾难
458 中得到揭示。

---

① 罗伯特·西尔维斯写给桑塔格的信，1984年8月24日，桑塔格文档。

第二十八章

这个词不会消失

继肺结核和癌症之后，对现代社会而言最可怕的灾难的疾病，于1980年底——也就是《作为隐喻的疾病》出版两年后——开始在美国出现。关于隐喻的致命作用，桑塔格想不出自己的这些文章的论点能有更好的例证。六七十年代的女性主义者和同性恋思想家们也无法想象，他们关于身体与明显的政治的抽象概念之间关系的断言，很快就会在80年代通过肉体来展演——通常是他们自己的肉体。

艾滋病把语言问题推到了政治的前沿。这种病突然遇到了大量语言学上的困难。作家们摸索着用军事隐喻来描述这一场显然不可阻挡的“入侵”。这些困难有些与桑塔格早先简略介绍中提到的结核病和癌症是一样的。其他一些则是新问题。第一个也是最棘手的问题是，谈论艾滋病就要谈论性——同性恋者的性行为。简洁明了地说出 459
来——没有宗教的伪善，没有政治的故作姿态，没有指责受害者或助长恐慌——这是一个生死攸关的问题。

桑塔格绝非唯一一个人——也绝非唯一一个同性恋者——拼命要找到恰当的语言来表达。阅读20世纪80年代同性恋运动时的文献，我们会发现一些听起来比20年前民权运动或女性主义运动时期的语言还要过时的措辞。即使是最激进的非裔美国人和女性主义活动人士，也有着令人肃然起敬的传统。在艾滋病出现的年代，同性恋活动人士不得不发明一种语法，让他们能够讲述自己的生活。艾滋病引发了一场革命，由它引发的激进主义所发现的语言也会掀起一场革命。但对这场革命，桑塔格多半会袖手旁观：有些话不能说。

◆ ◆ ◆

20 世纪 80 年代初，“同性恋癌症”的谣言开始传播。1981 年 7 月 3 日，《纽约时报》刊登了第一篇公告：《41 名同性恋者患上了罕见的癌症》。这种“迅速致命的”癌症被称为卡波西肉瘤。人们对它的病因知之甚少，这也部分地解释了为什么在这第一篇相关的文章中，在描述该病病程时出现了语言学上的混乱。不过那篇文章，以及那种语言，也严重依赖于对男同性恋者的刻板印象。文章暗示了该病与长期滥交的联系：患者是“男同性恋者，他们与不同的伴侣有过频繁而常态化的性关系，一晚上性交多达 10 次，这种情况每周多达 4 次”。

这句话令这种疾病听上去像仅限于性交健儿，但事实并非如此：一次性交也可能意味着感染。这句话表明，性生活比较单调的人都是安全的；而且，一名医生证实，女性和异性恋者对此有免疫力。男性同性恋——而非某些行为——是一种病原体：“对非同性恋者而言，
460 没有明显的接触传染危险。柯伦医生说：‘防止传染的最佳证据是，迄今为止，同性恋群体以外或女性中还没有发现此类病例。’”[①] 这是一个令人尴尬的不科学的声明：同性恋者和异性恋者在生理上并没有什么不同。

如果在人们对艾滋病有所了解之前很久，一些词语只出现在一篇

---

① Lawrence K. Altman, “Rare Cancer Seen in 41 Homosexuals”, in *New York Times*, July 3, 1981.

发表的文章中，在接下来的几年中都没有被人重述和更广泛地使用，那它们现在就不值得分析。但这种语言助长了这一疾病带来的耻辱，而且让人们对它理解的努力复杂化。事实是，一开始并没有人知道是什么导致了这些奇怪的癌症。约瑟夫·松阿本德是离苏珊家只有几个街区的格林尼治村同性恋社区中心的一名医生；他对此很了解。在开私人诊所行医之前，他曾是一名实验室微生物学家，他的经历让他接触到了性传播疾病。他说："几乎没有性传播疾病方面的专家，作为一个领域，没人认为它是体面的。医生们听到'淋病'这样的字眼就会咯咯直笑。他们也说不出'肛交'这个词。"[①]

癌症患者一直受到医学界谨慎行事做法的挫败——在20世纪50年代早期，《纽约时报》拒绝刊登一个支持乳腺癌患者组织的广告，理由是"《纽约时报》不能在其版面上刊登'乳房'或'癌症'这些词"[②]。甚至在艾滋病出现之前，男同性恋者就很难得到医生的重视。松阿本德医生说："人们对同性恋有所顾忌，我以前从同事那里听到的事情真的是太可怕了。他们拿男同性恋者开玩笑，真的。"然而，随着该病的蔓延，研究人员面临着一个难题。将其描述为一种"男同性恋疾病"意味着视其为边缘人群患的一种病，这样对这个人群有明显的敌意。找到让该病与同性恋取消关联的词语变得非常重要。在《纽约时报》第一次提到这个名称将近一年的时间后，一个名称被提了出来。不再是GRID——与男同性恋者相关的免疫缺陷——这个病 461
的名称变成了AIDS（艾滋病）：获得性免疫缺陷综合征。

这一术语本身也带来了问题。至少在一开始，艾滋病是一种同性恋者的疾病，而松阿本德和其他很多人一样，怀疑它是通过性行为传播的。"在我看来很明显的情况是，染上这种病的人并不是随便哪里

① 作者对约瑟夫·松阿本德的采访。
② Mukherjee, *Emperor*, 27.

都有。他们被定位在微生物患病率非常高的地区”，纽约、旧金山，以及程度略轻一些的洛杉矶这些城市的同性恋者聚集场所。但如果强调这一点，就会形成一种刻板印象，招致右翼的责难；他们在 20 世纪 70 年代对同性恋发起了民粹主义攻击，而 80 年代的今天，他们已在华盛顿手握大权。松阿本德发现：“你不想指出众多的男同性恋者在匿名多次进行性交易，你不想说任何类似的话，因为那样有点妄下结论。”

因此，激进主义者努力使描述艾滋病的语言普遍化。“他们会费尽口舌地说这不是一种同性恋者的疾病。每个人都可能得这种病。”松阿本德说。1983 年，松阿本德协助建立了美国艾滋病研究基金会。“在我不知情的情况下，他们发布新闻稿称没有人能安全远离艾滋病，人人都会得艾滋病。他们这样做是为了募集资金。”这样做可以理解，但具有欺骗性：一些群体确实面临着更高的风险。但如果当时这还不是人人都会得的病，很快就会变成这样了。在 1983 年，全世界只有几百人死于该病。但最终该病的死亡人数达到近四千万：这是历史上最严重的流行病之一。

◆ ◆ ◆

1983 年，在第一批病人陆续进入松阿本德诊室整整两年后，这一疾病的原因被解析出来。1984 年，美国政府宣布该病是由一种病毒引
462 起的，到了 1986 年，该病毒有了一个名称：人类免疫缺陷病毒，即 HIV。随着研究的深入，人们开始了解它的传播途径，这样就平息了由误解和恐慌引发的谣言：人们会通过亲吻被传染上吗？那握手呢？接触受到污染的汗水呢？用同一个杯子喝水呢？

谁也说不准。而且没有人能确定自己是不是患了这种病，因为直

到1985年市面上才能花钱做检测。在那之前，每一声咳嗽、每一次感冒、每一块瘀伤都可能预示着可怕的死亡。而且，由于政治的原因，可靠的信息传播也变得更加困难。从语言学上讲，下面两个主要原因都是禁忌。第一个原因是静脉注射吸毒者使用的注射器被污染。但是，对共用针头发出警告与里根政府正在热火朝天地开展的“缉毒战”的言辞背道而驰。在大多数情况下，通过换针头来遏制艾滋病的传播是非法的。

第二个原因是无保护措施的性行为。这个国家由信奉宗教的右翼统治——一些毫不相干、完全不一样的人组成的一个群体，主要因对女性主义和同性恋者心怀敌意而联系在一起——松阿本德回忆说：“有些事情你不能说，你甚至连避孕套也不能谈论。”与此同时，在大城市的同性恋社区，男人们走在大街上时眼中满是恐惧。1990年，为《村声》撰稿的作家迈克尔·马斯托描述了人们对一些词心存恐惧，而对另一些词则没有：

> 你还记得当时它被称为“同性恋癌症”，可能是由瘾君子导致的。你还记得当时他们说10%的病毒携带者感染了这种疾病。你还记得当时认为如果你三年内都没有性生活，你就是没有危险的。你还记得当时洛克·哈德森是第一个死于艾滋病的名人这件事……在死亡证明上、在人们的交谈中、在媒体上，他们都回避了这个词；然而，这个词不会消失。你会对它感到厌烦，为它感到愤怒，因它感到害怕——但是，它不会消失。[①] 463

在《作为隐喻的疾病》中，苏珊写道：“很多——数量之多，令

① “The AIDS Era: Life During Wartime”, July 31, 1990, in Michael Musto, *La Dolce Musto* (New York: Carroll & Graf, 2007), 246 - 247.

人惊讶——癌症患者发现他们自己被亲朋好友回避，而且还被家人当成需要消毒杀菌的对象。”[1] 很多同性恋者遭到排斥回避，人们对他们说，他们的性行为是肮脏的，即便在艾滋病出现之前也是如此；而且，艾滋病与癌症和肺结核一样，与性行为有着密切的联系。癌症被“视为会减退性欲”。结核病“被想象成一剂春药，而且能产生非凡的诱惑力”。[2] 但是，如果癌症和肺结核是与异性恋联系在一起，艾滋病是与同性恋联系在一起，而同性恋——米开朗琪罗·西尼奥里莱几年后会在一个令他声名狼藉的专栏中大声疾呼——则是“某个不体面的秘密，它的名称我们提都不能提”[3]。

◆ ◆ ◆

一系列这些没有名称的东西、这些名称提都不能提的不体面的秘密，构成了《我们现在的生活方式》，这是 1986 年 11 月苏珊发表在《纽约客》上的一篇短篇小说。故事中一连串的人在谈论一个不知名的病人，他得了某种不知名的病，没人能说清楚到底是什么情况：“厄休拉说，据艾拉的说法，这个坏消息来得就像是一种解脱；按昆廷的说法，就是一个真正意想不到的打击……”[4] 事情只能根据某某人，根据另外什么人来了解，一个个都是做一天和尚撞一天钟，被一种无处不在的恐惧所压抑：“嗯，现在人人都在为所有人担心，贝齐说，这似乎成了我们的生活方式，我们现在的生活方式。”[5]

苏珊在《作为隐喻的疾病》开头就把病人和健康人区别开来：

---

① Sontag, *Illness*, 6.

② 同上，第 13 页。

③ Michelangelo Signorile, *Queer in America: Sex, the Media, and the Closets of Power* (New York: Random House, 1993), 68.

④ Sontag, “The Way We Live Now”, in *The New Yorker*, November 24, 1986.

⑤ 同上。

疾病是人生的阴面部分，是一种更狠虐的公民身份。每个人生来就拥有双重公民身份，其一属于健康人王国，另一则属于病 464
患者王国。虽然我们全都更愿意只使用那张健康王国的护照，但迟早、至少是有一段时间，我们每一个人都会被迫承认我们是另外那个王国的公民。[①]

然而，在《我们现在的生活方式》中，疾病的性质模糊了两种公民身份之间的界限。任何一个人都有可能毫无预兆地滑向阴面。

我的妇科医生说每一个人都有危险，每一个有性生活的人，因为性行为就是一条链，把我们每一个人和很多其他人，包括不认识的人，都联系到一起，而现在，这条伟大的生命之链也已变成了死亡之链。[②]

26个人物——每个英语字母对应一个人物——界定他们自己与疾病之间的关系，以及与那个病人之间的关系：他是否乐意见到他们，他们是否探望他，他们对他的病情了解什么、又不了解什么。他们全都明白自己的归属地是哪里，然而他们全都试图回避那心知肚明的事情：

据说他曾经对凯特说，一定会有办法从这种局面中得到一些积极的东西。保罗说，他可真是美国味儿十足呀。贝齐说，对啊，你知道美国有句老话吧：有了柠檬，就把它做成柠檬汁。[③]

---

① Sontag, *Illness*, 3.
② Sontag, “The Way We Live Now”.
③ 同上。

一些陈芝麻烂谷子、八卦——毫无意义的话——与这些人如影随形，时刻困扰他们，一直到他们进坟墓：“有件事我真不忍心去想，塔尼娅对刘易斯说，有的人居然是开着电视死去的。”[1] 在不了解真相或缺乏有效的治疗措施的情况下，被折磨的人仍沿用他们已经过时的语言，离不开它们的隐喻。没有了希望，即使是最乏味的话语也会带
465 来些许的安慰——无论多么短暂，多么无效。

◆ ◆ ◆

苏珊·桑塔格的日记多达近百本、数千页，其中有几页的内容特别令人毛骨悚然。这是她记下的死于艾滋病人的名单：一页又一页，一个名字接一个名字又一个名字，只有名字，没有任何评论，就像刻在1982年——危机刚刚开始时——落成的越战老兵纪念碑上的名字一样。其中有苏珊认识的艺术家——彼得·赫贾、罗伯特·梅普尔索普、凯斯·哈林、杰克·史密斯、米歇尔·福柯、布鲁斯·查特温——还有其他一些人，他们的去世引起了人们对艾滋病更为广泛的关注，他们是：罗克·哈德森、候司顿[2]、利贝拉切[3]以及佩里·埃利斯[4]。

只有一个名字——保罗·特克——出现了两次。她曾先后把自己的两本书献给他，《反对阐释》和1989年出版的《艾滋病及其隐喻》。自1978年以后，自从他在那封信里指责她——那是在她患了癌症后——是一个“霸道的泼妇”、试图强迫他成为异性恋，她就和他断

---

① Sontag, “The Way We Live Now”.

② 罗伊·候司顿·弗罗威克（Roy Halston Frowick，1932—1990），美国著名设计师。——译注

③ 瓦拉祖·瓦伦蒂诺·利贝拉切（Wladziu Valentino Liberace，1919—1987），美国著名钢琴家、歌手、演员。——译注

④ 佩里·埃利斯（Perry Ellis，1940—1986），美国著名设计师。——译注

了联系。

> 我极度憎恨，极度，你和戴维竭力想把我塑造成他那样的形象，就像是对待那些该死的牛仔靴这样那样的物件一样……试图“更新”我，等等，很无聊。非常俗气。你们俩似乎都粗野地下定决心要“把我变成一个男子汉”（那我要不要“把你变成一个淑女啊”!?），也就是说，你所理解的“男子汉”。你怎么会知道呢？……
>
> 而且，当你和戴维按照你们那一套“让我们叫醒保罗教他做一个‘男子汉’”的程序行事时，我的感觉糟糕透了。他甚至真的对我说了那些话啊！①

苏珊被保罗那毫不做作、没有学究气的才华所吸引，也被她自己孩提时代所缺失的那种自发的温暖所吸引。苏珊轻松自在不设防时，就会像个小女孩；保罗一辈子都是男孩子气的。斯蒂芬·科赫说： 466
“如果他想告诉你一些可能会让你感到惊讶的事情，他自己就会先夸张地露出惊讶的表情，保罗是我看到的为数不多的几个会和苏珊闹着玩的人。这跟她和戴维玩闹的方式没什么不一样。经常有拥抱，孩子般地说话，咯咯地笑。保罗来的时候——他那时候经常来——苏珊满怀着对快乐的期待。”

然而，就像阿尔弗雷德·切斯特一样，保罗的精神变得越来越错乱。有一次，他来看她，“一只耳朵涂得血红，梵高似的”②。苏珊对他吸毒感到非常不安。一天，在一家餐馆，他开始环顾四周，说道：“你看啊，苏珊，所有这些人都死了。”她说：“不对，保罗，他们没

---

① 保罗·特克写给桑塔格的信，1978 年 5 月 29 日，桑塔格文档。
② 作者对斯蒂芬·科赫的采访。

有。他们没死。”他开始相信，任何一个对他表现出哪怕一点点兴趣的女人，都是痴迷于跟他发生性关系，而如果他不做出互动回应，她们就会进行报复。科赫回忆说，保罗还追求过苏珊。

> 保罗会打电话问他是否可以过来，然后得到的回答是一些（可能明显是假的）借口。然后他会再试一次，纠缠她，竭力和她协调时间。虽然她表面上还当他是朋友，但她显然把他视为一个负担。不是一个无聊的人，而是一个疯狂的人。她对他后来近乎狂热地信奉罗马天主教很感兴趣。我记得他曾告诉过我，他经常听到魔鬼在他脑子里喋喋不休。

就在 1978 年那封他指责苏珊和戴维试图“把他变成一个男子汉”的信中，他向她借钱；毫无疑问，这个时间选择真是尴尬。不久，英俊、才华横溢的保罗就穷困潦倒了，他只能到杂货店打工给商品装袋。这时的他精疲力竭、情绪低落、精神失常，已无法再从事艺术创作。[①] 苏珊对他借钱的请求没有做出任何反应。随后，1987 年 1 月 15
467 日，她发表《我们现在的生活方式》一文后几个星期，他发来消息。他一直在给法勒-斯特劳斯-吉鲁出版社打电话，试图联系上她，但是，她从未回过电话。

> 医生告诉我，我得了艾滋病，没错。我曾在心理上觉得有些**东西**是截然不同的，我的幻灭，我对“艺术”世界的完全厌倦，等等，都真的太偏激了……而现在，我知道我当时是对的。他们说这种病给人带来新的深刻的感悟，这千真万确！有传闻说这些

① Rachel Pastan, “Remembering Paul Thek: A Conversation with Ann Wilson and Peter Harvey”, Institute of Contemporary Art, University of Pennsylvania.

天你经常去看望罗伯特·梅普尔索普，也有传闻说他也“病得很重”。我根本不清楚这些消息里有多少真实的内容……但是，如果这是真的……那么，这类麻烦你已经有够多的了。

在信中，他说他想请她照料一个满是艺术品的储藏室，他就要离开那儿了。“没有遗嘱……很有可能所有这些东西就会被扔掉！所有那些作品。”他提到，在他需要她的帮助时她没有出手援助，不过，他在最后补充说：“我希望你能原谅我……如你所知，我已经原谅你了。”[①] 他们最终和解了。不久，保罗就卧病在床，奄奄垂绝。他的朋友、艺术家安·威尔逊草草写下了日志，记录了他最后的日子；这个日志保存了下来。

8月5日：苏珊（·桑塔格）来——于是保罗要我们离开，让他们俩单独待一会儿。苏珊说保罗要她给他读里尔克（《杜伊诺哀歌》[②]），她去找了一本给我们大家差不多从第3页读到第6页……

8月6日……下午2点，苏珊带着牧师作家伊万·伊利奇来见保罗，他们讨论了一番，他一侧脸颊上有一个又大又圆的肿块

8月7日下午4点，回去发现沙拉［·谢拉·巴伊卡尔］和ED感到非常不安，因为苏珊·桑塔格要把保罗转到圣文森特医 468
院[③]由芭芭拉·斯塔瑞特照料，而且很显然已经开始了行动

8月8日我在住院医生们的建议下给牧师打电话安排最后的

① 保罗·特克写给桑塔格的信，1987年1月15日，桑塔格文档。
② 原文为Dueno Elegies，应为Duino Elegies。作者说因为是匆匆记下的日记，里面有一些讹误，如下文的“伊利奇”“结肠炎”“腹泻”“虚弱”“斯塔瑞特医生”“牙买加”“白纱布”等词，在日记中都拼写错了。此外，日志中还缺失了一些标点符号。——译注
③ 美国一家综合医疗服务机构，主要为社区家庭提供医疗护理服务以及常见病的治疗，同时为戒毒者和精神疾病患者提供护理服务。——译注

仪式——

8月9日……布朗医生说保罗得的是艾滋病。他有结肠炎。保罗还活着。保罗已经病了一个月了，有严重的难治的腹泻。上星期，沙拉和保罗打电话来。我被告知他已经腹泻三个星期了。他太虚弱，下不了床，没法自己吃东西。住院了。我们发现他严重脱水。他非常虚弱……我的理解是，这病好不了了——他的一只胳膊肿了起来——这引起了极大的痛苦——如果不去医院的话，他两天之内就会死的——去不去医院也无关紧要——不会给他带来什么转机——除了让他舒服一些——

……苏珊·桑塔格打电话给斯塔瑞特医生——保罗快要死了，正在注射吗啡——您有什么意见?

布朗医生说“她现在没时间”。

……晚上10点，苏珊［·桑塔格］朗读——一夜未眠——我们大家朗读——苏珊和ED半夜左右离开。苏珊对我说，如果保罗去世，让我给她打电话。

8月10日……凌晨1:45，保罗停止了呼吸

那个非常出色的牙买加实习护士用白纱布把保罗包裹起来，把鲍勃·莫尼从保罗的屋顶花园带来的花和他的念珠一起放在中间——沙拉打电话叫我回去一起帮忙——他就是他自己的形象。[1]

◆ ◆ ◆

对照阅读《我们现在的生活方式》和特克去世时的记录就能看

① 这些笔记保存在桑塔格文档中。

出，桑塔格是如何把一些无力的言语——朋友们在走廊里的窃窃私语、医生们无望的喃喃自语、牧师们和诗人们支支吾吾地说出的优美词语，病人则根本不想听到任何声音——转变成不可磨灭的恐怖形象。 469

更为怪异的是，苏珊强硬地认为，这个故事不是关于艾滋病的，而它显而易见就是关于艾滋病的。1991 年，她与英国艺术家霍华德·霍奇金合作了一本书，霍奇金为该书创作了六幅画。该书在版权页上宣称，收益将“捐给英国和美国的艾滋病慈善机构”。但是，苏珊“不希望这是一个关于艾滋病的故事”，霍奇金说，“她对此态度非常坚决，而且否认这是一本关于艾滋病的书。她希望这本书涉及面更大”①。

坚持要比让她十几个朋友丧命的那个病“涉及面更大”、坚持拒绝贴上标签、坚持广泛性——用鲍勃·西尔维斯的话来讲，坚持对艺术家和其表现的对象之间“联系的状态不予透露”——这些坚持具有讽刺的效果，使她远离她的表现对象，削弱她的故事，把一些实在的东西变成了抽象的东西。在两篇慷慨激昂的辩论文章中，她正是因此对疾病的隐喻进行了抨击。

1984 年，在西尔维斯寄给苏珊那封谈论她关于萨特的文章的信——信上就有上面那句话——之前六个星期，阿德里安娜·里奇发表了一次题为“位置政治的札记”的演讲。里奇已然相信，一个作家应该“从素材开始，再一起继续与高傲和特权抽象现象进行长期的斗争”，从具体的经验来讲，

> 也许我们应该暂停说“那身体”……说“那身体”会让我从最

① 作者对霍华德·霍奇金的采访。

初的视角移开。说“我的身体”则减少了浮夸主张的诱惑。[1]

这篇文章可以追溯到艾滋病时代的开始，那时，对最个人的体验
470 的否认、对疾病和死亡的否认达到了可笑的地步。讣告上把亡者的死因归咎于“一场突如其来的疾病”，人一下子“病得很重”，葬礼上禁止人们提及死因，这些例子不胜枚举：其诡异令人想起桑塔格早先谴责过的围绕着癌症的沉默。拒绝使用名字——“那身体”而非“我的身体”——提供了虚假的安慰，却增加了沉默和羞愧的暧昧气氛。

《名利场》杂志的记者迈克尔·施纳耶森在临近1986年末时，也就是《我们现在的生活方式》发表前后那几个星期，被指派负责报道这一疫情。“这就像是报道一场发生在你身边的战争，就在纽约，一场看不见硝烟的战争。”施纳耶森是异性恋，住在格林尼治村同性恋社区中心的贝德福德街。他说：“即使在那个街区，我对艾滋病也没有太多的认识，《名利场》的广大读者看不到，很多纽约人很可能也看不到。”[2]

他那篇文章关注的是艺术界的毁灭，他为此专门采访了苏珊。他说，这是有争议的。“一次政治上的冒险，因为它的前提是，艺术圈中人死亡的比例是失衡的，而且，暗示艺术界有更多的同性恋者，暗示同性恋者得艾滋病的人数远远多于异性恋，这是不是有些政治不正确呢?”在“同性恋癌症”开始传播恐惧长达六年后，主流媒体都没有任何关于它的报道。“这是第一批文章中的一篇发表在这么重要的场合，就那些方面来谈论这一疫情的”：就命名方面。

围绕着艾滋病的沉默意味着该病的患者都是隐匿的。编辑们借用

---

① Adrienne Rich, “Notes Toward a Politics of Location”, in *Blood, Bread, and Poetry: Selected Prose: 1979 - 1985* (New York: W. W. Norton, 1986), 215.

② 作者对迈克尔·施纳耶森的采访。

了越战时期的摄影新闻报道中最杰出的作品之一的概念，1969 年《生活》杂志一个题为“越战中丧生的美国人的脸”的封面故事。一页又一页的图片显示了一个个邻家男孩，共 242 个，在一个星期内丧 471 生。这种简单的策略——展示受害者的脸——对战争辩论产生了巨大的影响。“我们必须停下来仔细看看这些人的脸。不仅仅是我们必须知道有多少人，我们还必须知道他们是谁。”①

因为围绕着艾滋病产生的耻辱感，艾滋病病患那时候并不公开为人所见。“那种文化是隐匿的。”米开朗琪罗·西尼奥里莱说。人们正是知晓了艾伦·金斯伯格或格特鲁德·斯泰因在这种文化中的同性恋行为而颇感惊讶的。“同性恋者的性行为极其不可言喻。有些老太太对利贝拉切是同性恋者深感震惊。”② 很多人并没有承认自己患有艾滋病，很多人并没有承认自己是同性恋者——因此，施纳耶森说：“事实上，获得这些照片比文字要难很多。”

> 很多人并没有承认自己患有艾滋病，很多人并没有承认自己是同性恋者。你做了什么呢？你就任其传播蔓延吗？你有没有与他们的情人和家人交谈过，了解他们的感受？据我的回忆，每个案例都有自己的问题。有很多张照片，大概有 50 张或更多……我们必须让这些人全部出柜。有些人出柜了，但很多人没有。我认为争论的焦点在于什么才是更重要的，更重要的是把事情讲出来，让人们意识到这场灾难，引起政府的注意，并采取措施。

这是阿德里安娜·里奇得出的结论。就像在越战时期一样，对艾

---

① Ben Cosgrove, “Faces of the American Dead in Vietnam: One Week’s Toll”, in *Life*, June 27, 1969.

② 作者对米开朗琪罗·西尼奥里莱的采访。

滋病的政治回应也是被迫的。反对同性恋的里根多年来一直对这一疫
情视而不见。他把自己的残暴隐藏在沃霍尔式“原声摘要播出”——
这是专为里根发明的一个术语——的掩护下；和众多政客一样，里根
472 依赖于隐喻最愤世嫉俗的功能：切断语言和现实之间的联系。桑塔格
认为，隐喻的滥用会阻止民众将陈词滥调与物体联系起来，这当然是
对的。这就是为什么——正如20世纪60年代的《生活》和80年代
的《名利场》所做的那样——激进人士意识到“我们必须知道谁”
在说话，谁濒临死亡。《我们现在的生活方式》发表于这样一个背景
473 中：命名至关重要——尤其是艾滋病的名称。

第二十九章

你为什么不回酒店？

《我们现在的生活方式》于 1986 年 11 月 24 日发表在《纽约客》上。六天后，夏威夷国际电影节在火奴鲁鲁开幕。苏珊作为评委到场，就像过去那几年一样，她参加这个活动是为了能顺便回去看看家人。尽管地理位置得天独厚，还有机会观看来自亚洲和太平洋地区的电影，苏珊还是无法忍受这样的旅程。史蒂夫·沃瑟曼说："有一些这类美妙的旅行，但感觉就像是一场恐怖秀。"[①]

对米尔德丽德和纳特而言，钱一直就是个问题，不过，除此之外，他们在夏威夷的退休生活还是很愉快的。他们偶尔也会乘游船游览，而且也有三五好友，包括米尔德丽德的理发师保罗·布朗和纳特的外甥杰夫·基塞尔。杰夫到夏威夷上大学，一开始那几年在火奴鲁鲁，他一个星期至少有五天能看到老夫妻俩。一直到 20 世纪 80 年代初，他们都很活跃好动；后来 70 多岁的米尔德丽德因为关节炎而瘸 475
了腿，纳特只好承担起照料她的角色。直到这个时候，她酗酒的情况才越来越暴露出来。

基塞尔说："她一点也没受到酒精的影响，她从不挑衅。她只会

① 作者对史蒂夫·沃瑟曼的采访。

回到卧室。晚会一般一个半小时后结束。”布朗表示赞同：“她不是那种会变得邋遢、醉醺醺或傻乎乎的酗酒者。从来都不是。”[①] 但是，回到卧室是苏珊童年最痛苦的回忆之一：可以依靠的人的离开；而一个孩子需要这个人在场才能有安全感。“拒绝接受现实的女王”总是在事情变得不愉快的时候就消失了；这就是为什么苏珊会说她“最深刻的体验是对冷漠的体验”的原因。

米尔德丽德有自己的爱慕者，但她的两个女儿并不在其中。朱迪丝说：“从我母亲去世后她的朋友们的反应来看，他们完全就像是失去了亲人，而且他们认为她是世界上最了不起的人，那么美。”

> 除了我们俩，她真的能迷住所有人。她和苏珊一样，因为她可以在不同的人际关系中换上一副副不同的面孔。她主观地将我们分类。我当时被归为一个平平常常、循规蹈矩的女儿。她对我的生活什么也不了解。苏珊也不了解，真的。[②]

米尔德丽德不喜欢细枝末节的东西，她不想被人打扰；她一辈子都在精心维护自己的外貌形象。她每周都要去做头发，临终前一段时间表现得非常坚忍。保罗·布朗说：“我注意到有几次我不得不帮助

---

① 据朱迪丝·科恩说，苏珊“直到很晚才知道”她母亲酗酒。戴维·里夫不同意这一说法，他反驳说：“不知道是不可能的。”不过，苏珊常常不知道在别人看来显而易见的事情。在她的日记中，只有一次含糊其词地提到酗酒：“我母亲每天下午躺在床上，醉醺醺地睡到 4 点，卧室的窗帘拉得严严实实。”她在 1973 年 8 月 14 日写道（见《心为身役》）。夏威夷的朋友们说，到最后几年，她的健康状况严重恶化，大家才发现了这一情况。“她酗酒，多年后，苏珊才从朱迪丝那里知道。”琼·阿科切拉写过一篇人物传略，于 2000 年发表在《纽约客》上。她的消息源自苏珊。不过，唐·莱文却记得，当米尔德丽德乘游艇旅游时，苏珊说过，游艇上居然也有匿名戒酒协会，这真有趣，意味着她是从米尔德丽德口中知道这一消息的。戴维·里夫也回忆说，苏珊曾在火奴鲁鲁跟着她母亲去参加过匿名戒酒会。也许是这另一个例子，说明她在理智上知道一些事，但在情感上并没有完全领会。

② 作者对朱迪丝·科恩的采访。

她从椅子上站起身来，她会把手放在背上。于是我说，哦，你是不是背痛啊？她说是的，她感到有点痛。”

但是，她的背痛不是关节炎。当她得知自己生病时，像很多人一样，她没有说出癌症这个名称。“她从未说出那个词。”朱迪丝回忆道。她最后一次向苏珊表达了她的爱。她等待她回来，而且，在所剩 476
不多的日子里，去机场接她。等苏珊在怀基基的凯悦酒店住下来后，她说：“现在是去医院的时候啦。”

朱迪丝说：“我认为妈妈决定去医院并终了在那儿，是因为我们俩都在这儿，即使是她住在医院——奄奄一息——的时候，她两只手的指甲都是修剪得美美的。”

◆ ◆ ◆

整整一个星期，姐妹俩打地铺并排睡在医院的地板上。自从 20 年前苏珊缺席朱迪丝的婚礼后，她们就没有这样亲近过。此刻，苏珊重新认识了自己的妹妹，在她后来的人生中，她与这个曾被她鄙视为乏味的家庭主妇的女人一直是朋友。朱迪丝对她说：“我意识到妈妈留给我的只有你。”

苏珊补充说：“她哭了，我也哭了。”①

米尔德丽德说道：“你在这儿干什么？你为什么不回酒店呀？”

这就是她最后对苏珊说的话。“哦，哦，哦……我该怎么办？”这是她临终前说的话，“不是说给别人听的。”姐妹俩决定拔掉她的呼吸机。1986 年 12 月 1 日，米尔德丽德与世长辞，享年 80 岁。火化后，她的骨灰被撒在瓦胡岛附近的海里。

---

① 桑塔格文档，1986 年 12 月 30 日，巴黎。

随着她的离去，对苏珊影响最大的那个人也消失了。她建立的很多的人际关系——跟她自身、跟她的儿子、跟她的一个个情人——都深受米尔德丽德的影响。还是个小姑娘的时候，她对米尔德丽德所怀有的那种热烈的、几乎可以说是浪漫的爱，随着年龄的增长，在米尔德丽德留下的空虚感——苏珊藏在内心深处的那种空落落的感觉，被怨恨所取代。激情有时会成熟为冷静。但苏珊的情况并非如此。她无法同情这样一个女人：她的生活历经坎坷，先是早年丧母，然后是年
477 纪轻轻就守寡，再然后是因酗酒和由此带来的孤独感。她也变得依赖于靠自己的外表来获得价值感，依赖于那些对她的外表着迷的男人。

米尔德丽德去世后不久，苏珊在日记里吐露，她“总是为离开家/妈而感到内疚。所以她有权利待我冷漠薄情。（当我意识到自己怀孕时，我从麦迪逊打的电话——等等，等等。）”[①] 然而，苏珊往往会对谁感到愧疚，就把那份愧疚怪罪到谁的头上，对她母亲也是这样。“我没有母亲。”几年后她就会这么说。

当苏珊回到纽约时，她向露辛达·蔡尔兹讲述了她母亲的死讯。“我母亲没有想要亲吻我、拥抱我，或做任何类似的动作。”露辛达对这个说法表示了质疑。

> “难道你不明白吗？她是在等你。她为了迎接你，在体力上做出了多么令人难以置信的努力啊。这是一个生命垂危的女人，她居然亲自去机场接你。”……她以自己的方式表达了很多——只不过不是苏珊想要的方式。她一直等到苏珊到了面前才闭眼离世，这简直就是一个奇迹。[②]

---

① 桑塔格文档，1986 年 12 月 30 日，巴黎。
② 作者对露辛达·蔡尔兹的采访。

苏珊曾向一个朋友吐露过她做过的一个梦；这个梦也许阐明了米尔德丽德对她的控制的本质、对她造成的伤害，以及长久以来被鬼魂缠身的那种感觉；她时常会从她所爱的女人身上觉察到这种纠缠的特征。在夏威夷的时候，她有一次在沙发上睡着了，“感觉到有一个人挨着她很近——于是睁开眼一开，原来是她的母亲，正俯身想要勒死她”①。没有人像米尔德丽德那般对她阴魂不散。

◆ ◆ ◆

母亲去世后，苏珊开始以更个人化、更通俗易懂的方式写作，就像她在《我们现在的生活方式》中所做的那样，把曝光真相和模糊处
理真真假假混合在一起。这是恢复她十年前的做法，朝着更个人化的 478
写作方式逐步转变。最好的例子是她于 1987 年底发表的关于托马斯·曼的短篇小说《朝圣》。

这个短篇她已经写写改改了几十年，但直到米尔德丽德去世后才发表。小说中，她的家人被描写成无知无识的原始人，提到了她“忧郁、瘦骨嶙峋的”母亲，以及她觉得与米尔德丽德和纳特生活在一起就仿佛是让“自己生活在贫民窟”一般。这肯定会伤害到她母亲——就像也伤害到了她的继父一样。“他是我见过的最实诚的人之一。”她的表弟杰夫·基塞尔说。

> 他活着的时候一直认为米尔德丽德和苏珊母女之间的关系其实很亲密。她们经常打电话联系。我觉得，苏珊决定公开说出那番话的时候，真的令人震惊。她对母亲挑剔地评头论足，

① 作者对史蒂夫·沃瑟曼的采访。

这样的做法真的伤到了他。米尔德丽德去世几年后，我有一次和他聊天，我问他："你最近有苏珊的消息吗？"他就看着我说："我和苏珊已经没有关系了。"这真的是他最后一次提到她。[①]

如果说米尔德丽德的去世让苏珊有了更多的个人化的写作自由，同时也进一步侵蚀了她十多年前与癌症抗争时就已削弱了的处事的机敏和共情能力。她的日记中那个"高个儿、孤独的行走者"——有着敏锐自我意识的那个形象，准确地诊断了她的缺点，严厉地批评了她的失策——威胁说要永远走开。由于她很难把露辛达或米尔德丽德视为自己的延伸以外的任何关系，她也只能以同样的方式来看待自己的儿子。他 35 岁了，尝试着要表明自己的身份，尝试着在母子间建立和加强一些界限，这令她很伤心。1987 年 3 月 25 日，在她母亲 81 岁的生日——"她的第一个冥寿"——那天，
479 她写道：

数十年来，作为 D. 的母亲，这令我的身份变得更大——我是个成年人，我很强大，我很好，以及我被爱着

全都是正能量……

现在说说负能量：

我和他在一起时，就觉得我的身份被剥夺了。

不是作家——

只是他母亲

---

① 作者对杰夫·基塞尔的采访。

还是他的对手

我还不被人爱[1]

1975 年，她的朋友评论说，“我不描述他，我描述我和他之间的关系”这句话一如既往地站得住脚。然而，她曾写道：“这对他是个多么可怕的负担啊。”此时，她不表达这种同情了。在她与儿子的关系中，就像与她母亲和那些女友之间的关系一样，她从未得到过赞赏，“不被人爱”。

然而，不是这样的，她是被人爱着的。利昂·韦塞尔蒂尔说：“我爱苏珊。”他说出了众多其他人想说的话。“但我不喜欢她。”她对那些实实在在爱她的人越来越粗鲁无礼，结果她的孤立状态常常使那些只知道她是著名公众人物的人感到惊讶。很多原先和她关系亲近的朋友都离她而去。韦塞尔蒂尔说：“就像玛丽莲·梦露一样，星期六晚上都找不到约会的对象，她完全不了解自己。”[2] 因此，她从别人身上感受到的那些残忍和冷漠真的折磨着她。但是，她无法反过来察觉到自己对那些被她伤害的人所产生的影响，而且，朋友们以及认识她的人常常被她的行为所迷惑，他们在她去世多年后仍在分析她的这些行为。

法勒-斯特劳斯-吉鲁出版社宣传部的主管杰夫·塞罗伊有一次向他的心理医生提到了她，结果，这位医生大笑起来。塞罗伊问什么事这么好笑。医生回答说：“你想象不到，这么多年来有多少人坐在这 480
张沙发上谈论苏珊·桑塔格。”[3]

---

① 桑塔格文档，1987 年 3 月 25 日。
② 作者对利昂·韦塞尔蒂尔的采访。
③ 作者对杰夫·塞罗伊的采访。

◆ ◆ ◆

但是，如果她能把别人逼疯的话，真的没有人比她更努力地要与牙买加·金凯德所认定的“伟人”——她的奋斗创造出来的那个影子自我——拼命保持同步了。韦塞尔蒂尔说，她的名声总让她被认为是在场的人当中最聪明的那个人，是掌控局面的领头人，这让她觉得自己有责任了解一切；韦塞尔蒂尔看到的却是这种名声让她付出的代价。

> 她有这种力不从心的糟糕的感觉，她这个样子也不易啊。紧张的程度可真是惊人。我当时认为她能保持面不改色心不跳真是太神奇了。如果你觉得自己还不够优秀，而且又莫名其妙地名声在外，那该怎么办呢？如果你内心深处害怕自己也许会感到空落落的，又该怎么办呢？[①]

米尔德丽德去世前后，苏珊加倍努力，表现出一副令人钦佩的样子。1964 年，她在日记里承认了这种倾向，并透露了这种倾向源自儿童时期。

> 我曾珍视专业才干+力量，（自 4 岁开始?）认为至少比起成为一个人见人爱的“人”来，这个目标更容易实现。[②]

一个觉得没人爱自己而深感绝望的人会赶走或贬低那些试图爱她

① 作者对利昂·韦塞尔蒂尔的采访。
② Sontag, *Consciousness*, 7, August 6, 1964.

的人，这逐渐成为桑塔格一段又一段人际关系的模式。亲密无间的激情很快就会消退。她以前的朋友数不胜数。韦塞尔蒂尔说：“我开始注意到，我碰到的每个人几乎都曾经是苏珊的好朋友，每个人开始的 481
时候都陶醉其中，都是秘密的分享者，而且就是两人世界。但是对于很多人而言，不只是苏珊放弃了他们：他们也放弃了苏珊。”

苏珊——普通人——把人们赶走了，那个象征意义的桑塔格却更具吸引力了。她作为公共知识分子的知名度极高，伍迪·艾伦在他1983年推出的伪纪录片《西力传》中让她扮演了一个评论员的角色。他拍摄苏珊时是在威尼斯的一条运河上，她对“变色龙”伦纳德·西力做了深刻的评论；西力可以奇迹般地出现在任何地方，可以变成任何东西：一个没有固定身份的名人，一面可以投射任何东西的镜子。

在这部影片中，苏珊可以用反讽的目光来看待她作为美国知识分子代言人的地位。然而，这一地位在1987年6月3日获得了认可，她在这一天被选为国际笔会美国分会主席。她的走马上任象征着这个久负盛名的组织的一次改头换面。国际笔会是最早的国际人权组织之一，成立于1921年，与国际联盟的宗旨相同。笔会的大部分工作一直是帮助那些受到专制政权迫害的作家，但由于笔会组织是国际性的，因此，就像联合国组织一样，它也依赖其成员之间的和谐合作，因此并不能百分百地有效。在有些国家，像布罗茨基这样的作家就是他们针对的目标，而“官方作家”则是一些政府官员，因而在这些国家，笔会的影响是有限的。不过，事实往往证明，笔会的作用是不可估量的：比如，它的干预救了阿瑟·凯斯特勒（他当时在法西斯主义的西班牙被监禁）和诺奖得主沃尔·索因卡（在尼日利亚被判死刑）的性命。据女性主义作家梅瑞狄斯·塔克斯说，直到20世纪80年代中期，国际笔会美国分会“规模还相当小，并不特别兴旺繁荣”。1984年，在新当选主席诺曼·梅勒的领导下，它开始有了转变。文学

482 界很多人都喜欢吐槽，说他们讨厌梅勒的虚张声势和大男子主义，但很少有作家像他那样能够而且的确提升了笔会的形象。塔克斯说："梅勒进来了，于是，一下子，笔会就像是洛克菲勒中心一样。"[①]

◆ ◆ ◆

1986年1月，在纽约举办的国际笔会代表大会上，梅勒展示了这一转变。这次的"梅勒代表大会"给一位印度作家留下了深刻的印象，他本人很快就需要笔会组织的支持。萨尔曼·鲁西迪对这份名单"十分敬畏"。"布罗茨基、格拉斯、奥兹、索因卡、巴尔加斯·略萨、贝娄、卡佛、多克特罗、莫里森、萨义德、斯泰伦、厄普代克、冯内古特、巴塞尔姆，以及梅勒本人"都在上面；当一名摄影师在中央公园把鲁西迪安排上了一辆马车时，鲁西迪发现自己与切斯瓦夫·米沃什和苏珊·桑塔格挤在了一起。[②]

梅勒是个公关天才，他可以引发一个事件，把文学置于政治和文化的中心：它在某些欧洲国家占据的一席之地，让桑塔格颇感遗憾的是，却从未在美国占据过一席之地。梅瑞狄斯·塔克斯说："《泰晤士报》头版每天都会报道国际笔会代表大会，这在纽约的文学活动中是不会发生的。"鲁西迪写道："在那个时候，纽约文学给人的感觉是很重要的，作家之间的争论被广泛报道，而且似乎依然在狭小的图书世界的范围之外产生影响。"[③]

这段时间还产生了两次大的争议事件。第一次是梅勒邀请里根政府的国务卿乔治·舒尔茨。这引发了抗议：一拨抗议来自一些作家，

---

① 作者对梅瑞狄斯·塔克斯的采访。
② Salman Rushdie, *Joseph Anton: A Memoir* (New York: Random House, 2012), 75-76.
③ 同上，第76页。

他们谴责美国对种族隔离或尼加拉瓜的政策；另一拨抗议者则回忆说，美国国务院曾拒绝向包括法利·莫厄特和加夫列尔·加西亚·马尔克斯在内的被视为颠覆分子的作家发放签证。整个行动是由桑塔格和E. L. 多克特罗在领头，在舒尔茨起身准备发言时，他们把一封信递给了梅勒。梅勒把信拿给舒尔茨看了，但拒绝大声念出来。当格雷 483
丝·佩利表示抗议时，他说："我把国务卿请到这里来，不是让他来受你们摆布的。"[①] 抗议者肯定会更容易接受他后来的解释：既然笔会旨在减少针对作家的暴虐，"我们对国务院的影响力越大，我们的工作效率就越高"[②]。

然而，梅勒擅长冷嘲热讽，有时是以开玩笑的方式，有时则诉诸厌女主义的言论。这一点——更别提他刺伤他妻子的事了——在另一场争论中削弱了他的地位。这涉及女性代表人数不足的问题——在120名受邀者当中只有16名女性。塔克斯说："他宣布这一名单上的人是全世界最好的作家。第一天在那儿坐下来后，我痛苦地意识到，世界上最好的作家都是白人男性。"笔会执委会主任卡伦·肯纳利对这种定性描述表示异议。她说："是我、苏珊和唐纳德·巴塞尔姆三个人决定被邀请人名单的。"他们也邀请了很多杰出的女性——比如琼·狄迪恩、尤多拉·韦尔蒂、多丽丝·莱辛、玛丽·麦卡锡——她们都未能出席。[③]

梅勒并没有承认或试图解决这个问题，而是火上浇油，他对一名记者说："像苏珊·桑塔格这样的女性并不多，她们首先是知识分子，其次才是诗人和小说家。"这进一步激怒了抗议者。然而，这并没有激怒

---

① Rhoda Koenig, "At Play in the Fields of the Word", in *New York*, February 3, 1986, 40-47.
② Walter Goodman, "Norman Mailer Offers a PEN Post-Mortem", in *New York Times*, January 27, 1986.
③ 作者对卡伦·肯纳利的采访。

苏珊。她对纳丁·戈迪默说，“文学不是一个提倡机会均等的雇主”①。这是换一种说法表示精英体制的主张。事实上，恰恰相反。塔克斯记得：“她并没有说——这对任何人而言说一下都是完全能理解的事——‘哦，得了吧，诺曼。有很多女性知识分子，只不过有些人太忙抽不出时间，有一些则去世了，仅此而已。’她认为自己是实至名归的。”②

她的妙语金句假设了一个平等的竞争环境，而且暗示女性是根据性别而非成就来要求获得入选的。桑塔格当然心知肚明，女性主义的
484 批评是，竞争环境是不平等的，任何一个达到她目前地位的女性不仅仅才华横溢，而且还——更确切地说——特别幸运。用女性主义的术语来说，她是一个“特别的女人”：就像是允许进入一个白人社区的唯一一个黑人家庭或犹太人家庭的情况一样。因为偶然出现的一个例外而忽略规则通融处理并不会破坏这些规则；灵活处理只会强化这些规则。

具有讽刺意味的是，发现这个问题的几乎也正是梅勒本人：“世界上有些国家没有优秀的女作家。”这句像以往一样以最具挑衅方式表达的话招致了不满。但是他解释说，他的意思是“这些国家的妇女受到了剥削和压制”。缺少获得教育、节育、经济来源机会的途径，这意味着任何一个能克服这些障碍的女性都是特别的。

◆ ◆ ◆

这次事件的尴尬结局是，笔会美国分会需要一名女主席。梅勒的任期于 1986 年 6 月结束，最佳候选人落在小说家霍滕斯·卡利舍身上。卡利舍随即就与负责日常管理的肯纳利发生了冲突，一年后就辞

① Koenig, “At Play in the Fields of the Word”.
② 作者对梅瑞狄斯·塔克斯的采访。

职了。这时，苏珊找到了一种令各方都能保持尊严的办法。苏珊在1979年曾入选美国艺术与文学学院，这次学院在物色一名新院长，于是她便向他们推荐了卡利舍，然后她向肯纳利毛遂自荐，以笔会主席的身份介入，这是她过去经常受邀担任的职位。“愿上帝保佑苏珊。”肯纳利说道，因为她找到了这么体面的解决办法。“你怎么能不因此而永远爱她呢?”[①]

主席的职位基本上是象征性的：出席一些会议，到访华盛顿，起草一些信函并在上面签名，分发给各家报社。然而，这个立宪君主式的角色非常适合苏珊。保罗·特克去世两个多星期后，1988年8月28日在汉城[②]召开的下一届国际笔会代表大会是她重要的开端。美国 485
笔会及其盟友——澳大利亚、加拿大、丹麦、荷兰、瑞典和西德各国笔会——抗议选择韩国作为大会的举办地，原因是，尽管韩国一直在稳步推进民主化，但仍有一些作家身陷囹圄。但是当他们这场抗争失败后，肯纳利就去了；在代表大会召开之前的两个星期里，他为他们的抗议活动做了准备工作。那不过就是一个鸡尾酒聚会，以纪念持不同政见的作家，而且与其他国家寻求的“静默外交”，“一种温和的非对抗性质的外交手段”形成了鲜明的对比。[③]

苏珊从来就不主张采取温和的不对抗手段。这个看似低调的鸡尾酒聚会——被韩国一家报纸描述为“一场非法集会”——吸引了150人参加，其中包括被监禁作家的亲朋好友。出席者朗读了那些被监禁作家的作品，还描述了他们的困境。当有人对他们说，这次聚会被认为是对韩国政府的侮辱时，苏珊反驳道：“我们这些作家来到这里是为了帮助其他一些作家。我们的职责不是安静、礼貌地当个客人。作

① 作者对卡伦·肯纳利的采访。
② 2005年，韩国方面宣布将其首都的中文译名由汉城改为首尔。——译注
③ 作者对卡伦·肯纳利的采访。

家的职责就是要畅所欲言。”这一事件足以冒犯韩国政府，总统卢泰愚因此取消了原定的演讲。[1]

抗议活动受到了关注。作家李尚夏写了一首诗，内容涉及朝鲜战争期间美军对平民的暴行，1987 年他因此被捕入狱。狱中，他的律师告诉他，桑塔格想让他成为美国笔会的荣誉会员。

> 在漫长的法律程序办理过程中，桑塔格在纽约几次要求韩国政府释放我……政府因此开始感到尴尬，因为那年的奥运会将在
> 486 韩国举行，而政府必须谨慎对待国际舆论。所以政府就对她做了某种承诺表示会释放我，这都是我听别人说的。我关在监狱的时候，苏珊·桑塔格曾数次要求探视我，但她的一次次要求全都遭到相关部门的拒绝。[2]

政府一旦可以平息这一事件时，他们就这样做了：10 月释放了一个出版商，12 月又释放了三个，然后在 1990 年释放了李尚夏。[3] 但是，他没有获准离开韩国。

> 最终，10 年后，2000 年时我才只能去日本旅游。而 2004 年，71 岁的苏珊·桑塔格最终因癌症辞世，我也没能见她一面。时不时地，苏珊·桑塔格会出现在我的电视屏幕上，或者我偶然会看一看《关于他人的痛苦》，而她的名字会提醒我：思考一下我的思想是如何发展的，我走的是不是一条正确的道路，我留下

---

① Digby Diehl, “PEN and Sword in Seoul”, in *Los Angeles Times*, September 11, 1988.

② “Park Sang-mi’s Empathetic Storytelling: The Drum Sounds That Beat the Consciousness of the Silent”, trans. Hyosun Lee, in *Kyunghyang Shinmun*, October 13, 2015.

③ Yongbeon Kim, “‘The Poetry I Risked My Life to Write Has Finally Been Restored 16 Years Later’: Poet Lee San-ha”, trans. Mia You, in *Munhwa Ilbo*, June 16, 2003.

的痕迹又有多深。[1]

◆ ◆ ◆

汉城代表大会是桑塔格为即将扮演的更为重要的角色而进行的一次彩排。她那令人生畏的名声、长期的激进主义人士的记录加上笔会美国分会主席的身份，令她成为现代文学史上最知名的传奇人物中的翘楚。1989 年情人节那天，伊朗最高领袖阿亚图拉·鲁霍拉·霍梅尼因《撒旦诗篇》对萨尔曼·鲁西迪发布死刑令；长篇小说《撒旦诗篇》在伦敦出版，当时苏珊刚从汉城回到美国一个月。阿亚图拉及其政府官员均未看过涉事的长篇小说；小说的标题暗示了穆罕默德生活中发生的一件事，在此事件中，撒旦引诱先知说出了三位异教女神的名字。

小说作者被指控亵渎神明；而该法特瓦[2]——这个词很快就不需 487
要特别表示了——引发了一场恐惧浪潮，最终导致至少 60 人死亡。英国和美国的书店遭到炸弹袭击。鲁西迪的挪威出版商、土耳其语和意大利语的译者均遭枪击受伤。日语译者被杀害。对鲁西迪本人而言，这是多年来东躲西藏的开始，也是向伊朗当局所作的毫无结果且羞辱性“道歉”的开始。在鲁西迪看来，这也是被赞同采取“温和的、非对抗性的手段的”作家同仁们所抛弃的开始；事实上，这意味着指责鲁西迪故意挑起了事端。“我认为我们当中任何一个对伟大的宗教不恭不敬的人，都不可以逃脱惩罚。”阅历丰富的约翰·勒卡雷

① “Park Sang-mi’s Empathetic Storytelling”.

② fatwa，伊斯兰律法的裁决或敕令，此处指对鲁西迪的追杀令。——译注

说道；而反犹主义者罗尔德·达尔则称鲁西迪是“一个危险的机会主义分子”，他“完全知道自己在做什么因而不能为自己辩解。这种哗众取宠的做法确实让一本平淡无奇的书登上了畅销书排行榜榜首，但在我看来，这是一种廉价的行事方式”①。

1989年，那个法特瓦，就如同这个词本身一样，成为一种新的现象，而它所引发的恐惧则是真实的存在。E. L. 多克特罗说：“这是我们第一次体验到神权政治的感受力，这是我们在全世界首次体验到信仰与暴力之间的关系。”② 该作品当时尚未在美国出版——原定日期为2月22日，也就是霍梅尼发布追杀令一个多星期之后。一开始，很多人以为这是一场误会；当追杀令发布时，美国一些知名作家——包括一些曾公开反对韩国审查制度的作家——都避而远之。卡伦·肯纳利说：“我现在说出来只是因为他们都已不在人世，不过，阿瑟·米勒说过他不想和此事有任何关系。冯内古特也说过同样的话。在他们在世的时候，我一直假装认为这都不是真的。”③

危险是真实存在的：笔会办公室多次接到了拿起听筒对方就挂断
488 的电话；企鹅书局不得不雇用了几名保镖；因为其他国家其他地区爆发了暴力事件，一些大的连锁书店感到恐惧，拒绝出售这本书。鲁西迪得到了英国安全部门的保护，但与该书有关的其他人则没有。“我知道，一些美国记者打电话四处联系，想要获得对此事的意见；这些记者说，他们很惊讶，那么多的美国著名作家突然间一个个都联系不上了。”鲁西迪说道。④ 甚至连梅勒——通常勇猛好战——也踌躇了；不过他没有料到还有一个美国作家比他更勇猛好战。

几天之内，情况发生了变化。“在苏珊的督促下，几乎所有的人

① Rachel Donadio, “Fighting Words on Sir Salman”, in *New York Times*, July 15, 2007.
② Paul Elie, “A Fundamental Fight”, in *Vanity Fair*, May 2014.
③ 作者对卡伦·肯纳利的采访。
④ 作者对萨尔曼·鲁西迪的采访。

都找回了更好的自己。”鲁西迪写道。[①] 目的是要把重点放在这本几乎谁也没看过的书上，而不是争论不休。笔会组织了一些重要作家来朗读该书的选段。梅勒现身了，琼·狄迪恩、唐·德里罗、E. L. 多克特罗、戴安娜·特里林、拉里·麦克默特里、爱德华·萨义德、罗伯特·卡罗，以及利昂·韦塞尔蒂尔也来了。鲁西迪说：“我很高兴是苏珊当上了主席，而不是一个比她怯懦怕事之人。”

鲁西迪对“非伊斯兰教的敌意”深感沮丧，而这种团结给了他一个重要的支持来源。“纽约的红衣主教，英国的大拉比、教宗都站在了另一边。所有人全都甘愿去谴责他们根本没有看过的那本小说。”在朗读活动举行的第二天，连锁书店 B. 多尔顿书店和巴诺书店宣布，他们终究会继续销售《撒旦诗篇》。听了朗读的录音后，他说：“这对我而言非常重要。拥有后援团小伙伴令我更加坚定。”而在后援团小伙伴中，排在第一的就是那个被他称为“好苏珊”的女人。 489

① Rushdie, *Joseph Anton*, 150; John R. MacArthur, “The Friends Rushdie Forgot”.

第三十章

随意的亲密关系

安妮·莱博维茨遇见苏珊时，即使以苏珊的圈子的标准来衡量，她也是很有名的。她当时还没到 40 岁——她 1949 年出生，而早在同龄人大多还在上大学的时候，她就已名声大噪了。她的父亲是个空军军官，这就意味着，和苏珊一样，安娜-卢[①]的童年也是在东迁西徙中度过的。这强化了她以家庭为中心的意识："我的兄弟姐妹"——她是六个孩子中的一个——"一直是，而且现在依然是我最好的朋友。"[②] 不停搬家使得家庭以外的关系难以长时间维持。然而，突然出现在一个地方，去迎合对方、获取她需要的东西，这种能力对于一名摄影师而言是一种不可或缺的天赋。

像苏珊一样，她也有一个酗酒的母亲；像苏珊一样，她也表现出酗酒者家庭成年子女的特征：缺乏安全感、急于证明她自己，为追求不可能的完美主义而折磨自己和旁人；一路坎坷、危机不断，动辄对人倾囊相助，转眼又冲动地表现出暴力行为。和很多来自酗酒者家庭的子女一样，她也有过吸食毒品的嗜好，[③] 不过，和苏珊不同的是，

491

① 安妮·莱博维茨的本名。——译注
② 写给潜在的代孕妈妈的信，桑塔格文档。
③ 作者对卡伦·马拉基的采访。

她把自己的童年描述为“非常快乐”，而且记忆中是“一种强烈的被爱的感觉”。[1]

越战期间，她父亲被派往克拉克空军基地，这是菲律宾一座巨大的军事城市；这场战争很多的仗都是在这儿谋划发动的：他本人则经常在越南。1967 年，在反战运动的高潮时期，安妮开始在旧金山艺术学校学习；旧金山是反战运动的中心。学了一年的绘画后，她回家看望父母，还和母亲去日本旅游。她在日本买了自己第一个真正意义上的照相机，并带着它上了富士山。她喜欢摄影的即时性，也喜欢摄影给她带来的希望，让她走出画家工作室的孤独。她说：“画室里有很多愤怒的抽象表现主义画家，我还没有准备好接受抽象表现。我喜欢现实表现。”[2] 后来，作为一名摄影师，她保留了画家的感受力，随着她资金投入的增加和技术手段的提高，这种感受力会变得越来越高雅。

1969 年，是选择对父亲的忠诚还是选择对战争感到痛苦，她左右为难，不知该如何取舍，于是寻求到第三个选择，前往一个基布兹集体农场。然而，她意识到，“定居国外并不能解决任何问题”，于是，她带着一堆以色列的照片回到了美国。《河内行纪》发表一年后，安妮开始用一次次席卷旧金山和伯克利反战抗议活动的照片来回应这场战争。在男友的鼓励下，她把这些照片连同她在基布兹农场的作品一起给了一本新杂志的美术总监。几年后也成为美术总监的罗杰·布莱克说：“在年轻一代中，《滚石》可能比它后来的任何杂志都重要。”[3]

安妮·莱博维茨令那代的英雄一个个都露了脸，而在此过程中，她自己也成了英雄。在她年仅 20 岁时，就说服詹恩·温纳让自己去 492

---

① Annie Leibovitz, *At Work* (New York: Random House, 2008).
② 同上，第 13 页。
③ 作者对罗杰·布莱克的采访。

拍摄约翰·列侬，结果首秀就大获全胜。温纳只比莱博维茨大3岁，出了名的抠；安妮提出自己可以买青年特价机票飞纽约，两星期的费用报销25美元，这才抢到了这个任务。[①]“洋子后来说，令她和约翰［·列侬］印象深刻的是，詹恩居然让我这样的人去给一个大名鼎鼎的人拍片。”[②] 她拍摄的特写肖像刊登在《滚石》杂志1971年1月21日那期的封面上。这张封面照片让安妮走上了一条道，成为《纽约时报》著名的照片编辑凯西·瑞安所称的“我们这个时代某些名人的宫廷画师”[③]。

不到两年的时间之后，谢尔·西尔弗斯坦写了一首歌，并成为“胡克医生和医学秀”乐队风靡一时的歌曲：

> 我们吞下各种各样的药丸，给我们带来各种各样的刺激。
> 然而，我们从不知晓的刺激，
> 就是那种对你的刺激，当你把你的相片
> 刊登在《滚石》的封面。

几年后成为她的助手的安德鲁·埃克尔斯说：“那是一种认可，说我想上《滚石》的封面就等于是说：我想让安妮·莱博维茨给我拍照。”[④]

◆ ◆ ◆

莱博维茨很幸运，她在对的时间到了对的地点——旧金山当时正

① *Rolling Stone*, no. 254, Tenth Anniversary Issue, December 15, 1977, 62.
② Leibovitz, *At Work*, 44.
③ 作者对凯西·瑞安的采访。
④ 作者对安德鲁·埃克尔斯的采访。

处在反主流文化的巅峰。她很幸运地偶遇了一本新创办的杂志，羽翼未丰；该杂志后来成为一代人的象征。但是，要达到她事业的顶峰，并在近50年的职业生涯中一直高高在上，靠的就不仅仅是运气了。她的秘诀部分在于，她有能力达到别人无法企及的高度。

她贴近人们的脸。早年曾为《滚石》撰稿的蒂莫西·克劳斯说： 493

> 她有一种我在其他摄影师身上从未见过的特质，那就是，毫不夸张地说，她真的贴近人们的脸。镜头对准了他们的脸，这些人可能是一个和她一起工作过的人，有时间和她建立起某种亲密和谐的关系，或者只是泛泛之交，也有可能是她一秒钟前在大街上遇到的人。不只是她无所畏惧，也并不是她厚着脸皮对着他们的脸。她就是能分分钟与他们建立起某种亲密和谐的关系。[①]

她还走进他们的家。安德鲁·埃克尔斯说：

> 被拍摄的对象会说："哦，你不能到我家来。"这成了一件她必须做的事情：到他们的家里去。"我怎么去他们的家呢？"我们会继续问下去。我们可能会把房子围起来。或者其他什么方式。有一种坚持不懈的干劲。[②]

她让被拍摄的人脱光衣服。出现在《滚石》杂志上的或半裸或全裸出镜的人数成了一个不断流传的笑话，当然也是该杂志具有吸引力的一部分。

---

① 作者对蒂莫西·克劳斯的采访。
② 作者对安德鲁·埃克尔斯的采访。

> 和我一起拍照真的很有趣。我会一巴掌把他们拍到泥地里！然后我又会把他们吊在天花板上！他们说："我听说你很难合作。我听说（让你拍照）这件事并不容易。"[①]

她上了他们的床。"性在她的作品中扮演着重要的角色。"卡伦·马拉基说；卡伦于1974年成为《滚石》杂志的摄影编辑。"所有真正优秀的摄影师都极具诱惑力——因为他们是在很随意的亲密关系中进行拍摄。"她的童年是在一次次搬家中度过的，她要一次次应对新的城
494 镇、新的学校、新的人群，这让她应对随意的亲密关系游刃有余。

> 他们让你觉得他们是你的朋友，他们是你的一切，然后他们得到了他们需要的东西，然后，他妈的他们就离开了。你在拍名人，你想尽一切办法去讨好他们，让他们感到安全。那个时候他们脆弱无比——那个时候你进去任意摆布——然后一切就结束了。[②]

贴近人们的脸，走进人们的家，让他们脱光衣服，让他们陷入泥里——就是字面意思的理解：这是摄影师玩人的游戏，另一位老《滚石》员工，马克斯·阿吉莱拉-黑尔韦格说：

> 安妮从一开始就知道摄影师与人打交道的心理学。从你给你要拍摄的对象打电话那一刻起，你就在控制着他们。你所说的一切就是一个持续不断的、推断中的方程式，为了获得更多的时间与他们在一起，为了让你们之间的关系变得更加亲密，为了让他

① Annie Leibovitz, *Photographs* (New York: Pantheon/Rolling Stone Press, 1983).
② 作者对卡伦·马拉基的采访。

们更放得开，以及保持主导地位。用胶卷拍摄他们。让他们展现自己。有时则是暴露你自己，你自己变得与他们更亲密。有时候故意说错话，就是为了让他们对你提出质疑。但如果你不是从一开始就这么做，那么你就输了。[①]

◆ ◆ ◆

早年，安妮在自己成为名人之前，必须找到她与被拍摄的对象之间的联系。一方面，她走近他们，就像苏珊走近自己刻画的人物卡内蒂和阿尔托一样。“对这个人真的进行了大量的思考，而且充满了尊重和钦佩。她赞美他们。”埃克尔斯说。

她真的热爱她拍摄的对象。有的时候真的热爱她拍摄的对象，不过，她只会拼命奉承那个人，夸他所做的一切。有时候，495
摄影师不具备这些人际交往的技巧。有人会站在照相机前，于是他们就会说“哦，别那样做，你看起来很胖”，或者说“不要那样坐着”。安妮嘴里只会说出你刚才做得真棒——可是也许可以这样试一试。她让那些人自我感觉超好。这会让他们放松下来觉得安全，而且，也许可以脱掉衣服或许逐渐诱导他们产生一个想法，而原先他们对此还有些犹豫不决呢。[②]

安妮的拍摄对象不只是对着照相机做爱。从米克·贾格尔到布鲁斯·斯普林斯廷，那些和她睡过的拍摄对象，也被人们煞有介事地传

① 作者对马克斯·阿吉莱拉-黑尔韦格的采访。
② 作者对安德鲁·埃克尔斯的采访。

来传去。[1]“杰里·加西亚有一个全套系列的照片，显然他是早上醒来，然后从床上爬起来。”一位从1971年开始就在《滚石》杂志工作的员工说道。卡伦·马拉基回忆起安妮是如何直奔主题拍摄琳达·朗斯塔特的，当时她趴在床上，撅着屁股，穿着紧身的红色衬裙。

> 你不可能这样拍照片的。“嘿，你为什么不上床呢？嘿，你为什么不把裙子撩起来呢？”这种事一般不会发生。这种情况更个性化。[2]

安妮拍这些照片时，朗斯塔特30岁。她一直被人描述成只有她实际年龄一半大的女孩，因此安妮决定展现她成熟的一面。朗斯塔特后来对拍这些照片“深感后悔”，声称安妮欺骗了她，说那些照片是在“休息”的时候拍摄的。[3] 尽管安妮一次次宣称她爱自己的拍摄对象，但她还是为自己秃鹫式的行为而感到自豪。

> 我喜欢和这些人一起工作，他们有时间的时候，他们就会无
496 聊得要死，没有其他事可做。你明白的，当他们脆弱的时候就拍他们。[4]

这就是苏珊所谴责的那个吸血鬼似的照相机。朗斯塔特的这些照片让读者的视角从她的上方看过去。她的脸是看不见的，和她的衣服一起除去了；她几乎暴露的下体诱惑着人们的进入。为了拍这些照

---

① 作者对罗杰·布莱克的采访。
② 同上。
③ 朗斯塔特对莱博维茨的态度请参见：http://www.ronstadt-linda.com/gold03.htm，http://www.ronstadt-linda.com/artnt77.htm。
④ Leibovitz, *Photographs*.

片，安妮采用了迪安·阿巴斯的技巧。“我一直认为摄影是一件很下流的事情——这也是我最喜欢摄影的原因之一，”阿巴斯写道，“而且，我第一次拍照片时就觉得非常变态。”[①] 苏珊在《论摄影》中引用了这句话。莱博维茨很欣赏阿巴斯，而安妮为了控制自己的拍摄对象就对他们加以奉承，这与苏珊描述的阿巴斯的拍摄方法具有异曲同工之处：“摄影师非但不偷窥这些畸形人和被社会遗弃的人，也不在他们不知不觉的时候去抓拍他们，而是得慢慢地去结识他们，让他们消除疑虑。”[②] 这是苏珊认为的每一次拍照行为背后另一种维护那种控制的方式。

> 拍摄就是把被拍摄的东西据为已有。它意味着将自己置于与世界的某种关系中，这种关系让人觉得像知识——因而，也像权力。[③]

◆ ◆ ◆

诱惑是诡计的一部分。另一部分在朗斯塔特伸手去够的那个床头柜上的镜子上，就在视线之外。“她趴着睡在床上，穿着连衫衬裤，双腿张开着，同时，两只手向前伸着，”马拉基说道，“那是因为在镜子上面有可卡因。”[④]

彼时，性和毒品均未引起警觉。拉津说：“一个人可以跟任何人上床，情况和现在不一样，现在是禁止的，也是非法的。”对毒品也

---

① Sontag, *On Photography*, 12 - 13.
② 同上，第35页。
③ 同上，第4页。
④ 作者对卡伦·马拉基的采访。

是一样的，马拉基说：“那个时期毒品无处不在而且人们对此习以为
497 常，这一现象很难解释。”布莱克说：“我们当时还不知道有谁因此丧命。”①

《滚石》杂志创刊于1967年，那是“爱之夏”之年。当年，有一首歌②向大家发出邀请，欢迎大家头戴鲜花来到旧金山。成千上万的人成群结队前往，参加“爱的聚会”，大麻的烟雾弥漫在一场场音乐会和冥想聚会的上空。那时已有避孕药，性病的治疗技术亦有进步，这让一场性庆典成为可能。

除了大麻烟，象征着“爱之夏”的毒品还有LSD（迷幻药）；不过，到了20世纪70年代，更多、更猛的毒品变得唾手可得了。尽管在1970年秋天，两位《滚石》早期的偶像吉米·亨德里克斯和詹尼斯·乔普林数天内相继因为吸毒过量而丧命，但人们尚未充分认识到可卡因和海洛因的危害。《滚石》甚至有内部的毒贩，他们在一个名为“卡普里休息室”的房间里进行交易。马拉基说：“你可以在那里买到你要的大麻烟。你可以在那里买到你要的可卡因。这是一家公司商店。”两个经营“卡普里休息室”的嬉皮士给所有光顾的客人拍照，以确保他们自己绝对不会被顾客出卖，而且——像所有聪明的毒贩一样——他们克制自己只贩毒而不吸毒。两个人都很气派地退休了。“一个在卡茨基尔拥有一个巨大的农场，可以看到哈得孙河，”罗杰·布莱克说，“另外一个则住在亚拉巴马州的一个马场，有2000英亩地，有几个巨大的马厩，还有几辆路虎揽胜车。”③

不是每个人都是那么幸运的。对安妮而言，转折点出现在1975年的夏天，当时她正随滚石乐队在美国巡演。

---

① 作者对卡伦·马拉基和罗杰·布莱克的采访。
② 指歌曲“San Francisco（Be Sure to Wear Flowers in Your Hair）”。——译注
③ 作者对卡伦·马拉基和罗杰·布莱克的采访。

> 乐队先在安迪·沃霍尔位于蒙托克的场地排练，蒙托克在长岛的最东头；我在那里待了一个月左右，然后稍事休息，巡演6月份开始。我当时非常幼稚……那个时候，我认为，要想拍出最优秀的作品就要变成一条变色龙……如果你跟着滚石乐队一起巡演，你想象你会干的事情我一件没落全干了。这是我有生以来第 498
> 一次被某样东西所控制。[1]

她回来时变成了另一个人。如果人人都吸毒，人人都会觉得滚石乐队有与众不同之处，拉津说：

> "感恩而死"乐队吸食了大量的毒品，多到他们因此无法到欧洲巡演。但是，滚石乐队，关于吸毒的整个事件，还有一些更加不幸的东西——我的意思是真正的不幸。有人死了。长时间和那些人泡在一起只会把她的生活搞得一团糟。不仅仅是吸毒，还有滥交，再加上吸毒，加上恶意的胡闹，加上不幸，加上恐怖的事情。我不知道她遭受了什么事，但当她回来时，她完全是另外一个人了。她吸毒吸得越厉害，人就越古怪，她到纽约第一年，77到78年，她的生活整个儿是一团糟了。[2]

在诱惑的模式下，为了取悦别人，她做了她需要做的事情。卡伦说："刚开始的时候，为了拍到一张照片，她会不惜一切代价。有时这样是很失尊严的。她会忍气吞声接受他们想要使出的任何招数。"这就是令安妮获得成功的浮士德式的交易。卡伦对她说："问题是，你在随意的亲密关系中来处理一切，你在这方面确实很出色。但这是

① Leibovitz, *At Work*, 34.
② 作者对拉津的采访。

有代价的，因为你看到的情况太可怕了。”

◆ ◆ ◆

和苏珊一样，安妮在公众面前也表现得镇定自若。了解她的人并没有上当受骗。

布莱克说：“安妮特别脆弱，而且她一直担心自己再也无法满血复活。在办公室歇斯底里地发作，乱扔东西，意识不到发生了什么。”
499 这些都是她那几年狂热的行为。1973 年的时候，她说道：“我不知道这种疯狂还会发展到什么地步，但是，我行动的速度，是我自己强加在自己身上的。”[1] 她和苏珊一样，都需要证明自己。“希望下一张拍出的就是一帧大片。”埃克尔斯说。

> 她觉得自己有一种强烈的责任，要为这个人拍出最好的照片。有一些医生可能就是这样工作的。就仿佛有那么一张能救那个人性命的照片。[2]

她的不懈努力被她的老板詹恩·温纳所利用，布莱克称温纳“非常精明而且邪恶，看人很准”。安妮、詹恩及其妻子简形成了一个三角关系。布莱克说：“这个关系非常、非常牢固，坚不可摧，外人甭想进入这个铁三角中。”安妮成了他们的孩子。“他们成了一家人，而她是这个家庭里唯一的孩子，”马拉基说，“这只是一部分，还要加上毒品。轻而易举就能搞到毒品。你可以做任何你想做的事。根本没有

---

① Annie Leibovitz, ed., *Shooting Stars: The* Rolling Stone *Book of Portraits* (San Francisco: Straight Arrow Books, 1973), 70.

② 作者对安德鲁·埃克尔斯的采访。

主观的判断。”在后来的岁月里，安妮从来没有提起过詹恩和简的名字：她只说“他们”。[1]

詹恩将安妮的缺乏安全感视为控制她的关键。马拉基说：“他会利用‘没有我，你哪儿也去不了’这个事实控制她。‘没有我，你不会有今天。’”这种操控更加有效，因为随操控而来的是鼓励和机会。他会说：“你将成为全世界最伟大的摄影家。”这样也同时提供了令人吃惊的大量发挥空间。在《滚石》十周年特刊的封面上只出现了两个人的名字：亨特·S. 汤普森和安妮·莱博维茨。杂志给了她整整 50 页的版面，对十年的工作进行了回顾。“没有哪个作家会这么频繁地出现在《滚石》杂志上。”布莱克写道。[2] 彼时，她已经拍了 58 张照
片用作杂志的封面，这真是令人震惊。 500

◆ ◆ ◆

1977 年，《滚石》创刊十周年那一年，杂志社搬到了纽约，由比伊·费特勒操刀设计安妮 50 页的作品集。比伊于 1938 年出生在里约热内卢，父母均为犹太裔，他们作为难民从法兰克福到了巴西两年后生下了她。比伊来到纽约的帕森斯学院求学。学成毕业后，她回到了巴西，并凭借那本具有划时代意义的杂志《先生》成名，包括为首发克拉丽丝·李斯佩克朵短篇小说的那几期设计封面。[3] 不过，她在 1961 年又回到了纽约，并最终成为《时尚芭莎》的艺术总监。十年后，她成为女性主义杂志《女士》的创始人之一。

“安妮生活中一直都在寻找一个强大的女性，能成为她工作上的

---

① 作者对卡伦·马拉基的采访。
② *Rolling Stone*, no. 254, Tenth Anniversary Issue, December 15, 1977, 62.
③ 参见 *Senhor*, July 1960。

母亲。”马拉基说。就像之前的詹恩和之后的苏珊一样，比伊也提供了自我完善的可能性。

> 比伊貌美动人，很有异国情调，金色的头发，充满活力，有很强的设计感，能给她建设性的意见，帮助她塑造她的眼光以及看待事物的方法。她在中央公园南边有一套极好的公寓，一套很棒的公寓，有很多艺术书籍。她会把东西拿出来给你看，她设计的东西，她做的书，（告诉你跟）她合作过的优秀摄影师。这是一个机会。

她曾与迪安·阿巴斯有过密切合作，她天生就是一个导师。巴西摄影师奥托·斯图帕科夫说：“我与数百位艺术总监合作过，而她是我知道的唯一一位认为她对自己的摄影师负有教学责任的艺术总
501 监。”[①] 比伊可以用冷静而又权威的态度和安妮说话，马拉基说。

> 她坚强又聪明。这对安妮来说是一种安慰，因为她会对人们大喊大叫，试图吓唬他们。而比伊不需要大喊大叫。安妮被这种情形所吸引，因为这就是安全的氛围。这就是一个可靠的好母亲。[②]

她们这段火热的关系没持续多久，但这意味着安妮和简之间的纠缠也结束了，而且有了某种稳定性。然而，她还在继续吸毒，即使她能继续拍出最高要求的作品，她的这种行为令她越来越声名狼藉。如果她年轻时曾声称想要真实，那么，后来的她和苏珊一样，更喜欢那

---

① Bruno Feitler, *O design de Bea Feitler* (São Paulo: Cosac Naify, 2012).
② 作者对卡伦·马拉基的采访。

个通过她的照相机隔开一段距离看到的世界。她说："这件事的实质就是看上去的样子，而非事实上的样子。"这是苏珊可能会在《论摄影》中边扬起眉毛边引用的一句话。"我鼓励人们通过我的镜头来看现实。"[①]

就像苏珊一样，对影像和现实的混淆，把她带到了一种境地，而理智一些的人则会从这种境地退缩。布莱克回忆了1978年的一次拍摄：

> 帕蒂·史密斯一直在新奥尔良做一场节目。于是安妮租了一个仓库。她想要一堵火墙。她看到什么报刊上写过，他们在电影里的做法就是用绳子，很粗重的绳子，编织一张网，然后把网浸在煤油里，然后点燃它。那将是一堵实实在在的火墙。她让人搭建好了，然后让帕蒂·史密斯站在那堵墙的前面，随后她点着了火。显然，好莱坞的专业人员编织这些绳索时，比她理解的要紧得多，于是这场大火把所有东西都烧毁了，帕蒂·史密斯的背部被一级烧伤——真的、真的很热，于是她开始拼命冒汗，而安妮却在尖叫："完美！完美！"[②] 502

◆ ◆ ◆

在她1981年拍摄的优秀照片中，其中有一张是她的一个朋友、喜剧演员约翰·贝鲁西站在路边的照片。这张照片构图完美，丰富的蓝色和绿色就像是法国利摩日产的瓷器上的色彩；不过，正是这名演

① Leibovitz, *Shooting Stars*, 70.
② 作者对罗杰·布莱克的采访。

员浮肿的脸上的表情、表示失意的姿态以及川流不息的车灯，让这张照片成为可怕的预言：几个月后，贝鲁西就因吸毒过量而丧生。

令贝鲁西丧命的是一粒“速度球”———种由可卡因和海洛因混制而成的强效兴奋剂；到他去世时，安妮已经吸食同款组合的毒品好几年了。他们俩经常一起吸食。有两次，她几乎丧命；两次都是她的毒贩把她送到医院门口。第一次，几个医生救了她；第二次，其中一个医生又一次设法救了她，但警告她说：“如果他们第三次把你送过来，我不会再救你了。”[①]

在安妮位于达科塔的公寓，即中央公园西侧的那栋楼，约翰·列侬被枪杀几个小时前她给他和小野洋子拍照片的地方，马拉基偶然看到了一个可怕的场面：“墙上有血迹，一道弧线形的血迹。”马拉基在客厅里坐了15分钟，才鼓起勇气到另一个房间去确认安妮是不是死了；等她最终找到安妮，发现她还活着，才给安妮的父亲打了电话。“我并没有彻底揭穿她，但我告诉山姆：‘她得了重感冒。恐怕是肺炎。她就是不肯去看医生。您能过来吗？情况真的很严重。’”

最后，安妮住进了戒毒所。当第一个疗程的28天结束时，她又签了下一个疗程的28天。

◆ ◆ ◆

安妮需要恢复健康才能找到一份新工作。《名利场》杂志曾于503 1936年停刊，但出版方从未彻底死心：《时尚》杂志——也由康泰纳仕出版公司出版——的报头一栏上仍然写着“与《名利场》合并刊出”。康泰纳仕出版公司的拥有者士毅·纽豪斯决定将《名利场》作

① 作者对卡伦·马拉基的采访。另见Joe Hagan, *Sticky Fingers: The Life and Times of Jann Wenner and* Rolling Stone *Magazine* (New York: Alfred A. Knopf, 2017)。

为一种新杂志来复刊：一本文学和政治刊物，用高品质的产品和对时尚与社会的关注，这可能是《时尚》杂志上为人们所熟悉的内容。

比伊被挖来当了艺术总监，于是她反过来把安妮又挖了过来。但是，比伊在 1979 年时被诊断患有一种罕见的癌症。虽然迅速的干预似乎保住了她的性命，但癌细胞还是转移了。1981 年 9 月，也就是她动第二次手术后过了一个月，她开始为将于 1983 年 3 月推出的《名利场》杂志工作。她完成了杂志的雏形，然后回到了里约热内卢。1982 年 4 月 8 日，她在母亲的床上离世。安妮对此感到失去至爱般的痛苦，因此，她把自己 1983 年出版的书《摄影集》献给了比伊。

尽管《名利场》为了复刊做了各种各样的宣传，在前面两位主编理查德·洛克和利奥·勒曼的领导下，举步维艰苦撑着，然而比伊的过世让《名利场》痛失一员大将。缺少了比伊的领导，杂志的图文装帧设计变得一团糟，一个故事的结束和另一个故事的开始毫无秩序感。“花了太多的时间去多次设计、重新设计，撕掉然后再重新设计。”安妮的朋友劳埃德·齐夫说。杂志的理念被批评为对其目标读者群而言过于高雅。“有点像《纽约书评》变成一本杂志。”迈克尔·施纳耶森说道。[①] 1983 年 10 月，杂志第 8 期的封面人物正是苏珊·桑塔格。

那期杂志出版时，正好是蒂娜·布朗从伦敦被挖过来担任新主编。30 岁不到的布朗因为拯救濒临停刊的杂志《闲谈者》而名声大振，这次，她也是因为同样的情况临危受命来到《名利场》。锡德·霍尔特说：“好的一面是，她带来了这种英国人的阶级观念。”霍尔特在布朗到任《名利场》那年入职《滚石》。“不好的一面同样是，她带来了这种英国人的阶级观念。”[②]

① 作者对迈克尔·施纳耶森的采访。
② 作者对锡德·霍尔特的采访。

504 施纳耶森说：“蒂娜说过这样一句话，‘我们要火、火、火’——不是一个火而是三个火。她是一个对权力、金钱和魅力机会均等的颂扬者。”这正是沃霍尔式的理想使得她的杂志成为里根时代的一个象征，如果说只是回顾时才意识到的话。她的副手安妮·莱博维茨拍出了全世界最著名的人物，但她不仅仅是展现出那些已经大名鼎鼎的人物，她还创造名流。莱博维茨拍摄的肖像——远胜过桑塔格在书的封面的推荐宣传——赋予被拍摄者的地位是其他任何一张照片都不能给
505 予的。

第三十一章

“苏珊·桑塔格”这样的情形

1987年3月，在苏珊遇到安妮前一年多的时候，一场大火烧毁了她的公寓。1985年夏天，她离开17街，搬到了索霍区国王街36号的一套跃层公寓的上层套房，她的壁炉和隔壁邻居共用一个烟囱。这些古老的壁炉原本只是用来装饰的——直到新的房客开始启用它们，半夜时分浓浓黑烟充斥了苏珊的卧室。她说：“谢天谢地，我醒了，要是再迟五分钟……”①

苏珊的书房很安全，但消防员不得不凿穿天花板；而等眼前的危险过去后，她发现自己的家没有了屋顶，只有一块油布用来遮风挡雨，这时她才惊恐地意识到自己没有足够的钱去住一个像样的旅馆。她说：“我意识到我毫无保护啊。”她当时想：“也许我不该对这些事情这么无忧无虑，只有当一块砖头砸到你头上，你才发现你毫无防护。”②

屋顶修补好了，黑烟造成的损害也清除修复了。然而，这场火 507
灾还造成了其他的后果，包括把几个人领进——以及带出——苏珊的生活。她的朋友、《名利场》杂志的编辑莎伦·德拉诺长期

① Paula Span, “Susan Sontag, Hot at Last”, in *Washington Post*, September 17, 1992.
② 同上。

以来帮助苏珊解决了各种各样具体的问题；她让一个名叫彼得·佩龙的小伙子给苏珊书房的书编目，这样她的书房就能得到妥善的保险。

他说："那就是一见钟情，于是你一下子就进了那个圈子。"彼得从此和苏珊一直很亲近，直到她离世。与此同时，来自亚拉巴马州的年轻画家里士满·伯顿也加入了这个圈子，他把从这场火灾中救出来的书拆包取出来。他来她家的第一天正好是安迪·沃霍尔举行葬礼的那一天，他在她家厨柜台面上发现了一本《美国艺术》的纪念专刊。"他是一个多么可怕的人啊，"她一边看着杂志的封面一边说，"我当然不会去参加他的葬礼。"

伯顿说："我同意你的看法，我从来就不喜欢他的作品。人们从中能看到什么呢？"

> "嗯……大多数人是愚蠢的。"我们几乎异口同声。
>
> 我们立马成了朋友。[①]

然而，获得小圈子成员的资格是有条件的，即使对中坚分子也一样。这场火灾的损害也包括了她与罗杰·斯特劳斯的关系；这段关系原先比她任何一段亲近的友谊持续的时间都长。两人并不是马上就分了手，也不是分得干干净净，但是，对金钱的焦虑让她第一次去找了一个文学经纪人。安德鲁·怀利对苏珊而言已经够博学了：他在智力上能应对，在其他方面也意趣相投。罗伯特·西尔维斯把苏珊看成一个摆出一系列姿态的人；安妮·莱博维茨形容自己是条变色龙；怀利也用同样的方式描述了自己：

---

① 参见 Richmond Burton，"Notes on Life with Susan"，未出版的手稿。

我自己的性格并不是非常稳定。我有一系列可以说是借来的个性。所以，我想，我经常能够成功地代表什么人，其原因就在于，我实际上不仅能从他们的视角看世界，而且真的能够变成他们。所以，我非常精准地知道他们所要的东西，因为我已经放弃 508
我原先的个性，而钻进了他们的个性之中。所以，如果我和苏珊·桑塔格待上一天半，这段时间结束时你看到我，你可以打赌我就成了苏珊·桑塔格。[①]

怀利以让不赚钱但受人尊敬的文学作家进入最赚钱者的行列而闻名。戴维曾介绍过这些情况：戴维正是在怀利的催促下，离开了法勒-斯特劳斯-吉鲁出版社。戴维说：“正是因为他对我有信心——比那时候我对自己还要有信心——我才成了一名作家。”[②] 对她儿子的才华满怀信心，这一直是赢得苏珊喜爱的可靠途径。然而，戴维在成为作家以后，更深地介入到苏珊的领域之中，而且两个人都感觉到了相互的竞争。她在1990年写给一位朋友的信中说：

戴维很好，毕竟他最终也愿意成为一名作家了。他为自己感到有点遗憾，他很自傲，而且还很想和我一比高低。不可避免的是，我俩的关系是一种很难处理的关系，而他将永远是我一生的挚爱。[③]

发生火灾那一年，他出版了《前往迈阿密：新美国的游客、流亡者与难民》一书。这个时期认识戴维的书商米切尔·卡普兰说：“迈

① Rebecca Mead, “Mister Pitch”, in *New York*, August 5, 1996.
② Kachka, *Hothouse*, 257.
③ 桑塔格写给朱迪丝·韦克斯勒的信，1990年6月13日，桑塔格文档。

阿密有一种自卑情结，这个城市从未受到真正的重视。戴维的这本书方方面面理解得都很到位，因而至今书还在一次次重印当中。”① 他接着又写了一系列的书，都是他感兴趣的关于战争题材的书。

◆ ◆ ◆

当苏珊与怀利见面时，她明确地以“作为隐喻的桑塔格”的身份
509 来请求帮助。“你必须帮助我做到不再是苏珊·桑塔格。”她说。换句话说，她需要把对她的公众角色的要求委托出去，以便集中精力写作。她“迫不及待地”想写一部长篇小说，“但就因为我是‘苏珊·桑塔格’这样的情形影响我，让我无法动笔”②。

怀利会保护她免受无休无止的邀约，并帮助她获得经济保障，确保她再也不会睡在只有塑料油布遮盖的屋顶下。原则上说，她与经纪人的关系没有理由引起与罗杰的冲突。毕竟，罗杰爱苏珊；据佩姬·米勒说，罗杰对她的喜爱超过了对任何别的作家。他自己建议她找个经纪人，因为法勒-斯特劳斯出版社没有足够的人手来处理她收到和发出的大量的要求。③ 罗杰清楚出版商和作者的利益并不总是完全一致的：作者想要得到更多的稿费，而出版社则想少付一些，这种事一点也不稀奇。

怀利说：“由于这种关系结构的原因，每个作者都会从原先的心怀感激逐渐变为心生怨恨。”这种“家长式-出版商模式”确实牵涉到权力的不平衡。④ 但是，在她对自己与斯特劳斯之间关系的评价中，很难不得出这样的结论：导致这场冲突的并不是家长式模式，而正是

① 作者对米切尔·卡普兰的采访。
② Kachka, *Hothouse*, 257.
③ 作者对佩姬·米勒的采访。
④ Kachka, *Hothouse*, 257.

缺乏这一模式。她早先曾写道：“我找到了安全港湾的系统，封建制度中的关系系统，来避开恐怖的人或事——来抵抗，并生存下去。”而他们的关系是极其封建式的。几十年来，他一直直接或间接地支持她。他出版了她所有的书。他曾数次向她预付稿酬，而那些书最后均未能写成。他在美国国内出版她的书，然后到国外广泛销售。他还帮她付煤气费和电费。她外出旅行时，他和佩姬替她照顾戴维。他还给戴维提供了一份声誉极好的工作，并聘用了他十多年。

然而，在苏珊和戴维的叙述中，他们认为自己被剥削了。那场火 510
灾后，戴维说：“罗杰根本毫无反应。他本可以给她一些钱。他一分钱也没给她，而且还克扣她的稿酬。”[①] 不过，他也没说清到底克扣了她哪一部作品的稿酬。从《土星照命》到100页都不到的《艾滋病及其隐喻》，整整过去了八年；尽管她享有盛誉，但她的书卖得并不理想。不过，对自己的预期，苏珊还是直抒己见的。几年后，她接受《华盛顿邮报》采访时说：“我已经工作了30多年。拥有一套公寓，把所有的藏书摆出来，有时间写作，这些并不是什么了不起的事情。这些并不是不合理的要求；它们并不腐败。”[②]

乍一看，这些要求确实合情合理。但是，谁应该给她提供那套公寓，提供摆放她成千上万册书的空间，谁又应该给她提供自由，让她不用教书，不用当编辑，不用做翻译，不用做讲座，不用当记者写新闻稿呢？而大多数作家——那些既没有私人收入，也没有稳定的重版书销售的人——都身不由己仰仗着这些工作呢。她在1962年提到，在她与母亲的诸多相似之处中，“钱——我的（来自母亲的）观点：钱庸俗。钱自‘某处’来”[③]。

---

① Kachka, *Hothouse*, 256.
② Span, “Susan Sontag, Hot at Last”.
③ Sontag, *Reborn*, 298, “Week of Feb. 12, 1962”.

她写信对罗杰说："你是个有钱人，我不是个有钱人。我没钱。我认为你无法理解。"[1] 尽管她后来仍然一直在法勒-斯特劳斯-吉鲁出版社出书，但罗杰当时引起哗然地出价 80 万美元买下她四本书的举动，并没有完全弥合他们之间的裂痕。这些话背后的态度有助于解释个中原由。

◆ ◆ ◆

《艾滋病及其隐喻》并不是这四本中的一本。该书于 1989 年初——就在她签合同前不久——出版。简朴的封面上没有作者的照片，但她需要新的照片来做宣传。苏珊知道她的朋友莎伦·德拉诺跟着安妮·莱
511 博维茨在《名利场》杂志社工作，于是就问莎伦，安妮是否愿意为她拍摄她需要的照片。[2] 安妮同意了。最后拍出的照片是这样的：苏珊坐在她的书桌前，头发夸张地向后梳着，两眼期待地凝视着远方。

正如安妮通常的行事做派那样，"随意的亲密关系"导致了另一种关系。她不经意间找到了一个肯定能勾引苏珊的方法：对她那本鲜有人喜欢的《恩主》表示出热情。对一个从摄影的角度来看的人而言，《恩主》中一系列奇妙的形象深深地吸引了她，而这些并不总能吸引到文学界人士。苏珊令安妮神魂颠倒。她说："我记得我和她一起出去吃饭，只觉得汗透过衣服冒出来，因为我觉得我不能和她说话，部分原因肯定是我感到太荣幸了，她竟然对我感兴趣。"[3]

第一次约会就定下了两人互动的方式。她们相识两三个星期后，苏珊找了她的第一个助手，一个来自得克萨斯州西部名叫卡拉·埃奥

---

① Kachka, *Hothouse*, 258.

② 作者对莎伦·德拉诺的采访。

③ Janny Scott, "From Annie Leibovitz: Life, and Death, Examined", in *New York Times*, October 6, 2006.

夫的女人，她高效干练，在接下来的几年里一直为苏珊工作。

> 我最早接到的几个电话中有一个就是安妮打来的。苏珊本该动身去巡回售书了，而安妮说：“你有她的行程表吗？你能把它送到工作室吗？让我帮你和我的工作室负责人联系一下好吗？她怎么旅行？谁负责这事儿？我想把她升级到头等舱。”

卡拉发现苏珊性格很腼腆。她说：“她对安妮真的很好，在最初的几个月里，并没有表现出特别的爱意。然后我和她有了一个坦诚相对的时刻。”卡拉认为苏珊对她隐瞒了这段关系，因为苏珊不能确定是否可以信任她。苏珊会说：“安妮只是我的朋友，我的朋友安妮昨晚来了一会儿。”卡拉没有理会这些话，但她担心苏珊怀疑自己对同性恋感到恐惧或厌恶。最后，她鼓起勇气告诉她的新老板，没有必要 512
对她隐瞒她的恋爱关系。听了卡拉的话，苏珊大声说安妮只是个朋友。

> 我说：“不，她不只是个朋友。她来访、给你送花、抚摸你，做这些事的样子都说明她不只是个朋友。她在追求你。”“你真的这样认为吗？”“哦，好吧。”她说，“我不知道你是不是知道，不过，我喜欢女人。”

卡拉说她一直以为苏珊是同性恋者，但苏珊说：“我不喜欢这个标签。我也喜欢男人。”这次谈话后，卡拉在场的时候，苏珊会对安妮多一些亲昵举动——但也只是短时间的，而且也只是私下里。事实上，在公开场合，她对卡拉要比对安妮表现得更加亲昵：卡拉不是同性恋者，因此一个拥抱或一个热情洋溢的介绍（“这位是我的助手，我真的爱死她啦”）不会引起任何怀疑。“跟我，她不会被贴上那样的标签。”[1]

◆ ◆ ◆

1989年，“被贴上标签”——也就是说出柜——的含义与十年前大不相同。在艾滋病出现之前，埃德蒙·怀特可以说，如果苏珊被公开认定为同性恋者，那么她将失去三分之二的读者。然而，艾滋病迫使人们对“标签”的认知方式发生了一场革命。该传染病每年——先是几十人，然后是数百人，然后是数千人，然后是数百万人因此丧生——都带来了如何应对它的新想法，也给那些无论出于何种原因都不会自愿接受它的人强行贴上了标签。

到1989年的时候，激进派占了上风。里根政府——其发言人曾对“同性恋癌症”这种提法狂笑不已——被布什政府所取代；布什政
513 府在大选中以“家庭价值观”的名义对同性恋进行攻击。这些攻击不仅仅是口头上的。同性恋者死于这一种疾病；如果不是与同性恋有关，这种疾病肯定会被采取更积极的防治措施。（事实上，情况变得越来越明显，这一疾病并不只局限于同性恋者当中。）里根政府和布什政府的言论导致了同性恋者的死亡：据这个美国政府——其领导人煽动了人们对他们的仇恨——所说，美国30%的青少年自杀者是同性恋。[2] 这是一个令人绝望的处境，绝望的人们进行了反击。艾滋病解放力量联盟（ACT UP）成立于1987年。联盟让愤怒的同性恋者走上街头，精心策划了针对镇压机构——从天主教会到美国食品和药物管理局——引人注目的示威活动。在《作为隐喻的疾病》中，苏珊谴责

① 作者对卡拉·埃奥夫的采访。
② Signorile, *Queer*, 81.

了“癌症=死亡”的观点。此时，激进分子举的标语上写着“沉默=死亡”。

在20世纪80年代后期的艾滋病运动中，最持久的遗产被证明是对沉默的批判，也就是说：对不出柜的批判。批判偏离了这一命题，即同性恋和异性恋完全一样，都是一种自然取向。这一说法之质朴给它带来了广泛的影响，而这些影响在危机的压力下才刚刚开始显现。同性恋激进人士声称，性取向——与性形成鲜明对比——并不比身为黑人、女性或天主教徒更“私密”。他们强烈要求，同性恋的生活应该像异性恋的生活一样被谈论。这是非常激进的要求，因为媒体正匪夷所思地竭力把同性恋假装成异性恋。1993年，米开朗琪罗·西尼奥里莱写道：“美国媒体没有报道著名的酷儿们的生活，因为他们认为同性恋是可以想象到的最令人恶心的事情，比婚外情、堕胎、酗酒、离婚或非婚生子女都更为糟糕，而所有这些都是报刊新闻的素材。”[①]

西尼奥里莱因在短命的《同性恋周刊》上发表专栏文章，揭露一些名人的同性恋取向而名声在外。事隔这么久，很难想象，这些揭露 514
引发出来的争议，哪怕仅仅是因为它们涉及那些“家喻户晓”的人是同性恋者。比如，当人们得知浮夸的社交名流、著名的费伯奇收藏家马尔科姆·福布斯是同性恋者时，他们并不感到震惊。然而，这些并不是人们可以在报刊上看到的内容——尽管在1990年西尼奥里莱写到福布斯时，后者已经离世。《纽约时报》在慎重地提及这场争议时称其涉及一位“最近去世的商人”[②]。好像指控他犯了什么滔天大罪似的，连名字也不能提。

《时代》杂志上刊登了一篇关于福布斯风波的文章后，这种策略被称为“出柜”。这不是激进分子们喜欢用的词。“我认为这次行动应

① Signorile, *Queer*, 75.
② http://www.msignorile.com/bio.htm.

该简单地称为‘报道’。”西尼奥里莱说。[1] 报道公众人物的同性恋行为简直令人发指，因此像西尼奥里莱这样的记者被比作麦卡锡主义的阿亚图拉。但他们迫使媒体就自己在强制执行“出柜”的过程中所扮演的角色展开辩论。西尼奥里莱写道：“当时多家媒体都存在明显的偏见，女同、男同的生活被严重歪曲了。”[2] 同性恋者在20世纪70年代曾获得媒体的一些同情，但他们在里根时代遭遇了更广泛的文化上的强烈反对。这是种族问题：里根和布什政府充分利用了对民权运动的抵制。这是经济问题：里根和布什政府降低了“伟大社会”的社会民主主义的愿景。这也是性别问题。西尼奥里莱写道，80年代，女同性恋者在银幕上屡遭诽谤：“这直接就是由于对妇女运动的强烈反对而引起的；独立、自信的女性被描绘成恶毒的、憎恨男性的女同性恋者。在艾滋病危机期间，对男同性恋者的负面描述也急剧升级。”[3]

从苏珊第一次读帕特里夏·海史密斯的《盐的代价》，过了30年后，情况与书中描述的差距不大；书中讲述一个女同性恋者失去了她的孩子——但并没有被杀死——被认为是一个乐观的结局。对男女同
515 性恋者来说，通过展示他们的真实面目，给他们自己下定义，而不是让他们的敌人来定义他们，这样来抵制那些描绘是至关重要的。“出柜者”坚持认为，那些没有出柜的人一直认为“同性恋是一件可耻的事”，而艾滋病的到来使情况变得急迫，因此人人——尤其是有声望之人——不得不采取一种立场。

尽管争论极其激烈，但出柜者的分析完胜；他们认为，对性取向的不诚实，说好听点是可悲的，说难听点是病态的。然而，即使在同性恋者当中，事实也并非如此。不过，他们很快就会以非裔美国人对

---

① Signorile, *Queer*, 77.
② 同上，第67页。
③ 同上，第232页。

一些浅肤色黑人试图“过关”，或犹太人对一些信奉同一宗教的人改名换姓加入其他禁止犹太人加入的俱乐部所怀有的蔑视，来看待这些不出柜的案例。这是一场革命，西尼奥里莱惊叹于变化之大，变化之快：

> 甚至就在五年前，主流社会的很多人还认为出柜、“炫耀”自己的性取向是一件“尴尬的事情”。那样做会被人说“轻率”，甚至会被人认为是“不入流的”。然而，出柜者把注意力集中在未出柜者身上，认为不出柜是多么可怕、多么可怜啊。出柜者要求所有的同性恋者都出柜，并将那些不出柜者——尤其是位高权重的人——定义为阻碍进步的胆小鬼。随着出柜人数的增加，情况完全变了：现在不出柜成了一件尴尬的事情。[①]

◆ ◆ ◆

“甚至就在五年前”：前段引文中的这句话写于 1993 年。那几年里，苏珊出版了《艾滋病及其隐喻》，并开始了与安妮的那段恋情；而该书和这段恋情中的问题都带有明显的隐瞒其性取向的特征。同性恋者总是把怨恨和报复与不出柜联系在一起，即使不出柜是唯一的选 516
择。自我厌恶转化为蔑视和残忍；以一个谎言开始就会以无数个谎言结束。这样让人变得卑劣。

就像与癌症或成瘾等疾病联系在一起的道德层面的污名一样，围绕着同性恋的污名正以惊人的速度腐蚀着人们。不过，桑塔格拒绝说

---

① Signorile, *Queer*, 84.

出“我的身体”反而使得《艾滋病及其隐喻》变得更为有趣。这并不是说，如果没有她自己的生活为其所谴责的问题提供例证，该书品质就不高了。正如其作品经常如此，基本主题是事物与隐喻之间的差异，且特别考察身体的种种隐喻——“作为圣殿的身体”“作为工厂的身体”“作为堡垒的身体”——以便将它们拆除。[①] 她在自己的作品里追溯了这些观点，一直追溯到《反对阐释》。她宣称她在《作为隐喻的疾病》中的目的

> 不是去赋予意义——这是文学努力的传统目标——而是从意义中剥离出一些东西：这一次，是把那种具有堂吉诃德色彩、高度论辩性的策略——“反对阐释”——运用到了真实的世界。运用到了身体上。我的目的首先是实际的。因为，这是我一而再、再而三悲哀地观察到的，那些扭曲了罹患癌症经历的隐喻性圈套，具有非常真实的后果。[②]

她在阐释（语言、隐喻）与现实世界（身体、医学、政治）之间建立的联系为她之前的作品增加了一层丰富而崭新的含义。她坚持从科学的角度而非道德的角度来看待这一灾难，这样倒也不无益处。她把艾滋病解读为某种事情——旺盛的性活动——的终结，也很有趣：无论多么不可避免、多么必要，对“安全性行为”的坚持是一件
517 令人沮丧和失望的事情，是尝试寻找更新、更自由的生活方式——20世纪60年代生活方式的特点——终结的一部分。

这些尝试在80年代被边缘化了，

---

① Sontag, *Illness*, 96.
② 同上，第102页。

> 对所谓“传统”更大范围的令人愉快的回归部分，就像艺术中对人物和风景、音调和旋律、情节和人物以及对晦涩的现代主义其他一些倍受赞誉的扬弃的回归……这种新的性现实主义伴随着调性音乐、布格罗绘画、投资银行生涯以及教堂婚礼的种种乐趣一起被重新发现。[①]

尽管这本书的主题严肃，令人压抑，但读起来还是很有趣的。行文幽默，尤其是在与适切的引语引人注目地联系起来的时候，而桑塔格曾经常被人诟病缺乏幽默。她把对 HIV 病毒的新的恐惧与对电脑病毒的新的恐惧联系起来——像艾滋病一样，个人电脑也是 20 世纪 80 年代的一场革命——把坚持使用避孕套与一则广告用语进行了比较：“来历不明的磁盘，未经核实，千万别插入你的电脑。”[②] 这种轻松的风格令该书比她其他很多的书更容易阅读。

然而，桑塔格依然觉得，在物质与风格、肉体与精神、事物与影像、现实与梦想之间是需要做出选择的。在《恩主》中，她的人物完全沉浸在梦境中而弃现实于不顾。多年来，她都在朝着另一个方向行进，虽然时而迟疑，时而坚定。在她看来，一旦隐喻被摈弃，现实就会被充分地理解。她曾怀着一个失望的信徒打破旧习的热情，对隐喻进行抨击，此时，又对与艾滋病有关的战争隐喻发起了攻击。“我们眼下未被入侵，”她得出结论说，“人体并非战场。患者既非不可避免的牺牲品，也非敌人。”[③] 518

然而，认为人体实际上就是（健康细胞和受感染细胞之间的）一个战场，或认为病毒实际上正在侵入人体，再或者认为如果患者不是

---

① Sontag, *Illness*, 165.
② 同上，第 167 页。
③ 同上，第 183 页。

敌人，至少在这个程度上，他们是不可避免的牺牲品，这些都算不上滥用隐喻。在 1989 年，患了艾滋病仍然等于判了死刑。

◆ ◆ ◆

桑塔格早期的几部小说有大量的诋毁者。然而，如果说这些作品是失败之作，那它们也是勇敢之作，虽败犹荣——令人难忘之作。而且，她几本相关主题的作品，从《反对阐释》到《论摄影》，再到《作为隐喻的疾病》，都由一种因心照不宣而更能感觉到的激情提供了坚固的基础。

它们改变了你看世界的方式。

你永远也不会把它们忘记。

当人们同时阅读那个时代的其他作品时，《艾滋病及其隐喻》的问题变得清晰起来；这些作品包括：托尼·库什纳的《天使在美国》、埃德蒙·怀特的《告别交响曲》、安德鲁·霍勒伦的《男人之美》、保罗·莫奈的《借来的时间》、艾伦·霍林赫斯特的《美的线条》以及兰迪·希尔茨的《乐队继续演奏》[①]。这些不同文类的书——戏剧、小说、回忆录、历史——均因令人心碎之事联系到一起。与这些作品相比，甚至与《我们现在的生活方式》相比，桑塔格的作品都显得单薄、精致、超然：因为不知道艾滋病对我的朋友、我的爱人、我的身体意味着什么而容易为人遗忘。她的元语言批评至关重要，但是，那些书也包含了这一点；而且，对在她之前就这么做的批评家却只字未提。这是值得注意的，因为同性恋批评——出柜者的批评——和她的是一样的。

① 亦译《世纪的哭泣》。——译注

摒弃隐喻：“身体。”

欣然接受现实：“我的身体。”

因此，桑塔格这本书的重要之处在于，它是如何不经意地阐述了它所谴责的那件事情。字里行间揭示了隐喻是如何不知不觉地快速陷入混淆、抽象和谎言的。“我从抽象的角度尝试。”多年前，她就这样 519
写道；在任何特定的写作对象上，抽象与距离总是表现她激情的好办法。评论家克雷格·塞利格曼写道，这样，她阴郁沉闷的散文“有一种静音效果，就像全部铺了地毯一样”。他用一个段落汇总了下列被动语态的例子：

> （被）认为……被判断……被理解为……最近被告知……（被）认为是……被命名为……被认为是……被视为……（被）培养……可以被看成……一个人无论如何也不能被认为……可能被无情地排斥……①

确实，被动语态可以让作者避免使用第一人称“我”。在《纽约时报》上一篇令人颇感困惑的评论文章中，克里斯托弗·雷曼-豪普特写道：“她从未明确定义过最终与她有关的任何事情。”这就呼应了西尔维斯对她那篇关于萨特的随笔的评论：“作者并不知道正在连接的状态。”② 被动语态——官僚主义的语态，“全部铺了地毯”的语态——在这么多人尖叫的时候是不合适的。

不是每个人——不是每个作家——都需要发出尖叫。但桑塔格总是愿意身先士卒，蔑视那些不愿意冲锋在前的人：那些没去河内或哈

---

① Seligman, *Sontag & Kael*, 36.

② Christopher Lehmann-Haupt, "Shaping the Reality of AIDS Through Language", in *New York Times*, January 16, 1989.

瓦那的人；那些拒绝为萨尔曼·鲁西迪或不久之后的萨拉热窝冒生命危险的人。新艾滋病激进主义就是她那类激进主义。她不需要袭击五角大楼，也不需要伏击纽约的红衣主教。但她本可以做很多的事情，同性恋激进人士恳求她做最基本、最勇敢、最有原则的事情。他们请求她说“我”，说“我的身体”：请她出柜。西尼奥里莱日复一日地给
520 莱博维茨的工作室打电话，请她和苏珊谈一谈她俩之间的关系。两个人谁也没搭理他的电话。

对于她写《作为隐喻的疾病》一文的原因，她在《艾滋病及其隐喻》一文中写道：“我的目的首先是实际的。”艾滋病激进人士认为，只要她说出自己是他们中的一分子，就可能对意志消沉、濒临消亡的同性恋群体产生巨大的实际影响。事实上，对美国最著名的作家之一、这个作家又是举世无双的文化权威，说她正和另一位著名女性恋爱，那会意味着什么啊？西尼奥里莱描述了她可能会产生的影响：

> 想象一下，如果她在美国食品和药物管理局工作……如果苏珊·桑塔格出柜，另一件不太明显的事是对编辑、作家和报纸编辑们的影响。光是《纽约时报》就有很多麻烦。首先是让他们报道这一传染病。其次是让他们医学版面的编辑在美国食品和药物管理局与国家健康研究所做一些那类需要做的独立调查。让政治版面的编辑关注里根-布什时期……所有这一切都是为了让人们有勇气说出他们自己的想法。一旦有一个人说了出来，其他人就会多一份勇气也说出来。它就是有这样的效果。①

因此，作为一场远远超越礼节性评论的运动，这本书最引人注目

① 作者对米开朗琪罗·西尼奥里莱的采访。

的地方就在于其不相关性。这就其本身而言在苏珊的作品中实属首次。然而，一位学者写道：“没有证据表明《艾滋病及其隐喻》被用在艾滋病激进人士或同性恋激进人士的活动中，虽然这是桑塔格可能写出的最接近同性恋权利的一本书。”[①] 人们通常的反应是耸耸肩，表示无可奉告。 521

① Jay Prosser, “Metaphors Kill”, in Ching and Wagner-Lawlor, *Scandal*, 200.

第三十二章

劫持人质

1989年的秋天苏珊是在柏林度过的，她在此动笔创作《火山情人》；这是她长时间以来魂牵梦萦的一部长篇小说，也是她自《死亡匣子》之后完成的第一部长篇小说。然而，应接不暇的国际大事干扰了她的创作。11月9日，她和卡拉在她的朋友阿尔夫·博尔德的电影院看电影；随后，当苏珊、卡拉和阿尔夫走出来时，他们的眼睛遭催泪瓦斯喷射而刺痛不已。就在他们看电影的时候，东德政府已然宣布，柏林墙将被开放。在用地雷和机关枪加强边境管制长达28年后，东德警察仍然感到困惑。卡拉说："有些人看上去有点儿喜出望外，他们因此投掷了一些催泪瓦斯，苏珊觉得这件事很有趣。"[①] 对于那些梦想着拥有一个少一些墙阻隔的世界的人而言，那似乎是一个胜利之夜。

苏珊很快也会在一个她以前从未成功过的领域里大获全胜：金钱。她的意外之财有三个来源。第一个是与法勒-斯特劳斯-吉鲁出版社签
523 订的80万美元的合同。其次是麦克阿瑟基金会的研究基金，25万美元再加上医疗保险，从1990年开始，分五年发放。这些研究基金

① 作者对卡拉·埃奥夫的采访。

“没有附加条件”，因为它们的接受者不需要做任何事情来换取这些资金。第三个可不能这么说，这是最丰厚的资金来源：安妮·莱博维茨。

◆ ◆ ◆

苏珊有生以来第一次有钱可以买一套公寓。自从那场火灾以来，住所一直是她考虑的头等大事，甚至在获麦克阿瑟基金前，她就已下定决心要买一套公寓了。她早就希望自己能被选中获得研究基金，而且常常谈起这事——尤其是因为她几次听人说起曾考虑过她，但未获通过。后来，她知道了个中缘由：她被董事会的一名成员索尔·贝娄投了反对票；贝娄本人很讨厌桑塔格，长期以来，他一直反对向女性和“激进的黑人”发放资助金。[1]

和彼得·佩龙一起去看了几套公寓房后，苏珊就觉得厌烦了。她告诉卡拉：“这就像是买酸奶一样。”于是，彼得便丢下她，自己继续去找房子，而且帮她把选择缩小到两套房子上。其中一套就在她一直居住的苏霍区，是一间巨大的顶楼公寓，面积有5000平方英尺，有足够的空间放下她的藏书。另一套是伦敦排楼的顶层公寓。伦敦排楼是横跨切尔西整个街区的一栋楼，视野开阔，可以看到哈得孙河和帝国大厦的景色，层高很高的房间里有大理石砌成的壁炉。苏珊立刻就明白，与其说是在两套房子之间选择，不如说是在两种感受力以及两种生活之间选择。

她对佩龙说：“我不知道选哪一套，因为苏霍区的顶楼公寓实际上是选择了一种苦行僧或学者的生活，而伦敦排楼的位置则完全不一样了。”苏霍区的顶层公寓不是特别时尚。佩龙说：“它只是有大量的

---

① 参见 Gloria L. Cronin *et al.*, *A Political Companion to Saul Bellow* (Lexington: University Press of Kentucky, 2013)。里士满·伯顿讲述了同样的故事。

空间，事关她的藏书、她的创作以及她的精神生活和奉献。伦敦排楼
524 真的具有独特魅力，令人在脑海中显现一种不同的形象。”① 选择面具、选择自我，从来都不是一件容易的事，但是，她将选谁舍谁，这一点是毫无疑问的。

她后来会一直住在伦敦排楼公寓。几个月后，同一栋楼里另一套顶层公寓挂牌出售，于是安妮搬了进去。伦敦排楼并非全都魅力十足。切尔西当时仍在进行升级改造，这些大楼位于一些脏乱差的公共住房项目的附近。楼宇老旧，露台上杂草丛生，地砖破损开裂。② 但是，桑塔格和莱博维茨的入住预示着该社区的发展方向，也预示着她们俩之间关系的发展方向。1989 年 6 月，安妮在飞机上写的一封信中说：“我在看《反对阐释》——我发觉自己内心在笑——我发觉我可以把你带在身边——我可以读你而且感觉到你——你是如此独一无二，我怎样才能更多地爱你啊。我怎样才能更好地爱你啊——”③

◆ ◆ ◆

“我从来就不是个孩子！”苏珊几十年前就曾在日记里痛苦地表示。此时，与安妮在一起，她仿佛重返她从未经历过的童年时光。在她一段又一段“封建式”关系中，她一直在寻觅的是父母而非情人。安妮说：“她的内心就是这样一个迷人、美丽的孩子，她对生活，对一切心里都觉得愉悦。”④“孩子”这个词出现在这个时期对苏珊很多的描述中。当苏珊居家工作期间，卡拉·埃奥夫周末休息会离开她家；等她周一回来的时候，会惊讶地发现苏珊根本无法照顾好自己的

① 作者对彼得·佩龙的采访。
② 作者对杰夫·塞罗伊的采访。
③ 安妮·莱博维茨写给桑塔格的信，1989 年 6 月，桑塔格文档。
④ Scott, “From Annie Leibovitz”.

基本生活。“她身上还穿着原来那件衣服，没有洗澡，没有刷牙，什么也没做，就像个孩子一样。”[①]

安妮似乎是个完美的母亲。到 20 世纪 80 年代末的时候，她从《名利场》杂志和一系列备受瞩目的广告宣传活动中一下子获得数百万充裕的酬金，可以提供一种几年前还无法想象的生活；那时候，苏 525
珊还蜷缩在国王街的塑料油布屋顶下。安妮不仅富有，她还极度的、绝对的慷慨大方。而且，她想要照顾苏珊。“我想为她做一切可能的事情，不管她需要什么。我觉得自己就像是在照顾一个伟大的纪念碑式的人物。”[②]

她想花钱帮她争取工作时间。她说：“我爱苏珊，我认为她是个伟大的艺术家，为她做那些事让我觉得真的很快乐。”[③] 安妮给苏珊提供的舒适条件是苏珊永远也支付不起的。就像从一开始收到花儿一样，苏珊生活的方方面面都得到了资金援助；安妮的慷慨之举成为让人惊叹的话题。有汽车接送服务、出行买的都是头等舱的机票，安妮给苏珊家请了私厨，她付钱请来女佣打扫卫生——还有公寓本身的钱，她不久就先支付了“仅仅”属于维护费的每月 3500 美元，最终还支付了房贷。她还花钱为苏珊租下了位于中央大街的豪华警局大厦里的那个工作室，是一套有着专用通道和电梯的公寓，苏珊可以在那里专心写她的小说——安妮说：“她得到这些帮助和支持时，的确开始写小说了，这样真的令人很兴奋。”[④] ——然后给她提供了范丹姆街那栋大楼里的办公室，安妮的工作室就在那栋楼里。随着时间的推移，这些前期的援助将扩大到更多的地方，安妮拥有而苏珊可以使用的：哈得孙河谷的一栋房子以及苏珊梦想拥有的、塞纳河畔的一套豪

① 作者对卡拉·埃奥夫的采访。
② Scott, “From Annie Leibovitz”.
③ 作者对安妮·莱博维茨的采访。
④ 同上。

华公寓。还有奢华的假期、整个衣柜全新的服饰、不计其数的礼物。[1]

而安妮还不仅仅资助苏珊。她直接地，但更多是间接地资助苏珊身边的每一个人。苏珊所有助手的薪水都由她支付。而且，通过苏珊，安妮很多的钱都到了戴维的口袋里，“包括苏珊每年买纳瓦霍手
526 镯送给他当圣诞礼物的钱”[2]。1984 年，妮科尔挥霍无度的父亲去世后，她一贫如洗，安妮也一直资助她。“我会直接给安妮打电话说，‘妮科尔需要一些钱’，然后她就会把钱送过去。”卡拉说。[3] 苏珊的下一个助手格雷格·钱德勒的一个任务就是把安妮的支票存进银行。麦克阿瑟研究基金用完后，这些开销加起来每星期高达 1.5 万美元。她们的会计估计，在她俩交往期间，安妮至少给了苏珊 800 万美元。[4]

◆ ◆ ◆

如果说，如此慷慨大方当然很有吸引力，这很好理解，那么，她们之间的恋情——苏珊一生中最长的一段恋情——将会用一种众多旁观者难以理解的语言来表达。从一开始，苏珊就给人一种想要摆脱这段关系的印象，她的尴尬不适一下子就完全暴露在公众视野之中。她开始对安妮连珠炮似的恶言谩骂，里士满·伯顿说：“骂起来像开一挺小型机枪一样。”[5]

“那是一种颐指气使、居高临下、略带恼怒的傲慢的声音。”斯蒂芬·科赫说。理查德·霍华德回忆起她喋喋不休地责骂安妮——“你

① 这段描写的内容来源繁杂，包括作者对卡拉·埃奥夫、格雷格·钱德勒、莎伦·德拉诺、里克·坎特、克里斯蒂安·威特金以及安妮·莱博维茨的采访。

② 作者对安妮·莱博维茨的采访。

③ 作者对卡拉·埃奥夫的采访。

④ 作者对里克·坎特的采访。

⑤ 作者对里士满·伯顿的采访。

可真笨，你可真笨”——这一行为几乎令他结束与她几十年的友谊。卡拉第一次听到苏珊用“愚蠢”这个词的时候——这是苏珊用得最多的指责——“眼泪几乎立刻就流了出来。这就像是一个孩子和一个虐待孩子的母亲。”[①] 2000 年，琼·阿科切拉为《纽约客》写过一篇苏珊的传略文章；她以前从未见过这样的情形。

> 人们无法忍受她和安妮一起吃饭时的情景，因为她嗜虐成性，不停地辱骂，极其凶残。当然，最终那个看上去很糟糕的人却并不是安妮。苏珊会说一些关于阿尔托的事，然后她会对安妮说：“哎，你不会明白说的是谁。”简直就是难以置信。这简直是 527
> 一场绝对令人难以置信的表演，而且，每次你看到她俩在一起，这一幕就会从头再演一次。[②]

戴维——绝对不是安妮的朋友——说：“她俩是我见过的最糟糕的一对情侣，刻薄、无法好好相处、相互怨恨。我不止一次地［对苏珊］说，‘听我说，要么对她好一点，要么就离开她’。”[③] 他对迈克尔·西尔弗布拉特——20 世纪 90 年代苏珊的一个好朋友——说：“这个你钦佩的女人，你喜爱、崇拜的女人——你认可她对安妮采取的行为。她变得凶恶、吵闹、暴力、庸俗。”[④]

西尔弗布拉特见到安妮那天，苏珊对他说“她觉得有必要解释一下，安妮可能会是我见过的最愚蠢的人”。就像她经常做的那样，她会当着安妮的面诋毁她。安妮就坐在她边上，苏珊对玛丽卢·欧斯塔

① 作者对卡拉·埃奥夫的采访。
② 作者对琼·阿科切拉的采访。
③ 作者对戴维·里夫的采访。
④ 作者对迈克尔·西尔弗布拉特的采访。

基奥说："这个人"——轻蔑地一挥手，指向安妮——"什么也不懂。"[1] 苏珊还会夸张地称赞另一个摄影师说："你是美国唯一一位令人关注的摄影师。"[2] 当时安妮就站在旁边。

"那天可能是苏珊在'朋友路易'家过生日，"伯顿说，他指的是巴黎一家以高价而著名的餐馆，"苏珊的辱骂真的会扫大家的兴。很难不破坏那个场合。"[3] 住进伦敦排楼后的第一个圣诞节，安妮在新家的公寓里举办了一个奢华的晚宴。罗杰·斯特劳斯、多罗西娅·斯特劳斯夫妇来了，还有彼得·佩龙、戴维和他女朋友，以及卡拉·埃奥夫，可能还有另外六个客人。当服务员端上开胃菜的时候，苏珊看到里面有虾，就站起身来，扔下餐巾，对着安妮大声呵斥："你能有多蠢啊？戴维对甲壳类海鲜过敏！你怎么能这么蠢啊？"

528 安妮跑了出去。卡拉发现她在苏珊的床上哭泣。"我该怎么做？"她问道，"我怎么可能看透别人的心思啊？我又不知道戴维对甲壳类海鲜过敏。"几分钟后，她控制住自己的情绪，说："我得给另外一家餐馆打电话，我得亲自出去给戴维搞一道他妈的不会要了他的命的开胃菜。"她打电话要了车，然后拎着一个外卖盒回来，放到戴维面前。她说："我真的非常抱歉，我差点让你出事情，但我不是故意的。"[4]

◆ ◆ ◆

等安妮自己掌事的时候，她也极其专横跋扈。随着她的声名鹊起，她的员工越来越多，她的恶名也随之越传越广。她的助理克里斯

---

① 作者对玛丽卢·欧斯塔基奥的采访。
② 作者对加里·印第安那的采访。
③ 作者对里士满·伯顿的采访。
④ 作者对卡拉·埃奥夫的采访。

蒂安·威特金说："在她的助理当中，她的名声不佳。拍摄过程中，她会把杂志朝他们扔过去，对他们大呼小叫，当众令他们难堪。她说出威胁的话，她做出各种举动，让人觉得：她要去掐死对方。"[1] 尽管如此，她的员工薪水很高，他们的角色分工明确，而且他们可以自由离开。

大家都说安妮对朋友和家人很好——她对苏珊也很好。苏珊则相反。她在"随意的亲密关系"中表现最佳，悄悄向一位崇拜明星的年轻作家吐露心声，和每年只见一次的朋友一起去参观博物馆。然而，当新朋友和她的关系从认识跨越到亲密时，他们往往就发现自己经常会受到欺负了。安妮深爱着苏珊，因此能忍受她的冷嘲热讽。"我为她什么都愿意做。"她说。[2]

安妮对苏珊的态度就像苏珊对任何一个爱她不如她爱她们深的女人一模一样；她们包括哈丽雅特、艾琳以及卡洛塔。善良还是卑躬屈膝，宽宏大量还是姑息，过往不究还是受虐狂，这之间的区别苏珊自己一直难以区别慎重对待。友人文森特·维尔加——他的伴侣正在戒酒瘾——认为安妮的反应十分典型： 529

> 她有这种几乎是幼稚的行为——不是孩子般的，是幼稚的——这是瘾君子所具有的。安妮是苏珊的人质。这让我想起匿名戒酒协会的一句话："我们没有情人。我们劫持人质。"[3]

格雷格·钱德勒开始为苏珊工作后不久，有一天，他们参加里士满·伯顿的画展开幕式后回家，格雷格也在车上。他们随意地在聊着

---

① 作者对克里斯蒂安·威特金的采访。
② 作者对安妮·莱博维茨的采访。
③ 作者对文森特·维尔加的采访。

当天的开幕式晚会，这时安妮犯了一个小小的语法错误，于是苏珊勃然大怒："你知道，也许，如果你上过大学，你就会明白，这让你听起来像个十足的傻瓜!"

> 几天以后，我去安妮的工作室，目睹了安妮的工作状态：完全就像是苏珊，极其专横跋扈地掌控着一切，极其苛刻，极其暴躁。所有的人都对她唯命是从——然而，和苏珊在一起，她便成了个孩子。[1]

◆ ◆ ◆

"你很优秀，但你可以更优秀。"她们结识时，苏珊对安妮说。说者无心，听者有意："我想去做更好的事，拍更有意义的照片。"[2] 安妮的成功和苏珊一样，也是源于将无安全感转化为完美主义。两个人对别人都很暴虐，对自己更是如此。她们的成功主要在于找对了老师——大师——来帮助她们获得提高。当安妮来到《名利场》杂志社时，她已经不再满足于性、毒品和《滚石》杂志的摇滚乐，她发誓要"改变人们对她的印象，认为她就是一个让人脱光衣服的女孩"[3]。当她遇到苏珊时，她又希望迈出下一步——在这位摄影评论大家的帮助下——让自己的作品从报摊移至博物馆的展览墙上。

她希望苏珊能帮她学会拍摄"一些重要的照片"。苏珊提供了帮
530 助，就像她对待那些年走进她生活的很多人一样。对很多人而言，她

① 作者对格雷格·钱德勒的采访。

② Scott, "From Annie Leibovitz".

③ Andrew Goldman, "How Could This Happen to Annie Leibovitz?", in *New York*, August 16, 2009.

是一位大师：一个坚持要求你多读书的教授，一个硬拽着你去看外国电影的姐姐，一个资深吃货，经常介绍你去餐馆品尝各种珍馐美馔。她对文化的热情和想与人分享的急切之情都是真切的；但是，她并非总能分清老师与学生、主人与奴隶这两种关系之间的区别。

她俩第一次见面时，安妮就表达了自己渴望处于被动地位的想法。她对苏珊说，苏珊是她所认识的最聪明的女人，她的智慧令自己感到恐惧。[①] 一开始，一如苏珊曾鼓励米尔德丽德读亨利·詹姆斯的作品一样，她建议安妮也读一读。维尔加说："她希望她把所有这些书全部读一下，她在试图教导她。"很快，她就对安妮进步的速度感到沮丧，开始屈尊俯就地对待这个否则也是令人敬畏的女人：她对巴尔扎克一无所知，这件事一次又一次在公开场合被大声提起。苏珊对未上过大学的艾琳·福恩斯和保罗·特克的智慧表示钦佩，但她无法对安妮表示同样的钦佩。

她仍然在努力塑造一个她从小就渴望的理想伴侣，于是对待安妮的态度就像她曾经对自己的妹妹一样。"她认为我没有发挥出自己的潜力，"朱迪丝回忆说，"而且很直白地让我知道。"她也让安妮明白这一点。尽管她俩的朋友有时会对苏珊的行为感到惊恐万状，但那个当事人——安妮本人——却毫不介意。"我需要更严肃认真，就是这样。"她说。[②]

苏珊认为自己是在帮忙，包括在感情和情绪方面。迈克尔·西尔弗布拉特曾经问过苏珊，她不停地说一个人的坏话，可为什么还要和这个人在一起。苏珊对他说："你必须明白，安妮和米克·贾格尔上过床。安妮在《滚石》任职时，几乎和她拍过照片的每一个男人上过床。"她问西尔弗布拉特是否听说过"炮友"这个词，这是她从安妮 531

① 作者对卡拉·埃奥夫的采访。
② 作者对安妮·莱博维茨的采访。

那里学来的。他对此感到惊讶，这么一个常用词，她居然从未听说过。

> “我不得不教会安妮理解什么是情感。我们不是炮友，据我所知，安妮不再约炮，不过我不可能和有炮友的人在一起。”苏珊认为她的职责就是要教安妮认同她自己所理解的情感，人类的情感。[1]

牙买加·琴凯德曾说过，苏珊想成为一个好母亲，这就像一个人想成为一名伟大的演员一样；苏珊自己也承认，她没有爱的天赋；史蒂夫·沃瑟曼感觉到了“她内心同时发生的许多小冲突中的一场小冲突”，爱的两种概念之间发生的冲突。有一种是她从理智上相信的，另一种则是从情感上相信的：

> 一种是渴望成为一个有爱心的人，做到宽宏大量，另一个则是成为这样的人：对爱有一种自我窒息和压抑的观点，这与约翰·列侬的观点正好相反。约翰·列侬的观点是，你给予的爱就是你得到的爱。爱是一门扩展的艺术。它并不是说你的爱的总量是有限的，你付出了一点点，那么你给别人的爱就会少一些了。情况并非如此。我觉得她当初就是这么认为的。她认为如果我把爱给了你，那我留给自己的就少了。[2]

在《弗洛伊德：道德家之心灵》一书中，苏珊描述了弗洛伊德疗法努力要克服的性行为。“权力是爱之父”，这与包括“父母统治的事

---

① 作者对迈克尔·西尔弗布拉特的采访。
② 作者对史蒂夫·沃瑟曼的采访。

实”相关。对孩子而言，父母的权威是极其重要的。但如果到成年时这种爱的形式还没有得到消除，就会沦为施虐受虐狂。因此，成熟的人会逐步超越“施虐的性交观念”，从而实现“一种理想的爱，不受 532
父母的影响，双方平等的一种交流”。身为一名女性，年纪轻轻时她就清清楚楚地阐明了这一目标。然而，当她步入生命的最后阶段时，她却依然无法企及。

◆◆◆

苏珊在很多方面都绝顶聪明，但她无法理解自己对别人的影响，这让她身边的人困惑不解。至少从大学时代开始，深感困惑的朋友们就为她是否故意心存恶意而争论不休，很多人认为她只是无法看到自己对别人的影响。“并不是因为她想伤人，”她的老朋友玛莎·埃德海特说；她从在芝加哥起就对这一现象感到疑惑，“她只是没有意识到而已”[①]。

30 年前，阿尔弗雷德·切斯特说她“太不圆通”。她反驳说她只是“木、不敏感”——不过，她也在日记里记下了艾琳的不同看法：“她认为我知道我在做什么，只不过是我残忍而已。”然而，她写的关于“X”的内容却显示了一种自我意识——一种想要了解她的缺点并消除它们的愿望——这一意识消失了。她的名望使她免受这种行为带来的一些后果。她从来不缺谄媚者。而且，周围也总有人——助理、出版商、经纪人、朋友——在她身后帮她收拾残局。当她谈到不确定性或脆弱性时，她越来越多地将其归咎于过去年轻或缺乏经验；如果说安妮是一名人质，那苏珊也是——一种非理性

① 作者对玛莎·埃德海特的采访。

力量的人质；该力量令她注定要按同样的脚本，一次又一次地表演，一次又一次地发生同样的“小冲突”。尽管她把自己和弗洛伊德的观点撇得很远，但她的行为肯定了他的主要论点：意识与无意识的不均。

◆ ◆ ◆

在她的晚年，她常常回避朋友们。但同样是这些人中的一些
533 人，他们觉得自己别无选择，只能离开；他们爱她和恨她都是因为同样的原因。孩子是不受成人世界规章制度的约束的，苏珊也是如此。

她对很多事情一窍不通，从刷牙到付账单，都令人同情。和米尔德丽德一样，她从来就不知道电灯开关在哪里，她思想上的才华横溢与日常生活不能自理之间的失衡对她自己以及对别人而言，都是很苦恼的事。对她的麻烦，旁观者清，人们因此想要保护她。“观察她，关注她的想法和知识，倾听她的意见，总是一种愉悦的享受。”卡西亚·古尔斯卡说；卡西亚是一个年轻的波兰大学生，曾先后为苏珊和安妮工作。“某种程度上，她就像个孩子。”①

不幸的是，她憎恨这个别人喜爱的孩子。数十年前，哈丽雅特·索姆斯就把苏珊在同性恋中充当男性角色的姿态视为保护其脆弱本性的盔甲：“后来发生的一切都是对她这样的孩子的一种杀害。”这是一场必要的谋杀。那个隐喻的自我——“苏珊·桑塔格”——帮助那个孩子——“叫她苏”——活了下来，然而，决心要改变自己、成为另外一种人是要付出昂贵代价的。那些尝试要去爱或去保护这个孩子的

① 作者对卡西亚·古尔斯卡的采访。

人往往会被这个隐喻伤害。卡拉·埃奥夫说："在所有这些看似魔鬼般的个性背后是一个担惊受怕的可爱人儿。当你能和那个人在一起时，感觉真是太美妙了。"[1] 534

---

① 作者对卡拉·埃奥夫的采访。

第三十三章

被收藏的女人

“每一个作家，在某个节点——他或她的辛劳产出了大量的作品——之后，都会有自己既是弗兰肯斯坦博士又是那个怪物的体验。”桑塔格在1995年发表的一篇短文《单一性》中这样写道。文章中，她考察了公众作家与私下的自我之间的差异。她写道，有“桑塔格”，也有“我”：

> 在我的“桑塔格与我”的游戏里，不认账是当真的。书架上那一小排由苏珊·桑塔格署名的作品日渐增多，这让我既感窘迫，又不大情愿地觉得骄傲，很苦恼地力图区分我自己（我是寻觅者）和她（她不过是被发现的人），因此我回避开所有关于她的议论，不管是赞美还是苛评。[①]

她曾向安德鲁·怀利求助，希望能从“苏珊·桑塔格这样的情形”的负担中解脱出来；1983年，她曾写道“拥有两个自我是悲惨

---

① “Singleness”, in Sontag, *Where the Stress Falls*, 260.（此处引用黄梅译文，谨此致谢。——译注）

命运的定义”[1]。此时，她声称，她通过写一本“桑塔格和我”都能 535
感到骄傲的书避免了这种命运；这本书是她在与安妮·莱博维茨交往的头几年写的。

她已经

> 终于开始觉得那个作家就是我：不是我的替身，不是我的熟人，不是我的影子玩伴，也不是我的创造物。（正是因为我走到了这一步——我花了几乎30年时间啊——我才终于能写一本自己真正喜欢的书：《火山情人》。）

凭借《火山情人》，桑塔格写出了苏梦寐以求的那种书。在《单一性》中，她暗示，这部小说是诺斯替主义二元论之间、灵与肉之间、“桑塔格”与桑塔格之间、怪物与弗兰肯斯坦之间张力和谐解决的产物。

但是，正如这部作品和桑塔格对它的反应所显示的那样，她并没有通过结合自己性格的两面性来达到和谐统一，而是选择了其中一面合并了另一面达到了和谐统一；她不是敬仰托马斯·曼、瓦尔特·本雅明或约瑟夫·布罗茨基，而是成为他们，同时抛弃了自己早期小说中的现代主义实验。这正是她批评萨特之所在：努力使她自己成为“一名19世纪风格的伟大作家”。

这是她生来就要扮演的角色。她没有丝毫的举棋不定，而是游刃有余地演绎着，置身于名流与金钱、高雅文化与“歌剧”的梦幻世界中。如果说浮夸和装腔作势是用来责怪普通人的，那它们可不是用来针对一个伟大的女一号的；人们从她身上期待的正是这些，而且它们

---

① “A Poet’s Prose”, in Sontag, *Where the Stress Falls*, 8.

也提高了她绚丽多彩的传奇故事的价值。苏珊·桑塔格最后的两部长篇小说都是关于女演员的。

◆ ◆ ◆

《火山情人》的主要脉络是一场著名的三角恋，他们是：时任英国驻那不勒斯大使的威廉·汉密尔顿爵士、那个时代的英雄纳尔逊勋
536 爵，以及欧洲最迷人的女人埃玛·汉密尔顿——前者的妻子，后者的情妇。

小说的故事原型已经拍成了电影《那个汉密尔顿女人》，由费雯·丽主演。电影在 1941 年——苏搬到图森前——就上映了。无论她是当时就看了这部电影，还是后来才看的，影片中那个满嘴脏话的交际花都引起了她极大的兴趣。“这个身份被隐瞒的女人有什么能使这些了不起的男人爱她？”1960 年的时候，她对此颇感疑惑。[①] 20 世纪 80 年代，她在伦敦发现了一系列版画。“喷发的维苏威火山、休眠的维苏威火山、火山岩的特写镜头和横截面——她当时买下五幅，第二天又买下五幅，然后又去买了七幅。”一名记者写道。[②]

维苏威城就是卡洛塔所在的城市。和卡洛塔一样，她的主人公纯洁质朴如一页白纸，一片美丽的空白。不像不求上进、得过且过的卡洛塔，埃玛急切地努力去达到旁人对自己异想天开的各种想象。从这个意义上说，她更像安妮，而不是卡洛塔，渴望被培养、被塑造、被精雕细刻，“接受他的印迹，如同黏土接受雕塑家拇指的印迹一样”。尽管威廉爵士——苏珊称之为骑士——爱着埃玛，但他看待埃玛就像苏珊看待安妮一样：“她的完美和他的幸福并不意味着他不想提升

---

① 桑塔格文档。（亦见《重生》。——译注）
② Span，“Susan Sontag，Hot at Last”.

她。”骑士指出埃玛的语法错误，就像苏珊指出安妮的语法错误一样。“哦天呐，他们多么的粗俗。”她说。[①] 结果，“骑士的官邸里从早到晚都挤满了家庭教师”[②]。

“他对我说，我是一件杰出的艺术品，”她写道。[③] 埃玛奢华的美貌——“一个真正的大美人总有足够两个人的美”[④] ——需要一种展示方式。“骑士最初叫她在一个高高的、用丝绒衬里的箱子里摆姿势，箱子的一面敞开着，接下来是在一个巨大的镀金框架里。”就像安妮的模特摆姿势一样，埃玛也摆姿势，并且适应任何人的注视：埃玛摆的一个个“姿势”受到了整个那不勒斯宫廷的关注。“如果我有演员的天分，那我也没有办法。”埃玛不屑地说，“如果我喜欢让人高兴也一样……我轻而易举就能让人高兴。和学东西没什么两样。”[⑤] 537

作为一件艺术品，埃玛很容易被收藏。她急切地想被一系列位高权重的人所接纳，最终被当时一位地位最高的收藏家所捕获。桑塔格明白，对于一个渴望崛起的人而言，变成一个物体是有其用处的。而收藏者与被收藏、猎人与被猎取的心态，让桑塔格在警句方面的才华得以蓬勃发展：

> 收藏总比需要多。
>
> 每个收藏者都是潜在的（如果不是真的）盗贼。
>
> 你不可能拥有一切……事实上，你可以拥有很多。[⑥]

那位杰出的收藏家、年迈的骑士是个忧郁的人，对他而言，美与

---

① 埃玛说“they was”，应为“they were”。——译注

② Sontag, *Volcano Lover*, 133, 163.

③ 同上，第128页。

④ 同上，第135页。

⑤ 同上，第406页。

⑥ 同上，第72—73页。

艺术就是药。“他的异常活跃是重度抑郁症患者的症状。”桑塔格写道，这是说他，同样也是说她自己。“他对一件又一件事情表现出狂热之情，令人感到惊讶，他就此躲过了一个接一个忧郁的旋涡。”[①] 这些热情使他成为一个赞赏者：“他喜欢夸奖人，甚至胜于希望被人夸奖。”而他想要收藏的——除了埃玛，除了他那些令人惊叹的文物——则是最令他痴迷之物——火山：“骑士发现自己喜欢与阴曹地府有点关系的东西。”[②]

◆ ◆ ◆

“没有什么比得上长期忧郁后，快乐到来时的那种精神振奋。”[③] 埃玛的到来给伟大的男人们带来了欢乐，但是伟大的女人们并不那么乐观。第一位是维热·勒布伦夫人，她是被废黜了的法国王后的画家。她在那不勒斯寻求庇护，一眼瞥过去，她就能对埃玛做出判断：

> 在所有以她为对象的肖像画中，她从未公然地被画成妓女。
> 538 这是一个凭其聪明才智在上层社会幸存下来的独立女性对另一个处于同样危险博弈中的女人令人不悦的描绘。但是，尽管这幅肖像是放肆无礼的，它却是一幅成功的作品。画家了解她的主顾。她已断定（热恋中的）骑士和这个（天真而虚荣的）年轻女子不会像别人也许会理解这幅画那样来理解它，而只会视之为对她征服一切的美貌所做的又一次赞赏。
>
> 在她自认为适合扮演的众多角色和人物当中，表演那些命运

① Sontag, *Volcano Lover*, 23.
② 同上，第25页。
③ 同上，第119页。

与她自己的幸福命运截然不同的女性，比如阿里阿德涅和美狄亚，为一个外国情人牺牲了一切——往昔、家庭、社会地位——然后又遭到背叛的公主，让她感到一种特别的愉悦。她认为她们不是受害者，而是极富表达力的人：在她们刻骨铭心的情感中，她们不顾一切、全心全意地坚守着那一份感情，她们成为令人动容、英勇的人物。

她精心设计一个个姿势，不断完善演技方法。[①]

书中作为真正的女英雄出场的爱勒纳拉·德·芳斯卡·皮明特尔是一个革命作家，她认为埃玛"不仅精力旺盛、粗俗，而且有心机、残忍、嗜血"。可以说，她的判断也反映了另一个女性人物判断；该人物在故事开头露了一下脸后，直到最后一段才又突然出现：

我［爱勒纳拉］会在做一个女人有多复杂这一点上对自己撒谎。所有女人都这样的，包括本书作者。但我不能宽恕那些除了自己的荣誉或幸福什么都不关心的人。他们自以为是文明人。他们是可鄙的。让他们统统见鬼去吧。[②] 539

◆ ◆ ◆

权力的荣耀——财富与获得的喜悦，军事与性征服的喜悦——被一个知道他们的快乐是真实的人大费笔墨，大书特书。然而，书中真正的女英雄拒绝了这些，而桑塔格将这种拒绝视为真正高贵的标志。

① Sontag, *Volcano Lover*, 166.
② 同上，第 299 页，第 419 页（该页码是上一段中引文的出处。——译注）。

爱勒纳拉说："我确实知道权力是怎么回事，我真的看清楚了这个世界是如何被统治的，但我不接受。"

桑塔格在她关于卡内蒂的随笔文章中写道：

> 他现在要向其"鞠躬"的他当年求学的寄宿学校的教师赢得他的尊重，是因为在一次全班同学参观屠宰场时这位老师非常残忍。卡内蒂在老师的强迫下，面对一种特别令人感到毛骨悚然的场面，他就此明白，谋杀动物是"别指望我能忘记"的事情了。

她引用了他的话说"卡夫卡作品声音最响亮的段落谈及与动物有关的这一内疚"[1]。当桑塔格谴责埃玛、纳尔逊、骑士以及他们所掌控的世界的虚荣心和残忍时，她最有效地展示了这个世界对被奴役的动物的残忍。宫廷的庆典以一座堆满食物的人造山为特色，其中包括活物，它们被交到残暴的市民手里任由他们处置，冲上去的市民们一个个手里都拿着刀：

> 鼻子，受到血腥味和受惊牲畜拉下的粪便的臭味的冲击；耳朵，受到被宰杀的牲畜的惨叫声和人从山上什么地方掉下来或被推下来时发出的尖叫声的冲击。[2]

残酷并不总是这样壮观。骑士有一只名为杰克的猴子，和他的其他收藏品安置在一起，"用绳子拴起来，但要让他感觉舒服"。骑士对
540 待杰克的态度就像苏珊对待任何一个爱她超过她爱他们的人一样。她写道："他要一个假的被保护对象，一个小丑……可怜的杰克爱他爱

---

① "Mind as Passion", in Sontag, *Saturn*, 195 - 196.

② Sontag, *Volcano*, 41 - 43.

得很凄苦，只好顺了他的心愿。”于是，“他对待猴子时，开始增加一点点小作弄，一点点残忍，让他日子清苦一点”①。没有哪家法庭会惩罚这些罪行。然而，多行不义必自毙；“可鄙的”三人组遭到了应得的报应。

◆ ◆ ◆

“让他们统统见鬼去吧”是《火山情人》一书的最后一句话。然而，这不是桑塔格最后的话。她的一个个主角真的很可鄙。他们也很可爱。和她一样，他们挑战内心的极限。和她一样，他们也挑战外在的极限——那些由政治、社会、爱情和激情强加在他们身上的极限。在这场搏击中，他们和她一样，展现出自己既是怪物又是英雄。

在《火山情人》中，她抵制住了选择立场的诱惑，也没有做最后的选择。这是她的很多政治性作品沦为宣传工具的缺陷。相反，她耐心地剖析了每个人内心相互矛盾的动机——那一个个小冲突——从而使这部小说把她最好的随笔文章的严谨和她最好的短篇小说的矛盾情绪结合在一起。这就是没有坚定的信念与承认令人们的生活充满活力的复杂性和一个个冲突之间的区别——正是此观点把小说家和小册子作者区分开来。

她把这个观点用在了最困难的问题——隐喻——上。她讨厌说“路直得像一根线”。现在，放弃“我内心深处觉得‘这条路是直的’，这才是你需要说的而且是你应该说的”这一说法，天翻地覆地被换成这样：

---

① Sontag, *Volcano Lover*, 77 - 80.

> 像风，像风暴，像火灾，像地震，像泥石流，像洪水，像树
> 541 在倒下，洪流在轰鸣，浮冰在断裂，像海啸，像沉船，像爆炸，像被掀掉的盖子，像吞噬的火焰，像四处蔓延的枯萎病，像黑云压城的天空，像在断裂的桥，像在张开口的洞。像喷发的火山。[①]

但是——思考的本质依然是但是——这并不意味着她对隐喻毫不含糊地欣然接受：通过一番美学上的操作，就把一件事变成了另一件事。小说中多处显示了人们对这种审美观的极限挑战，这种审美观无论多么认真地培养，都无法与更为残酷的自然界的现实相竞争：包括一个人自身的天性。

> 骑士自认为好比——不，就是——得体和理性的使者。（这难道不是研究古代艺术教给我们的东西吗？）除了一个颇有赚头的投资和他的收藏欲的满足，在这些石头、这些瓷器碎片、这些黯淡的大理石、银器和玻璃物品中间，还有一种教益：它们是完美与和谐的楷模。这些荒凉的、对超凡入圣的东西很警觉的古物，早期资助人大都没有见着。他在古董中所忽视的东西、他不愿意看见的东西，都在他对火山的珍爱上得到补偿：荒凉的洞穴、黑暗的岩穴、裂缝、悬崖和大瀑布，洞中有洞，石下有石——还有那垃圾和狂暴、危险、瑕疵。[②]

在《火山情人》中，我们看到了布罗茨基所谓的阅读人（Homo legens）的悲哀消亡。光鲜的外表下隐藏着龌龊不堪的千疮百孔。作为一种宣扬善与道德的手段，艺术不仅仅已然毫无意义：它还是激情

① Sontag, *Volcano Lover*, 160.
② 同上，第56页。

与政治爆发背后同样邪恶力量的产物。

审美的或隐喻的观点不仅仅是美化，而且是永无休止的，尤其对一个貌美的女性更是如此。虽然出生卑微，但凭其美貌，埃玛一跃而 542
跻身于大人物之列；但是，失去自我是其上升的代价。“她再也不知道自己是谁，”桑塔格写道，“但她知道自己在上升。”[①] 当现实重现时，人物角色和人之间的紧张情绪变得不堪一击，于是就在梦中自行报复。

“失去了美貌——我的挡箭牌，谁都可以嘲笑我。”埃玛说。[②] 她开始酗酒。美貌遭到这个醉醺醺的、放荡的老女人的咒骂；这个不再值得收藏的女人遭人抛弃。也许，因为她的残忍，她就活该被抛弃。但她并不是因为这些而受到谴责的：

> 她受到的最严厉的苛评是她在被视为一个女人最重要的、与女性最有直接关系的成就——对一个不再年轻的身体的保养与恰当的呵护——上的失败。[③]

◆ ◆ ◆

《火山情人》获得了巨大的成功。苏珊此前从未有过一本书成为畅销书。此时，她有了畅销书——而且是虚构类的小说；她一直梦想着能在这上面出类拔萃。她说：“我觉得我是个成长缓慢的人，我一直问自己这个问题——我为什么要花这么长时间？”她认定这是因为

① Sontag, *Volcano Lover*, 134.
② 同上，第407页。
③ 同上，第242页。

她“没有这种表达的机会，没有这种内心自由的机会……如果用这样老套的说法‘成熟’，人会脸红，可是我认为的确如此……现在，我认为我将出版我最好的作品”[1]。

除了80多页的《艾滋病及其隐喻》，《火山情人》是她自12年前出版《土星照命》后的第一本书。这些年里，她有了改变，而更广义的文化也改变了。这部小说收获了好评，也得到了媒体的广泛关注，苏珊为自己的成功而陶醉。朋友们表达他们对这部小说的喜爱时，她
543 开心极了。对好几个人，她都给出了同样的回复，“好棒，现在再看一遍”或者“看第二遍时会觉得更好”。特里·卡斯尔看到她像孩子一样开心：

> 一个服务员走过来说：“我知道你很有名，可是你是谁呀？”她一开始被这个问题逗乐了。她说：“嗯，我是苏珊·桑塔格。我是个作家，我最近的一本书是一部长篇小说，你可能已经听说过，书名是《火山情人》。”然后她又说：“来，我给你写在餐巾纸上。”于是，她把自己的名字，以及书名《火山情人》都写在那张餐巾纸上，就像是在某个人的中学年鉴上签名一样。[2]

佐薇·海勒也看到过这类情景，当时一个报亭老板认出了苏珊。她面带微笑和他聊了几分钟：

> 她告诉我，这次偶遇“以一种非常女性化、几乎是母性的方式感动了”她。她说：“我只是想到，他站在那里卖报纸，而这

---

① Span, “Susan Sontag, Hot at Last”.

② Terry Castle, “Desperately Seeking Susan”, in *London Review of Books* 27, no. 6 (March 17, 2005).

也许并不是他最想干的事情。如果他知道我是谁，那就意味着他读书识字，可能上过大学，而且……嗯，这是我过度的共情的感受力在起作用。我只是觉得他在做的事情并不是他想做的，他在为自尊而苦苦打拼。”

虽然桑塔格的反应都很暖心，但她声称，她更希望自己在公共场合不被人注意。她说：“人们觉得很难相信这一点，可是，尽管所有的注意力都是集中在我这个人身上，我还是对出名一点都不感兴趣。”[①]

◆ ◆ ◆

1996年，在法勒-斯特劳斯出版社50周年社庆庆典上，以色列作家戴维·格罗斯曼做了自我介绍。他说：“哦，桑塔格女士，见到你真高兴。我是你随笔文章的超级粉丝。”她怼他说：“我的随笔文章？ 544
那是青少年时代的作品！你看过《火山情人》吗？”[②] 和蔼可亲从来就不是她的强项。此时，她开始轻蔑地谈论起自己的随笔作品，并充满热情地宣称自己是小说家。

“她开始说自己作为评论家和女作家的作品，和她的小说比起来全都排在次要地位。”她的老朋友罗伯特·博耶斯说。[③] 而且，由于她把自己与安妮之间的冲突暴露在最亲近的圈子之外的人面前，她甚至开始在公众面前攻击朋友，全然不顾由此给别人留下的印象。她到博耶斯任教的斯基德莫尔学院做讲座，博耶斯为此准备了非常详尽的

① Heller, “The Life of a Head Girl”.
② 作者对牙买加·琴凯德的采访。
③ 作者对罗伯特·博耶斯的采访。

介绍。

等他介绍完毕，苏珊走上讲坛，不屑地说："罗伯特·博耶斯还是没搞明白，他还是没搞明白我是个小说家，没搞明白他说的所有那些其他的写作是我在成为一名小说家的过程中，我为了保持写作而写作，为了有些事情可做而写的东西。"这顿非难太不留情面、太不应当，在这挤满了300多个感到震惊的来宾的礼堂里，你都能察觉到一阵寒意袭过。随后，佩格·博耶斯走上前对苏珊说："你必须立刻向鲍勃[1]道歉。"苏珊马上就"一迭声地"道歉了，像一个被管教的孩子——像一个不确定自己做错了什么事的孩子。

她为《火山情人》这本书的出版来到阿姆斯特丹，期间，她和荷兰作家艾布拉姆·德·斯旺一同上台。他对皮兰德娄的一句评价激怒了她。"她开始了长篇大论，似乎没完没了。"安妮·赖特说；赖特是一名翻译，当时就在听众席上。"简直停不下来。一直在讲啊讲啊讲——太过分了，连荷兰媒体都讨论此事了，而媒体当时通常都很淡定的。"[2]

◆ ◆ ◆

《火山情人》在别人的心理剧中找到了她自己的影子。1990年，卡米尔·帕格利亚重新露面。自从她俩在本宁顿学院短暂交锋，20年
545 来，为自己的成功而扬扬得意的帕格利亚对苏珊发出了一声"荷马式

① 罗伯特的昵称。——译注
② 作者对安妮·赖特的采访。生活在阿姆斯特丹的美国传记作家朱莉·菲利普斯说，她从一个朋友那里听说，对萨拉热窝有着丰富经历的桑塔格也曾宣称"人们并不真正明白一座处于战火中的城市是什么样子"。"你可以感觉到震惊和愤怒的情绪在听众中蔓延，不仅仅因为德·斯旺是犹太人（1942年出生），还因为听众中有很多人都亲历过战争。"作者对朱莉·菲利普斯的采访。

的夸耀"："我追这条母狗追了25年了，终于，我超过了她！"[1] 帕格利亚的《性面具》于1990年——比《火山情人》早两年——出版，出人意料地成了畅销书。该书的副标题——《从奈费尔提蒂到艾米莉·狄金森的艺术与颓废》——说明了该书讨论的范畴及其野心；而且，帕格利亚的夸耀表明，桑塔格对众多女知识分子，尤其对年轻的女同性恋者而言，仍然是一个重要人物。如果说桑塔格年轻时没有名门望族的背景，那么她此时已然成为渴望效仿她的年轻一代的前辈代表。"20世纪90年代时，从媒体形象和闪光灯的角度来看一个美国女知识分子，我确实是她的继承者，这一点在当时应该是显而易见的。"帕格利亚说道。[2]

帕格利亚公开奚落桑塔格，一副故意而为之的腔调。帕格利亚毫无顾忌地把自己比作《彗星美人》中的伊芙·哈林顿，她此番尖刻的言论很快就登上了小报。她宣称自己是"异教的公众奇观的信仰者"，信奉"垃圾文学的恩恩怨怨"，[3] 她模仿过去一对对著名对手的做法对桑塔格进行攻击。

> 我喜欢威廉·F. 巴克利与戈尔·维达尔之间长期的恩恩怨怨，前者一直威胁要揍后者。戈尔·维达尔与诺曼·梅勒、玛丽·麦卡锡与丽莲·海尔曼。我觉得真是妙极了。我喜欢小报，我觉得在一个八卦专栏上攻击桑塔格真是妙极了。[4]

这个高格调的坎普表演确确实实被小报大肆宣传。刺耳的声音来

① Paglia, *Vamps*, 355.
② 作者对卡米尔·帕格利亚的采访。
③ Paglia, *Vamps*, 357.
④ 作者对卡米尔·帕格利亚的采访。

自8月份的《纽约邮报》八卦专栏第六版头条《桑塔格的“噩梦”
546 的更多内容》[①]，卡米尔称苏珊为“资产阶级品位的终极象征”和“一名知识分子公爵夫人”，称她“已不再是一种知识分子的存在”。

苏珊宣称，她根本没怎么听说过卡米尔·帕格利亚。一名采访者问她是否真的说过“谁是卡米尔·帕格利亚”这句话。

“抱歉，”她回答说，“难道我们不是在说英语吗?”[②]

这位采访者把这一段采访视频给帕格利亚看，帕格利亚看后摇着头说：

> 就像电影《转折点》中的安妮·班克罗夫特一样，我的意思是她确实被一个比她年轻的对手超越了，没错。……她不看电视，她不喜欢摇滚，她被别人超越了……所以她帮了我一个大忙。1992年对我而言是美好的一年，因为随着她和杰曼·格里尔重新回归，再次被媒体所关注，人们突然意识到我是多么有趣。

后来，帕格利亚表示遗憾，桑塔格没有参与这场坎普表演。“这对读者而言是非常有趣的事情。”她说。这就是：帕格利亚与桑塔格之间的恩恩怨怨在全世界都有报道。“我认为女人像男人一样进行公开的争斗是有好处的。我本来也可以写几句桑塔格那样的话！针对我的。但她并没有接招——根本没有。”[③]

◆ ◆ ◆

帕格利亚说：“安迪·沃霍尔是我心目中的英雄，上大学时我是

---

① “More from Sontag's ‘Nightmare’”, Page Six, *New York Post*, August 14, 1992.
② 卡米尔·帕格利亚对克里斯托弗·莱登的采访，1993年。
③ 作者对卡米尔·帕格利亚的采访。

沃霍尔的忠粉。”而且以沃霍尔式的方式，不参与就是苏珊参与的方式，她的角色丰富了帕格利亚自己的角色。还有谁能比苏珊·桑塔格更适合扮演“女大咖”“知识分子公爵夫人”？苏珊的斥责只会激励帕格利亚，让这个故事继续见诸报端，而喧闹则加强了桑塔格作为一个令人敬畏的女一号的名声。 547

她告诉佐薇·海勒她假装从未听说过卡米尔·帕格利亚。“这样做，原因就在于我来参加这场聚会，听到这个人讲：‘格特鲁德·斯坦因，何许人也？’我喜欢这种方式。所以，我也要这样对付帕格利亚。”[①] 但是，即使苏珊参与，这最终也只是卡米尔·帕格利亚的表演。仅仅过了几个月后，苏珊就去了萨拉热窝，亲自上演了一出戏，其影响远比前者深远。 548

① Rollyson and Paddock, *Making of an Icon*, 274.

第四部

第三十四章

一个严肃认真的人

柏林墙倒塌时，即使是最坚定的愤世嫉俗者也可能已经看到道德世界的苍穹正趋向正义。电视上播报人们推倒高墙、赶走暴君的一个个激动人心的场面似乎证实了传统的美国信仰——认为它天真也好，充满希望也罢，或两者皆是——自由是所有民族的命运，历史可以与进步合而为一。那些年里，全世界好多国家和地区出现了自由政府，拉丁美洲的大多数独裁政权也纷纷瓦解；1993 年，《奥斯陆协议》的签订让人们以为以色列和巴勒斯坦之间的和平近在咫尺，而纳尔逊·曼德拉的获释宣告了南非种族隔离制度的结束。

这些变化极富戏剧性，和平与民主似乎已成定局。人们很容易会去嘲笑这种见解，桑塔格就经常这样。在《中国旅行计划》中，她引用了一名美国参议员在世纪之交所说的话："在上帝的帮助下，我们要把上海提高提高再提高，直至达到堪萨斯城的水准。"① 然而，只有 551
短短几年的时间，进步是实实在在的；即使有最可怕的逆流，似乎也只是暂时的小问题。1992 年，弗朗西斯·福山出版了一本书，该书的书名——《历史的终结与最后的人》——完美地总结了那个时代，因

① "Project for a Trip to China", in Sontag, *I, etcetera*, 14.

而开始广为人知。很少给人乐观理由的历史找到了更好的自我。

◆ ◆ ◆

阳光明媚的南斯拉夫是从这些革命中获益最多的国家。这片拥有岛屿、山脉和森林的国土经历的共产主义，比共产主义欧洲的任何其他地方都要少。与部分国家公民出国旅行艰难无比形成鲜明对比的是，南斯拉夫人可以自由出入。虽然该国也是独裁统治，但铁托从未达到斯大林或齐奥塞斯库的那种全方位狂妄自大的程度；虽然经济发展运转不良，但也从未达到像俄罗斯或罗马尼亚那样全面崩溃的程度。在那个年代，拥有光明前途的工业和受过高等教育的人民，加上良好的基础设施及其好酒，南斯拉夫似乎做好了与西方国家无缝融合的准备。

对外界而言，南斯拉夫是一个国家，而南斯拉夫也是一个民族。外界对这个地方只是偶尔漫不经心地给予一些关注，对这里的复杂性——以“种族的”、宗教的和文化上的复杂性为特征——则毫无准备。比如，最大的民族是塞尔维亚族，他们通常与塞尔维亚人所指相同，但又有区别。塞尔维亚人是指（南斯拉夫成员共和国）塞尔维亚共和国的公民，但他们并不全是塞尔维亚族；他们可能是阿尔巴尼亚人、匈牙利人、犹太人，甚至是中国人。相反，塞尔维亚族是一个东正教民族，从莫斯科到迈阿密随处可见；此外还有波斯尼亚的塞尔维
552 亚族、科索沃的塞尔维亚族和克罗地亚的塞尔维亚族——绝对不要和塞尔维亚共和国的克（罗地亚）族（裔）混淆起来哦——他们都有自己的历史，虽然说的是同一种语言，通称为塞尔维亚-克罗地亚语，但也根据不同的地方，称为塞尔维亚语、克罗地亚语、波斯尼亚语或黑山语，或满不在乎地，简单地称之为“我们的语言”。

当这个国家开始分崩离析时，这种复杂性让人们很容易把南斯拉夫描述成一个中世纪的神秘国度，其中酝酿着深仇大恨；这一描述对那些为自己的碌碌无为找借口的国外政客们很有用。但还有其他方式来描述南斯拉夫，最显而易见的是作为欧洲一个现代化的国家。它确实是一个多民族的国家，而每一个基于公民身份而非种族属性的国家也碰巧都是如此。戴维·里夫写道，对南斯拉夫人来说，"拥有海滨别墅、两辆汽车和接受大学教育已经成为司空见惯的事情"[①]。他们"像发达的现代化国家的百姓一样，依赖电梯、天然气管道、超市和电力"。

也许，独裁统治被推翻后，南斯拉夫本可以成为瑞士或比利时模式的联邦政府。或者，按照捷克斯洛伐克的模式，其成员国也许可以和平地分道扬镳。然而，哪一种模式都不是——南斯拉夫的国名成了恐怖的代名词——这在很大程度上是由于一个名叫斯洛博丹·米洛舍维奇的政府官员；米洛舍维奇在20世纪80年代因谴责占人口多数的塞尔维亚族可能遭受的虐待而声名鹊起。塞尔维亚族受到了科索沃阿尔巴尼亚人、克罗地亚族人、波斯尼亚穆斯林的压迫，作为塞尔维亚共和国总统，他宣布将权力集中在——同时也移至——贝尔格莱德。这遭到了反对。斯洛文尼亚和克罗地亚于1991年初脱离了联邦。斯洛文尼亚的独立很快就得到了确认；但在与塞尔维亚接壤的克罗地亚，战斗则非常激烈，这里是很多塞尔维亚族人的家园。南斯拉夫的 553
军队轰炸了克罗地亚海滨的瑰宝仙境杜布罗夫尼克，让人们有一种山雨欲来风满楼的感觉。

这些在第二年就落到了最混杂的共和国波斯尼亚和黑塞哥维那（波黑）的国土上。它的人口被塞尔维亚族人、克罗地亚族人和穆斯

① David Rieff, *Slaughterhouse: Bosnia and the Failure of the West* (New York: Simon & Schuster, 1995), 31, 123.

林“瓜分”，实际情况极其混杂，甚至连很多波斯尼亚人都认为，在克罗地亚爆发的如此凶残的暴力行径在波黑是不可能发生的：以种族或宗教背景来划分人群意味着摧毁城市、社区和家庭。而这正是波斯尼亚塞尔维亚族抵制波斯尼亚独立公投后发生的事情。4 月 6 日，波黑获得了国际承认，当天，战争爆发。5 月 2 日，南斯拉夫的残余军队封锁了波黑的首都。

◆ ◆ ◆

“首都”这个词对萨拉热窝来说有点过了，按一个波斯尼亚人夸张的说法，它只是一条街道而已。那条街与米里雅茨河平行，与其他几条街道交界；在离那条河几个街区的范围内，这些街道陡然上升，延伸到郁郁葱葱的山丘上，一座座花园、一个个尖塔尽收眼底，正是这些景色让这座城市以伊斯兰教的浪漫而闻名。萨拉热窝也是一座现代化的欧洲城市：它与米兰、伊斯坦布尔、维也纳、雅典这些城市的距离几乎相等，它的国际化文化赋予它一种比它的面积规模所能有的更为复杂的氛围。清真寺和犹太教堂紧挨着，天主教教堂和东正教教堂比邻而立，萨拉热窝这座城市代表着多元理想，而纽约等城市正是这种理想的继承者。中欧有很多这样的城市，不过大多数已经在 20 世纪时被现在威胁萨拉热窝的民族统一主义彻底毁坏。

萨拉热窝所坐落的山谷地势像一双手捧在一起，山谷幽深，两端
554 变窄。手腕接触之处，山谷挤压成一条狭窄的通道；在手指相接之处、山谷的顶部，地势平坦且宽阔，足以容纳机场的跑道。这座城市的地形是旅游业的福音；波黑和克罗地亚一样，都希望吸引旅客。（运送滑雪者上坡的）滑雪缆车离市中心只有几分钟的路程，萨拉热窝在 1984 年举办了冬季奥运会。彼时，人们几乎做梦也想不到该地

理资源会被这样恶劣地利用。

八年后，萨拉热窝被包围。它被封锁了 1 425 天，这是现代历史上最长的一场围城战。它持续的时间几乎是前纪录保持者——纳粹的列宁格勒围城战——的两倍。那些本可以结束这场战争的人——美国海军认定最多需要 48 小时[①]——则以南斯拉夫民族错综复杂、无法抵抗的苦衷这种陈词滥调来做借口。历史的复杂性是真实的，然而，一旦萨拉热窝被包围，道义上的责任则变得明确。

米洛舍维奇及其手下做了部署，安排原先混合的南斯拉夫军队效力一项计划，在各地区建立一族统治；这些地区要么是塞尔维亚族人密集之地，要么对他们而言——无论多么异想天开——具有某种历史意义。这支军队及其无数的虾兵蟹将在全世界众目睽睽之下，在一个又一个社区杀戮、强奸、驱逐穆斯林和克罗地亚族人；而这个世界，在希特勒之后，除了将文明与野蛮分开这一条原则之外，几乎没有达成任何共识。这是对“种族清洗”的拒斥，这个措辞因南斯拉夫的大屠杀而进入了这个世界的词汇。每个人都认同，种族恐怖现象应该成为过去；然而，没有外部干预，这样的认同是无意义的。在距离威尼斯不到一小时车程的地方，一个个集中营建了起来，平民们遭到轰炸，有人被活活饿死，而那些据称是文明的国家一个个镇定自若，继续过着他们的日子。

一个名叫阿特卡·卡菲齐克·里德的波斯尼亚年轻女子说：“真是不可思议，你怎么可能在一天之内，从一个观看 MTV 的时代一下子回到了一个完全是中世纪的生活环境当中呢。”[②] 奥运之城变成了这样一个地方：在这里，一颗洋葱这样的礼物都是利他主义奢侈的象征； 555
在这里，鸟儿们都因不断的炮击而受到惊吓，纷纷逃离这座城市；在

① 作者对约翰·彭斯的采访。
② 作者对阿特卡·里德的采访。

这里，人们把自己的粪便装在纸袋里，寻找可以处置的地方；在这里，市民们不再注意他们在街上走过时跨过的那一具具尸体。戴维·里夫写道："一座欧洲的城市正被夷为平地。慢镜头中的迦太基，只不过，这一次有观众和摄像记录。"[1]

◆ ◆ ◆

1992年9月，围城后的第一个夏天结束时，戴维去了波黑。对于很多留在萨拉热窝的记者而言，这段旅程成了一道分水岭。"在之前的生活中，去波黑之前的生活，我常常自鸣得意，认为愤怒是一种我几乎已免疫的情绪。"他写道。[2] 像很多前往萨拉热窝的记者一样，他之所以去是因为他相信——尽管这是不言而喻的——文明世界的存在，而且认为自己有责任去予以报道。他认为："如果波黑的消息能报道到美国，让国内的人们知道，就不会允许屠杀继续下去。"[3]

首次萨拉热窝之行结束前，他采访了后来创办萨拉热窝电影节的米罗·普里瓦特拉，问他有什么东西或什么人他下次来可以带回来。米罗回答说："最适合来这里了解情况的人之一肯定是苏珊·桑塔格。"戴维没提他和桑塔格的关系——"当然，"米罗说，"我当时不知道他是她儿子"——戴维说他会尽力而为。几个星期后，他出现在米罗家门口。"我们相互拥抱后他告诉我：'嗯，你要我办的事我办好啦，我把你的客人带来了。'就在门后，是她，苏珊·桑塔格。我当时真愣住了。"至少一个月后米罗才搞清楚他俩的关系："他们从未告

① Rieff, *Slaughterhouse*, 216; Dževad Karahasan, *Sarajevo, Exodus of a City* (New York: Kodansha America, 1994), 78－79.

② Rieff, *Slaughterhouse*, 25.

③ 同上，第9—10页。

诉我啊。”[1] 那是在 1993 年 4 月，苏珊第一次踏上萨拉热窝的土地，为她总共 11 次造访萨拉热窝拉开了序幕；这个地方对她的生活变得 556
十分重要，甚至连市中心一个著名的广场都是以她的名字命名的——重要到后来戴维会考虑将她安葬于此。

正如萨拉热窝位于伊斯兰教和基督教、天主教和东正教的交会处一样，这里也是桑塔格一生追求的一个个兴趣不谋而合的地方。艺术家的政治角色和社会责任；她将美学与政治结合起来的努力，以及她对美学的即是政治的理解；灵与肉的联系；权力与无权的体验；造成痛苦、看待痛苦和表现痛苦的方式；影像、语言和隐喻创造——以及扭曲——无论什么被人们称为现实的方式：在将近三年的时间里，她往返于这个世界上最糟糕的地方，在此期间，这些问题被折射出来，然后又确确实实被戏剧化地表现出来。

◆ ◆ ◆

苏珊第一次来的时候说：“我以前没来，不是因为害怕，也不是因为不感兴趣，我没来是因为我不知道来了有什么用。”[2] 但是，一旦她离开，脑子里想的全是这座城市。她目睹的情景与外面世界残酷的冷漠形成了强烈的对比。

> 离开萨拉热窝，一小时之后，便身处一个“正常的”城市（萨格勒布）。坐进一辆机场的出租车（出租车啊！）……行驶在由交通信号控制的车流里，街道两边建筑的屋顶完好无损，

① 作者对米罗·普里瓦特拉的采访。
② Omer Hadžiselimović and Zvonimir Radeljković, “Literature Is What You Should Re-Read: An Interview with Susan Sontag”, in *Spirit of Bosnia* 2, no. 2 (April 2007).

> 墙体没有遭受过炮弹的袭击，玻璃嵌在窗格中……打开酒店房间的电灯开关……用一下抽水马桶，完事后冲一下……放洗澡水（你也已经是好几个星期没洗过一次澡了），有水可放，而且是热水，从龙头里流出……去散散步，逛逛商店，人们和你
> 557 一样，以一种正常的步伐行走着……在一个货架上摆满商品的小杂货店里买点东西……走进一家餐馆，有人给你递上菜单……①

安安全全地抵达柏林后，她发现自己“完全无法摆脱出来”，在给德国一个朋友的信中，她说“现在去萨拉热窝，就有点像1942年底去华沙的犹太人区一样”②。将其与（纳粹对犹太人的）大屠杀进行类比并非轻率之举——而且，当大屠杀、集中营和“种族清洗”被曝光后，这种类比就会变得司空见惯。然而，苏珊是第一个做出这种类比的；第一次去了萨拉热窝之后，在接受德国电视台一次采访中她便这么说。哈里斯·帕索维奇是一名年轻的戏剧导演，他说：“她是国际上第一位公开表示1993年波黑发生的是种族灭绝。第一位。她对此深有领悟。她全身心地投身于这项工作，要让世人知道，因为她认为这不仅仅对波黑很重要，对整个世界也很重要。”③

萨拉热窝所面临的危险不仅仅是一个民族和一个国家的命运。萨拉热窝是欧洲的一个城市，而欧洲，戴维写道，“已然成为一个道德范畴，而不仅仅是一个地理范畴”④。这一范畴是自由社会的开明理念，属于文明本身。波黑人清楚这一点，因此，当他们的呼吁遭到世人冷漠对待时，他们深感困惑。

---

① “‘There’ and ‘Here’”, in Sontag, *Where the Stress Falls*, 323.
② 桑塔格写给彼得·施奈德的信，1993年6月18日，桑塔格文档。
③ 作者对哈里斯·帕索维奇的采访。
④ Rieff, *Slaughterhouse*, 34.

> 我们是欧洲的一部分。我们是前南斯拉夫的国民，代表着欧洲的价值观——世俗主义、宗教宽容和多民族。欧洲其他国家怎么能让这种情况发生在我们身上呢？当我回答说，欧洲是，而且一直是一个既文明、同时也野蛮的地方，他们不想听。现在，没有人会对这种说法提出异议。[1]

关于欧洲的这一理念产生于（纳粹对犹太人的）大屠杀；大屠杀后，衡量文明的基本标准变成了一个人是否愿意去抵抗在波黑被披露 558 出来的种种恐怖行径。奥斯维辛之后，判断一个政府是否文明就看它是否对这些罪行进行抵抗；但是，政府并不是唯一被呼吁要进行抵抗的：自由的公民也有义务进行抵抗。然而，一个人单枪匹马如何能阻挡一支实施种族灭绝的军队？苏珊从小就满脑子想着如何反对不公正的问题：自从读了《悲惨世界》，自从在圣莫尼卡的一家书店里看到大屠杀最初的一些照片，她便一直思考这个问题。

她在 1979 年的时候说过："我非常推崇高贵品行的理念，'高贵'这类字眼现在在我们听来很怪异，至少可以说，它们听上去很势利。"[2] 但是高贵是她之前所描述的"严肃认真"的核心。"做到严肃认真，"她在为《静默之美学》所做的笔记中写道，

> 意味着"在场"。感受事情的"重量"。一个人自己的声明或行为的重量……当［克尔凯郭尔］说现今已没有基督徒时，他的意思是没有严肃认真的基督徒了，没有严肃认真地对待基督教的基督徒了。
>
> 　　别"严肃认真地"把它当回事儿——

① "Waiting for Godot in Sarajevo", in Sontag, *Where the Stress Falls*, 304.

② Cott, *Susan Sontag*, 97.

也就是说，并不准备对此采取行动
拿生命去冒险，说到做到[①]

萨拉热窝给她提供了一个机会，让她拿自己的生命去冒险，去践行赋予她生命尊严的那些理念。这是她当初针对艾滋病无法做到的事情——但是，她现在做到了，而且，帕索维奇看到了她愿意在这条路上走多远。

苏珊真的非常、非常深刻地认识到，这是欧洲乃至整个世界历史上一个决定性的时刻。她清楚这一点。而且她乐意为此付出
559 生命。因为她当时说……我努力控制自己别哭出来。我已经好长时间没有这样说起苏珊了。她并没有那样说，但我敢说，她不希望活在那样的事可能发生的世界里。[②]

◆ ◆ ◆

苏珊·桑塔格虽然是一个人，但她的职业生涯令其影响远远超过了一个人的力量。她是世界主义者——受到攻击的“欧洲”文化——的象征。她严肃认真地对待自己对这种文化的责任，把这两种存在——苏珊这个人和苏珊这一隐喻——置于战火之中。

她常常思考作家的公共责任。她钦佩那些在同样危险的情况下冒着生命危险做出努力的前辈们。令她震惊的是，更多处在她一样位置

---

① 桑塔格文档，未署日期（20 世纪 60 年代中期）。这一段话摘自早期关于《静默之美学》的笔记，从中可以看出，她原本打算写一篇《论无聊》的随笔文章。

② 作者对哈里斯·帕索维奇的采访。

的人，并没有冒生命危险去做任何事。约翰·彭斯是《纽约时报》驻巴尔干记者，他说："苏珊最令人震惊的事情是，你刚知道她，她已经人在现场了。萨拉热窝因那些没有现身露面的人而闻名。面对一个个昭然若揭的种族灭绝性大屠杀的实例，那个时代的知识分子都在哪里啊?"①

在第一次去了萨拉热窝后，她回到风平浪静的德国，"沮丧地发现，每一位与我交谈的德国知识分子和作家——君特·格拉斯、［汉斯·］马格努斯［·恩岑斯伯格］，等等——似乎都对这场种族灭绝性大屠杀完全漠不关心，甚至更糟。我第一次听到马格努斯以一个德国人而非欧洲人的身份说话。"在萨拉热窝，她被问到很多大名鼎鼎的美国作家为何不到场。

> 西方知识分子中，西方作家、西欧和北美的作家中，有大量去政治化现象。你提到库尔特·冯内古特……所有这些人只是安坐在他们宽敞的豪宅里，然后到了周末，去郊外过他们自己的私 560
> 人生活。②

人们经常会把萨拉热窝围城战与另一场冲突进行对比，就像桑塔格这一年 8 月接受彭斯采谈时所说的那样：

> 萨拉热窝之战就像我们这个时代的西班牙内战，然而，人们的反应大相径庭。1937 年，尽管极其危险，但欧内斯特·海明威、安德烈·马尔罗、乔治·奥威尔和西蒙娜·韦伊等一个个奔赴西班牙。西蒙娜·韦伊被严重烧伤，乔治·奥威尔则遭到枪

① 作者对约翰·彭斯的采访。
② Hadžiselimović and Radeljković, "Literature Is What You Should Re-Read".

> 击，然而，他们并没有把这些危险视为自己不去的理由。他们团结起来，行动一致，而且，从他们的行动中产生了一些他们那个时代最精美的文学作品。①

可是，这样拼命冒险带来什么样的后果呢？一旦回到伦敦或巴黎，这可以刺激他们文学创作的冲动吗？在《反对阐释》中，桑塔格曾写到米歇尔·莱里斯的回忆录《男子气概》，其序言《文学之被视为斗牛》令人难忘；文中表示，现代文学是不流血的、安全的、无害的。“做一名作家，一个文人，是不够的。这太无聊，毫无生气，也缺乏危险。”一个风平浪静的国家的中产阶级居民不得不到国外某个更昏暗的地方去寻求刺激，无论是艺术上的抑或地理上的。

> 斗牛士很清楚自己有被牛角顶伤的危险，如莱里斯所写，他自己也一定感受到了同样的危险。只有这样，写作才值得。然而，作家如何才能获得这种能令人振奋的致命的危险感呢？莱里斯的答案是：通过自我暴露，通过不为自己辩护；通过把他自
> 561 己——他本人——置身于火线之中，而不是通过制造艺术作品，把自己一次次客观化。然而，我们这些读者，这血腥的行为的观众，知道当它表演得不错时（想一想人们讨论斗牛时，是怎样把它当作极具美感、极具仪式感的一幕哦），它便成了文学——无论怎样否认。②

莱里斯的要求与阿德里安娜·里奇和同性恋激进者一样：把自身

① John Burns, “To Sarajevo, Writer Brings Good Will and ‘Godot’”, in *New York Times*, August 19, 1993.

② “Michel Leiris’ *Manhood*”, in Sontag, *Against Interpretation*, 64.

置于火线之中。这个要求可以像桑塔格所阐释的那样，被理解为一种美学的或政治上的需求；但是，它也可以被解读为莱里斯提出的另一种意义：一个拿生命去冒险的简单的要求。这个要求只要踏上萨拉热窝的土地就能轻而易举实现，实在令人恐惧。在围城期间，平均每天有 10 人被杀害，总数达到 11 541 人。

◆ ◆ ◆

利用别人的痛苦来“获得这种能令人振奋的致命的危险感”，这难道不是很怪诞的事情吗？难道责任——社会的、政治的、道德的、美学的——仅仅意味着冒着被严重烧伤，或者脖子中枪，或者被牛角顶伤的危险吗？自愿去冒险就足够了吗？抑或，死亡是证明一个人有担当的唯一途径吗？

即使是那些勇敢地前往萨拉热窝的人也发觉，要回答这些问题是非常困难的。有些人的意图无可非议，但他们冒犯了萨拉热窝人。在大范围的饥荒中，琼·贝兹警告阿特卡·卡菲齐克说她“太瘦了”；伯纳德-亨利·莱维，在法国被称为 BHL①，在波黑被称为 DHS②，即在萨拉热窝两小时。

当地人有大量机会慧眼识人，评判他们的游客。“我们对战时旅行中整个的马戏团元素很不以为然。”尤娜·塞克雷斯说道；塞克雷斯代表联合国颁发了一些通行证，其中就有一张发给了苏珊： 562

还有其他像这样的人，比如来看看：他们在此干什么呀？我原先只是以为她到这里来简单了解一下当地人是如何生活的——然后

① Bernard-Henri Lévy 名字的首字母。——译注
② Deux Heures à Sarajevo 的首字母。——译注

她就会离开。然而，她留了下来。这真的是非常、非常非同寻常。[1]

桑塔格第一次访问期间，诗人费里达·杜拉科维奇帮她翻译了一个记者提的问题。

> 他的第一个问题是：来萨拉热窝旅行，您的感觉如何？我翻译了这句话，随后苏珊说，我听懂这个问题了。你翻译这个问题时请谨慎。她看着我，然后说："年轻人，别问傻问题。我是个严肃认真的人。"[2]

◆ ◆ ◆

"要目击就需要创造明星目击者。"桑塔格在《关于他人的痛苦》中这样写道；这是她生前出版的最后一本书。[3] 像她的很多作品一样，这本书也是对看待和表现方式的一次深思；但如果她对明星的提及听起来有点讥讽意味的话，事实并非如此——或者说不仅仅如此。就像所有看见和表现的形式一样，很悲催的是目击往往无效。目睹事情的发生，甚至冒着生命危险去把这些事写下，或用照相机拍摄下来，这些如何能改变这个充满军队和政治的世界？

不过，约翰·彭斯看出了目击的重要性。围城开始不久，三名新闻工作者被杀害；剩下的记者，以英国广播公司（BBC）为首，决定全部撤离："那是一场激烈而可耻的辩论。"他们撤到了郊区的伊利

---

① 作者对尤娜·塞克雷斯·琼斯的采访。
② 作者对费里达·杜拉科维奇的采访。
③ Sontag, *Regarding the Pain of Others* (New York: Farrar, Straus and Giroux, 2002), 33.

扎，和机场保持了安全的距离，入住的酒店和弗朗茨·斐迪南大公大难临头前住的是同一家。在那里，彭斯决定要重返萨拉热窝。他解释说："我们一离开，塞尔维亚族人就开始随心所欲地对待这座城市， 563
那一天投下一万枚炮弹。他们觉得没有约束了，因为记者们都走了。"

有人监视则不同了，即便是有限的监视。在《论摄影》中，苏珊讨论了表现灾难的局限性。"如果一幅照片带来的消息是关于某个未预料到的悲惨地区的，那么除非有一个合适的情感和态度的情景，否则它不会对公众舆论产生影响。"① 这使得一名目击者——一名作家、一名记者、一名摄影师——能够产生出这样的情景；然而，这个过程可能会极其缓慢，而且也不是那么轻而易举就知道，一个人是否产生了什么影响。她写道："作家再也不能认为当务之急是把消息传播给外面的世界，消息已经出去了。"②

这是戴维发现的情况。世界各地每个人都知道波黑正在发生的事情，但几乎所有人都仅仅限于口头表示支持。政客们依赖于同情疲劳，就像苏珊在《论摄影》中发出的警告一样——战争的照片无非就变成了"如今已为人们所熟悉的暴行展览那令人难以忍受的重演"③。而那些受害者，因为被国际上显而易见的冷漠所激怒，于是便嘲笑那些无能为力的新闻报道者，无论他们是名人抑或记者。

> 在萨拉热窝被围困的那几年里，在轰炸或狙击战期间，经常会听到萨拉热窝人对着摄影记者——他们通常因为脖子上挂满器材而很容易就被认出——吼叫："你是不是在等着炮弹掉下来炸死人，好给尸体拍照啊？"④

---

① Sontag, *On Photography*, 17.
② "Waiting for Godot in Sarajevo", in Sontag, *Where the Stress Falls*, 299.
③ Sontag, *On Photography*, 19.
④ Sontag, *Regarding*, 12.（此处有误，应为第 112 页。——译注）

那些冒着生命危险来到萨拉热窝的记者们会被人评头论足。同样，他们也会对那些他们怀疑是去旅游的人评头论足。但是，无论是萨拉热窝市民还是记者都对苏珊·桑塔格十分敬重。其中的一位是来
564 自美国的贾宁·迪·乔瓦尼，她对苏珊的毅力深感震惊。

> 对我这样一个20来岁的女孩而言，一切都难以想象地艰难。而她已年过花甲。这真的让我震惊。对一名纽约知识分子而言，这是一个奇怪的地方。很多名人都来了，记者们一个个心存怀疑。我记得当时听说她要来，但并没有留下什么深刻印象。不过，她没有抱怨。她和其他人坐在一起，伙食也很差。她和我们一样住在被轰炸过的房间里。[1]

演员伊祖丁·巴吉罗维奇说：

> 她代表着我们，即世界上明白正在发生着什么事情并乐意为此做些事情的一部分人。不是全世界。但对我们而言，她的到来比某个首相的到来更有意义。我们真的不相信什么首相。我们从未怀疑过她的善意。我们怀疑其他人的。[2]

◆ ◆ ◆

如果说赞美和成功使她显露出最糟的一面，那么，压抑和穷困则使她展露出最优秀的一面。如果说她在纽约表现傲慢，那么，她在萨

① 作者对贾宁·迪·乔瓦尼的采访。
② 作者对伊祖丁·巴吉罗维奇的采访。

拉热窝则是和颜悦色。在那儿，她置身火线，充当目击证人，赢得了大家的尊敬；但这些都没有回答她提出的那道难题：作为一个个人或一种象征，她究竟能做些什么来给予帮助。她说："我不希望自己是这儿的一个游客，人人都在受苦受难而我袖手旁观……我希望自己能提供点什么，贡献点什么。"① 她后来写道，也许，最恰当的回应应该是保持缄默。

> 最好是什么也不说；这也正是我的初衷。谈论一个人正在做的事情似乎——也许，不管你的意图是什么——都是一种自我推销。② 565

这正是现代众多艺术家的反应——缄默。这正是在伯格曼的《假面》中，伊丽莎白遇到其他堪称典型的恐怖事件——一名越南僧人自焚、华沙犹太人区一个受到惊吓的孩子——时选择的反应。差不多30年前，苏珊写道，伊丽莎白"想要的是真诚，不是表演某个角色，不要撒谎；想要表里如一，［于是］在拒绝通过自杀来解决问题之后，［已］决定不再开口说话"。然而，这只是一种精神层面的反应，并非政治层面的。波黑人有实实在在的需求，因此苏珊希望能提供一些实实在在的帮助。

> 只要能帮助一些病人坐上轮椅，我就很开心了。我冒着生命危险做出了承诺，当时的情况非常糟糕，随时有生命危险。一次次炸弹爆炸，子弹从我头上飞过……没有食物，没有电，没有自

① John Pomfret, "'Godot' amid the Gunfire: In Bosnia, Sontag's Take on Beckett", in *Washington Post*, August 19, 1993.

② "Waiting for Godot in Sarajevo", in Sontag, *Where the Stress Falls*, 319.

来水，没有邮件通讯，没有电话，日复一日、周复一周、月复一月。这可不是“象征性的”。这是实实在在的。[①]

在她首次造访萨拉热窝期间，她请费里达·杜拉科维奇组织一场和知识分子的见面会。杜拉科维奇邀请了一些人，可以预料的是，他们要求苏珊给予物质援助——这些苏珊随后都做到了。她问道：“可是，除了给你们带食物、钱、水或香烟，你们希望我做什么呢？你们想从我这里得到什么呢？”

最终，她和国际戏剧节负责人帕索维奇一起商定，要上演一部戏剧。这并不能解放这座城市。但它确实有实际的作用。它将为演员提供就业的机会，提供文化活动，并向全世界展示，那些被认为是野蛮的南斯拉夫各族和那些可能在报纸上读到对上演这部戏的报道的人一样现代时尚。她曾考虑上演阿尔弗雷德·雅里的《乌布王》；雅里通
566 常被视为现代主义戏剧的鼻祖。[②] 她还提到了贝克特的《美好的日子》；该剧讲述的是一个女子在她被活埋的过程中，和丈夫聊天，回忆那些美好的日子。戏结束的时候，土已埋到了她的脖子。

帕索维奇回忆说：“她带着贝克特的剧本来了。于是我说，可是，
567 苏珊，在这里——在萨拉热窝——我们仍在等待。”[③]

---

① Chan，“Against Postmodernism”.

② “On Being Translated”，in Sontag，*Where the Stress Falls*，336.

③ 作者对哈里斯·帕索维奇的采访。

第三十五章

一个文化事件

“存在！存在就是什么都不是！存在就是成为！”苏珊第一次试水导戏时，剧中的一个角色发出这样的呼喊。[①] 这出戏是苏珊应电影《食人者二重奏》的主演，女演员阿德里安娜·阿斯蒂之邀，1979 年在都灵导演的皮兰德娄的《如你所愿》。[②] 皮兰德娄的作品一直是她的最爱。1958 年她就写道：“皮兰德娄对虚妄和现实所做的过于伤感的思考对我总是有吸引力。”[③] 她的一个朋友说，她来这里也是为了离卡洛塔近一些。[④] 而且，这个剧与苏珊的另一位男主角有关，他曾在 1932 年电影版《如你所愿》中出演男主角。

> 皮兰德娄的这出戏让我着迷的是心理上的同类相食这一主题。所以，我把葛丽泰·嘉宝在电影里演的人物放到了我的作品的中心位置，把她塑造成一个给其他人物下套的社交界女王；但

---

① Julia A. Walker, “Sontag on Theater”, in Ching and Wagner-Lawlor, *Scandal*, 133.

② 关于桑塔格对这次合作的看法，请参阅桑塔格文档中 1981 年 3 月 20 日接受英国皮兰德娄学会采访未发表的内容。其中，桑塔格一反常态地对阿斯蒂表达了自己严苛的看法。如果说，桑塔格私底下会说一些伤人的话，她在公开场合却很少这样。这几乎可以肯定是这次采访没有发表的原因。

③ Sontag, *Reborn*, 180, January 6, 1958.

④ 作者对玛丽卢·欧斯塔基奥的采访。

569 最终她还是栽在他们的手里。[1]

在排这部戏期间，另一出戏《床上的爱丽斯》也诞生了，并于1991年9月在波恩首演。

> 一天，这部戏的主演阿德里安娜·阿斯蒂开玩笑地对我说——我斗胆说一下好吗？——请为我写一部戏吧。而且记住，我必须一直在舞台上。随后，爱丽斯·詹姆斯，这个受挫的作家和长期的病人，浮现在我的脑海里；我当场就构思了这部戏并且告诉了阿德里安娜。但我又过了十年才动笔写这部剧。[2]

爱丽斯·詹姆斯几乎和苏珊·陶布斯一样，是一种警示，是女性失败的一种象征，也是苏珊·桑塔格长久以来感兴趣的一个人物。苏珊42岁时罹患乳腺癌；爱丽斯·詹姆斯43岁时因同样的病而去世。作为两位大作家——威廉和亨利——才华横溢的妹妹，爱丽斯并不具备“把巨大的创作天赋发挥出来取得成功所必需的自我中心、积极进取和对自我的冷漠”，桑塔格写道。她和弗吉尼亚·伍尔夫一样，也相信这种自我中心更适合男性。[3]

相反，爱丽斯囿于床上。剧中，桑塔格展示了几个著名的女性，真实的人物和虚构的人物——昆德丽和迷尔达，艾米莉·狄金森和玛格丽特·福勒——她们都需要镇静剂，需要安抚，或让她们“睡上一觉”；她们以各自不同的方式，与行动不便做斗争，苦苦挣扎如何做

---

① Roger Copeland, “The Habits of Consciousness”, in Sontag, *Conversations*, 191.

② Edward Hirsch, “Susan Sontag, The Art of Fiction No. 143”, in *Paris Review*, no. 137 (Winter 1995).

③ Sontag, *Alice in Bed* (New York: Farrar, Straus and Giroux, 1993), 113.

出回应。桑塔格说，她们有“心理疾病这种资产阶级奢侈品”[①]，她在执导皮兰德娄的戏时就一直在思考这个主题：“另一部关于一个绝望女性的戏；她很无助，或者说装着很无助。”[②]

这些女性是真的很无助，还是只是“装着”如此？一个评论家写道：“爱丽斯感到羞愧，因为她知道她的自杀威胁只是装腔作势而已，就如同一个演员空洞的台词一样。”[③] 这些威胁令人想起苏珊和露辛达 570
恋情结束时，苏珊的自杀威胁；因而让她又一次思考责任这一问题。

对自我的责任——

> 爱丽斯：生活不只是一个勇气的问题。
>
> 玛格丽特：可它就是啊。[④]

以及对他人的责任：

> 昆德丽：救任何人都很难。但这就是我们所渴求的。

◆ ◆ ◆

1985 年，《纽约时报》戏剧评论家弗兰克·里奇写道：

> 如果说有什么文化事件的话，那就是米兰·昆德拉的《雅克

---

① Sontag, *Alice in Bed* (New York: Farrar, Straus and Giroux, 1993), 116.
② 同上。
③ Walker, "Sontag on Theater", in Ching and Wagner-Lawlor, *Scandal*, 142.
④ Sontag, *Alice*, 63, 68.

> 和他的主人》；这部戏现在在哈佛大学美国保留剧目剧团上演。这部作品不仅仅是这位捷克斯洛伐克作家唯一一部舞台剧在美国的首演，也是苏珊·桑塔格作为戏剧导演在美国的首秀。浏览节目单时，有一半人希望在演员名单中找到欧文·豪和菲利普·罗斯。[1]

在后意识形态时代，这是一个文化事件：社会名流为律师、教授和银行家们带来娱乐消遣，他们可能会出现在哈佛大学由苏珊·桑塔格导的戏中。这种文化并没有什么错，但它与桑塔格一贯所理解的文化这个词并没有什么关系。伟大的艺术赋予生活以意义和尊严，使它真正值得人们为之献身——正如花季少女时的她愿意为斯特拉文斯基献身，成年后的她也一直如此，极其钦佩那些把艺术理解为斗牛表演
571 的艺术家们。

她为这种文化押上自己的身家性命。几十年来，桑塔格被迫看到其中心地位受到质疑，其价值受到侵蚀。她在 1996 年写道："随着一种文化的崛起，而它最浅显易懂、最有说服力的价值观来自娱乐行业，严肃性标准几乎悉数土崩瓦解。"[2] 差不多就在那个时候，她向助手米兰达·斯皮勒提到，1968 年哥伦比亚大学起义期间，其中一位领导人发表了一封公开信，信的结尾是这样一句话："头撞南墙吧，混蛋们。"苏珊挖苦道："我并没有意识到我们在朝这个方向走去呀。"[3]

他们的方向不是朝着反抗，而是朝着金钱。为莎士比亚、伦勃朗和莫扎特献出生命是一回事，为安迪·沃霍尔献出生命则是另一回事。消费主义的愿景不需要任何东西，当然也不需要牺牲。这可能就

---

① Frank Rich, "Stage: Milan Kundera's 'Jacques and His Master' ", in *New York Times*, January 24, 1985.

② "Thirty Years Later", in Sontag, *Against Interpretation*.

③ 作者对米兰达·斯皮勒的采访。

是文化与文化事件之间的区别：在一个文化事件中，没有丝毫被顶伤的危险。

现代主义对艺术的社会功能提出了质疑。但是，这并不是为了看到它被价格标签所取代。从约翰·凯奇沉默的作品到保罗·特克的装置艺术，再到艾伦·卡普罗的“偶发艺术”，这么多的现代艺术展示出的是一种超越了买卖的欲望。这些艺术家探索到另一种理由：桑塔格引用阿尔托的要求，即“艺术应当根据道德严肃性的标准来证明自己的正当性”[①]。但是，这些标准到底应该是什么，这个问题让人抓狂，而阿尔托自己也没有找到艺术的用处；她在《走近阿尔托》这篇随笔中写道，他的观点“使得单独的一部艺术作品本身变得简直毫无用处”[②]。作家的社会和政治角色也是如此。

> 承认现代作家，可以依据他们对自我权威的否定的努力，依据他们在道德上不再对社会有用的意愿，以及依据他们不再使自己以社会评论家而是以先知、精神历险者和被社会遗弃者的形象 572
> 出现的倾向。[③]

然而，桑塔格在阿尔托的“心理唯物主义：绝对的精神也即绝对的肉体”[④] 的假设中发现了一种不同的、不是那么明显的用处。他的“戏剧论可以看作身心重新统一的一本心理手册。戏剧成为他用以指代自我修正的、自发的、肉体的、具有高度智慧的精神生活的最高隐喻”。[⑤] 这种重新统一不会有趣。她写道：“他心目中的戏剧将会与提

① “Approaching Artaud”, in Sontag, *Saturn*, 28.
② 同上，第29页。
③ 同上，第15页。
④ 同上，第22页。
⑤ 同上，第39页。

供‘无聊的、做作的消遣’的东西毫不相干，只有最狂热的道德家才会希望人们去剧院看戏如同他们去看外科医生或牙医一样。”[1] 这是“作为一种考验的艺术”。虽然它可能会加速“一种迅速的、完全统一的意识”[2]，甚至“弥合语言和肉体之间的分歧”[3]，但它也可能让你丧命。

◆ ◆ ◆

1993年7月19日，苏珊重返萨拉热窝，执导《等待戈多》。这出戏演出时没有电，也没有正式的服装，演出布景就用联合国分发的塑料布，它们本来是用来挡住被狙击手的冷枪射穿了的窗子的。[4] 然而，这部作品成了最高意义上的文化事件；它展示了现代主义文化曾经是什么样子——以及在特殊的环境下，它还能是什么样子。

1953年2月，《等待戈多》首演不到一个月，阿兰·罗伯-格里耶写道：“从未有如此之大的风险，因为这次所涉及的都是基本的必需品，这一点明确无误，此外，没有哪部戏使用的手段如此贫乏。”[5] 他指的是贝克特自己的手段：由一棵瘦小的树和一个垃圾桶组成的场景；一种严格意义上使用最少的台词；一群衣衫褴褛的乞丐——一个
573 是盲人，另一个则是哑巴——等待着一场拯救、一个高潮，却永远不

---

① “Approaching Artaud”, in Sontag, *Saturn*, 36.

② Artaud, *Selected Writings*, xxiii, xxxiii.

③ 同上，第 xxxv 页。

④ 作者对伊祖丁·巴吉罗维奇的采访。

⑤ 参见 Ruby Cohn, ed., *Casebook on* Waiting for Godot: *The Impact of Beckett's Modern Classic: Reviews, Reflections & Interpretations* (New York: Grove Press, 1967), 17。这本书还提供了另一个理由，显示贝克特吸引苏珊的原因。我们在《莫菲》中看到：“莫菲觉得自己被一劈两半，灵与肉分开了。它们显然有过交融，否则他不可能知道它们有共同之处。但他觉得自己的精神被肉体紧绷着，不明白这种交融是通过什么渠道进行的，也不明白这两种体验是如何有所交集的。没有一方跟着另一方，他对此很是满意。他既没有因为自己感觉到踢了一脚便认为踢了一脚，也没有因为自己认为踢了一脚便感觉到踢了一脚。”

会降临。

1953年在巴黎，这些都是艺术的选择：隐喻。在40年后的萨拉热窝，它们成了日常现实。这部戏的第一个剧评家写道："他们见证幸福的和受苦受难的人们，却不明白他们是在观看自己的生存状态。"[①] 萨拉热窝人并没有受累于这一误解。在分配角色的时候，苏珊问演员们，他们的生活和贝克特的戏之间是否有联系。阿德米尔·格拉莫查克将在剧中扮演一个名为"幸运儿"——颇有讽刺意味——的角色，他回答说：

> 我要扮演"幸运儿"这个角色，以这样的方式来描绘萨拉热窝，描绘这个城市。"幸运儿"是个受害者。萨拉热窝也是个受害者。我当时可能比现在瘦10公斤，因此我不需要化妆，我只需要裸露身体的一部分，你就能看到骨头和一些应该是肌肉的东西。"幸运儿"说的所有毫无意义的话实际上是萨拉热窝任何一个人发出的声音。[②]

伊祖丁·巴吉罗维奇认为选择这部戏来演，原因是显而易见的：

> 我们当时真的是在等着有人来把我们从不幸中解救出来。我们认为那会是一种人道的行为。一种正派的行为。来把我们从苦难中解救出来。然而，没有人来救我们。我们徒劳地等待着。我们等着有人来说：这些无辜的人就这样被杀害，这是不合常理的。我们在等待。我们真的就活在《等待戈多》的戏里。[③]

① Ruby Cohn, ed., *Casebook on* Waiting for Godot: *The Impact of Beckett's Modern Classic: Reviews, Reflections & Interpretations* (New York: Grove Press, 1967), 11.
② 作者对阿德米尔·格拉莫查克的采访。
③ 作者对伊祖丁·巴吉罗维奇的采访。

◆ ◆ ◆

苏珊住在假日酒店，这是一栋令人愉悦的黄色建筑，酒店的名字
574 让人联想起中产阶级置身和平宁静的度假胜地的情景。这栋楼是为1984年奥运会而修建的，此时还不到10年时间，却被困在一条宽阔的大街的尽头；这条街官方名称是“波斯尼亚之龙”，但它以“狙击手巷”而闻名于世。这是机场到市中心的主要道路，两旁的很多高楼直接对着附近山上的塞尔维亚族阵地。

从机场到假日酒店，人们乘坐联合国装甲车，如果没有装甲车，就坐小轿车：为了避免遭到枪击，诀窍就是把驾驶座尽量放平，向后靠着几乎是平躺着开车，一路上也是尽可能快地飞速前行。就在机场到假日酒店之间短短的路程中，就有人可能被枪杀，而且这种情况常常发生。

酒店是一个很大的矩形建筑，环绕着一个有高高的屋顶的庭院。面对塞尔维亚族阵地的一侧遭到过炮击，但另一侧大体上还是安全的。大多数外国记者都住在这里。“酒店一名员工表示，1984年冬奥会以来，这个地方的客人还从未这么爆满过。”苏珊写道。[①] 员工们竭尽全力保持他们的形象，但是，他们原先时髦的制服越来越破旧，他们在厨房的地上用明火做饭，有什么食材就做什么。

按围城时的标准来看，假日酒店是一个奢侈的地方：早餐会供应含淀粉的面包卷。在这个被封锁的城市里，就连提供这种食物都算得上是一个奇迹，没有人确切地知道酒店员工是如何搞到这些食物的。演员伊祖丁·巴吉罗维奇回忆起那些食物对苏珊那些饥饿的演员们意

---

① “Waiting for Godot in Sarajevo”, in Sontag, *Where the Stress Falls*, 315.

味着什么。

> 出于某种原因，她会给我们带来她在早餐桌上或是什么地方收集来的面包卷。于是我们就会吃那些面包卷，感觉妙极了。现在，当你吃工作餐三明治时，这并不是一个大事件。但在当时，当她带来那些面包卷，那可是一件极其重大的事情。① 575

费里达·杜拉科维奇回忆起苏珊委婉地表达感情的方式。她说："她不是一个温柔的人，和她交谈和她相处，你必须小心翼翼。"然而，她也会更加谨慎地表现她的关爱。

> 那个时候，她抽烟抽得很凶，情绪也很紧张，有时，一支烟抽到一半，就把它灭了放在烟灰缸里。突然，在第三天还是第四天，我看到有演员在等她把烟头摁灭，因为那还剩半支烟呢。短暂休息15分钟后，他们会回到烟灰缸那边。有一天早上，她意识到自己的行为，后来就再也不那样做了。她要么把烟抽完，要么在烟灰缸边上放一盒烟，好像她忘记了她的香烟似的。这样就不会羞辱到那些演员了。②

塞纳达·克雷索是信息部的一名官员，专门负责帮助外国游客；她还记得桑塔格的另一个举动，之所以令人难忘，是因为这一举动意味着她被视为一个正常的女性，而不是一个可怜的受害者。很多国外游客会带一些食物来，而苏珊却带着"一大瓶香奈儿5号"作为礼物送给塞纳达。"从此我开始对这位女性，而不仅仅是对这个作家，怀

---

① 作者对伊祖丁·巴吉罗维奇的采访。
② 作者对费里达·杜拉科维奇的采访。

有最深厚的敬意。”①

巴吉罗维奇也从未忘记她友好善良的行为。

> 8 月 18 日，我女儿周岁生日，苏珊带着一个西瓜来到彩排现场。对我们而言——我无法描述。简直难以置信。我当时无法相信。等她发现那天是我女儿的生日，她把半个西瓜全部给了我。这比买彩票中奖还要令人兴奋。就好像是有人送给你一辆崭新的奔驰。甚至还不止！当我带着半个西瓜回家时，全家人都以为自
> 576 己看错了。②

在桑塔格的档案中，最感人的一件物品是一幅画，画的是绿白相间条纹的西瓜。上面有一行稚嫩的字：“苏珊是我们的大西瓜！”③

◆ ◆ ◆

“我在寻找尊严。别笑。”苏珊在 1971 年的日记里写道。这句话对萨拉热窝的那些人也适用；她说，他们不得不“每天花很大一部分时间来确保他们的厕所能冲水，以免卫生间变成粪坑”④。对萨拉热窝而言，就如同对苏珊·桑塔格一样，文化是克服羞辱和恐惧的最佳途径。“我真的去取水。”萨拉热窝舞台上的老戏骨伊内斯·范科维奇说；他在戏中扮演波佐。

---

① 作者对塞纳达·克雷索的采访。
② 作者对伊祖丁·巴吉罗维奇的采访。
③ 桑塔格文档。
④ “Waiting for Godot in Sarajevo”, in Sontag, *Where the Stress Falls*, 303.

> 但是，如果我把自己看成一个取水者，那就太可怕了。当我在剧场排戏演戏时，我就会把其他的一切统统忘掉。我忘记自己每天需要取30到50升的水，忘记自己害怕炮弹轰炸，忘记自己怕极了炸弹轰炸。①

1993年整个夏天，大家又热又饿，桑塔格和演员们每天工作十个小时。最初在巴黎，这部戏——并非巧合，是由阿尔托的朋友罗杰·布兰执导的——有基本的舞台布景设计，萨拉热窝这部戏的制作也有这个部分；不是出于艺术上的选择，而是因为别无选择。

> ［格拉莫查克说］我们在烛光下演出。我们有两盏小聚光灯连接在一台发电机上。有时，我们的发电机没有燃料。我们因此会带更多的蜡烛，但随后蜡烛就用完了。然后我们就自制油灯。因此，贝克特剧中的世界此时此地安排得天衣无缝。 577

此时此地暴露出的困难是贝克特无法预料的。有一些障碍是技术上的，“因为缺乏人在白天或在电灯下拥有的正常的周边视觉，”她写道，“他们连戴上或脱下圆顶礼帽这种简单的动作也做不整齐。”② 有一些是营养上的问题：尽管她努力让剧团的演员们能有饭吃，但他们都营养不良，一中场休息就马上躺下。“他们疲惫不堪的另一个症状是：他们记台词的速度比我合作过的任何演员都要慢。”

“分神，以及恐惧”也会让他们忘词，③ 而且他们的恐惧并非抽象

① Pjer Žalica, dir., *Sarajevo—Godot*, SaGA Production Sarajevo, 1993.
② “Waiting for Godot in Sarajevo”, in Sontag, *Where the Stress Falls*, 309.
③ 同上，第310页。

的。危险有大有小，但不可能被大家抛置脑后。有一天，萨拉热窝遭到近四千枚炮弹的轰炸；另外一天，7 月 30 日，只有一枚炸弹扔下：却炸死了弗拉伊科・斯帕拉瓦洛，一名莎士比亚戏剧的著名演员。巴吉罗维奇说，当消息传到排练室的时候，

> 苏珊过来问大家，我们今天还能不能继续排练。我是唯一一个说我认为我们今天不该再排练的人。其他所有人都说我们应该继续。苏珊也赞同大家的意见。现在想来，也许那天我太感伤。也许他们是对的。这里每天都有人在丧命。[①]

演员们都非常重视自己的工作。如果“阿尔托式的”意味着“瘟疫受害者的世界；阿尔托援引此作为现代戏剧艺术的真正主题”[②]，那么，只有在萨拉热窝才有可能出现这样的阿尔托式的戏剧。剧中扮演埃斯特拉贡的维利博尔・托皮奇对在那种背景下，演戏意味着什么，讲述了自己的想法。

> 你不能愚弄观众。你不知道 5 分钟后或 10 分钟后或第二天
> 578 你是否还活着。所以你不能愚弄他们。你必须真诚地把自己的表演能力展示给观众，因为你不知道第二天你还能不能再演戏。我给伤员表演过，我给盲童表演过，在医院，在二楼，当时有人正在一楼截肢，有人在尖叫，真的是在失去生命，而我在表演。[③]

---

① 作者对伊祖丁・巴吉罗维奇的采访。
② Sontag, *On Photography*, 105.
③ 作者对维利博尔・托皮奇的采访。

◆ ◆ ◆

在这样的背景下，这部戏成形了。苏珊对剧本做了大量的修改。流浪汉弗拉迪米尔和埃斯特拉贡变成了不同的三对人物：一男对一男、一女对一女，以及一男对一女。这样就造成了又一个障碍，使得这部戏的时间过长；于是，在离首演还有七天的时候，苏珊决定砍掉第二幕。格拉莫查克记得她当时这样解释："第二幕会留在观众的脑海里，也会留在我们所有人的脑海里。也许，在第二幕中，我们就可以和观众一起坐下来，和他们一起等待，谁将做什么，此时将发生什么事。"

这种删减是有一些实际原因的："剧场没有休息大厅，没有卫生间，没有水，坐得也很不舒服，不能动弹，我怎么可以让观众在这种情况下一坐两个半小时啊?"[①] 而且还有一些象征性的原因：

> 也许我觉得，对萨拉热窝观众而言，第一幕的绝望已经足够了，而且我不想让他们在等不到戈多时再一次绝望……因为，正是由于《等待戈多》适宜阐明萨拉热窝人此时的感受——失去亲人、忍饥挨饿、沮丧，等待一个任意的、外来的力量来拯救他们或保护他们——所以只演出《等待戈多》第一幕似乎也非常适宜。[②] 579

这部戏在萨拉热窝上演后广受好评，格拉莫查克说。

> 她这次的表现非常精彩。因为她成功地排了一出戏，戏此时

① "Waiting for Godot in Sarajevo", in Sontag, *Where the Stress Falls*, 312.
② 同上，第313页。

此地正在上演，采用的剧本出于他人之手，写于我们真正表演之前的很多年前。[①]

塞纳达·克雷索说，这种象征意义很重要，被认同为“我们的生活故事”。阿德米尔·凯诺维奇说，看过这部剧的人永远都不会把它忘记；凯诺维奇是个制片人，非常神奇的是，他在整个战争期间仍在继续拍电影，其中就包括《等待戈多》。

这场戏给人以希望，因为一种东西如果强大，在战争中它会强大一百倍。一种东西如果美好，在战争中它会美好一百倍。心理作用是至关重要的。苏珊·桑塔格在告诉全世界这里发生的一切！因此，这件事比你想象的要重大得多。[②]

◆ ◆ ◆

如果说这出戏对看过的人产生了巨大影响，那它对那些没有看过的人也很重要：对他们而言，波黑就是一场遥远且难以理解的冲突。苏珊写道，她“对《等待戈多》得到国际媒体的广泛关注感到惊讶”[③]，这语气听起来可能有点假谦虚。她经常被人指责行事旨在吸引公众注意，在波黑也是这样：在一个特别愚蠢的例子中，爱尔兰记者凯文·迈尔斯写道，他“真正的错误是没有用无线电把她的坐标发给塞尔维亚族炮兵，报告说他们标出了波黑重型装甲部队的位置”[④]。

① 作者对阿德米尔·格拉莫查克的采访。
② 作者对阿德米尔·凯诺维奇的采访。
③ “Waiting for Godot in Sarajevo”, in Sontag, *Where the Stress Falls*, 318.
④ Kevin Myers, “I Wish I Had Kicked Susan Sontag”, in *Telegraph*, January 2, 2005.

不过，她感到惊讶是对的。围城时离互联网的普及还有几年，要把城里的消息传递出去是一个几乎无法企及的挑战。任何依靠电力的通讯方式——无线电、电话、电报、电视——几乎完全不复存在。为 580
了把报道稿发给《纽约时报》，约翰·彭斯求助总统办公大楼里一个特殊的军用电台；他在那里对身处萨拉热窝城外一个小镇的一名警察进行口述，这名几乎不会说英语的警察听写下这些故事，随后把这些故事送到克罗地亚的斯普利特，再从那里通过电脑发到纽约。[①]

波黑人完全意识到了这些困难，而且，即使消息真传出去了，他们也不会天真地认为会发生什么变化。但是，他们仍然心存希望，伊祖丁·巴吉罗维奇说：

> 我们当时希望戏的上演能让全世界睁开眼睛。那样，他们就会看到在我们身上发生的事情，于是他们就会有所反应。我们当时还希望苏珊·桑塔格足够强大，能够推动事情的发展。显然，我们的期望太高了。但是，国际上是否听说了这件事，我们对此甚至都没得到反馈。[②]

当围困的萨拉热窝人得知这部戏的上演获得了媒体的广泛关注和报道时，他们激动不已。帕索维奇说："《华盛顿邮报》头版刊登了《等待克林顿》和《等待干预》，这对我们而言是一场巨大的胜利——《纽约时报》以及各家媒体都在报道这件事。"[③] 这是对文化所赋予的尊严的一种认可。诗人戈兰·西米奇说："我们希望外界能了解我们，在西方人的印象里，我们就是些很不开化的人。"[④]

---

① 作者对约翰·彭斯的采访。
② 作者对伊祖丁·巴吉罗维奇的采访。
③ 作者对哈里斯·帕索维奇的采访。
④ 作者对戈兰·西米奇的采访。

苏珊的一些位高权重的朋友对萨拉热窝的局势很冷漠，这让她感到沮丧，但有两个人现身，他们以自己的方式引发了公众的关注。妮科尔·斯特凡娜在法国四处奔走。伊夫·圣罗兰的伴侣皮埃尔·贝尔热接到电话时正在度假。“苏珊在萨拉热窝，她想上演《等待戈
581 多》，”妮科尔说，“但是她需要钱。能做点什么吗？”[①] 贝尔热立刻就答应了，不久，苏珊写道：

> 让我惊讶的是，妮科尔来到了这座被围困的城市（这可不是一件容易的事啊！）；她亲自导演一部纪录片，随行只带着一名摄影师和一名音响师。片子主要是拍我和当地演员在一个被炸毁的剧院彩排《等待戈多》……妮科尔一如既往地无所畏惧且充满热情——她少女时期在伦敦参与“解放巴黎”的活动，做“自由法国军队”志愿者时肯定也是如此。[②]

米罗·普里瓦特拉当初让戴维把苏珊·桑塔格带来，并没有想到她是他的母亲；这一次他又要大吃一惊了。首次萨拉热窝之行结束时，苏珊想知道有什么东西或什么人她下次来可以带回来，于是他提到了一位著名的摄影师——根本不知道她俩之间的关系。“或许她可以来这里拍一些照片。”他说。

> 随后，大概五个月后，苏珊·桑塔格敲开了我的门。“嗨，米罗，你要我带来的客人我给你带到了。”她带来了安妮·莱博维茨。[③]

---

① 作者对皮埃尔·贝尔热的采访。
② 桑塔格文档。
③ 作者对米罗·普里瓦特拉的采访。

安妮一到，就开始拍摄照片，那些照片给人留下了深刻的印象，其中包括科谢沃医院的产科病房里，那些在没有打麻醉药的情况下分娩的母亲的照片，以及努力从近在咫尺的前线带回消息的那些《解放报》勇敢的记者们的照片。也许，她拍摄的最著名的照片是一辆倒在地上的一个孩子的自行车，边上的一摊血迹构成了一个半圆形，就像禅宗中圆相图里的那样。这类摄影没经过任何气笔修片或擦除处理，正如她回忆时说的那样： 582

> 我们开车经过时碰巧遇上了。一枚迫击炮袭来，造成了三人丧生，包括那个骑自行车的男孩。他被抬上了我们的车，放在后排座上，但在送往医院的途中就死了。[①]

桑塔格曾在《论摄影》中这样写道："摄影本质上是一种无干预的行为。"[②] 此时，她看到了影像对波黑事业的重要性。这些摄影作品发表在《名利场》杂志上，引起了数百万人对这场战争的关注；这些人不可能从《国家》杂志上读到戴维·里夫的文章，也不可能读到《纽约时报》上约翰·彭斯的文章。在杂志上，安妮的作品产生了一些怪诞的结合——"这一页还是布拉德·皮特，紧接着下一页就是萨拉热窝"——这种怪诞的结合同样也出现在她自己的生活中。拍摄完那个被炮击身亡的男孩的照片后，她就回国了，而在路上她想的是："我必须记住从哪一侧拍摄芭芭拉·史翠珊的脸。"[③]

---

① Angela Lambert, "Taking Pictures with Annie Leibovitz: From Jagger to Trump, She Summed Up the Seventies and Eighties. Her Latest Subject Is Sarajevo", in *Independent*, March 3, 1994.

② Sontag, *On Photography*, 11.

③ Bob Thompson, "A Complete Picture: Annie Leibovitz Is Ready for an Intimate View of Her Life", in *Washington Post*, October 19, 2006.

◆ ◆ ◆

桑塔格的《等待戈多》回答了现代艺术之作用很多的基本问题。它没有救活那个骑自行车的男孩，没有带来军事干预，也没有召唤到神圣的上帝。但是，随着弗拉迪米尔在第二幕的劝告，她找到了一种途径来提供她所拥有的一切。

> 我们趁有机会来做点什么吧！并不是每天都有人需要我们的。真的，并不是每天都有人需要我们自己的。别的人如果不能更好地、至少也能同样好地应对这种情况。这些呼救声仍回响在我们耳边，它们是向全人类发出的！可是在这地方，在这个时刻，全人类就是我们，无论我们愿不愿意。让我们充分利用这个机会，否则就太晚啦！既然残酷的命运把我们发落到与这帮恶人
> 583 为伍，我们就当之无愧地代表他们一次吧！[①]

如果现代艺术家——现代人——的一个条件是明白戈多是不会出现的，这并不意味着这个人不被需要，不能产生什么影响。桑塔格决心要产生一些影响，这令她与众不同。凯诺维奇说："她不是被认为是独特的，她就是独特的。"[②] 桑塔格去世后，波黑国家剧院前的广场被命名为苏珊·桑塔格广场。这是实至名归，阿德米尔·格拉莫查克说：

① Samuel Beckett, *Waiting for Godot: A Tragicomedy in Two Acts* (New York: Grove Press, 1954), 51.

② 作者对阿德米尔·凯诺维奇的采访。

苏珊·桑塔格被授予萨拉热窝荣誉市民称号，这是该城市所颁发的最高荣誉：我没有得到这个嘉奖。剧院前面没有以我自己的名字冠名的广场。不仅我没有，所有演员都没有。一些老演员去世后，会以他们的名字冠名郊区的一条小街。但我一直觉得，如果是苏珊·桑塔格，她完全配得上那个广场。[1] 584

① 作者对阿德米尔·格拉莫查克的采访。

第三十六章

苏珊故事

1993 年，桑塔格第二次造访萨拉热窝期间执导了《等待戈多》。1995 年底，《代顿协议》在俄亥俄州一个空军基地签署，在此之前，她前后又七次往返波黑。该协议结束了围城，但它把波黑分裂成由“种族清洗”而造成的飞地，使该国经济发展停滞，政治运转瘫痪。在围城的那几年里，苏珊的生活与波黑密不可分，她将一如既往勇敢地走下去，根本无须《等待戈多》带来的关注。

每一次，她都会把一卷又一卷的德国马克——波黑的非官方货币——藏在衣服里面带到波黑，分给那些作家、演员以及人道主义组织。她把信件带到这个与世隔绝、邮政系统完全瘫痪的地方，离开时再带一些信件出去。1994 年，她获得了“万宝龙国际文化艺术赞助
585 大奖”，并将所得款项捐给了萨拉热窝。她试图为那些因为战争而失学的孩子们开办一所小学；她不停地在欧洲和美国为波黑的事业代言；她不断地对自己那些位高权重的朋友软磨硬泡，让他们帮助一些人逃离萨拉热窝。

当阿特卡·卡菲齐克在萨格勒布的美国大使馆签证被拒时，苏珊拿起了电话。她吩咐道：“给我半个小时，然后你再回大使馆。”不用说，签证获准了，而且，最终还帮阿特卡全家 14 人开始了在新西兰

的新生活。[1] 她通过加拿大笔会，帮助诗人戈兰·西米奇、他的妻子阿梅拉以及他们的两个孩子抵达加拿大。费里达·杜拉科维奇说："苏珊甚至还组织了一场聚会庆祝他们乔迁之喜。"还有，费里达在战争期间怀孕了，苏珊给她带来了一大堆的维生素和产前所需要的药物。她还帮助哈桑·格鲁希奇逃到了美国，因为在《等待戈多》上演期间，他的工作是为她开车，这给他带来了危险："［伊斯兰］原教旨主义者反对她，也反对这部戏。"他在一份请求在美国避难的申请书上写道：

> 1994 年 1 月 3 日，我下班回到家，发现我妻子在哭，孩子们则吓得瑟瑟发抖。我家的门上被涂上了"叛徒"和"异端分子"的字样。第二天上班时，我在办公桌上发现一张便笺，上面写着："格鲁希奇：还记得萨尔曼·鲁西迪的下场吧。在伊斯兰教的波黑没有你这种人的容身之地。"[2]

桑塔格的档案材料中有证据表明，她花了两年多的时间为格鲁希奇的事积极努力。她到处写信，从参议员丹尼尔·帕特里克·莫伊尼汉（他曾筹办过一次公益假释），到小红屋小学（纽约的一家私立学校），恳求他们接受格鲁希奇的孩子们。她还帮他找了个工作，给安妮·莱博维茨打工。 586

◆ ◆ ◆

约翰·彭斯说："如果不是亲眼所见，我都不会相信这件事。苏

---

① 关于这个故事，可参见 Atka Reid and Hana Schofield, *Goodbye Sarajevo: A True Story of Courage, Love and Survival* (London: Bloomsbury, 2011)。

② 哈桑·格鲁希奇的申请书，桑塔格文档。

珊变得人见人爱。她的举止极其洒脱自在，丝毫没有盛气凌人的优越感。”[1] 帕索维奇清楚她在波黑以外是什么样子，理解她在像纽约这样的地方，需要与人保持一定的距离。他说：“她并不那么平易近人，但这就是她筛选的方式。在波黑，那种态度就消失了。她只是个普通人，人们能够理解并体恤她。”[2] 她常态化的一个标志是拒绝穿防弹衣。这一举动被几十名波黑人铭记，对他们而言，这是用一种谨慎的方式来强调她与旁人的平等，她愿意勇敢地和大家一起冒同样的危险——丧命或伤残——他们每一天都面临着这样的危险。对当时在纽约为她工作的米兰达·斯皮勒，“她描述自己喜欢那种有可能被枪杀的实际情况。她是在说，从某种意义上来说，能够死去这个实际情况对她而言是一件令人兴奋的事”[3]。

杜拉科维奇则回忆起战争所引发的强烈的同志情谊和许许多多乐观向上的情感：

> 她会带着酒来，我们聊得很开心，她问的主要问题是：“对围城中的生活，你有什么感觉？你失望吗？你沮丧吗？”我说：在我的一生中——我当时36岁——在我的一生中，我从未这么生气勃勃。我感觉美妙极了。我想要活着，我想要写作，我想要见到黎明，我想与人相遇，我渴望生活。于是她说：“真是有趣，因为当我患癌症时，那是我这辈子第一次觉得，生活是多么美好啊。”[4]

卡西亚·古尔斯卡看到了萨拉热窝给她带来的变化。“她回来的

---

① 作者对约翰·彭斯的采访。
② 作者对哈里斯·帕索维奇的采访。
③ 作者对米兰达·斯皮勒的采访。
④ 作者对费里达·杜拉科维奇的采访。

时候，浑身充满了活力。她因为身处那些事件的中心而产生了这种力 587
量。”[①] 1994年，战争期间，她开始创作长篇小说《在美国》；该小说于2000年出版时，会题献给“我在萨拉热窝的朋友”——而且，“整部小说中到处都是萨拉热窝的影子，充满了来自萨拉热窝的活力，”杜拉科维奇说，“她在这里生气勃勃。”[②]

然而，随着爱情、成功以及金钱等令她不快乐也让她变得刻薄，她新发现的目标也变了味。她谴责那些未能团结在波黑这一边的知识分子，这些正是她试图吸纳来支持她的人，这样她就疏远了与他们的关系。她的激进主义行为是一种激励，但她以此为由对人指手画脚，这可真是不幸，因为大家对她在1995年提出的分析没有任何争议。

> 个人主义，以及自我的培养和个人的幸福——最重要的是，以“健康”为特征的理想——是知识分子最有可能赞同的价值观。（“你怎么能在一直有人抽烟的地方待那么长时间啊？”我儿子——作家戴维·里夫——曾多次往返波黑，纽约这儿有个人这样问他。）指望消费资本主义的胜利不会对知识分子阶层造成影响，这未免太奢望了。在这买买买的时代，要想让丝毫没有边缘化、没有穷困潦倒的知识分子认同没他们走运的人，确实更为艰难。[③]

像很多目睹过可怕之事的人一样，她发现很难忘记自己在萨拉热窝所经历的事情。她还发现很难与这种人相处，“他们不想知道你知道的东西，不希望你谈论你刚刚离开的那座城市的居民受到的折磨、

---

① 作者对卡西亚·古尔斯卡的采访。
② 作者对费里达·杜拉科维奇的采访。
③ “‘There’ and ‘Here’”, in Sontag, *Where the Stress Falls*, 328.

困惑、恐惧和侮辱，”她在1995年时写道，“你会发现，唯一让你相处时觉得舒服的是那些也去过波黑的人，或者是去过其他一些大屠杀场所的人。”①

588 这完全可以理解。不过，两年后，同样的分析使她言辞明确地让其他知识分子闭嘴，这就不那么好理解了。

> 除非你花费大量的时间，亲临现场、亲身经历过你所谈论的国家、战争、非正义行径等任何情况，否则你无权公开发表意见。
>
> 如果没有这样的第一手认知和体验：免开尊口。②

然而，如果没有亲历过“任何的”痛苦，难道就没有权利对萨拉热窝围城表示谴责了吗？难道从文学、电影、摄影——从艺术中，我们就不能对这个世界有所了解吗？

◆ ◆ ◆

警察下班了。斯蒂芬·科赫说：“关于波黑，她说的一切都令人钦佩。她在这件事上的行为令人难以忍受。如果你没有亲临萨拉热窝，那么，你显然只是一个道德低下的人。她清清楚楚地表达了自己的意思，带着一副几乎是纡尊降贵的鄙夷神情。”③ 过去，道德上的无懈可击曾导致对值得怀疑的政治目标的戏弄，如今这一需要引发了一些行为，冒犯了那些原本对她表示同情和赞赏的人。

---

① “‘There’ and ‘Here’”, in Sontag, *Where the Stress Falls*, 324.
② “Answers to a Questionnaire”, in Sontag, *Where the Stress Falls*, 298.
③ 作者对斯蒂芬·科赫的采访。

特里·卡斯尔写道，她的态度近乎滑稽；卡斯尔是在“帕罗奥图[1]那条过分华丽、满是精品店的大街上”遇到她的。[2]

桑塔格穿一身标志性的知性天后行头：肥大的黑色上衣和丝质的黑色宽松裤，配上一些充满异国情调的飘逸围巾。她不停地调整着围巾，或者强迫性地把围巾甩到一边的肩膀上，不时地停下来抽支烟，或咳上几声，喉咙里含着痰。（桑塔格这一著名的 589
“形象”总是让我想起《欢乐的精灵》剧本中的舞台指示：“阿卡蒂夫人上场，佩戴着粗俗不堪的珠宝。”）……

她一直在跟我讲围城的事情，还说到一个和她在一起躲避炮火袭击的南斯拉夫妇女，尽管炸弹就在他们周围落下，这个女人还在向她索要亲笔签名。她很欣赏这个女人显而易见的智慧（“当然，特里，她看过《火山情人》，而且像所有的欧洲人一样，非常钦佩这本书”），还有她自己的沉着冷静。随后，她突然停下来，一脸严肃地问我是否有过不得不躲避狙击手射击的经历。我说没有，很遗憾，没有。这时，她飞快地跑了起来——紧张地弓着身子从一家精品店的门口冲到另一家的门口，白色的网球鞋上污迹斑斑，沿着街道一路狂奔到五金公司店和巴斯金-罗宾斯甜品店。五六个帕罗奥图人惊惶失措地停下脚步，看着她滑稽地快速从一家家店进进出出，一边低下头，一边指着屋顶上假想的枪手，疯狂地向我做着手势，示意我跟上她。

但是，她演得过火了，超出了即兴喜剧的程度。在纽约的一次聚

① 美国加利福尼亚州圣塔克拉拉郡内的一座城市，位于旧金山湾区西南部。——译注
② Castle, “Desperately Seeking Susan”.

会上，她的举止引得萨尔曼·鲁西迪指出她的性格有缺陷。

> 她真的是两面苏珊，好的苏珊和坏的苏珊；好苏珊才华横溢、风趣、忠诚而且相当大气，坏苏珊简直就是一个恃强凌弱的怪物。怀利的经纪公司里一个资历较浅的员工说了一些关于波黑冲突的事情，苏珊不爱听，于是，坏的苏珊咆哮着出现了，简直一副要把那个员工吞下去吃了的架势。①

里士满·伯顿看到，原本只针对安妮的行为会渗透到她所有的互
590 动关系中，这是一种与辱骂虐待有关的“殉道者情结”。他说：“她已然失去了耐心，这似乎与萨拉热窝有关。坏情绪似乎占了上风。每一件事都是她又一次发脾气的理由。你会希望：苏珊，别那样。而她偏偏就那样了。”②

她开始夸大其词地吹嘘自己：

> 无论我做什么，无论我选择什么职业，我知道我都不会出于自私的态度去就职。如果当了医生，我就会在一家大医院任职——我不会开私人诊所，坐在诊室看着那些人带着愚蠢的问题来看病，然后赚很多钱。那可不行，我会在大医院任职，给穷人看病……③

伯顿说：“说到在萨拉热窝发生的一些她参与的事情，她真的把自己视为这种近乎献祭性的英雄人物，我甚至听到她打电话的时候这

① Rushdie, *Joseph Anton*, 363.
② 作者对里士满·伯顿的采访。
③ Hadžiselimović and Radeljković, “Literature Is What You Should Re-Read”.

样描述自己——把自己比作圣女贞德。”①

◆ ◆ ◆

在她参与萨拉热窝的工作期间以及之后的那些年，成了“苏珊故事”的黄金时代，故事的主人公无法理解人们对她的理解。

那个自认为是圣女贞德的女人，在58街的裴卓仙餐厅吃了那么多的鱼子酱，拉里·麦克默特里说，她“大量地消灭了这个物种”。一系列的电影和畅销书使他赚了个盆满钵满，而苏珊则充分利用了他的财大气粗。一天晚上，他从华盛顿起飞的航班延误了，当他到达餐厅时，餐厅领班告诉他，桑塔格女士已经离开，给他留下一张纸：苏珊毫不客气地吃的那顿奢侈、丰盛的鱼子酱晚餐的账单。②

新助手格雷格·钱德勒则目睹了她多次发脾气的样子，其中有一 591
次发生在1995年的夏天，当时她因为《火山情人》在西班牙出版必须去马德里。她不愿意去。出发前，她递给他一个大盒子，里面装着她几十年来收集的世界各国的硬币，叫他从中挑出西班牙货币比塞塔。等他终于完成任务时，苏珊仔细检查了他挑出来的那堆硬币，发现有个法郎。她拿在手里挥舞着，一脸责备地尖叫：“这是一个法郎！这是一个法郎！我他妈的带一个法郎在西班牙能干什么？”她勃然大怒，拿起那些硬币，把它们扔得满屋子到处都是。

“我尽职尽责地收拾残局，把屋子整理干净，”钱德勒说，“感觉就像是克里斯蒂娜·克劳馥一样。”③

---

① 作者对里士满·伯顿的采访。朱迪丝·科恩也曾听到她用过同样的比喻。
② 作者对拉里·麦克默特里的采访。
③ 作者对格雷格·钱德勒的采访。

◆ ◆ ◆

戴维承认:“我一直宁可尽最大可能少写我与我母亲最后十年的关系,说一句我们之间的关系经常是紧张的就够了。”[1]

就连苏珊身边那些不喜欢或讨厌戴维的人也一致认为,戴维处在一种极难应付的境地,正如他参与波黑这件事所显示的那样。1995年,他出版了《屠宰场:波斯尼亚与西方的失败》,这是对“国际社会”的谴责:当波黑人开玩笑说“等待克林顿”时,指的就是这些人。这本书讨论了苏珊在越南提出的许多语言学上的问题。“法国人是‘法国殖民者’;美国人是‘帝国主义侵略者’”,她当时写道。[2]而今,戴维写道:“切特尼克游击队员是最严格意义上的法西斯主义侵略者,而保卫萨拉热窝是英勇行为。”[3] 他们有共同的兴趣,只不过戴维的作品是记者的作品,而非美学家的作品,与苏珊可能写的任何东西相比,他的作品更植根于真实的政治背景。

从戴维的角度来看,苏珊参与到波黑这件事中来会让他觉得尴
592 尬。一方面是因为她是由他本人带到萨拉热窝的,另一方面是因为她并没有明确地支持他的写作。1993年1月,安妮组织了一次尼罗河乘船游览,为苏珊的60大寿庆生。宾客中就有霍华德·霍奇金及其伴侣安东尼·皮蒂;霍奇金曾为《我们现在的生活方式》一文配了数幅画。皮蒂说:“她当时正在严词抨击[戴维的]写作、他的恋爱绯闻和他的生活。”[4] 而霍奇金认为,“(她)说一旦有机会就要锯掉他的

① Rieff, *Swimming*, 160.
② “Trip to Hanoi”, in Sontag, *Styles*, 216.
③ Rieff, *Slaughterhouse*, 123.
④ 作者对安东尼·皮蒂的采访。

脚。她真的太狠毒了”[1]。

在波黑，戴维发现了一个使命。他在德国遇见波黑难民后，感受到“作为一名作家，我所知道的最强烈的冲动……于是登上了飞往萨格勒布的航班”[2]。面对波黑战争的恐怖和不公正，他除此之外简直无法说别的事情。回到纽约后，他试图说服其他人也来萨拉热窝：“我向几十个人发出了邀请，但是，唯一一个被我说服了的人就是我自己的母亲！”[3]

她意识到她的出现给戴维造成了麻烦。在公开场合，她会给他面子，尊重他。“这本书不会由我来写，因为我觉得在这种家务事上肯定是有分工的——由他来写这本书。”她第一次造访萨拉热窝时曾这么宣称。[4] 20年前，保罗·特克曾谴责“美国文学界桑塔格王朝的建立”。现在，她依然认为写作是一件“家务事”。一开始，她还努力地保持不插手其中，“因为她觉得这是戴维的故事，”哈里斯·帕索维奇说，“但后来，她也会写这个故事，这是不可避免的。”[5] 戴维只说了一句：“这不是她能信守的诺言。”

甚至在她来之前，他就知道，一旦她参与进来，“她的角色将不可避免地让我黯然失色”。

> 我为自己在波黑所做的一切感到自豪。我主要在北部工作，在塞尔维亚族占领的巴尼亚卢卡以及兵营周围，这在当时是世界上可怕的地方。我冒了巨大的生命危险，并为自己的意愿付出了 593
> 昂贵的代价（1992年秋天，在波黑中部的泽尼察附近，我受了

---

① 作者对霍华德·霍奇金的采访。
② Rieff, *Slaughterhouse*, 52.
③ 作者对戴维·里夫的采访。
④ Hadžiselimović and Radeljković, “Literature Is What You Should Re-Read”.
⑤ 作者对哈里斯·帕索维奇的采访。

重伤，按理说都应该死了）。波黑是我的事业——也许是我唯一百分百相信的事业。[①]

然而，他需要做出明确的选择。“哪一个更重要？是我母亲参与到波黑事务中、在那里做事并因此给萨拉热窝带来的关注，还是我的自我价值感和抱负？波黑绝对要比我不希望母亲让我黯然失色的愿望重要。”对于苏珊在萨拉热窝所取得的成就，戴维谨慎地给予了称赞，然而，对波黑有利的事情并不一定对他们之间的关系有利。

我们疏远了，但并没有断绝关系。我们还会见面，而且，有一些时候，她在日记里说，在去波黑之前，就见不到我的人，我给她的陪伴也比以前少。这并不像雷神托尔之锤：波黑之事已然发生，我俩之间一切也已改变。然而，这对改善我俩间的关系则无济于事。

她清楚这一点——“她觉得自己抢了戴维的风头”，她把自己的想法透露给妹妹——不过，事实证明，像很多时候一样，她智性上了解的一些事情，却无法为她情感所用。[②] 即使在围城结束七年之后，当她准备动笔写她的最后一本书《关于他人的痛苦》时，她在给友人保罗·迪洛纳尔多的信中写道：

戴维真的很介意我写这本书，非常介意。对他而言，这是继《在萨拉热窝等待戈多》一文后对他的又一次背叛；1993 年，在我答应给《纽约书评》写这篇文章后，他求我别写。昨晚在“本

① 作者对戴维·里夫的采访。
② 作者对朱迪丝·科恩的采访。

村庵”乔麦面餐厅，他对我说：“难道你就不能把世界的这一个角落留给我，作为我研究的主题吗？”他指的是战争。我说，但这是《论摄影》的续篇啊。他回应说，这个主题是关于历史，还 594
有战争的，而你对历史一无所知。你那些东西全是从我这里得到的。你这是在我的地盘上偷猎。

我真是伤心啊，但显然我现在对此无能为力。[①]

◆ ◆ ◆

我无能为力：这句话也用到了萨拉热窝提出的关于艺术之用这些同样的问题上。意义何在？她的波黑朋友塞纳达·克雷索说：“艺术即让你成为一个更加敏感、更有人情味的人，艺术能让你哭泣，它能让你快乐，它能让你伤心，但是，都无济于事。”[②] 艺术本身无法召集萨拉热窝所需要的军队。但正如苏珊众多的人脉关系——跟她自己的关系、跟其他人的关系——所显示的那样，艺术甚至不能总让一个人变得更有人情味。

“人应该怎样活着？”在围城战最激烈的时候，她在日记里发问。“19 世纪俄国文学最重要的问题……我活在 19 世纪俄国文学的庇护下。”[③] 桑塔格总是求助于文学、求助于艺术，来帮助她回答这个问题。艺术提供了一种团结的范例。然而，美化就是歪曲，她这一辈子都在争辩。而她自己的生活一如她所有的作品那样，雄辩地阐明了这一论点。隐喻是加深了一个人与现实之间的关系，抑或相反，破坏和

① 桑塔格写给保罗·迪洛纳尔多的电子邮件，2002 年 8 月 28 日，桑塔格文档。
② 作者对塞纳达·克雷索的采访。
③ 桑塔格文档，1994 年。

玷污了这一关系呢？换句话说：陀思妥耶夫斯基能帮助你和儿子和睦相处吗？

这就是她2002年时提出的观点，将“文学本身的作用”描述为一种途径，“可以表达我们的同情；可以教育心灵；可以产生灵性；可以确保并加深这种意识（以及由此产生的所有后果），认为其他人，与我们不同的人，真的的确存在”[1]。然而，了解一下她生命的最后几年，我们就会清楚，这种意识是无法通过艺术获得的。如果天生缺乏共情能力，那么，再多的隐喻也无济于事，再多的文学知识——谁的
595 文学知识有她多呀？——也不能替换为看见（理解）他人的能力。在她吐露她“对别人、对他们在思考和感受的东西不是非常敏锐”的多年之后，在她说过“我肯定我具有共情能力、直觉能力”后，她依然没有学会共情。

如果说这些年来，关于苏珊的故事讲述的都是未能察觉，它们也越来越多地讲述了残忍。即使是最细微的干预，她也受不了，而当朋友们试图引起她对他们之间的亲密关系做出反应时，她总是回避，就像有一天她的助手卡拉·埃奥夫帮她打包旅行行李时碰到的情况那样。她们像以前一样在随意说笑着，卡拉希望能和她严肃地谈一谈，于是就说：“苏珊，你又回来和我在一起，感觉真好。”苏珊回答说：

> “我只离开几天时间。”我说：“我不是那个意思。你的某些做法已经改变了，而我看到了那个真正的苏珊——虽然不常见，而我真的、真的怀念那个苏珊。和另一个苏珊在一起真的很痛苦。”她说：“我不知道你在说什么！”然后起身离开。[2]

---

① “The World as India”, in Sontag, *At the Same Time*, 177.
② 作者对卡拉·埃奥夫的采访。

米兰达·斯皮勒说，在20世纪90年代中期，“她没有什么固定的朋友，她相当地孤独。”[①] 1996年1月27日，布罗茨基的书桌上一本“洛布古典丛书”之《希腊文选》还打开着，他在纽约去世。痛失布罗茨基对她的打击很大。苏珊对玛丽卢·欧斯塔基奥说：“我孤身一人了，我没有人可以交谈，没有人能跟我交流我的观点，我的想法。”[②] 布罗茨基是她承认的为数不多的几个比自己优秀的人当中的一个。而现在，他走了。

◆ ◆ ◆

在《论摄影》中，她曾写道“在摄影师可以在一张照片与一个生命之间做出选择的情况下，选择照片竟变得貌似极为有理”[③]。此时，596
她也选择了沃霍尔式的个性特征，与她所认为的齐奥朗作品的目标——“防止一个人的生活变成一件物品、一样东西”——正好相反。她与那些同样美化了自己的人有了越来越多的互动。利昂·韦塞尔蒂尔有一天晚上听说她刚和“金发女郎”乐队的主唱黛比·哈里出去玩，大为吃惊。“她进入的世界里，人们认识米克·贾格尔，但不知道滚石乐队。这是顶级的圈子。人人都是好朋友，却谁也不了解谁。”[④]

在这个圈子里，如果一个人名气够大，约束一般人的规则对他/她就不再适用了。而为了换取那种自由，他/她就必须选择照片——影像——而非生命；而这，年轻的桑塔格在《恩主》中曾写道，即一种死亡。

---

① 作者对米兰达·斯皮勒的采访。
② 作者对玛丽卢·欧斯塔基奥的采访。
③ Sontag, *On Photography*, 12.
④ 作者对利昂·韦塞尔蒂尔的采访。

> 昔日的他不见了。现在，他老态龙钟，在众目睽睽之下变得束手无策、目光呆滞。现在，他完全成了名人。他说着嘲讽人的话，大家听了都哈哈大笑，他什么人也不会得罪。他的行为已变成种种姿态。①

桑塔格的下一本书于1994年开始动笔，讲述的是一个“非常有
597 名”的女人，毫不费力、没有任何矛盾冲突地占据了公众的视线。

① Sontag, *Benefactor*, 260.

第三十七章

卡拉斯方式

《在美国》以突然闪现的回忆开篇。在图森和洛杉矶，苏发现了生活方式不稳定的迹象：“意志坚定加上比其他人更关心重要的事会让我纵横天下。”她回忆起她与菲利普·里夫的婚姻：“我认识卡索邦十天后就嫁给了他。”[①] 她还描述了她与女歌剧演员的第一次相遇：

> 我还记得我第一次近距离看见一个女歌剧演员的情景：那是30多年前啦，我初到纽约，囊空如洗；一个富豪追求者带我到卢特斯餐厅午餐。我的盘子里上了第一道美味佳肴后不久，我的注意力被一个（后来想起来了）看上去很熟悉的女人吸引了，颧骨高高的，一头乌黑的秀发，丰满的嘴唇涂得通红；她和一个上了
> 年纪的男子就在邻桌用餐，她大声对那男子说：“宾先生。［停 599
> 顿。］我们要么就按照卡拉斯的方式去做，要么就什么都别做了。”[②]

她无法预见后来有多少人会以同样的追星族的口吻来讲述他们第

① Sontag, *In America*, 24.
② 同上，第15页。

一次遇见苏珊·桑塔格的情景。正是女主角的这一人物形象把《在美国》与她早期的小说联系了起来。这个角色戏剧化了人与被美化的人、现实与梦想之间的反差，正是桑塔格伟大的主题。女主角是别人的梦中人。他们幻想着她，渴望占有她，理想化她的美貌，崇拜她的才华，羡慕她的财富和声名。她是集体意志的产物——就如同文学或政治小说一样，一个有其自身现实的产物。

苏珊从小，开始叫她母亲"宝贝儿"的时候，她就被这个梦想中的人物迷住了。1965 年时，她写道，"我想要成为嘉宝"，明确地把这一渴望与其同性恋取向联系在一起。在后来的一则日记中，她在"女歌剧演员"一词的下面写下"讨厌……喜欢"，然后列出了下列清单。

> 我讨厌上门拜访、写信、在照片上签名。我喜欢有人来看我，我讨厌去看他们。我喜欢收到信，读这些信，评论这些信，但我讨厌写信。我喜欢给人提建议，而我讨厌收到建议，而且，别人给我提的任何明智的建议，我从来都不会马上就采纳。①

她的作品中充满了这类女主角式的人物：嘉宝、卡拉斯、伯恩哈特、美狄亚、汉密尔顿夫人——以及，此时的海伦娜·莫杰斯卡，一名波兰女演员，到了《在美国》中，成了玛琳娜·扎温斯卡。桑塔格是两代"超级影迷"——她这样描述自己的母亲——的后代。她在好
600 莱坞附近度过的童年教会了她，就像大多数无名小辈一样，用电影作为一种逃避——不仅仅是逃避单调乏味的日常生活，而且也逃避意识本身。她从艺术中渴望得到的是毁灭，小死亡："正是这种任由自己

① 桑塔格文档，未署日期（20 世纪 80 年代）。

正常的心智沉醉在歌手的表演艺术中的渴望，在一种虽为歌剧界视为怪癖、异常而不屑，却无法抑制的现象中一直持续了下来；该现象就叫'天后崇拜'。"[①]

这是对女主角较黑暗的一种看法。当明星并不等于幸福。相反，对一个放弃了幸福的人而言，这也许是她希望得到的最好的结果了。

> 玛琳娜坐下，朝镜子里望去。当然，她哭泣是因为她太幸福了——如果幸福的生活是可能的，而一个人能达到的最高境界就是英雄般的生活。幸福有多种形式；为艺术而活是一种特权，是一种神赐。[②]

"我完全认同这些话。"[③] 当一个采访者问她这是不是自画像时，她表示了肯定。她长大成人的过程中毫不奢望有什么幸福；她的朋友迈克尔·西尔弗布拉特对此表示认同："对苏珊而言，幸福是件微不足道的事情。我认为她不会对幸不幸福感兴趣。那不是苏珊。"[④] 相反，一种满足感是通过最强烈的艺术形式产生的：阿尔托的戏剧，瓦格纳的歌剧。

> 她是一个悲情者。她想要绝对的激情。那种高强度的，这就是苏珊。也许，有的时候就是个恶魔，因此，很多朋友对我说，他们再也不会搭理苏珊了，再也不会，想都别想，也别去问他们。她对人真的非常、非常粗暴。我对此不抱任何幻想。我是说，对苏珊来说，这总是一个时机——先是华丽的一幕来炫耀演

① "Wagner's Fluids", in Sontag, *Where the Stress Falls*, 205.
② Sontag, *In America*, 369.
③ Chan, "Against Postmodernism".
④ 作者对迈克尔·西尔弗布拉特的采访。

601 技，然后就是咏叹调了。[1]

◆◆◆

1978年的时候，她对一个采访者说：“我确实有这样的幻想，粉碎现有的一切，用一个笔名从头开始，没有人知道这就是苏珊·桑塔格，但是，我想说的只是，我的想法是那种越走越远更进一步，是新起点，而非回到原点。”[2]

凭借《在美国》，她找到了更进一步的途径——变身拥有了她喜欢的小说家身份——同时又回到了原点。这部小说是根据波兰最伟大的女演员的真实故事改编的。1876年，在声名鼎盛的时候，她率领一群朋友，背井离乡，穿过了半个地球，要在加利福尼亚州的阿纳海姆建立一个乌托邦聚居区。不出所料，聚居区未能建成功；但莫杰斯卡大放异彩，她成功地重返舞台，并且斩获美国所有表示成功的那些华而不实的奖项。这些还包括她的专列，“在你的私人车厢的会客室墙上的嵌板上”配有“一幅巨大的装饰画，这幅水彩画上是你的宠物哈巴狗”。[3]

出于诸多原因，这个故事令桑塔格无法抗拒。这里面包含重新开始这一主题，这次是在一个梦幻般的乌托邦中。（20世纪60年代，除了关于越南和古巴的文章，她还花了一段时间写过一部长篇小说《约瑟夫·多佛》，讲述了建立乌托邦聚居区的故事。）正如她回忆托马斯·曼那篇一样，主题也是欧洲那些久经世故者陷在物欲横流的加州

① 作者对迈克尔·西尔弗布拉特的采访。
② Cott, *Susan Sontag*, 137.
③ Sontag, *In America*, 346.

的困境中。

在玛琳娜的声音中听出桑塔格的声音并不需要有什么想象力。“我们谈论其他事情的时候总是在说我们自己。”[1] 她在小说中坦承，而且，她对一个人成名的动机的思考，以及名声对名人的要求，是该小说中最精彩的部分。“部分原因是，自从她成为一名演员，就不再觉得自己是个孩子。”她写道。[2] 成为演员后，玛琳娜也成功地摆脱了强加在女性身上的束缚。“女人不能话多，”她写道，“但剧中的女主 602
角可以话多。当了女主角就获得了一种专属女主角的许可，她可以发脾气，她可以提无理的要求，她可以说谎。”[3]

在美国，女主角获许的权限范围要比在欧洲得到的大很多。

> 在美国，人们期望你表现出内心激荡的混乱，表达没有人需要认真对待的观点，还有一些无伤大雅的怪癖和奢侈的需求；这些都展现出你的意志力、你自尊的范围——均为优秀品质。[4]

而美国本身就是建立在表演行业要求之上的：不断前进，下一个城市、下一套服装、下一个角色。一个演员可以像丢弃前一天晚上的戏服一样丢弃以前的生活：“改变一个人的生活就像脱下手套一样轻而易举。”[5] 即使有了新生活也还是不够：“玛（琳娜）想要的并非新生活，而是新自我。”[6] 这一自我就在此铸就而成：

> 接受采访意味着改写过去，首先是年龄（她改小了6岁），

---

① Sontag, *In America*, 363.
② 同上，第85页。
③ 同上，第41页。
④ 同上，第347页。
⑤ 同上，第159页。
⑥ 同上，第228页。

> 然后是家庭背景（中学的拉丁语老师变成了雅盖隆大学的教授），她开始当演员（海因里希变成华沙一家影响很大的私人剧院的导演，她17岁时在那里首次登台），她到美国来的种种原因（为了参观百年博览会）以及随后去旧金山的原因（为了恢复健康）。一星期下来，连玛琳娜自己也开始相信其中的一些故事了。[①]

对亲密关系的错觉是美国人给予女主角的权利：“你每到一个地方，就给人们带去欢乐，然后你就再也没必要见到他们了。”一旦情
603 感能够被表演出来，那便是有用的，甚至玛琳娜出了名的没有假模假样也是假的：“这种自然根本不是自然而成，每一个角色都要经过上千次反复推敲和判断方能成型。”[②] 最终，“她越来越难分辨哪些是她曾说过的话，哪些只是她的想法——哪些是存在，哪些又只是假装存在——难道这种情况总会在优秀演员身上发生？”[③]

◆ ◆ ◆

“我相信，即使现实生活中我没有经历过的那些情感，我也能完美无缺地模仿出来。”玛琳娜说。苏珊经常给人的印象就是，她并非在表露真情实感，只是在完美无缺地模仿某种情感，就像加里·印第安那所言：

> 她逐渐达到了一种令人称赞的高度，一眼看过去就能给周围的人留下深刻的印象，带点夸张和矫揉造作那种用情至深的感

---

① Sontag, *In America*, 268.
② 同上，第304页。
③ 同上，第355页。

> 觉。我想，维果的《亚特兰大号》她已经看了30遍，但每次电影结束，她都要哭，这样的任性也真是令人叫绝啊……苏珊的热情高涨，从一件事到另一件事上，就像是一艘在暴风雨中飘摇的船只，每一个神显码头都要停靠。[1]

"我自己就是演员，"在1998年，桑塔格对一位波兰记者说，"身份不公开的演员，我一直想写一部关于女演员的长篇小说。我明白表演是怎么回事儿。"[2] 从这部小说中可以看出，她也明白虚情假意的情感的危险在于，一个人最终会把表演和现实混淆起来。桑塔格几乎具备了分析这些主题的理想条件；然而，为了探究这些主题，她需要一种讽刺感和距离感，而她迄今未能获得这些感觉，而且，这部作品本可以成为一部杰作，却被她对玛琳娜的迷恋给毁了。 604

> 一个演员根本就不需要有什么本质。也许拥有本质还会成为一个演员的障碍。一个演员需要的只是一张面具。[3]

桑塔格早先就写过她对二重身、替身、真正意义或隐喻意义的克隆的渴望；她曾用"扮演角色般的存在"来定义"坎普"："生活是戏剧这一隐喻在感受力中最远的延伸。"然而，在该小说中，作为表演的生活的影响基本上未经检验，她描述玛琳娜的方式，对于熟悉她生活的人而言，会很不舒服。"我也不是一个好母亲（我怎么可能是呢？我是个演员啊）。"玛琳娜叹息着说。她后来反复说过："女演员

---

① Gary Indiana, *I Can Give You Anything but Love* (New York: Rizzoli, 2015), 118 – 119.

② Elżbieta Sawicka quoted in Carl Rollyson, *Reading Susan Sontag: A Critical Introduction to Her Work* (Chicago: Ivan R. Dee, 2001), 176.

③ Sontag, *In America*, 206.（此处有误，应为第306页。——译注）

都是随心所欲的母亲，一会儿过分溺爱，一会儿又不管不问。”[①] 这样做对孩子意味着什么，对此并没有任何考证，而对于玛琳娜对待情人的方式，桑塔格也给予了类似网开一面的处理；这些情人都是她实现自己的抱负路上的障碍。“我爱他，但同时我还想出人头地，在这个世界上出人头地，成就一番事业。”[②]

在这部小说中，爱是从狂热的粉丝那里得到的东西，是一种不断悸动的兴奋状态，是“激情”，是“无数人爱欲参半的认可，这些人或根本不会相识或很少会相识”。

> 两个人的事对我而言，现在、将来都不会有那么重要。我现在明白了这一点。职业使然，也许你会说。[③]

一旦女主角成了明星，她便乘着自己的专列，从一个美妙之地飞驰到另一个美妙之地，去取悦一群又一群崇拜她的人，收获大量的赞誉和情人。女主角越成功，桑塔格的描写就越异想天开。异想天开到
605 如同在“梦幻”中一般。

◆ ◆ ◆

她塑造的女人——玛琳娜和“苏珊·桑塔格”——可以把琼·克劳馥的粗野和葛丽泰·嘉宝的单纯结合在一起。她可以把自己比作圣女贞德，因著名而著名，生活在最高档的地方，按照卡拉斯的方式行事。唯一的要求就是，她“不是一个女人，而是

---

① Sontag, *In America*, 39, 208.
② 同上，第127页。
③ 同上，第290页。

一个‘女人’”。

在桑塔格最好的作品中，她克制着自己的激情。她受到“坎普的强烈吸引，但几乎同样强烈地排斥它”。她与《在美国》中被审美化了的女人的关系是对“大于生活”观念的采纳；自孩提时代起她就痴迷于天后这类人物，然而，令朋友们惊讶的是，她拒绝承认自己属于这一类人。西尔弗布拉特表示：“她会对此非常生气。她讨厌被归类为‘天后’。她就是无法忍受。她不能接受。”① 那个善于自我分析的桑塔格——那个致力于自我完善的人、那个写过“我总是同情那条自毁的母狗”的人——已然消失。

经过数十年对其欲望的审视和压抑后，她在某种意义上获得了解放。西尔弗布拉特认为，她大于生活的形象是她对有抱负的女性所具有的经久不衰的吸引力的关键。

> 苏珊已经决定要成为那样的女人——那种想要什么就能得到什么的女人。我们不再用这些词，但我们称这样的女人为“悍妇”。我们甚至都不再叫她们为蛇蝎美人了。对这类女人而言，所有这些措辞都表明她足够坚强，可以去追求自认为属于自己的东西。丽莲·海尔曼的《小狐狸》中的瑞吉娜是个小妹妹的角色，却足够坚强，为了能掌控家族的财产，利用自己的兄弟，谋 606
> 杀亲夫。她有时不得不扮演一个女反派角色——我说的女反派，[我的意思]是传统电影中的女反派。这是她的一个特点。她不在乎你想要她或你期望她成为什么样子的人。这是一个怕羞、忧郁孤僻、专注自我的人，她首先考量的是后果。对苏珊而言，滚他妈的后果。②

① 作者对迈克尔·西尔弗布拉特的采访。
② 同上。

◆◆◆

《在美国》这个书名暗指一个个人不需要固定身份的地方。这一观点部分反映了桑塔格在波黑的经历，她在前言中提到了这一点。在波黑，乃至延伸到整个欧洲，身份都是不可改变的——即使是那些诸如南斯拉夫人一样的人，几乎没有意识到他们拥有的身份。

她写道："在美国，过去并不真正重要。在这儿，现在并不是对过去的肯定，而是取代和取消过去。"[1] 批评家们经常提到这种界定方法。"欧洲关乎过去，关乎根基和传统；美国关乎当下，关乎自由、新颖和改变。"角谷美智子在《纽约时报》上发文说。

> 我们被告知，美国是"穷人可以致富，法律面前人人平等，满大街铺满黄金的地方"。美国是"未来诞生的地方"。美国是"一切皆有可能"的地方。
>
> 理夏德在一封信里表示："美国人是那种永远把一切都抛在身后的人。"[2]

尽管都是些陈词滥调，但这种描述似乎从不像桑塔格在越战时期的作品那样，时而会表现出愤怒或恶意情绪。相反，它还是一个身份可以随意改变和摆脱的地方："整个国家里，人人都崇尚意志的力
607 量。"[3] 在越南，她谴责"'意志'的原则"是"美国最丑陋的东西"。

---

① Sontag, *In America*, 223.

② Michiko Kakutani, "'In America': Love as a Distraction That Gets in the Way of Art", in *New York Times*, February 29, 2000.

③ Sontag, *In America*, 342.

1965年，迪安·阿巴斯拍摄的苏珊和戴维；也许，再没有另一张照片能像这张一样充分传递出他们母子相依共生的关系。1971年阿巴斯自杀后，现代艺术博物馆举办了她的作品回顾展，这次摄影展成为史上观展人数最多的一次。桑塔格就是这700万名观展者之一。她对展出的畸人既感到着迷，又感到厌恶。她对阿巴斯极度矛盾的反应延伸到了阿巴斯的媒介本身上面，并由此在1977年写出了著名文集《论摄影》。

1972年，保罗·古德曼去世。桑塔格认为他“一直就是最重要的美国作家”。她对其勃勃雄心表示同情：“如果一个作家试图做很多事情，那么，一种可怕的、刻薄的美国式忿恨就会向他袭来。”他去世时，她刚刚与慵懒的那不勒斯公爵夫人卡洛塔·德尔·佩佐分手，正从感情中恢复。卡洛塔是欧洲上流社会“四百名女同性恋者”之一（下图为十年后她与苏珊的合影）。

失去了卡洛塔，沮丧消沉的苏珊来到戛纳参加电影节，她在此遇到了“四百名女同性恋者”中的另一位成员，罗斯柴尔德家族的女继承人、抵抗运动的女英雄妮科尔·斯特凡娜（上图）。在戛纳，这位前“图书管理员小姐”意识到自己正与路易·马勒、约翰·列侬、小野洋子和让娜·莫罗（下图，左起）亲切交谈。

桑塔格在其作品中显示了“令她痴迷的假死的主题”。通过与彼得·赫贾（左图）——那个时代最伟大的摄影师之一——之间的友谊，她开始远离该主题。在巴勒莫，赫贾拍摄了他的男友保罗·特克身处满是干尸的地下墓穴的照片。“尸体也能用来装饰房间，就像花儿一样。”特克惊叹道。赎罪日战争期间，苏珊和妮科尔去了以色列；她的第三部电影《应许之地》中充满了尸体，苦难的实证，这是她在之前的作品中所回避的。

1975年，年仅42岁的桑塔格被诊断罹患乳腺癌4期；没人指望她能活下来。在经历了痛苦不堪的治疗后，她乘飞机去火奴鲁鲁看望母亲。她的头发已全白了。她母亲带她去了一个理发师那儿，给她做了个改头换面的造型。由此产生的发型——除了一绺白发外，其他全是黑的——成为那个时代最具标志性的发型之一。1978年，她回到美国，撰写了《疾病的隐喻》，这是对癌症经过审慎思考后写成的。此为该书出版时，她在法勒-斯特劳斯-吉鲁出版社拍摄的照片。

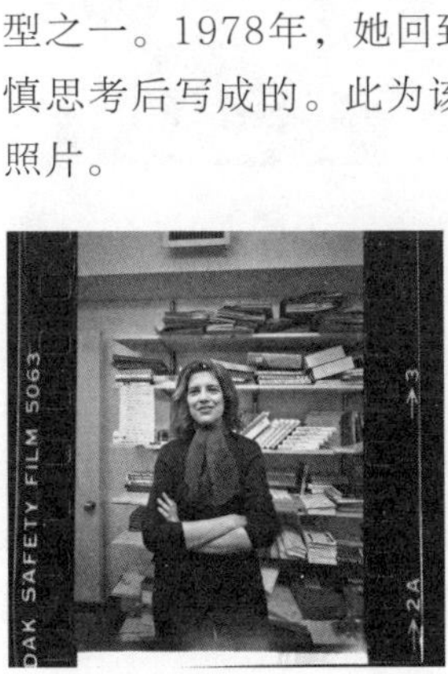

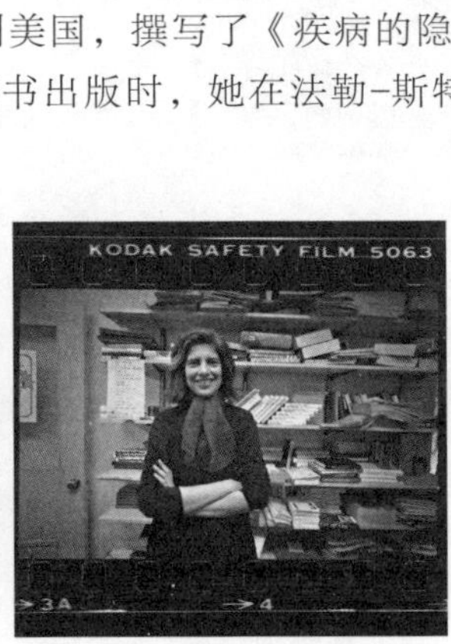

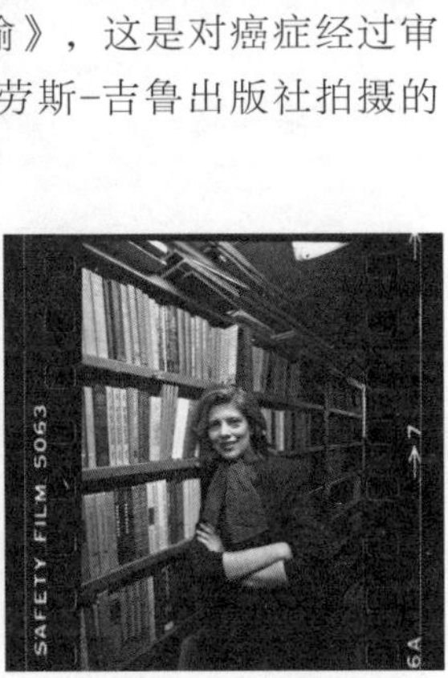

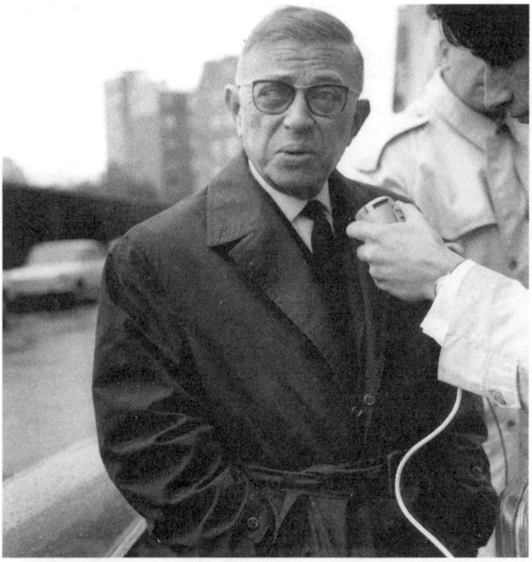

在一篇未发表的随笔文章中，桑塔格批评让-保罗·萨特（上图左）用安非他命摧毁了自己的头脑；她称萨特是“本世纪最丰富、最有天赋的人之一”；她从未提及自己数十年来一直在服用同一种毒品。她还攻击希特勒的电影制作人莱妮·里芬斯塔尔（下图中）；反过来，桑塔格和她的女偶像之一汉娜·阿伦特（上图右）一样，会被女性主义者批评为是一个“特别的女人”，不受社会和经济障碍的束缚，而那些会阻碍其他女性的发展。

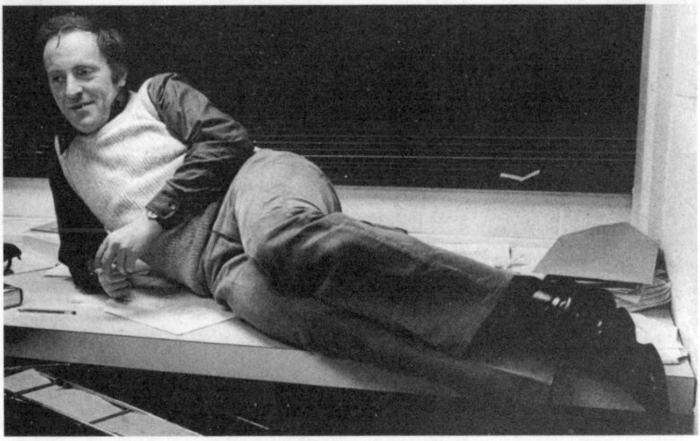

关于俄罗斯诗人、诺贝尔奖得主约瑟夫·布罗茨基，“他很享受那种给人留下深刻印象、自己知道得比别人多、自己的水平比别人高的感觉；我对此一直印象深刻”，苏珊说。在他最喜欢的城市威尼斯，苏珊遇到了舞蹈家兼舞蹈编导露辛达·蔡尔兹。露辛达主演了苏珊拍摄的最后一部电影——《没有向导的旅行》。苏珊在余生中都爱着露辛达（照片由罗伯特·梅普尔索普拍摄），她在弥留之际也会提到布罗茨基。

作为一名公共知识分子，桑塔格参加了无数场专题讨论会，其中包括1982年的这一次（中图）。第二年，在伍迪·艾伦的伪纪录片《西力传》中，苏珊·桑塔格扮演了一个无处不在的角色——评论员苏珊·桑塔格（下图）。后来，作为笔会主席，桑塔格通过组织这样的朗读活动，参与了对受到伊斯兰原教旨主义者攻击的萨尔曼·拉什迪的支持活动，与她一起的（上图，从左至右）有盖伊·塔利斯、E.L.多克特罗和诺曼·梅勒。

她在很大程度上放弃了由艾滋病引发的这场革命当中的那个角色；这场革命要求同性恋公众人物避免使用隐喻，更直接地谈论自己（下图）。她从未承认过她与安妮·莱博维茨（上图，右）之间长期——长期令人焦虑不安——的关系。苏珊对她说：“你很优秀，但你可以更优秀。”安妮则说，为了能让苏珊高兴，“我什么都愿意做”。

始于1992年的萨拉热窝围城战是近代史上最长的一次围城战。苏珊、戴维（上图，中）和导演哈里斯·帕索维奇（上图，左）一起前往围城，并在那里上演了一出戏《等待戈多》；没有电，只有蜡烛照明（中图），和饥饿的演员在一起，她给他们偷偷带去珍贵的面包卷（下图）。这是一种如同斗牛一样的艺术，在“阿尔托援引为现代戏剧艺术的真正主题的瘟疫受害者的世界”上演。

苏珊和《等待戈多》的演员们。后排从左至右：米莉安娜·齐罗耶维奇、纳达·朱列夫斯卡、苏珊、阿德米尔·格拉莫查克、伊祖丁·巴吉罗维奇。第二排：伊雷娜·穆拉穆希奇、伊内斯·范科维奇、维利博尔·托皮奇。前排：西德·贝托维奇。"你不能愚弄观众，"托皮奇说，"你不知道第二天你还能不能再演戏。我给伤员表演过，我给盲童表演过，在医院，在二楼，当时有人正在一楼截肢，有人在尖叫，真的是在失去生命，而我在表演。"

1998年，在摆脱癌症25年后，苏珊旧病复发；到1999年，也就是这张照片拍摄的时候，她已经康复了，但再也不能完全回到健康的状态。2000年，她出版了最后一部长篇小说《在美国》。2001年9月11日，她在柏林，被CNN播放的恐怖画面惊呆了。她为《纽约客》写了一篇违反自己原则的短文：“除非你亲临现场，否则你无权公开发表意见。”这篇关于“9·11”的三段文成为她最具争议的文章。

2004年3月，苏珊最后一次出国旅行，她应纳丁·戈迪默之邀前往南非。戈迪默说：“无论苏珊身在何处，四壁似乎都会向外扩张，空间变大。”几个星期后，她被诊断出罹患癌症；这次癌症最终夺去了她的生命。在她去世后，为了纪念她，萨拉热窝剧院前的广场以她的名字命名。

桑塔格探索性地写下了造假的照片或摆拍的照片的历史，包括这些在安提特姆、柏林和硫磺岛拍摄的战争照片。当人们了解了这些照片是摆拍之后，就消解了它们的权威性，也消解了所有照片的权威性。

在她的最后一本书《关于他人的痛苦》中，桑塔格探讨了她毕生追求的主题，关于观看的猥亵性和必要性。她对表现苦难的影像的历史追根溯源，从戈雅一直到现代，显示出恐怖的照片是多么真实，比如跑出被投下凝固汽油弹的村庄的越南女孩，或即将被杀害的一名柬埔寨妇女和她的婴儿，这些可以创建一个道德语境来阻止那些恐怖的行径。

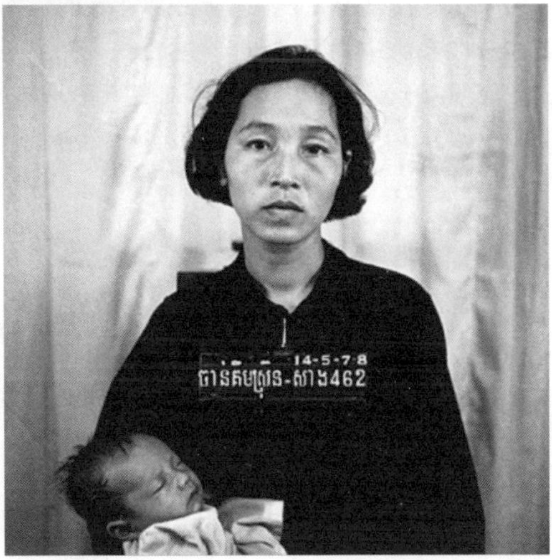

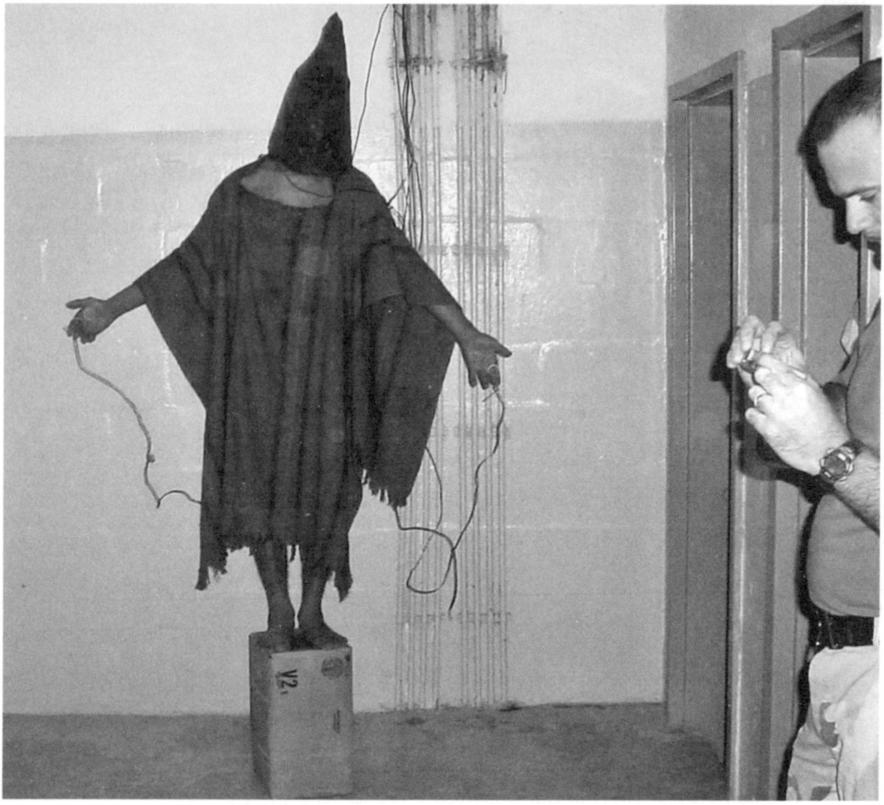

2004年，已经在接受晚期癌症治疗的桑塔格写下了她的最后一篇文章——《关于对他人的酷刑》，以回应此前曝光的美军在阿布格莱布监狱虐待伊拉克战俘——他们一边虐囚一边自己拍摄——的照片。如同她所有关于摄影的文章一样，这篇文章展示了一个看似理智或抽象的主题——人与人的影像、事物与它的隐喻的分离，是如何摧毁人的肉体，并使他们大声尖叫的。

1960年，她在日记里提出“规划：摧毁这一意志”。现在，她毫不含糊地赞扬了美国人的意志，玛琳娜的一次次旅程也相当于一种“地理疗法”——一种逃避。“幸福取决于不被困在你个人的存在——一个印上你名字的容器——之中。”[①] 她写道。玛琳娜的成功加强了她对意志的崇尚：“我已经向自己证明过一次，只要有足够坚强的意志，一个人可以克服任何障碍。”[②]

然而，即使是最伟大的女演员也无法避免某些“困境”，尤其是最为残酷的困境。假死是桑塔格年轻时虚构小说的一个主题，在这部小说中，这一主题以惊人的文字形式重现。

> 人们普遍认为，她扮演的垂死角色，当数《茶花女》中最为成功。据该城镇一家主要报纸《地产企业报》报道，在《茶花女》的一次演出中，当玛格丽特从长沙发上一跃而起，然后轰然一声，倒地而死，在拥有上千个座位的剧场里，两个坐在不同区域的观众目睹此景吓呆了，瘫在那儿无法动弹，演出结束整整一个小时以后他们才从座位上站起来。[③]

她的随从们因为她的意志，因为她战胜死亡的决心而赞美她。

> “她只是不知道如何去死。”理夏德说。
>
> “对我们大家都是一种激励。”威辛顿夫人说。[④]

---

① Sontag, *In America*, 216.
② 同上，第303页。
③ 同上，第278页。
④ 同上，第183页。

◆ ◆ ◆

1998年6月，苏珊写下这些话，完成这本书时，她正和保罗·迪
608 洛纳尔多一起在巴里。她是在他翻译《火山情人》时结识他的。安妮说："他看上去奇怪又有趣。她爱意大利，而且，她在那里有过很多美好的恋情，有过美妙的生活，她还喜欢听意大利人说话的口音。"[1]戴维会跟她叫板，还经常跟她争辩，而保罗从来不会跟她唱反调，有这么个好儿子跟在身边，苏珊觉得很自信。

现在，意志的女主角开始与现实生活发生冲突。"玛琳娜沮丧地想，也许她已用尽凭借自己的意志就能玉成那些不可能的壮举的份额。"[2] 在小说快完稿的时候，令人诧异的事情发生了。"现在什么事情都阻挡不了我了。"苏珊写的时候这样想。几天之后，她就开始
609 尿血。[3]

---

① 作者对安妮·莱博维茨的采访。
② Sontag, *In America*, 342.
③ Rieff, *Swimming*, 75.

第三十八章

海洋生物

有近 25 年的时间，桑塔格一直担心癌症复发。1998 年 7 月，回到纽约后，她确诊了子宫肉瘤。她告诉一个朋友，肿瘤有西柚那么大，“像一个海洋生物似的”长着。[①] 这个生物从她的体内吞噬着她，治疗就是切除子宫，随后就是放疗和化疗。这涉及一定剂量的顺铂，一种铂类药物。医生警告她说，这可能对治疗她的肿瘤有效，却让她的体内充满了重金属，将来可能会引发其他疾病。

苏珊当时 65 岁了，她很清楚要接受什么样的治疗。迈克尔·西尔弗布拉特说：“她当时确信自己快要死了。她觉得自己能面对癌症，但我不确定她是否能面对化疗，还有随后的治疗给她造成的虚弱。”她说这些事的时候“非常坦率”。不过，即便对这场磨难感到胆怯，她也勇敢地下定决心要渡过难关。一个朋友的伴侣患了癌症，她曾对 611
这个朋友说：“记住：这不是她人生中的弯路。这就是她的人生。”[②] 西尔弗布拉特说，而这时，“她的人生变成了面对疾病。她把自己的家变成了战场。她保存了自己所有的血检报告。医生有什么，她就有

① 作者对卡拉·埃奥夫的采访。
② 作者对托德·吉特林的采访。

什么。她把自己的X光检验报告存在电脑上"①。

她把注意力集中在疾病的身体层面，以减轻自己的痛苦和恐惧。对其他处于同样情况下的人她也是提议这样处理的。"我的目的首先是要实用。"她在谈到《作为隐喻的疾病》时这样说；该作21年前就已发表。在她第一次患癌期间，她询问其他病友都在接受怎样的药物治疗，他们无一例外地会回答"化疗"。这一次，当她问同样的问题时，她惊讶地发现，"他们嘴里脱口而出的会是一个个多音节词的药品名称"②。责任不是她一个人的，但她坚持认为，病患不该不带一点质疑就完全服从于医学权威，这意味着很多人和她一样在看书、查资料、做功课。还不仅仅是书："互联网是21世纪疾病新的归零地。"③

她也看到了负面的变化。一切事物，包括疾病和健康，都是商品，可以销售和消费。"即使不是真正的掌控，制药业的作用也很大，其设备和宣传直接深入到候诊室、检查室和病房。新资本主义医学——由保险公司的官僚机构统治——以一种更为激进的方式削弱了医生代表病人做出独立决定的权威。"她一如既往地关注着掩饰这一变化的语言。她写道，医生是"医疗服务的供应商"，而病患则是"医疗服务的消费者"。④

她这场病带来了另一个担忧：有生之年她可能无法完成《在美国》了。她认为写完这部小说比活下来本身重要，西尔弗布拉特也同
612 意她的观点。他说，即使她死了，这也会是最后打的一场大胜仗："我认为写完这本书至少和她治疗癌症一样重要。"她硬撑着继续，因而这本书带有她苦苦挣扎的影子。"你会觉得它是伴随着痛苦而降生

① 作者对迈克尔·西尔弗布拉特的采访。
② Liam Lacey, "Waiting for Sontag", in *Globe and Mail*, November 23, 2002.
③ 桑塔格未写成的名为《生病》一书的写作计划，2001年3月15日，桑塔格文档。
④ 同上。

的。”卡西亚·古尔斯卡说。[①]

确实，一些无法言说的、无法指名道姓的东西，隐藏在小说高傲张扬的表面之下。“玛琳娜自己会不会……？难道现在该轮到她罹患……了吗？”[②]《在美国》最后一个场景是单独的一段，长达27页[③]；2000年曾采访过苏珊的琼·阿科切拉说，如果这部分有时读起来像是在高谈阔论、嚷嚷不休，那是因为它是“在服下止痛片腾云驾雾的感觉下”写成的。[④] 至少有两年的时间，桑塔格要忍受剧烈疼痛，而且再也不会完全康复：她的脚部神经出了问题，因此行走困难，这迫使她接受理疗。

不过，这次患癌症期间也有安慰。20世纪90年代中期，随着她与安妮两人关系的恶化，她与露辛达旧情复燃。苏珊一直爱着露辛达，也不理会安妮一次次表示不满。和露辛达的恋情主要是在欧洲发生的，这段关系伤害了安妮；但是，苏珊需要人照顾，这几个女人因此联手来照料她。[⑤]

◆◆◆

“只有上帝知道她当时有多虚弱，”她这样写玛琳娜，“但上帝原谅了她，因为她已经很努力了。”[⑥] 桑塔格永远都“有点儿太努力”，对自己不够宽容。在玛琳娜的情绪背后是一种观点——美国世俗清教徒的观点——救赎是对无情的工作伦理的奖赏。苏珊一旦战胜了癌

---

① 作者对卡西亚·古尔斯卡的采访。
② Sontag, *In America*, 62.
③ 此处有误，应为17页。——译注
④ 琼·阿科切拉在菲罗克忒忒斯中心的演讲（“Susan Sontag: Public Intellectual, Polymath, Provocatrice”）。
⑤ 作者对露辛达·蔡尔兹的采访。
⑥ Sontag, *In America*, 41.

症，她就以更加坚定的决心，全力从生活中索取。她说："一天只有24小时，但我努力当成有48小时来对待。"[①]

这种决心似乎令人钦佩，甚至是鼓舞人心。但她是在残酷地对自己施加压力。如果说她在生病期间，相信科学全身心投入治疗，那
613 么，她一旦康复，似乎便全然忘记她的这种投入，忽略自己的身体，把"'健康'的理想"拒斥为资产阶级的利己主义。戴维曾写道，尽管她热爱科学，"带着一种近乎虔诚的强烈而不可动摇的坚韧崇尚科学"[②]，但她对最基本的科学准则的漠视则令亲近她的人感到震惊。

自从读了《马丁·伊登》，她便把睡眠与死亡等同起来。格雷格·钱德勒强调指出，她"对睡眠有很奇怪的痴迷"，还说她"经常打盹，而且即使在我走进卧室看到她睡着了——还听到她鼾声如雷，她还会对此表示否认"。特里·卡斯尔也有过同样的经历；她到伦敦排楼时，发现桑塔格明显是刚刚醒来的样子。她为吵醒她而表示歉意。

> 就好像我在指责她从未读过普鲁斯特，或在指责她整天追肥皂剧一样。她的脸色顿时就阴沉下来，开始对我厉声斥责。我为什么会认为她在打盹？难道我不知道她从来不打盹吗？她刚才当然没在打盹！她从来不打盹！再过一百万年也不会！说这种话真是愚蠢！我怎么会这么愚蠢啊？打盹——看在上帝的份上！[③]

长期以来，苏珊对食物、对文化、对体验的贪婪无餍都令人感到震惊。她称这是其"神奇的能量"——她能够从一件事迅速转到另一

① Lacey, "Waiting for Sontag".
② Rieff, *Swimming*, 31.
③ Castle, "Desperately Seeking Susan".

件事，从不表露出丝毫的倦意，对跟不上节奏的人则公开表示出诧异。[①]

◆ ◆ ◆

在萨拉热窝，她与《纽约时报》记者约翰·彭斯一起度过了很多个烛光之夜："我现在都能看到那一绺白发。"彭斯当时正在从几乎要了他的命的癌症中恢复过来，他们讨论了针对疾病千篇一律的印象所引发的痛苦。他回忆起一位给他蜡笔并鼓励他"与癌症做朋友"的"意识战胜物质"的医生。他们放声大笑。不过，彭斯承认，生病的 614
时候，他其实胡乱猜想是自己曾"嘲笑了上帝"。而"苏珊也理解我关于癌症是一种惩罚的感受"。[②]

癌症不是因为嘲笑上帝而受到的惩罚。然而，它可能是因为嘲笑科学而受到的惩罚，就连对"健康"不屑一顾的苏珊也意识到吸烟是不明智的。1993 年，一名巴西的记者再一次打电话给她，问她在接受采访时抽的烟是什么牌子的。他回忆说："苏珊大发雷霆。她说这些信息传出去对她来说是可耻的，因为她得过癌症，不想让人们知道她还在吸烟。"[③] 她仍然至少每天抽两包烟，有时，她和卡拉一起出去，如果有摄影师走近，"她就会把烟塞到我手里，即使我手里已经有一支了"[④]。

1995 年，也就是她第二次患癌症前三年的时候，她参加了一个名为"吸烟终结者"的课程学习。她的课本里充满了那种她觉得滑稽的"大众心理学"术语。其中很大一部分与"弗洛伊德的综述性论

---

① Lacey, "Waiting for Sontag".
② 作者对约翰·彭斯的采访。
③ Bob Fernandes, "Suburbana América", in *Isto É*, June 23, 1993.
④ 作者对卡拉·埃奥夫的采访。

点——疾病被认为是历史的”有关。她强调指出，“你的态度是决定成败唯一的条件”。她轻松愉快地说：“避免自怜自惜——嘲笑自己——让自己振作起来。”她还自我鼓励说道：“自怜自惜是负能量的思维——用正能量的思维取代它。消除自怜自惜会恢复自尊自重。”① 有一些实用的建议，“烟灰缸到下星期再洗，”这位优秀的学生强调说，“处于诱发情境下禁止吸烟。”

这些均为戒烟课程的标准，但从桑塔格的笔迹记录来看，它们就像是杜尚派的现成品。

观察吸烟者

他们看上去有魅力吗

615 他们看上去抽得很开心吗

自我完善的关键是“宣传自己”。

当你醒来的时候，

当你上床睡觉的时候

大声地对自己说出

“好的、强有力的

正能量的想法”

以下是“我想戒烟的（具体）原因”：

这样我就不会患肺癌

① “吸烟终结者”笔记，桑塔格文档。

这样我就能避免肺气肿
能让戴维高兴
不再咳嗽

以及“梦想（你还想要完成的事情，想做……）”：

沿着亚马孙河逆流/顺流而上/下
拥有美妙的性生活

出人意料的是，威廉·詹姆斯说的一句话也出现在“吸烟终结者谈话”当中。他曾说过：“我们这一代人最伟大的发现就是，人们可以通过改变自己的态度来改变自己的生活。”这不能一概而论：苏珊戒烟失败了。但是，像这样的“吸烟终结者”课程和组织使詹姆斯与弗洛伊德那一代的作品大受欢迎，他们的论点是，如果有意识地加以控制，心态——意志——是可以改善生活的。如果他们的观点部分源自宗教，那么，这些观点就会在缺乏道德主义——罪恶的概念、嘲笑上帝的概念——的情况下以新形象示人，而道德主义为早期自我完善的方法奠定了基础。一个基督徒想象了基督的受难。一名接受心理治疗的病人也运用了她的想象力。 616

对梦想的现实性的信念造就了桑塔格，并使她度过了艰难的一生。她的很多困难来自她拒绝看到大多数人认为是现实的东西。但这对梦中的世界是有用的。“吸烟终结者”课程的老师说：“创造一个‘梦幻画面’，一些令人愉悦、放松的事情……用于消遣。”碰巧的是，她这辈子就是在“梦幻画面”中度过的。从某些方面说，这是一种力量，也是一种麻醉剂。她拒绝接受自己的天赋、成就、再创造的可能性的种种局限性；这些局限性会阻碍那些更具洞察力的人。

1998 年 10 月 19 日，《纽约书评》社庆 35 周年，枯瘦憔悴的桑塔格头戴长长的黑色假发出席了庆典。而到了 1999 年春天，她已然恢复了体力，回到了巴里。为了写完这本书，她需要保罗无条件的支持。但席卷亚得里亚的灾难仍然在分散着她的注意力：这是斯洛博丹·米洛舍维奇发动的战争的最后行动。

◆ ◆ ◆

1995 年，《代顿协议》结束了波黑战争。然而，米洛舍维奇决意要教训一下另一些前南斯拉夫人，科索沃的阿尔巴尼亚人。在共产主义时期的南斯拉夫，塞尔维亚的这个省——科索沃——享有高度自治权，但在南斯拉夫解体期间，这种自治权被削弱了，而且，针对占科索沃人口 90% 的阿尔巴尼亚人开始了残酷的镇压。在这场大灾难中，这一镇压没有得到应有的关注；但是，对任何旁观者而言，这种镇压演变为公开的战争似乎只是时间问题。当米洛舍维奇的军队开始种族清洗行动——最终导致大约一百万人遭到驱逐——时，在波黑坐视不管的“国际社会”终于忍无可忍。

617 科索沃人不会像波黑人那样长时间地等待克林顿。1999 年 3 月 24 日，北约开始轰炸塞尔维亚。在长达 78 天的军事行动中，克林顿总统受到众人的指责，同样也是这些人过去曾指责美国拙劣的干预行动，从 20 世纪 60 年代的越南和古巴，到 80 年代的尼加拉瓜、黎巴嫩和巴拿马。然而，如果《河内行纪》的读者希望看到苏珊·桑塔格也在这些人当中，那么，他们对《纽约时报杂志》5 月 2 日发表的那篇长文一定很失望。

《我们为什么在科索沃？》写于巴里。此地离意大利一个空军基地不远，北约的飞机就是从这个基地飞往塞尔维亚的。很多意大利民众反对这次轰炸。桑塔格写道:“右翼反对移民,左翼反对美国。”该文大部分内容都在指责欧洲人放弃了战后欧洲的种种理想:“让波黑消亡的欧洲。”对欧洲的失望同样也出现在《在美国》中。该小说描绘了一个庸俗不堪且物欲横流的美国;然而,正如她在该小说中欣欣然支持她的祖国一样,此时的她认为克林顿的干预是正确的。[①] 她坚持认为:“并非所有的暴力都应该受到同样的谴责,并非所有的战争都同样非正义。”

这篇文章,和她很多作品一样,是对如何看待事物的一种论证。文章开头写到一个朋友从纽约打电话来问桑塔格,她在意大利是否能听到塞尔维亚炸弹的爆炸声。她那“毫无地理概念的美国朋友对欧洲国家只比邮票大一点点的想象力”很容易遭人嘲笑。不过,地理位置不重要。任何在关注的人都能看到正在科索沃发生的事情。问题不是一个人在哪里,而是一个人是否愿意去看、愿意去哪里看的问题。

> 当然,如果事情没有发生在你身上,你很容易就把目光从正在发生的事情上移开。或者你没有置身事中。我记得1993年夏天在萨拉热窝,一个波黑朋友悲伤地告诉我,1991年,她从电视 618
> 上看到武科瓦尔被塞尔维亚族人彻底夷为平地的画面,她心里想,多么可怕啊,但那是在克罗地亚,那种事在波黑这儿绝不会发生……然后她换了个频道。[②]

这种支持并没有被华盛顿忽视。几天后,苏珊应邀在白宫参加国宴。主宾是匈牙利总统根茨·阿尔帕德。他曾被判处死刑,在狱中自学英语,获释后成为一名作家和翻译家。在他出版的作品中有一本文

---

① Sontag, “Why Are We in Kosovo?”, in *The New York Times Magazine*, May 2, 1999.
② 同上,1999年5月2日。

集《灾难之想象》，其中收录了多篇苏珊的随笔文章，包括《静默之美学》和《关于“坎普”的札记》。①

科索沃战争正在进行；在祝酒词中，克林顿总统向根茨总统对“欧盟的”原则的承诺表示敬意；苏珊在萨拉热窝目睹这些原则遭到放弃。

> 您的愿景——人民共同生存、国家共同生存、和平解决分歧、从多元中汲取力量、以平等的尊严对待所有人——将为欧洲乃至全世界更美好的未来奠定基础。②

苏珊思考了某些政客如何能让对话者感觉他们自己就是世界的中心。令她印象特别深刻的是比尔·克林顿身上的特质——他的微笑、他的凝视、他的热情——她的很多朋友都认为她自己也有这方方面面的特质。她告诉迈克尔·西尔弗布拉特，克林顿关注你不超过30秒，就会让你有一种令人珍惜的亲密感的幻觉。这次宴请发生在1999年6
619 月8日。两天后，北约停止了轰炸行动，南斯拉夫军队撤离科索沃。

◆ ◆ ◆

五个月后，10月26日，苏珊再次回到白宫；希拉里·克林顿邀请她参加《女性》的首发活动。这是安妮·莱博维茨拍摄的各行各业女性的一本影集。这本书是苏珊的主意，她在序言里也重述了她对看与被看的痴迷。她写道：“首先，一个男人是被看见；女性们是被

---

① Leland Poague and Kathy A. Parsons, *Susan Sontag: An Annotated Bibliography: 1948 - 1992* (New York: Garland Publishing, 2000), 47.

② William J. Clinton, “Remarks at the State Dinner Honoring President Arpad Goncz of Hungary”, June 8, 1999.

看。”她探讨了女性是如何因其美貌而受到赞扬，也同样因此而受到谴责的：“多年来，把有名的美女的照片拿出来看，最主要的兴趣就是要看到她们是如何妥善地抑或糟糕地应对衰老带来的遗憾的。”① 她还提到了电影《瑞典女王》的最后一个镜头，以及这位女主角空洞的表情是如何成为她力量的源泉的。

> 嘉宝问导演鲁宾·马莫利安，在拍这场戏时她应该想些什么。什么都别想，这是他著名的回答。什么也别想。放空。他的指导产生了电影史上最令人动情的画面之一：当镜头渐渐推近、抓住一个长时间特写的时候，观众别无选择，只能面对那张美丽绝伦、欲哭无泪、神情茫然的脸上越来越绝望的神情。一张面具般的脸，人们对此能够尽情想象；这是女性被看的外表完美的表现。②

该摄影集的最后一幅照片是苏珊的肖像，一头短短的白发，这些头发是她在接受癌症治疗后又长出来的。封面上用巨大的字母印着莱博维茨和桑塔格的名字，排名显示两人的重要性不分伯仲。名字，以及那篇序言，都显示了安妮在两个方面的成功。第一个是“摆脱了这是一个让人脱光衣服的女孩的声誉”。第二个是在苏珊·桑塔格的认 620
可下，确立了自己是一名严肃的艺术家。苏珊给安妮提各种建议，从来不会心存顾忌。有时候，她的建议如果不说是些许的侮辱，也是多余的——比如她们乘船游览尼罗河时，她就一个劲地劝她去看金字塔。（“这真有点尴尬。”霍华德·霍奇金说。）有时，她对安妮的视

---

① “A Photograph Is Not an Opinion. Or Is It?”, in Sontag, *Where the Stress Falls*, 241; Annie Leibovitz, *Women* (New York: Random House, 1999).
② 同上，第247页。

觉才华表示惊讶，就像她第一次去她的公寓时那样。“她真有眼光！”她惊叹说。[1]

> 玛琳娜有时的确会想，我简直就是个暴君。但他似乎并不在乎。他宽容，有耐心，是个好丈夫。这才是婚姻中真正的自由，真正的满足，不是吗？你可以要求某人，合情合理地要求某人去看你看见的东西。完完全全就是你看见的东西。[2]

和玛琳娜的丈夫一样，安妮也竭尽全力去看苏珊完完全全看到的东西。

> 你和她一起去博物馆，她会看到一些她喜欢的东西，她就会让你站在她看那样东西时所站的地方，这样你就能看见她看见的东西。你就站在那儿，一点也不能偏左，一点也不能偏右。你就只能站在她刚才站的地方。[3]

安妮说：“她告诉我，我很好，但我可以更好，正是因为她，我的拍摄目标才变得多元、变得更宽广。正是因为她，我才去了卢旺达、去了萨拉热窝，开始更加严肃认真地对待事物。”[4]

> 她非常、非常严苛。要让她满意非常难。从我认识她起，我
> 621 就一直努力要让她满意，但并不是每次都能做到。她不停地提高

① 作者对彼得·佩龙的采访。

② Sontag, *In America*, 74.

③ Leibovitz, *A Photographer's Life*.

④ Jesús Ruiz Mantilla, “Sin Susan Sontag, no habría ganado el Príncipe de Asturias”, in *El País*, November 11, 2013.

> 标准……她是一个非常严苛的批评家，但也是一个狂热的崇拜者，我最大的粉丝。[①]

苏珊很喜欢代表安妮出面处理事务，她其中的一次介入产生了十年来最令人难忘的杂志封面之一。安妮受委托为《名利场》1991 年 8 月号拍摄女演员黛米·摩尔。摩尔当时已怀孕七个月了，莱博维茨为她摆了个侧面姿势，妆容完美，佩戴着厚实的钻石饰物——除此之外别无他物。“这个让人脱光衣服的女孩”又故伎重演了。不过，蒂娜·布朗对这种影像持怀疑态度，因为那个时候，孕妇——尤其还裸体，尤其还色情色彩浓厚——从未出现在杂志封面上。苏珊拿起电话，说服布朗同意，于是，这成为《名利场》杂志历史上最畅销的一期，估计有一亿人看到了这期的封面。[②]

◆ ◆ ◆

在苏珊第二次罹患癌症后，她俩的关系改善了。苏珊生病时安妮会照顾她，苏珊会说服安妮去博物馆参观。彼此都能像母亲一样关爱对方。彼得·佩龙说：“她总会在苏珊生日那天刻意为她做些特别的事情。苏珊成了个小姑娘：有人真正记得她的生日，并在她生日那天照顾她。”[③] 安妮的朋友劳埃德·齐夫回忆起他们在莱茵贝克安妮的乡村别墅，在壁炉旁度过了一个个浪漫的夜晚，苏珊大声地为客人朗读弗吉尼亚·伍尔夫的作品。

---

① Natividad Pulido, “Desde que conocí a Susan Sontag traté de complacerla, pero no siempre funcionaba”, in *ABC* (Madrid), June 19, 2009.

② 参见 Maxine Mesinger, “VF Dresses Demi in Paint”, in *Houston Chronicle*, July 7, 1992, 以及蒂娜·布朗的回忆录（*Vanity Fair Diaries*），后者讲述了一个不一样的故事。

③ 作者对彼得·佩龙的采访。

苏珊可以给安妮增添一种高雅文化的体面，而安妮则可以让苏珊冷静下来。她的杂志封面有一亿人看过，其中大多数人从未听说过苏珊·桑塔格，读过她作品的人就更少了。如果说苏珊极其鄙视现代名
622 人文化，那么，她并未对这么多潜在的读者会带来的好处熟视无睹。她告诉一个朋友，她从妮科尔·斯特凡娜身上认识到“如果你离开了公众的视线，你就会从他们面前消失”；妮科尔遭遇车祸后就让自己消失了。①

而安妮对苏珊的回应是试图证明并改进自己。奥利弗·斯特兰德是苏珊最后的助手之一，他说：“她对苏珊言听计从，苏珊吩咐她做事的时候，她就像在看伊莉莎·杜利特尔一样。”有些人看到的是残酷，安妮看到的却是鼓励。苏珊 60 岁生日那天，安妮带着她乘船沿尼罗河而下，她们慢慢地靠近了大金字塔。为了赶上日出，她们凌晨两点就出发，攀爬那些巨石。安妮说：“当时风很大，你都感觉自己马上就要被吹下去了。”爬到一半的时候，她已经受不了了。她想，我真的没有必要善始善终。“我真的觉得哪儿都不去是最舒服的。”然而，这个时候苏珊飞快地超过去了，嘴里喊着：“我们顶上见！”安妮乖乖地跟在后面。“很简单，就是这样。如果苏珊要做这件事，我就必须上去。”

安妮会无法控制地回忆起她们之间的交往，这依然会给她带来灵感。她说：“她很严苛，但是一切都抵消了。好的方面远远多于坏的
623 方面。我们一起经历了很多美好的事情。”②

① 作者对米兰达·斯皮勒的采访。
② 作者对安妮·莱博维茨的采访。

第三十九章

世上最自然的事情

1996 年 3 月，苏珊收到了卡尔·罗利森、莉萨·帕多克夫妇的一封信，信中说：“我们刚刚和 W. W. 诺顿出版公司签了合同，要写你的传记。”在桑塔格 1980 年访问波兰期间，他们曾有过短暂的交集。他们在信中写道：“从那以后，卡尔出版了数部传记，传主包括玛丽莲·梦露、丽莲·海尔曼、玛莎·盖尔霍恩、诺曼·梅勒、巴勃罗·毕加索（写给年轻读者）以及丽贝卡·韦斯特。”①

苏珊很是震惊，但她要伺机再提出警告。8 月，罗利森和帕多克夫妇联系了罗杰·斯特劳斯。斯特劳斯在给诺顿的出版人斯塔林·劳伦斯的信中说：“我昨天跟她谈过，她厌恶这个选题。”② 几个星期后，《纽约时报》刊登了对罗利森和帕多克的采访：《这是一种孤独的买单方式：对于未经授权的传记作家而言，这个世界充满敌意》。罗利森 625
似乎很难站在苏珊的立场设身处地想象。“‘我给每个人都留下指令，对他们说：谈谈、谈谈、谈谈，’他大笑着说，‘我希望这是一本好书，有丰富多彩的故事。每个人都谈论。我想要出名。’”帕多克则不然，她似乎更清楚为什么苏珊——或者其他人——不会欢迎这种不

① 卡尔·罗利森、莉萨·帕多克写给桑塔格的信，1996 年 3 月 7 日，桑塔格文档。
② 罗杰·斯特劳斯写给斯塔林·劳伦斯的信，1996 年 8 月 28 日，桑塔格文档。

请自来的入侵。她说："我绝对不会喜欢的，这会让我非常生气、非常不安。"①

苏珊在成为公众人物的40年中，结识了很多人，更别说她树敌无数了；到1997年初，她决定解释清楚，那些与她的对手合作的人是在违背她的意愿行事。她给她能想到的人都写了信："我想让你知道，你可能会收到他们的来信，当然，我和他们丝毫没有联系。"

> 只要我还活着，别人写的任何一本关于我的传记，在我看来都是毫无意义、不严肃的；而那些传记作者认为，在为他们的书取得合同之前，没有必要告诉我他们的意图，也没有必要征求我的同意或合作，这样写出来的传记受欢迎的希望更小。②

这本传记很快就完成了。1999年底，作者的代理分别给15家杂志社写了信，希望他们能先行发表该书的节选。其中一封信送到了《洛杉矶时报》图书编辑的办公桌上。此人不是别人，正是苏珊的老朋友史蒂夫·沃瑟曼，他把信通过传真发给了苏珊。③

◆ ◆ ◆

信中还提到了传主"公开表示喜欢女性"。令人难以置信的是，"公开喜欢"这种说法先前只在主流媒体上出现过一次——七年前，

---

① Janny Scott, "It's a Lonely Way to Pay the Bills: For Unauthorized Biographers, the World Is Very Hostile", in *New York Times*, October 6, 1996.

② 桑塔格写给珍妮特·保尔森·黑伦尼科的信，1997年2月20日，桑塔格文档。

③ Elizabeth Manus, "Susan Sontag Gets Jumpy; Pat Conroy Gets Left Out", in *New York Observer*, January 17, 2000.

佐薇·海勒在柏林采访苏珊，为《独立报》撰文。她的文章包括下面这半段： 626

> 据她的朋友证实：自从她和里夫的婚姻破裂后，她所有的恋爱对象都是女性，但是桑塔格拒绝被划入女同性恋者一类，也不愿意承认她与她长期的伴侣——摄影师安妮·莱博维茨——之间的关系。“当然，我认为，一个59岁的女人还被外人认为过着一种积极的情感生活——我就是这样过的——是件很棒的事情，但是，就像我不想多谈我的精神生活一样，我也不想多谈我的性生活。它……太过复杂，谈到末了听上去总是乏味得很。”①

苏珊看到海勒的采访报道时惊慌失措，她打电话给自己的经纪人安德鲁·怀利，让他处理这一“危机”。此后不久，海勒说：

> 完全出乎意料，戴维·里夫给我打了电话；我以前从未见过他，所以这件事很奇怪，我真的都不知道会发生什么事。我们在《独立报》报社见了面，然后一起出去吃了午饭，我不太记得他都说了些什么，只记得那句“你把她弄哭了”。②

这次会面让海勒颇感困惑，她丝毫没有强迫苏珊“出柜”的意思；她认为自己提到的事世人皆知。事实上，她当时还写了一篇反对出柜的文章：“差不多同一时期，我还采访了巴瑞·曼尼洛（!），但没有提他是同性恋者。”这顿午饭更是吃得不明不白，因为戴维根本

---

① Heller, “The Life of a Head Girl”.
② 作者对佐薇·海勒的采访。

没有明说他母亲为什么心烦意乱。

卡拉·埃奥夫看到了这种藏着掖着付出的代价。她说："有一阵子安妮感到沮丧和不安，因为她为这段关系感到骄傲。她爱她，而她
627 俩都是公众人物。她不想大肆宣传，但她觉得她们也没有必要非要假装根本没这回事呀。"苏珊的反应伤害了安妮。"我越来越觉得你为我感到羞耻。"她眼泪汪汪地对她说。[①]

卡拉问苏珊："你为什么就不能和你要交往的人好好在一起，别管谁知不知道呢?"回答令她惊愕不已：

> "唉，不像你，卡拉。你可以嫁给一个男人，但这跟我们不一样。我们无法做到专一。同性间的恋爱和异性间的恋爱所处的关系不可能一样的。何况，我还喜欢男人。"
>
> 我说："这么说你是双性恋啊。那就承认这一点啊。会有什么伤害呢?""承认了有什么用？这是我自己的事，跟别人无关。"我继续劝说她，到最后她只好说："我认为同性恋是不正当的。"她说出了你从那些可怕的自称基督徒的人那里能听到的所有的那些说法："器官不匹配。"

◆ ◆ ◆

菲利普·里夫在他后来的一部专著中写道："性模式下的爱必须跨越性别才是真爱。"[②] 在《恩主》中，桑塔格描述同性恋是"戴着面具的一种嬉闹"。这么多年过去了，她依然无法摘下那张面具。她

---

① 作者对卡拉·埃奥夫的采访。
② Rieff, *My Life Among the Deathworks*, 126.

又戴上了另一张面具——著名作家这个身份，她有一次曾明确表示，这样做意在隐瞒她的性取向。“我需要这个身份作为武器，与社会针对我的武器针锋相对，”她写道，“身为同性恋者让我觉得更加脆弱。这就增加了我想隐瞒、想隐身的愿望。”

如果说文化已然改变，桑塔格则没变。直到她生命的最后时刻，用西尼奥里莱的话来说，同性恋还是“某种可耻的秘密”。在公开场合，甚至私下里，她都强烈否认与莱博维茨有任何恋爱关系。“与大家所认为的不一样，我们并不是恋人。”她在2002年这样告诉阿根廷 628
作家路易莎·巴伦苏埃拉。[1] 次年，意大利记者亚历山德拉·法卡斯在《晚邮报》上发表了一篇文章，其中提到了她俩的恋爱关系，遇到了层层阻力。

她在一封电子邮件中愤怒地斥责：“我感到震惊，也确实非常生气，你在没有证实或明确的情况下，就选择传谣，把关于我私生活长期以来的一个谣传当成事实，你对我的私生活一无所知。你没有问过我任何关于我的私生活的事情。”

> 事实上，这个谣传是不真实的。不过，即使是真的，在我看来，在一个专门针对——我认为——严肃的受访对象的采访中，你重复这种八卦，是不文明的，是庸俗的。[2]

法卡斯礼貌的回复（“提到你俩的友谊似乎是自然的，也是真实的，包括……对我们及其读者而言，性取向不是问题”）对苏珊而言只是火上浇油。一个朋友说：“她被‘这个法卡斯女人’搅得心神不

---

① 桑塔格写给路易莎·巴伦苏埃拉的电子邮件，2002年5月24日，桑塔格文档。
② 桑塔格写给亚历山德拉·法卡斯的电子邮件，2003年2月3日，桑塔格文档。

宁。”[①] 她回了一封电子邮件反击，满是嘲讽的引号：

在谈论我的作品时，你提到安妮·莱博维茨确实是我的朋友，这一点也不“自然”。我印象中你并不是指一种友谊关系。事实是，我有不少朋友。他们中有几个都是摄影师。

而且，它不是“资讯”。你提到的“研究”其实是对这个长期存在的八卦的另一种形式的提及，这个八卦——当然对我没有什么“伤害”——恰巧不是真的。[②]

她的反应并不总是这么咄咄逼人。2003 年，《纽约时报》的一名
629 校对人员询问她是不是“莱博维茨女士的前伴侣”，就收到了回复。“我当然知道这些谣传。不，这信息不准确。”[③] 她甚至还对她妹妹说了谎。

我会去纽约看她……于是，我们出去，去某个地方，看一些东西，拜访什么人，然后，她就会说：“我要去一下安妮家。她家有好多麻烦事儿。”她会瞎编一些故事来骗我，然后我就会在第二天上午去看她，然后是别的什么事，然后又是别的什么事，我都已经习惯了。

正如朱迪丝是从《好莱坞报道》上得悉她姐姐患了癌症一样，她是从旧金山的一个朋友那里知道苏珊和安妮的这段关系的；这个朋友

---

① 作者对安东尼奥·蒙达的采访。
② 桑塔格写给亚历山德拉·法卡斯的电子邮件，2003 年 2 月 4 日，桑塔格文档。
③ 桑塔格写给乔伊斯·瓦德勒的信，2003 年 10 月 8 日，桑塔格文档。

也只是很随意地提起——因为这已是众所周知的事实了。但朱迪丝惊呆了。[1]

◆ ◆ ◆

苏珊听到罗利森决定要揭露她性取向的风声时，她正在接受琼·阿科切拉为《纽约客》做的访谈。这篇人物专访定在《在美国》出版时同步发表。阿科切拉说："那次我对苏珊进行的系列采访是我一生中做过的最艰难的采访，其中还包括尼金斯基的女儿，而她有精神分裂症。"[2]

哪怕只是出于对自身利益的考虑，她对阿科切拉的谩骂也实属奇怪。然而，恃强凌弱又浮华虚夸的这个人，让阿科切拉觉得几乎不可思议地毫无自知之明。

> 她真的希望我说她的好话。她真的希望我（如她朋友所谓）成为她的圈中人，成为"她的人"中的一员。她狂妄自大而且自欺欺人地认定谁是自己的朋友。她会说：哎，谁谁谁是我很好的朋友。而我前一天才和那个人通过电话，他在电话里说：那个臭婊子。[3]

630

阿科切拉很快就发现了最大的谎言。比如，苏珊倾诉说，和她上床的第一个女人是艾琳·福恩斯，只是因为艾琳给她带来了1000朵白玫瑰。但阿科切拉知道罗利森的书就要出版了，她告诉桑塔格她应

① 作者对朱迪丝·科恩的采访。
② 作者对琼·阿科切拉的采访。
③ 琼·阿科切拉在菲罗克忒忒斯中心的演讲（"Susan Sontag: Public Intellectual, Polymath, Provocatrice"）。

该“在他们出来拿枪对着你之前”就采取行动。她提出要发表一些无伤大雅的东西。

> “在这个关口阻止他们，用我来对付这件事。用这篇文章来对付。就说你是双性恋，就这样。”唉，她吓坏了。她彻底吓懵了。她对我说：“我不知道说什么。我不知道用什么词。”我说：“我会把它们写在一张纸上，你可以看我写的东西，你也可以说一些别的，或者你就说纸上写的这些话。我会坐在你面前，把你说的话录下来，录音机会开着。”

《纽约客》严谨的校对人员会要求每一条引用都要有出处证据，所以，阿科切拉需要把它们录下来。

> 我第二次来。你都不会相信：她就坐在客厅中央这么一把巨大的高脚椅上。我说：“苏珊，要么我过去提问，要么你过来。”我当时坐在边上的一张沙发上。这真的是疯了。她最终来到沙发前。某种程度上说，我就坐在她的脚边。我打开了录音机，不
> 631 过，如果录音机出任何问题，我可就惨了。不管怎样，她令人难以置信地吞吞吐吐、艰难地说出了我文章中引用的那些内容。

这句话似乎带着人们对《关于“坎普”的札记》一文作者所期待的老练的口吻脱口而出。“我有女朋友也有男朋友，这是什么意思？我认为我从未想过我会说这些话，因为这在我看来是世上最自然不过的事情。”[1]

---

① Acocella, “The Hunger Artist”.

如果是书面的文字，这些话听上去就没什么伤害，但是一旦说出来，听上去就完全不一样了。

> 我的转录员，那个负责把录音采访用打字机打成文字的小伙子，他是个同性恋者，一个来自纽约的同性恋者——换句话说，一个完全出柜了的同性恋者——正在打字，他不得不把这些话打出来。他不仅听到了这些话，还听到了那种嗓子哽咽的语调。转录员说他一下子就哭了。我说："我也是。"她说这些话的时候，我哭了。①

◆ ◆ ◆

"壁柜"不是一个地方，而是一个隐喻。连同与其相关的隐喻"出来（公开表明同性恋者身份）"，它总体上揭示了隐喻的不完美。无论"出柜"从文化角度或社交意义上可能会多么令人担忧，但实际上或从语言学上讲，这个短语听起来就像是一个简单的、一次性的行动——走出一个房间、进入另一个房间的一个决定。

这一隐喻在 20 世纪 60 年代之前并没有出现在同性恋运动中，也没有出现在男女同性恋者用来形容自己的语言中。

> 正如很多坎普的同性恋术语一样，"出柜"是对女性文化语言开的一个大玩笑——在这种情形中，这个措辞用来指初入社交界的仪式：被正式介绍到，或"出来"进入她的文化同侪的社交 632

① 作者对琼·阿科切拉的采访。

界……战前年代，那时候的同性恋者并不说从我们所称的“同性恋壁柜”中出来，而是说出来进入他们所称的“同性恋社会”或“同性恋世界”。[①]

一旦有了名称，如今为人所知的“壁柜”现象就可能被研究和理解了。如果说，在黑人解放运动和妇女解放运动时期的同性恋者开始意识到他们也是受压迫的少数群体，那么，他们就也能明白，女孩或少数群体社区成员的成长方式与同性恋儿童成长方式之间存在着巨大的差异。

女孩——她们中的大多数——都是从母亲那里学习如何成为一个女人。一个黑人小孩可以从父母和社区那里学会如何应对种族主义。然而，大多数同性恋小孩都出生在通常对同性恋持强烈的反对态度的异性恋家庭和社区。这种反对态度令同性恋小孩产生了强烈的动机，促使他们对自己的性取向撒谎；这种说谎的行为——在其他情形下理应受到谴责——关乎生存。

正是在这样的背景下，年轻的苏珊才写下“身为同性恋者……增加了我想隐瞒的愿望”。在她长大成人的过程中，这项技能不仅仅限于孩子，对成年人而言也至关重要。像她一样，很多同性恋者都结婚了。直到20世纪60年代，任何与其他同性恋者交往的尝试都会招致可怕的风险。被人发现可能意味着，就像苏珊差一点遭遇的一样，失去自己的孩子，以及，在任何需要许可证的行业，包括医疗行业、法律行业，或精神病医疗行业，暴露同性恋者身份意味着一个人的行业许可证可能因其“道德败坏”而被吊销。警察经常袭击同性恋者。记

① 参见 George Chauncey, *Gay New York: Gender, Urban Culture, and the Making of the Gay Male World, 1890–1940* (New York: Basic Books, 1994), 6–7, quoted in Jack Drescher, “What's in Your Closet?”, in *The LGBT Casebook*, eds. P. Levounis, J. Drescher, and M. E. Barber (Washington, D. C.: American Psychiatric Press, 2012), 3–16。原文为斜体。

者进入同性恋者酒吧，把他们在酒吧发现的人的姓名及其地址公之于众；很多人因此而自杀。

这种压力转化为自尊心低下和精神抑郁。查尔斯·西尔弗斯坦医 633
生是最早治疗同性恋的心理学家之一，他说："当时的理论是，如果你真心想改变，你就能改变。因此，如果一个人一直有同性恋幻想，那就一定是他自己的错。他们成了人生的失败者，家庭中的失败者，夫妻间的失败者，无法改变自己的失败者。这样只会导致精神更加抑郁。"西尔弗斯坦医生说，这种失败感意味着"有些人不可能建立恋爱关系。也有这样的夫妻，但他们大多生活在农村地区。在大城市，我还从未遇到过这样的夫妻长期在一起，尽管我知道有这样的情况存在"①。

甚至有一次，在1969年警方对一家名为"石墙"的酒吧进行了一次突袭后，同性恋解放运动才真正开始，但这"柜"也不是"出"与"不出"的问题。一个人的身份在周末可能是公开的，但周一上午到了办公室就又隐瞒了。一个人可以无拘无束地生活在城市里，但当他们回到保守的家乡时，就又要重新掩饰一番。所以，"壁柜"从来就不是一个地方，也不是你一旦抛掉就可以彻底断离舍的东西。在同性恋者者人身安全的地方，"出柜涉及如何处理普通的日常对话时机的选择"②。另一位学者写过，这是"一个可能永远也不会结束的过程……［同性恋的］人们必须每天决定是否要透露以及向谁透露——这种经历可能与异性恋者完全不同"③。

这就是桑塔格在其中长大成人的世界。尽管人们对同性恋的看法发生了翻天覆地的变化，但她晚年的行为表明，她从来就未能摆脱那

---

① 作者对查尔斯·西尔弗斯坦医生的采访。

② Jack Drescher, "The Closet: Psychological Issues of Being In and Coming Out", in *Psychiatric Times*, October 1, 2004.

③ Drescher, "What's in Your Closet?"

些她年轻时盛行于世的观点。公开的同性恋者身份不再置她于法律或社交的危险境地。（如果有什么区别的话，那便是：诚实会为她作为激进事业的一名斗士的声名增光添彩。）然而，积习难改，因此，在一个科学上不再认同对同性恋进行谴责的时代，心理学家们却越来越
634 理解这个习惯。1993 年，两名研究人员写道："装扮成异性恋来隐瞒和逃避让他们在道德上一辈子都憎恨自己，由堕落、无伤大雅的谎言和半真半假组成的迷惑，破坏了家庭成员之间和朋友之间的社交关系。"①

隐瞒还要承担一个后果。另一位同性恋心理医生研究发现，长期不公开同性恋者身份的人"很难准确评估别人［对他们自己］的看法，也很难认识到［他们］自己的长处"②。这就解释了为什么苏珊公开披露一些至少私下已尽人皆知长达 40 年的事时会痛苦不已。隐瞒令这些人很难感受"反映自己能力的真实的成就"——因为这些成就，就如同他们自己一样，几乎不可能是名副其实的。这令他们格外依赖他人的意见。

"透明、隐形、失声以及被困墙后或其他障碍物后，这些都是用来描述"不出柜"这种主观体验的措辞"。这些也是隐喻。不过，"壁柜"的确意味着秘密、隐瞒和羞耻。它意味着失声，以及看不见。

◆ ◆ ◆

和苏珊在一起的时候，真是"伴君如伴虎啊"，阿科切拉说。

苏珊真的是非常、非常难相处，而且她还撒谎。她经常撒

① Drescher, "The Closet".
② 同上。

谎。尽管我们不能算是朋友，但也很熟，而且我们同属一个社交圈。她不该那样对我撒谎。

阿科切拉的人物专访《饥饿艺术家》于 2000 年 3 月 6 日发表，文章充满了热情和赞赏。她盛赞小说《在美国》，程度远远超过了她认为该小说应得的赞美，对苏珊对她的所作所为却只字未提。她说，635
这是“我写过的最不坦诚的人物专访。如果我把当时和苏珊相处的情况实话实说，这篇文章就会大不相同了”。就像是一个孩子，目睹自己的母亲丑陋不堪的挣扎，不愿意让她暴露在众目睽睽之下受到羞辱，阿科切拉被苏珊“极度的需求”所打动，愿意为她掩饰。苏珊则对这篇文章不屑一顾，认为它“虽然满是溢美之词，但粗俗不堪”[①]。

◆ ◆ ◆

两个月后，《纽约时报》刊登了一篇赞美程度略逊一些的书评。加利福尼亚一位 81 岁的业余历史学家埃伦·李发现，《在美国》中至少有 12 段似乎剽窃了女演员海伦娜·莫杰斯卡的作品或关于她的作品；海伦娜是玛琳娜·扎温斯卡的人物原型。李是一名莫杰斯卡专家，她对此非常震惊：“为什么像苏珊·桑塔格这样有地位、有声望的作家，会不加引号、不加批注说明就使用这些原始资料呢？”[②]

桑塔格转移了这场争议的焦点。她对《纽约时报》记者说：“有一个更大的问题需要论证，那就是所有的文学都是一系列的相互参考和典故引用。”她接着又说：“我区分作者和原始资料。原始资料本身

① 桑塔格写给李·波格的信，2001 年 3 月 9 日，桑塔格文档。
② Doreen Carvajal, “So Whose Words Are They, Anyway? A New Sontag Novel Creates a Stir by Not Crediting Quotes from Other Books”, in *New York Times*, May 27, 2000.

就是根据资料来起作用的，它们就是在引用原话。”尽管这些借鉴的材料加起来总共只有 3 页左右，但是，我们必须采取极其开明的观点来考量桑塔格除了剽窃以外对“原始资料”的使用。她能够用她为玛琳娜设定的标准来评判自己，并为自己开脱：

> 她告诉他们：“大多数符合舞台表演的规则在现实生活中也同样适用。”（“除非，”她说，脸上带着欢快而又神秘的笑容，
> 636 “这些规则不适用。”）其中的一条规则是：决不要承认失误。[①]

然而，剽窃是一个桑塔格感兴趣的主题。她的小说中充满了这样的角色，他们有的担心被发现，有的则不计后果地冒险。《恩主》中的希波赖特试图杀死安德斯太太，显然就是为了被抓住。在《死亡匣子》中，迪迪承认了一桩他并没有实施的谋杀。她在日记中曾思考过各种各样的剽窃：

> 布莱希特会被当成一个剽窃者吗？在与埃克曼的一次谈话中，歌德建议对任何受到这样指责的作家做出强硬的回应：“存在的就是我的，我是从书本上抑或从生活中得到，这无关紧要；唯一的问题是，我是否正确地使用了它。”布莱希特没问题，他的处理方法是集合性的。可是 D. M. 托马斯呢？不行，他不能免责。[②]

梅里尔·罗丁，高中时曾和苏珊一起偷过书，他怀疑苏珊的不诚实行为不仅仅是从商店里偷东西。而且后来，苏珊曾对埃德蒙·怀特

① Sontag, *In America*, 349.
② 桑塔格文档，1996 年 3 月 17 日。

说，他应该不再引述参考文献，而应该“宣称这些想法都是自己的”①。

尽管态度谨慎，但埃伦·李还是愿意接受桑塔格的解释。“也许规则改变了，或者现在针对小说有不同的规则。”她在《纽约时报》的那篇文章中说道。但是，当她读到桑塔格在那篇文章中说的话时，她震惊极了。桑塔格说：“我原先真的觉得他们会因此欣喜若狂。莫杰斯卡差不多已为人们所遗忘。她是个了不起的人物。我把她变成了一个传奇人物。现实生活中的莫杰斯卡是个可怕的种族主义者。”对于李和那些一心一意要保留对莫杰斯卡记忆的大多数波兰裔美国妇女而言，这简直就是诽谤。毕竟，那些同样屈尊俯就获得的“原始资料”表明，桑塔格的指责是不真实的：莫杰斯卡实际上是一名坚定的反种族主义斗士。②

苏珊并没有因这个插曲而吸取教训、有所收敛。她的最后一次演讲是 2004 年在约翰内斯堡，演讲的内容字里行间全都抄袭了评论家 637
劳拉·米勒的话。“讽刺的是，那是一场关于道德与文学的讲座。”米勒说。③

---

① 作者对埃德蒙·怀特的采访。

② 作者对海伦娜·莫杰斯卡基金会琳达·普洛乔基的采访。

③ 作者对劳拉·米勒的采访。另请参见 Michael Calderone, “Regarding the Writing of Others”, in *New York Observer*, May 9, 2007。

桑塔格：“自从文字处理程序成为大多数作家（包括我在内）使用的普通工具以来，就有一些人断言，小说将迎来一个美好的新未来。”

米勒：“在个人电脑和文字处理程序成为作家们使用的普通工具后不久，小说美好的新未来被大肆宣传。”

桑塔格：“超（文本）小说有时被说成是模仿现实生活，有无数的机遇和惊人的结局……”

米勒：“超文本（小说）有时被说成是模仿现实生活，有无数的机遇和惊人的结局……”

桑塔格：“不为其他目的而阅读的人会为情节而阅读。然而，超小说的拥趸认为，我们发现情节‘受限制’，并对其局限性感到恼火。”

米勒：“不为其他目的而阅读的人会为情节而阅读，然而，超小说的拥趸认为，我们发现它‘受限制’，并对其‘局限性’感到恼火。” （转下页）

◆ ◆ ◆

玛琳娜说："虽然我几乎不能抱怨评论家们对我的评头论足，但我从来就不喜欢他们。他们总是从一开始就认为你会失败。"[①] 不过，尽管评论不温不火，《在美国》还是获得了美国国家图书奖。有些人猜测，是因为阿科切拉对桑塔格癌症及其重金属中毒的描述打动了评审团。另一些人，尽管有所保留，却也认为这是对桑塔格一生的成就给予的恰当奖励。

新学院的教授詹姆斯·米勒回忆说，戴维病了，他是不是能来还不能肯定。这让苏珊很紧张，她既为戴维感到紧张又为获奖感到紧

（接上页）《床上的爱丽斯》也被指涉嫌剽窃。茶会的场景"与卡里尔·丘吉尔的《优异女子》一剧中一群著名女性那场虚构的场景高度相似"（Schreiber, *Geist*, 237）。达娜·海勒曾问桑塔格关于一部作品与另一部作品相似性的问题，这激起了她撒谎被当场拆穿时那种典型的情绪爆发。"我一直想知道，桑塔格是否读过凯瑟琳·施奈恩的同名小说——于 1983 年出版，比桑塔格的剧本早了 10 年；这个黑色幽默小说讲述了一个名为爱丽斯、能断文识字的年轻女子的故事。爱丽斯患上了一种无法确诊的疾病，她的身体无法活动，只能躺在床上，她的思维却异常活跃。我因此就问了。这问题提错了。苏珊·桑塔格勃然大怒。'没有，我从来没有看过叫什么施奈恩的人写过的任何东西，但更重要的是，这个问题是荒谬的，因为我的剧本和任何一部小说之间没有任何联系，如果你熟悉我的剧本，你就会知道这一点！你了解我的剧本吗？你看过我的戏吗？''我看过剧本但没看过你的戏，'我结结巴巴地说，'是哦，在这个……小镇，你不太可能看到我的戏，不过，如果你准确地看了剧本，你就会明白，除了书名，它和任何小说没有丝毫关系——除非你认为琼·狄迪恩的《民主》是受了亨利·亚当斯的影响；亚当斯碰巧也写了一本名为《民主》的书。你是不是要问琼·狄迪恩她的《民主》是否参考了亨利·亚当斯的《民主》呢？'我感到面红耳赤，羞愧难当。她这个问题我思考了良久，受到极其痛苦的打击，这是现代压力演变中的一个'创造性的时刻'。'我也许会问。'我被迫承认道。这时，桑塔格显然不再对我抱任何希望，她移开目光看向别处。我的学生们看得目瞪口呆。不过，他们也全都警醒了，被她发火的戏剧性效果和我无能为力阻止她愤怒的滚滚浪潮的遗憾情景所吸引。这是一场争斗吗？抑或是他们的老师落荒而逃了？当桑塔格镇定下来准备回答下一个问题时，有那么一瞬间，我似乎已经成功逃脱了。可是，她突然又转向了我，开始新一轮对我的斥责，只不过这一次心平气和而且很冷静。'你居然会问出这样愚蠢的问题，我真是惊呆了，完全惊呆了，就连对爱丽斯·詹姆斯生平了解甚少者都不会问出这种问题。'桑塔格脑子里还在想着别的东西。她急切地问我：'你知道爱丽斯·詹姆斯是谁吗？''知道。'我说。审问继续进行。'你知道她为什么一直在床上吗？''癌症。'我说。"（Dana Heller, "Desperately Seeking Susan", in *The Common Review*, Winter 2006.）

① Sontag, *In America*, 250.

张，这暴露出米勒从未见过的苏珊的另一面。

> 没有人——但是没有人——指望苏珊·桑塔格凭借这部小说赢得美国国家图书奖……戴维在最后一刻突然现身，而苏珊此时——她还在流泪。泪流满面。完全没有准备，完全不知所措……她感觉极度没有安全感，因此当她得到这样一种认可的时候，她的疑虑完全消解。她迫切地需要这个奖，然而，当这一刻真的到来时，她又感到十分震惊——事实上，戴维在最后一刻能到达现场，这真的是非常出乎意料且令人感动。[①]

她打电话给新近结交的朋友，年轻诗人布伦达·肖内西。肖内西说："那是我在电话里听到她说过的最温柔的话。那可不是她典型的厉声吼叫风格。"苏珊邀请她去一家俄国萨摩瓦茶饮酒吧参加聚会，这是中城区的一家酒吧，她和布罗茨基以前经常光顾。罗杰·斯特劳 638
斯去了，还有所有她的朋友。不管她的那些小伙伴对《在美国》有什么疑问，他们此时都兴奋不已。

> 罗杰对她说了一些很棒的话："苏珊，你知道这件事最重要的是什么吗？你知道这件事为什么这么棒吗？因为这意味着《在美国》将传世。它将不朽。因为这个奖，它将永远、永远存在。"这正是她想听的。这就是她想要的结果。我们全都知道这是她最大的梦想。有一些歌剧演员在钢琴旁。他们在为她歌唱。这真是一个令人难以置信的胜利。我能在场真是太幸运了。一切是多么美好啊。[②] 639

---

① 詹姆斯·米勒在菲罗克忒忒斯中心的演讲（"Susan Sontag: Public Intellectual, Polymath, Provocatrice"）。

② 作者对布伦达·肖内西的采访。

第四十章

作家是什么样的人

苏珊在生命的最后几年交往了几个朋友，这几段友谊的发展模式非常相似。他们都比她年轻，有的还年轻很多。他们通常是同性恋者或双性恋者。他们通常都像苏珊一样，来自了无生趣的偏僻之地，也像她一样才华横溢，通常是作家或视觉艺术家。他们常常不知道如何运用自己的才华——直到贵人伯乐闯进他们的生活。

她煞费苦心地对他们大加赞扬，这些带着奉承的溢美之词令人难以抗拒，也是极其必要的。她会给他们提出绝妙的建议，令他们终生难忘。她会鼓励他们好好干，对他们表示赞赏，而且常常还当着一些著名人士的面，夸他们“棒极了”或者“才华横溢”。她会提供她的私人关系，让这些年轻人与大人物熟稔到能直呼其名。他们会吃上以前从未吃过的美食，观看以前从未看过的戏剧。他们会阅读以前从未听说过的书，和以前听说过的人一起聚餐。他们还有可能受到邀请去
641 一个他们自己永远也不可能去得起的奇异之地游玩。在这种“蜜月期”里，他们会看到自己变成了当初在他们名不见经传的家乡时梦想的模样。而对这一切，他们会“永远感恩戴德”——这说法反复出现。

但随后，相互间的指责便开始了。起初，这位导师乐于向他们推

荐各类书籍。而这时，她坦率地表示，朋友令人可怕的无知让自己的情绪极其低落。于是年轻的朋友会急于证明自己、完善自己；然而，一开始的鼓励会转变成欺凌。在很多场合，苏珊带着她的门生宠儿去听歌剧或看芭蕾时，她会开始忽视或冷落她。这些新朋友会对苏珊对待这位女士的态度感到震惊，因为，很明显所有的单都是这位女士在买；该女士和其他人一样，也属于这一类人。一旦失去由桑塔格浮夸的赞赏而产生的自尊，便是一件毁灭性的事情，而如果这些人还有吸毒或酗酒这样的问题，这种情况往往就更糟糕。但他们无法迅速摆脱苏珊的魔力。那些曾经有幸一窥甜美、紧张不安的纯情少女苏的人会觉得自己有必要帮助苏珊，引导她回到那个他们“深爱的”人——这说法反复出现——魅力无限的状态。对很多人而言，即使她去世了好长时间，但她依然是他们一生人际关系中最重要、最有影响力的人物。

◆ ◆ ◆

布伦达·肖内西就是这样的一位朋友。1999 年，法勒-斯特劳斯-吉鲁出版社出版了她的第一本诗集《内心突如其来的喜悦》。这本书引起了苏珊的注意，肖内西在哥伦比亚大学的老师理查德·霍华德提醒 29 岁的她注意桑塔格对她感兴趣。他叮嘱她给桑塔格打电话：“她不直接给人打电话。她让一个双方都认识的朋友打电话。”见到这本书的作者，苏珊很兴奋。“她真的以为我会用那种极其阳春白雪的情诗话语方式来说话。我根本没有。我有山谷女孩的口音。我在南加州长大。她显然对此很失望。”[①] 642

① 作者对布伦达·肖内西的采访。

不过，苏珊很善解人意。她向布伦达提了一连串关于诗歌的问题。她鼓励她写作，还带她去书店，在书店里就斥责她没有更好地阅读。一开始，这还是很鼓励人的。布伦达说："她的吸引力和她的性感魅力，以及她本人有多么绚丽多彩，这些都很难解释。在我看来，她一点也不老。"像很多人一样，布伦达爱上了苏珊。"我喜欢听她说话。我喜欢她大笑的样子。"

随着她对苏珊的了解，她发现了她的弱点。布伦达回忆说："她会这样说，'我不是因为我母亲是个酒鬼才喝酒的'，她会手里拿着一杯玛格丽特鸡尾酒。"布伦达发现这一幕很动人。

> 我开始注意到，如果谈话转到她不了解的事情上，她就会迅速把话题转回到她了解的事情上。我开始明白她会一次又一次这样行事。她自己的理解是，她必须了解一切。这一定会压力巨大，一定很可怕。[1]

像很多人一样，肖内西也看出了她的孤独感。"我最后被安排值班，任务很重，随叫随到，带她去看医生。然后我说：'哦，天哪，我太幸运了。这个神奇的人儿和我同进同出了。'我并没有真正想过——为什么这个神奇的人儿会一星期和我出去五次？为什么她这么有空？"

随着年事增高，苏珊的孤独感也与日俱增。[2] 20 世纪 60 年代初，她在巴黎时写下这样的话："我还是不知道如何独处——连一个人在咖啡馆坐上一小时都不行。"[3] 孤独让她变成了一个孩子。"我讨厌独

---

① 作者对布伦达·肖内西的采访。
② Rieff, *Swimming*, 65.
③ Sontag, *Reborn*, 275, June 12, 1961.

处，因为独处时我感觉自己只有 10 岁左右。”她在 1963 年这样写道。差不多在同一时期，她对斯蒂芬·科赫说，她宁愿从中餐馆随便拉一 643 个人来和自己住在一起，也不愿一个人住。“如何独处，如何才能不独处——这（是）个永远存在的问题。”1977 年她在日记里强调指出。

“正如卡夫卡所言，写作，越孤独越好。”1995 年，她在《单一性》中这样写道。[1] 与此同时，“她害怕寂寞，”牙买加·琴凯德说，“而且我一直以为，她所赞赏的那种思考方式来自寂寞。”她写作时有人在边上：她坐在唐·莱文边上，大口嚼着安非他命，大口喝着咖啡，大口吸着万宝路香烟。她写作时，年轻作家特德·穆尼也同处一室，这令穆尼颇为吃惊。她会对迈克尔·西尔弗布拉特说：“到我房间来，带上一本书。我要写作。我们可以随便聊聊。”这种随时随地需要侍候的作派令人窒息。当苏珊的赞赏变成了辱骂时，肖内西开始怀疑苏珊是否只是想要个侍女。“为什么她会打电话给一个比她年轻 30 岁的人——然后又痛斥这个人呢？”

◆ ◆ ◆

苏珊需要赞美，就像她需要陪伴一样，有时会导致她采取一些妥协的行为，她那些铁杆朋友都为此深感遗憾。2000 年 5 月，就在苏珊因《在美国》获得美国国家图书奖的几个月前，她前往以色列接受耶路撒冷社会之个人自由奖[2]。即使在当时，和平解决巴以冲突的希望比后来更大，这一荣誉还是有争议的。几位著名作家力劝她拒绝领奖。苏珊最亲近的朋友，南非诺贝尔奖得主纳丁·戈迪默给她写了一

① “Singleness”, in Sontag, *Where the Stress Falls*, 261.

② The Jerusalem Prize for the Freedom of the Individual in Society，亦译耶路撒冷（文学）奖。——译注

封态度很坚决的信。

> 我写信给你，而不是给你打电话，因为我觉得我的沮丧和痛
> 644 苦会让我在电话里显得困惑，我想要把我必须向你表达的话说清楚。我亲爱的、深爱的朋友，我视为尚健在的最好的五个作家之一的人儿——我毫无疑问地确认，你不应该接受自己成为今年耶路撒冷奖的得主。[1]

戈迪默——和苏珊一样也是犹太人——也被授予过该奖，但被她拒绝了。她说，她不“希望从一个种族隔离的社会旅行到另一个”。她也看到了抵制南非在迫使种族隔离的政权下台方面的效果。以色列一直是该政权的主要盟友，所有人，包括以色列人自己，对其在巴勒斯坦实行种族隔离都有目共睹。

另一位朋友，巴勒斯坦裔美国作家爱德华·萨义德，也请求苏珊拒领该奖。

> 以色列野蛮的军事占领已经持续了33个年头，这是20世纪和21世纪期间持续时间最长的（除了日本对朝鲜长达35年的占领外）……这不是两国之间的战争，而是一个国家对另外那些无国籍、流离失所、国家领导不力的人民采取的殖民军事行动。
>
> 因此，你魅力十足地亲临授奖现场以及你对该奖的接受，正是对以色列政府迫切需要提升其可怜的国际地位的支持，也是一个象征，表明那些最杰出的人才最终都赞同以色列正在做的事情。[2]

---

① Ronald Suresh Roberts, *No Cold Kitchen: A Biography of Nadine Gordimer* (Johannesburg: STE Publishers, 2005), 573.

② 爱德华·萨义德写给桑塔格的信，2001年4月27日，桑塔格文档。

苏珊一直没有回应戈迪默。她写信给萨义德说："难道拒绝这个奖项——否则我怎么让大家知道呢？举行一个新闻发布会？给《纽约时报》写一篇专栏文章？——作为一种姿态，不会比我亲自到场说出来的效果差很多吗？"[①] 这话说得可真奇怪：她曾认为《纽约时报》的专栏版是一个足够严谨的地方，可以谴责科索沃的种族清洗、谴责某 645
些政府对作家的迫害，以及谴责不久之后美军在伊拉克的虐囚。

肖内西转了一名犹太律师的信息过来，这位律师认为桑塔格所说的"以色列的诺贝尔奖"是不恰当的，"她真的生气了"。她很生气，布伦达居然同意这个观点："我认为她是担心她的遗产。她担心人们会遗忘她。"

苏珊在获奖感言中全是陈词滥调——"以色列和巴勒斯坦的作家与读者努力创造由独特的声音和多样的真相组成的文学"——还包括对缺乏她那样的道德勇气的作家的攻击。

> 所有获得了这个奖的作家都真正倡导"社会中个人自由"吗？这就是他们——现在我必须说"我们"——的共同点吗？
>
> 我认为并非如此。
>
> 他们不仅代表了广泛的政治观点。他们中有些人几乎没有触及过这些"大词"：自由、个人、社会……
>
> 然而，重要的不是一个作家说了什么，而是这个作家是什么样的人。[②]

爱德华·萨义德发觉她这次演讲"糟糕透了"[③]，她对"正义行

① 桑塔格写给爱德华·萨义德的信，2001 年 5 月 5 日，桑塔格文档。
② "The Conscience of Words", in Sontag, *At the Same Time*, 155.
③ 引自 Roberts, *No Cold Kitchen*, 576。

动”的思考，并没有提到在颁发该奖项的耶路撒冷书展上没有阿拉伯人或穆斯林。[1]

◆ ◆ ◆

肖内西很喜欢苏珊的建议。她说：“她的建议从来都不是好言好语提出来的。总是说得有几分残酷无情。但都是绝妙的建议。”大多数提议都与申报一些在评的奖项有关。苏珊想要知道布伦达是否申请
646 过古根海姆基金会的奖学金，当布伦达辩解说她年纪太小、不可能得到这一殊荣时，苏珊勃然大怒。“否决自己不是你的事情。那是他们的事情。你只管报名申请。如果他们拒绝你，那是他们的事。这跟你一点关系都没有！你为什么自己就认定了呢？你太自以为是了！”布伦达乖乖地遵命申请——再申请、再申请、再申请、再申请。最终，在她第 11 次尝试时，她成功了。

其他人也得到她的建议：同样简单粗暴，同样至关重要。她允许里士满·伯顿说出他以前在画廊和博物馆里不敢表达的想法。

> 她会直接说出一些我通常十分赞同的话，这些话换了别人根本不敢说。她会说：“听着，里士满，大多数人只是害怕他们的感觉。”尤其是她，能有这样的理解，而且可以讲清楚，真的是一种天赋。[2]

她告诫迈克尔·西尔弗布拉特要长大。他小时候被发现对粉尘过敏，于是他父母就把他的毛绒玩具动物全烧了。成年后，他开始收集

---

① Roberts, *No Cold Kitchen*, 575.
② 作者对里士满·伯顿的采访。

玩具。她下令说："你要把它们扔出去。一个不剩全扔了。你不再是个孩子了。你热衷于做这种孩子气的事太久啦。我不会生你的气，但你不能再这样了。停止吧。跟你的童年告别。"他听从了她的劝告，后来一直开开心心的。他还看到她给其他人提建议：

> 她对吉米·麦考特说："吉米，我都不知道你当初是怎么做的，可是，你已经拥有一个值得你花时间的爱人，而且他也值得你花时间；如果你继续这样喝酒，你就会失去他。你会失去他，而你还认为自己是个重要人物。你只不过是个作家，写了本没几个人知道的专业小说。谁知道你还会不会再写一本啊？"吉米非但没有生气，还成了匿名戒酒会会员，而且他和他的男朋友至今
> 还在一起，很大程度上就是因为苏珊。因此，如果说苏珊的话毁 647
> 了多少人或让多少人悲痛欲绝，她就挽救了同样多的人的性命——我本人就是其中之一。①

年轻的克劳斯·比森巴赫是德国策展人，他在苏珊晚年时有几年和她走得很近。他记得有一次凌晨4点，他们在柏林买炸薯条，就因为他用错了一个词，苏珊就对他尖声斥责。这件事整个改变了他的工作方式："她让我认识到，你做的每一件事，你用的每一个词，都会产生影响。每一件事都有意义。你必须做到非常精确和专注。"他明白了她为什么强调文字的意义。她说："克劳斯，作为策展人，作为批评家，我们唯一拥有的就是自己的观点。永远不要出卖它们，永远不要丧失它们。这是你唯一拥有的东西。"②

伯顿说："就好像我现在满脑子还想着她一样，她依然是个理想

① 作者对迈克尔·西尔弗布拉特的采访。
② 作者对克劳斯·比森巴赫的采访。

的权威人物。”然而，在某些情况下，权威会沦为专制。肖内西说，苏珊去世后，“那些女人［包括特里·卡斯尔和西格丽德·努涅斯］提到，她会说她们愚蠢，我真的十分震惊。她们没一个是愚蠢的”。她开始去看心理医生，要搞明白她为什么迷恋一个恶劣地对待自己的人。就像在任何一段虐待关系中一样，习惯了一直被虐待，偶尔被善待一下会令人更加飘飘欲仙。“当她把这份爱洒在我身上——当她认为我并不是一个白痴的时候，那一刻——真的是太令人惊叹了。”

◆ ◆ ◆

桑塔格很容易就会对某个人、某件事痴迷，因此，与一个更内敛
648 低调、对人的判断更清楚、善于讽刺自己缺点的女人相比，她更容易感到失望。但是，有这么一个朋友，从来就没有让她失望过，那就是——原谅我找不到更恰当的词来表示——艺术。2001年，她出版了文集《重点所在》，表达了对这位朋友的敬意，展示其赞美的超凡魅力。

当一个人不太能赞美自己时，就会对别人表达赞美，她在《火山情人》中写道：“他想赞美自己，但是，他赞美起他爱的人来要快得多。”汉密尔顿夫人的“激情就是赞美”①，她的也是如此。赞美就是参与到一件比自己更伟大、更纯洁、更美丽的事中，而赞美也符合她的个性——一种迷恋、一种激情——不是喜爱中那种漫长稳定的样子，而是坠入爱河时一阵强烈而短暂的激情。

《重点所在》收集了演习了20年的赞美，其中充满了对理想的渴望，无论是理想的艺术作品抑或理想的“严肃认真的”生活——包括

① Sontag, *Volcano Lover*, 126, 235.

道德、艺术、政治等方面。书中还写到了书籍、电影和舞蹈；写到她小时候喜欢的人，比如理查德·哈里伯顿，还有长大后喜欢的人，比如露辛达·蔡尔兹和约瑟夫·布罗茨基。书中还包括一些赋予她特征的地方，尤其是萨拉热窝。该文集显示了她对艺术做出的最重要的贡献之一。从《反对阐释》开始，她就以传播艺术发展消息的方式而闻名，只有像她这样一个有着丰富的旅行经历和广泛阅读体验的人才能做到。文集中有关于丹尼洛·基什、胡安·鲁尔福和马查多·德·阿西斯的文章，也有关于赖纳·维尔纳·法斯宾德和霍华德·霍奇金的文章。

这些年来，“苏珊·桑塔格”已然成为高雅文化的代名词，而《重点所在》帮助解释了个中原因。她是一个被那些对知识分子一无所知的人所认可的知识分子。她是伍迪·艾伦的《西力传》中的权威大咖，是《名利场》杂志封面上的天才人物——同样就是这位女性，2000年时，同意安妮·莱博维茨为自己拍照给“绝对”伏特加做广
告。这种推广可能有些俗气，但在这个买买买的时代，文化需要能敢 649
于冒险进入大众市场的捍卫者。对于那些认为文化是值得捍卫的人而言，桑塔格是一个充满希望的人物。

这位女性去参加每一场开幕式，去看每一场歌剧，读每一本书，通过戏剧来抵抗萨拉热窝的围城。别的不说，仅仅这些便可以说，她的观点至关重要。对苏珊而言，生而为人，就意味着某种程度上的压力，这种压力已经让她开始抓狂了。在以色列，她声称作家的重要性在于她是什么样的人。然而，桑塔格真正的重要性越来越在于她所代表的东西。“苏珊·桑塔格”这一隐喻是一个伟大的原创。该隐喻远远超越了她的个人生活，在她离世后依然存在；这也帮助解释了为什么像琼·阿科切拉这样有鉴赏力的批评家会对苏珊宽容相待——在道德的正态分布曲线上给她打了高分。

◆ ◆ ◆

文集《重点所在》中有一篇文章《伯兰德的婴儿们》，是关于澳大利亚摄影师波莉·伯兰德拍摄的一组身穿婴儿服装的成年人的照片。伯兰德展示了“一个私密的空间，其间的日常活动——哭闹、流口水、吃饭、睡觉、洗澡、手淫——在这里获得了怪异的仪式性的特征，因为所有这些事情都是由成年人身穿婴儿服装、学着婴儿的样子做的”。桑塔格写道，波兰德照片的神奇之处在于，这些明显古怪的人并没有被这样描绘出来。他们没有“迪安·阿巴斯拍摄的照片中那种直白的凝视”。

> 这些照片记录了一个关于人性的真相，这真相似乎太过明显反而无法解释清楚——是回归的诱惑，还是回归的乐趣？——但它从未得到过如此热切、如此直接的刻画。它们诱使我们去认同（“凡是人类所有的，我都不觉得陌生”）——我们可以大胆地承认，我们也能想象出这样的情感，即使我们颇感惊讶，有些人竟然真的会不辞辛苦，承担起这一耻辱，将这样的情感表现
> 650 出来。[1]

这也是苏珊的一个幻想，尽管她经常声称自己对童年感到厌恨。（“部分原因是为了不再觉得自己是个孩子，她才成了演员。”[2]）朋友们的孩子气引起了她严厉的责备。“你必须跟你的童年告别。”她对西尔弗布拉特说。

---

① “Borland’s Babies”, in Sontag, *Where the Stress Falls*, 229 - 230.

② Sontag, *In America*, 85.

然而，具有讽刺意味的是，她把一个个情人，其中包括艾琳、卡洛塔、妮科尔以及露辛达，都变成了自己母亲的替身。所以，2000年，当安妮决定要一个自己的孩子时，她51岁的年龄对她而言在所有的困难中显得最微不足道。苏珊很长时间以来一直嘲笑安妮有这个想法。“她取笑安妮想要生个孩子。”卡拉·埃奥夫说。[1] 肖内西看出，安妮在“未经她允许”的情况下就开始怀孕，这让她非常难过。一天，吃午饭的时候，她一下子失控痛哭起来。她承认说：“我真的要崩溃了，安妮要离开我了。她要生孩子了，没我什么事儿了。”[2]

安妮说：“我有很多我想要给予的。我当时给予苏珊很多，但我还想给予更多。我想给予更多的爱。我来自一个大家庭，因此我也想要几个孩子。我的意思是，我的确要往前走了。最终我们都要走自己的路。”她想帮苏珊做一些她一直梦想着要做的事情：“我有了萨拉特别开心。让你特别开心的是什么？”她在塞纳河畔塞吉耶大街的费多·德·蒙托隆酒店买了一套公寓套房给苏珊住，从公寓就可以看到（巴黎）圣母院的壮观景色。“巴黎的这套公寓是给她写作的地方。”安妮说。[3]

苏珊慢慢地爱上了萨拉，安妮在长岛的海滩上给她们俩拍了张照片：一个人已接近生命的尽头，另一个才生命伊始。安妮大笑着说：“我现在看那些照片，于是我就想：哪一个是孩子哦？”[4]

◆ ◆ ◆

两三年后，在苏珊的帮助下，肖内西获得了去日本的奖学金；日

① 作者对卡拉·埃奥夫的采访。
② 作者对布伦达·肖内西的采访。
③ 作者对安妮·莱博维茨的采访。
④ 同上。

651 本是她母亲的祖国。她当时住在东京；苏珊要去那里担任一个艺术比赛的评委。布伦达见到她非常兴奋，但当苏珊到的时候，却“极其焦虑不安”，她开始连珠炮似的向布伦达提问。“她滔滔不绝，疯了似的说个不停，说了太多的话。‘你觉得这儿怎么样？你觉得这儿怎么样？你觉得东京怎么样？’我说：‘我喜欢这儿。’她继续问：‘你喜欢它什么？告诉我你喜欢它什么！你为什么这么喜欢它？’”

布伦达经常有这样的经历：她回答苏珊的问题，结果被苏珊不屑地认为愚蠢或可笑。现在，在日本待了几个月后，她更加坚定了自己的信念，决定诚实地给予回答：她被一种古老的文化与最未来派的新奇事物的结合迷住了。

> 她于是张开双臂作势说：“你怎么会喜欢这玩意？到此为止吧，别再看书了！”
>
> 我说：“你什么意思，到此为止，别再看书了？”“到此为止，别再看书了！你什么都喜欢！书！你什么都喜欢！到此为止！到此为止，别再看书了！”她情绪极度激动。我就说：“你为什么总是这么消极？你为什么要和我斗？我不想和你斗。”这个时候我又哭又叫的。我都没注意到这有多可笑。因为回想起来，她说东京是读书的终止，这真的很可笑。
>
> 我哭着，而我以前从来没有这样过，不过，我最后对她说：“你知道吗？我做不到。我不跟你一起吃午饭了。我走。”
>
> 我转身离开，可她一把抓住我的一只胳膊，用力抓住，说：“别离开我。别把我丢在这里。”我就说：“好吧，好吧。”我突然意识到她感到很无助，她实际上自己在东京分不清东南西北。
>
> 652 她总是表现得好像“哦，我已经到过日本100次了，我什么都知道”。事实是，她很害怕她一个人被留在那个街角。她说：

"我回不到酒店的。我不知道怎么回到酒店。"她住在一家大酒店。回到酒店并没有那么难。但是，她看上去真的、真的很不安。她仍然抓着我的胳膊。我说："好吧。好。算了吧。算了吧。我们去吃午饭吧。"[①] 653

① 作者对布伦达·肖内西的采访。

第四十一章

灾难的旁观者

2001年初，苏珊和戴维回到了萨拉热窝；她还在那里参加了千禧年的庆典。她说，这是欢庆千禧年的理想之地。20世纪始于萨拉热窝，1914年弗朗茨·斐迪南在此遇刺身亡；20世纪也止于萨拉热窝，1992年开始了围城战。她的朋友、曾担任波黑政府发言人的塞纳达·克雷索说，她在那里总是比在其他地方快乐。克雷索发现她“心情出奇地好……精力充沛”。他们去了“萨拉热窝为数不多的一家好餐馆”用餐。

> 我们大笑，疯了似的，笑得前仰后合，我们用餐，喝得烂醉如泥……这是我和戴维第一次跟她聊占星术这类话题。我会看这类书，而戴维也会看这类书，比如琳达·古德曼的《星座》和《爱情星座》。这对她来说是一个启示。是对一个全新领域的
> 655 发现。[①]

不久，她就获悉安妮怀孕了。2月，她在牛津大学做了一场讲座，

① 作者对塞纳达·克雷索的采访。

讲座内容后来以“关于他人的痛苦”为书名出版，这是她生前出版的最后一部作品。这次讲座，以及后来这本专著，延续了几乎她所有作品的讨论——关乎作家与政治、语言与战争、影像与残酷。“成为另一个国家正在发生的灾难的旁观者，是一种典型的现代经验。”她在书中写道。

9月11日下午，她成了那个旁观者——而那个国家则是她自己的祖国。那天上午，几组恐怖分子分别登上不同的航班，控制住了航班上的飞行员，将飞机对准了美帝国的心脏位置。一架飞机在飞往华盛顿的途中被乘客夺回了控制权，最后坠毁在宾夕法尼亚州的田野上。另一架飞机撞毁了五角大楼的很大一部分。还有两架飞机撞击了位于曼哈顿的世界贸易中心，导致两幢曾经是世界上最高的建筑倒塌。从电视直播中可以看到，困在被撞击楼层以上的民众从100层跳下身亡。苏珊·桑塔格是数百万旁观者中的一员，她当时身处柏林市中心的阿德隆酒店。

60年前，珍珠港事件使得美国全国团结起来对抗致命的威胁。“9·11”恐怖袭击一度也是如此。但情况很快就明朗了，这些袭击将被用来为不受欢迎的小布什总统提供狭隘的党派优势；小布什是自1888年以来首位未获得多数票支持就上台的总统。他明白，面对这种灾难性的袭击，大多数美国人会把团结起来支持政府视为一种爱国的责任。这位自从有科学民意调查以来任期结束时最不受欢迎的总统，此时在短时间内获得了惊人的92%的支持率。

一连几个星期，曼哈顿到处张贴着寻找失踪人员的寻人启事，闷烧的废墟里弥漫着令人毛骨悚然的恶臭。一个星期后，军用级别的炭疽病菌开始出现在参议员和记者的邮箱里，最终导致5人死亡。这一 656
次次的袭击，从未能得到令人信服的解决，增添了一种世界末日临近的情绪。人人都赞同必须采取一些措施。没有人想到隐喻。

◆◆◆

几乎一个人也没有想到。恐怖袭击发生两天后，苏珊坐在阿德隆酒店的套房里，目不转睛地盯着电视。她在《纽约客》杂志的老朋友莎伦·德拉诺请她为该杂志写一篇短文。她写了一篇三段文。

> 在上星期二发生的骇人听闻的现实情况与公众人物和电视评论员所兜售的自以为是的胡言乱语和赤裸裸的欺骗两者之间的脱节令人震惊和沮丧。获许对关注这次事件发声的各方，似乎都加入了一场将公众婴儿化的运动。有谁敢承认这并不是“怯懦地”袭击“文明”或“自由”或“人性”或“自由世界”，而是袭击自我宣称的世界超级大国，且袭击是由于美国的某些结盟和行动的后果而发动的？有多少公民知道伊拉克正遭受着美国的轰炸？而如果要使用“怯懦地”这个词，那么用它来形容那些远在报复范围之外的高空中杀人者，也许比用它来形容那些决心要以自杀来杀人的人更恰当。在勇气（一种道德中立的品德）的问题上，你要怎么说星期二这场屠杀的实施者都可以，但绝不能说他们是懦夫。
>
> 我们的领导人一心要我们相信一切都平安无事。美国不害怕。我们的精神是坚不可摧的，尽管这一天将永远是一个耻辱的日子，而且美国现在正处在战争之中。但并非一切都不顺当。这也不是珍珠港事件。我们有一位机器人般的总统，他向我们保证
> 657 美国依然昂首挺立。各种各样的公众人物，无论是在职的抑或下野的，他们都强烈反对这届政府在国外推行的政策；显然他们除了轻松地表示他们团结一致支持小布什总统外，什么也不会说。

> 关于美国情报和反情报方面的无能，关于美国在外交政策上，尤其是在中东问题上可做的选择，以及关于什么才是明智的军事防御计划等，都需要仔细的考量，或许华盛顿和其他部门正在考虑这些问题。然而，公众并没有被要求承受很多现实的负担。苏联党代表大会上那些沾沾自喜的陈词滥调获得全场一致鼓掌通过，却似乎是可鄙的。最近几天，美国官员和媒体评论人士所发表的假仁假义、隐瞒事实的言辞，似乎与一个成熟的民主制度格格不入。
>
> 那些身居公职的人让我们知道，他们认为自己的任务是一项操纵性的任务：信心建立与悲痛管理。政治，民主制度的政治——必然涉及分歧、促进坦诚——已然为心理治疗所取而代之。让我们一起悲伤吧，这当然可以，但我们不要一起犯傻。一点点的历史意识可能会帮助我们理解刚刚发生了什么事，以及可能还会继续发生什么事。我们一次又一次地被告知："我们的国家是强大的。"我，作为这个国家的一分子，并不觉得这能让我彻底感到安慰。谁会怀疑美国的强大呢？但这并不是美国需要的全部。①

这几段文字比她发表过的任何东西都更具煽动性。这些话是准确的——甚至，时间会证明——可能还会是有预见性的。开头的那句——"对本人这个感到惊骇、悲伤的美国人和纽约人来说，美国似乎从来没有比面对上星期二发生的骇人听闻的现实情况时那样更远离 658
对现实的承认"② ——被删掉了；她觉得这个编辑曲解了她的意图。

---

① Sontag *et al.*, "Tuesday, and After", in *The New Yorker*, September 24, 2001.

② 桑塔格这篇文章原有四段，在《纽约客》上发表时被编辑删掉了开头第一句，以及第二段、第三段部分内容，重新编为三段，但后来戴维·里夫编辑桑塔格文集《同时》时，采用了该篇文章的完整版。——译注

无论有没有这句话，很多人都觉得这篇文章的论调是错的，即使在它发表出来之前就是如此。人们的第一反应是震惊。她原本计划在柏林的美国研究院事先安排好的活动上朗读《在美国》的部分章节，但有上百人想听她谈论当天这个不可回避的话题。因此，她念了演讲稿，正如她事先就承认的那样："就写作而言，缺乏任何特别高的层次，是说教的，可能走极端了，夸大其词了。"

一名德国记者听到她说的话后大为震惊。"这种批评是毁灭性的、挑起争辩的，而且是针对美国的。没有任何一家报纸刊登过这种挑衅、充满愤怒的文章。这篇文章是否会刊登在《纽约客》上，要等到未来几周后才能揭晓。"[1] 读到最后，她抬起头来，看到观众们鸦雀无声，一个个目瞪口呆地坐在那儿。

这篇文章违背了她自己四年前针对萨拉热窝曾明确表达的原则："除非你亲临现场，否则你无权公开发表意见。"CNN（美国有线新闻网）涌入她酒店房间的电视画面并不能替代她人在纽约，而负面的反应也印证了她那句格言。无论多么耸人听闻，照片都只是现实可怜的替代品。

在美国国内，很多人还记得她在过去几季政治上的介入，右翼开始了猛烈攻击。首先发难的是《新共和》杂志上的一篇文章：《奥萨马·本·拉登、萨达姆·侯赛因与苏珊·桑塔格有什么共同之处?》。里根的传统基金会的一位发言人说："苏珊·桑塔格不应该再被允许在值得尊敬的知识分子圈子里发言。"[2]《纽约邮报》的一位专栏作家则说："我真想光着脚踩着碎玻璃穿过布鲁克林大桥，来到那个卑鄙
659 女人的公寓，卡着她的脖子，把她拽到归零地，迫使她把这些话对消

① Harald Fricke, "Meinung und nichts als die Meinung", Taz. de, September 15, 2001.
② David Talbot, "The 'Traitor' Fires Back", in *Salon*, October 16, 2001.

防员再说一遍。”[①]

◆ ◆ ◆

友军的火力更猛。戴维·里夫义愤填膺。文章发表一个星期后，她给他写信，试图安抚他：“我已很不喜欢我匆匆忙忙给《纽约客》写的那篇文章了，即使在写的时候，我就觉得文章很粗糙。现在我认为它有更严重的缺陷。我谴责美国措辞中重新流行的虚情假意和虚张声势，这是对的。但我也应该说一说恐怖主义——你在给我的几封信里都强调了这一点……”他继续对她表示不满。“我继续仔细考虑你提出的问题。我这篇文章可恨吗？我宁愿认为写这篇文章不够明智。我开始觉得，促使人们——我认为包括我在内——采取你所憎恨和鄙视的立场的主要原因是对小布什的愤怒：美国居然由这个团队在领导。”[②]

戴维依然不依不饶。她对他这样没完没了感到很恼火，但还是进一步为自己辩护。

> 还是关于我那篇文章。那是上星期四写的。我当时人在柏林。那是关于我在 CNN 上听到的措辞。莎伦让我写点东西，于是我就同意了。你提到“莎伦强加给我的观点”。拜托……我的错就是我的错。[③]

“决不要承认失误。”她在《在美国》中写道。除了向戴维，她

① 罗德·德雷尔语，在 Seligman，*Sontag & Kael* 中引用，第 97 页。
② 桑塔格写给戴维·里夫的电子邮件，2001 年 9 月 20 日，桑塔格文档。
③ 同上。

跟别人几乎从来不认错。此时，她不断地向他表示自己已更改原来的声明，试图重新获得这唯一能严厉斥责她的人的认可："我的错"这几个字在她和其他人的交往中是罕见的。

然而，说到批评的实质，她可一点也不傻。反对她的运动针对的
660 是任何质疑现行的主张武力外交政策的沙文主义者。9月26日，白宫新闻秘书阿里·弗莱舍警告人们"注意他们的一言一行"。喜剧演员比尔·马赫因为也说了桑塔格说过的话"恐怖分子不是懦夫"而受到了谴责。他说："在飞机撞上大楼时仍留在飞机上，你想对此说什么都行，但绝不是懦弱。"在他发出这种评论后，他的广告客户纷纷避而远之，到一季结束时，他的节目被取消了。

格伦·格林沃尔德是小布什政府最强硬的批评者之一，他认为，在情绪反应转变成正统观念之前，就应该做出反应。说这些话是很重要的："我们应该停止对人品头论足和滥杀无辜的原因是，这样我们就不会一直受到那些想报复我们的人攻击。所以，如果你是桑塔格，你看到所有这些人利用'9·11'为军国主义辩护，要求更大程度的军国主义和帝国主义统治，那就是你反击的时候了。"

桑塔格指出了美国采取的行动与恐怖主义之间的联系，格林沃尔德认为，她在这一点上是正确的。

> 大多数美国人认为，美国只是在管自己在国际上的事务，突如其来地，而且莫名其妙地，这些该死的极端宗教狂热分子就决定袭击我们，对吗？就因为他们可恨、愚蠢、疯狂。而我认为，如果你像苏珊·桑塔格一样，几十年来一直说美国是世界上极端暴力和侵略的源头，那么把它们联系起来是完全有道理的。[①]

① 作者对格伦·格林沃尔德的采访。

另一位总统可能会证明桑塔格错了。该总统并不是小布什；他很快就让美国陷入了自越战以来最大的外交政策灾难之中。但如果她的分析被证明是正确的，戴维和其他批评她的人也有道理。在她的分析 661
背后，缺乏一种共情，这严重损害了她的人际关系，使她很多的政治评论显得无足轻重。布伦达·肖内西对此感到惊愕不已。

> “9·11”事件发生时，她说了一件最令人吃惊的事，我至今都忘不了。她说：“餐馆工作人员啊！餐馆工作人员啊！我可不管银行家们。我可不管那些 CEO 们。我可不管那些金融行业的家伙。餐馆工作人员啊！”我说：“等等，你不关心其他人吗？”这样说“9·11”似乎是件很奇怪的政治事件。[1]

◆ ◆ ◆

“9·11”那天，怀孕八个月的安妮·莱博维茨在医生的诊室听着她孩子的心跳声。她说：“当我回到自己的公寓，向窗外看去，双子塔不见了，只剩下烟。我简直无法相信我居然没有迅速拿起照相机、跑下楼去现场，但我不得不考虑肚子里的孩子。”[2] 几天后，苏珊回到纽约，她们一起前往现在被称为“归零地”的现场，安妮身穿一件超大号的外套来掩盖她怀孕晚期的样子。

阿根廷作家路易莎·巴伦苏埃拉为了表达对这座她生活了“印象深刻的十年”的城市的支持，于 9 月底来到这里。就在安妮 10 月 2 日生日前夕，苏珊邀请她去安妮在莱茵贝克的乡村别墅做客。巴伦苏

① 作者对布伦达·肖内西的采访。
② Leibovitz, *A Photographer's Life.*

埃拉说："安妮请了朋友、同事和助手一起来向生命表达敬意，并请他们相信，这是一个值得把孩子带来的世界。"苏珊头戴一顶印有纽约消防局标志的帽子，她提出要给大家读一个故事——《瑞普·凡·温克尔》，故事发生在莱茵贝克附近。"那天晚上的朗读奇妙极了，后来苏珊邀请我去她在安妮家住的小房子。她一边从房间里看出去，看着一
662 个池塘，一边对我说她很开心，说她对宝宝的到来感到高兴。'我就像是她奶奶一样。'她对我说。"[①] 2001 年 10 月 16 日，苏珊剪断了萨拉·卡梅伦·莱博维茨的脐带。"当他们把萨拉推进我的病房，只留下我和她单独在一起时，我真是吓得魂飞魄散。"安妮说。[②]

苏珊也一样。没过多久，她对于被人遗弃的恐惧就显露出来。《时尚》杂志主编、安妮在康泰纳仕出版公司名义上的老板安娜·温图尔也来参加欢迎萨拉出生的聚会，她和苏珊乘同一部电梯到达。迈克尔·西尔弗布拉特说安妮对温图尔的问候有点过于热情了。

> 苏珊说："我算什么，当我是空气吗？"我当时不敢相信苏珊居然会用芭芭拉·史萃珊电影里那样的台词。然而，她想陪在安妮身边，而不是被忽视或被推到一旁，当然不是因为安娜·温图尔。嗯，你可以不忽视安娜·温图尔，但我想苏珊马上想到，哦，可你也不能忽视我呀。她仿佛在体验歌剧中的一个场景，情人在迎接摄政王，忽略了那个卑贱的心上人。[③]

"我觉得她就想独霸我。"莱博维茨揶揄道。

---

① Luisa Valenzuela, "Susan Sontag, amiga", in *La Nación*, January 14, 2008.

② Leibovitz, *A Photographer's Life*.

③ 作者对迈克尔·西尔弗布拉特的采访。

◆ ◆ ◆

2002 年初，安妮搬离了伦敦排楼。她在西村买了两套相邻的联排别墅，并开始重新装修，给她的家人安置一个家。苏珊在 5 月份给路易莎·巴伦苏埃拉写信时说："原因我不太清楚，在安妮的新生活中，确实没有我的一席之地；更确切地说，她所能提供给我的只是偶尔到她的公寓去看一看，家里总是宾客盈门。"苏珊对其他争夺安妮注意力的人的怨恨显而易见；不过，她仍然保持着隐忍的态度："我告诉自己，我不应该想要亲近这个已变得相当残酷无情、飞扬跋扈的人。"[①] 663

1962 年，苏珊写道："在西方，爱情膜拜是苦难崇拜的一个方面——苦难作为最严肃的象征（如十字架象征）。"[②] 这就是她当时的体验，此时也没有什么不同：她总是在爱情中受苦受难。"我正在经历炼狱之苦。"她给一个朋友写信说道。

> 我总是满怀希望，要不就是我太轻信，或是受虐狂，我被赶了出来，只能（打电话）交流，然而说话不到一分钟，我就听到粗俗的、恶毒的、真的愚蠢至极的、尖厉的斥责，然后她就挂断了我的电话。如果不是那么痛苦的话，还挺有趣的。总而言之，我被解雇了，尽管安妮并不这么认为。（安妮唯一能理解的关系是员工和亲戚的关系。）[③]

接下来那个月，苏珊给彼得·佩龙写信说到了"讨厌透顶的保

① 桑塔格写给路易莎·巴伦苏埃拉的电子邮件，2002 年 5 月 24 日，桑塔格文档。
② Sontag, *Against Interpretation*, 47.
③ 桑塔格写给琼·麦金托什的电子邮件，2002 年 5 月 24 日，桑塔格文档。

姆”简，一个英国女人；苏珊错误地认为，她和安妮关系暧昧。

> 至于安妮，嗯，她已经离去了……无论心理上还是事实上。她唯一的想法就是让简回来……这个时候，简和尼阿科斯一家正在希腊他们家一个岛上避暑度假——安妮从未听说过尼阿科斯——她9月份回来。搬家定在11月。然后呢？然后简就会来照顾安妮，围着她转，让她感到踏实安心。

不过，她还说，安妮还另外表示：“我被告知，如果我想搬过去，我可以在其中一栋房子里拥有一层。”①

◆ ◆ ◆

安妮的开销一直让人惊叹，她身边的一些工作人员认为，她对待金钱的方式反映了她对现实更为普遍的一种拒绝态度。她的助手克里
664 斯蒂安·威特金从她拍摄的照片上看到了这一点。“她做事毫无头绪，”他说，“我们当时正——比如说——在大西洋的水里，水没到膝盖这么高，她对我们提出所有这些可笑的要求。她想让水里有灯，但我们可不想冒生命危险。她似乎没有多少常识。”②

不过，毫无头绪也有其用处。和苏珊一样，她无视规则，以此来显示自己的实力。威特金说：“她是个令人生畏的女人，她会玩弄你。她毫无头绪，不知道怎样才能把灯光调好，但在心理上她很聪明。真的聪明。”和苏珊一样，她也会以炫耀慷慨的方式给人惊喜。在开工仪式上，“她突然就成了全世界最好的人。或者是在员工的圣诞晚宴

① 桑塔格写给彼得·佩龙的电子邮件，2002年6月22日，桑塔格文档。
② 作者对克里斯蒂安·威特金的采访。

上。她会送人劳力士手表和一些礼物，于是你就会喜欢她。就像是有个开关一样随时切换过去了。”

她知道这种一掷千金让人印象深刻，而她对别人的钱就更不在乎了。据苏珊的助手奥利弗·斯特兰德说，萨拉出生后，安妮不得不去欧洲拍片，她会乘坐协和式超音速客机，然后付钱让保姆和女儿萨拉乘协和式客机返回，“不过，当然，要换机票”。

> 仅仅让这个孩子登上飞机，最少可能也要花费一万美元。最贵是三万五到四万美元。这种情况每年都会发生几次。[1]

但即使是对安妮也是有极限的，她的大手大脚加上糟糕的财务建议令她的财务状况每况愈下。2002 年 10 月 11 日，丹·凯勒姆正忙着操办萨拉·莱博维茨的周岁生日聚会。聚会将包括“一个可以让儿童互动的宠物动物园，时尚童星歌手丹·赞恩斯和乡村歌手罗赞·卡什的表演；卡什将空降至此，演唱萨拉最喜欢的摇篮曲。”就在凯勒姆为各种庆祝活动做准备的时候，他接到了一个令他惊慌失措的电话。 665
那两栋 19 世纪的联排别墅有一个只有五英尺高的半地下室；安妮决定朝地基下挖下去，让地下室的层高完全达到正常楼层的高度。在挖掘的过程中，她家和隔壁邻居共用的那堵墙在发出呻吟声后，下沉了几英寸。《纽约》杂志报道说：“墙体与地面分开，留下了一个大窟窿。”大部分损失都走保险获得了补偿，邻居家的房子却被宣告为危楼。邻居起诉了她，根据 2003 年达成的一项和解协议，她以 187 万美元的价格买下了邻居的房子。[2] 这两栋联排别墅建筑，又加上了第三栋房子，经过随后的修复和改建，变得更加宏伟。

---

① 作者对奥利弗·斯特兰德的采访。
② Goldman, “How Could This Happen to Annie Leibovitz?”

为了帮助安妮解决日益恶化的财务状况，苏珊用自己的公寓——大部分买房款都是由安妮支付的——申请了第二次抵押贷款，把钱借给了安妮；据苏珊的会计说，大约为 30 万美元。[1]

◆ ◆ ◆

2002 年 1 月，加州大学洛杉矶分校宣布收购桑塔格的档案。她说："我很高兴我的档案将归属加州大学洛杉矶分校，从而恢复我与南加州原有的联系。"[2] 这笔交易还包括她的藏书，估计有两万册。110 万美元的售价足以让桑塔格帮戴维在特里贝克区搞定一套占整层楼面的大平层公寓。不过，她在新闻报道中表达出的喜悦与她私下的感受不太一样，看到自己的文档资料被打包、准备装运，她不知所措。莎伦·德拉诺说："从心理上来说，这样做太难了，她这么做是为了帮戴维买那套公寓。"[3] 卡伦·马利根是安妮工作室的工作人员，她帮忙整理桑塔格的档案。马利根说："她真的很难过，她并不想这样做。"[4]

明达·雷·阿米兰说，她买下那套公寓后，马上就"花了一大笔
666 钱来全套装备，与时间相比，金钱根本不算什么。他确定她买了他想要的那种门把手。"苏珊给奥利弗·斯特兰德留下的印象是她异乎寻常地下定决心要让戴维满意："那是她唯一不理智，有点咄咄逼人、有点暴躁的时候。"她怕他。"她骂他是小霸王，骂过好多次。"安妮·莱博维茨说。有一次，当时萨拉还未出生，戴维走出去后，苏珊
667 转身对安妮说："你就等到自己有了孩子吧。"[5]

---

[1] 作者对里克·坎特和安妮·莱博维茨的采访。
[2] Dawn Setzer, "Library Buys Sontag Papers", UCLA Newsroom, February 12, 2002.
[3] 作者对莎伦·德拉诺的采访。
[4] 作者对卡伦·马利根的采访。
[5] 作者对安妮·莱博维茨的采访。

第四十二章

无法理解，无法想象

2003 年 3 月，美国入侵伊拉克。这一愚蠢的行径在全世界范围内为人们全面清楚认识尚需一段时间；当时，雷声大而雨点小，声称自己会反对这场侵略的人比真正反对的人多得多。众多著名的自由派人士投票支持参议院批准这次侵略行动的决定。2008 年，希拉里·克林顿在民主党总统候选人提名中输给了巴拉克·奥巴马，其主要原因就是她对这次侵略行动投了支持票，而奥巴马曾反对伊拉克战争。

到那个时候，这样的反对几乎不需要什么勇气。然而，如果有什么能证明桑塔格对过度狂热的爱国主义语言发出的警告有先见之明的话，那就是在战争爆发前夕，当时，糟糕的隐喻就像导弹一样向惊恐的民众袭来。康多莉扎·赖斯说：“我们不想让冒着烟的枪[1]成为蘑菇云。”赖斯是小布什的国家安全事务顾问，她编造了伊拉克拥有大规模杀伤性武器的谎言。在英国，一份“可疑的档案”显示，伊拉克藏 669
匿着违禁武器，用一位英国官员的话来说，是“通过包装的渲染”。伊拉克与“9·11”袭击没有任何关系，因此，必须将这一联系定位为一种消费项目。当被问及政府为何要等到 2002 年 9 月才力推其主

[1] the smoking gun，指确凿证据。——译注

张时，小布什的办公厅主任坦率地承认：“从市场营销的角度来看，你是不会在 8 月份推出新产品的。”[1]

这句话让“9 · 11”事件所引发的狂怒持续着。在越战时期逃避服兵役的小布什，被宣传为骁勇好战和有男子气概，是美国与世界末日之战之间的唯一屏障。他的对手则被嘲笑为“指责美国第一俱乐部”的成员。这顶帽子被扣在各式各样的人物头上，比如乡村乐队“南方小鸡”、法国政府，以及苏珊 · 桑塔格。将众议院自助餐厅菜单上的“法式炸薯条”改为“自由炸薯条”的决定，让修辞学达到了低位水平。如果说，在世贸中心双子塔倒塌两天后，桑塔格谴责沙文主义风气似乎不合适的话，那么，在数十万人——据估计超过了 100 万人——在伊拉克战火中丧生后，她的反对就显得卓有远见了。

◆ ◆ ◆

在美国入侵伊拉克前一个月，桑塔格发表了她看待和谴责战争的方式的终极反思。《关于他人的痛苦》于 2003 年 2 月出版，那是她 70 岁生日的后一个月，离美国入侵伊拉克还有一个月。

该书开篇引用了弗吉尼亚 · 伍尔夫在第二次世界大战爆发前不久出版的论战争的“勇敢而不受欢迎的反思”。在“反恐战争”——这实际上意味着是一场永久的战争——的时代，一个没有战争的世界的愿景似乎是奇特的。然而，第一次世界大战后，情况并非如此。桑塔格回忆说，1928 年签署的《凯洛格-白里安公约》规定，包括美国、
670 法国、英国、德国、意大利和日本在内的 15 个主要国家宣布放弃“将战争作为国策手段”。[2] 该声明很快就被人忘记。没有战争的世界这

① “Quotation of the Day”, in *New York Times*, September 7, 2002.

② Sontag, *Regarding*, 3, 5.

一观念的消亡意味着，知道如何阅读暴力的影像变得更加迫切。公民有责任知道他们是如何被操纵的——被谁操纵，最终目的又是什么。

很多的记者，有时是出于轻信，但大多是有意而为之，帮助推销有关伊拉克战争的内容。如果个人不去试图理解记者们传播的影像，政客及其宣传者将提供文字说明，她写道："所有照片都由文字说明来进行解释或造假。最近爆发的巴尔干战争一开始，在塞尔维亚族与克罗地亚族之间的战斗中，一个村庄遭到炮轰，塞尔维亚族和克罗地亚族各自的宣传简报会上传阅的是同样的照片，都是在这次轰炸中丧生的儿童。"①

战争与晚期资本主义市场机制的结合，使得人们比以往任何时候都更难理解影像。战争的影像逐渐取代了战争本身，正如小布什的办公厅主任所言，战争现在是一种消费品。越战，"第一次通过电视摄像机每天来被人目击见证"，已经"让大后方与死亡和毁灭之间进行一种崭新的远程亲密接触"。现在，在 24 小时有线电视新闻的时代，电视转播的战争节目被安排为最大的娱乐。它提供了发动战争并使战争持续下去的动机；影像征服了现实，人们越发只能从隐喻的角度来看待现实：真实事件的表征。这就是为什么"2001 年 9 月 11 日世贸中心遭到的袭击被那些从双子塔逃出来的人或那些近距离观看者描述为'不真实''超现实''像电影一样'"②。

19 世纪的费利斯 · 比托"是第一个亲历过多次战争的摄影师"③。在越南，拉里 · 伯罗斯是"第一个拍摄彩色照片来反映整个战争的重要摄影师"④。这些动词是从表演、娱乐领域借用来的；桑塔格汇集了 671
一份令人着迷的清单，上面全是伪造的战争图片。海军陆战队在硫磺

① Sontag, *Regarding*, 10.
② 同上，第 21 页。
③ 同上，第 51 页。
④ 同上，第 38 页。

岛升起美国国旗的照片是"由美联社摄影师"经过"重构"后补拍、创作而成的。俄国士兵在仍然闷烧冒着烟的德国国会楼顶上升起苏联国旗的照片"是事先准备好摆拍的"[①]。了解了这些照片是造假的，就消解了它们的权威性。"只有从越战开始，我们才差不多可以肯定，那些最著名的照片中没有一张是经过精心安排后摆拍的。这对这些影像的道德权威至关重要。"[②]

在这一历史演变过程中，照片离其所展示的东西更近了；艺术家们则努力促使他们的隐喻与这些表现形式所象征的事物和事件更接近，并重申了影像的道德权威。桑塔格对这一脉络追根溯源，从戈雅的《战争的灾难》到陀思妥耶夫斯基，再到她自己所处时代的记者和摄影师，他们采用真实的影像，反对虚构的影像，冒着生命危险去传播可以转化为行动的影像。

这种对现实日益增加的真实性使得《关于他人的痛苦》比《论摄影》更为乐观。在波黑，她目睹了目击者为了带回影像而做出的努力。"在萨拉热窝进行报道的很多资深记者，他们大多数的立场并非中立。"她写道。[③] 影像的制作不仅仅是打探别人隐私或做宣传。她承认，这一发现导致她反对自己原先推广的两个观点。

> 第一个是，公众注意力受媒体注意力左右——媒体在这里是指最具决定性的影像……第二个是——看上去似乎描述与上述论点相反——在一个影像饱和，不，应该说是超饱和的世界，应该是重要的事情，效果却不断递减：我们变得麻木不仁……在《论
> 672 摄影》（1977 年）一书六篇文章的第一篇，我谈到虽然通过照片

---

① Sontag, *Regarding*, 56.
② 同上，第 57 页。
③ 同上，第 112 页。

了解的一个事件，肯定比没有看过照片了解得更真实，但是经过不断曝光之后，真实度就开始减弱。我写道，照片产生了多少同情，也就使多少同情萎缩。这是真的吗？我当时写这篇文章的时候是这么认为的。现在我可没那么肯定了。[①]

她还对自己以前认为影像泛滥会削弱其道德权威的观点提出了异议。

> 自《论摄影》出版以来，很多批评家就已表示，战争的折磨——因为电视的原因——已成为每晚平庸乏味的老一套……但我们真正要求的又是什么呢？把杀戮的影像削减到，比如说，一星期一次？或更笼统些，我们一起努力去达到我在《论摄影》中所称的“影像生态学”？不会有一门影像生态学。没有哪个守护者委员会会去限定恐怖的配给量，来保持其震撼力永葆新鲜。而恐怖本身也不会减弱。[②]

波黑和伊拉克证明，“看见”这一需要是一个生死攸关的问题。然而，如何做到呢？隐喻——影像、照片、曾经被移除的东西——能帮助“恢复我们的各种感觉意识”吗？它能教会我们“看见更多、听见更多、感受到更多”吗？

◆ ◆ ◆

与任何其他问题相比，这些是桑塔格一生中最关心的问题。也

① Sontag, *Regarding*, 104 - 105.（参考黄灿然译文，略有改动，谨此致谢。——译注）
② 同上，第108页。

许，只有共情能力不是与生俱来获得的人才会提出这样的问题；一个听力正常的人很少像聋人那样必须去考虑听的问题。她的障碍，以及她想克服这一障碍的愿望，促使她开始思考别人认为理所当然的现
673 象，而她的自我争辩也丰富了她的思考。

然而，这种缺陷的一个讽刺性后果是，她无法看见别人是能看见的。她这一能力的缺失使得《关于他人的痛苦》得出的结论就如同一个聋人因为自己听不到而拒绝承认音乐的存在一样。

> ［其他人］无法理解，无法想象。这就是经历过战火、幸运地逃脱了降临在边上人身上的死神的每一个士兵、每一个记者和救援人员以及独立观察家的倔强的感受。而他们是对的。[①]

以上是该书的最后几句话，而它们似乎很有道理。不过，你必须细细品读几遍才能理解它们的含义。如果没有第一手经验，一切都无法理解或想象，那为什么还要展现什么经验呢？那些竭力做证的人难道是徒劳地在自我折磨吗？这段话呼应了《在美国》中关于婚姻的概念："要求某人，合情合理地要求某人去看你看见的东西。完完全全就是你看见的东西。"这也呼应了她对安妮的要求："你就站在那儿，一点也不能偏左，一点也不能偏右。你就只能站在她刚才站的地方。"

这与陀思妥耶夫斯基的小说或戈雅的蚀刻版画中出现的隐喻概念正好相反。如果这类艺术家当初遵循了桑塔格的原则，他们的作品就永远不会存在了。如果没有任何表现形式可以在萨拉热窝人和阅读关于萨拉热窝的人之间架起桥梁，那为什么还要写萨拉热窝的事呢？艺术表现形式的意义并不在于让读者的体验与艺术家自己的体验完全相

① Sontag, *Regarding*, 126.

同。表现形式的意义是要让读者或观众进入另一个人的体验中。事实上就是，我们能够想象，我们能够理解。

反之就意味着，黑人永远无法理解白人、男人永远无法理解女人、中国人永远无法理解波黑人，也即没有人能够理解另一个人。一个人无须变成另一个人或拥有完全相同的经历，才能想象那个人的生活——这便是隐喻的基础是共情能力的原因。艺术和隐喻并不能让其他人的体验完全相同。它们只是让其他人的体验变得可以想象。 674

◆◆◆

2003 年一整年，苏珊都在获得各种荣誉和奖项。4 月，她去了波哥大的书展。她的助手奥利弗·斯特兰德说：“有几个人对她说，去波哥大是个非常糟糕的主意，说这话的包括安德鲁·怀利。”怀利是苏珊的经纪人。毕竟，哥伦比亚当时还很危险。她说：“我觉得我们应该去。”她的西班牙编辑胡安·克鲁兹一起随同前往。

然而，他们到后不久，出生在智利的斯特兰德就意识到发生了一个误会。苏珊把西班牙语中的“演讲”（conferencia）理解成了“会议”（conference），她并没有准备演讲。她原本指望会接受采访。“我是在记者招待会开到一半时意识到这一点的，于是我就告诉了她，而当时大概是晚上 10 点钟了。”他了解她为写作而苦恼伤神，于是预料她会为此心烦意乱，然而，她却应付裕如。第二天上午，她对斯特兰德说：“我这就去，谴责加西亚·马尔克斯支持卡斯特罗处决知识分子。”①

这个挑衅可不是小事。哥伦比亚的偶像、诺贝尔得主加夫列尔·

① 作者对奥利弗·斯特兰德的采访。

加西亚·马尔克斯是全世界最著名的作家之一——也是菲德尔·卡斯特罗众所周知的辩护者。如果说，在20世纪60年代很多拉丁美洲的作家对古巴革命抱有希望，那么，半个世纪的政治压迫和强制性的贫
675 困使卡斯特罗在知识分子中已几乎没有朋友。然而，这一特例人物至关重要，他让独裁者展现出了一副有教养的面孔。

当年3月，就在苏珊去波哥大之前，古巴政府进行了一次定期的作秀审判，78名持不同政见者被判处12年到27年不等的监禁，其中包括“持有一台索尼磁带录音机”这样的罪名。不久之后，卡斯特罗处决了三名试图乘小船逃往美国的人。[1] 这些行为受到了全世界的谴责。一千人到场听了桑塔格的演讲（还有300人站在会场外面）。桑塔格说：

> 我知道加夫列尔·加西亚·马尔克斯受人敬重，他的书也被广泛阅读。他是贵国伟大的作家，我也非常钦佩他，但不可原谅的是，他没有公开声明反对古巴政权的最新措施。[2]

伟人马尔克斯这次的闪烁其词让哥伦比亚的听众颇感难堪，他们听了苏珊对他的抨击非但没有生气，反而起立热烈鼓掌对她表示敬意。这些反响迫使加西亚·马尔克斯做出回应。他对哥伦比亚《时代报》说：“我自己无法计算，在不少于20年的时间里，我一直默默地帮助了多少名被关押者、持不同政见者和反叛者逃出监狱或从古巴移居国外。”苏珊反驳道：“一个你要帮助人们逃离的政权还值得捍卫吗？”[3]

---

① Enrique Krauze, “García Márquez's Blind Spot”, in *New York Times*, May 28, 2014.

② “Gabo responde a Susan Sontag”, in *El Tiempo*, April 29, 2003. （Gabo 是加夫列尔的昵称。——译注）

③ “Susan Sontag contra Gabo”, in *La Nación*, April 4, 2010.

书展结束后，苏珊、斯特兰德和克鲁兹前往卡塔赫纳。这场论战令她精神焕发，即使是在一个悠闲的海滨城市，她也坚持着她那严苛的日程安排。在酒店的游泳池里，她“游啊、游啊、游啊，游到忘记了一切”，克鲁兹写道。尽管加勒比地区酷热难耐，她还是无法静静地坐着，而是寻寻觅觅，去探访文化、音乐、艺术，“为她的人类马拉松出力流汗”。 676

◆ ◆ ◆

萨拉出生不到两年，安妮·莱博维茨坚持继续自己的决定，要生更多的孩子。尽管年纪不小了——2003 年她已经 54 岁了——萨拉出生后，她又成功地怀孕过两次。两次均以流产告终。她被迫接受了自己无法再生孩子的事实，转而求助于代孕，于是，在苏珊的帮助下，她给几个她希望能帮助她的女性写了信。信中，她解释了自己耽搁到这个年纪还决定要生孩子的原因：“我已经拥有了成功、精彩、令人赞叹的事业，因而现在考虑，我能做自己喜欢做的事，过着幸福的生活，真是太幸运了。”苏珊以安妮的口吻写道。

> 人们会说——嗯，这似乎是在自我标榜啊——我是那种会为需要帮助的人倾囊相助的人。我想，我可以不太尴尬地说，慷慨是我的突出特点之一。我爱帮人。
>
> 还有什么呢？我想我是多愁善感的，我有爱心爱人，尤其是爱孩子，我很容易流泪哭泣。但是，我也很坚强。我是个遇事不慌的好人。
>
> 家庭对我而言意味着一切。在属于犹太人的一个个节日，全家人聚在一起庆祝，这种时刻特别美好。我信仰强烈的传统意识

和宗教价值观。从一开始，我就相信宗教的价值观并以此引导我抚养萨拉。[①]

尽管信中描述了安妮的慷慨和坚强，以及苏珊对安妮想要更多孩子的支持，但两人的关系并没有改善。苏珊对莎伦·德拉诺表达了自

677 己的烦躁不安；9月底的时候，正是德拉诺力劝她剪断了脐带。

你是苏珊·桑塔格哎，看在上帝的份上……我现在知道了，在与安妮的关系方面你并不是没有过错。人们已经注意到你的不耐烦和吹毛求疵。然而，一个人还会继续前行吗？是的，他会。你在干什么呀？[②]

◆ ◆ ◆

收到莎伦电子邮件后的第五天，也就是10月3日，J. M. 库切获诺贝尔奖。据苏珊的法国出版商多米尼克·布尔古瓦说，这次诺奖的结果令苏珊很是沮丧。[③] 库切获奖，这使得在接下来的几年里，再出现英语作家获奖的可能性非常小。苏珊这时已70岁了，她意识到，她不大可能实现自己小时候定下的目标了。不过，几天后，她抵达法兰克福，获得了另一项享有盛誉的奖项——德国书业和平奖。她在德国受到了美国大使丹·科茨的冷落；科茨是印第安纳州一个默默无闻的前参议员。他没有出席颁奖典礼，以此来抗议她所谓的反美主义。

---

① 写给潜在代孕妈妈的信，桑塔格文档。
② 莎伦·德拉诺写给桑塔格的电子邮件，2003年9月29日。
③ 作者对多米尼克·布尔古瓦的采访。

事实上，她获得该奖，至少在一定程度上是因为她反对伊拉克战争，而德国政府也一直对此表示反对。

桑塔格代表了“自由炸薯条”的美国的另一种选择，她在演讲中也意识到了这一点。

> 对欧洲，对某些欧洲国家表示愤怒和轻视的言论，现时在美国的政治辞令中是颇为盛行的；而在这里，至少在这大陆西边的富国中，反美情绪则比任何时候都更普遍、更听得见、更激烈。[①]

她分析了这种对立情绪，尤其是由此产生的对美国的误解：美国是“一个极其保守的国家，其保守的种种方式令欧洲人觉得难以理解”，但同时也是“一个激进甚至是革命的国家，其激进和革命的种种方式同样令欧洲人觉得难以理解”。[②] 如果说作为隐喻的大陆引发了 678
种种危险的误解，那它也激励了人们的梦想：欧洲人对美国的梦想，美国人对欧洲的梦想。

这些美国人当中就有一个在亚利桑那州南部“文化沙漠”中长大的女孩，她通过一位名叫斯塔基先生的老师发现了德国文学。“几年后，当我是洛杉矶的一名高中生时，我在一部德国长篇小说中发现了整个欧洲。我这一生中，没有哪一本书比《魔山》更重要……”

她接着讲述了后来成为她的作品德文版编辑的弗里茨·阿诺尔德的故事；他在战争中被俘，关押在亚利桑那州北部，就在桑塔格家那条路往北的地方。

---

① “Literature Is Freedom”, in Sontag, *At the Same Time*, 193. （参考黄灿然译文，谨此致谢。——译注）

② 同上，第200页。

弗里茨告诉我，之所以他关在亚利桑那州的战俘营近三年能活下来，是因为他被允许看书：他用这些年把英美经典作品读了一遍又一遍。而我告诉他，我在亚利桑纳州上学，等着自己长大，等着逃进一个更大的现实中，这期间让我得以续命的，就是看书，看翻译的书和用英文写的书。

有机会接触文学，世界文学，就是逃离民族虚荣心的牢笼、庸俗的牢笼、强制性地方主义的牢笼、愚蠢的学校教育的牢笼、不完美的命运与厄运的牢笼。文学是进入更广阔的生活的通行证，即自由地带。

那时，文学即自由。尤其在一个阅读的价值和精神的价值都受到极大挑战的时代，文学就是自由。[1]

这是一篇令人动容的致世界主义传统的告别辞——虽然桑塔格当时不可能知道这一点；而这个传统是她尚为花季少女时就发誓要接
679 受的。

◆ ◆ ◆

几个月后，2004 年 3 月，她应纳丁·戈迪默之邀前往南非。她俩在以色列问题上的争执已经平息。在《关于他人的痛苦》中，苏珊甚至用了南非最恶毒的语言——一个她在耶路撒冷从未用过的词——来描述以色列：“一个种族隔离的国家，对 1967 年所占领的土地一直维持着残暴的统治。”[2]

当威特沃特斯兰德大学以戈迪默的名字开设了一门学年课程时，

① “Literature Is Freedom”, in Sontag, *At the Same Time*, 207.
② Sontag, *Regarding*, 36.

她建议苏珊作为第一位主讲嘉宾。她说："我一直想请苏珊来南非，无论苏珊身在何处，四壁似乎都会向外扩张，空间变大。"苏珊到处观光，把几个陪同弄得疲惫不堪。戈迪默说："她身体不太好，但她一点也不爱惜自己，也不爱惜别人！"

戈迪默想带她去野生动物保护区，但苏珊声称她对自然不感兴趣。"我对人感兴趣。"但是，戈迪默坚持说："你已阅人无数，我绝对不会允许你来到非洲却只看到人类。"对纳丁爱屋及乌的苏珊只好同意了。

> 我带她去了一个非常可爱的野生动物保护区，然而那天我很沮丧，因为下着毛毛雨。当时是三月份，一半时间都在下雨。她根本不在乎。乱蓬蓬的头发上全是雨滴，而她——首先，她爱上了乡村，爱上了有刺相思树和整个广袤的景象……接着，我们又去看动物，特别是看了长颈鹿和大象——因为大部分时间都在下着蒙蒙细雨，你就看不到那些体形较小的动物——这些大动物的雄壮，它们的姿态和它们的一切都给她留下了深刻的印象……随后她说了一些话，我多么希望她说的这些可以实现啊。她说：
> "是的，哎，我希望能再来。我想来坐在这儿。"因为这是酒店的 680
> 一个区域——你在这儿的日常生活没有问题——你有饭吃，有人照料。于是她说："这正是我离开纽约、离开巴黎、离开任何一个地方所需要的，我想来这里写完我的书。"……难道这不是很美妙吗——对我而言，这是这样、这样一种悖论和讽刺，我会以此来取笑她。我什么都不想看，只想看人，然后——她爱上了这个地方和这儿的动物。[1]

① 南希·凯茨，未发表的对纳丁·戈迪默的采访。

◆◆◆

重返南非写完她的书的这一想法令她更加心酸，因为这次去南非的时候，她已经知道——或者至少强烈地怀疑——自己病了。在这次行程前几个星期的时候，她去圣达菲参加一个演讲活动。迈克尔·西尔弗布拉特到场对她做了介绍并采访了她。从他们相识至此的 12 年中，两个朋友之间的感情十分强烈。他说："她极有触知感，有一种强烈的情感需求，需要被拥抱、被抚摸和被触感。"①

西尔弗布拉特是极少数几个她信任的能触摸她的人之一。彼得·佩龙带她去针灸师那里帮她戒烟时看到，戒烟对她来说太难了。他劝说了她多年，试图用针灸来帮她戒烟，最终说服了她。老中医向苏珊讲解治疗的过程，对她说正常情况下，病人在被针灸时，不会有多少感觉。然而，他还没碰她，她就开始扭动身体并尖叫起来。他问道："您没事吧？"她回答："继续，继续。"他又试了一次，然后又一次，但结果都是一样。他被激怒了，最后对她说，这样不会有效果的。"我们去吃点中国点心吧。"她对彼得说。②

在圣达菲，苏珊和迈克尔光顾了一家名为"万波"的按摩中心。苏珊声称她这辈子从未做过按摩。她告诉他，她母亲是"一头快乐的
681 猪，她希望尽可能做到和她母亲不一样"。他们订了一间双人房。西尔弗布拉特知道这是一个意义重大的时刻，她很少能达到这样亲密的程度。他说："我知道她想看看她能不能给我看一下她乳房切除手术的那些伤口，她的那些伤疤。这是她非常惧怕的事情，赤身裸体地和别人在一起。当然，我当时特别感动、很受触动也很害怕。"

---

① 作者对迈克尔·西尔弗布拉特的采访。
② 作者对卡拉·埃奥夫的采访。

紧接着更为恐怖的事情即将发生。按摩时的按压在她身上留下了青一块紫一块的瘀痕，西尔弗布拉特说：“那时她才意识到自己得了那种非常严重的白血病。” 682

第四十三章

唯一真实的事

3月28日，戴维从巴勒斯坦采访回国途中，从希思罗机场打了个电话。听他说了一些约旦河西岸的故事后，苏珊说：“有可能出问题了。”她对其严重性轻描淡写地说了一下，不过，她要求他第二天陪她一起去看医生。回到纽约，他就去了她的公寓。“她滔滔不绝地谈论中东，而我呢，因为说不了什么重要的事情，更别提触碰她了，就一直讲有关亚西尔·阿拉法特和他在拉马拉的官邸。”各项检测结果确认无疑，苏珊得了骨髓增生异常综合征，一种血癌。医生残酷而明确地解释这病意味着什么。她说：“这么说，你是在告诉我，事实上是没治了，我没什么可做了。”医生没有回答。他建议，与其进行无效的治疗，不如让她好好度过生命中的最后一段时间——大约六个月。[1] 在开车回市中心的路上，她一直盯着窗外看，叹道：
683 “唉，唉。”[2]

---

① 作者对莎伦·德拉诺的采访。
② Rieff, *Swimming*, 1-11.

◆ ◆ ◆

首先，苏珊明白了。“三振出局，”她对几个朋友说。[①]“这一次我觉得不会那么幸运了。”她对彼得·佩龙说。“这次，这辈子第一次，我觉得自己没有什么与众不同。”在情绪特别低落的时候，她会这样说。[②]她本来就不能独处，现在更是需要有人日夜陪伴。她的管家苏克希·钦克汉开始睡在客厅里陪她。一天晚上，她尖叫着惊醒过来，钦克汉祷告：“上帝啊，请赐给苏珊安宁。”[③]

戴维写道：“我母亲谈起生病来，语气中强烈地流露出她是所有规则之例外的感觉。”[④]除了对她身体的威胁之外，失去了那种特殊感和自我感，增加了对癌症的恐惧。这并不是与可怕的现实相抵触的浮夸。舍弃她的例外论就意味着舍弃她身份的根据，也就是把苏·罗森布拉特转变为苏珊·桑塔格的虚构故事。放弃这个观点就意味着死亡，不过，在这一诊断面前还坚持这一观点则意味着疯狂。戴维说，她的选择很快就明朗了：“说我们大家全都担心她紧接下来的精神状态，这还不足以描述我们这些亲近她的人感觉的种种焦虑。”[⑤]

“别跟我说实话。”苏珊想到了米尔德丽德说过的话。一旦苏珊的精神重新控制了她的肉体，这就是她对周围人的要求了。戴维“说出的回答我相信是她想听到的”。他觉得他别无选择。“在我母亲生病期间，我始终认为，她绝不可能‘听说’她要死了。”[⑥]

---

① 作者对卡拉·埃奥夫和迈克尔·西尔弗布拉特的采访。
② Rieff, *Swimming*, 85.
③ Katie Roiphe, *The Violet Hour: Great Writers at the End* (New York: Dial Press, 2016), 32.
④ Rieff, *Swimming*, 144.
⑤ 同上，第 81 页。
⑥ 同上，第 98 页，第 104 页。

这就是那位“总是喜欢假装我的肉体不存在”的女人，那个一直愿意让自己的身体接受极限考验的女人。“他们在我身上使用化学武器。我还得高兴。”她第一次罹患癌症时这样写道。坚信钢铁般的意志是幸存的关键，她会再次感到高兴：这是倔强地最后一次致敬弗洛
684 伊德。

◆ ◆ ◆

她返回工作状态。她的病确诊一个月后，另一件可怕的事情证明了她的想法继续存在的相关性。四月底曝光的照片显示美军在伊拉克阿布格莱布监狱虐囚。小布什政府实施酷刑的曝光，极大地削弱了人们对这场被他包装为解放战争的支持，也促使桑塔格最后一次动笔，就这个她关注了一辈子的主题撰文。《关于对他人的酷刑》于5月底发表在《纽约时报杂志》上。

她发表的这最后一篇文章展示了一个看似理智或抽象的主题是如何摧毁人的肉体的。事物与隐喻的分离能够产生很多结果，其中之一便是犯罪与罪犯的分离。当阿布格莱布监狱的照片流出时，“总统对这些照片感到震惊和厌恶——似乎错误或恐怖就在于影像，而非它们所展示的事情”。

用词也是如此，“还有就是对‘酷刑’这个词的回避”，小布什政府用法律术语避开了这个词。隐喻意味着很多事情；它的邪恶威力之一就是冠以其他的名称说法来掩饰罪恶。几千年前，子曰：名不正，则言不顺；言不顺则事不成。警钟须长鸣。每一代人都需要重新明白这一点，而且他们往往要付出巨大的代价才能明白。

那些被关押在不受法律约束的美国刑罚帝国里的人，是“被

拘留者”；因为“囚徒”这个新近被废弃的词可能意味着他们拥有国际法和所有文明国家的法律所赋予的权利。这场没有终结的“全球反恐战争”——还算合理的对阿富汗的入侵和在伊拉克的 685
无法取胜的蠢行，都已被五角大楼的法令归入这个名下——将不可避免地导致把任何被小布什政府宣称为可能的恐怖分子的人士妖魔化和非人化：一个不打算拿出来辩论且事实上往往是秘密地下的定义。①

进入这些缺乏逻辑的词义中的，就有这一掠夺性的武器——照相机。拍摄阿布格莱布监狱照片的人认为他们当时在做的事情没任何不对，他们只是像记录其他事物一样记录下了酷刑。酷刑只是拍摄的又一个场合而已。

安迪·沃霍尔在现实生活中拍摄真人真事的理念——生活没有经过剪辑，为什么它们的记录要经过剪辑？——已成为一个准则……我就在此——醒来而且打着哈欠而且伸着懒腰，刷牙，做早餐，送孩子去上学。

照相机对所有事件一视同仁。“照片与现实之间的区别——正如宣传与政策之间的区别一样——很容易就会消失。”而且，正如沃霍尔所预言的那样，照相机让人们等同于他们的影像。“照片即我们。”她这样写道。

这一区别是否被夸大了呢？不会有“影像生态学”，没有办法阻止它们的夸大。因此，物体与影像的同一性必须成为一种正面的武

① 参考黄灿然译文，略有改动，谨此致谢。——译注

器。因为它们保留了文字已经失去的一种力量，照片需要被用来与其他照片抗衡，正如戈雅以降的艺术家们努力而为的那样。

> 这些照片不会消失。这就是我们生活其中的数字世界的本质……在此之前，只有文字，而在我们这个无限自我复制和自我
> 686 传播的数字化时代，文字更容易被掩盖，也更容易被遗忘。[①]

◆ ◆ ◆

5月25日，《关于对他人的酷刑》一文发表两天后，苏珊一生中历时最长的父亲般的人物罗杰·斯特劳斯辞世，享年87岁。他们之间的友谊持续了42年。“我从未想过我会和罗杰在同一年去世。”苏珊对卡拉·埃奥夫说。[②]

在《作为隐喻的疾病》中，她谴责了对病人撒谎的做法。她当时写道：“所有这种对癌症患者撒谎以及癌症患者自己撒谎的行为，都反映了在发达的工业社会里，人们变得比以往更难正视死亡。然而，现代人对死亡的拒斥并不能解释撒谎的程度。”[③] 她的经历可能表示另一种解释：患者希望别人对自己撒谎——坚持这么做。但是，谎言剥夺了她正视发生在自己身上的事情的机会。莎伦·德拉诺发现，如果她时而没有理由却过于乐观，那是因为医生时不时地给予她虚假的鼓励。“她没有考虑自己要坦然接受死亡。”如果能像最初给她做出诊断的医生试图做的那样，更冷静地向她解释有哪些备选方案，德拉诺相信，她

---

① Sontag, “Regarding the Torture of Others”, in *The New York Times Magazine*, May 23, 2004.（参考黄灿然译文，略有改动，谨此致谢。——译注）

② 作者对卡拉·埃奥夫的采访。

③ Sontag, *Illness*, 8.

会做出其他选择的。可是，他的放任导致了一场可怕的“治疗”，一场几乎注定失败的“治疗”。和很多在桑塔格生命的最后几个月陪伴她的人说法一样，德拉诺说：“用‘酷刑’一词一点也不过分。”[1]

30年前，苏珊第一次罹患癌症，她在为手术做准备时曾写道：

> 我们不再学习走向死亡这门艺术，旧式文化中的一种常规的
> 行为准则和保健法；但是，就是闭着眼睛不看也知道这一点。肉 687
> 体知道。而且镜头也无情地显示……[2]

肉体知道。但是大脑需要被领着去知悉这一情况。人们当她的面反复谈论“特效药”，这使得她本该毫无理由却因此一直心存希望。不过，她已两次打败过癌症。第一次胜利使她残缺，第二次则令她中毒，第三次患癌就是她因子宫肉瘤接受化疗的结果。[3] 尽管如此，那次的治疗还是让她多活了6年。在一些新的医生的鼓励下，她决心不惜一切代价为自己争取更多的时间。

因此，当她写《关于他人的痛苦》时，她本人也在遭受酷刑。她孤注一掷，只为证明最初的诊断是错的。她的作战计划有两个方面。第一，下定决心通过仔细研究战胜病魔。戴维写道：“尤其是要收集信息资料。”[4] 第二，愿意忍受折磨。

◆ ◆ ◆

她选择了骨髓移植。大多数癌症治疗的目的是缓解病情：争取一

① 作者对莎伦·德拉诺的采访。
② Hujar, *Portraits in Life and Death*, 桑塔格作序。
③ Rieff, *Swimming*, 71.
④ 同上，第45页。

些时间。一次成功的骨髓移植则可以达到完全治愈的效果。干细胞被注射到静脉中，然后，这些干细胞——美妙而神秘地——奋力进入骨髓。如果一切顺利，它们移植成功就开始制造新鲜血液。患者癌变的血液则被清除，取而代之的是一个从捐献者那里借来的新的血液系统。

彻底摧毁一个人整个的血液系统可不是一件小事。尽管理论上看似简洁可行，但移植手术遇到了很多障碍，她在纽约的医生都不想冒这个险。对她这个年龄又有既往病史的人而言，手术成功的可能性极
688 其渺茫。手术费贵得惊人；安妮买了单。[①] 移植手术给她带来的痛楚也是苦不堪言。尽管如此，移植还是有可能成功的。她找到了匹配的捐献者：有三分之一的病人找不到合适的捐献者。她找到西雅图一家医院——华盛顿大学弗雷德·哈钦森癌症研究中心——愿意提供这一治疗。去之前，她开始在斯隆-凯特林进行调理化疗。随后，6 月 9 日，安妮安排她乘坐私人飞机飞往西雅图。

安妮还安排了一整套看护人员，以确保苏珊不会出现独自一人的情况。考虑到方方面面的情况，有了他们的陪护，在西雅图夏季最初度过的日子并没有什么不愉快。莎伦·德拉诺陪着她一起参观了雷姆·库哈斯设计的新公共图书馆。彼得·佩龙陪她一起看了电影《蜘蛛侠（2）》。安妮和彼得在居家式酒店里安排了两套公寓：一套给等待手术的苏珊住，另一套则给那些来看她的亲朋好友住。

“这并不是每个人都能接受的手术。”她的朋友，身为医生兼作家的杰尔姆·格罗普曼写道。[②]

> 这种治疗是最后的选择。即使一切顺利，它也代表了一种超

---

① 作者对安妮·莱博维茨、里克·坎特和莎伦·德拉诺的采访。
② Roiphe, *Violet Hour*, 39.

出我们平常想象的体验——化疗的折磨达到了近乎致命的极限。[①]

7月，苏珊被隔离在一个放射室里，到了临床上可承受的最近距离的死亡边缘。8月21日，她接受了移植手术。细胞是否能生根尚不清楚；在结果不确定的那些天，安妮时不时地拍一些照片。如果语言不足以描述他人的痛苦，照片则可以展示那种折磨。苏珊的皮肤发黑。她的脸肿得难以辨认。尽管这些照片发表时引起了争议，但最值得注意的一点可能是，它们并没有以任何可辨认的形式显示这位一眼就能辨认出来的女性。苏珊·桑塔格已不再是她自己。 689

◆ ◆ ◆

陪伴她的先是彼得，然后是保罗·迪洛纳尔多，再然后是卡拉，一个个轮换；卡拉从8月底一直到10月初莎伦来换她。尽管安妮的父亲在佛罗里达生命垂危，安妮还是一有机会就来。朱迪丝也从夏威夷赶了过来。

这些来陪伴她的人面临着艰巨的工作。整个9月份，卡拉开始每天给几个被委托照顾苏珊的人发电子邮件。他们讨论着苏珊的血细胞计数的监测，而医生们则等着看移植手术是否成功。这些邮件反映出了人在巴黎的妮科尔·斯特凡娜发疯似的担心，她试图让伊斯拉埃尔医生再一次创造奇迹。绝望中，苏珊打电话给妮科尔——妮科尔自己也年事已高且有病缠身——说："这次我是好不了了。"[②] 这些也反映了苏珊的助手安妮·江普的种种努力。它们反映了安妮（·莱博维

---

① Roiphe, *Violet Hour*, 43.
② 作者对唐·莱文的采访。

茨）召集的团队并付费让他们在她纽约的办公室安排具体事务，以及她同时给予苏珊情感支持的努力："安妮真的是仁至义尽了，她把所有的注意力都放在苏珊身上（真是充满爱意又温柔善良），不过，如果安妮一直在她身边，她就不可能一直做到这个样子。"①

它们反映了大家为了分散苏珊的注意力所做的各种努力："安妮播放了《帕西法尔》（5 个小时哦），这样苏珊就完全沉浸其中了。"②它们还反映出就连最基本的活动都变得极其艰难。她要花好几个小时才能吃完一顿简单的饭，而她无法控制自己的身体机能，这让她感到恐惧。她大小便失禁，但经常糊里糊涂，弄脏了还没有意识到，卡拉写道："她说话的时候声音小到你几乎听不见，她不再接电话，她的手会发抖，你和她说话的时候，她不会看着你（或者很少会）。"

当大家都在努力让苏珊再活得长一些、能给移植手术成功一次机会时，苏珊却有一个无法抗拒的愿望：要见到戴维。他当时面对的不
690 只是母亲，而是双亲都生命垂危：菲利普·里夫在费城也病了，而戴维自己在纽约也动了个小手术。不过，很多人都认为他每次来都是不情不愿的。安妮说："让戴维去那儿很难。"③ 自从卡拉在 8 月份来了之后，他就没露过脸，不过他答应，9 月 28 日自己生日那天，他会来。28 日那天，时间一小时一小时过去了，而他还没到，苏珊开始恐慌。"你们能给戴维打个电话吗？我们能找到戴维吗？戴维不在这儿。我希望他没出什么事。戴维在哪儿？戴维在哪儿？戴维在哪儿？"

5 点左右的时候，卡拉终于电话联系上了他。"我不来了。"他说。卡拉提醒他，这将是她活着最后一次给他过生日。"这对她来说

---

① 卡拉·埃奥夫写给桑塔格的护理小组的电子邮件，2004 年 9 月中旬。
② 卡拉·埃奥夫写给桑塔格的护理小组的电子邮件。
③ 作者对安妮·莱博维茨的采访。

比什么都重要。”然而，他当时人在纽约，且拒绝打电话；只能由卡拉来宣布这个消息。“她简直要崩溃了。她说了‘哦，我的上帝，他是不是病了？他是不是住院了？’诸如此类的话。”

为了不让她去想戴维，卡拉给她带了一些寿司，因为她讨厌医院的伙食，然后提议他们一起聊一聊戴维的出生。“我当然不能让她聊死亡，但我可以和她一起为戴维庆生。这是我可以给她的东西。”那天晚上，她给戴维写信。

> 我们关了灯，看着月亮升起，然后我让苏珊给我讲讲你出生的故事。
>
> 她说，在你出生前一天凌晨 4 点，她和菲利普并排躺在床上，突然意识到自己躺在一滩水里。菲利普问他们该怎么办，她说：“我觉得我们应该叫辆出租车。”她到了医院的产房，因此能听到其他在分娩的产妇说的话。“奇怪的是，她们不是喊自己的丈夫，而是在喊她们的母亲。”
>
> 每隔几个小时，她就会要一些止痛片，而他们就会说：“很快的，不过，你必须先再用点力。”生产的过程漫长又艰难，不过，等这一切结束时，她有了一个 10 磅重的男孩。“我一直就知 691
> 道会是戴维。我从来就没想过我会生个女孩。”
>
> 你看上去像个因纽特婴儿。你的尾椎处有个胎记，还有一条小尾巴。你一头毛茸茸的黑发，一直长到了眉毛处。
>
> 我认为把你生下来是苏珊做过的最让她开心的事情。她总说你是她一生的挚爱。你一定意识到她是多么为你感到骄傲，那程度是你认为的上千倍。[1]

---

① 卡拉·埃奥夫写给戴维·里夫的电子邮件，2004 年 9 月 28 日。

◆◆◆

朋友们送来了苏珊平时一直喜爱的各种各样有重大影响的外国电影，但让他们惊讶的是，她对这些毫无兴趣。莎伦说："不是德莱叶，也不是伯格曼，而是加里·格兰特和弗雷德·阿斯泰尔。还有美国音乐剧。"他们看了《吻我，凯特》《雨中曲》《一夜风流》《费城故事》《热情似火》《逃亡》[1]。[2] 莎伦说："比如说，我们真的喜欢《甜姐儿》，我们觉得那样吸引她的注意力真是棒极了。"苏珊在看电影时，不允许别人打扰她。有一次，一位医生想打断她，苏珊挥手让他走开。"你走开，等我们看完电影再来。"医生还在坚持，但苏珊说，她在看《阿依达》，让他过一会儿再来。"她不让他说话，因为她在看歌剧。"卡拉说。

她的生活中经常如此，艺术令她保持理智。医生给她用的利他林剂量越来越大，希望她有体能接受治疗，可是药物没有起作用。唯一能让她分心不去想自己病的事情就是聊过去，看电影，给她朗读。

9月22日，卡拉给小圈子里的人发邮件说："我再怎么强调也不为过，她真的很喜欢听别人朗读。我觉得她心灵饥渴，因而需要提供
692 给养。我的主要工作（除了在需要时为医务人员搭把手外）是提供一些精神上的刺激。"三天后，她写道：

> 今天似乎一切都让她觉得特别羞辱。我对她说，我是多么钦佩她处理这件事的方式，我知道个中艰难一定是无以言表。我不知道这样能有多大帮助。她现在非常沮丧。只有别人给她朗读

---

① *To Have and Have Not*，亦译《江湖侠侣》。——译注

② Roiphe, *Violet Hour*, 44.

时，她似乎才会开心，她还一直说只有书才是真实的。[①]

卡拉在离开、准备回她在新墨西哥州的家时，试图和苏珊告别；然而，苏珊并不想承认这是一次最后的告别。“哦，亲爱的，”她说，“下次你来纽约，我们一定一起出去吃中国点心。”

◆　◆　◆

有理由相信，尽管有痛苦、羞辱，以及厌倦，但她还是可以康复的。9 月 26 日，卡拉在离开前写道：“癌症似乎正在得到缓解，移植的干细胞正在被接受。身体对移植细胞的反应看起来几乎太完美了。”等彼得·佩龙回来的时候，感觉大有希望：她被转到医院为病情好转的病人准备的那层楼的病房，看到病情好转的迹象，她很高兴。[②]

然而希望很快就破灭了。她患上了移植物抗宿主病，这是移植的一个令人恐怖的后果：体内自身的细胞开始攻击移植的细胞，将其视为入侵者。11 月 9 日，她被转回了楼下病房。戴维写信给莎伦说：“这个故事复杂到令人难以置信，情况不妙，总之就是 GVHD（移植物抗宿主病）很严重，这就足够了。”[③] 他们只能等着再做一次骨髓活检——又一次痛苦不堪、令人恐惧的过程。

她在纽约的那些朋友，包括莎伦和安妮，都在手忙脚乱地做着各 693
种安排，以防移植失败。11 月 9 日，戴维写信给苏珊在纽约的肿瘤科专家斯蒂芬·尼默医生。

① 卡拉·埃奥夫写给桑塔格的护理小组的电子邮件，2004 年 9 月 22 日和 9 月 25 日。
② Roiphe, *Violet Hour*, 54.
③ 戴维·里夫写给莎伦·德拉诺的电子邮件，2004 年 11 月 9 日。

> 我母亲的病情可能，我要强调可能，已经到了她回家可能会更好的地步。[她在西雅图的医生] 告诉我，这在很大程度上取决于过几天他们要做的骨髓活检。如果检查结果不好，他们似乎会建议，她到纽约可能会更好一些，不过，我开始怀疑，即使没有显示她已经转变为完全成熟的 AML [急性髓系白血病]，如果这是准确的术语的话，她在斯隆-凯特林医院是不是也不会更好。[①]

结果正是大家担心的那样。11 月 13 日，星期六，戴维、彼得·佩龙，以及她的医疗团队的六名医生向她宣布了这一可怕的消息。她尖叫道："但这就意味着我要死了！"

"苏珊彻底崩溃了。" 彼得说。一个医生的助手试着安慰她。

> "你也许希望用这段时间想想你的精神价值。"
>
> "我没有精神价值！"
>
> "你也许希望和你的朋友们一起度过这段时光。"
>
> "我没有朋友！"[②]

安妮匆匆赶到西雅图。彼得说，她到的时候，已经完全清楚该做什么了。

> 那一幕真的很美，因为苏珊在那一刻基本上已伤心欲绝，因为她知道那意味着什么。安妮进来了，直接爬到她的病床上，搂抱着她。那一幕是那么……我不知道怎么说，但就真的是做得很

---

① 戴维·里夫写给斯蒂芬·尼默的电子邮件，2004 年 11 月 9 日。

② Roiphe, *Violet Hour*, 56.

对的一件事，没人能做到这个样子。这样确实能暂且抚慰一下苏 694
珊，让她平静下来。[①]

◆ ◆ ◆

两天后，11 月 15 日，安妮用救护直升机把她带回了纽约，把她送到了斯隆-凯特林医院住下。这位勇敢的抑郁者总有办法从沮丧中摆脱出来，来看望她的人有时会被她的活力所震撼。第二天早上，她坐在床上，看《新共和》杂志，一边抱怨其中的一篇文章。[②] 她还继续小修小改她即将完成的最后一篇文章，那是她为冰岛小说家哈尔多尔·拉克斯内斯的《在冰川下》所写的序。在序中，她引用了他书中一个人物的话；这个人物似乎为她自己这篇文章提供了一个诙谐的注释：

> 不要带个人色彩。要不露声色！……尽量用第三人称写……别核实！……别忘了很少有人会说出超过一小部分的实话：没有人会说出大部分的实话，更不用说全部的实话了……人们在说话的时候，会暴露他们自己，不管是在说谎还是在说实话……切记，别人对你说的任何谎言，即便是故意说的，往往都是比真诚地说出的真话更为重要的一个事实。别纠正他们，也别尝试去阐释他们。[③]

---

① 作者对彼得·佩龙的采访。
② Roiphe, *Violet Hour*, 58.
③ "Outlandish: On Halldór Laxness's *Under the Glacier*", in Sontag, *At the Same Time*, 101.

戴维朗读了《唐璜》。彼得·佩龙朗读了《伊凡·伊里奇之死》，希望能够引发一次关于死亡的讨论，但没成功，尽管有几次她说到了终结。在斯隆-凯特林，她把戴维叫到她床边。她说："我要留给你的最重要的东西是我的日记，有几样东西应该处理掉"——她的意思是她的几个情人的名字——"但是它们应该公开出版。"[①] 她还选择了在
695 自己葬礼上播放的音乐：贝多芬的最后一首钢琴奏鸣曲，第32号钢琴奏鸣曲，以及他最后的弦乐四重奏之一，第15号弦乐四重奏。T. S. 艾略特曾就这首乐曲，给斯蒂芬·斯彭德写过一封信："我发觉学无止境。在他后来的作品中，有一种天国的或至少是超出尘世间的欢乐，人们可以想象这是在历经了巨大的磨难之后想通了，成为和解与解脱的结果。"[②]

那种和解——那种解脱——永远也不会有了。尼默医生曾提到一种实验性的药物，这激励了苏珊，她一次又一次地重新振作起来，这种意志让当时结识她的内科医生马塞尔·范登·布林克颇感惊讶。他看到她在两种选择之间摇摆不定，上一刻还是"我不想再这样了。我意识到这是毫无希望的"，几秒钟后就变成"我不想放弃。再给我换一种药"了。范登·布林克医生不知道给予她鼓励是否明智。"人们可以质疑，这是否给了她虚假的希望。"她已病入膏肓，任何新的治疗方案均无济于事。

> 通常情况下，那个阶段的患者会对自己旷日持久的抗争感到厌倦。他们也许会选择一两次这样做，也许还会说："不、不、不，请再尝试给我换一种药，看看你们能不能救我。"她至死都仍然像个钟摆，来来回回变来变去，"我再也受不了了，我想放

① 作者对莎伦·德拉诺的采访。

② Katie Mitchell, "A Meeting of Minds", in *Guardian*, November 18, 2005.

弃”，几秒钟后就变成“其实，不是，请再给我服药”。这颇有些非同寻常。我很少看到有人会在最后一刻还这么做。[①]

她需要活下去，她有工作要做。她从小就已然内化了的完美标准是无法放弃的。她“讲得了话的时候，说她出院后自己能做的事情，”戴维写道，“她要以一种不同的方式写作，她要慢慢地结识新人，做一些她一直想做的事情。”[②] 安德鲁·怀利有一天发现她睡着了，她慌 696
乱地坚持说他搞错了。她没有睡着。她在工作。[③]

睡着时，她就会梦见自己遭到迫害。12月的一天晚上，她梦到希特勒在追她。12月18日，莎伦惊讶地发现她正在极力讨好一个她从来就不喜欢的护士。这是因为一种偏执性的妄想错觉。她以为护士们晚上举行了一次秘密会议。他们认定她这个人小气又傲慢，因此大家都不喜欢她。她下定决心要赢回他们的好感。[④]

◆　◆　◆

年轻的时候，桑塔格在日记里记录下了一些临终遗言。格特鲁德·斯泰因从昏迷中苏醒过来，问她的伴侣：“爱丽斯，爱丽斯，答案是什么？”

“没有答案。”爱丽斯·托克拉斯回答说。

“好吧，那么，”斯泰因接着说，“问题是什么？”

关于亨利·詹姆斯，她写道：

---

① 作者对马塞尔·范登·布林克的采访。
② Rieff, *Swimming*, 104–106.
③ 作者对安德鲁·怀利的采访。
④ 作者对莎伦·德拉诺的采访。

只有雷明顿打字机的节奏他能忍受，+在他临终之时——在他弥留之际——他要他的雷明顿。她［他的秘书］为他打字。詹姆斯听着他的打字机的咔嗒声死去。福楼拜应当会欣赏这个——艺术家生涯的悲怆。[①]

“把我从这儿弄出去。”圣诞节那天，她拽着安妮的衣袖恳求她。安妮不得不离开，前往佛罗里达去看望自己的父亲；她父亲于六个星期后离世。[②] 安妮说：“我吻别了她，我说我爱你，她也说我爱你。”[③] 12月26日，她开始呼吸困难，只提到两个人：她母亲和约瑟夫·布罗茨基。[④] 12月27日，她问：“戴维在吗？”他回答说他在，然后她
697 说：“我要告诉你……”[⑤] 然后就没有然后了。

---

① Sontag, *Reborn*, 88, November 4, 1956; November 16, 1956.
② Roiphe, *Violet Hour*, 75.
③ Emma Brockes, “Annie Leibovitz: My Time with Susan”, in *Guardian*, October 7, 2006.
④ Rieff, preface to Sontag, *Consciousness*, xii.
⑤ Rieff, *Swimming*, 162.

结语

身体及其隐喻

12 月 28 日早晨 7 点 10 分，桑塔格辞世。戴维随后解开了她的睡袍，看到她遍体鳞伤，青一块紫一块。[1] 在护理小组她的那些朋友的注视下，他亲吻了她乳房切除手术留下的道道疤痕。[2] 另外一个她最亲近的人需要用她自己的证据来证明，这个“大于生命”的女人已经死亡。在教堂举行的葬礼上，安妮给她穿上了一件她们俩在米兰时一起购买的“佛坦尼”服装。她拍摄的照片只展示了一具穿着优美的遗体——仅此而已。她那一代人中最知名的作家就此离去。

戴维决定把她安葬在巴黎的蒙帕纳斯公墓。2005 年 1 月 17 日的葬礼可以说是某种意义上的回家。她将永远与萨特、齐奥朗、巴特、贝克特相伴；这是她在图森时就梦想的理想家庭。安妮邀请了很多朋友来参加葬礼，费用由她支付。然而，对很多前来参加葬礼的人而言，这是一场凄凉的告别。卡西亚·古尔斯卡从华沙飞过来，她委婉地说：“这是我参加过的最不同寻常的葬礼。”[3] 玛丽娜·阿布拉莫维奇也同样感到沮丧：“她在世时魅力惊人、活力四射，却只有一个令 699

① 作者对唐·莱文的采访。
② 作者对乔安娜·罗伯逊的采访。
③ 作者对卡西亚·古尔斯卡的采访。

人难过的小葬礼……当时天下着雨。整个都乱了套。”① 莎伦·德拉诺对来宾的规模感到失望，但只有受邀者才能参加：“如果由苏珊决定的话，满大街都会是撒花的人。”②

◆ ◆ ◆

3月30日，卡内基音乐厅地下室的赞克尔厅举行了纪念仪式。虽然很多朋友都出席了，内田光子还演奏了勋伯格和贝多芬的曲子，但这一次纪念仪式给人留下的感觉真是一言难尽。

安妮和莎伦为每位来宾准备了一本精美的书。书中展示了苏珊和朱迪丝在亚利桑那州的时光，并用照片展示她雅致的生命之旅；照片均由20世纪一些摄影大师所拍摄。有安迪·沃霍尔、约瑟夫·康奈尔、理查德·埃夫登、彼得·赫贾、罗伯特·梅普尔索普、亨利·卡蒂埃-布列松、欧文·佩恩，以及最后，安妮·莱博维茨自己拍摄的苏珊的照片。

然而，戴维不允许他们在大厅里发放这本书这一环节与纪念活动一起举行。安妮和莎伦不得不在临街的门厅，等来宾一到，就把书一本本发给他们。仪式结束后，朋友们分成了“戴维的人”和“安妮的人”。安妮和戴维各自举办了一场招待会，但并不是每位来宾都明白自己必须二选一。“如果你要参加她那边的活动，就不能来参加我们的活动。”保罗·迪洛纳尔多对几位吊唁者说。③

朱迪丝从夏威夷来到纽约，因为正值隆冬，她借了姐姐一件外套

---

① Andrew Goldman, “The Devil in Marina Abramovic”, in *The New York Times Magazine*, June 13, 2012.

② 作者对莎伦·德拉诺的采访。

③ 作者对卡拉·埃奥夫的采访。

穿；当她上了出租车去机场时，戴维向她要回那件衣服。“再见，戴维。”朱迪丝说，拒绝把衣服脱下。安妮也拿走了一件外套，一件珍贵的纪念物，那是她们在一次去威尼斯的圣诞旅行期间她买给苏珊的。保罗指责她偷窃，而她再一次去苏珊的公寓时，发现门锁已经换掉，目的就是不让她进去。[①] 700

◆ ◆ ◆

最终，会有两本书叙述她的辞世，呈现了内容相互矛盾的两个版本：戴维的《死海搏击》和安妮的《一个摄影师的生活》。很多在苏珊生命的最后几个月里陪伴她的人发现，戴维的描述是遮遮掩掩、不真实的，而很多不相信安妮的人则认为她拍摄的苏珊受折磨的照片是令人生厌的。

莱博维茨的书引发了一些比30年前《论摄影》引发的更为激烈的言辞。“真的，这是一个你什么时候发现自己呕吐了的问题。”评论家戴维·汤姆森写道。[②] 其他人则觉得这本书很感人。这是安妮唯一一次发表她个人生活方面的摄影作品——在嬉戏的家人、她父亲的去世、她几个孩子的出生。然而，这本书的确提出了一些令人不适的问题——《论摄影》中也提出过同样的问题。桑塔格在《论摄影》中写道，照片让现实，包括他人受折磨的现实，包装成一种消费品。她引用了一则广告：

> “布拉格……伍德斯托克音乐节……越南……札幌……伦敦德里……莱卡照相机。”破灭了的希望，年轻人的放浪形骸、殖

① 作者对安妮·莱博维茨和朱迪丝·科恩的采访。
② David Thomson, “Death Kit”, in *The New Republic*, February 12, 2007, 26–27.

> 民战争和冬季运动均是相似的——都被照相机镜头同等化了。摄影已与世界建立起一种慢性窥淫的关系；这种关系消除所有事件意义间的等级。[1]

仿佛是为了说明照相机的机械眼是如何消除所有体验的差异，莱博维茨展示了比尔·克林顿和比尔·盖茨的几个页面，接着，几页之后，就是被屠杀的卢旺达学生们血淋淋的手印。她展示了那些优美的人体——天鹅绕颈的莱昂纳多·迪卡普里奥；裸体、被蛇缠身的辛迪·克劳馥——还有波黑战争的受害者，这种毗邻排列令人想起《论
701 摄影》。

该书最令人不安的问题是对身体的描绘。照片的隐喻，影像，战胜了现实。苏珊写道："摄影长久以来的成功之一就是它的策略：把生物变成事物，把事物变成生物。"[2] 这些事物往往是遭受苦难的生物，"瘟疫受害者的世界；阿尔托援引此作为现代戏剧艺术的真正主题"[3]。

> 无论代表摄影的道德诉求是什么，摄影的主要效果都是把世界变成一家百货商店或没有围墙的博物馆，里面的每个被拍摄对象都被贬低为一件消费品，或被提升为一件审美鉴赏品。通过照相机，人们成为现实的顾客或游客……因为现实被理解为多元的、迷人的、待价而沽的。[4]

然而，忽略这些苦难就辜负了该书的标题。莱博维茨说："《一个

① Sontag, *On Photography*, 11.
② 同上，第 98 页。
③ 同上，第 105 页。
④ 同上，第 110 页。

摄影师的生活》讲述的是一个爱情故事，就是这个样子。”① 它展示的是她们之间的关系：她们一开始的幸福时光，她们很多次的结伴旅行，以及这个故事是如何结束的。她的孩子一个个出生，她的父亲和伴侣的辞世，都让这本书变得极其个人化。她后来说：“我做这本书的时候，真的是出于一种紧迫感、一种执念，某种程度上说，我根本没想到别人会看这本书。”② 这些照片引发的争论——关于摄影的伦理，关于如何看待他人的痛苦的争论——是对桑塔格思想的致敬。

◆◆◆

与此同时，在蒙帕纳斯，她的墓地吸引着朝圣者。很多杰出人物去世后都安葬在此，而覆盖在她遗体上的那块黑石板成为这个公墓中 702
拜谒者最多的地方之一，上面经常摆满鲜花或石头。

然而，这些前来吊唁的人并不是对苏珊·桑塔格的遗体表示敬意，而是以一种讽刺的方式来悼念她的一生。这便是她所象征的。确切地说，在她去世后，她写过杰出之作也写过糟糕的书，说过才华横溢的妙语也说过蠢话，做过正确的事情也做过错事，这些已经不再重要了。对任何作家都是如此。

关于苏珊·桑塔格，重要的是她象征着什么。对于那些被桑塔格从容镇定地与癌症抗争的影像所鼓舞的人而言，像其他人一样曾感到恐惧的真正的苏珊并不重要。对于那些在抗议游行中举着桑塔格大幅照片的人而言，她自己与不公正所做的斗争因一次次的犹豫不决而有了瑕疵，这也几乎无关紧要。

---

① 作者对安妮·莱博维茨的采访。
② 参见 Annie Leibovitz, *Portraits*, *2005-2016* (New York: Phaidon Press, 2017)，后记。

她展示了如何以过去古人的成就为根基，同时又完全融入自己所处的时代。她对艺术、对美彰显出无穷无尽的钦佩——而对思想上和精神上的庸俗则表现出无穷无尽的蔑视。她以不畏惧男性思想家且没有意识到自己应该如此的形象给一代又一代女性留下了深刻印象。她代表了自我完善——让自己成为比所期望的更伟大的人。她象征着涉猎广泛但又不落过分专业化或太业余窠臼的那类作家。她代表了一种希望，希望美国是一个宽容、多元化的国家，毫无沙文主义地与其他国家建立友好关系。她代表了艺术家的社会角色，展示了艺术家如何反抗政治暴政。在这个被冷漠和残酷包围的世界里，她却对文化的永恒抱有希望。

◆ ◆ ◆

卡内蒂写道，当代杰出的作家“是具有独创性的；他总结他的时
703 代；他对抗他的时代”。

桑塔格去世后，每当出现需要阐释的新现象，人们往往想知道她会如何看待这些现象，于是就会表达对她的怀念。这并不是因为她的答案总是正确的，而是因为，在长达近半个世纪的时间里，她超越了其他任何一位杰出的公共思想家，以一种在她之前或之后的知识分子都从未采用过的方式，为文化辩论定下了基调。人们可以和她争论；无论是同意抑或不同意她的结论——无论她自己是同意抑或不同意她自己的结论——她既总结了她的时代，又对抗了她的时代。

语言与现实的关系是她的主题。语言和现实都不是稳定的，在以动荡著称的一个世纪，没有哪个作家能像桑塔格那样反映出它们的不稳定。在她的一生中，文化的意义发生了变化，对文化与社会之间关系的理解也发生了变化。这些变化意味着一种变化，即在当今时代，

一个人该如何生活——包括一名女性该如何生活，以及一个同性恋者该如何生活。她还追溯了对一个人该怎么死这个问题态度的变化。

桑塔格的一生表明，在政治上，即使是最大的词——“社会主义”“艺术”“民主”——也可能是不稳定的。她展示了“美国”这个词恣意的变动和产生分歧的内涵。古巴革命开始时，她亲临现场；柏林墙倒塌时，她亲临现场；她身处炮火轰炸下的河内；她在以色列投身赎罪日战争。当艺术家们试图抵制金钱和名声的诱惑时，她就在纽约，当很多人屈服时，她仍然坚守阵地。从西格蒙德·弗洛伊德命运的沉浮到对吸毒和酗酒的新理解，再到新心理学的出现，她见证了科学和医学的巨变。

她给分裂的世界带来了分裂的自我。但如果说，她自己是一个和她的时代保持一致的人，那么，她最大的主题则是与这个时代保持距离。亚里士多德曾经写过“隐喻在于给一物一个属于另一物的名称”； 704
桑塔格揭示出隐喻是如何构成自我，然后又扭曲自我的；语言如何能够安慰人，它又如何能够摧毁人；描述如何能够既令人惬意同时又令人生厌；为何即使是一个伟大的阐释者也应该反对阐释。她还告诫人们不要神秘化照片和肖像——包括传记作家笔下的那些人物肖像。 705

图片版权

篇章页

引言：*Auction of Souls*, Sarah Leah Jacobson and daughter Mildred. Susan Sontag Papers (Collection 612). Library Special Collections, Charles E. Young Research Library, UCLA.

第一部：Susan in cheongsam dress. Susan Sontag Papers (Collection 612). Library Special Collections, Charles E. Young Research Library, UCLA.

第二部：Photograph from AP Photos.

第三部：Susan Sontag, 1975. Photograph by Peter Hujar. ©1987 The Peter Hujar Archive LLC. Courtesy Pace/MacGill Gallery, New York and Fraenkel Gallery, San Francisco.

第四部：Photograph by and courtesy of Paul Lowe.

结语：*Susan Sontag, New York, February 11, 2000.* Photograph by Richard Avedon. © The Richard Avedon Foundation.

图版插页第一部分

第 1 页，上图：Mildred and Jack Rosenblatt. Susan Sontag Papers (Collection 612). Library Special Collections, Charles E. Young Research Library, UCLA.

第 1 页，左下图：Jack Rosenblatt. Susan Sontag Papers (Collection 612). Library Special Collections, Charles E. Young Research Library, UCLA.

第 1 页，右下图：Jack Rosenblatt and Susan. Susan Sontag Papers (Collection 612). Library Special Collections, Charles E. Young Research Library, UCLA.

第 2 页，上图：Susan and Mildred Jacobson. Susan Sontag Papers (Collection 612). Library Special Collections, Charles E. Young Research Library,

UCLA.

第 2 页，下图： Judith, Nat Sontag, and Susan. Susan Sontag Papers (Collection 612). Library Special Collections, Charles E. Young Research Library, UCLA.

第 3 页，左上图： Thomas Mann. Photograph from ullstein bild—Thomas-Mann-Archiv.

第 3 页，右图： Marie Curie. Photograph from the Library of Congress.

第 4 页，左下图： Gene Marum and Merrill Rodin. Photograph courtesy of Merrill Rodin.

第 5 页，左上图： Djuna Barnes. Djuna Barnes Papers, Special Collections and University Archives, University of Maryland Libraries.

第 5 页，右上图： Kenneth Anger. Photograph from Prod DB © Puck Film Productions/DR SCORPIO RISING de Kenneth Anger 1964 USA. TCD/Prod DB/Alamy Stock Photo.

第 5 页，中图： Maya Deren. Photograph from Archive PL/Alamy Stock Photo.

第 6 页： Harriet Sohmers. Photograph courtesy of Harriet Sohmers Zwerling.

第 7 页，左上图： Susan and Philip Rieff. Susan Sontag Papers (Collection 612). Library Special Collections, Charles E. Young Research Library, UCLA.

第 7 页，右上图： *Mind of the Moralist*. Photograph by and courtesy of Melissa Goldstein.

第 7 页，下图： Susan and David Rieff. Susan Sontag Papers (Collection 612). Library Special Collections, Charles E. Young Research Library, UCLA.

第 8 页，上图： Sketch. Susan Sontag Papers (Collection 612). Library Special Collections, Charles E. Young Research Library, UCLA.

第 8 页，下图： Mildred, Susan, and David. Susan Sontag Papers (Collection 612). Library Special Collections, Charles E. Young Research Library, UCLA.

第 9 页，上图： Jacob and Susan Taubes. Photograph courtesy of Ethan and Tanaquil Taubes.

第 9 页，左下图： Harriet Sohmers in Greece. Photograph courtesy of Harriet Sohmers Zwerling.

第 9 页，右下图： Susan in Spain. Photograph courtesy of Harriet Sohmers Zwerling.

第 10 页，左上图： Article from the New York *Daily News*.

第 10 页，左上图： Cartoon. Susan Sontag Papers (Collection 612). Library Special Collections, Charles E. Young Research Library, UCLA.

第 10 页，右下图： Irene Fornés. Photograph courtesy of Harriet Sohmers Zwerling.

第 11 页，下图： “Happening.” Photograph © Julian Wasser.

第 12 页，左上图： Alfred Chester and his boyfriend. Photograph courtesy of Edward Field.

第 12 页，下图： Roger Straus. Photograph © Estate of David Gahr.

第 13 页，左上图： Robert Silvers and Barbara Epstein. Photograph © Gert Berliner.

第 13 页，右上图： Susan and Jasper Johns. Photograph © Bob Adelman Estate.

第 14 页，上图： Handwritten letter. Susan Sontag Papers (Collection 612). Library Special Collections, Charles E. Young Research Library, UCLA.

第 14 页，下图： Joseph Cornell gifts. Photograph by Benjamin Moser.

第 15 页，左上图： Mark Rothko. Photograph by Kate Rothko/Apic/Getty Images.

第 15 页，右上图： *Silence: Lectures and Writings*. Photograph by and courtesy of Lauren Miller Walsh.

第 16 页，上图： Susan arrested in New York. Photograph by Fred W. McDarrah/Getty Images.

第 16 页，下图： Susan in Sweden. Photograph courtesy of Florence Malraux.

图版插页第二部分

第 1 页，上图： *Susan Sontag and Her Son on Bench, N.Y.C. 1965* © The Estate of Diane Arbus.

第 1 页，下图： Diane Arbus show at MoM A. Digital Image © The Museum of Modern Art/Licensed by SCALA/Art Resource, NY.

第 2 页，上图： Paul Goodman. Photograph by Sam Falk/The New York Times/Redux.

第 2 页，下图： Susan and Carlotta del Pezzo. Photograph courtesy of Patrizia Cavalli.

第 3 页，上图： Nicole Stéphane. Photograph from ITV/Shutterstock.

第 3 页，下图： Susan at Cannes. Photograph from Leemage/Bridgeman Images.

第 4 页，左图： Photo-booth strip. Susan Sontag Papers (Collection 612). Library Special Collections, Charles E. Young Research Library, UCLA.

第 4 页，右上图： *Thek in the Palermo Catacombs (II)*, 1963. Reproduced from the original negative 2010 Peter Hujar; © 1987 Peter Hujar Archive, LLC, courtesy Pace/MacGill Gallery, New York and Fraenkel Gallery, San Francisco.

第 5 页，上图： Susan makeover. Photograph by and courtesy of Gil Gilbert.

第 5 页，下图： Susan at FSG offices. Photograph by William Sauro/The New York Times/Redux.

第 6 页，左上图： Jean-Paul Sartre. Photograph from © AGIP/Bridgeman Images.

第 6 页，右上图： Hannah Arendt. © Fred Stein Archive/Getty Images.

第 7 页，上图： Lucinda Childs, 1983. © Robert Mapplethorpe Foundation. Used by permission.

第 8 页，上图： Susan, Gay Talese, E. L. Doctorow, and Norman Mailer. Photograph by Sara Krulwich/New York Times Co./Getty Images.

第 8 页，中图： Susan on 1982 panel. Photograph © Nancy Crampton.

第 9 页，上图： Susan and Annie Leibovitz. Photograph courtesy of Antony Peattie.

第 9 页，下图： ACT UP rally. Photograph by Frances Roberts/Alamy Stock Photo.

第 10—11 页： Photographs by and courtesy of Paul Lowe.

第 12 页，上图： Susan in 1999. Photograph by Francesco Gattoni.

第 13 页，上图： Susan and Nadine Gordimer. Photograph by Jon Hrusa/EPA/Shutterstock.

第 13 页，下图： Sarajevo theater. Photograph by Benjamin Moser.

第 14 页，上图： Antietam. Photograph from Library of Congress.

第 14 页，下图： Iwo Jima. Photograph by Joe Rosenthal/AP Photo.

第 15 页，中图： Fleeing Vietnamese villagers. Photograph by Nick Ut/AP Photo.

第 16 页： Abu Ghraib. Photograph from AP Photo.

参考文献

Abramovitch, Ilana, and Seán Galvin, eds. *Jews of Brooklyn: Brandeis Series in American Jewish History, Culture, and Life*. Hanover, NH: Brandeis University Press, 2001.

Ackerman, Robert J. *Children of Alcoholics*. Holmes Beach, FL: Learning Publications, 1978.

Acocella, Joan. "The Hunger Artist." *The New Yorker,* March 6, 2000.

Albelli, Alfred. "Prof: Gotta Be Sneak to See My Son." New York *Daily News,* December 15, 1961.

Altman, Lawrence K. "Rare Cancer Seen in 41 Homosexuals." *New York Times,* July 3, 1981.

Arbus, Diane. *Diane Arbus: An Aperture Monograph*. Millerton, NY: Aperture, 1972.

Artaud, Antonin. *Selected Writings*. Edited and introduced by Susan Sontag. New York: Farrar, Straus and Giroux, 1976.

Ascherson, Neal. "How Images Fail to Convey War's Horror." *Los Angeles Times,* March 16, 2003.

Athill, Diana. *Stet: A Memoir*. London: Granta Books, 2000.

Atlas, James. "The Changing World of New York Intellectuals." *The New York Times Magazine,* August 25, 1985.

Bach, Steven. *Leni: The Life and Work of Leni Riefenstahl*. New York: Alfred A. Knopf, 2007.

Bailey, Blake. "Beloved Monster." Vice, March 1, 2008.

Barnes, Djuna. *Nightwood*. Preface by T. S. Eliot. New York: New Directions, 1937.

Barron's Profiles of American Colleges. New York: Barron's, 1986.

Beckett, Samuel. *Waiting for Godot: A Tragicomedy in Two Acts*. Translated from the original French by the author. New York: Grove Press, 1954.
Bernstein, David. "Sontag's U. of C." *Chicago Magazine,* June 2005.
Brady, James. "Town Hall." Page Six. *New York Post,* April 17, 1982.
Breasted, Mary. "Discipline for a Wayward Writer." *Village Voice,* November 5–11, 1971.
Brockes, Emma. "Annie Leibovitz: My Time with Susan." *Guardian,* October 7, 2006.
Brodsky, Joseph. *Watermark*. New York: Farrar, Straus and Giroux, 1992.
Brooks, Peter. "Parti pris." *Partisan Review,* Summer 1966.
Burns, John. "To Sarajevo, Writer Brings Good Will and 'Godot.'" *New York Times,* August 19, 1993.
Burton, Richmond. "Notes on Life with Susan." Unpublished manuscript.
Calderone, Michael. "Regarding the Writing of Others." *New York Observer,* May 9, 2007.
Carvajal, Doreen. "So Whose Words Are They, Anyway? A New Sontag Novel Creates a Stir by Not Crediting Quotes from Other Books." *New York Times,* May 27, 2000.
Castle, Terry. "Desperately Seeking Susan." *London Review of Books* 27, no. 6 (March 17, 2005).
Chan, Evans. "Against Postmodernism, etcetera: A Conversation with Susan Sontag." *Postmodern Culture* 12, no. 1 (September 2001).
Chauncey, George. *Gay New York: Gender, Urban Culture, and the Making of the Gay Male World, 1890–1940*. New York: Basic Books, 1994.
Ching, Barbara, and Jennifer A. Wagner-Lawlor. *The Scandal of Susan Sontag*. New York: Columbia University Press, 2009.
Clinton, William J. "Remarks at the State Dinner Honoring President Arpad Goncz of Hungary." June 8, 1999. http://www.presidency.ucsb.edu/ws/?pid=57698.
Cohn, Ruby, ed. *Casebook on* Waiting for Godot: *The Impact of Beckett's Modern Classic: Reviews, Reflections & Interpretations*. New York: Grove Press, 1967.
Cosgrove, Ben. "Faces of the American Dead in Vietnam: One Week's Toll, June 1969." *Life,* May 15, 2014. http://time.com/3485726/faces-of-the-american-dead-in-vietnam-one-weeks-toll-june-1969/.
Cott, Jonathan. *Susan Sontag: The Complete* Rolling Stone *Interview*. New Haven, CT: Yale University Press, 2013.
Cronin, Gloria L., et al. *A Political Companion to Saul Bellow*. Lexington: University Press of Kentucky, 2013.
Cummings, Scott T. *Maria Irene Fornes: Routledge Modern and Contemporary Dramatists*. London: Routledge, 2013.

D'Antonio, Michael. "Little David, Happy at Last." *Esquire,* March 1990.
Daugherty, Greg. "The Last Adventure of Richard Halliburton, the Forgotten Hero of 1930s America." *Smithsonian,* March 25, 2014.
Dearborn, Mary V. *Mailer: A Biography.* New York: Houghton Mifflin Harcourt, 2001.
De Clerck, Annie. "Susan Sontag" (interview). http://cobra.canvas.be/cm/cobra/videozone/rubriek/boek-videozone/1.676237.
DeMott, Benjamin. "Lady on the Scene." *The New York Times Book Review,* January 23, 1966.
"The Desert Sanatorium and Institute of Research: Tucson, Arizona." http://www.library.arizona.edu/exhibits/pams/pdfs/institute1.pdf.
Didion, Joan. *Political Fictions.* New York: Alfred A. Knopf, 2001.
Diehl, Digby. "PEN and Sword in Seoul." *Los Angeles Times,* September 11, 1988.
Donadio, Rachel. "Fighting Words on Sir Salman." *New York Times,* July 15, 2007.
Douin, Jean-Luc. "Nicole Stéphane." *Le Monde,* March 17, 2003.
Drescher, Jack. "The Closet: Psychological Issues of Being In and Coming Out." *Psychiatric Times*, October 1, 2004.
Dudman, Helga. "From Camp to Campfire." *Jerusalem Post Weekly,* November 27, 1973.
Dunlap, David W. "Looking Back: 1964 | 'Homosexuals Proud of Deviancy.'" *New York Times,* June 9, 2015.
Elie, Paul. "A Fundamental Fight." *Vanity Fair,* May 2014.
Ephron, Nora. "Not Even a Critic Can Choose Her Audience." *New York Post,* September 23, 1967.
Feitler, Bruno. *O design de Bea Feitler.* São Paulo: Cosac Naify, 2012.
Fernandes, Bob. "Suburbana América." *Isto É,* June 23, 1993.
Field, Edward. *The Man Who Would Marry Susan Sontag: And Other Intimate Literary Portraits of the Bohemian Era.* Madison: University of Wisconsin Press, 2005.
Fox, Margalit. "Susan Sontag, Social Critic with Verve, Dies at 71." *New York Times,* December 28, 2004.
Fremont-Smith, Eliot. "After the Ticker Tape Parade." *New York Times,* January 31, 1966.
Fremont-Smith, Eliot. "Diddy Did It—Or Did He?" *New York Times,* August 18, 1967.
Fricke, Harald. "Meinung und nichts als die Meinung." Taz.de, September 15, 2001. http://www.taz.de/Archiv-Suche/!1151172&s=&SuchRahmen=Print/.

"Gabo responde a Susan Sontag." *El Tiempo,* April 29, 2003. http://www.eltiempo.com/archivo/documento/MAM-1033192.

Giebler, A. H. "News of Los Angeles and Vicinity: 8,000 Armenians in Selig Spectacle." *The Moving Picture World* 39, no. 4 (1919).

Ginsberg, Allen. *Howl and Other Poems.* San Francisco: City Lights Pocket Bookshop, 1956.

Goldman, Andrew. "The Devil in Marina Abramovic." *The New York Times Magazine,* June 13, 2012.

Goldman, Andrew. "How Could This Happen to Annie Leibovitz?" *New York,* August 16, 2009.

Goodman, Walter. "Norman Mailer Offers a PEN Post-Mortem." *New York Times,* January 27, 1986.

Greif, Mark. *The Age of the Crisis of Man: Thought and Fiction in America: 1933–1973.* Princeton, NJ: Princeton University Press, 2015.

Greif, Mark. "What's Wrong with Public Intellectuals?" *The Chronicle of Higher Education,* February 13, 2015. http://chronicle.com/article/Whats-Wrong-With-Public/189921/.

"Greta Garbo, 84, Screen Icon Who Fled Her Stardom, Dies." *New York Times,* April 16, 1990.

Grossman, Judith. *Her Own Terms.* New York: Soho Press, 1988.

Gustafson, Klas. *Gösta Ekman: Farbrorn som inte vill va' stor.* Stockholm: Leopard Förlag, 2010.

Hadžiselimović, Omer, and Zvonimir Radeljković. "Literature Is What You Should Re-Read: An Interview with Susan Sontag." *Spirit of Bosnia* 2, no. 2 (April 2007). http://www.spiritofbosnia.org/volume-2-no-2-2007-april/literature-is-what-you-should-re-read-an-interview-with-susan-sontag/.

Hagan, Joe. *Sticky Fingers: The Life and Times of Jann Wenner and* Rolling Stone *Magazine.* New York: Alfred A. Knopf, 2017.

Hansen, Suzy. "Rieff Encounter." *New York Observer,* May 2, 2005.

Hegedus, Chris, and D. A. Pennebaker, dirs. *Town Bloody Hall.* 1979.

Heilbrun, Carolyn G. *Writing a Woman's Life.* New York: W. W. Norton, 1988.

Heller, Dana. "Desperately Seeking Susan." *The Common Review,* Winter 2006.

Heller, Zoë. "The Life of a Head Girl." *Independent,* September 20, 1992.

Hirsch, Edward. "Susan Sontag, The Art of Fiction No. 143." *Paris Review* no. 137 (Winter 1995).

Hitchens, Christopher. "Party Talk." *Observer,* June 20, 1982.

Horowitz, Daniel. *Consuming Pleasures: Intellectuals and Popular Culture in the Postwar World.* Philadelphia: University of Pennsylvania Press, 2012.

Howard, Gerald. "Reasons to Believe." *Bookforum,* February/March 2007.

Howe, Irving. "The New York Intellectuals." *Dissent,* October 1, 1969.

Hujar, Peter. *Portraits in Life and Death.* Preface by Susan Sontag. New York: Da Capo Press, 1976.

Hunter, Gene. "Susan Sontag, a Very Special Daughter." *Honolulu Advertiser,* July 12, 1971.

"Identifiable as Prose." *Time,* September 14, 1963.

Imber, Jonathan. "Philip Rieff: A Personal Remembrance." *Society,* November/December 2006.

Indiana, Gary. *I Can Give You Anything but Love.* New York: Rizzoli, 2015.

Johnson, Lyndon Baines. "Remarks in Memorial Hall, Akron University." October 21, 1964. http://www.presidency.ucsb.edu/documents/remarks-memorial-hall-akron-university.

Johnston, Jill. *Jasper Johns: Privileged Information.* New York: Thames and Hudson, 1996.

Jonas, Hans. *The Gnostic Religion: The Message of the Alien God and the Beginnings of Christianity.* Second edition. Boston: Beacon Press, 1963.

Jonas, Hans. *Memoirs: The Tauber Institute Series for the Study of European Jewry.* Hanover, NH: Brandeis University Press/University Press of New England, 2008.

Kachka, Boris. *Hothouse: The Art of Survival and the Survival of Art at America's Most Celebrated Publishing House, Farrar, Straus & Giroux.* New York: Simon & Schuster, 2013.

Kakutani, Michiko. "'In America': Love as a Distraction That Gets in the Way of Art." *New York Times,* February 29, 2000.

Kaplan, Alice. *Dreaming in French: The Paris Years of Jacqueline Bouvier Kennedy, Susan Sontag, and Angela Davis.* Chicago: University of Chicago Press, 2012.

Karahasan, Dževad. *Sarajevo, Exodus of a City.* New York: Kodansha America, 1994.

Kates, Nancy, dir. *Regarding Susan Sontag.* HBO, 2014.

Kenner, Hugh. "Divorcing." *The New York Times Book Review,* November 2, 1969.

Kim, Yongbeon. "'The Poetry I Risked My Life to Write Has Finally Been "Restored" 16 Years Later': Poet Lee San-ha." Translated by Mia You. *Munhwa Ilbo,* June 16, 2003. Published online by Naver News. http://news.naver.com/main/read.nhn?mode=LSD&mid=sec&sid1=103&oid=021&aid=0000033892.

Koch, Stephen. *Stargazer: Andy Warhol's World and His Films.* New York: Praeger, 1973.

Koenig, Rhoda. "At Play in the Fields of the Word." *New York,* February 3, 1986.

Krauze, Enrique. "García Márquez's Blind Spot." *New York Times,* May 28, 2014.

Lacey, Liam. "Waiting for Sontag." *Globe and Mail,* November 23, 2002.

Lambert, Angela. "Taking Pictures with Annie Leibovitz: From Jagger to Trump, She Summed Up the Seventies and Eighties. Her Latest Subject Is Sarajevo." *Independent,* March 3, 1994.

Larson, Kay. *Where the Heart Beats: John Cage, Zen Buddhism, and the Inner Life of Artists*. New York: Penguin Press, 2012.

Leford, Gérard. "Nicole Stéphane, la mort d'une enfant terrible." *Libération,* March 15, 2007.

Lehmann-Haupt, Christopher. "Shaping the Reality of AIDS Through Language." *New York Times,* January 16, 1989.

Leibovitz, Annie. *At Work*. New York: Random House, 2008.

Leibovitz, Annie. *A Photographer's Life: 1990–2005*. New York: Random House, 2006.

Leibovitz, Annie. *Photographs*. New York: Pantheon/Rolling Stone Press, 1983.

Leibovitz, Annie. *Portraits, 2005–2016*. New York: Phaidon Press, 2017.

Leibovitz, Annie, ed. *Shooting Stars: The* Rolling Stone *Book of Portraits*. San Francisco: Straight Arrow Books, 1973.

Leibovitz, Annie. *Women*. Preface by Susan Sontag. New York: Random House, 1999.

Lerner, Jonathan. "Whorehouse of the Caribbean." Salon, January 4, 2001. http://www.salon.com/2001/01/04/havana/.

"Let Us Now Praise Famous Women." Slate, December 9, 1999. http://www.slate.com/articles/news_and_politics/culturebox/1999/12/let_us_now_praise_famous_women.html.

Levenson, H. Michael. "The Avant-Garde and the Avant-Guardian: Brother Carl New England Premiere at the Brattle." *Harvard Crimson,* July 27, 1973.

Levounis, P., J. Drescher, and M. E. Barber, eds. *The LGBT Casebook*. Washington, D.C.: American Psychiatric Press, 2012.

Linfield, Susie. *The Cruel Radiance: Photography and Political Violence*. Chicago: University of Chicago Press, 2010.

London, Jack. *Martin Eden*. New York: Macmillan, 1909.

Lopate, Phillip. *Notes on Sontag*. Princeton, NJ: Princeton University Press, 2009.

Loseff, Lev. *Joseph Brodsky: A Literary Life*. Translated by Jane Ann Miller. New Haven, CT: Yale University Press, 2011.

MacArthur, John R. "The Friends Rushdie Forgot." *Spectator,* September 29, 2012. https://www.spectator.co.uk/2012/09/the-friends-rushdie-forgot/.
Mackenzie, Suzie. "Finding Fact from Fiction." *Guardian,* May 27, 2000.
Mann, Thomas. *Tagebücher 1949–1950.* Edited by Inge Jens. Frankfurt am Main: S. Fischer Verlag, 1991.
Manus, Elizabeth. "Susan Sontag Gets Jumpy; Pat Conroy Gets Left Out." *New York Observer,* January 17, 2000.
McGuigan, Cathleen. "An Exclusive Look at Annie Leibovitz's Compelling—and Surprisingly Personal—New Book." *Newsweek,* October 2, 2006.
McMurtry, Larry. *In a Narrow Grave: Essays on Texas.* New York: Simon & Schuster, 1968.
McMurtry, Larry. [Letter to the Editor.] *Times Literary Supplement,* June 7, 1992.
Mead, Rebecca. "Mister Pitch." *New York,* August 5, 1996.
"Media Man's Mascot." *Guardian,* September 28, 1967.
Memran, Michelle, dir. *The Rest I Make Up.* 2018.
Mesinger, Maxine. "VF Dresses Demi in Paint." *Houston Chronicle,* July 7, 1992.
Miller, Jonathan, and John Cleese. "Oxbridge Philosophy." https://www.youtube.com/watch?v=qUvf3fOmTTk.
Miner, Michael. "War Comes to Rockford/Cartoonist Kerfuffle/Cartoon Recount." *Chicago Reader,* June 5, 2003. http://www.chicagoreader.com/chicago/war-comes-to-rockfordcartoonist-kerfufflecartoon-recount/Content?oid=912271.
Mitchell, Katie. "A Meeting of Minds." *Guardian,* November 18, 2005. https://www.theguardian.com/music/2005/nov/18/classicalmusicandopera.thomasstearnseliot.
Montgomery, Paul L. "Detective Interrupts Vietnam Read-In." *New York Times,* February 21, 1966.
"More from Sontag's 'Nightmare.'" Page Six. *New York Post,* August 14, 1992.
Muir, Robin. "Women's Studies." *Independent,* October 18, 1997.
Mukherjee, Siddhartha. *The Emperor of All Maladies: A Biography of Cancer.* London: Fourth Estate, 2011.
Musto, Michael. *La Dolce Musto.* New York: Carroll & Graf, 2007.
Myers, Kevin. "I Wish I Had Kicked Susan Sontag." *Telegraph,* January 2, 2005.
Nguyễn Đức Nam, "Con Người Việt-Nam Hiện đại Trong Nhận Thức Của Nhà Văn Mỹ Xu-Dan Xôn-Tắc." Translated by Cindy A. Nguyen. Sontag Papers, UCLA Archives.

Norman, Michael. "Diana Trilling, a Cultural Critic and Member of a Select Intellectual Circle, Dies at 91." *New York Times,* October 25, 1996.

"Not Good Taste, Not Bad Taste—It's 'Camp.'" *New York Times,* March 31, 1965.

"Novelist Drowns Herself." *East Hampton Star,* November 13, 1969.

Nunez, Sigrid. *Sempre Susan: A Memoir of Susan Sontag*. New York: Atlas, 2011.

Ozick, Cynthia. "On Discord and Desire." In *The Din in the Head*. Boston: Houghton Mifflin, 2006.

Paglia, Camille. Interview with Christopher Lydon, 1993. https://www.youtube.com/watch?v=kFgYcVbAaNs.

Paglia, Camille. *Vamps & Tramps: New Essays*. New York: Vintage, 1994.

Pareigis, Christina. "Susan Taubes—Bilder aus dem Archiv." *Aus Berliner Archiven*. Beiträge zum Berliner Wissenschaftsjahr, 2010.

"Park Sang-mi's Empathetic Storytelling: The Drum Sounds That Beat the Consciousness of the Silent." Translated by Hyosun Lee. *Kyunghyang Shinmun,* October 13, 2015. http://news.naver.com/main/read.nhn?mode=LSD&mid=sec&sid1=103&oid=021&aid=0000033892.

Pastan, Rachel. "Remembering Paul Thek: A Conversation with Ann Wilson and Peter Harvey." Institute of Contemporary Art, University of Pennsylvania. http://icaphila.org/miranda/6114/remembering-paul-thek-a-conversation-with-ann-wilson-and-peter-harvey.

Perron, Wendy. "Susan Sontag on Writing, Art, Feminism, Life and Death." *Soho Weekly News,* December 1, 1977.

Pessoa, Fernando. *Heróstrato e a busca da imortalidade.* Translated by Manuela Rocha. Edited by Richard Zenith. Vol. 14 of *Obras de Fernando Pessoa*. Lisbon: Assírio & Alvim, 2000.

Philoctetes Center, "Susan Sontag: Public Intellectual, Polymath, Provocatrice." https://www.youtube.com/watch?v=zXJe3EcPo1g.

Poague, Leland, ed. *Conversations with Susan Sontag*. Jackson: University Press of Mississippi, 1995.

Poague, Leland, and Kathy A. Parsons. *Susan Sontag: An Annotated Bibliography: 1948–1992*. New York: Garland Publishing, 2000.

Podhoretz, Norman. *Making It*. New York: Random House, 1967.

Polukhina, Valentina. "Thirteen Ways of Looking at Joseph Brodsky." *Words Without Borders,* June 2008. http://www.wordswithoutborders.org/article/thirteen-ways-of-looking-at-joseph-brodsky.

Pomfret, John. "'Godot' amid the Gunfire: In Bosnia, Sontag's Take on Beckett." *Washington Post,* August 19, 1993.

"Pornography Is Undefined at Film-Critic Mekas' Trial." *Village Voice,* June 18, 1964.

Pulido, Natividad. "Desde que conocí a Susan Sontag traté de complacerla, pero no siempre funcionaba." *ABC* (Madrid), June 19, 2009.

"Quotation of the Day." *New York Times,* September 7, 2002. http://www.nytimes.com/2002/09/07/nyregion/quotation-of-the-day-766518.html.

Reid, Atka, and Hana Schofield. *Goodbye Sarajevo: A True Story of Courage, Love and Survival.* London: Bloomsbury, 2011.

Rich, Adrienne. *Blood, Bread, and Poetry: Selected Prose: 1979–1985.* New York: W. W. Norton, 1986.

Rich, Adrienne, and Susan Sontag. "Feminism and Fascism: An Exchange." *The New York Review of Books,* March 20, 1975.

Rich, Frank. "Stage: Milan Kundera's 'Jacques and His Master.'" *New York Times,* January 24, 1985.

Rieff, David. *Slaughterhouse: Bosnia and the Failure of the West.* New York: Simon & Schuster, 1995.

Rieff, David. *Swimming in a Sea of Death: A Son's Memoir.* New York: Simon & Schuster, 2008.

Rieff, Philip. *Freud: The Mind of the Moralist.* Chicago: University of Chicago Press, 1959.

Rieff, Philip. *My Life Among the Deathworks: Illustrations of the Aesthetics of Authority.* Vol. 1: *Sacred Order/Social Order.* Charlottesville: University of Virginia Press, 2006.

Ripa di Meana, Carlo. "News from the Biennale." *The New York Review of Books,* September 15, 1977.

"Robert Mayer in New York: Dr. Spock's Breakfast Club." *Newsday,* December 6, 1967.

Roberts, Ronald Suresh. *No Cold Kitchen: A Biography of Nadine Gordimer.* Johannesburg: STE Publishers, 2005.

Roiphe, Katie. *The Violet Hour: Great Writers at the End.* New York: Dial Press, 2016.

Rolling Stone, no. 254. Tenth Anniversary Issue. December 15, 1977.

Rollyson, Carl. *Reading Susan Sontag: A Critical Introduction to Her Work.* Chicago: Ivan R. Dee, 2001.

Rollyson, Carl E., and Lisa Olson Paddock, *Susan Sontag: The Making of an Icon.* New York: W. W. Norton, 2000.

Roser, Max, and Esteban Ortiz-Ospina. "Literacy." One World Data, September 20, 2018. https://ourworldindata.org/literacy/.

Rothschild, Monique de. *Si j'ai bonne mémoire . . .* Saint-Rémy-en-l'Eau: Éditions Monelle Hayot, 2001.

Ruas, Charles. "Susan Sontag: Past, Present and Future." *New York Times,* October 24, 1982.

Ruiz Mantilla, Jesús. "Sin Susan Sontag, no habría ganado el Príncipe de Asturias." *El País,* November 11, 2013.
Rushdie, Salman. *Joseph Anton: A Memoir.* New York: Random House, 2012.
Schoenman, Ralph. "Susan Sontag and the Left." *Village Voice,* March 2, 1982.
Schreiber, Daniel. *Susan Sontag: Geist und Glamour: Biographie*. Berlin: Aufbau Verlag, 2010.
Scott, Janny. "From Annie Leibovitz: Life, and Death, Examined." *New York Times,* October 6, 2006.
Scott, Janny. "It's a Lonely Way to Pay the Bills: For Unauthorized Biographers, the World Is Very Hostile." *New York Times,* October 6, 1996.
Seligman, Craig. *Sontag & Kael: Opposites Attract Me*. New York: Counterpoint, 2004.
Setzer, Dawn. "Library Buys Sontag Papers." UCLA Newsroom, February 12, 2002. http://newsroom.ucla.edu/stories/020212sontag.
Signorile, Michelangelo. *Queer in America: Sex, the Media, and the Closets of Power.* New York: Random House, 1993.
Skelding, Conor. "Fearing 'Embarrassment,' the FBI Advised Agents Against Interviewing Susan Sontag." *Muckrock,* June 13, 2014. https://www.muckrock.com/news/archives/2014/jun/13/susan-sontag-security-matter/.
Sontag, Susan. *Against Interpretation and Other Essays*. New York: Farrar, Straus and Giroux, 1966.
Sontag, Susan. *Alice in Bed*. New York: Farrar, Straus and Giroux, 1993.
Sontag, Susan. *As Consciousness Is Harnessed to Flesh: Journals and Notebooks, 1964–1980*. Edited by David Rieff. New York: Farrar, Straus and Giroux, 2013.
Sontag, Susan. *At the Same Time: Essays and Speeches*. Edited by Paolo Dilonardo and Anne Jump. New York: Farrar, Straus and Giroux, 2007.
Sontag, Susan. *The Benefactor: A Novel*. New York: Farrar, Straus, 1963.
Sontag, Susan. *Brother Carl*. New York: Farrar, Straus and Giroux, 1974.
Sontag, Susan. *Death Kit*. New York: Farrar, Straus and Giroux, 1967.
Sontag, Susan. *Duet for Cannibals: A Screenplay*. New York: Farrar, Straus and Giroux, 1970.
Sontag, Susan. *Essays of the 1960s & 70s*. Edited by David Rieff. New York: Library of America, 2013.
Sontag, Susan. *I, etcetera*. New York: Farrar, Straus and Giroux, 1978.
Sontag, Susan. *Illness as Metaphor* and *AIDS and Its Metaphors*. New York: Doubleday, 1990.
Sontag, Susan. *In America*. New York: Farrar, Straus and Giroux, 2000.
Sontag, Susan. "A Letter from Sweden." *Ramparts,* July 1969.
Sontag, Susan. "The Letter Scene." *The New Yorker,* August 18, 1986.

Sontag, Susan. *On Photography*. New York: Farrar, Straus and Giroux, 1977.
Sontag, Susan. "Pilgrimage." *The New Yorker,* December 21, 1987.
Sontag, Susan, dir. *Promised Lands*. New Yorker Films, 1974.
Sontag, Susan. *Reborn: Journals and Notebooks, 1947–1963*. Edited by David Rieff. New York: Farrar, Straus and Giroux, 2008.
Sontag, Susan. *Regarding the Pain of Others*. New York: Farrar, Straus and Giroux, 2002.
Sontag, Susan. "Regarding the Torture of Others." *The New York Times Magazine,* May 23, 2004.
Sontag, Susan. "Some Thoughts on the Right Way (for Us) to Love the Cuban Revolution." *Ramparts,* April 1969.
Sontag, Susan. *Styles of Radical Will*. New York: Farrar, Straus and Giroux, 1969.
Sontag, Susan. *The Volcano Lover: A Romance*. New York: Farrar, Straus and Giroux, 1992.
Sontag, Susan. "The Way We Live Now." *The New Yorker,* November 24, 1986.
Sontag, Susan. *Where the Stress Falls: Essays*. New York: Farrar, Straus and Giroux, 2001.
Sontag, Susan. "Why Are We in Kosovo?" *The New York Times Magazine,* May 2, 1999.
Sontag, Susan, and Dugald Stermer. *The Art of Revolution: Ninety-Six Posters from Cuba*. London: Pall Mall Press, 1970.
Span, Paula. "Susan Sontag, Hot at Last." *Washington Post,* September 17, 1992.
Stevenson, Peter M. "Leibovitz Sees Glitz and Grit, Sontag Broods on the Big Idea." *New York Observer,* November 8, 1999. http://observer.com/1999/11/leibovitz-sees-glitz-and-grit-sontag-broods-on-the-big-idea/.
"Susan Sontag contra Gabo." *La Nación,* April 4, 2010. http://www.lanacion.com.ar/1249538-susan-sontag-contra-gabo.
Susan Sontag Papers (Collection 612). UCLA Library Special Collections, Charles E. Young Research Library, UCLA.
"Susan Sontag Provokes Debate on Communism." *New York Times,* February 27, 1982.
Talbot, David. "The 'Traitor' Fires Back." Salon, October 16, 2001. http://www.salon.com/2001/10/16/susans/.
Taubes, Susan. *Divorcing*. New York: Random House, 1969.
Teal, Donn (as "Ronald Forsythe"). "Why Can't 'We' Live Happily Ever After, Too?" *New York Times,* February 23, 1969.
"Tempest on the Left." *Across the Board: The Conference Board Magazine* XIX, no. 5. (May 1982).

Teodori, Maria Adele. "Un'americana a Parigi." *Il Messaggero,* May 26, 1973.
Thek, Paul. *Journals*. Archive of Alexander & Bonin, New York.
Thek, Paul, et al. *"Please Write!": Paul Thek and Franz Deckwitz: An Artists' Friendship, Boijmans Studies*. Rotterdam, Netherlands: Museum Boijmans van Beuningen, 2015.
Thompson, Bob. "A Complete Picture: Annie Leibovitz Is Ready for an Intimate View of Her Life." *Washington Post,* October 19, 2006.
Thomson, David. "Death Kit." *The New Republic,* February 12, 2007.
Toback, James. "Whatever You'd Like Susan Sontag to Think, She Doesn't." *Esquire,* July 1968.
Tomes, Robert R. *Apocalypse Then: American Intellectuals and the Vietnam War, 1954–1975*. New York: New York University Press, 1998.
Trilling, Lionel. *The Liberal Imagination*. New York: Viking Press, 1950.
Truitt, Eliza. "Exorcising Arnold." Slate, December 1, 1999. http://www.slate.com/articles/news_and_politics/summary_judgment/1999/12/exorcising_arnold.html.
Trumbull, Robert. "Homosexuals Proud of Deviancy, Medical Academy Study Finds." *New York Times,* May 19, 1964.
Valenzuela, Luisa. "Susan Sontag, amiga." *La Nación*. January 14, 2008.
Vidich, Arthur J. *With a Critical Eye: An Intellectual and His Times*. Edited and introduced by Robert Jackall. Knoxville, TN: Newfound Press, 2009.
Wain, John. "Song of Myself, 1963." *The New Republic,* September 21, 1963.
Weeks, Linton. "Susan Sontag Wins National Book Award for Fiction." *Washington Post,* November 16, 2000.
Weisman, Steven R. "The Hollow Man." *New York Times,* October 10, 1999.
Westerbeck, Colin L., Jr. "On Sontag." *Artforum,* April 1978.
Wetzsteon, Ross. "Irene Fornes: The Elements of Style." *Village Voice,* April 29, 1986.
White, Edmund. *Caracole*. New York: Dutton, 1985.
White, Edmund. *City Boy: My Life in New York During the 1960s and '70s*. New York: Bloomsbury, 2009.
White, Morton. *A Philosopher's Story*. University Park: Pennsylvania State University Press, 1999.
Woititz, Janet Geringer. *Adult Children of Alcoholics*. Deerfield Beach, FL: Health Communications, 1983.
Woodly, Deva. "How UChicago Became a Hub for Black Intellectuals." University of Chicago, January 19, 2009. https://www.uchicago.edu/features/20090119_mlk/.
Woolf, Virginia. *The Moment and Other Essays*. London: Hogarth Press, 1947.
Youdovin, Ira S. "Recent Resignations Reveal Decentralization Problems."

Columbia Daily Spectator CV, no. 81 (March 9, 1961). http://spectatorarchive.library.columbia.edu/cgi-bin/columbia?a=d&d=cs19610309-01.2.4.

Žalica, Pjer, dir. *Sarajevo—Godot*. SaGA Production Sarajevo, 1993.

Zarifopol-Johnston, Ilinca. *Searching for Cioran*. Edited by Kenneth R. Johnston. Foreword by Matei Calinescu. Bloomington: Indiana University Press, 2019.

Zwerling, Harriet Sohmers. *Abroad: An Expatriate's Diaries: 1950–1959*. New York: Spuyten Duyvil, 2014.

索　引

（条目后的页码为原书页码，见本书边码）

译后记

又到了快交稿的时候了。每次到这个节点，我都感到愉悦和轻松，这次更是如此。《桑塔格传：人生与作品》是目前唯一一部获得授权的苏珊·桑塔格传记。其实，这本书最初的书名为 *Notes on Susan*，即《关于苏珊的札记》；这个书名想必是希望通过模仿桑塔格的名作《关于“坎普”的札记》，来向她致敬吧。正式出版时，书名被改为 *Sontag: Her Life and Work*，直译成中文为《桑塔格：她的人生与作品》。我愿称这部作品为《桑塔格大传》，主要原因就在于，这真的是一部空前的大传！原作厚达 832 页，仅注释部分就达 62 页。钦定作者本杰明·莫泽花了整整 7 年时间，读完了桑塔格的全部著作，随后采访了近 600 人，很多人还不止一次。原著精装本捧在手里，感觉沉甸甸的；看着校对、润色时打印出来的 50 多万字的稿子，我都很难想象自己是怎么译出来，又是如何校对、润色好的。从 2019 年 5 月 17 日开译，到 2020 年 9 月 12 日完成初稿，历时 16 个月；之后，又花了 5 个月左右的时间来校对和润色。现在，终于完稿了！这两天虽然高兴，但一想到译稿马上就要发走，心里又感觉有些不舍。

之前国际上也出版过几种桑塔格传记，其中一部在桑塔格生前就出版过，可谓“一主多传”。但是，它们大多因为种种原因而不尽如人意，不是资料有限，就是浅尝辄止，要不就是对传主的理解有误（如认为桑塔格“在私下和公共领域中很大程度上是一致的”)。而莫泽跟我强调，他的这本桑塔格传记非常、非常、非常与众不同（他在邮件里把 very 的首字母 v 几乎重复打成了一排)。本书的不同之处在哪里，或者说他此番为桑塔格写传有何优势？

该书的英文原著于 2019 年 9 月 17 日正式出版，而我在当年 5 月初就拿到了电子版。作为最早的读者之一，我认为它的不同至少有以下几点。上面说的篇幅大是第一点，莫泽在寄我的签名本上也说这是本“大书”（huge book)。采访者多是第二点。作者采访了桑塔格众多的亲人、情人、友人、同行、同学、助手、学生、邻居……几乎是他能采访到的所有了解桑塔格或与桑塔格有过交往的人，其中不乏文化大咖、政界要人。第三，为了阐释桑塔格的人生，作者从她的外公外婆、爷爷奶奶到她爸爸妈妈，一个个地讲过来，让我们对传主的原生家庭有了透彻的了解，因此能更好地了解她后来的一些行事方式。书中不时对桑塔格在公开场合表现出的强势和私人生活中的脆弱等展开心理分析，对桑塔格的面具与本质之别并由此延伸开来的名与实的关系的阐释，更具逻辑性和说服力。第四，也是莫泽为桑塔格写传的最大优势，即他是桑塔格的儿子戴维·里夫亲自选定的人选。他们约定，戴维支持他，提供资料上的便利，但绝不干预他的写作，这使他接触到桑塔格留下的所有文档和资料，了解到大量尚未公开的情况。这样，他比以往任何一个桑塔格传记作家掌握的资料都要齐全，仅桑塔格未删节的日记就多达近百本、数千页。正因为如此，《桑塔格传》包含了大量的看点，同时也为我们读者破解了许多谜团，如桑塔格与她母亲的关系；《弗洛伊德：道德家之心灵》的作者到底是桑塔格，还是她的前夫菲利普·里夫；桑塔格提出的“反对阐释”这一著名批评理论的渊源；桑塔格与儿子的关系；等等。可以说，《桑塔格传》虽然未必就是盖棺论定之作，却毫无疑问是迄今最权威、最深入的一部桑塔格传记。

关于本杰明·莫泽这个作者，戴维告诉我，他考虑了很久才定下来。由莫泽来写，主要原因除了他是《哈珀杂志》的特约编辑，《纽约书评》和《悦读》杂志的撰稿人，文字功底过硬，还因为他写过巴西作家克拉丽丝·李斯佩克朵的传记《为何此世》（*Why This World*, 2009），并因此获得了美国国家书评人协会奖提名奖。这是一位年轻有为、事业蓬勃发展的作家。2014 年 8 月 21 日，译林出版社熊钰编辑和我联系，并发来莫泽的写作思路和计划，征询我的意见。我看完即认为莫泽是理想人选，戴维的决定是对的。从 2016 年 1 月 13 日起，我便一直与莫泽保持联系，并看到他为写这本桑塔格传记所下的功夫。他在和我的交流中当然也感慨地说，恐怕也只有他这个传记作者才会这样细读桑塔格的作品了。他画线、重读、作注，将桑塔格的全部著作录入电脑，然后对照、比较并观察她对知识、审美和情感的关注。显然，他为《桑塔格传》的撰写所做的各种准备远远超过了出版的 832 页的内容。

在写作过程中，莫泽并没有因为这是一本授权之作，就回避桑塔格生活和创作中的很多敏感话题。他肯定她一生涉足的众多领域里所取得的卓著成就，但这并不意味着他认同她在生活中所做出的所有选择（如她始终未公开出柜，而在莫泽看来，发表《艾滋病及其隐喻》之际是桑塔格宣布出柜的好时机）。值得注意的是，莫泽在写作这部桑塔格传记时，有他遵循的指导原则。他说这个原则“可以用深刻影响过李斯佩克朵的斯宾诺莎的一句话来概括，即不去嘲笑、不去悲悼、不去诅咒，而是去理解”。正是因为莫泽下了很深的功夫，又有这样的原则作为指导，《桑塔格传》甫一出版，即好评如潮，并荣获2020年度普利策奖·传记奖，完全是实至名归。日前，莫泽兴奋地告诉我，截至2021年2月，该书已出版和即将出版的译本就达15种之多，包括中文简体字和繁体字版，另有多种译本正在接洽之中。

感谢本杰明·莫泽为我们写出了这样一部厚重的桑塔格传记，使得我们能够更全面、更深入地了解桑塔格的生活和创作，特别是它们之间的关联，并因而更好地继承她留下的精神遗产，特别是她那勇于探索、不断重塑自我的精神。感谢莫泽在我译校阶段，回答了我大大小小200多个问题和我与他确认的内容，而且总是在第一时间处理。同时，感谢他在疫情期间，从避居的法国乡间，为拙译写来短小精悍的中文版序，分析桑塔格与中国的关系，概括她的写作特征，并希望我们中国读者更多地了解她，进而阅读她那一部部具有挑战性的作品。

感谢译林出版社领导对《桑塔格传》这本书的高度重视，在竞争十分激烈的情况下，译林出版社早早拿下这本书的版权并热情邀请我翻译。回想起来，我译的第一本桑塔格的书，即桑塔格的长篇小说处女作《恩主》就是译林出版社约我翻译并于2004年出版的。十多年后，我又应译林出版社之邀译出《苏珊·桑塔格谈话录》。这次是我和译林出版社的第三次合作，依然是关于桑塔格。为此，感谢译林出版社副总编辑陈叶女士，感谢熊钰先生、刘静女士和责编陆晨希女士。正是有了他们的敬业精神和辛勤付出，拙译才会顺利地与读者见面。

我从2003年开始翻译桑塔格的作品，至今已近二十个年头了，

《桑塔格传》是我独立翻译的第十本（关于）桑塔格的作品。我很高兴，也很惊讶，自己竟坚持了这么多年翻译桑塔格，并因此确立了较为清楚的“翻译面貌”。记得是在2004年2月25日，我去桑塔格在纽约的寓所拜访她。桑塔格在和我共进午餐时跟我说，她很希望我多译她的书，并感谢我让更多的中国读者了解她的著作和思想。戴维·里夫在2009年2月22日专程飞来南京看望我和我的家人，不为别的，只是要感谢我尽心尽力地翻译他母亲的作品。对这些，我均视为一种嘱托，也是一种缘分。2020年末，我因翻译桑塔格相关作品而再次获得江苏省紫金山文学奖·文学翻译奖（朋友们说我这是“二度紫”）。我在获奖感言里说：“因为桑塔格的一次托付，我花了近二十年的时间来履行自己当初的承诺：多翻译桑塔格的作品，多翻译关于她的作品。我很高兴，也很自豪，拙译让更多的中国读者了解了桑塔格。也许我要用一生的时间来继续履行这一承诺，但我对此无怨无悔。”目前，桑塔格还有作品（包括耽搁很久的她的日记第三卷，以及她的书信等）尚未译入中文。接下来，我会一如既往地把桑塔格译下去，因为这是一件既有价值，又很美的事情。

姚君伟

2021年2月24日于南京仙林

◆ ◆ ◆

5月14日，我收到晨希编辑快递来的校样，厚厚的两大包，800多页。随后我花了近一个月的时间才完成校对，其间还不时停下来核查桑塔格著作的原文，遇有困惑之处，则集中向莫泽咨询。让我感到非常高兴的是，晨希编辑告诉我，这部传记即将于7月下厂付印。

想到拙译即将出版，我内心充满期待，同时也溢满了感激之情。记得我在多种场合说过，一部译作其实是一个集体成果，其中包含了作者、出版人、责编、译者，乃至读者的共同付出。现在，我感觉《桑塔格传》更是这样一个典型例子。出版在即，我想借此机会再次表达我由衷的感谢。

莫泽一直非常忙，这部授权传记荣获普利策奖之后，他越发忙碌起来，但是，他在我翻译的各个阶段，总是第一时间回答我提出的各种问题。感谢他。

晨希编辑自启动本书编辑工作以来，一直与我保持联系。她和陈叶副总编一起编辑过《我心归处是敦煌：樊锦诗自述》《我的几何人生：丘成桐自传》等人物传记，经验丰富。她全心投入编辑工作，在每个环节上都一丝不苟。她的敬业精神和专业素养令我感佩不已。

感谢在我翻译桑塔格著作的近二十年的时间里给予我诸多热情鼓励、支持和帮助的朋友，他们或帮助我查找资料，或邀请我撰写关于桑塔格的文章和论文，或就桑塔格著作的翻译和研究对我进行访谈，或就我在刊物上先行发表的译稿章节的完善提出建议和意见。此番翻译《桑塔格传》，我特别感谢《中华读书报》资深编辑康慨先生。他凭着记者的敏锐和自己作为译者的体贴，就该传不同于其他桑塔格传记的亮点和特色对我做出专访，并于《桑塔格传》英文原版正式出版次日（2019 年 9 月 18 日）公开发表，提升了该传在中国的知名度和影响力。

最后，我尤其感谢桑塔格。于我而言，桑塔格的书是常读常新，也是常译常新的。她于 2004 年 12 月 28 日去世。倏忽之间，整整十八年快过去了。为此，我感谢她，更怀念她！

姚君伟

2022 年 6 月 30 日补记

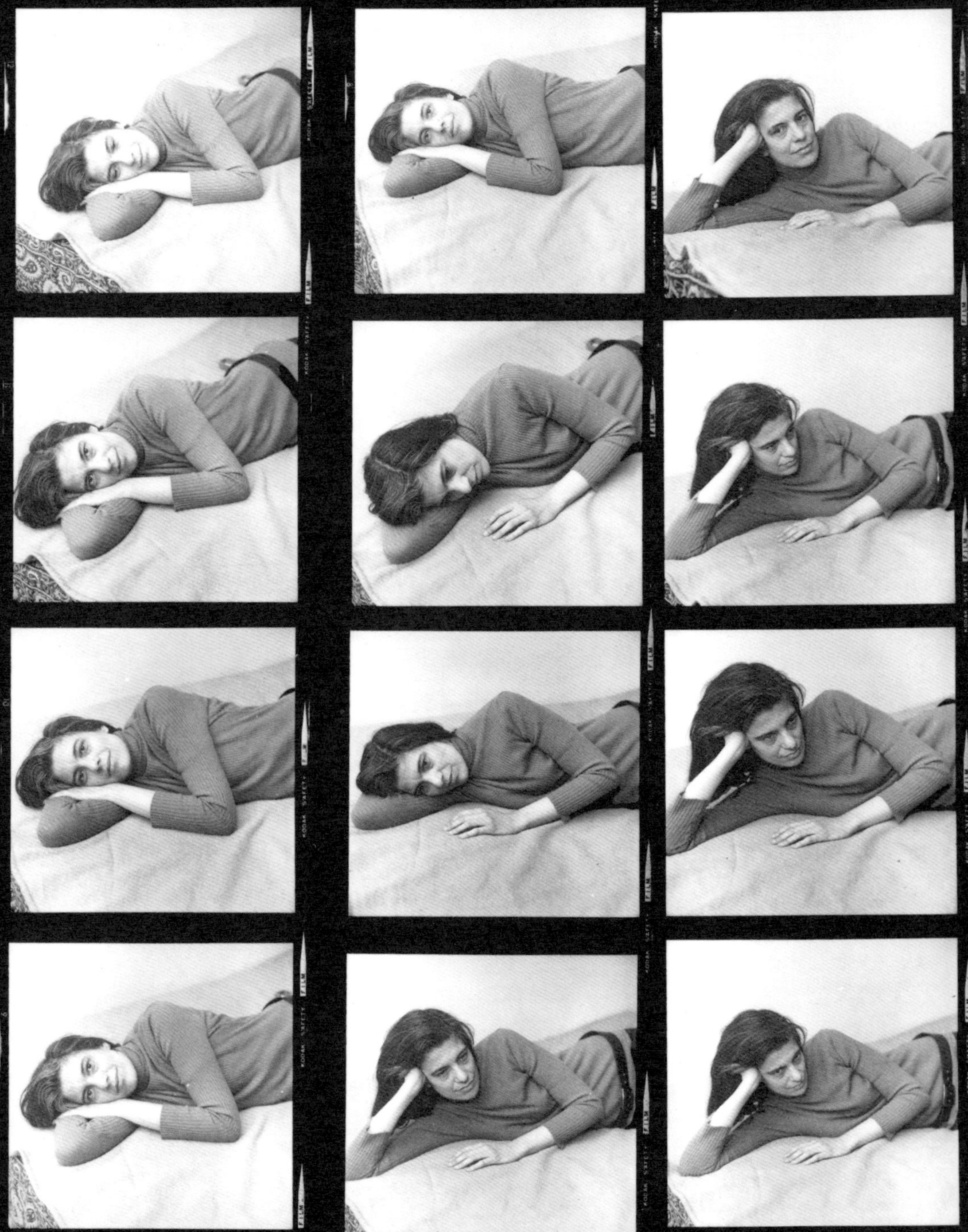